2014

CHINA CITY STATISTICAL YEARBOOK

中国城市统计年鉴

国家统计局城市社会经济调查司 编

中国统计出版社
China Statistics Press

图书在版编目（CIP）数据

中国城市统计年鉴. 2014 / 国家统计局城市社会经济调查司编. -- 北京 : 中国统计出版社, 2014.12
ISBN 978-7-5037-7350-1

Ⅰ. ①中… Ⅱ. ①国… Ⅲ. ①城市－统计资料－中国－2014－年鉴 Ⅳ. ①C832-54

中国版本图书馆 CIP 数据核字(2014)第 270526 号

中国城市统计年鉴-2014

作　　者/国家统计局城市社会经济调查司
责任编辑/申明九　张丽萍
封面设计/李雪燕
出版发行/中国统计出版社
通信地址/北京市丰台区西三环南路甲 6 号　邮政编码/100073
电　　话/邮购（010）63376909　书店（010）68783171
网　　址/http://csp.stats.gov.cn
印　　刷/北京联兴盛业印刷有限公司
经　　销/新华书店
开　　本/880mm×1230mm　1/16
字　　数/982 千字
印　　张/30.5
版　　别/2014 年 12 月第 1 版
版　　次/2014 年 12 月第 1 次印刷
定　　价/358.00 元

中国统计版图书，如有印装错误，本社发行部负责调换。

《中国城市统计年鉴—2014》

编委会与编辑部

China City Statistical Yearbook—2014

EDITORIAL BOARD AND EDITORIAL STAFF

编辑说明

《中国城市统计年鉴》是全面反映中国城市社会经济发展情况的资料性年刊，《中国城市统计年鉴—2014》收录了全国 658 个建制城市（含地级以上城市和县级城市）2013 年社会经济发展方面的主要统计数据。

本年鉴内容共分四个部分：第一部分是全国城市行政区划，列有不同区域、不同级别的城市分布情况；第二、三部分分别是地级以上城市统计资料和县级城市统计资料，具体包括人口、劳动力及土地资源、综合经济、工业、交通运输、邮电通信、能源电力、贸易、外经、旅游、固定资产投资、教育、科技、文化、卫生、人民生活、社会保障、市政公用事业和环境保护等方面的数据；第四部分是附录，为主要统计指标解释。需要说明的是，从 1997 年开始，地级以上城市和县级城市分别采用不同的统计制度，有些指标在两类城市之间不具有可比性，故本年鉴将地级以上城市和县级城市统计资料分为独立的两部分。

本年鉴所涉及的全国或全部城市统计资料，均未包括香港特别行政区、澳门特别行政区和台湾省。年鉴表中所列“全市”为城市的全部行政区域，包括城区、辖县、辖市；“市辖区”包括所有城区，不包括辖县和辖市。武汉市辖区不包含黄陂区、新州区、江夏区和蔡甸区数据。年鉴中一些数据为时点数据，时点为 2013 年年底。

本年鉴适用于各级政府管理部门、城市规划设计部门、城市社会经济研究机构、市政建设及房地产机构、各种中介服务及信息咨询机构等单位的工作者，也是大专院校师生、工商界人士、境外投资者以及关心中国城市发展的各界人士的重要参考资料。

本年鉴的编辑出版得到了国家统计局农村社会经济调查司、各省（区、市）统计局、国家统计局各调查总队、各市统计局和调查队以及中国统计出版社的鼎力支持，在此表示衷心的感谢。

本年鉴编印工作量大，出版时间紧，难免有不当之处，诚恳欢迎广大读者批评指正。

国家统计局城市社会经济调查司

2014 年 11 月

EDITOR'S NOTES

China City Statistical Yearbook is an annual statistical publication. *China City Statistical Yearbook 2014* reflects comprehensively the economic and social development of Cities in China. It covers the main socio-economic statistical data of 658 cities (including cities at prefecture level and above, and county-level cities) for 2013.

The Yearbook contains four parts : Part Ⅰ is the administrative division of all cities, listing city distribution by region and level; Part Ⅱ and Part Ⅲ are the statistical data of cities at prefecture level and above, and county-level respectively on population, labour forces, land resources, general economy, industry, transport, postal and telecommunication services, energy and power, commerce, foreign trade and economic cooperation, tourism, investment in fixed assets, education, science and technology, culture, public health, people' s living conditions, social security, municipal public utilities, and environmental protection; Part Ⅳ is appendix of explanatory notes on main statistical indicators. It is necessary to point out that cities at prefecture level and above and county-level have used different indicator systems of statistics since 1997, and some indicators in two categories of cities are not comparable. So the data of cities at prefecture level and above and the data of cities at county-level are divided into two independent parts in the yearbook.

The national data in this yearbook do not include those of Hong Kong Special Administrative Region, Macao Special Administrative Region and Taiwan Province. "Total City" listed in the data refers to all administrative regions of the city, including the city districts, counties and the city at lower level; "Districts under City" includes all the city districts, not including counties and the city at lower level. The data of districts under Wuhan City do not include those of Huangpi district, Xinzhou district, Jiangxia district and Caidian district. Some indicators of this yearbook are time-point data, the time of them is at the end of 2013.

The Yearbook is compiled for the users working in government departments, city planning departments, institutes of urban socio-economic research, municipal construction and real estate agencies, intermediary services, information consulting agencies and other so on, and it is an important reference book for college teachers and students, businessmen, overseas investors as well as users paying close attention to the development of Chinese cities.

The editing and publishing of the yearbook have been fully supported by the Department of Rural Surveys of NBS, Bureaus of Statistics and Survey Offices of NBS at provincial prefecture and county level, and China Statistics Press. Here we would like to express our heartfelt thanks to them.

Department of Urban Surveys
National Bureau of Statistics of China
November, 2014

目　　录

CONTENTS

一、全国城市行政区划
Divisions of Administrative Areas of Cities in China

二、地级以上城市统计资料
Statistical data of Cities at Prefecture Level and above

（一）人口、劳动力及土地资源
Population, Labour forces and Land Resources

（七）教育、文化、卫生

Education, Culture and Public Health

（八）人民生活、社会保障

People's Living Conditions and Social Security

（九）市政公用事业

Municipal Public Utilities

（十）环境保护

Environmental Protection

三、县级城市统计资料
Statistical data of County-level Cities

四、附 录
Appendix

一、全国城市行政区划

Divisions of Administrative Areas of Cities in China

1-1 城市行政区划和区域分布

Administrative Division and Regional Distribution of Cities

地区	Region	城市合计 Total	按行政级别分组 Grouped by Administrative Levels (year-end)			
			直辖市 Municipality Directly under the Central Government	副省级市 Vice-provincial City	地级市 Prefecture-level City	县级市 County-level City
全国总计	**National Total**	**658**	**4**	**15**	**271**	**368**
北京	Beijing	1	1			
天津	Tianjin	1	1			
河北	Hebei	33			11	22
山西	Shanxi	22			11	11
内蒙古	Inner Mongolia	20			9	11
辽宁	Liaoning	31		2	12	17
吉林	Jilin	29		1	7	21
黑龙江	Heilongjiang	30		1	11	18
上海	Shanghai	1	1			
江苏	Jiangsu	36		1	12	23
浙江	Zhejiang	32		2	9	21
安徽	Anhui	22			16	6
福建	Fujian	23		1	8	14
江西	Jiangxi	21			11	10
山东	Shandong	46		2	15	29
河南	Henan	38			17	21
湖北	Hubei	36		1	11	24
湖南	Hunan	29			13	16
广东	Guangdong	44		2	19	23
广西	Guangxi	21			14	7
海南	Hainan	9			3	6
重庆	Chongqing	1	1			
四川	Sichuan	32		1	17	14
贵州	Guizhou	13			6	7
云南	Yunnan	20			8	12
西藏	Tibet	2			1	1
陕西	Shaanxi	13		1	9	3
甘肃	Gansu	16			12	4
青海	Qinghai	5			2	3
宁夏	Ningxia	7			5	2
新疆	Xinjiang	24			2	22

1-2 分地区城市情况一览表

List of City's Basic Conditions by Region

省级单位 Province	地级及以上城市 City at Prefecture Level and above	下辖的县级城市 County-level City	省级单位 Province	地级及以上城市 City at Prefecture Level and above	下辖的县级城市 County-level City
北京 Beijing			**内蒙古 Inner Mongolia**	呼和浩特 Hohhot	
天津 Tianjin				包头 Baotou	
河北 Hebei	石家庄 Shijiazhuang	辛集 Xinji		乌海 Wuhai	
		藁城 Gaocheng		赤峰 Chifeng	
		晋州 Jinzhou		通辽 Tongliao	霍林郭勒 Huolinguole
		新乐 Xinle		呼伦贝尔 Hulunbuir	满洲里 Manzhouli
		鹿泉 Luquan			扎兰屯 Zhalantun
	唐山 Tangshan	遵化 Zunhua			牙克石 Yakeshi
		迁安 Qian'an			根河 Genhe
	秦皇岛 Qinhuangdao				额尔古纳 Erguna
	邯郸 Handan	武安 Wuan		鄂尔多斯 Erdos	
	邢台 Xingtai	南宫 Nangong		乌兰察布 Ulanqab	丰镇 Fengzhen
		沙河 Shahe		巴彦淖尔 Bayannur	
	保定 Baoding	定州 Dingzhou			(二连浩特) Erlianhaote
		涿州 Zhuozhou			(乌兰浩特) Wulanhaote
		安国 Anguo			(锡林浩特) Xilinhaote
		高碑店 Gaobeidian			(阿尔山) Aershan
	张家口 Zhangjiakou		**辽宁 Liaoning**	沈阳 Shenyang	新民 Xinmin
	承德 Chengde			大连 Dalian	瓦房店 Wafangdian
	沧州 Cangzhou	任丘 Renqiu			普兰店 Pulandian
		泊头 Botou			庄河 Zhuanghe
		黄骅 Huanghua		鞍山 Anshan	海城 Haicheng
		河间 Hejian		抚顺 Fushun	
	廊坊 Langfang	霸州 Bazhou		本溪 Benxi	
		三河 Sanhe		丹东 Dandong	东港 Donggang
	衡水 Hengshui	冀州 Jizhou			凤城 Fengcheng
		深州 Shenzhou		锦州 Jinzhou	凌海 Linghai
山西 Shanxi	太原 Taiyuan	古交 Gujiao			北镇 Beizhen
	大同 Datong			营口 Yingkou	大石桥 Dashiqiao
	阳泉 Yangquan				盖州 Gaizhou
	长治 Changzhi	潞城 Lucheng		阜新 Fuxin	
	晋城 Jincheng	高平 Gaoping		辽阳 Liaoyang	灯塔 Dengta
	朔州 Shuozhou			盘锦 Panjin	
	晋中 Jinzhong	介休 Jiexiu		铁岭 Tieling	调兵山 Diaobingshan
	忻州 Xinzhou	原平 Yuanping			开原 Kaiyuan
	临汾 Linfen	侯马 Houma		朝阳 Chaoyang	北票 Beipiao
		霍州 Huozhou			凌源 Lingyuan
	运城 Yuncheng	永济 Yongji		葫芦岛 Huludao	兴城 Xingcheng
		河津 Hejin	**吉林 Jilin**	长春 Changchun	九台 Jiutai
	吕梁 Lvliang	孝义 Xiaoyi			榆树 Yushu
		汾阳 Fenyang			德惠 Dehui

1-2 续表 1 continued 1

省级单位 Province	地级及以上城市 City at Prefecture Level and above	下辖的县级城市 County-level City	省级单位 Province	地级及以上城市 City at Prefecture Level and above	下辖的县级城市 County-level City
	吉 林 Jilin	桦 甸 Huadian	**上 海 Shanghai**		
		蛟 河 Jiaohe	**江 苏 Jiangsu**	南 京 Nanjing	
		舒 兰 Shulan		无 锡 Wuxi	江 阴 Jiangyin
		磐 石 Panshi			宜 兴 Yixing
	四 平 Siping	公主岭 Gongzhuling		徐 州 Xuzhou	新 沂 Xinyi
		双 辽 Shuangliao			邳 州 Pizhou
	辽 源 Liaoyuan			常 州 Changzhou	溧 阳 Liyang
	通 化 Tonghua	梅河口 Meihekou			金 坛 Jintan
		集 安 Ji'an		苏 州 Suzhou	常 熟 Changshu
	白 山 Baishan	临 江 Linjiang			张家港 Zhangjiagang
	白 城 Baicheng	洮 南 Taonan			昆 山 Kunshan
		大 安 Daan			太 仓 Taicang
	松 原 Songyuan	扶 余 Fuyu		南 通 Nantong	启 东 Qidong
		(延 吉) Yanji			如 皋 Rugao
		(图 们) Tumen			海 门 Haimen
		(敦 化) Dunhua		连云港 Lianyungang	
		(珲 春) Hunchun		淮 安 Huaian	
		(龙 井) Longjing		盐 城 Yancheng	东 台 Dongtai
		(和 龙) Helong			大 丰 Dafeng
黑龙江 Heilongjiang	哈尔滨 Harbin	尚 志 Shangzhi		扬 州 Yangzhou	仪 征 Yizheng
		双 城 Shuangcheng			高 邮 Gaoyou
		五 常 Wuchang		镇 江 Zhenjiang	丹 阳 Danyang
	齐齐哈尔 Qiqihar	讷 河 Nehe			扬 中 Yangzhong
	鸡 西 Jixi	密 山 Mishan			句 容 Jurong
		虎 林 Hulin		泰 州 Taizhou	兴 化 Xinghua
	鹤 岗 Hegang				泰 兴 Taixing
	双鸭山 Shuangyashan				靖 江 Jingjiang
	大 庆 Daqing			宿 迁 Suqian	
	伊 春 Yichun	铁 力 Tieli	**浙 江 Zhejiang**	杭 州 Hangzhou	建 德 Jiande
	佳木斯 Jiamusi	同 江 Tongjiang			临 安 Lin'an
		富 锦 Fujin			富 阳 Fuyang
	七台河 Qitaihe				余 姚 Yuyao
	牡丹江 Mudanjiang	绥芬河 Suifenhe			慈 溪 Cixi
		海 林 Hailin		宁 波 Ningbo	奉 化 Fenghua
		宁 安 Ning'an			瑞 安 Ruian
		穆 棱 Muling			乐 清 Leqing
	黑 河 Heihe	北 安 Beian		温 州 Wenzhou	海 宁 Haining
		五大连池 Wudalianchi			平 湖 Pinghu
	绥 化 Suihua	安 达 Anda		嘉 兴 Jiaxing	桐 乡 Tongxing
		肇 东 Zhaodong			
		海 伦 Hailun			

1-2 续表 2 continued 2

省级单位 Province	地级及以上城市 City at Prefecture Level and above	下辖的县级城市 County-level City	省级单位 Province	地级及以上城市 City at Prefecture Level and above	下辖的县级城市 County-level City
	湖州 Huzhou			龙岩 Longyan	漳平 Zhangping
	绍兴 Shaoxing	诸暨 Zhuji		宁德 Ningde	福安 Fu'an
		嵊州 Shengzhou			福鼎 Fuding
	金华 Jinhua	兰溪 Lanxi	江西	南昌 Nanchang	
		义乌 Yiwu	Jiangxi	景德镇 Jingdezhen	乐平 Leping
		东阳 Dongyang		萍乡 Pingxiang	
		永康 Yongkang		九江 Jiujiang	瑞昌 Ruichang
	衢州 Quzhou	江山 Jiangshan		新余 Xinyu	
	舟山 Zhoushan			鹰潭 Yingtan	贵溪 Guixi
	台州 Taizhou	临海 Linhai		赣州 Ganzhou	瑞金 Ruijin
		温岭 Wenling		上饶 Shangrao	德兴 Dexing
	丽水 Lishui	龙泉 Longquan		抚州 Fuzhou	
安徽	合肥 Hefei	巢湖 Chaohu		吉安 Ji'an	井冈山 Jinggangshan
Anhui	芜湖 Wuhu			宜春 Yichun	樟树 Zhangshu
	蚌埠 Bengbu				丰城 Fengcheng
	淮南 Huainan				高安 Gaoan
	马鞍山 Maanshan				(共青城) Gongqingcheng
	淮北 Huaibei		山东	济南 Jinan	章丘 Zhangqiu
	铜陵 Tongling		Shandong	青岛 Qingdao	胶州 Jiaozhou
	安庆 Anqing	桐城 Tongcheng			即墨 Jimo
	黄山 Huangshan				平度 Pingdu
	阜阳 Fuyang	界首 Jieshou			莱西 Laixi
	亳州 Bozhou			淄博 Zibo	
	宿州 Suzhou			枣庄 Zaozhuang	滕州 Tengzhou
	滁州 Chuzhou	天长 Tianchang		东营 Dongying	
		明光 Mingguang		烟台 Yantai	龙口 Longkou
	六安 Lu'an				莱阳 Laiyang
	池州 Chizhou				莱州 Laizhou
	宣城 Xuancheng	宁国 Ningguo			蓬莱 Penglai
福建	福州 Fuzhou	福清 Fuqing			招远 Zhaoyuan
Fujian		长乐 Changle			栖霞 Qixia
	厦门 Xiamen				海阳 Haiyang
	莆田 Putian			潍坊 Weifang	青州 Qingzhou
	三明 Sanming	永安 Yong'an			诸城 Zhucheng
	泉州 Quanzhou	石狮 Shishi			寿光 Shouguang
		晋江 Jinjiang			高密 Gaomi
		南安 Nan'an			昌邑 Changyi
	漳州 Zhangzhou	龙海 Longhai			安丘 Anqiu
	南平 Nanping	邵武 Shaowu		济宁 Jining	曲阜 Qufu
		武夷山 Wuyishan			兖州 Yanzhou
		建瓯 Jian'ou			邹城 Zoucheng
		建阳 Jianyang		泰安 Tai'an	新泰 Xintai

1-2 续表 3 continued 3

省级单位 Province	地级及以上城市 City at Prefecture Level and above	下辖的县级城市 County-level City	省级单位 Province	地级及以上城市 City at Prefecture Level and above	下辖的县级城市 County-level City
		肥城 Feicheng		十堰 Shiyan	丹江口 Danjiangkou
	德州 Dezhou	乐陵 Laoling		荆州 Jingzhou	石首 Shishou
		禹城 Yucheng			洪湖 Honghu
	威海 Weihai	文登 Wendeng			松滋 Songzi
		荣成 Rongcheng		宜昌 Yichang	宜都 Yidu
		乳山 Rushan			当阳 Dangyang
	聊城 Liaocheng	临清 Linqing			枝江 Zhijiang
	临沂 Linyi			襄阳 Xiangyang	老河口 Laohekou
	莱芜 Laiwu				枣阳 Zaoyang
	日照 Rizhao				宜城 Yicheng
	菏泽 Heze			鄂州 Ezhou	
	滨州 Binzhou			荆门 Jingmen	钟祥 Zhongxiang
河南	郑州 Zhengzhou	巩义 Gongyi		孝感 Xiaogan	应城 Yingcheng
Henan		新密 Xinmi			安陆 Anlu
		荥阳 Xingyang			汉川 Hanchuan
		新郑 Xinzheng		黄冈 Huanggang	麻城 Macheng
		登封 Dengfeng			武穴 Wuxue
	开封 Kaifeng			咸宁 Xianning	赤壁 Chibi
	洛阳 Luoyang	偃师 Yanshi		随州 Suizhou	广水 Guangshui
	平顶山 Pingdingshan	汝州 Ruzhou			(利川) Lichuan
		舞钢 Wugang			(恩施) Enshi
	安阳 Anyang	林州 Linzhou			(仙桃) Xiantao
	鹤壁 Hebi				(天门) Tianmen
	新乡 Xinxiang	辉县 Huixian			(潜江) Qianjiang
		卫辉 Weihui	**湖南**	长沙 Changsha	浏阳 Liuyang
	焦作 Jiaozuo	沁阳 Qinyang	**Hunan**	株洲 Zhuzhou	醴陵 Liling
		孟州 Mengzhou		湘潭 Xiangtan	湘乡 Xiangxiang
	濮阳 Puyang				韶山 Shaoshan
	许昌 Xuchang	禹州 Yuzhou		衡阳 Hengyang	耒阳 Leiyang
		长葛 Changge			常宁 Changning
	漯河 Luohe			邵阳 Shaoyang	武冈 Wugang
	三门峡 Sanmenxia	义马 Yima		岳阳 Yueyang	汨罗 Miluo
		灵宝 Lingbao			临湘 Linxiang
	商丘 Shangqiu	永城 Yongcheng		益阳 Yiyang	沅江 Yuanjiang
	南阳 Nanyang	邓州 Dengzhou		常德 Changde	津市 Jinshi
	信阳 Xinyang			郴州 Chenzhou	资兴 Zixing
	周口 Zhoukou	项城 Xiangcheng		永州 Yongzhou	
	驻马店 Zhumadian			怀化 Huaihua	洪江 Hongjiang
		(济源) Jiyuan		张家界 Zhangjiajie	
湖北	武汉 Wuhan			娄底 Loudi	冷水江 Lengshuijiang
Hubei	黄石 Huangshi	大冶 Daye			涟源 Lianyuan

1-2 续表 4 continued 4

省级单位 Province	地级及以上城市 City at Prefecture Level and above	下辖的县级城市 County-level City	省级单位 Province	地级及以上城市 City at Prefecture Level and above	下辖的县级城市 County-level City
		(吉 首) Jishou		玉 林 Yulin	北 流 Beiliu
广 东	广 州 Guangzhou	增 城 Zengcheng		贵 港 Guigang	桂 平 Guiping
Guangdong		从 化 Conghua		百 色 Baise	
	韶 关 Shaoguan	乐 昌 Lechang		来 宾 Laibin	合 山 Heshan
		南 雄 Nanxiong		崇 左 Chongzuo	凭 祥 Pingxiang
	深 圳 Shenzhen			贺 州 Hezhou	
	珠 海 Zhuhai			河 池 Hechi	宜 州 Yizhou
	汕 头 Shantou		**海 南**	海 口 Haikou	
	佛 山 Foshan		**Hainan**	三 亚 Sanya	
	江 门 Jiangmen	台 山 Taishan		三 沙 Sansha	
		鹤 山 Heshan			(五指山) Wuzhishan
		开 平 Kaiping			(琼 海) Qionghai
		恩 平 Enping			(儋 州) Danzhou
	湛 江 Zhanjiang	廉 江 Lianjiang			(文 昌) Wenchang
		雷 州 Leizhou			(万 宁) Wanning
		吴 川 Wuchuan			(东 方) Dongfang
	惠 州 Huizhou		**重 庆**		
	茂 名 Maoming	高 州 Gaozhou	**Chongqing**		
		化 州 Huazhou	**四 川**	成 都 Chengdu	都江堰 Dujiangyan
		信 宜 Xinyi	**Sichuan**		彭 州 Pengzhou
	肇 庆 Zhaoqing	高 要 Gaoyao			邛 崃 Qionglai
		四 会 Sihui		自 贡 Zigong	崇 州 Chongzhou
	潮 州 Chaozhou			攀枝花 Panzhihua	
	梅 州 Meizhou	兴 宁 Xingning		泸 州 Luzhou	
	中 山 Zhongshan			德 阳 Deyang	广 汉 Guanghan
	东 莞 Dongguan				什 邡 Shifang
	汕 尾 Shanwei	陆 丰 Lufeng			绵 竹 Mianzhu
	河 源 Heyuan			绵 阳 Mianyang	江 油 Jiangyou
	阳 江 Yangjiang	阳 春 Yangchun		广 元 Guangyuan	
	清 远 Qingyuan	连 州 Lianzhou		遂 宁 Suining	
		英 德 Yingde		内 江 Neijiang	
	揭 阳 Jieyang	普 宁 Puning		资 阳 Ziyang	简 阳 Jianyang
	云 浮 Yunfu	罗 定 Luoding		乐 山 Leshan	峨嵋山 Emeishan
广 西	南 宁 Nanning			宜 宾 Yibin	
Guangxi	柳 州 Liuzhou			南 充 Nanchong	阆 中 Langzhong
	桂 林 Guilin			达 州 Dazhou	万 源 Wanyuan
	梧 州 Wuzhou	岑 溪 Cenxi		广 安 Guang'an	华 蓥 Huaying
	北 海 Beihai			雅 安 Yaan	
	防城港 Fangchenggang	东 兴 Dongxing		眉 山 Meishan	
	钦 州 Qinzhou			巴 中 Bazhong	

1-2 续表 5 continued 5

省级单位 Province	地级及以上城市 City at Prefecture Level and above	下辖的县级城市 County-level City
		(西昌) Xichang
贵州 Guizhou	贵阳 Guiyang	清镇 Qingzhen
	六盘水 Liupanshui	
	遵义 Zunyi	赤水 Chishui
		仁怀 Renhuai
	安顺 Anshun	
	铜仁 Tongren	
	毕节 Bijie	
		(凯里) Kaili
		(兴义) Xingyi
		(福泉) Fuquan
		(都匀) Duyun
云南 Yunnan	昆明 Kunming	安宁 Anning
	玉溪 Yuxi	
	曲靖 Qujing	宣威 Xuanwei
	昭通 Shaotong	
	丽江 Lijiang	
	保山 Baoshan	
	普洱 Puer	
	临沧 Lincang	
		(大理) Dali
		(楚雄) Chuxiong
		(芒市) Mangshi
		(瑞丽) Ruili
		(开远) Kaiyuan
		(个旧) Gejiu
		(景洪) Jinghong
		(文山) Wenshan
		(蒙自) Mengzi
西藏 Tibet	拉萨 Lasa	
		(日喀则) Xigaze
陕西 Shaanxi	西安 Xi'an	
	铜川 Tongchuan	
	宝鸡 Baoji	
	咸阳 Xianyang	兴平 Xingping
	延安 Yan'an	
	汉中 Hanzhong	
	渭南 Weinan	韩城 Hancheng
		华阴 Huayin
	榆林 Yulin	
	商洛 Shangluo	
	安康 Ankang	
甘肃 Gansu	兰州 Lanzhou	
	嘉峪关 Jiayuguan	
	金昌 Jinchang	

省级单位 Province	地级及以上城市 City at Prefecture Level and above	下辖的县级城市 County-level City
	白银 Baiyin	
	天水 Tianshui	
	武威 Wuwei	
	张掖 Zhangye	
	平凉 Pingliang	
	酒泉 Jiuquan	玉门 Yumen
		敦煌 Dunhuang
	庆阳 Qingyang	
		(临夏) Linxia
		(合作) Hezuo
	定西 Dingxi	
	陇南 Longnan	
青海 Qinghai	西宁 Xining	
	海东 Haidong	
		(格尔木) Golmud
		(德令哈) Delingha
宁夏 Ningxia		(玉树) Yushu
	银川 Yinchuan	(灵武) Lingwu
	石嘴山 Shuizuishan	
	吴忠 Wuzhong	(青铜峡) Qingtongxia
	固原 Guyuan	
新疆 Xinjiang	中卫 Zhongwei	
	乌鲁木齐 Urumqi	
	克拉玛依 Karamay	(石河子) Shihezi
		(吐鲁番) Turpan
		(哈密) Hami
		(昌吉) Changji
		(奎屯) Kuitun
		(伊宁) Yining
		(塔城) Tacheng
		(阿勒泰) Aletai
		(博乐) Bole
		(库尔勒) Korla
		(阿克苏) Akesu
		(阿图什) Atus
		(喀什) Kashi
		(和田) Hetian
		(阜康) Fukang
		(乌苏) Wusu
		(阿拉尔) Alar
		(图木舒克) Tumushuke
		(五家渠) Wujiaqu
		(北屯) beitun
		(阿拉山口) Alashankou
		(铁门关) Tiemenguan

注：加括号的城市为省或地区直辖县级市

二、地级以上城市统计资料

Statistical data of Cities at Prefecture Level and above

2-1 人口状况

Population

城 市	City	年末总人口（万人）Total Population at Year-end (10 000 persons)		年平均人口（万人）Annual Average Population (10 000 persons)		自然增长率（‰）Natural Growth Rate (‰)	
		全 市 Total City	市辖区 Districts under City	全 市 Total City	市辖区 Districts under City	全 市 Total City	市辖区 Districts under City
城市合计	**Prefecture Cities**	**127785.6**	**41425.0**	**126577.1**	**41152.3**	**7.3**	**6.1**
北京市	**Beijing**	**1316.3**	**1245.2**	**1306.9**	**1235.5**	**6.0**	**6.2**
天津市	**Tianjin**	**1004.0**	**821.7**	**998.6**	**817.1**	**5.1**	**4.7**
河北省	**Hebei**	**7424.6**	**1297.4**	**7420.6**	**1316.6**	**12.3**	**9.1**
石家庄市	Shijiazhuang	1003.2	252.4	1004.2	249.7	10.9	9.1
唐山市	Tangshan	738.7	302.9	740.3	313.9	7.2	7.3
秦皇岛市	Qinhuangdao	292.7	88.0	292.0	87.7	5.1	4.5
邯郸市	Handan	994.0	139.4	993.5	143.8	20.1	10.0
邢台市	Xingtai	762.9	86.8	755.3	86.1	21.4	18.4
保定市	Baoding	1163.9	106.9	1168.0	107.6	11.8	9.4
张家口市	Zhangjiakou	466.9	85.3	467.6	87.7	2.6	2.3
承德市	Chengde	378.1	58.9	377.5	58.8	4.2	3.4
沧州市	Cangzhou	754.3	53.4	749.3	53.5	14.5	11.2
廊坊市	Langfang	422.4	82.3	427.8	82.0	8.5	10.9
衡水市	Hengshui	447.5	41.0	445.0	45.7	13.6	17.1
山西省	**Shanxi**	**3555.4**	**1006.1**	**3530.1**	**1019.3**	**6.2**	**6.0**
太原市	Taiyuan	367.5	284.9	366.7	288.2	6.0	6.0
大同市	Datong	337.5	176.6	336.6	176.2	5.0	4.5
阳泉市	Yangquan	132.7	70.7	132.4	70.2	5.3	4.2
长治市	Changzhi	338.6	71.0	337.9	78.5	8.0	8.5
晋城市	Jincheng	219.3	36.8	218.8	36.5	3.6	8.2
朔州市	Shuozhou	174.4	72.1	173.9	71.9	5.7	5.5
晋中市	Jinzhong	330.5	60.8	327.7	60.5	5.4	6.6
运城市	Yuncheng	522.4	69.1	520.9	68.9	5.6	4.3
忻州市	Xinzhou	311.4	55.4	310.7	55.3	5.1	3.6
临汾市	Linfen	427.2	80.6	426.2	80.6	10.5	9.9
吕梁市	Lvliang	393.9	28.2	378.2	32.6	5.3	3.5
内蒙古自治区	**Inner Mongolia**	**2173.8**	**691.4**	**2139.5**	**699.6**	**4.2**	**4.9**
呼和浩特市	Hohhot	234.0	124.6	232.1	123.3	8.5	6.4
包头市	Baotou	225.0	146.4	224.2	145.8	4.4	4.1
乌海市	Wuhai	55.3	55.3	55.1	55.1	7.2	7.2
赤峰市	Chifeng	464.3	124.7	431.0	137.5	5.6	5.6
通辽市	Tongliao	321.2	85.7	320.5	85.0	3.4	4.7
鄂尔多斯市	Erdos	154.3	26.9	153.2	26.6	9.7	7.4
呼伦贝尔市	Hulunbuir	253.2	36.9	253.3	36.8	1.6	2.7
巴彦淖尔市	Bayannur	183.2	59.6	185.0	57.9	6.6	6.7
乌兰察布市	Ulanqab	283.3	31.4	285.1	31.8	-4.6	-15.9
辽宁省	**Liaoning**	**4238.0**	**1914.2**	**4241.4**	**1913.3**	**-0.6**	**-0.3**
沈阳市	Shenyang	727.1	524.6	726.0	523.4	0.1	0.4
大连市	Dalian	591.5	301.2	590.9	300.2	0.2	2.0
鞍山市	Anshan	349.8	151.4	350.1	151.7	-0.6	-2.6
抚顺市	Fushun	218.0	143.2	218.6	143.7	-2.8	-4.2
本溪市	Benxi	152.3	93.6	152.8	93.9	-2.6	-4.3
丹东市	Dandong	239.7	78.5	240.1	78.5	-2.5	-1.3
锦州市	Jinzhou	305.9	97.7	306.9	97.7	-3.6	

2-1 续表 1 continued

城 市	City	年末总人口 (万人) Total Population at Year-end (10 000 persons)		年平均人口 (万人) Annual Average Population (10 000 persons)		自然增长率 (‰) Natural Growth Rate (‰)	
		全 市 Total City	市辖区 Districts under City	全 市 Total City	市辖区 Districts under City	全 市 Total City	市辖区 Districts under City
营口市	Yingkou	232.5	91.8	233.8	91.6	-2.2	3.3
阜新市	Fuxin	191.1	77.5	191.3	77.7	-1.0	-3.9
辽阳市	Liaoyang	180.0	87.8	180.2	87.9		-1.1
盘锦市	Panjin	129.0	64.1	128.9	64.0	2.3	4.7
铁岭市	Tieling	301.9	43.9	302.0	44.0	0.7	
朝阳市	Chaoyang	339.5	60.7	340.1	60.7	0.6	-3.3
葫芦岛市	Huludao	279.9	98.4	280.0	98.4	1.8	1.0
吉林省	**Jilin**	**2463.6**	**860.6**	**2475.9**	**863.3**	**3.0**	**2.2**
长春市	Changchun	752.7	363.8	754.8	363.4	5.0	4.1
吉林市	Jilin	429.1	181.8	430.0	182.1	-0.9	-1.1
四平市	Siping	328.4	58.9	332.4	59.6	3.7	
辽源市	Liaoyuan	121.9	47.4	122.0	47.3	1.6	
通化市	Tonghua	222.3	44.3	223.4	44.3	0.9	
白山市	Baishan	127.1	57.7	127.5	58.5	2.4	1.7
松原市	Songyuan	283.0	56.8	286.4	58.0	5.3	5.3
白城市	Baicheng	199.1	49.8	199.6	50.2	3.0	2.0
黑龙江省	**Heilongjiang**	**3722.9**	**1361.6**	**3733.9**	**1355.4**		
哈尔滨市	Harbin	995.2	473.6	994.4	472.5	2.9	2.1
齐齐哈尔市	Qiqihar	557.0	138.4	558.0	138.8	2.3	-2.2
鸡西市	Jixi	186.6	85.2	186.6	85.2		-1.2
鹤岗市	Hegang	107.8	66.8	107.8	66.8	-0.9	-1.5
双鸭山市	Shuangyashan	149.8	49.5	150.1	49.6	-1.3	
大庆市	Daqing	282.6	136.4	273.5	129.4	3.5	2.9
伊春市	Yichun	123.2	78.9	123.5	78.5	-4.1	-3.8
佳木斯市	Jiamusi	242.1	79.1	245.1	79.9	-1.2	-2.5
七台河市	Qitaihe	92.0	56.9	92.2	57.0	2.2	3.5
牡丹江市	Mudanjiang	259.0	89.0	259.8	89.0	1.2	
黑河市	Heihe	171.5	21.0	171.5	21.0	-2.9	
绥化市	Suihua	556.2	86.9	571.4	87.8	-7.0	-6.9
上海市	**Shanghai**	**1432.3**	**1364.1**	**1429.6**	**1361.3**	**-0.6**	**-0.4**
江苏省	**Jiangsu**	**7616.8**	**3208.1**	**7585.2**	**3193.3**	**7.2**	**6.3**
南京市	Nanjing	643.1	643.1	640.8	640.8	4.2	4.2
无锡市	Wuxi	472.2	242.6	471.2	241.9	1.9	1.6
徐州市	Xuzhou	1006.9	326.4	998.7	323.6	17.8	15.9
常州市	Changzhou	365.9	231.7	365.3	231.1	1.4	2.2
苏州市	Suzhou	653.8	332.9	650.8	331.0	3.5	5.1
南通市	Nantong	766.5	212.3	765.9	212.1	-0.9	0.5
连云港市	Lianyungang	520.2	98.2	515.6	97.4	17.3	13.2
淮安市	Huai'an	553.0	287.1	549.9	284.9	11.9	12.9
盐城市	Yancheng	823.8	167.8	823.1	167.3	3.0	4.8
扬州市	Yangzhou	459.8	230.9	459.1	230.5	1.7	1.3
镇江市	Zhenjiang	271.8	103.3	271.6	103.3	1.1	1.0
泰州市	Taizhou	507.8	163.3	507.1	162.9	1.4	1.2
宿迁市	Suqian	572.1	168.5	566.2	166.4	19.6	20.2

2-1 续表 2 continued

城 市	City	年末总人口（万人）Total Population at Year-end (10 000 persons)		年平均人口（万人）Annual Average Population (10 000 persons)		自然增长率（‰）Natural Growth Rate (‰)	
		全 市 Total City	市辖区 Districts under City	全 市 Total City	市辖区 Districts under City	全 市 Total City	市辖区 Districts under City
浙江省	**Zhejiang**	**4826.9**	**1687.7**	**4813.1**	**1681.5**	**4.4**	**4.0**
杭州市	Hangzhou	706.6	450.8	703.6	448.1	4.7	6.0
宁波市	Ningbo	580.2	227.6	578.9	226.9	2.2	2.6
温州市	Wenzhou	807.2	151.0	803.7	150.3	9.3	6.6
嘉兴市	Jiaxing	345.9	85.5	345.2	85.2	1.2	1.2
湖州市	Huzhou	262.5	109.9	261.9	109.8	2.3	1.8
绍兴市	Shaoxing	441.7	216.7	441.3	216.4	0.7	0.9
金华市	Jinhua	473.4	94.6	472.0	94.3	4.9	5.3
衢州市	Quzhou	254.2	83.6	253.5	83.4	5.1	4.8
舟山市	Zhoushan	97.3	70.6	97.2	70.5		
台州市	Taizhou	594.0	157.8	592.5	157.3	4.9	3.8
丽水市	Lishui	263.9	39.6	263.3	39.4	5.7	7.6
安徽省	**Anhui**	**6928.5**	**1977.6**	**6920.4**	**1964.5**	**7.0**	**7.5**
合肥市	Hefei	711.5	240.8	711.0	238.6	4.2	9.1
芜湖市	Wuhu	384.5	136.1	384.0	129.8	4.9	3.7
蚌埠市	Bengbu	366.6	103.6	367.2	98.3	10.1	6.8
淮南市	Huainan	243.3	179.1	243.5	179.4	9.0	9.5
马鞍山市	Maanshan	228.4	82.4	228.4	82.2	2.2	3.6
淮北市	Huaibei	214.5	106.8	216.4	108.9	11.7	8.4
铜陵市	Tongling	74.2	45.2	74.2	45.0	2.7	2.2
安庆市	Anqing	621.7	73.4	621.1	73.3	4.3	4.1
黄山市	Huangshan	147.4	44.0	147.3	43.9	2.0	2.3
滁州市	Chuzhou	449.5	53.9	450.8	54.0	6.0	3.7
阜阳市	Fuyang	1053.2	216.0	1046.5	215.7	11.1	16.2
宿州市	Suzhou	641.9	187.0	646.8	187.6	6.2	7.5
六安市	Lu'an	716.7	188.6	713.5	187.9	9.6	8.5
亳州市	Bozhou	632.9	167.0	627.9	166.4	8.2	6.0
池州市	Chizhou	161.9	67.0	161.9	67.1	1.2	
宣城市	Xuancheng	280.2	86.8	279.9	86.7	2.9	2.3
福建省	**Fujian**	**3623.6**	**952.0**	**3600.9**	**944.3**	**14.4**	**11.2**
福州市	Fuzhou	655.5	194.8	655.4	193.4	13.9	9.2
厦门市	Xiamen	196.8	196.8	193.9	193.9	11.2	11.2
莆田市	Putian	334.2	222.9	331.8	221.2	13.8	14.8
三明市	Sanming	278.5	28.3	276.4	28.2	17.6	7.1
泉州市	Quanzhou	703.5	105.1	698.3	104.4	15.4	10.5
漳州市	Zhangzhou	489.5	57.5	485.4	57.6	14.3	7.0
南平市	Nanping	316.0	50.0	315.0	49.9	9.5	8.0
龙岩市	Longyan	302.6	49.8	300.1	49.3	16.9	10.0
宁德市	Ningde	347.2	47.0	344.7	46.5	15.8	17.0
江西省	**Jiangxi**	**4819.1**	**930.2**	**4693.6**	**919.4**	**8.3**	**7.0**
南昌市	Nanchang	510.1	226.4	509.0	225.8	8.8	7.5
景德镇市	Jingdezhen	166.3	46.8	166.5	46.6	6.6	4.3
萍乡市	Pingxiang	193.6	87.1	193.0	87.0	6.7	6.9
九江市	Jiujiang	508.1	65.4	508.4	65.2	13.2	7.6
新余市	Xinyu	121.5	88.7	121.0	88.3	9.9	9.0
鹰潭市	Yingtan	124.7	23.4	124.3	23.3	5.6	4.3
赣州市	Ganzhou	928.5	66.2	927.6	65.8	6.2	7.6
吉安市	Ji'an	509.1	56.0	507.3	55.6	9.6	8.9
宜春市	Yichun	578.1	109.8	575.6	109.5	6.1	7.3
抚州市	Fuzhou	419.6	119.1	395.6	110.3	10.7	2.5
上饶市	Shangrao	759.7	41.3	665.4	42.2	7.4	9.7

2-1 续表 3 continued

城市	City	年末总人口（万人）Total Population at Year-end (10 000 persons)		年平均人口（万人）Annual Average Population (10 000 persons)		自然增长率（‰）Natural Growth Rate (‰)	
		全市 Total City	市辖区 Districts under City	全市 Total City	市辖区 Districts under City	全市 Total City	市辖区 Districts under City
山东省	**Shandong**	**9612.1**	**2985.4**	**9595.9**	**2948.1**	**5.7**	**5.3**
济南市	Jinan	613.3	355.4	611.2	353.8	4.4	4.5
青岛市	Qingdao	773.7	366.4	771.6	365.2	2.8	3.3
淄博市	Zibo	425.3	282.4	424.5	281.7	3.3	3.5
枣庄市	Zaozhuang	396.0	226.7	395.4	226.2	4.3	2.2
东营市	Dongying	187.0	84.2	186.2	83.6	5.3	4.8
烟台市	Yantai	651.2	181.6	650.7	180.9	0.6	3.3
潍坊市	Weifang	882.9	184.1	880.9	183.6	4.4	5.4
济宁市	Jining	847.8	177.7	847.4	150.1	9.7	7.9
泰安市	Tai'an	558.8	159.7	558.8	159.3	5.0	5.6
威海市	Weihai	253.8	66.2	253.7	65.9	-1.2	4.5
日照市	Rizhao	290.1	130.4	289.1	129.6	8.3	7.7
莱芜市	Laiwu	126.5	126.5	126.4	126.4	1.6	1.6
临沂市	Linyi	1090.4	251.5	1087.1	250.0	6.3	9.5
德州市	Dezhou	578.8	60.9	578.2	60.9	8.5	8.2
聊城市	Liaocheng	597.5	116.5	596.0	115.8	6.9	7.7
滨州市	Binzhou	381.6	65.4	381.3	65.0	6.0	7.6
菏泽市	Heze	957.5	149.8	957.4	150.1	10.1	9.3
河南省	**Henan**	**10880.3**	**2207.1**	**10703.7**	**2003.2**	**10.5**	**8.9**
郑州市	Zhengzhou	919.1	517.1	775.1	321.1	10.9	7.9
开封市	Kaifeng	553.1	87.3	548.8	87.0	15.0	5.7
洛阳市	Luoyang	692.3	193.3	690.4	192.6	12.9	9.3
平顶山市	Pingdingshan	537.5	97.9	536.1	97.6	16.0	12.3
安阳市	Anyang	602.0	114.4	597.5	112.6	15.9	12.2
鹤壁市	Hebi	165.9	62.6	164.5	62.1	15.1	14.4
新乡市	Xinxiang	625.0	103.9	620.5	103.5	8.5	10.6
焦作市	Jiaozuo	367.8	98.3	367.6	97.3	8.2	7.1
濮阳市	Puyang	417.3	68.4	419.3	69.0	14.1	13.2
许昌市	Xuchang	499.0	41.9	496.6	41.7	9.0	9.5
漯河市	Luohe	274.2	139.4	274.6	139.6	0.7	1.4
三门峡市	Sanmenxia	226.8	29.9	226.5	29.5	4.0	3.3
南阳市	Nanyang	1171.0	186.0	1168.3	185.5	7.2	11.8
商丘市	Shangqiu	942.6	183.3	938.4	182.2	5.2	5.5
信阳市	Xinyang	859.8	149.5	857.5	149.1	12.9	10.0
周口市	Zhoukou	1130.8	53.3	1128.3	53.2	11.6	15.0
驻马店市	Zhumadian	896.0	80.6	893.8	79.7	9.7	13.6
湖北省	**Hubei**	**5333.5**	**1516.9**	**5264.6**	**1513.8**	**5.9**	**4.5**
武汉市	Wuhan	822.1	512.6	821.9	512.8	6.3	4.3
黄石市	Huangshi	262.3	62.8	261.9	63.3	11.8	3.2
十堰市	Shiyan	346.7	54.3	346.3	54.1	7.5	9.2
宜昌市	Yichang	400.1	127.4	399.5	126.4	2.2	3.9
襄阳市	Xiangyang	595.1	226.7	594.6	226.3	0.7	
鄂州市	Ezhou	109.8	109.8	105.5	105.5	4.6	4.6

2-1 续表 4 continued

城 市	City	年末总人口（万人）Total Population at Year-end (10 000 persons)		年平均人口（万人）Annual Average Population (10 000 persons)		自然增长率（‰）Natural Growth Rate (‰)	
		全 市 Total City	市辖区 Districts under City	全 市 Total City	市辖区 Districts under City	全 市 Total City	市辖区 Districts under City
荆门市	Jingmen	300.8	67.5	301.6	69.1	4.3	1.5
孝感市	Xiaogan	527.4	96.0	527.2	96.1	5.1	7.3
荆州市	Jingzhou	661.0	111.9	662.1	113.0	3.2	3.6
黄冈市	Huanggang	750.2	35.6	687.7	36.3	10.0	5.6
咸宁市	Xianning	300.5	62.4	299.2	62.0	10.3	12.8
随州市	Suizhou	257.6	49.9	257.2	49.0	8.5	14.0
湖南省	**Hunan**	**6852.9**	**1353.1**	**6861.6**	**1374.4**	**6.1**	**6.8**
长沙市	Changsha	662.8	299.3	661.7	298.6	4.7	7.0
株洲市	Zhuzhou	399.6	95.1	397.7	95.0	6.8	5.3
湘潭市	Xiangtan	289.9	87.7	290.9	88.2	-0.7	2.3
衡阳市	Hengyang	785.9	93.1	785.8	93.8	7.8	6.4
邵阳市	Shaoyang	808.3	69.1	803.6	69.0	7.9	8.7
岳阳市	Yueyang	560.0	108.5	564.4	118.3	7.3	10.1
常德市	Changde	607.2	139.2	611.0	139.7	5.9	5.7
张家界市	Zhangjiajie	170.9	52.6	170.5	52.6	5.9	9.5
益阳市	Yiyang	480.0	135.5	480.9	135.1	6.0	8.1
郴州市	Chenzhou	512.1	73.7	510.9	84.2	4.9	
永州市	Yongzhou	622.6	114.7	626.4	115.6	4.3	7.8
怀化市	Huaihua	515.0	37.1	518.8	37.0	7.8	5.4
娄底市	Loudi	438.6	47.6	438.9	47.5	6.2	6.3
广东省	**Guangdong**	**8745.6**	**3864.3**	**8604.6**	**3838.4**	**10.0**	**9.1**
广州市	Guangzhou	832.3	686.6	827.3	682.3	8.5	7.6
韶关市	Shaoguan	328.0	92.4	327.3	92.2	7.6	7.6
深圳市	Shenzhen	310.5	310.5	299.1	299.1	18.4	18.4
珠海市	Zhuhai	108.6	108.6	107.6	107.6	9.2	9.2
汕头市	Shantou	540.0	532.5	536.4	529.0	6.1	6.0
佛山市	Foshan	381.6	381.6	379.6	379.6	6.6	6.6
江门市	Jiangmen	393.0	139.5	392.4	139.3	3.8	4.3
湛江市	Zhanjiang	804.2	159.2	713.8	164.5	8.0	7.5
茂名市	Maoming	757.7	136.0	753.3	135.1	12.4	16.2
肇庆市	Zhaoqing	429.8	55.1	428.7	55.0	9.1	7.3
惠州市	Huizhou	343.4	138.8	342.6	138.5	7.6	7.9
梅州市	Meizhou	525.0	96.7	523.2	95.3	7.6	7.2
汕尾市	Shanwei	352.5	52.0	349.9	52.1	18.4	21.2
河源市	Heyuan	361.0	30.3	358.0	29.6	13.0	9.9
阳江市	Yangjiang	285.1	68.6	283.8	68.2	12.6	14.6
清远市	Qingyuan	409.8	134.2	407.7	133.5	10.7	10.4
东莞市	Dongguan	188.9	188.9	188.0	188.0	6.9	6.9
中山市	Zhongshan	154.1	154.1	153.1	153.1	7.1	7.1
潮州市	Chaozhou	267.2	162.6	266.0	162.0	10.5	8.6
揭阳市	Jieyang	682.7	205.1	678.3	203.8	13.6	12.7
云浮市	Yunfu	290.3	31.1	288.7	30.8	12.1	19.3
广西壮族自治区	**Guangxi**	**5413.8**	**1415.4**	**5312.0**	**1409.3**	**16.9**	**17.8**
南宁市	Nanning	724.4	279.7	719.0	277.1	18.8	17.2
柳州市	Liuzhou	372.4	115.7	372.3	115.3	7.5	5.2
桂林市	Guilin	521.8	76.7	521.9	76.3	10.3	7.8

2-1 续表 5 continued

城 市	City	年末总人口（万人）Total Population at Year-end (10 000 persons)		年平均人口（万人）Annual Average Population (10 000 persons)		自然增长率（‰）Natural Growth Rate (‰)	
		全 市 Total City	市辖区 Districts under City	全 市 Total City	市辖区 Districts under City	全 市 Total City	市辖区 Districts under City
梧州市	Wuzhou	336.2	52.1	294.2	66.5	24.7	9.6
北海市	Beihai	169.4	63.6	169.4	63.6	15.9	15.7
防城港市	Fangchenggang	93.0	55.3	92.3	54.8	18.3	18.1
钦州市	Qinzhou	396.5	146.3	393.2	146.3	19.2	15.0
贵港市	Guigang	538.2	195.3	534.0	193.4	25.6	30.7
玉林市	Yulin	700.9	106.4	696.4	105.4	21.0	18.8
百色市	Baise	411.7	35.4	410.0	35.1	12.1	11.3
贺州市	Hezhou	233.6	114.4	199.4	102.9	16.7	19.2
河池市	Hechi	413.7	33.5	409.4	32.4	8.5	14.9
来宾市	Laibin	255.6	104.5	254.7	104.0	20.0	27.8
崇左市	Chongzuo	246.5	36.6	245.9	36.3	13.0	13.7
海南省	**Hainan**	**221.0**	**221.0**	**220.0**	**220.0**	**10.4**	**10.4**
海口市	Haikou	163.2	163.2	162.4	162.4	10.4	10.4
三亚市	Sanya	57.7	57.7	57.5	57.5	10.4	10.4
三沙市	Sansa			0.2	0.2		
重庆市	**Chongqing**	**3358.4**	**1787.0**	**3350.9**	**1783.1**	**4.6**	**3.7**
四川省	**Sichuan**	**8424.1**	**2538.3**	**8407.7**	**2689.7**	**3.8**	**4.2**
成都市	Chengdu	1188.0	564.9	1180.7	559.6	2.7	3.7
自贡市	Zigong	329.7	151.3	329.1	150.9	6.1	5.9
攀枝花市	Panzhihua	112.0	68.7	111.9	68.8	3.6	1.5
泸州市	Luzhou	508.4	149.5	506.8	149.1	8.7	2.7
德阳市	Deyang	392.0	68.8	391.8	230.4	1.3	2.9
绵阳市	Mianyang	547.4	125.4	546.4	124.8	4.0	5.6
广元市	Guangyuan	310.2	93.5	311.0	93.6	-0.3	1.1
遂宁市	Suining	379.4	151.6	377.7	150.8	7.1	7.9
内江市	Neijiang	426.8	142.8	426.7	142.5	3.3	4.9
乐山市	Leshan	356.0	116.1	355.6	116.0	3.4	0.9
南充市	Nanchong	759.0	196.7	759.3	196.1	1.8	4.1
眉山市	Meishan	352.2	87.2	351.5	86.8	3.4	5.7
宜宾市	Yibin	550.4	126.5	548.5	125.9	3.3	3.2
广安市	Guang'an	470.4	126.8	469.5	126.3	6.6	6.3
达州市	Dazhou	687.6	59.5	687.9	59.5	4.5	5.0
雅安市	Ya'an	157.0	62.4	156.7	62.6	4.5	4.8
巴中市	Bazhong	390.2	136.2	390.1	136.0	4.4	3.7
资阳市	Ziyang	507.3	110.4	506.6	110.1	3.4	6.3
贵州省	**Guizhou**	**3068.4**	**652.7**	**2785.9**	**601.1**	**10.4**	**10.0**
贵阳市	Guiyang	379.1	227.9	376.8	231.1	9.5	8.8
六盘水市	Liupanshui	325.4	47.1	324.0	46.9	7.1	4.2
遵义市	Zunyi	778.5	88.3	774.9	87.6	8.1	9.1
安顺市	Anshun	285.6	88.3	229.2	76.4	10.2	10.2
毕节市	Bijie	870.6	155.0	653.1	113.3	15.5	12.9
铜仁市	Tongren	429.2	46.1	427.8	45.8	7.9	10.8
云南省	**Yunnan**	**2861.8**	**645.3**	**2864.0**	**639.8**	**5.4**	**3.9**
昆明市	Kunming	546.8	274.6	545.1	273.6	4.6	5.1
曲靖市	Qujing	641.9	71.9	633.2	72.5	6.2	-1.4

2-1 续表 6 continued

城 市	City	年末总人口(万人) Total Population at Year-end (10 000 persons)		年平均人口(万人) Annual Average Population (10 000 persons)		自然增长率(‰) Natural Growth Rate (‰)	
		全 市 Total City	市辖区 Districts under City	全 市 Total City	市辖区 Districts under City	全 市 Total City	市辖区 Districts under City
玉溪市	Yuxi	214.7	43.3	233.5	43.2	2.8	2.3
保山市	Baoshan	256.9	91.7	256.2	91.4	4.3	4.4
昭通市	Zhaotong	586.5	85.8	584.9	85.5	4.3	3.5
丽江市	Lijiang	120.1	15.2	119.5	15.1	6.7	6.6
普洱市	Pu'er	258.4	30.8	255.1	26.6	9.7	6.5
临沧市	Lincang	236.4	32.0	236.4	31.9	6.8	6.3
西藏自治区	**Tibet**	**60.1**	**30.0**	**59.0**	**29.9**	**11.6**	
拉萨市	Lasa	60.1	30.0	59.0	29.9	11.6	
陕西省	**Shaanxi**	**3941.0**	**1308.7**	**3846.6**	**1277.4**	**7.6**	**8.9**
西安市	Xi'an	806.9	580.6	801.5	576.7	11.3	11.4
铜川市	Tongchuan	85.6	76.1	85.4	76.0	4.7	5.3
宝鸡市	Baoji	385.6	143.5	384.8	143.4	5.7	4.2
咸阳市	Xianyang	533.2	92.2	530.6	91.6	9.4	8.7
渭南市	Weinan	569.8	99.4	532.6	88.8	1.6	7.0
延安市	Yan'an	237.8	46.9	236.6	46.7	4.2	4.3
汉中市	Hanzhong	386.2	56.8	385.2	56.6	2.3	5.3
榆林市	Yulin	377.0	55.4	376.7	55.0	15.4	16.2
安康市	Ankang	308.3	102.5	263.6	87.2	9.1	8.8
商洛市	Shangluo	250.6	55.4	249.7	55.4	7.6	5.4
甘肃省	**Gansu**	**2500.0**	**858.3**	**2454.0**	**821.7**	**7.2**	**4.9**
兰州市	Lanzhou	368.6	247.1	321.5	205.9	6.0	5.3
嘉峪关市	Jiayuguan	20.0	20.0	23.5	23.5	5.5	5.5
金昌市	Jinchang	46.9	23.1	46.8	24.0	4.3	
白银市	Baiyin	177.0	48.9	176.4	49.0	11.9	8.2
天水市	Tianshui	378.0	133.1	376.9	132.8	6.9	5.3
武威市	Wuwei	188.5	101.6	189.8	102.0	3.7	3.9
张掖市	Zhangye	131.3	51.9	131.1	51.7	4.6	3.9
平凉市	Pingliang	231.9	51.4	231.7	51.4	5.2	9.7
酒泉市	Jiuquan	110.8	40.9	110.6	40.8	4.5	4.9
庆阳市	Qingyang	264.1	37.7	263.8	38.1	12.5	13.3
定西市	Dingxi	300.1	46.6	298.2	46.6	5.7	6.4
陇南市	Longnan	282.8	56.0	283.9	56.0	12.0	5.4
青海省	**Qinghai**	**397.3**	**153.2**	**394.9**	**152.3**	**4.0**	**3.9**
西宁市	Xining	226.8	123.9	225.8	123.2	5.7	4.0
海东市	Haidong	170.5	29.3	169.2	29.1	1.8	3.4
宁夏回族自治区	**Ningxia**	**668.6**	**275.9**	**663.8**	**273.8**	**14.4**	**9.4**
银川市	Yinchuan	172.6	103.4	169.9	101.8	11.0	9.7
石嘴山市	Shizuishan	76.6	45.5	76.3	45.6	3.9	2.2
吴忠市	Wuzhong	143.7	40.0	142.7	39.7	17.4	10.0
固原市	Guyuan	154.2	46.5	154.2	46.3	18.2	17.2
中卫市	Zhongwei	121.5	40.5	120.7	40.4	17.3	7.4
新疆维吾尔自治区	**Xinjiang**	**300.9**	**294.7**	**298.1**	**292.0**	**6.6**	**6.4**
乌鲁木齐市	Urumqi	262.9	256.8	260.4	254.3	6.8	6.6
克拉玛依市	Karamay	37.9	37.9	37.8	37.8	5.3	5.3

2-2 劳动力就业状况

Labour Force and Employment

城　市	City	从业人员期末人数（万人）Persons Employed in Various Units at Year-end (10 000 persons)		城镇私营和个体从业人员（人）Persons Employed in Private Enterprises and Self-Employed Individuals in Urban Areas (person)		城镇登记失业人员数（人）Registered Unemployed Persons in Urban Areas (person)	
		全　市 Total City	市辖区 Districts under City	全　市 Total City	市辖区 Districts under City	全　市 Total City	市辖区 Districts under City
城市合计	**Prefecture Cities**	**18144.7**	**11024.4**	**151346507**	**86087694**	**7836698**	**4302560**
北京市	**Beijing**	**742.3**	**724.4**	**6402778**	**6179347**	**68144**	**64303**
天津市	**Tianjin**	**302.4**	**271.0**	**1775800**	**1775800**	**216900**	**216900**
河北省	**Hebei**	**644.8**	**311.1**	**4430245**	**1115916**	**385839**	**180963**
石家庄市	Shijiazhuang	92.9	55.5	488101	191500	53481	42373
唐山市	Tangshan	96.7	63.4	412232	177506	61000	19535
秦皇岛市	Qinhuangdao	34.2	23.2	151803	91530	37199	23216
邯郸市	Handan	80.4	36.8	1214700	189700	51786	46260
邢台市	Xingtai	45.7	17.7	452928	81094	19038	9519
保定市	Baoding	99.9	34.0	414377	134849	47000	7044
张家口市	Zhangjiakou	39.0	17.9			37600	
承德市	Chengde	30.3	14.1	177657	48482	19100	3176
沧州市	Cangzhou	52.4	17.5	385120	28698	24435	12200
廊坊市	Langfang	43.9	20.5	385120	84533	12500	4040
衡水市	Hengshui	29.6	10.4	348207	88024	22700	13600
山西省	**Shanxi**	**453.9**	**236.8**	**2052064**	**1235337**	**181702**	**109215**
太原市	Taiyuan	96.7	88.6	543459	537926	46725	45743
大同市	Datong	46.5	38.4	266997	169777	55970	34614
阳泉市	Yangquan	28.6	21.3	107375	68085	8614	5278
长治市	Changzhi	45.1	15.5	244707	38773	12032	8650
晋城市	Jincheng	37.9	18.6	144149	66360	4508	2680
朔州市	Shuozhou	20.5	11.5	200947	51072	6663	3397
晋中市	Jinzhong	36.7	12.1	189864	33659	9613	3204
运城市	Yuncheng	36.9	7.8	24557	192500	13723	2090
忻州市	Xinzhou	26.3	7.6	93415	25096	7208	809
临汾市	Linfen	38.9	9.4	236594	52089	16646	2750
吕梁市	Lvliang	39.8	5.8				
内蒙古自治区	**Inner Mongolia**	**261.4**	**137.1**	**2893823**	**1766167**	**211657**	**118547**
呼和浩特市	Hohhot	41.5	32.4	673000	381296	36553	28560
包头市	Baotou	43.1	38.1	916404	851132	48722	48722
乌海市	Wuhai	10.4	10.4	123617	123617	8290	8290
赤峰市	Chifeng	36.5	16.2	258917	135066	26256	8299
通辽市	Tongliao	28.8	12.4	178000	76128	16993	5043
鄂尔多斯市	Erdos	31.0	6.2	149736	15186	15127	5331
呼伦贝尔市	Hulunbuir	38.3	8.2	353902	111928	29193	6052
巴彦淖尔市	Bayannur	15.1	7.1	177000	45995	12381	3783
乌兰察布市	Ulanqab	16.7	6.2	63247	25819	18142	4467
辽宁省	**Liaoning**	**682.7**	**505.9**	**6400449**	**2567792**	**387604**	**273404**
沈阳市	Shenyang	152.8	141.5	1455415	1268549	84312	78287
大连市	Dalian	131.4	102.6	2081695		95396	67228
鞍山市	Anshan	62.9	44.7	169335	145311	22128	14804
抚顺市	Fushun	32.8	27.7	274320		24620	19435
本溪市	Benxi	31.7	25.6	147684	114932	29647	23442
丹东市	Dandong	31.8	19.1	200760		15278	7439
锦州市	Jinzhou	32.1	23.4	356216	243358	14420	11867

2-2 续表 1 continued

城市	City	从业人员期末人数（万人）Persons Employed in Various Units at Year-end (10 000 persons)		城镇私营和个体从业人员（人）Persons Employed in Private Enterprises and Self-Employed Individuals in Urban Areas (person)		城镇登记失业人员数（人）Registered Unemployed Persons in Urban Areas (person)	
		全市 Total City	市辖区 Districts under City	全市 Total City	市辖区 Districts under City	全市 Total City	市辖区 Districts under City
营口市	Yingkou	29.1	22.7	502876	313321	12101	7263
阜新市	Fuxin	22.7	17.7	259161	241020	19579	18598
辽阳市	Liaoyang	19.9	16.0	149511	57693	11643	5600
盘锦市	Panjin	49.8	25.6	142753	108309	17472	5905
铁岭市	Tieling	28.2	7.3	224100	12998	14540	3636
朝阳市	Chaoyang	30.4	12.8	215236		9560	4176
葫芦岛市	Huludao	27.2	19.2	221387	62301	16908	5724
吉林省	**Jilin**	**303.7**	**205.0**	**3483571**	**1888360**	**196615**	**96316**
长春市	Changchun	126.2	109.2	1194331	996055	82403	46452
吉林市	Jilin	44.3	29.2	457986	239718	30923	17722
四平市	Siping	21.8	7.9	599143	118987	21252	5685
辽源市	Liaoyuan	13.7	9.6	187898	105329	9544	7271
通化市	Tonghua	29.8	16.3	275079	139123	8872	1229
白山市	Baishan	19.0	10.7	287681	109750	12267	6786
松原市	Songyuan	27.4	11.9	326543	106234	15004	5498
白城市	Baicheng	21.6	10.2	154910	73164	16350	5673
黑龙江省	**Heilongjiang**	**428.5**	**274.5**	**3924124**	**2570230**	**317113**	**191961**
哈尔滨市	Harbin	137.4	109.2	1521918	1236710	95091	67163
齐齐哈尔市	Qiqihar	42.5	30.5	329291	203955	35468	3710
鸡西市	Jixi	19.0	13.6	19560	10539	21809	14831
鹤岗市	Hegang	22.5	12.1	114971	95061	16765	12635
双鸭山市	Shuangyashan	16.2	11.0	85591	37829	10466	6494
大庆市	Daqing	53.1	46.7	394416	315406	38501	35285
伊春市	Yichun	19.3	14.8	136586	124293	22606	18084
佳木斯市	Jiamusi	18.4	9.3	219184	95635	19919	11397
七台河市	Qitaihe	12.7	11.2	165902	136300	7533	5636
牡丹江市	Mudanjiang	26.5	9.5	535056	241000	22224	13464
黑河市	Heihe	31.6	3.8	121409	47192	7108	1522
绥化市	Suihua	29.4	2.9	280240	26310	19623	1740
上海市	**Shanghai**	**619.0**	**610.5**	**4278482**	**4027961**	**263700**	**256300**
江苏省	**Jiangsu**	**1498.8**	**883.9**	**16575255**	**10427367**	**972328**	**539282**
南京市	Nanjing	216.1	216.1	2228221	2228221	65960	65960
无锡市	Wuxi	128.1	81.3	2143799	1356836	42635	32139
徐州市	Xuzhou	109.8	60.2	1048751	603619	33785	18256
常州市	Changzhou	71.5	59.0	1765872	1410951	32699	25469
苏州市	Suzhou	293.4	150.2	3243224	1718128	44427	24037
南通市	Nantong	183.9	60.9	867185	465024	34628	15919
连云港市	Lianyungang	47.2	23.3	392771	193394	600501	297296
淮安市	Huai'an	63.3	41.9	620767	380270	20721	11826
盐城市	Yancheng	88.6	32.2	978378	400650	21114	7229
扬州市	Yangzhou	101.1	63.7	923934	629933	27911	17970
镇江市	Zhenjiang	46.7	23.2	734348	355846	15977	8003
泰州市	Taizhou	94.8	40.0	854410	417341	18447	8578
宿迁市	Suqian	54.4	31.8	773595	267154	13523	6600

2-2 续表 2 continued

城 市	City	从业人员期末人数（万人）Persons Employed in Various Units at Year-end (10 000 persons) 全市 Total City	市辖区 Districts under City	城镇私营和个体从业人员（人）Persons Employed in Private Enterprises and Self-Employed Individuals in Urban Areas (person) 全市 Total City	市辖区 Districts under City	城镇登记失业人员数（人）Registered Unemployed Persons in Urban Areas (person) 全市 Total City	市辖区 Districts under City
浙江省	**Zhejiang**	**1069.7**	**621.6**	**10134675**	**4654541**	**307249**	**182004**
杭州市	Hangzhou	282.6	249.4	1830931	1590949	46032	34308
宁波市	Ningbo	171.4	99.6	1704800	1249000	69230	56100
温州市	Wenzhou	103.0	39.4	1811113		25232	8959
嘉兴市	Jiaxing	79.8	25.7	587291	154833	26285	9266
湖州市	Huzhou	48.2	24.0	577700	352200	13400	9200
绍兴市	Shaoxing	135.5	88.3	763977	463572	48015	30475
金华市	Jinhua	90.1	18.1	1407459	224826	25841	6628
衢州市	Quzhou	20.4	11.2	293119	131457	13111	6318
舟山市	Zhoushan	18.5	15.1	112800	87715	6160	4061
台州市	Taizhou	102.3	45.6	759888	321091	25182	11919
丽水市	Lishui	18.0	5.3	285597	78898	8761	4770
安徽省	**Anhui**	**608.3**	**337.6**	**6010660**	**2907792**	**328705**	**120327**
合肥市	Hefei	144.5	112.6	1280000	779187	107686	
芜湖市	Wuhu	42.2	30.3	716555	483609	17643	9575
蚌埠市	Bengbu	26.0	19.2	281907	212037	17096	13736
淮南市	Huainan	35.4	29.3	165629	114405	29951	28267
马鞍山市	Maanshan	23.7	8.5	242917	48378	10201	1045
淮北市	Huaibei	28.6	23.3	284561	240132	20941	17814
铜陵市	Tongling	15.6	13.4	95957	73901	9073	6674
安庆市	Anqing	34.9	14.2	354076	31690	25309	14878
黄山市	Huangshan	11.7	7.4	164150	92278	5889	3112
滁州市	Chuzhou	22.5	4.9	597965	145993	10975	3317
阜阳市	Fuyang	29.3	13.8	450379	159471	6090	1233
宿州市	Suzhou	32.0	16.3	180000	100467	13237	5622
六安市	Lu'an	73.0	21.4	277000	85846	17455	3518
亳州市	Bozhou	22.1	8.3	418526	138621	7802	912
池州市	Chizhou	10.7	6.2	196850	99687	19849	8651
宣城市	Xuancheng	56.3	8.6	304188	102090	9508	1973
福建省	**Fujian**	**644.5**	**356.7**	**4893081**	**2943191**	**146990**	**82704**
福州市	Fuzhou	142.8	94.9	942985	709914	33750	23447
厦门市	Xiamen	130.3	130.3	1253677	1253677	30600	30600
莆田市	Putian	46.6	38.4	247619	204020	6958	4813
三明市	Sanming	24.1	8.4	319676	90818	8769	2353
泉州市	Quanzhou	163.7	38.9	944049	350464	18694	7394
漳州市	Zhangzhou	50.6	15.9	310689	120543	9722	1477
南平市	Nanping	24.3	8.2	284657	69228	16664	4303
龙岩市	Longyan	34.5	12.7	253414	117433	14580	6966
宁德市	Ningde	27.7	9.2	336315	27094	7253	1351
江西省	**Jiangxi**	**440.1**	**195.2**	**4718575**	**1869739**	**217775**	**77387**
南昌市	Nanchang	119.6	89.5	688070	556221	11239	11239
景德镇市	Jingdezhen	20.2	12.5	161800	149100	17864	5499
萍乡市	Pingxiang	19.7	14.4	308003	159953	12679	10620
九江市	Jiujiang	42.5	13.6	634487	247651	9338	2335
新余市	Xinyu	14.3	9.3	149424	122212	11595	9951
鹰潭市	Yingtan	13.4	4.3	149989	57100	10602	4240
赣州市	Ganzhou	54.3	14.0	647700	147100	38764	4312
吉安市	Ji'an	34.3	6.4	502567	74415	22890	5828
宜春市	Yichun	42.3	7.5	358174	79867	29112	11488
抚州市	Fuzhou	36.6	15.9	627661	148866	20492	9089
上饶市	Shangrao	42.9	7.9	490700	127254	33200	2786

2-2 续表 3 continued

城 市	City	从业人员期末人数（万人）Persons Employed in Various Units at Year-end (10 000 persons)		城镇私营和个体从业人员（人）Persons Employed in Private Enterprises and Self-Employed Individuals in Urban Areas (person)		城镇登记失业人员数（人）Registered Unemployed Persons in Urban Areas (person)	
		全 市 Total City	市辖区 Districts under City	全 市 Total City	市辖区 Districts under City	全 市 Total City	市辖区 Districts under City
山东省	**Shandong**	**1276.1**	**685.5**	**9712586**	**5647800**	**421895**	**214240**
济南市	Jinan	148.1	121.8	1468655	1174500	36771	
青岛市	Qingdao	147.1	100.8	2096540	1210475	70087	56039
淄博市	Zibo	93.9	62.2	416300	378759	29163	20103
枣庄市	Zaozhuang	51.2	32.5	670091	337380	18660	12035
东营市	Dongying	48.8	34.4	185055	62810	9992	7689
烟台市	Yantai	107.9	56.8	785246	483129	51192	39468
潍坊市	Weifang	92.7	36.8	488598	267012	38213	8403
济宁市	Jining	92.3	39.1	409157	173073	30845	13546
泰安市	Tai'an	77.9	25.0	357361	184154	19354	8348
威海市	Weihai	56.0	26.5	304560	199851	8046	4181
日照市	Rizhao	32.1	20.4	146889	119249	12948	9742
莱芜市	Laiwu	19.1	19.1	222586	222586	5446	5446
临沂市	Linyi	101.1	45.2	562680	269821	17204	7329
德州市	Dezhou	57.0	16.8	711068	163028	17946	1790
聊城市	Liaocheng	48.4	15.2	457747	156594	25599	13498
滨州市	Binzhou	52.4	15.6	262027	125719	11955	4691
菏泽市	Heze	50.1	17.3	168026	119660	18474	1932
河南省	**Henan**	**1046.2**	**487.3**	**5795982**	**2363225**	**414082**	**219592**
郑州市	Zhengzhou	192.0	138.2	1133269	785385	61335	46114
开封市	Kaifeng	47.7	22.3	176379	113106	18986	12427
洛阳市	Luoyang	72.8	41.9	581992	288474	39271	22617
平顶山市	Pingdingshan	57.3	34.6	169744	55470	20497	8953
安阳市	Anyang	57.2	20.5	216418	118466	27221	19500
鹤壁市	Hebi	22.4	14.1	159595	68236	5537	2338
新乡市	Xinxiang	72.0	21.9	206859	86067	26822	15556
焦作市	Jiaozuo	49.4	23.8	356398	115878	26374	20319
濮阳市	Puyang	41.0	24.0	231346	113690	14144	8785
许昌市	Xuchang	44.2	13.6	216623	57094	35383	16583
漯河市	Luohe	30.2	22.2	106368	67084	9155	7232
三门峡市	Sanmenxia	27.9	6.5	143900	35300	7526	2831
南阳市	Nanyang	88.1	31.6	491281	112734	37640	14385
商丘市	Shangqiu	55.5	17.8	279270	75643	27609	10395
信阳市	Xinyang	60.7	20.5	376000	127000	9154	4018
周口市	Zhoukou	66.2	12.7	466803	53761	35629	6398
驻马店市	Zhumadian	61.8	21.2	483737	89837	11799	1141
湖北省	**Hubei**	**725.5**	**394.5**	**8042078**	**4306322**	**374543**	**205554**
武汉市	Wuhan	198.5	160.1	2122500	2122500	93125	80720
黄石市	Huangshi	33.4	20.0	362500	288524	18100	11095
十堰市	Shiyan	60.9	38.2	596017	227297	29310	15094
宜昌市	Yichang	85.0	36.2	1592194	367926	23531	8310
襄阳市	Xiangyang	84.9	31.8	631774	461195	41801	21871
鄂州市	Ezhou	20.4	20.4	105880	105880	9300	9300

2-2 续表 4 continued

城 市	City	从业人员期末人数 (万人) Persons Employed in Various Units at Year-end (10 000 persons)		城镇私营和个体从业人员 (人) Persons Employed in Private Enterprises and Self-Employed Individuals in Urban Areas (person)		城镇登记失业人员数 (人) Registered Unemployed Persons in Urban Areas (person)	
		全 市 Total City	市辖区 Districts under City	全 市 Total City	市辖区 Districts under City	全 市 Total City	市辖区 Districts under City
荆门市	Jingmen	38.1	16.0	368243	50196	17831	11965
孝感市	Xiaogan	79.7	26.9	639125	118100	32374	7959
荆州市	Jingzhou	41.6	18.4	716300	208100	57808	34154
黄冈市	Huanggang	44.5	8.1	163212	31010	31176	1242
咸宁市	Xianning	23.6	9.4	200662	88874	14471	2597
随州市	Suizhou	15.0	9.1	543671	236720	5716	1247
湖南省	**Hunan**	**567.2**	**280.8**	**6686323**	**2917101**	**402753**	**196890**
长沙市	Changsha	130.3	88.4	845700	564600	60751	46895
株洲市	Zhuzhou	45.5	27.4	744600	460700	21424	11202
湘潭市	Xiangtan	35.4	24.6	151000	73900	22000	18845
衡阳市	Hengyang	57.8	25.2	801625	446543	59032	38546
邵阳市	Shaoyang	37.2	12.0	766800	167400	23237	5279
岳阳市	Yueyang	52.9	23.0	645529	230024	36507	13612
常德市	Changde	42.4	17.5	875000	328125	36856	11191
张家界市	Zhangjiajie	8.9	4.6	87200	44400	5317	2601
益阳市	Yiyang	29.4	15.6	244100	140800	24899	6449
郴州市	Chenzhou	36.1	14.6	424300	166400	29472	9874
永州市	Yongzhou	32.1	9.8	213196	78075	22145	7936
怀化市	Huaihua	28.8	7.2	667300	148500	35100	18223
娄底市	Loudi	30.4	11.1	219973	67634	26013	6237
广东省	**Guangdong**	**1956.3**	**1672.5**	**15308717**	**12501324**	**605109**	**195162**
广州市	Guangzhou	324.6	303.7	2768097	2464031	305017	
韶关市	Shaoguan	35.7	21.0	480111	215935	12965	5895
深圳市	Shenzhen	457.4	457.4	4418282	4418282	38787	38787
珠海市	Zhuhai	74.6	74.6	275663	275663	10972	10972
汕头市	Shantou	55.5	55.0			16781	16781
佛山市	Foshan	174.2	174.2	1245218	1245218	21580	21580
江门市	Jiangmen	59.5	31.1	631487	341801	24827	15218
湛江市	Zhanjiang	50.3	23.1	279746	104948	20416	8940
茂名市	Maoming	44.8	16.1	236445	80110	24096	12500
肇庆市	Zhaoqing	40.7	19.3	284407	132750	12781	5010
惠州市	Huizhou	86.1	63.8	1143866	527795	17317	10976
梅州市	Meizhou	29.5	11.5	135257	86194	13173	5953
汕尾市	Shanwei	24.9	7.2	188186	79977	11961	2422
河源市	Heyuan	25.4	12.8	91976	95328	10289	2838
阳江市	Yangjiang	24.5	8.7	179530	92712	11519	4069
清远市	Qingyuan	31.5	18.7	463932	192921	13672	6061
东莞市	Dongguan	244.9	244.9	886058	886058	7289	7289
中山市	Zhongshan	90.8	90.8	997342	997342	8973	8973
潮州市	Chaozhou	21.1	17.5	225905	215382	8742	6937
揭阳市	Jieyang	39.1	16.1	183106		8863	3210
云浮市	Yunfu	21.2	5.0	194103	48877	5089	751
广西壮族自治区	**Guangxi**	**390.6**	**236.5**	**3601607**	**1550111**	**193404**	**101393**
南宁市	Nanning	90.6	74.9	575207	253670	31006	24488
柳州市	Liuzhou	60.7	50.0	560643	370455	28680	20451
桂林市	Guilin	42.6	22.0	418511	119269	23071	12815

2-2 续表 5 continued

城市	City	从业人员期末人数（万人）Persons Employed in Various Units at Year-end (10 000 persons)		城镇私营和个体从业人员（人）Persons Employed in Private Enterprises and Self-Employed Individuals in Urban Areas (person)		城镇登记失业人员数（人）Registered Unemployed Persons in Urban Areas (person)	
		全市 Total City	市辖区 Districts under City	全市 Total City	市辖区 Districts under City	全市 Total City	市辖区 Districts under City
梧州市	Wuzhou	20.1	11.5	160261	96100	14334	8211
北海市	Beihai	13.8	10.0	207921	152902	8877	4985
防城港市	Fangchenggang	11.0	7.8	91523	53981	3505	2232
钦州市	Qinzhou	19.4	11.6	189541	124472	8600	3952
贵港市	Guigang	18.2	8.8	156380	79133	5665	976
玉林市	Yulin	35.8	11.0	289588	43345	19304	3960
百色市	Baise	21.2	6.8	315937	31635	22500	10602
贺州市	Hezhou	10.0	5.5	102387	63406	4000	2000
河池市	Hechi	19.7	5.0	216539	22674	11941	1646
来宾市	Laibin	14.1	7.7	207502	117974	7916	4010
崇左市	Chongzuo	13.7	3.9	109667	21095	4005	1065
海南省	**Hainan**	**59.7**	**59.7**	**783689**	**783689**	**3357**	**3357**
海口市	Haikou	48.6	48.6	685129	685129		
三亚市	Sanya	11.1	11.1	98560	98560	3357	3357
三沙市	Sansa						
重庆市	**Chongqing**	**923.3**		**5039800**		**120706**	**80421**
四川省	**Sichuan**	**996.3**	**653.6**	**6502618**	**3722229**	**481814**	**215689**
成都市	Chengdu	529.3	422.3	2144272	1715418	139600	53000
自贡市	Zigong	21.9	16.1	414413	248709	21264	10380
攀枝花市	Panzhihua	24.8	22.8	135149	78695	12198	11163
泸州市	Luzhou	35.9	21.3	225321	149561	15255	8887
德阳市	Deyang	35.7	14.9	206931	60636	17341	9514
绵阳市	Mianyang	48.1	27.4	401112	257093	33208	20526
广元市	Guangyuan	16.8	9.4	237331	137652	20705	7269
遂宁市	Suining	20.5	9.2	155792	96266	49094	26670
内江市	Neijiang	24.9	10.5	204172	65165	14998	5643
乐山市	Leshan	29.3	14.3	182541	71461	22701	11387
南充市	Nanchong	42.3	19.0	429255	199158	33581	12718
眉山市	Meishan	19.8	6.0	276348	125673	12764	4338
宜宾市	Yibin	35.8	18.4	481206	203936	23400	15150
广安市	Guang'an	13.0	5.0	267867	72901	9338	1575
达州市	Dazhou	34.0	9.4	366087	73665	18518	4161
雅安市	Ya'an	10.7	5.1	43647	12820	5327	2637
巴中市	Bazhong	26.5	10.8	200547	81107	13947	5976
资阳市	Ziyang	27.3	11.7	130627	72313	18575	4695
贵州省	**Guizhou**	**229.2**	**132.0**	**1555625**	**695552**	**105221**	**52436**
贵阳市	Guiyang	97.7	86.0	457991	353420	32391	26908
六盘水市	Liupanshui	25.0	10.2	115257	71043	14182	6540
遵义市	Zunyi	40.8	13.7	188420	40002	22822	7419
安顺市	Anshun	16.9	8.9	195454	76205	7402	4026
毕节市	Bijie	30.6	7.8	313568	77310	12890	2912
铜仁市	Tongren	18.1	5.5	284935	77572	15534	4631
云南省	**Yunnan**	**300.6**	**150.9**	**3849825**	**1746671**	**107431**	**46257**
昆明市	Kunming	137.3	90.4	2064614	1227022	41051	25443
曲靖市	Qujing	50.1	17.2	610084	125371	10299	5433

2-2 续表 6 continued

城市	City	从业人员期末人数（万人）Persons Employed in Various Units at Year-end (10 000 persons)		城镇私营和个体从业人员（人）Persons Employed in Private Enterprises and Self-Employed Individuals in Urban Areas (person)		城镇登记失业人员数（人）Registered Unemployed Persons in Urban Areas (person)	
		全市 Total City	市辖区 Districts under City	全市 Total City	市辖区 Districts under City	全市 Total City	市辖区 Districts under City
玉溪市	Yuxi	27.8	13.9	489363	151676	7684	2977
保山市	Baoshan	18.3	9.0	112112	74996	8298	1979
昭通市	Zhaotong	23.8	6.2	154929	45625	15540	4324
丽江市	Lijiang	10.9	4.5	48207	11210	5413	1170
普洱市	Pu'er	17.3	5.8	262901	86652	11127	3159
临沧市	Lincang	15.0	4.0	107615	24119	8019	1772
西藏自治区	**Tibet**	**41.7**		**152143**			
拉萨市	Lasa	41.7		152143			
陕西省	**Shaanxi**	**489.8**	**298.2**	**2827755**	**1494398**	**206268**	**127478**
西安市	Xi'an	198.4	177.2	1096200	997542	101300	92183
铜川市	Tongchuan	12.0	11.4	65377	60910	7765	3999
宝鸡市	Baoji	39.1	22.6	465442	96803	14247	6297
咸阳市	Xianyang	54.4	22.6	210116	58219	19742	5602
渭南市	Weinan	47.1	14.1	120428	33137	14262	3933
延安市	Yan'an	31.8	17.4	207110	60561	9923	2990
汉中市	Hanzhong	30.0	10.6	255700	78201	13628	3619
榆林市	Yulin	41.1	9.3	144400	35200	9600	2650
安康市	Ankang	17.2	7.5	173092	55416	9350	4084
商洛市	Shangluo	18.9	5.6	89890	18409	6451	2121
甘肃省	**Gansu**	**233.9**	**139.8**	**1868149**	**1104450**	**92127**	**49067**
兰州市	Lanzhou	65.4	58.5	643381	528732	14393	13105
嘉峪关市	Jiayuguan	6.6	6.6	37381	37381	2913	2913
金昌市	Jinchang	11.8	9.2	68673	49152	4515	3427
白银市	Baiyin	18.9	12.1	74055	41967	6050	3265
天水市	Tianshui	23.0	15.1	190142	98284	11827	7463
武威市	Wuwei	14.2	8.7	196900	137800	5484	3445
张掖市	Zhangye	13.6	6.8	82354	40450	4333	2605
平凉市	Pingliang	15.6	3.7	145907	34641	9004	3180
酒泉市	Jiuquan	15.0	4.2	77543	51730	5900	2360
庆阳市	Qingyang	17.4	8.0	116313	44112	16466	5176
定西市	Dingxi	16.2	4.9	186000	39804	6042	1104
陇南市	Longnan	16.4	2.1	49500	397	5200	1024
青海省	**Qinghai**	**54.3**	**29.6**	**340869**	**229412**	**24303**	**18044**
西宁市	Xining	35.9	28.3	278700	210975	20400	17136
海东市	Haidong	18.4	1.4	62169	18437	3903	908
宁夏回族自治区	**Ningxia**	**67.7**	**46.0**	**736037**	**530341**	**46856**	**32952**
银川市	Yinchuan	35.0	28.4	377373	329359	26169	21902
石嘴山市	Shizuishan	9.9	7.8	92613	90265	7752	6613
吴忠市	Wuzhong	10.4	4.1	77000	29560	6829	1800
固原市	Guyuan	6.1	2.3	114603	56232	3657	1305
中卫市	Zhongwei	6.3	3.3	74448	24925	2449	1332
新疆维吾尔自治区	**Xinjiang**	**86.5**	**86.2**	**569122**	**565529**	**34508**	**34415**
乌鲁木齐市	Urumqi	69.4	69.1	492822	489229	33590	33497
克拉玛依市	Karamay	17.1	17.1	76300	76300	918	918

2-3 按产业划分的年末单位从业人员

Employed Persons by Three Strata of Industry at Year-end

单位：万人 (10 000 persons)

城市	City	第一产业(农、林、牧、渔业) Primary Industry		第二产业 Secondary Industry		第三产业 Tertiary Industry	
		全市 Total City	市辖区 Districts under City	全市 Total City	市辖区 Districts under City	全市 Total City	市辖区 Districts under City
城市合计	**Prefecture Cities**	**245.00**	**51.60**	**9246.34**	**5659.68**	**8653.37**	**5313.14**
北京市	**Beijing**	**3.13**	**2.79**	**162.88**	**156.83**	**576.25**	**564.73**
天津市	**Tianjin**	**0.53**	**0.42**	**165.47**	**142.56**	**136.44**	**128.01**
河北省	**Hebei**	**5.25**	**1.02**	**285.01**	**151.18**	**354.56**	**158.89**
石家庄市	Shijiazhuang	0.20	0.06	33.94	18.11	58.74	37.34
唐山市	Tangshan	2.54	0.23	49.81	38.52	44.30	24.66
秦皇岛市	Qinhuangdao	0.09	0.04	13.17	10.84	20.95	12.30
邯郸市	Handan	0.19	0.02	40.16	20.55	40.03	16.22
邢台市	Xingtai	0.10	0.02	20.06	8.72	25.49	8.94
保定市	Baoding	0.14		53.75	19.30	46.02	14.74
张家口市	Zhangjiakou	0.50	0.01	12.64	6.91	25.81	10.98
承德市	Chengde	0.39	0.01	10.65	5.88	19.24	8.25
沧州市	Cangzhou	0.83	0.60	19.72	7.43	31.84	9.50
廊坊市	Langfang	0.15	0.03	20.53	11.50	23.22	9.01
衡水市	Hengshui	0.12		10.58	3.42	18.92	6.95
山西省	**Shanxi**	**2.30**	**0.46**	**222.98**	**120.74**	**228.60**	**115.57**
太原市	Taiyuan	0.25	0.14	51.85	47.66	44.64	40.78
大同市	Datong	0.15	0.05	23.63	21.67	22.68	16.70
阳泉市	Yangquan	0.03		19.13	15.05	9.48	6.24
长治市	Changzhi	0.16	0.02	24.96	6.63	19.93	8.84
晋城市	Jincheng	0.14	0.01	23.77	13.05	14.01	5.57
朔州市	Shuozhou	0.35	0.14	9.78	4.84	10.32	6.56
晋中市	Jinzhong	0.15	0.03	17.55	4.75	19.03	7.36
运城市	Yuncheng	0.34		11.54	1.24	24.98	6.59
忻州市	Xinzhou	0.29	0.05	8.10	1.81	17.88	5.76
临汾市	Linfen	0.37	0.02	14.17	2.77	24.38	6.65
吕梁市	Lvliang	0.07		18.50	1.27	21.27	4.52
内蒙古自治区	**Inner Mongolia**	**20.80**	**3.48**	**98.64**	**56.55**	**141.95**	**77.10**
呼和浩特市	Hohhot	0.39	0.13	11.18	7.86	29.94	24.43
包头市	Baotou	0.29	0.19	25.03	22.34	17.74	15.53
乌海市	Wuhai	0.02	0.02	6.42	6.42	3.93	3.93
赤峰市	Chifeng	1.76	0.09	13.36	6.96	21.33	9.10
通辽市	Tongliao	5.53	2.26	8.89	4.72	14.38	5.45
鄂尔多斯市	Erdos	0.43	0.07	16.03	1.74	14.56	4.36
呼伦贝尔市	Hulunbuir	10.18	0.18	10.09	3.34	18.04	4.72
巴彦淖尔市	Bayannur	1.85	0.51	3.89	1.96	9.39	4.63
乌兰察布市	Ulanqab	0.35	0.03	3.75	1.21	12.64	4.95
辽宁省	**Liaoning**	**23.32**	**1.41**	**341.50**	**268.23**	**317.88**	**236.21**
沈阳市	Shenyang	0.34	0.17	70.91	66.27	81.53	75.08
大连市	Dalian	0.57	0.23	73.42	52.68	57.42	49.64
鞍山市	Anshan	0.39	0.08	33.60	27.47	28.88	17.14
抚顺市	Fushun	0.44	0.14	18.70	16.52	13.69	11.04
本溪市	Benxi	0.08		17.05	13.59	14.53	11.98
丹东市	Dandong	0.55	0.01	14.30	8.85	16.95	10.20
锦州市	Jinzhou	1.06	0.27	14.25	11.97	16.74	11.20
营口市	Yingkou	0.05	0.04	14.59	12.34	14.48	10.34

2-3 续表 1 continued

单位：万人 (10 000 persons)

城 市	City	第一产业(农、林、牧、渔业) Primary Industry 全 市 Total City	市辖区 Districts under City	第二产业 Secondary Industry 全 市 Total City	市辖区 Districts under City	第三产业 Tertiary Industry 全 市 Total City	市辖区 Districts under City
阜新市	Fuxin	0.41	0.05	12.10	10.95	10.19	6.67
辽阳市	Liaoyang	0.43	0.32	9.90	8.41	9.56	7.31
盘锦市	Panjin	16.78	0.01	20.80	17.10	12.24	8.51
铁岭市	Tieling	1.65	0.01	13.85	3.13	12.66	4.19
朝阳市	Chaoyang	0.26	0.03	13.07	5.82	17.09	6.90
葫芦岛市	Huludao	0.31	0.05	14.96	13.13	11.92	6.01
吉林省	**Jilin**	**10.78**	**2.52**	**141.49**	**110.09**	**151.42**	**92.41**
长春市	Changchun	1.16	0.21	63.16	58.63	61.88	50.36
吉林市	Jilin	1.02	0.10	21.04	15.15	22.24	13.96
四平市	Siping	0.91	0.16	6.29	2.75	14.62	4.97
辽源市	Liaoyuan	0.29	0.02	8.05	6.70	5.33	2.88
通化市	Tonghua	0.42	0.01	17.01	11.40	12.37	4.92
白山市	Baishan	2.23	0.81	8.12	5.56	8.64	4.31
松原市	Songyuan	2.11	0.07	12.99	7.35	12.26	4.48
白城市	Baicheng	2.64	1.14	4.83	2.55	14.08	6.53
黑龙江省	**Heilongjiang**	**54.05**	**17.14**	**157.21**	**121.58**	**217.21**	**135.73**
哈尔滨市	Harbin	4.98	1.35	50.78	42.43	81.63	65.40
齐齐哈尔市	Qiqihar	7.29	6.82	12.20	9.91	22.96	13.78
鸡西市	Jixi	1.28	0.06	9.71	8.71	8.01	4.83
鹤岗市	Hegang	5.20	0.19	9.65	8.04	7.60	3.87
双鸭山市	Shuangyashan	0.65	0.25	7.85	7.32	7.66	3.43
大庆市	Daqing	0.30	0.06	27.72	26.16	25.12	20.47
伊春市	Yichun	10.02	7.27	3.86	3.30	5.45	4.21
佳木斯市	Jiamusi	2.10	0.46	5.43	3.34	10.85	5.45
七台河市	Qitaihe	0.46	0.31	8.13	7.73	4.09	3.17
牡丹江市	Mudanjiang	4.35	0.03	8.30	3.06	13.83	6.39
黑河市	Heihe	16.12	0.28	3.88	0.65	11.61	2.87
绥化市	Suihua	1.30	0.06	9.70	0.93	18.40	1.86
上海市	**Shanghai**	**1.34**	**1.13**	**254.21**	**249.23**	**363.41**	**360.18**
江苏省	**Jiangsu**	**6.90**	**2.44**	**1006.43**	**565.06**	**485.44**	**316.38**
南京市	Nanjing	0.18	0.18	110.05	110.05	105.87	105.87
无锡市	Wuxi	0.18	0.04	86.62	53.73	41.25	27.57
徐州市	Xuzhou	1.46	0.65	67.20	37.45	41.11	22.13
常州市	Changzhou	0.06	0.01	45.10	38.07	26.32	20.92
苏州市	Suzhou	0.01	0.01	217.77	108.26	75.62	41.96
南通市	Nantong	0.68	0.15	147.23	43.64	35.94	17.10
连云港市	Lianyungang	0.95	0.62	24.06	11.46	22.14	11.20
淮安市	Huai'an	0.95	0.31	39.12	26.73	23.22	14.87
盐城市	Yancheng	1.97	0.33	55.79	20.68	30.88	11.14
扬州市	Yangzhou	0.05	0.04	75.71	47.25	25.38	16.45
镇江市	Zhenjiang	0.14	0.03	27.88	12.07	18.69	11.05
泰州市	Taizhou	0.22	0.05	71.45	29.26	23.09	10.72
宿迁市	Suqian	0.05	0.02	38.45	26.41	15.93	5.40
浙江省	**Zhejiang**	**0.77**	**0.31**	**675.75**	**367.46**	**393.13**	**253.86**
杭州市	Hangzhou	0.17	0.10	153.39	135.07	129.00	114.20
宁波市	Ningbo	0.06	0.02	112.05	57.86	59.24	41.68

2-3 续表 2 continued

单位：万人 (10 000 persons)

城 市	City	第一产业(农、林、牧、渔业) Primary Industry		第二产业 Secondary Industry		第三产业 Tertiary Industry	
		全 市 Total City	市辖区 Districts under City	全 市 Total City	市辖区 Districts under City	全 市 Total City	市辖区 Districts under City
温州市	Wenzhou	0.05		61.49	19.26	41.50	20.14
嘉兴市	Jiaxing	0.07	0.03	53.05	14.69	26.63	11.01
湖州市	Huzhou	0.03	0.02	31.82	14.91	16.37	9.11
绍兴市	Shaoxing	0.06	0.03	111.53	73.57	23.95	14.67
金华市	Jinhua	0.03	0.02	60.07	8.96	29.95	9.10
衢州市	Quzhou	0.03		9.25	5.24	11.11	5.98
舟山市	Zhoushan	0.03	0.03	7.04	5.74	11.42	9.30
台州市	Taizhou	0.11	0.04	71.10	31.29	31.04	14.31
丽水市	Lishui	0.13	0.02	4.96	0.87	12.92	4.36
安徽省	**Anhui**	**6.99**	**1.91**	**282.91**	**188.78**	**318.40**	**146.94**
合肥市	Hefei	0.10	0.01	88.67	70.81	55.73	41.80
芜湖市	Wuhu	0.05	0.01	24.17	18.53	17.99	11.76
蚌埠市	Bengbu	0.03	0.02	12.07	10.29	13.89	8.92
淮南市	Huainan	0.22	0.12	22.14	18.21	12.99	10.93
马鞍山市	Maanshan	0.07	0.01	13.34	2.53	10.28	5.91
淮北市	Huaibei			20.63	17.80	7.95	5.46
铜陵市	Tongling	0.26	0.25	10.17	8.85	5.14	4.33
安庆市	Anqing	1.62	0.82	13.89	7.23	19.40	6.16
黄山市	Huangshan	0.10	0.04	3.61	2.61	7.99	4.78
滁州市	Chuzhou	0.72		8.60	2.58	13.16	2.27
阜阳市	Fuyang	0.21	0.05	8.92	5.14	20.13	8.61
宿州市	Suzhou	0.48	0.08	14.38	8.58	17.12	7.61
六安市	Lu'an	1.72	0.12	19.57	7.85	51.71	13.43
亳州市	Bozhou	0.02		7.23	2.65	14.84	5.67
池州市	Chizhou	0.09	0.02	4.04	2.54	6.55	3.61
宣城市	Xuancheng	1.30	0.36	11.48	2.58	43.53	5.69
福建省	**Fujian**	**4.20**	**0.65**	**415.03**	**221.53**	**225.24**	**134.54**
福州市	Fuzhou	0.20	0.01	83.36	52.38	59.19	42.47
厦门市	Xiamen	0.22	0.22	89.92	89.92	40.12	40.12
莆田市	Putian	0.02		34.30	28.64	12.32	9.78
三明市	Sanming	0.49	0.07	9.40	4.07	14.18	4.30
泉州市	Quanzhou	0.39	0.10	130.67	24.87	32.65	13.90
漳州市	Zhangzhou	1.73		29.78	8.70	19.06	7.17
南平市	Nanping	0.48	0.04	8.51	3.53	15.27	4.58
龙岩市	Longyan	0.42	0.13	16.01	4.84	18.09	7.70
宁德市	Ningde	0.25	0.08	13.08	4.58	14.36	4.52
江西省	**Jiangxi**	**5.82**	**0.74**	**234.58**	**106.64**	**199.69**	**87.82**
南昌市	Nanchang	0.83	0.45	73.30	51.78	45.45	37.24
景德镇市	Jingdezhen	0.65	0.13	10.05	6.48	9.49	5.89
萍乡市	Pingxiang	0.09	0.03	11.38	9.14	8.20	5.19
九江市	Jiujiang	0.71	0.02	21.16	5.84	20.61	7.76
新余市	Xinyu	0.05	0.01	8.91	7.19	5.38	2.06
鹰潭市	Yingtan			7.61	1.60	5.75	2.70
赣州市	Ganzhou	0.68	0.02	24.30	7.33	29.35	6.68
吉安市	Ji'an	1.10	0.05	16.26	2.34	16.92	4.04
宜春市	Yichun	0.53	0.02	22.04	1.50	19.75	5.94
抚州市	Fuzhou	0.53	0.01	19.61	10.83	16.46	5.05
上饶市	Shangrao	0.65		19.96	2.61	22.33	5.27

2-3 续表 3 continued

单位：万人 (10 000 persons)

城市	City	第一产业(农、林、牧、渔业) Primary Industry 全市 Total City	市辖区 Districts under City	第二产业 Secondary Industry 全市 Total City	市辖区 Districts under City	第三产业 Tertiary Industry 全市 Total City	市辖区 Districts under City
山东省	**Shandong**	**1.85**	**0.51**	**721.80**	**371.54**	**552.40**	**313.42**
济南市	Jinan	0.09	0.05	71.56	54.89	76.43	66.81
青岛市	Qingdao	0.14	0.08	86.71	54.20	60.26	46.47
淄博市	Zibo	0.07	0.05	65.35	39.50	28.47	22.65
枣庄市	Zaozhuang	0.04	0.01	31.77	19.44	19.34	13.09
东营市	Dongying	0.07		32.17	22.25	16.56	12.15
烟台市	Yantai	0.05		62.14	33.05	45.74	23.78
潍坊市	Weifang	0.09	0.01	48.24	20.97	44.38	15.80
济宁市	Jining	0.17	0.11	54.59	22.51	37.50	16.51
泰安市	Tai'an	0.15	0.05	50.02	11.85	27.73	13.12
威海市	Weihai	0.08	0.01	36.87	16.82	19.07	9.70
日照市	Rizhao	0.07	0.07	18.25	11.08	13.78	9.22
莱芜市	Laiwu			12.94	12.94	6.18	6.18
临沂市	Linyi	0.29	0.03	50.80	22.02	49.98	23.10
德州市	Dezhou	0.08		26.40	9.12	30.53	7.69
聊城市	Liaocheng	0.07	0.01	22.23	4.53	26.09	10.69
滨州市	Binzhou	0.01		34.25	9.19	18.13	6.36
菏泽市	Heze	0.38	0.03	17.51	7.18	32.23	10.10
河南省	**Henan**	**5.15**	**0.70**	**575.34**	**276.19**	**465.68**	**210.41**
郑州市	Zhengzhou	0.31	0.05	112.29	79.67	79.35	58.43
开封市	Kaifeng	0.25	0.02	26.03	11.94	21.39	10.36
洛阳市	Luoyang	0.17	0.03	36.63	21.07	35.99	20.79
平顶山市	Pingdingshan	0.08		33.40	23.45	23.85	11.19
安阳市	Anyang	0.12	0.01	35.82	11.30	21.26	9.16
鹤壁市	Hebi	0.03		15.49	9.94	6.84	4.19
新乡市	Xinxiang	0.23		46.26	12.96	25.51	8.89
焦作市	Jiaozuo	0.10	0.01	28.22	14.02	21.08	9.73
濮阳市	Puyang	0.05		26.60	17.85	14.33	6.17
许昌市	Xuchang	0.08		26.56	8.31	17.53	5.27
漯河市	Luohe	0.03	0.01	18.67	13.21	11.45	8.98
三门峡市	Sanmenxia	0.09		14.69	1.57	13.15	4.95
南阳市	Nanyang	1.02	0.37	41.71	15.38	45.32	15.82
商丘市	Shangqiu	0.34	0.01	25.23	9.12	29.94	8.70
信阳市	Xinyang	0.57	0.10	26.09	9.94	33.99	10.43
周口市	Zhoukou	1.19		31.03	4.84	33.97	7.83
驻马店市	Zhumadian	0.49	0.09	30.62	11.62	30.73	9.52
湖北省	**Hubei**	**7.42**	**1.33**	**391.65**	**208.05**	**326.46**	**185.12**
武汉市	Wuhan	0.38	0.31	102.28	75.30	95.88	84.45
黄石市	Huangshi	0.15	0.01	21.37	12.90	11.85	7.10
十堰市	Shiyan	0.66	0.36	31.71	21.36	28.53	16.44
宜昌市	Yichang	0.36	0.08	48.08	18.62	36.60	17.48
襄阳市	Xiangyang	0.78	0.18	48.85	18.06	35.28	13.60
鄂州市	Ezhou	0.01	0.01	13.24	13.24	7.10	7.10
荆门市	Jingmen	0.90	0.10	21.77	7.93	15.44	8.01

2-3 续表 4 continued

单位：万人 (10 000 persons)

城　市	City	第一产业(农、林、牧、渔业) Primary Industry 全　市 Total City	第一产业 市辖区 Districts under City	第二产业 Secondary Industry 全　市 Total City	第二产业 市辖区 Districts under City	第三产业 Tertiary Industry 全　市 Total City	第三产业 市辖区 Districts under City
孝感市	Xiaogan	0.71	0.04	47.75	17.13	31.23	9.70
荆州市	Jingzhou	1.23	0.10	19.33	10.66	21.02	7.61
黄冈市	Huanggang	2.10	0.10	20.28	3.40	22.08	4.62
咸宁市	Xianning	0.07	0.04	9.87	4.21	13.61	5.19
随州市	Suizhou	0.07		7.12	5.24	7.84	3.82
湖南省	**Hunan**	**2.20**	**0.38**	**259.74**	**127.75**	**305.21**	**152.69**
长沙市	Changsha	0.12	0.06	61.64	32.72	68.57	55.65
株洲市	Zhuzhou	0.16	0.05	25.73	16.14	19.63	11.24
湘潭市	Xiangtan	0.01		22.48	16.31	12.93	8.25
衡阳市	Hengyang	0.06	0.02	28.15	12.53	29.57	12.68
邵阳市	Shaoyang	0.37	0.02	14.23	5.83	22.63	6.14
岳阳市	Yueyang	0.28	0.05	23.80	12.09	28.78	10.85
常德市	Changde	0.12	0.09	19.14	7.45	23.09	9.95
张家界市	Zhangjiajie	0.07	0.02	2.34	0.74	6.52	3.79
益阳市	Yiyang	0.09	0.01	12.53	7.50	16.82	8.08
郴州市	Chenzhou	0.17	0.02	15.60	6.23	20.31	8.32
永州市	Yongzhou	0.37	0.04	11.08	3.06	20.62	6.65
怀化市	Huaihua	0.28		7.87	1.67	20.62	5.49
娄底市	Loudi	0.10		15.15	5.48	15.12	5.60
广东省	**Guangdong**	**6.14**	**1.63**	**1206.97**	**1066.58**	**743.16**	**604.30**
广州市	Guangzhou	0.23	0.19	129.02	117.06	195.34	186.48
韶关市	Shaoguan	0.23	0.03	19.78	12.93	15.73	8.01
深圳市	Shenzhen	0.07	0.07	297.59	297.59	159.75	159.75
珠海市	Zhuhai	0.70	0.70	49.03	49.03	24.83	24.83
汕头市	Shantou	0.05	0.04	33.61	33.55	21.86	21.42
佛山市	Foshan	0.02	0.02	131.84	131.84	42.36	42.36
江门市	Jiangmen	0.05	0.01	37.54	18.81	21.93	12.30
湛江市	Zhanjiang	1.89	0.25	19.28	8.80	29.08	14.09
茂名市	Maoming	0.90		19.32	7.24	24.61	8.85
肇庆市	Zhaoqing	0.07		21.95	12.16	18.64	7.14
惠州市	Huizhou	0.09	0.02	59.74	46.46	26.25	17.36
梅州市	Meizhou	0.06	0.01	11.64	4.77	17.78	6.72
汕尾市	Shanwei	0.46	0.01	15.20	4.70	9.27	2.49
河源市	Heyuan	0.09	0.01	12.63	8.34	12.66	4.46
阳江市	Yangjiang	0.45	0.15	12.52	3.85	11.55	4.67
清远市	Qingyuan	0.14	0.02	15.98	10.95	15.33	7.68
东莞市	Dongguan	0.07	0.07	204.02	204.02	40.83	40.83
中山市	Zhongshan			71.73	71.73	19.11	19.11
潮州市	Chaozhou	0.02	0.01	12.44	11.20	8.64	6.25
揭阳市	Jieyang	0.48	0.01	21.54	9.19	17.04	6.88
云浮市	Yunfu	0.07	0.01	10.57	2.36	10.57	2.62
广西壮族自治区	**Guangxi**	**9.12**	**3.34**	**154.70**	**105.70**	**226.82**	**127.43**
南宁市	Nanning	1.49	0.77	35.95	30.98	53.11	43.16
柳州市	Liuzhou	0.50	0.19	34.06	30.94	26.17	18.89
桂林市	Guilin	0.54	0.05	16.47	9.64	25.57	12.27

2-3 续表 5 continued

单位：万人 (10 000 persons)

城市	City	第一产业(农、林、牧、渔业) Primary Industry		第二产业 Secondary Industry		第三产业 Tertiary Industry	
		全市 Total City	市辖区 Districts under City	全市 Total City	市辖区 Districts under City	全市 Total City	市辖区 Districts under City
梧州市	Wuzhou	0.12	0.04	8.44	5.16	11.58	6.32
北海市	Beihai	0.49	0.40	5.32	4.25	7.95	5.30
防城港市	Fangchenggang	1.17	0.60	3.71	2.90	6.11	4.34
钦州市	Qinzhou	0.47	0.19	8.01	5.39	10.92	6.02
贵港市	Guigang	0.14	0.03	5.08	2.88	13.02	5.85
玉林市	Yulin	0.90	0.02	14.91	3.55	19.95	7.38
百色市	Baise	0.40	0.12	6.55	2.42	14.20	4.26
贺州市	Hezhou	0.16	0.07	2.28	1.52	7.51	3.91
河池市	Hechi	0.35		5.62	1.79	13.69	3.25
来宾市	Laibin	0.90	0.64	4.71	3.06	8.44	4.04
崇左市	Chongzuo	1.49	0.22	3.59	1.22	8.60	2.44
海南省	**Hainan**	**0.84**	**0.84**	**12.33**	**12.33**	**46.56**	**46.56**
海口市	Haikou	0.36	0.36	11.21	11.21	37.05	37.05
三亚市	Sanya	0.48	0.48	1.12	1.12	9.51	9.51
三沙市	Sansa						
重庆市	**Chongqing**	**37.43**		**405.74**		**480.11**	
四川省	**Sichuan**	**5.12**	**2.27**	**440.48**	**273.69**	**550.74**	**377.68**
成都市	Chengdu	2.81	1.61	202.14	151.09	324.35	269.63
自贡市	Zigong	0.06	0.04	11.14	8.14	10.69	7.87
攀枝花市	Panzhihua	0.08	0.03	17.55	17.00	7.17	5.76
泸州市	Luzhou	0.13		20.17	12.80	15.58	8.54
德阳市	Deyang	0.04		21.35	9.09	14.30	5.80
绵阳市	Mianyang	0.11	0.02	23.59	12.95	24.37	14.41
广元市	Guangyuan	0.03	0.01	4.43	3.29	12.30	6.09
遂宁市	Suining	0.02		10.85	4.53	9.59	4.66
内江市	Neijiang	0.08	0.02	13.91	5.10	10.89	5.34
乐山市	Leshan	0.33	0.17	15.27	7.48	13.66	6.67
南充市	Nanchong	0.15	0.05	19.49	9.06	22.70	9.90
眉山市	Meishan	0.06		9.35	2.15	10.36	3.89
宜宾市	Yibin	0.25	0.19	18.88	10.32	16.69	7.84
广安市	Guang'an	0.07	0.01	3.39	1.33	9.55	3.70
达州市	Dazhou	0.30	0.02	15.83	4.73	17.83	4.69
雅安市	Ya'an	0.09	0.01	3.37	1.26	7.19	3.83
巴中市	Bazhong	0.26	0.08	14.67	5.87	11.55	4.89
资阳市	Ziyang	0.25	0.01	15.10	7.50	11.97	4.17
贵州省	**Guizhou**	**0.84**	**0.25**	**98.27**	**63.41**	**130.07**	**68.38**
贵阳市	Guiyang	0.21	0.13	52.56	46.44	44.97	39.47
六盘水市	Liupanshui	0.04		14.37	5.73	10.55	4.44
遵义市	Zunyi	0.13		14.50	5.06	26.16	8.62
安顺市	Anshun	0.20	0.08	6.36	3.76	10.37	5.06
毕节市	Bijie	0.12	0.03	7.42	1.40	23.08	6.34
铜仁市	Tongren	0.14	0.01	3.06	1.02	14.94	4.45
云南省	**Yunnan**	**3.08**	**0.50**	**134.49**	**63.34**	**163.05**	**87.05**
昆明市	Kunming	0.34	0.15	61.23	35.14	75.75	55.08
曲靖市	Qujing	0.36	0.03	28.79	10.10	20.99	7.09

2-3 续表 6 continued

单位：万人 (10 000 persons)

城市	City	第一产业(农、林、牧、渔业) Primary Industry 全市 Total City	市辖区 Districts under City	第二产业 Secondary Industry 全市 Total City	市辖区 Districts under City	第三产业 Tertiary Industry 全市 Total City	市辖区 Districts under City
玉溪市	Yuxi	0.20	0.02	13.98	7.31	13.64	6.53
保山市	Baoshan	0.38	0.17	8.08	4.43	9.85	4.36
昭通市	Zhaotong	0.16	0.01	7.06	1.56	16.59	4.61
丽江市	Lijiang	0.17	0.01	2.90	0.87	7.86	3.59
普洱市	Pu'er	0.36	0.07	7.06	2.43	9.91	3.34
临沧市	Lincang	1.11	0.04	5.39	1.50	8.46	2.45
西藏自治区	**Tibet**	**9.34**		**6.31**		**26.00**	
拉萨市	Lasa	9.34		6.31		26.00	
陕西省	**Shaanxi**	**2.56**	**0.62**	**214.85**	**130.87**	**272.35**	**166.73**
西安市	Xi'an	0.28	0.11	83.37	73.03	114.77	104.04
铜川市	Tongchuan	0.02	0.01	6.11	5.99	5.85	5.38
宝鸡市	Baoji	0.26	0.04	20.83	12.89	17.97	9.67
咸阳市	Xianyang	0.29	0.06	28.34	12.86	25.74	9.64
渭南市	Weinan	0.66	0.14	19.73	4.44	26.67	9.54
延安市	Yan'an	0.26	0.03	14.59	11.12	16.94	6.29
汉中市	Hanzhong	0.27	0.04	11.87	3.98	17.88	6.60
榆林市	Yulin	0.24	0.08	17.66	2.82	23.15	6.36
安康市	Ankang	0.10	0.01	4.51	2.03	12.55	5.45
商洛市	Shangluo	0.18	0.10	7.84	1.71	10.83	3.76
甘肃省	**Gansu**	**4.27**	**0.78**	**100.51**	**67.68**	**129.15**	**71.31**
兰州市	Lanzhou	0.11	0.11	30.48	27.42	34.77	30.95
嘉峪关市	Jiayuguan	0.01	0.01	4.73	4.73	1.83	1.83
金昌市	Jinchang	0.31		8.68	7.52	2.78	1.70
白银市	Baiyin	0.23		9.51	7.51	9.15	4.61
天水市	Tianshui	0.48	0.19	7.13	5.66	15.36	9.20
武威市	Wuwei	0.28	0.21	6.12	3.86	7.80	4.60
张掖市	Zhangye	1.10	0.11	4.54	2.46	7.94	4.22
平凉市	Pingliang	0.31	0.01	6.22	0.82	9.07	2.90
酒泉市	Jiuquan	0.75	0.12	6.92	1.10	7.33	2.97
庆阳市	Qingyang	0.05	0.01	6.39	4.52	10.97	3.46
定西市	Dingxi	0.15		5.75	1.92	10.29	2.95
陇南市	Longnan	0.49	0.01	4.04	0.16	11.86	1.92
青海省	**Qinghai**	**0.37**	**0.08**	**17.03**	**11.39**	**36.92**	**18.17**
西宁市	Xining	0.12	0.04	15.55	11.08	20.25	17.17
海东市	Haidong	0.25	0.04	1.48	0.31	16.67	1.00
宁夏回族自治区	**Ningxia**	**2.04**	**0.91**	**25.77**	**18.43**	**39.90**	**26.64**
银川市	Yinchuan	1.05	0.45	14.52	11.89	19.47	16.10
石嘴山市	Shizuishan	0.10	0.07	4.65	3.85	5.15	3.91
吴忠市	Wuzhong	0.29	0.21	4.16	1.20	5.94	2.64
固原市	Guyuan	0.24	0.11	0.65	0.12	5.16	2.11
中卫市	Zhongwei	0.36	0.07	1.79	1.37	4.18	1.88
新疆维吾尔自治区	**Xinjiang**	**1.05**	**1.04**	**36.27**	**36.27**	**49.17**	**48.88**
乌鲁木齐市	Urumqi	1.05	1.04	23.92	23.92	44.41	44.12
克拉玛依市	Karamay			12.35	12.35	4.76	4.76

2-4 按产业划分的年末单位从业人员构成

Composition of Employed Persons by Three Strata of Industry at Year-end

单位：% (%)

城市	City	第一产业从业人员比重 Primary Industry		第二产业从业人员比重 Secondary Industry		第三产业从业人员比重 Tertiary Industry	
		全市 Total City	市辖区 Districts under City	全市 Total City	市辖区 Districts under City	全市 Total City	市辖区 Districts under City
城市合计	**Prefecture Cities**	**1.35**	**0.47**	**50.96**	**51.34**	**47.69**	**48.19**
北京市	**Beijing**	**0.42**	**0.39**	**21.94**	**21.65**	**77.64**	**77.96**
天津市	**Tianjin**	**0.18**	**0.15**	**54.71**	**52.61**	**45.11**	**47.24**
河北省	**Hebei**	**0.81**	**0.33**	**44.20**	**48.60**	**54.99**	**51.07**
石家庄市	Shijiazhuang	0.22	0.11	36.54	32.62	63.24	67.27
唐山市	Tangshan	2.63	0.36	51.54	60.75	45.83	38.89
秦皇岛市	Qinhuangdao	0.26	0.17	38.50	46.76	61.24	53.07
邯郸市	Handan	0.24	0.05	49.96	55.86	49.80	44.09
邢台市	Xingtai	0.22	0.11	43.94	49.32	55.84	50.57
保定市	Baoding	0.14		53.80	56.70	46.06	43.30
张家口市	Zhangjiakou	1.28	0.06	32.45	38.60	66.27	61.34
承德市	Chengde	1.29	0.07	35.17	41.58	63.54	58.35
沧州市	Cangzhou	1.58	3.42	37.64	42.38	60.78	54.20
廊坊市	Langfang	0.34	0.15	46.77	55.99	52.89	43.86
衡水市	Hengshui	0.41		35.72	32.98	63.87	67.02
山西省	**Shanxi**	**0.51**	**0.19**	**49.13**	**50.99**	**50.36**	**48.82**
太原市	Taiyuan	0.26	0.16	53.60	53.80	46.14	46.04
大同市	Datong	0.32	0.13	50.86	56.40	48.82	43.47
阳泉市	Yangquan	0.10		66.79	70.69	33.11	29.31
长治市	Changzhi	0.36	0.13	55.41	42.80	44.23	57.07
晋城市	Jincheng	0.37	0.05	62.68	70.05	36.95	29.90
朔州市	Shuozhou	1.71	1.21	47.82	41.94	50.47	56.85
晋中市	Jinzhong	0.41	0.25	47.78	39.13	51.81	60.62
运城市	Yuncheng	0.92		31.31	15.84	67.77	84.16
忻州市	Xinzhou	1.10	0.66	30.83	23.75	68.07	75.59
临汾市	Linfen	0.95	0.21	36.41	29.34	62.64	70.45
吕梁市	Lvliang	0.18		46.44	21.93	53.38	78.07
内蒙古自治区	**Inner Mongolia**	**7.96**	**2.54**	**37.74**	**41.24**	**54.30**	**56.22**
呼和浩特市	Hohhot	0.94	0.40	26.93	24.24	72.13	75.36
包头市	Baotou	0.67	0.50	58.13	58.70	41.20	40.80
乌海市	Wuhai	0.19	0.19	61.91	61.91	37.90	37.90
赤峰市	Chifeng	4.83	0.56	36.65	43.10	58.52	56.34
通辽市	Tongliao	19.20	18.18	30.87	37.97	49.93	43.85
鄂尔多斯市	Erdos	1.39	1.13	51.68	28.20	46.93	70.67
呼伦贝尔市	Hulunbuir	26.57	2.18	26.34	40.53	47.09	57.29
巴彦淖尔市	Bayannur	12.23	7.18	25.71	27.61	62.06	65.21
乌兰察布市	Ulanqab	2.09	0.48	22.40	19.55	75.51	79.97
辽宁省	**Liaoning**	**3.42**	**0.28**	**50.02**	**53.03**	**46.56**	**46.69**
沈阳市	Shenyang	0.22	0.12	46.41	46.83	53.37	53.05
大连市	Dalian	0.43	0.22	55.87	51.37	43.70	48.41
鞍山市	Anshan	0.62	0.18	53.44	61.47	45.94	38.35
抚顺市	Fushun	1.34	0.51	56.96	59.64	41.70	39.85
本溪市	Benxi	0.25		53.85	53.15	45.90	46.85
丹东市	Dandong	1.73	0.05	44.97	46.43	53.30	53.52
锦州市	Jinzhou	3.31	1.15	44.46	51.07	52.23	47.78
营口市	Yingkou	0.17	0.18	50.10	54.31	49.73	45.51

2-4 续表 1 continued

单位：% (%)

城市	City	第一产业从业人员比重 Primary Industry 全市 Total City	市辖区 Districts under City	第二产业从业人员比重 Secondary Industry 全市 Total City	市辖区 Districts under City	第三产业从业人员比重 Tertiary Industry 全市 Total City	市辖区 Districts under City
阜新市	Fuxin	1.81	0.28	53.30	61.97	44.89	37.75
辽阳市	Liaoyang	2.16	2.00	49.77	52.43	48.07	45.57
盘锦市	Panjin	33.68	0.04	41.75	66.74	24.57	33.22
铁岭市	Tieling	5.86	0.14	49.18	42.70	44.96	57.16
朝阳市	Chaoyang	0.85	0.24	42.97	45.65	56.18	54.11
葫芦岛市	Huludao	1.14	0.26	55.02	68.42	43.84	31.32
吉林省	**Jilin**	**3.55**	**1.23**	**46.59**	**53.70**	**49.86**	**45.07**
长春市	Changchun	0.92	0.19	50.05	53.69	49.03	46.12
吉林市	Jilin	2.30	0.34	47.49	51.87	50.21	47.79
四平市	Siping	4.17	2.03	28.83	34.90	67.00	63.07
辽源市	Liaoyuan	2.12	0.21	58.89	69.79	38.99	30.00
通化市	Tonghua	1.41	0.06	57.08	69.81	41.51	30.13
白山市	Baishan	11.74	7.58	42.76	52.06	45.50	40.36
松原市	Songyuan	7.71	0.59	47.48	61.76	44.81	37.65
白城市	Baicheng	12.25	11.15	22.41	24.95	65.34	63.90
黑龙江省	**Heilongjiang**	**12.61**	**6.25**	**36.69**	**44.30**	**50.70**	**49.45**
哈尔滨市	Harbin	3.62	1.24	36.96	38.86	59.42	59.90
齐齐哈尔市	Qiqihar	17.17	22.35	28.74	32.48	54.09	45.17
鸡西市	Jixi	6.74	0.44	51.11	64.04	42.15	35.52
鹤岗市	Hegang	23.16	1.57	42.98	66.45	33.86	31.98
双鸭山市	Shuangyashan	4.02	2.27	48.58	66.55	47.40	31.18
大庆市	Daqing	0.56	0.13	52.16	56.03	47.28	43.84
伊春市	Yichun	51.84	49.19	19.97	22.33	28.19	28.48
佳木斯市	Jiamusi	11.43	4.97	29.54	36.11	59.03	58.92
七台河市	Qitaihe	3.63	2.77	64.12	68.96	32.25	28.27
牡丹江市	Mudanjiang	16.43	0.32	31.34	32.28	52.23	67.40
黑河市	Heihe	51.00	7.37	12.27	17.11	36.73	75.52
绥化市	Suihua	4.42	2.11	32.99	32.63	62.59	65.26
上海市	**Shanghai**	**0.22**	**0.19**	**41.07**	**40.82**	**58.71**	**58.99**
江苏省	**Jiangsu**	**0.46**	**0.28**	**67.15**	**63.93**	**32.39**	**35.79**
南京市	Nanjing	0.08	0.08	50.93	50.93	48.99	48.99
无锡市	Wuxi	0.14	0.05	67.65	66.06	32.21	33.89
徐州市	Xuzhou	1.33	1.08	61.22	62.18	37.45	36.74
常州市	Changzhou	0.08	0.02	63.09	64.53	36.83	35.45
苏州市	Suzhou		0.01	74.22	72.06	25.78	27.93
南通市	Nantong	0.37	0.25	80.08	71.67	19.55	28.08
连云港市	Lianyungang	2.01	2.66	51.03	49.23	46.96	48.11
淮安市	Huai'an	1.50	0.74	61.81	63.78	36.69	35.48
盐城市	Yancheng	2.22	1.03	62.94	64.32	34.84	34.65
扬州市	Yangzhou	0.05	0.06	74.86	74.13	25.09	25.81
镇江市	Zhenjiang	0.30	0.13	59.69	52.14	40.01	47.73
泰州市	Taizhou	0.23	0.12	75.40	73.10	24.37	26.78
宿迁市	Suqian	0.09	0.06	70.64	82.97	29.27	16.97
浙江省	**Zhejiang**	**0.07**	**0.05**	**63.17**	**59.11**	**36.76**	**40.84**
杭州市	Hangzhou	0.06	0.04	54.29	54.16	45.65	45.80
宁波市	Ningbo	0.04	0.02	65.39	58.12	34.57	41.86

2-4 续表 2 continued

单位：% (%)

城市	City	第一产业从业人员比重 Primary Industry 全市 Total City	第一产业从业人员比重 Primary Industry 市辖区 Districts under City	第二产业从业人员比重 Secondary Industry 全市 Total City	第二产业从业人员比重 Secondary Industry 市辖区 Districts under City	第三产业从业人员比重 Tertiary Industry 全市 Total City	第三产业从业人员比重 Tertiary Industry 市辖区 Districts under City
温州市	Wenzhou	0.05		59.68	48.88	40.27	51.12
嘉兴市	Jiaxing	0.09	0.12	66.52	57.09	33.39	42.79
湖州市	Huzhou	0.06	0.08	65.99	62.02	33.95	37.90
绍兴市	Shaoxing	0.04	0.03	82.29	83.35	17.67	16.62
金华市	Jinhua	0.03	0.11	66.71	49.56	33.26	50.33
衢州市	Quzhou	0.15		45.37	46.70	54.48	53.30
舟山市	Zhoushan	0.16	0.20	38.07	38.09	61.77	61.71
台州市	Taizhou	0.11	0.09	69.54	68.56	30.35	31.35
丽水市	Lishui	0.72	0.38	27.54	16.57	71.74	83.05
安徽省	**Anhui**	**1.15**	**0.57**	**46.51**	**55.91**	**52.34**	**43.52**
合肥市	Hefei	0.07	0.01	61.36	62.88	38.57	37.11
芜湖市	Wuhu	0.12	0.03	57.26	61.16	42.62	38.81
蚌埠市	Bengbu	0.12	0.10	46.44	53.51	53.44	46.39
淮南市	Huainan	0.62	0.41	62.63	62.24	36.75	37.35
马鞍山市	Maanshan	0.30	0.12	56.31	29.94	43.39	69.94
淮北市	Huaibei			72.18	76.53	27.82	23.47
铜陵市	Tongling	1.67	1.86	65.32	65.90	33.01	32.24
安庆市	Anqing	4.64	5.77	39.79	50.88	55.57	43.35
黄山市	Huangshan	0.85	0.54	30.85	35.13	68.30	64.33
滁州市	Chuzhou	3.20		38.26	53.20	58.54	46.80
阜阳市	Fuyang	0.72	0.36	30.49	37.25	68.79	62.39
宿州市	Suzhou	1.50	0.49	44.97	52.74	53.53	46.77
六安市	Lu'an	2.36	0.56	26.81	36.68	70.83	62.76
亳州市	Bozhou	0.09		32.73	31.85	67.18	68.15
池州市	Chizhou	0.84	0.32	37.83	41.17	61.33	58.51
宣城市	Xuancheng	2.31	4.17	20.39	29.90	77.30	65.93
福建省	**Fujian**	**0.65**	**0.18**	**64.40**	**62.10**	**34.95**	**37.72**
福州市	Fuzhou	0.14	0.01	58.40	55.22	41.46	44.77
厦门市	Xiamen	0.17	0.17	69.03	69.03	30.80	30.80
莆田市	Putian	0.04		73.54	74.54	26.42	25.46
三明市	Sanming	2.04	0.83	39.05	48.22	58.91	50.95
泉州市	Quanzhou	0.24	0.26	79.82	63.98	19.94	35.76
漳州市	Zhangzhou	3.42		58.89	54.82	37.69	45.18
南平市	Nanping	1.98	0.49	35.08	43.31	62.94	56.20
龙岩市	Longyan	1.22	1.03	46.38	38.20	52.40	60.77
宁德市	Ningde	0.90	0.87	47.24	49.89	51.86	49.24
江西省	**Jiangxi**	**1.32**	**0.38**	**53.30**	**54.63**	**45.38**	**44.99**
南昌市	Nanchang	0.69	0.50	61.30	57.87	38.01	41.63
景德镇市	Jingdezhen	3.22	1.04	49.78	51.84	47.00	47.12
萍乡市	Pingxiang	0.46	0.21	57.85	63.65	41.69	36.14
九江市	Jiujiang	1.67	0.15	49.81	42.88	48.52	56.97
新余市	Xinyu	0.35	0.11	62.13	77.65	37.52	22.24
鹰潭市	Yingtan			56.96	37.21	43.04	62.79
赣州市	Ganzhou	1.25	0.14	44.73	52.25	54.02	47.61
吉安市	Ji'an	3.21	0.78	47.43	36.39	49.36	62.83
宜春市	Yichun	1.25	0.27	52.08	20.11	46.67	79.62
抚州市	Fuzhou	1.45	0.06	53.58	68.16	44.97	31.78
上饶市	Shangrao	1.51		46.48	33.12	52.01	66.88

2-4 续表 3 continued

单位：% (%)

城 市	City	第一产业从业人员比重 Primary Industry 全 市 Total City	市辖区 Districts under City	第二产业从业人员比重 Secondary Industry 全 市 Total City	市辖区 Districts under City	第三产业从业人员比重 Tertiary Industry 全 市 Total City	市辖区 Districts under City
山东省	**Shandong**	**0.14**	**0.07**	**56.57**	**54.20**	**43.29**	**45.73**
济南市	Jinan	0.06	0.04	48.33	45.08	51.61	54.88
青岛市	Qingdao	0.10	0.08	58.94	53.80	40.96	46.12
淄博市	Zibo	0.07	0.08	69.60	63.50	30.33	36.42
枣庄市	Zaozhuang	0.08	0.03	62.11	59.74	37.81	40.23
东营市	Dongying	0.14		65.92	64.68	33.94	35.32
烟台市	Yantai	0.05		57.57	58.16	42.38	41.84
潍坊市	Weifang	0.10	0.03	52.03	57.01	47.87	42.96
济宁市	Jining	0.18	0.28	59.17	57.53	40.65	42.19
泰安市	Tai'an	0.19	0.20	64.21	47.36	35.60	52.44
威海市	Weihai	0.14	0.04	65.82	63.40	34.04	36.56
日照市	Rizhao	0.22	0.34	56.85	54.39	42.93	45.27
莱芜市	Laiwu			67.68	67.68	32.32	32.32
临沂市	Linyi	0.29	0.07	50.26	48.77	49.45	51.16
德州市	Dezhou	0.14		46.31	54.25	53.55	45.75
聊城市	Liaocheng	0.14	0.07	45.94	29.74	53.92	70.19
滨州市	Binzhou	0.02		65.38	59.10	34.60	40.90
菏泽市	Heze	0.76	0.17	34.94	41.48	64.30	58.35
河南省	**Henan**	**0.49**	**0.14**	**54.99**	**56.68**	**44.52**	**43.18**
郑州市	Zhengzhou	0.16	0.04	58.50	57.67	41.34	42.29
开封市	Kaifeng	0.52	0.09	54.60	53.49	44.88	46.42
洛阳市	Luoyang	0.23	0.07	50.32	50.30	49.45	49.63
平顶山市	Pingdingshan	0.14		58.26	67.70	41.60	32.30
安阳市	Anyang	0.21	0.05	62.62	55.20	37.17	44.75
鹤壁市	Hebi	0.13		69.28	70.35	30.59	29.65
新乡市	Xinxiang	0.32		64.25	59.31	35.43	40.69
焦作市	Jiaozuo	0.20	0.04	57.13	59.01	42.67	40.95
濮阳市	Puyang	0.12		64.91	74.31	34.97	25.69
许昌市	Xuchang	0.18		60.13	61.19	39.69	38.81
漯河市	Luohe	0.10	0.05	61.92	59.50	37.98	40.45
三门峡市	Sanmenxia	0.32		52.60	24.08	47.08	75.92
南阳市	Nanyang	1.16	1.17	47.37	48.72	51.47	50.11
商丘市	Shangqiu	0.61	0.06	45.45	51.15	53.94	48.79
信阳市	Xinyang	0.94	0.49	43.02	48.56	56.04	50.95
周口市	Zhoukou	1.80		46.88	38.20	51.32	61.80
驻马店市	Zhumadian	0.79	0.42	49.51	54.73	49.70	44.85
湖北省	**Hubei**	**1.02**	**0.34**	**53.98**	**52.74**	**45.00**	**46.92**
武汉市	Wuhan	0.19	0.19	51.52	47.04	48.29	52.77
黄石市	Huangshi	0.45	0.05	64.04	64.47	35.51	35.48
十堰市	Shiyan	1.08	0.94	52.07	55.97	46.85	43.09
宜昌市	Yichang	0.42	0.22	56.54	51.46	43.04	48.32
襄阳市	Xiangyang	0.92	0.57	57.53	56.72	41.55	42.71
鄂州市	Ezhou	0.05	0.05	65.06	65.06	34.89	34.89
荆门市	Jingmen	2.36	0.62	57.12	49.44	40.52	49.94

2-4 续表 4 continued

单位：% (%)

城市	City	第一产业从业人员比重 Primary Industry 全市 Total City	第一产业从业人员比重 Primary Industry 市辖区 Districts under City	第二产业从业人员比重 Secondary Industry 全市 Total City	第二产业从业人员比重 Secondary Industry 市辖区 Districts under City	第三产业从业人员比重 Tertiary Industry 全市 Total City	第三产业从业人员比重 Tertiary Industry 市辖区 Districts under City
孝感市	Xiaogan	0.89	0.15	59.92	63.75	39.19	36.10
荆州市	Jingzhou	2.96	0.54	46.49	58.03	50.55	41.43
黄冈市	Huanggang	4.72	1.23	45.61	41.87	49.67	56.90
咸宁市	Xianning	0.30	0.42	41.91	44.60	57.79	54.98
随州市	Suizhou	0.47		47.37	57.84	52.16	42.16
湖南省	**Hunan**	**0.39**	**0.14**	**45.80**	**45.49**	**53.81**	**54.37**
长沙市	Changsha	0.09	0.07	47.30	37.00	52.61	62.93
株洲市	Zhuzhou	0.35	0.18	56.52	58.84	43.13	40.98
湘潭市	Xiangtan	0.03		63.47	66.41	36.50	33.59
衡阳市	Hengyang	0.10	0.08	48.72	49.66	51.18	50.26
邵阳市	Shaoyang	0.99	0.17	38.22	48.62	60.79	51.21
岳阳市	Yueyang	0.53	0.22	45.02	52.59	54.45	47.19
常德市	Changde	0.28	0.51	45.19	42.60	54.53	56.89
张家界市	Zhangjiajie	0.78	0.44	26.20	16.26	73.02	83.30
益阳市	Yiyang	0.31	0.06	42.56	48.11	57.13	51.83
郴州市	Chenzhou	0.47	0.14	43.24	42.76	56.29	57.10
永州市	Yongzhou	1.15	0.41	34.55	31.38	64.30	68.21
怀化市	Huaihua	0.97		27.35	23.32	71.68	76.68
娄底市	Loudi	0.33		49.88	49.46	49.79	50.54
广东省	**Guangdong**	**0.31**	**0.10**	**61.70**	**63.77**	**37.99**	**36.13**
广州市	Guangzhou	0.07	0.06	39.75	38.54	60.18	61.40
韶关市	Shaoguan	0.64	0.14	55.34	61.66	44.02	38.20
深圳市	Shenzhen	0.02	0.02	65.06	65.06	34.92	34.92
珠海市	Zhuhai	0.94	0.94	65.76	65.76	33.30	33.30
汕头市	Shantou	0.09	0.07	60.54	60.99	39.37	38.94
佛山市	Foshan	0.01	0.01	75.67	75.67	24.32	24.32
江门市	Jiangmen	0.08	0.03	63.07	60.44	36.85	39.53
湛江市	Zhanjiang	3.76	1.08	38.37	38.03	57.87	60.89
茂名市	Maoming	2.01		43.10	45.00	54.89	55.00
肇庆市	Zhaoqing	0.17		53.98	63.01	45.85	36.99
惠州市	Huizhou	0.10	0.03	69.40	72.78	30.50	27.19
梅州市	Meizhou	0.20	0.09	39.48	41.48	60.32	58.43
汕尾市	Shanwei	1.85	0.14	60.97	65.28	37.18	34.58
河源市	Heyuan	0.35	0.08	49.76	65.11	49.89	34.81
阳江市	Yangjiang	1.84	1.73	51.06	44.41	47.10	53.86
清远市	Qingyuan	0.45	0.11	50.81	58.71	48.74	41.18
东莞市	Dongguan	0.03	0.03	83.30	83.30	16.67	16.67
中山市	Zhongshan			78.96	78.96	21.04	21.04
潮州市	Chaozhou	0.09	0.06	58.96	64.15	40.95	35.79
揭阳市	Jieyang	1.23	0.06	55.15	57.15	43.62	42.79
云浮市	Yunfu	0.33	0.20	49.83	47.29	49.84	52.51
广西壮族自治区	**Guangxi**	**2.33**	**1.41**	**39.60**	**44.70**	**58.07**	**53.89**
南宁市	Nanning	1.65	1.03	39.70	41.36	58.65	57.61
柳州市	Liuzhou	0.82	0.38	56.08	61.86	43.10	37.76
桂林市	Guilin	1.27	0.23	38.68	43.90	60.05	55.87

2-4 续表 5 continued

单位：% (%)

城 市	City	第一产业从业人员比重 Primary Industry		第二产业从业人员比重 Secondary Industry		第三产业从业人员比重 Tertiary Industry	
		全 市 Total City	市辖区 Districts under City	全 市 Total City	市辖区 Districts under City	全 市 Total City	市辖区 Districts under City
梧州市	Wuzhou	0.60	0.35	41.91	44.79	57.49	54.86
北海市	Beihai	3.56	4.02	38.66	42.71	57.78	53.27
防城港市	Fangchenggang	10.65	7.65	33.76	36.99	55.59	55.36
钦州市	Qinzhou	2.42	1.64	41.29	46.47	56.29	51.89
贵港市	Guigang	0.77	0.34	27.85	32.88	71.38	66.78
玉林市	Yulin	2.52	0.18	41.69	32.42	55.79	67.40
百色市	Baise	1.89	1.76	30.97	35.59	67.14	62.65
贺州市	Hezhou	1.61	1.27	22.91	27.64	75.48	71.09
河池市	Hechi	1.78		28.59	35.52	69.63	64.48
来宾市	Laibin	6.41	8.27	33.52	39.53	60.07	52.20
崇左市	Chongzuo	10.89	5.67	26.24	31.44	62.87	62.89
海南省	**Hainan**	**1.41**	**1.41**	**20.64**	**20.64**	**77.95**	**77.95**
海口市	Haikou	0.74	0.74	23.06	23.06	76.20	76.20
三亚市	Sanya	4.32	4.32	10.08	10.08	85.60	85.60
三沙市	Sansa					100.00	100.00
重庆市	**Chongqing**	**4.05**		**43.95**		**52.00**	**100.00**
四川省	**Sichuan**	**0.51**	**0.35**	**44.21**	**41.87**	**55.28**	**57.78**
成都市	Chengdu	0.53	0.38	38.19	35.78	61.28	63.84
自贡市	Zigong	0.27	0.25	50.89	50.72	48.84	49.03
攀枝花市	Panzhihua	0.32	0.13	70.77	74.59	28.91	25.28
泸州市	Luzhou	0.36		56.22	59.98	43.42	40.02
德阳市	Deyang	0.11		59.82	61.05	40.07	38.95
绵阳市	Mianyang	0.23	0.07	49.07	47.30	50.70	52.63
广元市	Guangyuan	0.18	0.11	26.43	35.04	73.39	64.85
遂宁市	Suining	0.10		53.03	49.29	46.87	50.71
内江市	Neijiang	0.32	0.19	55.91	48.76	43.77	51.05
乐山市	Leshan	1.13	1.19	52.19	52.23	46.68	46.58
南充市	Nanchong	0.35	0.26	46.03	47.66	53.62	52.08
眉山市	Meishan	0.30		47.29	35.60	52.41	64.40
宜宾市	Yibin	0.70	1.04	52.71	56.24	46.59	42.72
广安市	Guang'an	0.54	0.20	26.06	26.39	73.40	73.41
达州市	Dazhou	0.88	0.21	46.61	50.11	52.51	49.68
雅安市	Ya'an	0.85	0.20	31.64	24.71	67.51	75.09
巴中市	Bazhong	0.98	0.74	55.40	54.15	43.62	45.11
资阳市	Ziyang	0.92	0.09	55.27	64.21	43.81	35.70
贵州省	**Guizhou**	**0.37**	**0.19**	**42.88**	**48.02**	**56.75**	**51.79**
贵阳市	Guiyang	0.21	0.15	53.78	53.97	46.01	45.88
六盘水市	Liupanshui	0.16		57.57	56.34	42.27	43.66
遵义市	Zunyi	0.32		35.55	36.99	64.13	63.01
安顺市	Anshun	1.18	0.90	37.57	42.25	61.25	56.85
毕节市	Bijie	0.39	0.39	24.23	18.02	75.38	81.59
铜仁市	Tongren	0.77	0.18	16.87	18.61	82.36	81.21
云南省	**Yunnan**	**1.02**	**0.33**	**44.74**	**41.98**	**54.24**	**57.69**
昆明市	Kunming	0.25	0.17	44.59	38.88	55.16	60.95
曲靖市	Qujing	0.72	0.17	57.42	58.65	41.86	41.18

2-4 续表 6 continued

单位：% (%)

城市	City	第一产业从业人员比重 Primary Industry 全市 Total City	第一产业从业人员比重 Primary Industry 市辖区 Districts under City	第二产业从业人员比重 Secondary Industry 全市 Total City	第二产业从业人员比重 Secondary Industry 市辖区 Districts under City	第三产业从业人员比重 Tertiary Industry 全市 Total City	第三产业从业人员比重 Tertiary Industry 市辖区 Districts under City
玉溪市	Yuxi	0.72	0.14	50.25	52.74	49.03	47.12
保山市	Baoshan	2.08	1.90	44.13	49.44	53.79	48.66
昭通市	Zhaotong	0.67	0.16	29.65	25.24	69.68	74.60
丽江市	Lijiang	1.56	0.22	26.53	19.46	71.91	80.32
普洱市	Pu'er	2.08	1.20	40.74	41.61	57.18	57.19
临沧市	Lincang	7.42	1.00	36.03	37.59	56.55	61.41
西藏自治区	**Tibet**	**22.42**		**15.15**		**62.43**	**100.00**
拉萨市	Lasa	22.42		15.15		62.43	100.00
陕西省	**Shaanxi**	**0.52**	**0.21**	**43.87**	**43.88**	**55.61**	**55.91**
西安市	Xi'an	0.14	0.06	42.02	41.22	57.84	58.72
铜川市	Tongchuan	0.17	0.09	51.00	52.64	48.83	47.27
宝鸡市	Baoji	0.67	0.18	53.33	57.04	46.00	42.78
咸阳市	Xianyang	0.53	0.27	52.12	57.00	47.35	42.73
渭南市	Weinan	1.40	0.99	41.93	31.44	56.67	67.57
延安市	Yan'an	0.82	0.17	45.89	63.76	53.29	36.07
汉中市	Hanzhong	0.90	0.38	39.54	37.48	59.56	62.14
榆林市	Yulin	0.58	0.86	43.02	30.45	56.40	68.69
安康市	Ankang	0.58	0.13	26.28	27.10	73.14	72.77
商洛市	Shangluo	0.95	1.80	41.59	30.70	57.46	67.50
甘肃省	**Gansu**	**1.83**	**0.56**	**42.97**	**48.42**	**55.20**	**51.02**
兰州市	Lanzhou	0.17	0.19	46.63	46.89	53.20	52.92
嘉峪关市	Jiayuguan	0.15	0.15	71.99	71.99	27.86	27.86
金昌市	Jinchang	2.63		73.75	81.56	23.62	18.44
白银市	Baiyin	1.22		50.34	61.96	48.44	38.04
天水市	Tianshui	2.09	1.26	31.04	37.61	66.87	61.13
武威市	Wuwei	1.97	2.42	43.10	44.52	54.93	53.06
张掖市	Zhangye	8.10	1.62	33.43	36.23	58.47	62.15
平凉市	Pingliang	1.99	0.27	39.87	21.98	58.14	77.75
酒泉市	Jiuquan	5.00	2.86	46.13	26.25	48.87	70.89
庆阳市	Qingyang	0.29	0.13	36.70	56.57	63.01	43.30
定西市	Dingxi	0.93		35.52	39.43	63.55	60.57
陇南市	Longnan	2.99	0.48	24.65	7.66	72.36	91.86
青海省	**Qinghai**	**0.68**	**0.27**	**31.35**	**38.43**	**67.97**	**61.30**
西宁市	Xining	0.33	0.14	43.29	39.17	56.38	60.69
海东市	Haidong	1.36	2.96	8.04	22.96	90.60	74.08
宁夏回族自治区	**Ningxia**	**3.01**	**1.98**	**38.06**	**40.08**	**58.93**	**57.94**
银川市	Yinchuan	3.00	1.58	41.44	41.81	55.56	56.61
石嘴山市	Shizuishan	1.01	0.89	46.97	49.17	52.02	49.94
吴忠市	Wuzhong	2.79	5.19	40.04	29.63	57.17	65.18
固原市	Guyuan	3.97	4.70	10.74	5.13	85.29	90.17
中卫市	Zhongwei	5.69	2.11	28.28	41.27	66.03	56.62
新疆维吾尔自治区	**Xinjiang**	**1.21**	**1.21**	**41.94**	**42.08**	**56.85**	**56.71**
乌鲁木齐市	Urumqi	1.51	1.51	34.48	34.63	64.01	63.86
克拉玛依市	Karamay			72.18	72.18	27.82	27.82

2-5 按行业分组的单位从业人员(一)

Persons Employed in Various Units by Sector in Detail(Ⅰ)

单位：万人 (10 000 persons)

城市	City	第一产业(农、林、牧、渔业) Primary Industry		第二产业(1)采矿业 Secondary Industry: Mining		(2)制造业 Manufacturing	
		全市 Total City	市辖区 Districts under City	全市 Total City	市辖区 Districts under City	全市 Total City	市辖区 Districts under City
城市合计	**Prefecture Cities**	**245.00**	**51.60**	**614.74**	**322.00**	**5368.18**	**3438.37**
北京市	**Beijing**	**3.13**	**2.79**	**6.76**	**6.27**	**103.49**	**99.56**
天津市	**Tianjin**	**0.53**	**0.42**	**7.61**	**7.56**	**122.33**	**114.14**
河北省	**Hebei**	**5.25**	**1.02**	**28.44**	**21.34**	**146.82**	**76.89**
石家庄市	Shijiazhuang	0.20	0.06	0.55	0.53	22.52	10.12
唐山市	Tangshan	2.54	0.23	12.62	12.27	25.97	18.19
秦皇岛市	Qinhuangdao	0.09	0.04	0.12		8.25	6.80
邯郸市	Handan	0.19	0.02	6.33	4.75	16.83	6.67
邢台市	Xingtai	0.10	0.02	2.87	2.68	9.94	2.84
保定市	Baoding	0.14		0.09		22.98	11.66
张家口市	Zhangjiakou	0.50	0.01	2.16	0.60	6.45	4.19
承德市	Chengde	0.39	0.01	1.16	0.51	5.31	3.08
沧州市	Cangzhou	0.83	0.60	2.54		9.00	3.61
廊坊市	Langfang	0.15	0.03			14.08	7.94
衡水市	Hengshui	0.12				5.49	1.79
山西省	**Shanxi**	**2.30**	**0.46**	**103.05**	**43.41**	**71.05**	**39.89**
太原市	Taiyuan	0.25	0.14	10.22	8.20	20.81	19.54
大同市	Datong	0.15	0.05	14.49	13.72	5.59	4.72
阳泉市	Yangquan	0.03		13.57	10.35	2.75	2.25
长治市	Changzhi	0.16	0.02	13.26	0.39	8.98	4.35
晋城市	Jincheng	0.14	0.01	15.19	7.21	6.17	4.22
朔州市	Shuozhou	0.35	0.14	5.17	2.06	1.26	0.49
晋中市	Jinzhong	0.15	0.03	9.83	0.32	4.00	1.88
运城市	Yuncheng	0.34		0.09		8.76	0.36
忻州市	Xinzhou	0.29	0.05	3.98	0.04	1.58	0.80
临汾市	Linfen	0.37	0.02	6.58	0.41	4.63	1.14
吕梁市	Lvliang	0.07		10.67	0.71	6.52	0.14
内蒙古自治区	**Inner Mongolia**	**20.80**	**3.48**	**19.38**	**6.54**	**43.35**	**26.54**
呼和浩特市	Hohhot	0.39	0.13	0.05	0.03	4.51	2.08
包头市	Baotou	0.29	0.19	0.82	0.15	16.63	15.67
乌海市	Wuhai	0.02	0.02	2.60	2.60	1.17	1.17
赤峰市	Chifeng	1.76	0.09	2.84	2.10	5.09	2.79
通辽市	Tongliao	5.53	2.26	1.35	0.10	4.47	2.28
鄂尔多斯市	Erdos	0.43	0.07	8.23	0.23	5.26	1.01
呼伦贝尔市	Hulunbuir	10.18	0.18	3.06	1.33	2.99	0.76
巴彦淖尔市	Bayannur	1.85	0.51	0.23		1.41	0.32
乌兰察布市	Ulanqab	0.35	0.03	0.20		1.82	0.46
辽宁省	**Liaoning**	**23.32**	**1.41**	**34.01**	**25.17**	**179.53**	**141.65**
沈阳市	Shenyang	0.34	0.17	2.79	2.71	36.14	33.93
大连市	Dalian	0.57	0.23	0.21		54.78	38.00
鞍山市	Anshan	0.39	0.08	0.28	0.24	22.10	18.48
抚顺市	Fushun	0.44	0.14	3.58	2.96	7.27	6.66
本溪市	Benxi	0.08		1.43	1.14	8.62	7.79
丹东市	Dandong	0.55	0.01	0.34	0.02	6.58	4.11
锦州市	Jinzhou	1.06	0.27	0.43		6.25	5.08

2-5 续表 1 continued

单位：万人 (10 000 persons)

城市	City	第一产业(农、林、牧、渔业) Primary Industry 全市 Total City	市辖区 Districts under City	第二产业(1)采矿业 Secondary Industry: Mining 全市 Total City	市辖区 Districts under City	(2)制造业 Manufacturing 全市 Total City	市辖区 Districts under City
营口市	Yingkou	0.05	0.04	0.09	0.02	8.70	7.29
阜新市	Fuxin	0.41	0.05	5.74	5.68	2.46	1.88
辽阳市	Liaoyang	0.43	0.32	0.13	0.12	6.35	5.78
盘锦市	Panjin	16.78	0.01	10.44	10.44	4.05	3.41
铁岭市	Tieling	1.65	0.01	5.26		4.58	1.37
朝阳市	Chaoyang	0.26	0.03	1.22	0.01	4.84	1.44
葫芦岛市	Huludao	0.31	0.05	2.07	1.83	6.81	6.43
吉林省	**Jilin**	**10.78**	**2.52**	**14.03**	**10.75**	**82.56**	**66.30**
长春市	Changchun	1.16	0.21	0.58	0.32	40.25	37.77
吉林市	Jilin	1.02	0.10	1.32	0.01	13.23	10.33
四平市	Siping	0.91	0.16	0.13	0.08	3.43	1.65
辽源市	Liaoyuan	0.29	0.02	2.33	2.29	3.68	3.13
通化市	Tonghua	0.42	0.01	1.05	0.06	11.76	9.43
白山市	Baishan	2.23	0.81	3.38	3.05	2.64	1.24
松原市	Songyuan	2.11	0.07	5.15	4.93	4.72	1.28
白城市	Baicheng	2.64	1.14	0.09	0.01	2.85	1.47
黑龙江省	**Heilongjiang**	**54.05**	**17.14**	**38.60**	**36.61**	**66.10**	**47.27**
哈尔滨市	Harbin	4.98	1.35	0.60	0.07	29.24	24.84
齐齐哈尔市	Qiqihar	7.29	6.82	0.02	0.01	8.33	6.95
鸡西市	Jixi	1.28	0.06	6.50	6.23	1.31	1.00
鹤岗市	Hegang	5.20	0.19	6.45	6.28	1.68	0.68
双鸭山市	Shuangyashan	0.65	0.25	5.05	5.05	0.96	0.78
大庆市	Daqing	0.30	0.06	12.06	12.04	7.01	6.19
伊春市	Yichun	10.02	7.27	0.04	0.03	2.52	2.13
佳木斯市	Jiamusi	2.10	0.46	0.05		1.85	1.50
七台河市	Qitaihe	0.46	0.31	6.74	6.74	0.83	0.56
牡丹江市	Mudanjiang	4.35	0.03	0.34		4.36	1.66
黑河市	Heihe	16.12	0.28	0.45	0.16	1.91	0.11
绥化市	Suihua	1.30	0.06	0.30		6.10	0.87
上海市	**Shanghai**	**1.34**	**1.13**	**0.05**	**0.05**	**211.74**	**207.50**
江苏省	**Jiangsu**	**6.90**	**2.44**	**13.38**	**9.90**	**576.57**	**339.01**
南京市	Nanjing	0.18	0.18	0.30	0.30	58.55	58.55
无锡市	Wuxi	0.18	0.04			73.37	47.99
徐州市	Xuzhou	1.46	0.65	9.17	6.11	23.59	14.85
常州市	Changzhou	0.06	0.01			32.27	27.75
苏州市	Suzhou	0.01	0.01	0.07	0.07	199.17	98.28
南通市	Nantong	0.68	0.15			40.04	15.14
连云港市	Lianyungang	0.95	0.62	0.72	0.67	11.10	6.43
淮安市	Huai'an	0.95	0.31	0.46	0.36	20.56	13.58
盐城市	Yancheng	1.97	0.33	0.25	0.07	27.09	8.67
扬州市	Yangzhou	0.05	0.04	1.94	1.88	25.42	18.16
镇江市	Zhenjiang	0.14	0.03	0.20	0.20	21.68	8.41
泰州市	Taizhou	0.22	0.05			27.61	11.43
宿迁市	Suqian	0.05	0.02	0.27	0.24	16.12	9.77

2-5 续表 2 continued

单位：万人 (10 000 persons)

城市	City	第一产业(农、林、牧、渔业) Primary Industry		第二产业(1)采矿业 Secondary Industry: Mining		(2)制造业 Manufacturing	
		全市 Total City	市辖区 Districts under City	全市 Total City	市辖区 Districts under City	全市 Total City	市辖区 Districts under City
浙江省	**Zhejiang**	**0.77**	**0.31**	**0.99**	**0.32**	**356.94**	**189.86**
杭州市	Hangzhou	0.17	0.10	0.15	0.04	72.67	59.35
宁波市	Ningbo	0.06	0.02	0.01	0.01	78.79	49.78
温州市	Wenzhou	0.05		0.14	0.01	34.29	9.65
嘉兴市	Jiaxing	0.07	0.03			48.81	12.96
湖州市	Huzhou	0.03	0.02	0.29	0.08	18.27	6.53
绍兴市	Shaoxing	0.06	0.03	0.21	0.18	37.89	23.76
金华市	Jinhua	0.03	0.02	0.03		15.87	4.05
衢州市	Quzhou	0.03		0.04		6.81	4.17
舟山市	Zhoushan	0.03	0.03	0.07		4.23	3.62
台州市	Taizhou	0.11	0.04	0.02		36.22	15.40
丽水市	Lishui	0.13	0.02	0.03		3.09	0.59
安徽省	**Anhui**	**6.99**	**1.91**	**32.95**	**25.71**	**136.27**	**82.94**
合肥市	Hefei	0.10	0.01	0.11		33.99	26.50
芜湖市	Wuhu	0.05	0.01	0.02	0.01	16.84	13.90
蚌埠市	Bengbu	0.03	0.02			5.95	4.98
淮南市	Huainan	0.22	0.12	13.25	10.72	4.61	4.56
马鞍山市	Maanshan	0.07	0.01	2.52	0.12	6.95	0.88
淮北市	Huaibei			11.69	11.51	5.43	3.26
铜陵市	Tongling	0.26	0.25	0.12	0.11	6.55	6.15
安庆市	Anqing	1.62	0.82	0.10	0.01	8.54	4.32
黄山市	Huangshan	0.10	0.04	0.02		1.73	1.17
滁州市	Chuzhou	0.72		0.12	0.08	6.60	2.05
阜阳市	Fuyang	0.21	0.05	1.39	0.52	4.04	2.31
宿州市	Suzhou	0.48	0.08	2.40	2.39	5.05	2.98
六安市	Lu'an	1.72	0.12			14.50	4.62
亳州市	Bozhou	0.02		0.91		4.26	1.97
池州市	Chizhou	0.09	0.02	0.10	0.07	1.97	1.27
宣城市	Xuancheng	1.30	0.36	0.20	0.17	9.26	2.02
福建省	**Fujian**	**4.20**	**0.65**	**4.69**	**2.04**	**262.24**	**127.79**
福州市	Fuzhou	0.20	0.01	0.11	0.10	43.57	24.93
厦门市	Xiamen	0.22	0.22	0.02	0.02	54.08	54.08
莆田市	Putian	0.02		0.15	0.14	20.49	18.04
三明市	Sanming	0.49	0.07	1.04	0.01	4.69	2.15
泉州市	Quanzhou	0.39	0.10	0.50	0.13	97.39	17.32
漳州市	Zhangzhou	1.73		0.06		20.44	5.29
南平市	Nanping	0.48	0.04	0.16	0.02	5.11	1.92
龙岩市	Longyan	0.42	0.13	2.65	1.62	8.39	2.47
宁德市	Ningde	0.25	0.08			8.08	1.59
江西省	**Jiangxi**	**5.82**	**0.74**	**8.72**	**2.27**	**130.40**	**49.07**
南昌市	Nanchang	0.83	0.45	0.03	0.02	29.95	20.90
景德镇市	Jingdezhen	0.65	0.13	0.65	0.03	6.88	5.06
萍乡市	Pingxiang	0.09	0.03	2.00	1.92	6.44	4.94
九江市	Jiujiang	0.71	0.02	0.35		12.79	2.31
新余市	Xinyu	0.05	0.01	0.30	0.14	6.65	5.56
鹰潭市	Yingtan			0.08		4.25	0.08
赣州市	Ganzhou	0.68	0.02	1.27	0.15	18.21	5.68
吉安市	Ji'an	1.10	0.05	0.32		11.72	1.28
宜春市	Yichun	0.53	0.02	2.82	0.01	14.82	1.07
抚州市	Fuzhou	0.53	0.01	0.24		7.37	0.57
上饶市	Shangrao	0.65		0.66		11.32	1.62

2-5 续表 3 continued

单位：万人 (10 000 persons)

城市	City	第一产业(农、林、牧、渔业) Primary Industry 全市 Total City	第一产业 市辖区 Districts under City	第二产业(1)采矿业 Secondary Industry: Mining 全市 Total City	采矿业 市辖区 Districts under City	(2)制造业 Manufacturing 全市 Total City	制造业 市辖区 Districts under City
山东省	**Shandong**	**1.85**	**0.51**	**74.61**	**35.85**	**436.38**	**227.80**
济南市	Jinan	0.09	0.05	0.80	0.08	32.51	22.91
青岛市	Qingdao	0.14	0.08	0.12	0.01	71.44	42.40
淄博市	Zibo	0.07	0.05	4.44	4.18	32.65	23.97
枣庄市	Zaozhuang	0.04	0.01	9.69	8.63	10.86	6.34
东营市	Dongying	0.07		13.90	13.85	11.15	4.26
烟台市	Yantai	0.05		4.75	0.01	48.61	30.13
潍坊市	Weifang	0.09	0.01	0.40	0.28	35.25	14.74
济宁市	Jining	0.17	0.11	20.72	4.14	19.11	12.22
泰安市	Tai'an	0.15	0.05	12.72	0.11	20.20	7.64
威海市	Weihai	0.08	0.01	0.06	0.01	31.77	14.42
日照市	Rizhao	0.07	0.07	0.03	0.03	12.67	7.15
莱芜市	Laiwu			2.20	2.20	8.27	8.27
临沂市	Linyi	0.29	0.03	3.09	2.31	30.12	14.14
德州市	Dezhou	0.08		0.37		18.91	5.90
聊城市	Liaocheng	0.07	0.01			17.16	2.74
滨州市	Binzhou	0.01		0.24		27.90	7.56
菏泽市	Heze	0.38	0.03	1.08	0.01	7.80	3.01
河南省	**Henan**	**5.15**	**0.70**	**61.99**	**36.47**	**304.19**	**129.04**
郑州市	Zhengzhou	0.31	0.05	7.77	4.83	68.13	47.05
开封市	Kaifeng	0.25	0.02			15.39	4.95
洛阳市	Luoyang	0.17	0.03	2.26	0.36	23.02	12.52
平顶山市	Pingdingshan	0.08		13.42	11.03	11.97	5.95
安阳市	Anyang	0.12	0.01	1.27	0.94	13.21	5.02
鹤壁市	Hebi	0.03		4.60	4.60	7.78	2.88
新乡市	Xinxiang	0.23		0.72	0.01	23.20	6.79
焦作市	Jiaozuo	0.10	0.01	4.66	4.57	18.02	5.48
濮阳市	Puyang	0.05		7.55	7.55	8.85	2.74
许昌市	Xuchang	0.08		3.61	0.04	16.99	4.82
漯河市	Luohe	0.03	0.01			15.64	10.81
三门峡市	Sanmenxia	0.09		7.87		3.96	0.27
南阳市	Nanyang	1.02	0.37	2.67	2.42	22.53	5.09
商丘市	Shangqiu	0.34	0.01	4.76		10.28	5.00
信阳市	Xinyang	0.57	0.10	0.74	0.11	11.33	4.54
周口市	Zhoukou	1.19				19.30	1.18
驻马店市	Zhumadian	0.49	0.09	0.09	0.01	14.59	3.95
湖北省	**Hubei**	**7.42**	**1.33**	**9.67**	**2.36**	**231.97**	**127.57**
武汉市	Wuhan	0.38	0.31	0.06	0.05	52.86	46.94
黄石市	Huangshi	0.15	0.01	2.24	0.50	12.36	9.63
十堰市	Shiyan	0.66	0.36	0.38	0.04	21.58	15.44
宜昌市	Yichang	0.36	0.08	2.82	0.65	32.60	10.46
襄阳市	Xiangyang	0.78	0.18	0.89	0.03	32.43	12.33
鄂州市	Ezhou	0.01	0.01	0.59	0.59	8.46	8.46

2-5 续表 4 continued

单位：万人 (10 000 persons)

城 市	City	第一产业(农、林、牧、渔业) Primary Industry 全 市 Total City	市辖区 Districts under City	第二产业(1)采矿业 Secondary Industry: Mining 全 市 Total City	市辖区 Districts under City	(2)制造业 Manufacturing 全 市 Total City	市辖区 Districts under City
荆门市	Jingmen	0.90	0.10	1.29	0.30	14.40	4.89
孝感市	Xiaogan	0.71	0.04	0.85		28.57	5.50
荆州市	Jingzhou	1.23	0.10	0.07		11.66	7.25
黄冈市	Huanggang	2.10	0.10	0.24	0.20	6.60	1.30
咸宁市	Xianning	0.07	0.04	0.08		5.91	2.07
随州市	Suizhou	0.07		0.16		4.54	3.30
湖南省	**Hunan**	**2.20**	**0.38**	**15.44**	**1.42**	**128.48**	**61.05**
长沙市	Changsha	0.12	0.06	1.23	0.05	38.05	13.63
株洲市	Zhuzhou	0.16	0.05	1.20	0.05	14.86	9.99
湘潭市	Xiangtan	0.01		0.62	0.04	9.96	8.37
衡阳市	Hengyang	0.06	0.02	2.23	0.11	13.31	6.63
邵阳市	Shaoyang	0.37	0.02	1.43	0.19	4.73	1.75
岳阳市	Yueyang	0.28	0.05	0.31	0.01	12.96	6.37
常德市	Changde	0.12	0.09	0.56		7.98	3.08
张家界市	Zhangjiajie	0.07	0.02	0.23	0.03	0.45	0.15
益阳市	Yiyang	0.09	0.01	0.18	0.01	6.43	3.89
郴州市	Chenzhou	0.17	0.02	3.68	0.65	5.80	2.55
永州市	Yongzhou	0.37	0.04	0.23	0.01	4.95	1.21
怀化市	Huaihua	0.28		0.56		2.74	0.49
娄底市	Loudi	0.10		2.98	0.27	6.26	2.94
广东省	**Guangdong**	**6.14**	**1.63**	**2.95**	**1.75**	**1019.73**	**922.25**
广州市	Guangzhou	0.23	0.19	0.02	0.01	98.50	88.20
韶关市	Shaoguan	0.23	0.03	0.64	0.20	9.95	6.24
深圳市	Shenzhen	0.07	0.07	0.40	0.40	255.88	255.88
珠海市	Zhuhai	0.70	0.70	0.02	0.02	39.95	39.95
汕头市	Shantou	0.05	0.04	0.02	0.02	18.41	18.41
佛山市	Foshan	0.02	0.02	0.04	0.04	123.74	123.74
江门市	Jiangmen	0.05	0.01	0.01	0.01	31.59	17.58
湛江市	Zhanjiang	1.89	0.25	0.60	0.48	7.79	4.27
茂名市	Maoming	0.90		0.17	0.08	7.10	2.76
肇庆市	Zhaoqing	0.07		0.21		18.88	10.93
惠州市	Huizhou	0.09	0.02	0.03	0.02	55.90	43.53
梅州市	Meizhou	0.06	0.01	0.16	0.07	6.47	3.35
汕尾市	Shanwei	0.46	0.01	0.03	0.03	14.02	4.36
河源市	Heyuan	0.09	0.01	0.12	0.01	10.90	7.79
阳江市	Yangjiang	0.45	0.15	0.02		6.38	1.46
清远市	Qingyuan	0.14	0.02	0.03	0.02	13.02	9.20
东莞市	Dongguan	0.07	0.07			199.11	199.11
中山市	Zhongshan					67.61	67.61
潮州市	Chaozhou	0.02	0.01	0.01	0.01	10.13	9.36
揭阳市	Jieyang	0.48	0.01			16.15	6.99
云浮市	Yunfu	0.07	0.01	0.42	0.33	8.25	1.53
广西壮族自治区	**Guangxi**	**9.12**	**3.34**	**4.29**	**1.49**	**79.89**	**49.31**
南宁市	Nanning	1.49	0.77	0.02	0.01	14.77	10.93
柳州市	Liuzhou	0.50	0.19	0.15	0.10	16.83	14.46
桂林市	Guilin	0.54	0.05	0.50		8.65	4.55

2-5 续表 5 continued

单位：万人 (10 000 persons)

城　市	City	第一产业(农、林、牧、渔业) Primary Industry 全　市 Total City	第一产业(农、林、牧、渔业) Primary Industry 市辖区 Districts under City	第二产业(1)采矿业 Secondary Industry: Mining 全　市 Total City	第二产业(1)采矿业 Secondary Industry: Mining 市辖区 Districts under City	(2)制造业 Manufacturing 全　市 Total City	(2)制造业 Manufacturing 市辖区 Districts under City
梧州市	Wuzhou	0.12	0.04	0.35	0.12	6.47	4.05
北海市	Beihai	0.49	0.40	0.12	0.08	3.48	3.04
防城港市	Fangchenggang	1.17	0.60	0.15	0.12	1.67	1.22
钦州市	Qinzhou	0.47	0.19	0.14	0.13	2.80	1.68
贵港市	Guigang	0.14	0.03	0.03		2.96	1.48
玉林市	Yulin	0.90	0.02	0.02	0.01	9.85	2.16
百色市	Baise	0.40	0.12	1.10	0.50	3.18	0.98
贺州市	Hezhou	0.16	0.07	0.04	0.01	1.58	1.14
河池市	Hechi	0.35		0.90		2.97	1.36
来宾市	Laibin	0.90	0.64	0.30		2.46	1.64
崇左市	Chongzuo	1.49	0.22	0.47	0.41	2.22	0.62
海南省	**Hainan**	**0.84**	**0.84**			**5.78**	**5.78**
海口市	Haikou	0.36	0.36			5.31	5.31
三亚市	Sanya	0.48	0.48			0.47	0.47
三沙市	Sansa						
重庆市	**Chongqing**	**37.43**		**24.39**		**189.55**	
四川省	**Sichuan**	**5.12**	**2.27**	**16.62**	**5.99**	**216.52**	**147.58**
成都市	Chengdu	2.81	1.61	1.85		104.55	81.48
自贡市	Zigong	0.06	0.04	0.52	0.48	5.12	4.05
攀枝花市	Panzhihua	0.08	0.03	2.01	1.95	7.96	7.84
泸州市	Luzhou	0.13		0.21		6.49	4.45
德阳市	Deyang	0.04		0.61	0.19	13.66	5.78
绵阳市	Mianyang	0.11	0.02	0.08		14.15	8.91
广元市	Guangyuan	0.03	0.01	1.22	0.79	1.48	1.20
遂宁市	Suining	0.02		0.10		4.67	2.68
内江市	Neijiang	0.08	0.02	0.73		7.40	2.95
乐山市	Leshan	0.33	0.17	2.60	1.01	8.91	4.10
南充市	Nanchong	0.15	0.05	0.16		8.84	5.26
眉山市	Meishan	0.06		0.25		5.29	1.19
宜宾市	Yibin	0.25	0.19	1.72	0.02	10.48	8.56
广安市	Guang'an	0.07	0.01	1.01	0.15	0.64	0.43
达州市	Dazhou	0.30	0.02	2.44	1.34	3.35	1.03
雅安市	Ya'an	0.09	0.01	0.31		1.46	0.82
巴中市	Bazhong	0.26	0.08	0.80	0.06	3.59	1.31
资阳市	Ziyang	0.25	0.01			8.48	5.54
贵州省	**Guizhou**	**0.84**	**0.25**	**15.79**	**4.19**	**36.81**	**21.58**
贵阳市	Guiyang	0.21	0.13	1.15	0.78	17.72	13.16
六盘水市	Liupanshui	0.04		8.65	2.62	3.60	2.05
遵义市	Zunyi	0.13		1.19	0.02	8.18	2.96
安顺市	Anshun	0.20	0.08	0.96	0.70	4.01	2.16
毕节市	Bijie	0.12	0.03	3.58	0.01	1.92	0.88
铜仁市	Tongren	0.14	0.01	0.26	0.06	1.38	0.37
云南省	**Yunnan**	**3.08**	**0.50**	**18.44**	**3.37**	**51.49**	**19.22**
昆明市	Kunming	0.34	0.15	3.42	1.32	22.68	8.74
曲靖市	Qujing	0.36	0.03	8.78	1.65	9.44	3.33

2-5 续表 6 continued

单位：万人 (10 000 persons)

城 市	City	第一产业(农、林、牧、渔业) Primary Industry		第二产业(1)采矿业 Secondary Industry: Mining		(2)制造业 Manufacturing	
		全 市 Total City	市辖区 Districts under City	全 市 Total City	市辖区 Districts under City	全 市 Total City	市辖区 Districts under City
玉溪市	Yuxi	0.20	0.02	1.04	0.06	7.95	3.84
保山市	Baoshan	0.38	0.17	0.48	0.09	2.97	0.87
昭通市	Zhaotong	0.16	0.01	3.23	0.20	1.54	0.56
丽江市	Lijiang	0.17	0.01	0.79		0.62	0.23
普洱市	Pu'er	0.36	0.07	0.37	0.05	3.79	1.24
临沧市	Lincang	1.11	0.04	0.33		2.50	0.41
西藏自治区	**Tibet**	**9.34**		**1.05**		**1.54**	
拉萨市	Lasa	9.34		1.05		1.54	
陕西省	**Shaanxi**	**2.56**	**0.62**	**30.14**	**11.32**	**105.97**	**66.97**
西安市	Xi'an	0.28	0.11	0.06	0.04	44.98	38.38
铜川市	Tongchuan	0.02	0.01	3.22	3.15	1.79	1.76
宝鸡市	Baoji	0.26	0.04	0.93	0.14	14.75	9.59
咸阳市	Xianyang	0.29	0.06	2.38		16.88	8.84
渭南市	Weinan	0.66	0.14	4.57		9.14	2.28
延安市	Yan'an	0.26	0.03	8.93	6.94	2.37	2.10
汉中市	Hanzhong	0.27	0.04	1.11	0.03	6.58	1.69
榆林市	Yulin	0.24	0.08	7.51	0.94	5.72	0.94
安康市	Ankang	0.10	0.01	0.46	0.05	1.68	0.54
商洛市	Shangluo	0.18	0.10	0.97	0.03	2.08	0.85
甘肃省	**Gansu**	**4.27**	**0.78**	**12.79**	**6.47**	**37.70**	**27.85**
兰州市	Lanzhou	0.11	0.11	1.42	1.40	12.36	10.08
嘉峪关市	Jiayuguan	0.01	0.01			3.95	3.95
金昌市	Jinchang	0.31		0.02		5.08	4.29
白银市	Baiyin	0.23		2.26	2.20	3.66	3.18
天水市	Tianshui	0.48	0.19	0.10	0.03	3.63	3.18
武威市	Wuwei	0.28	0.21	0.46	0.02	1.72	1.19
张掖市	Zhangye	1.10	0.11	0.42		1.48	0.73
平凉市	Pingliang	0.31	0.01	3.25		0.49	0.20
酒泉市	Jiuquan	0.75	0.12	0.79		2.61	0.55
庆阳市	Qingyang	0.05	0.01	2.94	2.80	0.43	0.23
定西市	Dingxi	0.15		0.07		1.13	0.25
陇南市	Longnan	0.49	0.01	1.06	0.02	1.16	0.02
青海省	**Qinghai**	**0.37**	**0.08**	**0.49**	**0.30**	**8.69**	**4.44**
西宁市	Xining	0.12	0.04	0.45	0.29	7.62	4.19
海东市	Haidong	0.25	0.04	0.04	0.01	1.07	0.25
宁夏回族自治区	**Ningxia**	**2.04**	**0.91**	**3.78**	**3.44**	**12.59**	**8.01**
银川市	Yinchuan	1.05	0.45	3.37	3.37	4.98	3.40
石嘴山市	Shizuishan	0.10	0.07	0.01	0.01	3.64	2.91
吴忠市	Wuzhong	0.29	0.21	0.11	0.05	2.56	0.70
固原市	Guyuan	0.24	0.11	0.29	0.01	0.19	0.03
中卫市	Zhongwei	0.36	0.07			1.22	0.97
新疆维吾尔自治区	**Xinjiang**	**1.05**	**1.04**	**9.64**	**9.64**	**11.51**	**11.51**
乌鲁木齐市	Urumqi	1.05	1.04	2.12	2.12	8.46	8.46
克拉玛依市	Karamay			7.52	7.52	3.05	3.05

2-6 按行业分组的单位从业人员(二)

Persons Employed in Various Units by Sector in Detail(Ⅱ)

单位：万人 (10 000 persons)

城市	City	(3)电力、燃气及水的生产和供应业 Production and Distribution of Electricity, Gas and Water		(4)建筑业 Construction		第三产业(1)交通运输、仓储和邮政业 Tertiary Industry: Traffic, Transport, Storage and Post	
		全市 Total City	市辖区 Districts under City	全市 Total City	市辖区 Districts under City	全市 Total City	市辖区 Districts under City
城市合计	**Prefecture Cities**	**332.72**	**188.66**	**2930.70**	**1710.65**	**773.93**	**585.60**
北京市	**Beijing**	**8.72**	**8.45**	**43.91**	**42.55**	**59.23**	**58.89**
天津市	**Tianjin**	**4.49**	**4.06**	**31.04**	**16.80**	**14.35**	**14.05**
河北省	**Hebei**	**19.40**	**9.51**	**90.35**	**43.44**	**27.31**	**20.74**
石家庄市	Shijiazhuang	2.39	1.73	8.48	5.73	6.54	5.05
唐山市	Tangshan	2.59	1.80	8.63	6.26	4.29	3.79
秦皇岛市	Qinhuangdao	1.27	0.95	3.53	3.09	3.44	3.17
邯郸市	Handan	2.73	1.14	14.27	7.99	2.95	1.98
邢台市	Xingtai	1.90	0.45	5.35	2.75	1.22	0.94
保定市	Baoding	2.31	0.59	28.37	7.05	2.45	1.84
张家口市	Zhangjiakou	1.54	1.04	2.49	1.08	1.30	0.75
承德市	Chengde	0.77	0.60	3.41	1.69	1.30	0.90
沧州市	Cangzhou	1.56	0.39	6.62	3.43	1.74	1.06
廊坊市	Langfang	1.18	0.42	5.27	3.14	0.73	0.33
衡水市	Hengshui	1.16	0.40	3.93	1.23	1.35	0.93
山西省	**Shanxi**	**11.73**	**7.32**	**37.15**	**30.12**	**15.91**	**9.87**
太原市	Taiyuan	2.47	1.91	18.35	18.01	3.02	2.91
大同市	Datong	1.22	1.13	2.33	2.10	1.23	1.13
阳泉市	Yangquan	0.83	0.54	1.98	1.91	0.85	0.80
长治市	Changzhi	1.08	0.69	1.64	1.20	1.16	0.90
晋城市	Jincheng	0.92	0.41	1.49	1.21	1.26	0.82
朔州市	Shuozhou	1.08	0.86	2.27	1.43	0.35	0.23
晋中市	Jinzhong	1.06	0.72	2.66	1.83	1.19	0.84
运城市	Yuncheng	0.90	0.38	1.79	0.50	0.96	0.65
忻州市	Xinzhou	0.73	0.08	1.81	0.89	1.07	0.67
临汾市	Linfen	1.01	0.49	1.95	0.73	3.04	0.55
吕梁市	Lvliang	0.43	0.11	0.88	0.31	1.78	0.37
内蒙古自治区	**Inner Mongolia**	**11.90**	**6.60**	**24.01**	**16.87**	**12.10**	**7.02**
呼和浩特市	Hohhot	2.20	1.74	4.42	4.01	3.24	2.89
包头市	Baotou	1.48	1.25	6.10	5.27	1.13	1.04
乌海市	Wuhai	0.61	0.61	2.04	2.04	0.24	0.24
赤峰市	Chifeng	1.33	0.66	4.10	1.41	1.50	0.96
通辽市	Tongliao	1.07	0.54	2.00	1.80	0.81	0.36
鄂尔多斯市	Erdos	1.47	0.32	1.07	0.18	1.43	0.19
呼伦贝尔市	Hulunbuir	1.79	0.64	2.25	0.61	2.38	0.34
巴彦淖尔市	Bayannur	0.77	0.37	1.48	1.27	0.59	0.37
乌兰察布市	Ulanqab	1.18	0.47	0.55	0.28	0.78	0.63
辽宁省	**Liaoning**	**16.45**	**13.81**	**111.51**	**87.60**	**31.99**	**25.91**
沈阳市	Shenyang	3.55	3.16	28.43	26.47	10.59	10.13
大连市	Dalian	1.67	1.42	16.76	13.26	6.71	6.31
鞍山市	Anshan	1.28	0.97	9.94	7.78	3.71	1.38
抚顺市	Fushun	1.33	1.27	6.52	5.63	1.07	0.81
本溪市	Benxi	0.85	0.76	6.15	3.90	1.04	0.94
丹东市	Dandong	1.19	0.89	6.19	3.83	1.33	1.06
锦州市	Jinzhou	1.67	1.51	5.90	5.38	1.68	1.11
营口市	Yingkou	0.78	0.74	5.02	4.29	2.41	2.02

2-6 续表 1 continued

单位：万人 (10 000 persons)

城市	City	(3)电力、燃气及水的生产和供应业 Production and Distribution of Electricity, Gas and Water		(4)建筑业 Construction		第三产业(1)交通运输、仓储和邮政业 Tertiary Industry: Traffic, Transport, Storage and Post	
		全市 Total City	市辖区 Districts under City	全市 Total City	市辖区 Districts under City	全市 Total City	市辖区 Districts under City
阜新市	Fuxin	0.81	0.70	3.09	2.69	0.43	0.27
辽阳市	Liaoyang	0.37	0.32	3.05	2.19	0.49	0.44
盘锦市	Panjin	0.50	0.39	5.81	2.86	0.49	0.37
铁岭市	Tieling	0.85	0.58	3.16	1.18	0.62	0.29
朝阳市	Chaoyang	0.95	0.68	6.06	3.69	0.72	0.36
葫芦岛市	Huludao	0.65	0.42	5.43	4.45	0.70	0.42
吉林省	**Jilin**	**13.12**	**9.45**	**31.78**	**23.59**	**10.99**	**6.93**
长春市	Changchun	6.88	6.25	15.45	14.29	4.62	4.17
吉林市	Jilin	1.76	1.12	4.73	3.69	1.66	0.96
四平市	Siping	0.83	0.39	1.90	0.63	1.97	0.37
辽源市	Liaoyuan	0.46	0.38	1.58	0.90	0.30	0.22
通化市	Tonghua	0.99	0.59	3.21	1.32	0.83	0.51
白山市	Baishan	0.81	0.34	1.29	0.93	0.43	0.30
松原市	Songyuan	0.83	0.15	2.29	0.99	0.62	0.20
白城市	Baicheng	0.56	0.23	1.33	0.84	0.56	0.20
黑龙江省	**Heilongjiang**	**17.40**	**13.22**	**35.11**	**24.48**	**24.01**	**18.18**
哈尔滨市	Harbin	7.17	6.21	13.77	11.31	10.42	9.56
齐齐哈尔市	Qiqihar	1.41	0.94	2.44	2.01	4.93	4.50
鸡西市	Jixi	0.62	0.42	1.28	1.06	0.67	0.40
鹤岗市	Hegang	0.40	0.22	1.12	0.86	0.88	0.25
双鸭山市	Shuangyashan	0.70	0.42	1.14	1.07	0.67	0.22
大庆市	Daqing	2.99	2.82	5.66	5.11	1.57	1.36
伊春市	Yichun	0.65	0.63	0.65	0.51	0.41	0.29
佳木斯市	Jiamusi	0.65	0.38	2.88	1.46	0.81	0.33
七台河市	Qitaihe	0.21	0.18	0.35	0.25	0.32	0.26
牡丹江市	Mudanjiang	1.08	0.73	2.52	0.67	0.82	0.35
黑河市	Heihe	0.72	0.26	0.80	0.12	1.31	0.58
绥化市	Suihua	0.80	0.01	2.50	0.05	1.20	0.08
上海市	**Shanghai**	**5.24**	**5.01**	**37.18**	**36.67**	**66.92**	**66.63**
江苏省	**Jiangsu**	**14.04**	**9.64**	**402.44**	**206.51**	**43.71**	**32.97**
南京市	Nanjing	1.86	1.86	49.34	49.34	13.73	13.73
无锡市	Wuxi	1.32	0.71	11.93	5.03	3.27	2.40
徐州市	Xuzhou	1.92	1.49	32.52	15.00	4.61	3.35
常州市	Changzhou	0.77	0.61	12.06	9.71	2.00	1.69
苏州市	Suzhou	1.37	0.60	17.16	9.31	6.14	3.34
南通市	Nantong	1.08	0.61	106.11	27.89	2.88	1.93
连云港市	Lianyungang	0.86	0.74	11.38	3.62	1.31	0.82
淮安市	Huai'an	0.95	0.77	17.15	12.02	2.03	1.40
盐城市	Yancheng	1.06	0.56	27.39	11.38	2.61	0.82
扬州市	Yangzhou	0.77	0.60	47.58	26.61	2.38	1.74
镇江市	Zhenjiang	0.91	0.66	5.09	2.80	1.31	1.00
泰州市	Taizhou	0.72	0.35	43.12	17.48	0.71	0.47
宿迁市	Suqian	0.45	0.08	21.61	16.32	0.73	0.28
浙江省	**Zhejiang**	**12.84**	**6.06**	**304.98**	**171.22**	**32.45**	**24.74**
杭州市	Hangzhou	2.10	1.37	78.47	74.31	11.13	10.36
宁波市	Ningbo	1.89	0.87	31.36	7.20	5.81	4.76

2-6 续表 2 continued

单位：万人 (10 000 persons)

城市	City	(3)电力、燃气及水的生产和供应业 Production and Distribution of Electricity, Gas and Water 全市 Total City	市辖区 Districts under City	(4)建筑业 Construction 全市 Total City	市辖区 Districts under City	第三产业(1)交通运输、仓储和邮政业 Tertiary Industry: Traffic, Transport, Storage and Post 全市 Total City	市辖区 Districts under City
温州市	Wenzhou	2.08	1.05	24.98	8.55	3.44	2.28
嘉兴市	Jiaxing	1.22	0.31	3.02	1.42	1.81	0.96
湖州市	Huzhou	0.70	0.34	12.56	7.96	1.98	1.35
绍兴市	Shaoxing	1.28	0.93	72.15	48.70	1.38	1.02
金华市	Jinhua	0.81	0.12	43.36	4.79	2.34	1.02
衢州市	Quzhou	0.51	0.20	1.89	0.87	0.64	0.46
舟山市	Zhoushan	0.48	0.32	2.26	1.80	1.62	1.38
台州市	Taizhou	0.99	0.36	33.87	15.53	1.77	0.97
丽水市	Lishui	0.78	0.19	1.06	0.09	0.53	0.18
安徽省	**Anhui**	**12.93**	**6.95**	**100.76**	**73.18**	**25.59**	**17.25**
合肥市	Hefei	3.03	2.60	51.54	41.71	6.40	5.79
芜湖市	Wuhu	0.63	0.46	6.68	4.16	2.78	2.48
蚌埠市	Bengbu	0.56	0.33	5.56	4.98	1.47	1.27
淮南市	Huainan	1.93	0.92	2.35	2.01	1.22	1.07
马鞍山市	Maanshan	0.48	0.28	3.39	1.25	0.84	0.47
淮北市	Huaibei	0.46	0.31	3.05	2.72	0.57	0.46
铜陵市	Tongling	0.25	0.23	3.25	2.36	0.53	0.52
安庆市	Anqing	0.95	0.48	4.30	2.42	1.16	0.76
黄山市	Huangshan	0.21	0.11	1.65	1.33	0.40	0.29
滁州市	Chuzhou	0.39	0.13	1.49	0.32	0.79	0.32
阜阳市	Fuyang	0.90	0.35	2.59	1.96	1.74	1.27
宿州市	Suzhou	0.50	0.25	6.43	2.96	1.15	0.70
六安市	Lu'an	0.91	0.07	4.16	3.16	2.43	0.71
亳州市	Bozhou	0.33	0.16	1.73	0.52	1.31	0.45
池州市	Chizhou	0.20	0.14	1.77	1.06	0.50	0.32
宣城市	Xuancheng	1.20	0.13	0.82	0.26	2.30	0.37
福建省	**Fujian**	**8.84**	**3.33**	**139.26**	**88.37**	**21.60**	**16.18**
福州市	Fuzhou	1.55	0.72	38.13	26.63	5.02	3.83
厦门市	Xiamen	0.66	0.66	35.16	35.16	6.38	6.38
莆田市	Putian	0.45	0.32	13.21	10.14	0.60	0.55
三明市	Sanming	1.04	0.17	2.63	1.74	1.08	0.53
泉州市	Quanzhou	1.57	0.38	31.21	7.04	2.55	1.44
漳州市	Zhangzhou	0.97	0.24	8.31	3.17	1.69	0.89
南平市	Nanping	0.66	0.09	2.58	1.50	1.42	0.74
龙岩市	Longyan	0.81	0.23	4.16	0.52	1.56	1.16
宁德市	Ningde	1.13	0.52	3.87	2.47	1.30	0.66
江西省	**Jiangxi**	**7.95**	**2.73**	**87.51**	**52.57**	**19.12**	**12.25**
南昌市	Nanchang	1.71	1.23	41.61	29.63	6.65	6.34
景德镇市	Jingdezhen	0.35	0.22	2.17	1.17	0.67	0.34
萍乡市	Pingxiang	0.37	0.26	2.57	2.02	0.50	0.44
九江市	Jiujiang	1.07	0.34	6.95	3.19	1.46	0.93
新余市	Xinyu	0.30	0.14	1.66	1.35	0.46	0.16
鹰潭市	Yingtan	0.26	0.03	3.02	1.49	1.11	0.74
赣州市	Ganzhou	1.02	0.11	3.80	1.39	1.74	0.90
吉安市	Ji'an	0.74	0.10	3.48	0.96	1.92	0.62
宜春市	Yichun	0.79	0.11	3.61	0.31	1.97	1.09
抚州市	Fuzhou	0.53	0.11	11.47	10.15	1.86	0.32
上饶市	Shangrao	0.81	0.08	7.17	0.91	0.78	0.37

2-6 续表 3 continued

单位：万人 (10 000 persons)

城 市	City	(3)电力、燃气及水的生产和供应业 Production and Distribution of Electricity, Gas and Water		(4)建筑业 Construction		第三产业(1)交通运输、仓储和邮政业 Tertiary Industry: Traffic, Transport, Storage and Post	
		全 市 Total City	市辖区 Districts under City	全 市 Total City	市辖区 Districts under City	全 市 Total City	市辖区 Districts under City
山东省	**Shandong**	**23.02**	**11.39**	**187.79**	**96.50**	**42.69**	**31.23**
济南市	Jinan	1.77	1.24	36.48	30.66	4.94	4.68
青岛市	Qingdao	2.28	1.61	12.87	10.18	8.79	8.37
淄博市	Zibo	2.15	1.90	26.11	9.45	1.33	1.18
枣庄市	Zaozhuang	0.84	0.59	10.38	3.88	1.07	0.76
东营市	Dongying	0.41	0.23	6.71	3.91	0.54	0.41
烟台市	Yantai	1.87	0.77	6.91	2.14	4.82	3.22
潍坊市	Weifang	1.68	0.58	10.91	5.37	2.97	1.86
济宁市	Jining	2.10	0.90	12.66	5.25	2.03	1.08
泰安市	Tai'an	1.28	0.34	15.82	3.76	1.71	0.88
威海市	Weihai	1.24	0.64	3.80	1.75	1.48	1.09
日照市	Rizhao	0.48	0.26	5.07	3.64	2.40	2.18
莱芜市	Laiwu	0.36	0.36	2.11	2.11	0.76	0.76
临沂市	Linyi	1.64	0.44	15.95	5.13	3.21	1.31
德州市	Dezhou	1.29	0.44	5.83	2.78	1.84	0.68
聊城市	Liaocheng	1.07	0.33	4.00	1.46	2.23	1.18
滨州市	Binzhou	1.24	0.30	4.87	1.33	0.99	0.33
菏泽市	Heze	1.32	0.46	7.31	3.70	1.58	1.26
河南省	**Henan**	**21.71**	**9.98**	**187.45**	**100.70**	**32.32**	**20.79**
郑州市	Zhengzhou	3.51	1.42	32.88	26.37	6.77	5.63
开封市	Kaifeng	0.67	0.24	9.97	6.75	1.39	0.78
洛阳市	Luoyang	1.47	0.78	9.88	7.41	2.90	2.34
平顶山市	Pingdingshan	3.44	3.02	4.57	3.45	1.37	0.78
安阳市	Anyang	0.91	0.50	20.43	4.84	1.38	0.94
鹤壁市	Hebi	0.33	0.20	2.78	2.26	0.32	0.19
新乡市	Xinxiang	1.20	0.14	21.14	6.02	1.40	0.97
焦作市	Jiaozuo	0.97	0.53	4.57	3.44	3.36	1.63
濮阳市	Puyang	0.80	0.45	9.40	7.11	0.73	0.52
许昌市	Xuchang	0.70	0.37	5.26	3.08	0.81	0.43
漯河市	Luohe	0.33	0.24	2.70	2.16	0.61	0.57
三门峡市	Sanmenxia	0.72		2.14	1.30	0.77	0.56
南阳市	Nanyang	1.85	0.51	14.66	7.36	2.86	1.52
商丘市	Shangqiu	0.93	0.34	9.26	3.78	1.91	1.03
信阳市	Xinyang	1.45	0.51	12.57	4.78	1.86	0.90
周口市	Zhoukou	1.15	0.17	10.58	3.49	1.65	0.99
驻马店市	Zhumadian	1.28	0.56	14.66	7.10	2.23	1.01
湖北省	**Hubei**	**11.52**	**5.90**	**138.49**	**72.22**	**25.78**	**14.97**
武汉市	Wuhan	1.81	1.51	47.55	26.80	9.68	8.33
黄石市	Huangshi	0.40	0.30	6.37	2.47	0.95	0.57
十堰市	Shiyan	1.43	0.39	8.32	5.49	1.27	0.72
宜昌市	Yichang	1.77	0.89	10.89	6.62	4.90	1.73
襄阳市	Xiangyang	1.31	0.49	14.22	5.21	1.79	0.49
鄂州市	Ezhou	0.26	0.26	3.93	3.93	0.46	0.46
荆门市	Jingmen	1.24	1.20	4.84	1.54	1.34	0.60

2-6 续表 4 continued

单位：万人 (10 000 persons)

城市	City	(3)电力、燃气及水的生产和供应业 Production and Distribution of Electricity, Gas and Water		(4)建筑业 Construction		第三产业(1)交通运输、仓储和邮政业 Tertiary Industry: Traffic, Transport, Storage and Post	
		全市 Total City	市辖区 Districts under City	全市 Total City	市辖区 Districts under City	全市 Total City	市辖区 Districts under City
孝感市	Xiaogan	0.94	0.22	17.39	11.41	1.73	0.37
荆州市	Jingzhou	0.73	0.35	6.87	3.06	1.49	0.91
黄冈市	Huanggang	1.05	0.10	12.39	1.80	0.99	0.30
咸宁市	Xianning	0.42	0.09	3.46	2.05	0.77	0.23
随州市	Suizhou	0.16	0.10	2.26	1.84	0.41	0.26
湖南省	**Hunan**	**9.51**	**3.04**	**106.31**	**62.24**	**16.62**	**10.71**
长沙市	Changsha	0.73	0.59	21.63	18.45	5.18	3.78
株洲市	Zhuzhou	0.68	0.33	8.99	5.77	0.80	0.65
湘潭市	Xiangtan	0.41	0.32	11.49	7.58	0.65	0.58
衡阳市	Hengyang	0.90	0.22	11.71	5.57	1.32	0.86
邵阳市	Shaoyang	1.03	0.17	7.04	3.72	1.48	0.72
岳阳市	Yueyang	0.65	0.31	9.88	5.40	1.23	0.79
常德市	Changde	0.61	0.12	9.99	4.25	0.98	0.55
张家界市	Zhangjiajie	0.23	0.05	1.43	0.51	0.33	0.24
益阳市	Yiyang	0.40	0.15	5.52	3.45	0.62	0.33
郴州市	Chenzhou	1.34	0.50	4.78	2.53	0.85	0.63
永州市	Yongzhou	0.81	0.18	5.09	1.66	0.95	0.54
怀化市	Huaihua	1.30	0.04	3.27	1.14	1.30	0.59
娄底市	Loudi	0.42	0.06	5.49	2.21	0.93	0.45
广东省	**Guangdong**	**22.01**	**14.91**	**162.28**	**127.67**	**83.43**	**77.47**
广州市	Guangzhou	3.72	3.49	26.78	25.36	34.83	34.53
韶关市	Shaoguan	1.23	0.50	7.96	5.99	1.00	0.65
深圳市	Shenzhen	2.01	2.01	39.30	39.30	21.14	21.14
珠海市	Zhuhai	0.55	0.55	8.51	8.51	2.31	2.31
汕头市	Shantou	0.91	0.86	14.27	14.26	1.49	1.47
佛山市	Foshan	1.53	1.53	6.53	6.53	3.57	3.57
江门市	Jiangmen	0.95	0.45	4.99	0.77	1.93	1.36
湛江市	Zhanjiang	1.00	0.49	9.89	3.56	2.72	1.93
茂名市	Maoming	1.16	0.60	10.89	3.80	1.23	0.53
肇庆市	Zhaoqing	0.60	0.17	2.26	1.06	1.26	0.71
惠州市	Huizhou	0.95	0.53	2.86	2.38	1.98	1.64
梅州市	Meizhou	1.17	0.39	3.84	0.96	0.84	0.44
汕尾市	Shanwei	0.45	0.16	0.70	0.15	0.41	0.14
河源市	Heyuan	0.58	0.10	1.03	0.44	0.85	0.43
阳江市	Yangjiang	0.40	0.16	5.72	2.23	0.79	0.45
清远市	Qingyuan	0.87	0.18	2.06	1.55	0.88	0.60
东莞市	Dongguan	0.93	0.93	3.98	3.98	3.14	3.14
中山市	Zhongshan	0.73	0.73	3.39	3.39	1.54	1.54
潮州市	Chaozhou	1.00	0.60	1.30	1.23	0.54	0.42
揭阳市	Jieyang	0.89	0.36	4.50	1.84	0.60	0.33
云浮市	Yunfu	0.38	0.12	1.52	0.38	0.38	0.14
广西壮族自治区	**Guangxi**	**9.80**	**4.19**	**60.72**	**50.71**	**15.07**	**11.68**
南宁市	Nanning	1.07	0.53	20.09	19.51	4.29	4.02
柳州市	Liuzhou	1.00	0.67	16.08	15.71	2.06	1.90
桂林市	Guilin	1.37	0.39	5.95	4.70	1.35	0.68

2-6 续表 5 continued

单位：万人 (10 000 persons)

城　市	City	(3)电力、燃气及水的生产和供应业 Production and Distribution of Electricity, Gas and Water		(4)建筑业 Construction		第三产业(1)交通运输、仓储和邮政业 Tertiary Industry: Traffic, Transport, Storage and Post	
		全　市 Total City	市辖区 Districts under City	全　市 Total City	市辖区 Districts under City	全　市 Total City	市辖区 Districts under City
梧州市	Wuzhou	0.69	0.28	0.93	0.71	0.73	0.57
北海市	Beihai	0.29	0.22	1.43	0.91	0.47	0.40
防城港市	Fangchenggang	0.28	0.19	1.61	1.37	0.92	0.86
钦州市	Qinzhou	0.37	0.20	4.70	3.38	0.75	0.65
贵港市	Guigang	0.48	0.23	1.61	1.17	0.50	0.39
玉林市	Yulin	0.77	0.32	4.27	1.06	1.28	0.59
百色市	Baise	1.02	0.27	1.25	0.67	0.89	0.70
贺州市	Hezhou	0.46	0.26	0.20	0.11	0.27	0.15
河池市	Hechi	0.80	0.17	0.95	0.26	0.79	0.35
来宾市	Laibin	0.68	0.38	1.27	1.04	0.37	0.22
崇左市	Chongzuo	0.52	0.08	0.38	0.11	0.40	0.20
海南省	**Hainan**	**0.60**	**0.60**	**5.95**	**5.95**	**4.07**	**4.07**
海口市	Haikou	0.41	0.41	5.49	5.49	3.48	3.48
三亚市	Sanya	0.19	0.19	0.46	0.46	0.59	0.59
三沙市	Sansa						
重庆市	**Chongqing**	**8.93**		**182.87**		**38.68**	
四川省	**Sichuan**	**18.86**	**7.92**	**188.48**	**112.20**	**40.42**	**27.03**
成都市	Chengdu	6.08	2.87	89.66	66.74	26.90	18.33
自贡市	Zigong	0.38	0.26	5.12	3.35	1.15	0.89
攀枝花市	Panzhihua	0.70	0.37	6.88	6.84	0.68	0.66
泸州市	Luzhou	0.56	0.22	12.91	8.13	1.41	0.99
德阳市	Deyang	0.41	0.23	6.67	2.89	1.04	0.43
绵阳市	Mianyang	1.28	0.69	8.08	3.35	1.05	0.80
广元市	Guangyuan	0.40	0.16	1.33	1.14	0.53	0.26
遂宁市	Suining	0.56	0.24	5.52	1.61	0.33	0.20
内江市	Neijiang	0.34	0.21	5.44	1.94	0.42	0.26
乐山市	Leshan	1.07	0.40	2.69	1.97	0.86	0.52
南充市	Nanchong	1.63	0.68	8.86	3.12	1.19	0.84
眉山市	Meishan	0.38	0.03	3.43	0.93	0.49	0.29
宜宾市	Yibin	1.34	0.33	5.34	1.41	1.20	0.86
广安市	Guang'an	0.60	0.36	1.14	0.39	0.40	0.18
达州市	Dazhou	1.43	0.37	8.61	1.99	0.97	0.45
雅安市	Ya'an	0.60	0.16	1.00	0.28	0.26	0.20
巴中市	Bazhong	0.71	0.23	9.57	4.27	0.79	0.54
资阳市	Ziyang	0.39	0.11	6.23	1.85	0.75	0.33
贵州省	**Guizhou**	**11.49**	**7.90**	**34.18**	**29.74**	**6.93**	**5.75**
贵阳市	Guiyang	7.60	7.10	26.09	25.40	3.95	3.82
六盘水市	Liupanshui	0.75	0.21	1.37	0.85	0.33	0.30
遵义市	Zunyi	1.00	0.11	4.13	1.97	1.16	0.76
安顺市	Anshun	0.39	0.07	1.00	0.83	0.40	0.34
毕节市	Bijie	1.14	0.25	0.78	0.26	0.63	0.30
铜仁市	Tongren	0.61	0.16	0.81	0.43	0.46	0.23
云南省	**Yunnan**	**6.31**	**2.60**	**58.25**	**38.15**	**14.02**	**11.73**
昆明市	Kunming	1.82	1.13	33.31	23.95	10.37	9.52
曲靖市	Qujing	1.43	0.40	9.14	4.72	1.19	0.56

2-6 续表 6 continued

单位：万人 (10 000 persons)

城市	City	(3)电力、燃气及水的生产和供应业 Production and Distribution of Electricity, Gas and Water		(4)建筑业 Construction		第三产业(1)交通运输、仓储和邮政业 Tertiary Industry: Traffic, Transport, Storage and Post	
		全市 Total City	市辖区 Districts under City	全市 Total City	市辖区 Districts under City	全市 Total City	市辖区 Districts under City
玉溪市	Yuxi	0.56	0.15	4.43	3.26	0.53	0.31
保山市	Baoshan	0.37	0.33	4.26	3.14	0.33	0.23
昭通市	Zhaotong	0.75	0.16	1.54	0.64	0.45	0.32
丽江市	Lijiang	0.46	0.16	1.03	0.48	0.36	0.25
普洱市	Pu'er	0.55	0.18	2.35	0.96	0.45	0.29
临沧市	Lincang	0.37	0.09	2.19	1.00	0.34	0.25
西藏自治区	**Tibet**	**0.80**		**2.92**		**1.96**	
拉萨市	Lasa	0.80		2.92		1.96	
陕西省	**Shaanxi**	**8.54**	**4.22**	**70.20**	**48.36**	**21.61**	**17.50**
西安市	Xi'an	2.39	2.05	35.94	32.56	12.23	11.82
铜川市	Tongchuan	0.20	0.20	0.90	0.88	0.28	0.28
宝鸡市	Baoji	0.85	0.76	4.30	2.40	1.81	1.62
咸阳市	Xianyang	0.93	0.57	8.15	3.45	0.90	0.64
渭南市	Weinan	1.15	0.07	4.87	2.09	1.16	0.56
延安市	Yan'an	0.74	0.29	2.55	1.79	1.06	0.79
汉中市	Hanzhong	0.40	0.05	3.78	2.21	0.99	0.76
榆林市	Yulin	1.47	0.14	2.96	0.80	2.03	0.46
安康市	Ankang	0.25	0.04	2.12	1.40	0.45	0.23
商洛市	Shangluo	0.16	0.05	4.63	0.78	0.70	0.34
甘肃省	**Gansu**	**7.58**	**4.33**	**42.44**	**29.03**	**7.35**	**4.94**
兰州市	Lanzhou	1.79	1.52	14.91	14.42	2.41	2.25
嘉峪关市	Jiayuguan	0.29	0.29	0.49	0.49	0.15	0.15
金昌市	Jinchang	0.26	0.06	3.32	3.17	0.28	0.23
白银市	Baiyin	0.71	0.60	2.88	1.53	0.42	0.19
天水市	Tianshui	0.61	0.30	2.79	2.15	0.59	0.40
武威市	Wuwei	0.46	0.31	3.48	2.34	0.56	0.21
张掖市	Zhangye	0.68	0.40	1.96	1.33	0.45	0.31
平凉市	Pingliang	0.53	0.22	1.95	0.40	0.28	0.21
酒泉市	Jiuquan	0.62	0.11	2.90	0.44	0.43	0.20
庆阳市	Qingyang	0.52	0.30	2.50	1.19	0.39	0.18
定西市	Dingxi	0.39	0.11	4.16	1.56	0.40	0.28
陇南市	Longnan	0.72	0.11	1.10	0.01	0.99	0.33
青海省	**Qinghai**	**1.46**	**0.90**	**6.39**	**5.75**	**4.18**	**3.17**
西宁市	Xining	1.44	0.89	6.04	5.71	4.02	3.15
海东市	Haidong	0.02	0.01	0.35	0.04	0.16	0.02
宁夏回族自治区	**Ningxia**	**3.47**	**2.58**	**5.93**	**4.40**	**2.38**	**1.81**
银川市	Yinchuan	2.13	1.83	4.04	3.29	1.43	1.10
石嘴山市	Shizuishan	0.55	0.52	0.45	0.41	0.25	0.24
吴忠市	Wuzhong	0.55	0.10	0.94	0.35	0.28	0.18
固原市	Guyuan	0.06	0.03	0.11	0.05	0.13	0.09
中卫市	Zhongwei	0.18	0.10	0.39	0.30	0.29	0.20
新疆维吾尔自治区	**Xinjiang**	**2.06**	**2.06**	**13.06**	**13.06**	**11.14**	**11.14**
乌鲁木齐市	Urumqi	2.05	2.05	11.29	11.29	10.86	10.86
克拉玛依市	Karamay	0.01	0.01	1.77	1.77	0.28	0.28

2-7 按行业分组的单位从业人员(三)

Persons Employed in Various Units by Sector in Detail(Ⅲ)

单位：万人 (10 000 persons)

城　市	City	(2)信息传输、计算机服务和软件业 Information Transmission, Computer Services and Software		(3)批发和零售业 Wholesale and Retail Trades		(4)住宿、餐饮业 Hotels and Catering Services	
		全　市 Total City	市辖区 Districts under City	全　市 Total City	市辖区 Districts under City	全　市 Total City	市辖区 Districts under City
城市合计	**Prefecture Cities**	**384.55**	**334.48**	**1004.83**	**670.71**	**414.62**	**281.31**
北京市	**Beijing**	**58.24**	**58.24**	**68.81**	**68.17**	**31.00**	**30.57**
天津市	**Tianjin**	**3.57**	**3.56**	**17.17**	**16.55**	**6.57**	**6.24**
河北省	**Hebei**	**8.59**	**7.35**	**28.30**	**18.02**	**7.01**	**4.46**
石家庄市	Shijiazhuang	1.98	1.75	5.58	4.51	1.50	1.04
唐山市	Tangshan	0.78	0.66	5.72	2.32	0.77	0.49
秦皇岛市	Qinhuangdao	0.55	0.50	1.17	1.05	0.52	0.47
邯郸市	Handan	0.64	0.56	3.15	1.81	0.68	0.38
邢台市	Xingtai	0.44	0.40	1.75	1.20	0.47	0.25
保定市	Baoding	0.84	0.77	3.28	2.15	0.85	0.47
张家口市	Zhangjiakou	0.55	0.37	2.20	1.55	0.68	0.38
承德市	Chengde	0.64	0.47	1.00	0.59	0.37	0.29
沧州市	Cangzhou	0.48	0.43	1.75	1.13	0.41	0.20
廊坊市	Langfang	1.25	1.14	1.16	0.81	0.51	0.35
衡水市	Hengshui	0.44	0.30	1.54	0.90	0.25	0.14
山西省	**Shanxi**	**6.80**	**4.96**	**20.23**	**12.58**	**6.24**	**4.21**
太原市	Taiyuan	2.21	2.20	4.40	4.00	2.33	2.20
大同市	Datong	0.44	0.43	3.21	2.84	0.61	0.57
阳泉市	Yangquan	0.19	0.17	1.19	0.81	0.21	0.10
长治市	Changzhi	0.33	0.30	1.46	0.65	0.31	0.12
晋城市	Jincheng	0.28	0.22	2.04	0.87	0.40	0.16
朔州市	Shuozhou	0.26	0.24	1.28	0.84	0.16	0.11
晋中市	Jinzhong	0.45	0.34	1.34	0.71	0.31	0.16
运城市	Yuncheng	0.85	0.04	2.01	0.61	0.89	0.06
忻州市	Xinzhou	0.43	0.38	1.66	0.67	0.46	0.29
临汾市	Linfen	0.49	0.44	1.28	0.45	0.15	0.06
吕梁市	Lvliang	0.87	0.20	0.36	0.13	0.41	0.38
内蒙古自治区	**Inner Mongolia**	**5.18**	**4.41**	**9.83**	**6.43**	**4.02**	**2.70**
呼和浩特市	Hohhot	1.63	1.63	2.64	1.39	1.28	1.19
包头市	Baotou	0.74	0.72	1.89	1.82	0.80	0.79
乌海市	Wuhai	0.15	0.15	0.16	0.16	0.05	0.05
赤峰市	Chifeng	0.63	0.46	1.23	0.77	0.42	0.21
通辽市	Tongliao	0.54	0.35	0.86	0.38	0.25	0.06
鄂尔多斯市	Erdos	0.39	0.14	0.61	0.21	0.41	0.03
呼伦贝尔市	Hulunbuir	0.53	0.47	1.14	0.66	0.45	0.17
巴彦淖尔市	Bayannur	0.23	0.21	0.51	0.38	0.06	0.05
乌兰察布市	Ulanqab	0.34	0.28	0.79	0.66	0.30	0.15
辽宁省	**Liaoning**	**12.72**	**12.20**	**27.64**	**23.03**	**8.05**	**7.35**
沈阳市	Shenyang	2.64	2.61	8.55	8.16	3.07	3.04
大连市	Dalian	5.67	5.66	5.54	5.37	2.42	2.36
鞍山市	Anshan	0.58	0.56	3.74	1.41	0.46	0.35
抚顺市	Fushun	0.26	0.24	1.10	1.02	0.20	0.17
本溪市	Benxi	0.42	0.36	0.68	0.55	0.16	0.13
丹东市	Dandong	0.46	0.38	0.82	0.64	0.29	0.24
锦州市	Jinzhou	0.41	0.34	1.19	0.92	0.16	0.13

2-7 续表 1 continued

单位：万人 (10 000 persons)

城　市	City	(2)信息传输、计算机服务和软件业 Information Transmission, Computer Services and Software		(3)批发和零售业 Wholesale and Retail Trades		(4)住宿、餐饮业 Hotels and Catering Services	
		全　市 Total City	市辖区 Districts under City	全　市 Total City	市辖区 Districts under City	全　市 Total City	市辖区 Districts under City
营口市	Yingkou	0.38	0.33	1.16	0.86	0.35	0.32
阜新市	Fuxin	0.33	0.28	0.64	0.49	0.10	0.07
辽阳市	Liaoyang	0.28	0.25	0.39	0.38	0.15	0.15
盘锦市	Panjin	0.34	0.32	1.15	1.01	0.27	0.19
铁岭市	Tieling	0.32	0.26	0.98	0.76	0.06	
朝阳市	Chaoyang	0.31	0.29	1.15	1.02	0.13	0.09
葫芦岛市	Huludao	0.32	0.32	0.55	0.44	0.23	0.11
吉林省	**Jilin**	**6.35**	**6.11**	**10.03**	**6.85**	**3.32**	**3.15**
长春市	Changchun	3.73	3.51	5.60	4.95	1.98	1.95
吉林市	Jilin	0.60	1.23	1.32	0.14	0.17	0.56
四平市	Siping	0.56	0.26	0.09	0.06	0.53	0.35
辽源市	Liaoyuan	0.18	0.15	0.27	0.16	0.04	0.03
通化市	Tonghua	0.51	0.33	0.82	0.33	0.16	0.08
白山市	Baishan	0.22	0.21	0.33	0.24	0.09	0.07
松原市	Songyuan	0.27	0.25	0.79	0.42	0.23	0.06
白城市	Baicheng	0.28	0.17	0.81	0.55	0.12	0.05
黑龙江省	**Heilongjiang**	**14.54**	**12.12**	**12.29**	**7.44**	**4.77**	**3.70**
哈尔滨市	Harbin	10.25	9.08	3.17	3.12	3.07	2.89
齐齐哈尔市	Qiqihar	0.71	0.65	1.03	0.76	0.08	0.06
鸡西市	Jixi	0.24	0.23	0.61	0.28	0.05	0.04
鹤岗市	Hegang	0.82	0.24	0.32	0.03	0.15	0.10
双鸭山市	Shuangyashan	0.23	0.20	0.45	0.27	0.05	0.01
大庆市	Daqing	0.71	0.71	1.93	1.43	0.29	0.21
伊春市	Yichun	0.24	0.23	0.19	0.18	0.08	0.06
佳木斯市	Jiamusi	0.26	0.14	0.95	0.44	0.13	0.10
七台河市	Qitaihe	0.11	0.10	0.12	0.10	0.01	0.01
牡丹江市	Mudanjiang	0.39	0.28	0.99	0.41	0.24	0.16
黑河市	Heihe	0.18	0.26	1.03	0.08	0.52	0.02
绥化市	Suihua	0.40		1.50	0.34	0.10	0.04
上海市	**Shanghai**	**49.43**	**49.16**	**21.07**	**21.03**	**21.64**	**21.63**
江苏省	**Jiangsu**	**31.10**	**26.87**	**59.74**	**43.21**	**21.46**	**17.54**
南京市	Nanjing	14.96	14.96	19.14	19.14	6.45	6.45
无锡市	Wuxi	2.29	2.05	5.68	4.32	2.40	1.91
徐州市	Xuzhou	0.97	0.65	4.13	2.54	0.58	0.46
常州市	Changzhou	0.80	0.69	2.59	2.14	1.73	1.59
苏州市	Suzhou	4.51	2.85	11.91	5.39	3.99	3.23
南通市	Nantong	1.18	0.73	4.20	2.78	0.58	0.28
连云港市	Lianyungang	2.54	2.16	0.31	0.19	0.53	0.34
淮安市	Huai'an	0.55	0.45	1.81	1.22	0.51	0.32
盐城市	Yancheng	0.84	0.56	2.90	1.36	0.79	0.35
扬州市	Yangzhou	1.16	0.94	1.77	1.26	0.84	0.73
镇江市	Zhenjiang	0.50	0.32	1.71	1.18	0.65	0.51
泰州市	Taizhou	0.39	0.25	2.73	1.24	2.17	1.22
宿迁市	Suqian	0.41	0.26	0.86	0.45	0.24	0.15

2-7 续表 2 continued

单位：万人 (10 000 persons)

城市	City	(2)信息传输、计算机服务和软件业 Information Transmission, Computer Services and Software 全市 Total City	市辖区 Districts under City	(3)批发和零售业 Wholesale and Retail Trades 全市 Total City	市辖区 Districts under City	(4)住宿、餐饮业 Hotels and Catering Services 全市 Total City	市辖区 Districts under City
浙江省	**Zhejiang**	**16.05**	**14.52**	**38.25**	**30.32**	**14.69**	**11.30**
杭州市	Hangzhou	9.82	9.60	18.05	16.89	7.16	6.72
宁波市	Ningbo	1.17	0.97	6.41	5.25	1.82	1.41
温州市	Wenzhou	0.62	0.56	2.51	1.42	1.10	0.61
嘉兴市	Jiaxing	0.53	0.41	2.51	1.35	0.85	0.33
湖州市	Huzhou	0.91	0.65	0.50	0.23	0.45	0.39
绍兴市	Shaoxing	0.48	0.43	2.39	1.63	0.84	0.62
金华市	Jinhua	0.84	0.53	1.95	1.04	0.82	0.16
衢州市	Quzhou	0.52	0.37	0.21	0.09	0.26	0.25
舟山市	Zhoushan	0.23	0.23	0.69	0.62	0.40	0.38
台州市	Taizhou	0.64	0.56	2.55	1.53	0.74	0.31
丽水市	Lishui	0.29	0.21	0.48	0.27	0.25	0.12
安徽省	**Anhui**	**6.35**	**4.77**	**52.33**	**20.44**	**18.16**	**6.70**
合肥市	Hefei	1.93	1.76	8.27	7.00	2.26	1.79
芜湖市	Wuhu	0.31	0.27	1.57	1.22	0.55	0.45
蚌埠市	Bengbu	0.34	0.29	1.20	0.96	0.21	0.15
淮南市	Huainan	0.14	0.13	1.04	0.91	0.17	0.16
马鞍山市	Maanshan	0.33	0.24	0.71	0.46	0.06	0.06
淮北市	Huaibei	0.22	0.21	0.48	0.37	0.10	0.10
铜陵市	Tongling	0.11	0.11	0.39	0.38	0.17	0.17
安庆市	Anqing	0.43	0.24	1.36	0.78	0.49	0.29
黄山市	Huangshan	0.24	0.20	0.37	0.28	0.69	0.60
滁州市	Chuzhou	0.44	0.32	0.70	0.13	0.13	0.11
阜阳市	Fuyang	0.21	0.16	1.69	1.10	0.11	0.08
宿州市	Suzhou	0.35	0.24	1.28	0.66	0.21	0.18
六安市	Lu'an	0.20	0.15	14.09	4.47	6.69	1.70
亳州市	Bozhou	0.35	0.24	1.41	0.70	0.21	0.11
池州市	Chizhou	0.15	0.12	0.37	0.29	0.21	0.11
宣城市	Xuancheng	0.60	0.09	17.40	0.73	5.90	0.64
福建省	**Fujian**	**7.96**	**6.48**	**24.29**	**18.90**	**9.93**	**7.60**
福州市	Fuzhou	1.71	1.69	7.60	6.52	2.49	2.12
厦门市	Xiamen	1.32	1.32	6.52	6.52	3.43	3.43
莆田市	Putian	0.30	0.30	1.56	1.32	0.44	0.40
三明市	Sanming	0.35	0.31	0.83	0.48	0.20	0.07
泉州市	Quanzhou	1.15	0.82	4.32	2.31	1.74	0.71
漳州市	Zhangzhou	1.00	0.68	0.45	0.16	0.41	0.36
南平市	Nanping	0.65	0.56	0.93	0.47	0.41	0.03
龙岩市	Longyan	0.43	0.35	1.79	0.98	0.44	0.21
宁德市	Ningde	1.05	0.45	0.29	0.14	0.37	0.27
江西省	**Jiangxi**	**5.94**	**4.92**	**15.58**	**9.00**	**4.80**	**3.23**
南昌市	Nanchang	2.40	2.37	5.94	4.28	1.99	1.85
景德镇市	Jingdezhen	0.24	0.21	1.27	1.08	0.27	0.18
萍乡市	Pingxiang	0.17	0.15	0.29	0.27	0.07	0.07
九江市	Jiujiang	0.47	0.34	1.22	0.64	0.47	0.22
新余市	Xinyu	0.12	0.09	0.34	0.13	0.16	0.10
鹰潭市	Yingtan	0.14	0.11	0.23	0.17	0.18	0.12
赣州市	Ganzhou	0.60	0.40	1.06	0.56	0.50	0.27
吉安市	Ji'an	0.42	0.31	0.90	0.48	0.26	0.07
宜春市	Yichun	0.60	0.40	1.64	0.37	0.27	0.10
抚州市	Fuzhou	0.28	0.24	0.99	0.31	0.20	0.10
上饶市	Shangrao	0.50	0.30	1.70	0.71	0.43	0.15

2-7 续表 3 continued

单位：万人 (10 000 persons)

城 市	City	(2)信息传输、计算机服务和软件业 Information Transmission, Computer Services and Software		(3)批发和零售业 Wholesale and Retail Trades		(4)住宿、餐饮业 Hotels and Catering Services	
		全 市 Total City	市辖区 Districts under City	全 市 Total City	市辖区 Districts under City	全 市 Total City	市辖区 Districts under City
山东省	**Shandong**	**17.75**	**16.35**	**66.61**	**44.68**	**19.05**	**14.78**
济南市	Jinan	8.76	8.71	11.63	10.43	3.27	3.10
青岛市	Qingdao	1.30	1.22	7.51	6.46	2.58	2.32
淄博市	Zibo	0.41	0.41	3.62	2.98	0.81	0.74
枣庄市	Zaozhuang	0.20	0.20	1.99	1.13	0.33	0.18
东营市	Dongying	0.41	0.36	1.63	1.37	0.90	0.87
烟台市	Yantai	0.96	0.76	3.42	2.12	1.25	0.62
潍坊市	Weifang	0.98	0.76	6.90	3.51	1.43	0.77
济宁市	Jining	0.42	0.31	4.20	2.61	1.02	0.58
泰安市	Tai'an	0.50	0.46	3.71	1.78	0.83	0.59
威海市	Weihai	0.29	0.21	2.41	1.71	0.77	0.40
日照市	Rizhao	0.17	0.16	1.66	1.06	0.38	0.35
莱芜市	Laiwu	0.55	0.55	0.17	0.17	0.10	0.10
临沂市	Linyi	1.14	1.00	8.02	4.70	3.23	2.85
德州市	Dezhou	0.51	0.29	3.76	1.31	0.77	0.44
聊城市	Liaocheng	0.41	0.32	2.04	1.42	0.64	0.45
滨州市	Binzhou	0.38	0.29	1.90	0.71	0.41	0.21
菏泽市	Heze	0.36	0.34	2.04	1.21	0.33	0.21
河南省	**Henan**	**9.41**	**7.93**	**52.03**	**28.45**	**11.36**	**8.15**
郑州市	Zhengzhou	2.21	2.12	9.72	8.01	3.67	3.24
开封市	Kaifeng	0.51	0.40	3.72	2.18	0.70	0.59
洛阳市	Luoyang	0.52	0.50	4.04	2.95	0.94	0.75
平顶山市	Pingdingshan	0.31	0.25	2.39	1.61	0.67	0.52
安阳市	Anyang	0.45	0.32	1.92	0.74	0.45	0.28
鹤壁市	Hebi	0.08	0.07	0.68	0.50	0.17	0.16
新乡市	Xinxiang	0.53	0.43	2.21	0.98	0.65	0.28
焦作市	Jiaozuo	0.41	0.32	1.62	0.99	0.34	0.21
濮阳市	Puyang	0.35	0.26	1.37	0.77	0.24	0.19
许昌市	Xuchang	0.31	0.30	1.56	0.80	0.36	0.24
漯河市	Luohe	0.14	0.13	0.88	0.51	0.12	0.09
三门峡市	Sanmenxia	0.14	0.13	2.71	1.11	0.27	0.08
南阳市	Nanyang	0.65	0.55	5.27	1.75	0.94	0.49
商丘市	Shangqiu	0.54	0.38	2.77	1.58	0.32	0.24
信阳市	Xinyang	0.96	0.68	3.88	1.66	0.73	0.41
周口市	Zhoukou	0.81	0.74	3.74	0.62	0.24	0.11
驻马店市	Zhumadian	0.49	0.35	3.55	1.69	0.55	0.27
湖北省	**Hubei**	**7.84**	**5.30**	**57.13**	**35.67**	**17.19**	**12.26**
武汉市	Wuhan	2.71	2.57	16.28	15.47	6.53	6.25
黄石市	Huangshi	0.22	0.18	1.18	0.82	0.37	0.31
十堰市	Shiyan	0.72	0.56	9.11	7.47	1.01	0.36
宜昌市	Yichang	0.60	0.40	9.05	4.51	2.13	1.47
襄阳市	Xiangyang	0.57	0.24	5.80	1.17	1.58	0.70
鄂州市	Ezhou	0.17	0.17	1.30	1.30	0.37	0.37

2-7 续表 4 continued

单位：万人 (10 000 persons)

城 市	City	(2)信息传输、计算机服务和软件业 Information Transmission, Computer Services and Software		(3)批发和零售业 Wholesale and Retail Trades		(4)住宿、餐饮业 Hotels and Catering Services	
		全 市 Total City	市辖区 Districts under City	全 市 Total City	市辖区 Districts under City	全 市 Total City	市辖区 Districts under City
荆门市	Jingmen	0.58	0.09	3.49	0.90	0.68	0.35
孝感市	Xiaogan	0.57	0.27	5.57	2.02	3.19	1.85
荆州市	Jingzhou	0.60	0.33	1.28	0.70	0.38	0.12
黄冈市	Huanggang	0.61	0.15	2.35	0.38	0.37	0.08
咸宁市	Xianning	0.33	0.20	0.90	0.33	0.37	0.22
随州市	Suizhou	0.16	0.14	0.82	0.60	0.21	0.18
湖南省	**Hunan**	**7.06**	**5.73**	**22.86**	**15.93**	**9.27**	**7.16**
长沙市	Changsha	2.06	1.97	8.34	7.27	4.53	4.08
株洲市	Zhuzhou	0.40	0.34	1.98	0.97	0.54	0.39
湘潭市	Xiangtan	0.20	0.18	1.04	0.96	0.38	0.25
衡阳市	Hengyang	0.49	0.38	1.77	1.16	0.77	0.60
邵阳市	Shaoyang	0.56	0.27	1.27	0.49	0.17	0.07
岳阳市	Yueyang	0.55	0.48	2.44	0.99	0.49	0.31
常德市	Changde	0.52	0.41	1.61	1.18	0.49	0.20
张家界市	Zhangjiajie	0.20	0.18	0.21	0.16	0.38	0.32
益阳市	Yiyang	0.33	0.29	0.84	0.52	0.27	0.21
郴州市	Chenzhou	0.39	0.30	1.38	0.94	0.52	0.38
永州市	Yongzhou	0.51	0.31	0.76	0.54	0.21	0.08
怀化市	Huaihua	0.47	0.37	0.61	0.40	0.30	0.14
娄底市	Loudi	0.38	0.25	0.61	0.35	0.22	0.13
广东省	**Guangdong**	**33.19**	**31.37**	**95.22**	**85.64**	**39.55**	**35.69**
广州市	Guangzhou	9.39	9.32	28.52	27.74	10.89	10.37
韶关市	Shaoguan	0.30	0.27	1.07	0.83	0.53	0.30
深圳市	Shenzhen	12.50	12.50	25.20	25.20	9.70	9.70
珠海市	Zhuhai	1.77	1.77	3.10	3.10	2.09	2.09
汕头市	Shantou	0.78	0.77	2.44	2.41	0.67	0.64
佛山市	Foshan	1.47	1.47	5.69	5.69	2.39	2.39
江门市	Jiangmen	0.47	0.35	2.37	1.83	1.35	0.77
湛江市	Zhanjiang	0.68	0.44	2.54	1.23	1.06	0.80
茂名市	Maoming	0.39	0.20	2.62	1.62	0.50	0.28
肇庆市	Zhaoqing	0.41	0.28	1.43	0.99	0.65	0.37
惠州市	Huizhou	0.67	0.58	2.86	2.28	0.86	0.54
梅州市	Meizhou	0.48	0.37	0.91	0.48	0.29	0.15
汕尾市	Shanwei	0.36	0.14	0.79	0.14	0.21	0.02
河源市	Heyuan	0.31	0.26	0.62	0.38	0.40	0.25
阳江市	Yangjiang	0.26	0.18	0.89	0.54	0.37	0.14
清远市	Qingyuan	0.41	0.28	0.77	0.49	0.74	0.50
东莞市	Dongguan	0.84	0.84	6.44	6.44	4.12	4.12
中山市	Zhongshan	0.53	0.53	3.07	3.07	1.56	1.56
潮州市	Chaozhou	0.42	0.30	0.19	0.16	0.40	0.35
揭阳市	Jieyang	0.52	0.35	2.26	0.75	0.48	0.20
云浮市	Yunfu	0.23	0.17	1.44	0.27	0.29	0.15
广西壮族自治区	**Guangxi**	**5.89**	**4.81**	**13.68**	**10.49**	**5.29**	**4.36**
南宁市	Nanning	1.87	1.83	4.83	4.67	1.99	1.94
柳州市	Liuzhou	0.35	0.34	1.82	1.61	0.51	0.45
桂林市	Guilin	0.41	0.39	1.81	1.23	1.15	0.92

2-7 续表 5 continued

单位：万人 (10 000 persons)

城 市	City	(2)信息传输、计算机服务和软件业 Information Transmission, Computer Services and Software		(3)批发和零售业 Wholesale and Retail Trades		(4)住宿、餐饮业 Hotels and Catering Services	
		全 市 Total City	市辖区 Districts under City	全 市 Total City	市辖区 Districts under City	全 市 Total City	市辖区 Districts under City
梧州市	Wuzhou	0.29	0.22	0.53	0.38	0.12	0.09
北海市	Beihai	0.19	0.16	0.29	0.26	0.26	0.24
防城港市	Fangchenggang	0.16	0.15	0.18	0.12	0.10	0.07
钦州市	Qinzhou	0.14	0.14	0.52	0.42	0.15	0.15
贵港市	Guigang	0.96	0.32	0.13	0.09	0.20	0.16
玉林市	Yulin	0.43	0.36	1.18	0.55	0.18	0.10
百色市	Baise	0.16	0.14	0.77	0.38	0.21	0.09
贺州市	Hezhou	0.18	0.12	0.24	0.17	0.07	0.02
河池市	Hechi	0.30	0.27	0.69	0.26	0.19	0.09
来宾市	Laibin	0.29	0.22	0.36	0.22	0.05	0.02
崇左市	Chongzuo	0.16	0.15	0.33	0.13	0.11	0.02
海南省	**Hainan**	**1.17**	**1.17**	**11.34**	**11.34**	**5.23**	**5.23**
海口市	Haikou	1.13	1.13	10.84	10.84	1.76	1.76
三亚市	Sanya	0.04	0.04	0.50	0.50	3.47	3.47
三沙市	Sansa						
重庆市	**Chongqing**	**13.95**		**109.18**		**63.53**	
四川省	**Sichuan**	**20.67**	**18.16**	**95.42**	**85.85**	**50.41**	**41.10**
成都市	Chengdu	14.54	14.02	83.19	77.92	45.88	38.32
自贡市	Zigong	0.31	0.27	0.53	0.47	0.45	0.44
攀枝花市	Panzhihua	0.10	0.10	0.39	0.33	0.39	0.30
泸州市	Luzhou	0.33	0.26	1.47	1.09	0.16	0.13
德阳市	Deyang	0.88	0.43	0.41	0.23	0.33	0.31
绵阳市	Mianyang	0.56	0.48	1.68	1.39	0.53	0.38
广元市	Guangyuan	0.38	0.40	0.39	0.31	0.09	0.05
遂宁市	Suining	0.21	0.17	0.72	0.39	0.23	0.11
内江市	Neijiang	0.73	0.41	0.16	0.06	0.18	0.15
乐山市	Leshan	0.26	0.24	0.93	0.63	0.27	0.19
南充市	Nanchong	0.48	0.23	1.17	0.84	0.37	0.21
眉山市	Meishan	0.21	0.19	0.62	0.33	0.19	0.07
宜宾市	Yibin	0.19	0.17	0.62	0.47	0.19	0.11
广安市	Guang'an	0.22	0.19	0.27	0.15	0.05	0.05
达州市	Dazhou	0.36	0.09	1.14	0.45	0.19	0.09
雅安市	Ya'an	0.19	0.15	0.33	0.26	0.10	0.07
巴中市	Bazhong	0.46	0.15	0.59	0.35	0.70	0.10
资阳市	Ziyang	0.26	0.21	0.81	0.18	0.11	0.02
贵州省	**Guizhou**	**2.55**	**2.43**	**11.85**	**9.69**	**3.45**	**2.69**
贵阳市	Guiyang	1.47	1.43	6.50	6.25	2.35	2.13
六盘水市	Liupanshui	0.16	0.15	0.78	0.52	0.16	0.14
遵义市	Zunyi	0.32	0.30	2.00	1.27	0.31	0.13
安顺市	Anshun	0.16	0.15	0.66	0.52	0.19	0.11
毕节市	Bijie	0.23	0.21	1.39	0.76	0.27	0.11
铜仁市	Tongren	0.21	0.19	0.52	0.37	0.17	0.07
云南省	**Yunnan**	**5.06**	**3.60**	**19.33**	**13.44**	**7.28**	**5.03**
昆明市	Kunming	3.64	2.47	10.40	7.83	4.63	3.58
曲靖市	Qujing	0.31	0.23	2.47	1.29	0.72	0.32

2-7 续表 6 continued

单位：万人 (10 000 persons)

城市	City	(2)信息传输、计算机服务和软件业 Information Transmission, Computer Services and Software		(3)批发和零售业 Wholesale and Retail Trades		(4)住宿、餐饮业 Hotels and Catering Services	
		全市 Total City	市辖区 Districts under City	全市 Total City	市辖区 Districts under City	全市 Total City	市辖区 Districts under City
玉溪市	Yuxi	0.28	0.17	2.54	1.81	0.42	0.20
保山市	Baoshan	0.15	0.13	1.06	0.79	0.31	0.07
昭通市	Zhaotong	0.21	0.20	0.86	0.60	0.25	0.10
丽江市	Lijiang	0.13	0.09	0.71	0.48	0.71	0.65
普洱市	Pu'er	0.18	0.17	0.55	0.29	0.12	0.05
临沧市	Lincang	0.16	0.14	0.74	0.35	0.12	0.06
西藏自治区	**Tibet**	**0.69**		**8.88**		**3.32**	
拉萨市	Lasa	0.69		8.88		3.32	
陕西省	**Shaanxi**	**20.89**	**16.98**	**19.31**	**14.70**	**11.12**	**9.39**
西安市	Xi'an	16.88	14.56	7.31	7.13	6.68	6.65
铜川市	Tongchuan	0.12	0.12	0.63	0.61	0.18	0.16
宝鸡市	Baoji	0.38	0.31	2.19	1.15	0.37	0.25
咸阳市	Xianyang	0.44	0.38	1.92	1.11	0.85	0.57
渭南市	Weinan	0.37	0.33	2.37	1.38	0.75	0.20
延安市	Yan'an	0.15	0.14	1.19	0.95	0.65	0.46
汉中市	Hanzhong	0.33	0.29	1.46	0.68	0.49	0.29
榆林市	Yulin	1.73	0.42	0.82	0.86	0.47	0.42
安康市	Ankang	0.28	0.24	0.88	0.56	0.48	0.30
商洛市	Shangluo	0.21	0.19	0.54	0.27	0.20	0.09
甘肃省	**Gansu**	**2.62**	**2.30**	**8.49**	**5.55**	**4.00**	**2.34**
兰州市	Lanzhou	1.00	0.99	2.79	2.57	1.59	1.52
嘉峪关市	Jiayuguan	0.09	0.09	0.14	0.14	0.11	0.11
金昌市	Jinchang	0.10	0.10	0.20	0.14	0.08	0.07
白银市	Baiyin	0.14	0.14	0.28	0.24	0.01	0.01
天水市	Tianshui	0.29	0.23	1.12	0.87	0.32	0.25
武威市	Wuwei	0.08	0.15	0.29	0.22	0.04	0.02
张掖市	Zhangye	0.15	0.12	0.42	0.29	0.09	0.06
平凉市	Pingliang	0.15	0.11	0.24	0.13	0.10	0.04
酒泉市	Jiuquan	0.15	0.10	0.58	0.31	0.28	0.06
庆阳市	Qingyang	0.20	0.15	0.68	0.48	0.22	0.11
定西市	Dingxi	0.12	0.12	0.23	0.12	0.17	0.08
陇南市	Longnan	0.15		1.52	0.04	0.99	0.01
青海省	**Qinghai**	**0.96**	**0.74**	**1.87**	**1.75**	**0.42**	**0.39**
西宁市	Xining	0.95	0.73	1.80	1.72	0.42	0.39
海东市	Haidong	0.01	0.01	0.07	0.03		
宁夏回族自治区	**Ningxia**	**1.02**	**0.93**	**2.76**	**2.25**	**1.05**	**0.92**
银川市	Yinchuan	0.45	0.45	1.91	1.60	0.34	0.30
石嘴山市	Shizuishan	0.11	0.11	0.25	0.24	0.53	0.52
吴忠市	Wuzhong	0.11	0.10	0.27	0.20	0.11	0.05
固原市	Guyuan	0.29	0.21	0.17	0.11	0.04	0.02
中卫市	Zhongwei	0.06	0.06	0.16	0.10	0.03	0.03
新疆维吾尔自治区	**Xinjiang**	**1.01**	**1.01**	**3.31**	**3.31**	**1.44**	**1.44**
乌鲁木齐市	Urumqi	0.94	0.94	3.08	3.08	1.31	1.31
克拉玛依市	Karamay	0.07	0.07	0.23	0.23	0.13	0.13

2-8 按行业分组的单位从业人员(四)

Persons Employed in Various Units by Sector in Detail(Ⅳ)

单位：万人 (10 000 persons)

城 市	City	(5)金融业 Financial Intermediation		(6)房地产业 Real Estate		(7)租赁和商业服务业 Leasing and Business Services	
		全 市 Total City	市辖区 Districts under City	全 市 Total City	市辖区 Districts under City	全 市 Total City	市辖区 Districts under City
城市合计	**Prefecture Cities**	**520.79**	**396.80**	**386.86**	**291.41**	**439.81**	
北京市	**Beijing**	**39.14**	**39.10**	**40.58**	**40.11**	**66.18**	
天津市	**Tianjin**	**8.09**	**8.00**	**9.15**	**8.81**	**5.77**	
河北省	**Hebei**	**25.43**	**17.24**	**9.08**	**5.39**	**11.41**	
石家庄市	Shijiazhuang	4.41	3.22	1.32	1.05	2.63	
唐山市	Tangshan	3.20	2.26	1.33	0.62	2.05	
秦皇岛市	Qinhuangdao	1.66	1.40	0.53	0.46	0.50	
邯郸市	Handan	2.82	2.22	0.78	0.47	0.57	
邢台市	Xingtai	1.66	0.69	0.62	0.41	0.29	
保定市	Baoding	3.28	2.05	1.12	0.60	0.72	
张家口市	Zhangjiakou	1.45	0.74	1.19	0.73	0.55	
承德市	Chengde	1.60	1.09	0.35	0.17	0.47	
沧州市	Cangzhou	2.50	2.03	0.55	0.31	2.50	
廊坊市	Langfang	1.32	0.68	0.96	0.41	0.91	
衡水市	Hengshui	1.53	0.86	0.33	0.16	0.22	
山西省	**Shanxi**	**15.61**	**10.99**	**3.23**	**2.52**	**7.24**	
太原市	Taiyuan	2.90	2.86	1.11	1.07	2.62	
大同市	Datong	1.36	1.35	0.55	0.53	1.14	
阳泉市	Yangquan	0.72	0.50	0.29	0.23	0.41	
长治市	Changzhi	1.50	1.11	0.35	0.21	0.89	
晋城市	Jincheng	1.11	0.60	0.16	0.12	0.58	
朔州市	Shuozhou	0.68	0.68	0.18	0.15	0.15	
晋中市	Jinzhong	2.07	1.47	0.13	0.05	0.36	
运城市	Yuncheng	1.53	0.69	0.08	0.02	0.21	
忻州市	Xinzhou	0.97	0.58	0.12	0.06	0.33	
临汾市	Linfen	1.49	0.63	0.12	0.05	0.43	
吕梁市	Lvliang	1.28	0.52	0.14	0.03	0.12	
内蒙古自治区	**Inner Mongolia**	**9.63**	**6.29**	**4.32**	**3.01**	**3.61**	
呼和浩特市	Hohhot	2.16	1.91	0.95	0.82	1.09	
包头市	Baotou	1.55	1.41	1.01	0.97	1.07	
乌海市	Wuhai	0.40	0.40	0.20	0.20	0.06	
赤峰市	Chifeng	1.24	0.61	0.48	0.28	0.25	
通辽市	Tongliao	0.85	0.45	0.33	0.30	0.24	
鄂尔多斯市	Erdos	0.91	0.30	0.53	0.02	0.18	
呼伦贝尔市	Hulunbuir	1.08	0.37	0.39	0.15	0.48	
巴彦淖尔市	Bayannur	0.69	0.46	0.25	0.19	0.12	
乌兰察布市	Ulanqab	0.75	0.38	0.18	0.08	0.12	
辽宁省	**Liaoning**	**23.21**	**20.35**	**14.02**	**12.24**	**13.22**	
沈阳市	Shenyang	5.21	5.21	3.02	2.91	3.14	
大连市	Dalian	5.57	5.00	4.45	4.23	2.42	
鞍山市	Anshan	1.74	1.50	1.00	0.81	1.10	
抚顺市	Fushun	1.04	0.91	0.41	0.33	1.04	
本溪市	Benxi	0.97	0.92	0.60	0.54	1.02	
丹东市	Dandong	0.83	0.55	1.14	0.92	0.32	
锦州市	Jinzhou	1.48	1.48	0.54	0.45	0.51	
营口市	Yingkou	0.93	0.93	0.47	0.41	0.50	

2-8 续表 1 continued

单位：万人 (10 000 persons)

城 市	City	(5)金融业 Financial Intermediation		(6)房地产业 Real Estate		(7)租赁和商业服务业 Leasing and Business Services	
		全 市 Total City	市辖区 Districts under City	全 市 Total City	市辖区 Districts under City	全 市 Total City	市辖区 Districts under City
阜新市	Fuxin	0.86	0.71	0.34	0.32	0.24	
辽阳市	Liaoyang	0.65	0.56	0.34	0.31	0.49	
盘锦市	Panjin	0.90	0.84	0.57	0.52	1.54	
铁岭市	Tieling	0.65	0.10	0.44	0.09	0.33	
朝阳市	Chaoyang	1.36	0.84	0.47	0.24	0.28	
葫芦岛市	Huludao	1.02	0.80	0.23	0.16	0.29	
吉林省	**Jilin**	**9.77**	**7.02**	**5.35**	**4.10**	**5.18**	
长春市	Changchun	4.19	3.55	2.96	2.78	3.05	
吉林市	Jilin	1.28	0.99	0.79	0.54	0.79	
四平市	Siping	0.86	0.38	0.28	0.11	0.06	
辽源市	Liaoyuan	0.48	0.33	0.23	0.12	0.03	
通化市	Tonghua	0.92	0.54	0.50	0.23	0.33	
白山市	Baishan	0.63	0.44	0.16	0.11	0.56	
松原市	Songyuan	0.68	0.38	0.24	0.10	0.16	
白城市	Baicheng	0.73	0.41	0.19	0.11	0.20	
黑龙江省	**Heilongjiang**	**15.65**	**10.84**	**6.31**	**5.03**	**5.38**	
哈尔滨市	Harbin	5.24	4.32	3.09	2.95	3.40	
齐齐哈尔市	Qiqihar	1.78	1.09	0.55	0.44	0.26	
鸡西市	Jixi	0.86	0.75	0.12	0.06	0.03	
鹤岗市	Hegang	0.53	0.35	0.14	0.13	0.05	
双鸭山市	Shuangyashan	0.57	0.32	0.19	0.11	0.32	
大庆市	Daqing	1.52	1.37	0.86	0.79	0.05	
伊春市	Yichun	0.44	0.33	0.09	0.08	0.05	
佳木斯市	Jiamusi	0.78	0.57	0.17	0.13	0.11	
七台河市	Qitaihe	0.41	0.39	0.05	0.04	0.09	
牡丹江市	Mudanjiang	1.81	1.12	0.40	0.22	0.63	
黑河市	Heihe	0.71	0.23	0.15	0.06	0.19	
绥化市	Suihua	1.00		0.50	0.02	0.20	
上海市	**Shanghai**	**30.03**	**30.03**	**24.02**	**23.84**	**42.07**	
江苏省	**Jiangsu**	**31.35**	**22.13**	**21.14**	**16.28**	**29.75**	
南京市	Nanjing	3.53	3.53	5.46	5.46	5.91	
无锡市	Wuxi	3.09	2.17	1.98	1.56	1.93	
徐州市	Xuzhou	2.31	1.47	1.20	0.77	1.65	
常州市	Changzhou	1.94	1.76	1.15	0.99	1.60	
苏州市	Suzhou	6.11	4.37	5.08	3.64	6.64	
南通市	Nantong	3.06	1.90	1.14	0.56	3.22	
连云港市	Lianyungang	1.67	1.08	0.46	0.34	1.49	
淮安市	Huai'an	1.45	1.19	0.89	0.61	1.08	
盐城市	Yancheng	2.55	1.41	0.90	0.44	1.49	
扬州市	Yangzhou	1.50	0.96	0.91	0.69	2.28	
镇江市	Zhenjiang	1.77	1.02	0.91	0.64	0.71	
泰州市	Taizhou	1.68	0.88	0.55	0.31	1.37	
宿迁市	Suqian	0.69	0.39	0.51	0.27	0.38	
浙江省	**Zhejiang**	**36.31**	**29.95**	**18.29**	**14.45**	**26.70**	
杭州市	Hangzhou	9.14	8.47	8.59	8.07	9.98	
宁波市	Ningbo	7.18	6.20	2.50	2.12	5.69	

2-8 续表 2 continued

单位：万人 (10 000 persons)

城市	City	(5)金融业 Financial Intermediation		(6)房地产业 Real Estate		(7)租赁和商业服务业 Leasing and Business Services	
		全市 Total City	市辖区 Districts under City	全市 Total City	市辖区 Districts under City	全市 Total City	市辖区 Districts under City
温州市	Wenzhou	4.23	3.55	1.41	0.85	2.27	
嘉兴市	Jiaxing	1.91	1.58	1.65	0.94	2.53	
湖州市	Huzhou	1.56	1.28	0.71	0.47	0.58	
绍兴市	Shaoxing	2.13	1.90	0.70	0.46	1.02	
金华市	Jinhua	2.94	1.21	0.60	0.25	1.57	
衢州市	Quzhou	1.25	1.07	0.11	0.08	0.30	
舟山市	Zhoushan	0.78	0.72	0.73	0.64	0.60	
台州市	Taizhou	3.97	3.26	1.20	0.54	1.70	
丽水市	Lishui	1.22	0.71	0.09	0.03	0.46	
安徽省	**Anhui**	**17.05**	**11.44**	**9.92**	**7.12**	**9.78**	
合肥市	Hefei	3.60	3.08	3.14	2.26	2.87	
芜湖市	Wuhu	1.28	1.03	0.65	0.46	0.27	
蚌埠市	Bengbu	1.04	0.81	0.53	0.44	0.43	
淮南市	Huainan	0.99	0.90	1.09	1.06	0.65	
马鞍山市	Maanshan	0.97	0.77	0.26	0.17	0.42	
淮北市	Huaibei	0.57	0.52	0.16	0.13	0.27	
铜陵市	Tongling	0.38	0.35	0.31	0.28	0.09	
安庆市	Anqing	1.07	0.29	0.64	0.39	0.33	
黄山市	Huangshan	0.67	0.42	0.29	0.20	0.14	
滁州市	Chuzhou	0.77	0.30	0.29	0.10	0.28	
阜阳市	Fuyang	0.86	0.45	0.27	0.18	0.29	
宿州市	Suzhou	1.00	0.65	0.64	0.42	0.34	
六安市	Lu'an	1.12	0.45	0.51	0.14	1.83	
亳州市	Bozhou	1.10	0.65	0.38	0.18	0.14	
池州市	Chizhou	0.62	0.44	0.16	0.12	0.33	
宣城市	Xuancheng	1.01	0.33	0.60	0.59	1.10	
福建省	**Fujian**	**15.10**	**10.40**	**12.63**	**9.40**	**11.39**	
福州市	Fuzhou	3.31	2.69	3.60	2.91	4.76	
厦门市	Xiamen	1.86	1.86	3.96	3.96	2.52	
莆田市	Putian	1.03	0.95	0.52	0.41	0.20	
三明市	Sanming	1.28	0.73	0.24	0.09	0.28	
泉州市	Quanzhou	2.28	1.23	1.61	0.88	0.83	
漳州市	Zhangzhou	1.36	0.80	1.21	0.54	0.54	
南平市	Nanping	1.26	0.57	0.48	0.10	0.40	
龙岩市	Longyan	1.54	1.01	0.61	0.35	1.51	
宁德市	Ningde	1.18	0.56	0.40	0.16	0.35	
江西省	**Jiangxi**	**12.20**	**7.59**	**5.49**	**2.75**	**5.47**	
南昌市	Nanchang	3.28	3.27	1.57	1.13	2.36	
景德镇市	Jingdezhen	0.43	0.33	0.37	0.32	0.37	
萍乡市	Pingxiang	0.71	0.62	0.16	0.11	0.01	
九江市	Jiujiang	1.18	0.54	0.44	0.11	1.14	
新余市	Xinyu	0.40	0.25	0.16	0.03	0.11	
鹰潭市	Yingtan	0.35	0.21	0.16	0.06	0.06	
赣州市	Ganzhou	1.65	0.53	0.69	0.25	0.38	
吉安市	Ji'an	0.86	0.20	0.35	0.14	0.30	
宜春市	Yichun	1.19	0.66	0.41	0.07	0.18	
抚州市	Fuzhou	0.86	0.39	0.62	0.36	0.09	
上饶市	Shangrao	1.29	0.59	0.56	0.17	0.47	

2-8 续表 3 continued

单位：万人 (10 000 persons)

城市	City	(5)金融业 Financial Intermediation 全市 Total City	(5)金融业 Financial Intermediation 市辖区 Districts under City	(6)房地产业 Real Estate 全市 Total City	(6)房地产业 Real Estate 市辖区 Districts under City	(7)租赁和商业服务业 Leasing and Business Services 全市 Total City	(7)租赁和商业服务业 Leasing and Business Services 市辖区 Districts under City
山东省	**Shandong**	**34.69**	**23.97**	**23.55**	**16.39**	**20.30**	
济南市	Jinan	6.14	6.14	3.98	3.61	3.33	
青岛市	Qingdao	3.61	2.91	2.87	2.32	2.51	
淄博市	Zibo	1.90	1.52	0.97	0.79	1.62	
枣庄市	Zaozhuang	0.92	0.81	0.77	0.39	0.46	
东营市	Dongying	0.57	0.25	0.45	0.32	4.03	
烟台市	Yantai	2.80	1.44	2.95	2.16	1.60	
潍坊市	Weifang	1.94	0.80	1.92	1.08	1.08	
济宁市	Jining	3.37	2.30	1.16	0.81	0.79	
泰安市	Tai'an	1.26	0.67	1.31	0.53	1.08	
威海市	Weihai	1.23	0.90	1.47	0.77	0.46	
日照市	Rizhao	1.02	0.84	0.71	0.57	0.12	
莱芜市	Laiwu	0.33	0.33	0.60	0.60	0.05	
临沂市	Linyi	2.69	1.51	1.15	0.70	0.96	
德州市	Dezhou	1.88	0.54	1.15	0.59	0.73	
聊城市	Liaocheng	2.48	1.68	0.68	0.29	0.31	
滨州市	Binzhou	0.98	0.59	0.70	0.52	0.85	
菏泽市	Heze	1.57	0.74	0.71	0.34	0.32	
河南省	**Henan**	**23.98**	**17.01**	**15.63**	**9.88**	**12.22**	
郑州市	Zhengzhou	4.71	4.32	3.96	3.40	2.71	
开封市	Kaifeng	0.49	0.33	0.96	0.53	0.68	
洛阳市	Luoyang	2.23	1.67	1.12	0.91	1.04	
平顶山市	Pingdingshan	1.66	1.16	0.68	0.56	0.67	
安阳市	Anyang	1.42	0.86	0.73	0.42	0.68	
鹤壁市	Hebi	0.30	0.19	0.21	0.15	0.17	
新乡市	Xinxiang	1.13	0.64	0.79	0.38	0.28	
焦作市	Jiaozuo	1.68	1.31	0.39	0.26	0.68	
濮阳市	Puyang	0.64	0.37	0.35	0.28	1.36	
许昌市	Xuchang	0.58	0.36	0.86	0.46	0.46	
漯河市	Luohe	0.60	0.52	0.27	0.25	0.50	
三门峡市	Sanmenxia	1.08	0.72	0.16	0.06	0.31	
南阳市	Nanyang	2.17	1.60	0.79	0.40	1.26	
商丘市	Shangqiu	1.02	0.44	0.79	0.43	0.12	
信阳市	Xinyang	1.33	0.61	1.64	0.26	0.68	
周口市	Zhoukou	1.85	1.40	0.77	0.55	0.06	
驻马店市	Zhumadian	1.09	0.51	1.16	0.58	0.56	
湖北省	**Hubei**	**16.15**	**12.13**	**13.35**	**7.65**	**9.52**	
武汉市	Wuhan	6.44	6.43	3.72	3.16	2.70	
黄石市	Huangshi	0.39	0.30	0.32	0.28	0.25	
十堰市	Shiyan	1.26	0.89	1.61	0.82	0.84	
宜昌市	Yichang	1.13	0.64	1.77	1.14	2.54	
襄阳市	Xiangyang	1.48	0.88	1.75	0.39	0.27	
鄂州市	Ezhou	0.28	0.28	0.57	0.57	0.24	
荆门市	Jingmen	0.78	0.65	0.36	0.10	0.25	

2-8 续表 4 continued

单位：万人 (10 000 persons)

城 市	City	(5)金融业 Financial Intermediation		(6)房地产业 Real Estate		(7)租赁和商业服务业 Leasing and Business Services	
		全 市 Total City	市辖区 Districts under City	全 市 Total City	市辖区 Districts under City	全 市 Total City	市辖区 Districts under City
孝感市	Xiaogan	0.91	0.47	1.75	0.51	1.76	
荆州市	Jingzhou	1.22	0.63	0.35	0.23	0.16	
黄冈市	Huanggang	1.39	0.50	0.63	0.10	0.16	
咸宁市	Xianning	0.51	0.19	0.35	0.22	0.24	
随州市	Suizhou	0.36	0.27	0.17	0.13	0.11	
湖南省	**Hunan**	**20.52**	**16.74**	**11.05**	**7.75**	**8.78**	
长沙市	Changsha	5.75	5.47	4.62	3.82	2.64	
株洲市	Zhuzhou	1.41	1.22	1.23	1.06	0.90	
湘潭市	Xiangtan	1.30	1.14	0.43	0.31	0.28	
衡阳市	Hengyang	2.07	1.73	0.80	0.50	0.67	
邵阳市	Shaoyang	1.55	0.95	0.51	0.22	0.18	
岳阳市	Yueyang	1.43	1.21	0.56	0.35	0.42	
常德市	Changde	1.09	0.89	0.69	0.39	1.23	
张家界市	Zhangjiajie	0.34	0.26	0.11	0.07	0.16	
益阳市	Yiyang	1.51	1.30	0.30	0.18	0.73	
郴州市	Chenzhou	1.23	0.98	0.69	0.38	0.46	
永州市	Yongzhou	1.15	0.54	0.30	0.14	0.32	
怀化市	Huaihua	0.87	0.58	0.50	0.16	0.31	
娄底市	Loudi	0.82	0.47	0.31	0.17	0.48	
广东省	**Guangdong**	**43.33**	**38.12**	**52.50**	**48.53**	**55.80**	
广州市	Guangzhou	7.62	7.44	17.06	16.52	19.58	
韶关市	Shaoguan	0.98	0.62	0.61	0.36	0.45	
深圳市	Shenzhen	10.65	10.65	16.67	16.67	21.37	
珠海市	Zhuhai	1.54	1.54	2.78	2.78	1.53	
汕头市	Shantou	1.59	1.56	0.80	0.78	0.36	
佛山市	Foshan	2.89	2.89	3.02	3.02	1.84	
江门市	Jiangmen	2.14	1.53	0.78	0.36	0.40	
湛江市	Zhanjiang	1.55	1.05	0.68	0.43	1.21	
茂名市	Maoming	1.27	0.61	0.70	0.44	0.54	
肇庆市	Zhaoqing	0.96	0.46	0.67	0.33	0.42	
惠州市	Huizhou	2.48	2.08	1.71	1.22	0.87	
梅州市	Meizhou	1.21	0.84	0.30	0.08	0.22	
汕尾市	Shanwei	0.34	0.14	0.10	0.01	0.23	
河源市	Heyuan	0.70	0.53	0.48	0.28	0.27	
阳江市	Yangjiang	0.60	0.37	0.48	0.11	0.19	
清远市	Qingyuan	0.90	0.64	0.78	0.61	0.11	
东莞市	Dongguan	2.84	2.84	2.36	2.36	4.63	
中山市	Zhongshan	1.40	1.40	1.72	1.72	0.95	
潮州市	Chaozhou	0.51	0.43	0.25	0.20	0.24	
揭阳市	Jieyang	0.69	0.33	0.32	0.17	0.32	
云浮市	Yunfu	0.47	0.17	0.23	0.08	0.07	
广西壮族自治区	**Guangxi**	**11.59**	**8.35**	**7.77**	**5.95**	**9.74**	
南宁市	Nanning	3.36	2.95	2.31	2.19	3.71	
柳州市	Liuzhou	1.30	1.15	1.69	1.49	2.20	
桂林市	Guilin	1.40	0.99	0.93	0.50	1.10	

2-8 续表 5 continued

单位：万人 (10 000 persons)

城　　市	City	(5)金融业 Financial Intermediation		(6)房地产业 Real Estate		(7)租赁和商业服务业 Leasing and Business Services	
		全　市 Total City	市辖区 Districts under City	全　市 Total City	市辖区 Districts under City	全　市 Total City	市辖区 Districts under City
梧州市	Wuzhou	0.61	0.39	0.55	0.43	0.26	
北海市	Beihai	0.62	0.51	0.30	0.25	0.22	
防城港市	Fangchenggang	0.18	0.18	0.27	0.14	0.16	
钦州市	Qinzhou	0.37	0.13	0.23	0.10	0.24	
贵港市	Guigang	0.60	0.39	0.17	0.10	0.13	
玉林市	Yulin	0.93	0.48	0.42	0.29	0.59	
百色市	Baise	0.48	0.25	0.24	0.09	0.12	
贺州市	Hezhou	0.41	0.25	0.05	0.03	0.14	
河池市	Hechi	0.58	0.20	0.17	0.09	0.30	
来宾市	Laibin	0.37	0.20	0.29	0.21	0.27	
崇左市	Chongzuo	0.38	0.28	0.15	0.04	0.30	
海南省	**Hainan**	**1.79**	**1.79**	**3.80**	**3.80**	**1.57**	
海口市	Haikou	1.53	1.53	2.95	2.95	1.44	
三亚市	Sanya	0.26	0.26	0.85	0.85	0.13	
三沙市	Sansa						
重庆市	**Chongqing**	**14.37**		**24.69**		**21.43**	
四川省	**Sichuan**	**22.80**	**16.15**	**21.89**	**13.74**	**29.18**	
成都市	Chengdu	7.01	5.45	15.46	10.39	25.67	
自贡市	Zigong	1.05	0.88	0.30	0.26	0.15	
攀枝花市	Panzhihua	0.66	0.66	0.15	0.15	0.11	
泸州市	Luzhou	0.91	0.64	0.55	0.40	0.31	
德阳市	Deyang	1.43	0.97	0.43	0.27	0.23	
绵阳市	Mianyang	1.65	1.02	0.75	0.48	0.26	
广元市	Guangyuan	0.80	0.54	0.07	0.04	0.19	
遂宁市	Suining	0.57	0.36	0.53	0.28	0.15	
内江市	Neijiang	0.90	0.63	0.26	0.09	0.09	
乐山市	Leshan	0.76	0.47	0.36	0.24	0.16	
南充市	Nanchong	1.63	1.11	0.87	0.18	0.57	
眉山市	Meishan	0.35	0.15	0.23	0.07	0.04	
宜宾市	Yibin	1.27	0.91	0.38	0.25	0.38	
广安市	Guang'an	0.74	0.43	0.07	0.03	0.08	
达州市	Dazhou	1.12	0.46	0.35	0.19	0.27	
雅安市	Ya'an	0.45	0.32	0.11	0.07	0.09	
巴中市	Bazhong	0.51	0.40	0.46	0.16	0.12	
资阳市	Ziyang	0.99	0.75	0.56	0.19	0.31	
贵州省	**Guizhou**	**6.14**	**4.93**	**5.70**	**4.46**	**4.09**	
贵阳市	Guiyang	2.50	2.36	3.93	3.77	2.57	
六盘水市	Liupanshui	0.46	0.38	0.21	0.12	0.19	
遵义市	Zunyi	1.10	0.72	0.61	0.20	0.50	
安顺市	Anshun	0.59	0.46	0.37	0.23	0.24	
毕节市	Bijie	0.79	0.49	0.39	0.04	0.55	
铜仁市	Tongren	0.70	0.52	0.19	0.10	0.04	
云南省	**Yunnan**	**6.51**	**2.15**	**7.45**	**5.02**	**6.92**	
昆明市	Kunming	3.36	0.55	4.15	3.20	4.82	
曲靖市	Qujing	0.70	0.37	0.77	0.44	0.96	

2-8 续表 6 continued

单位：万人 (10 000 persons)

城 市	City	(5)金融业 Financial Intermediation		(6)房地产业 Real Estate		(7)租赁和商业服务业 Leasing and Business Services	
		全 市 Total City	市辖区 Districts under City	全 市 Total City	市辖区 Districts under City	全 市 Total City	市辖区 Districts under City
玉溪市	Yuxi	0.74	0.41	0.97	0.70	0.25	
保山市	Baoshan	0.37	0.23	0.53	0.22	0.11	
昭通市	Zhaotong	0.43	0.19	0.24	0.11	0.14	
丽江市	Lijiang	0.27	0.13	0.28	0.15	0.26	
普洱市	Pu'er	0.37	0.15	0.19	0.13	0.31	
临沧市	Lincang	0.27	0.12	0.32	0.07	0.07	
西藏自治区	**Tibet**	**0.97**		**0.17**		**1.42**	
拉萨市	Lasa	0.97		0.17		1.42	
陕西省	**Shaanxi**	**15.18**	**12.66**	**8.42**	**6.94**	**7.52**	
西安市	Xi'an	6.33	5.95	5.71	5.43	5.52	
铜川市	Tongchuan	0.38	0.37	0.13	0.12	0.10	
宝鸡市	Baoji	0.95	0.62	0.15	0.12	0.21	
咸阳市	Xianyang	1.59	1.28	0.65	0.39	0.43	
渭南市	Weinan	1.91	1.70	0.47	0.25	0.47	
延安市	Yan'an	0.40	0.22	0.23	0.18	0.22	
汉中市	Hanzhong	1.36	1.05	0.42	0.15	0.19	
榆林市	Yulin	0.77	0.46	0.29	0.11	0.22	
安康市	Ankang	0.81	0.59	0.25	0.14	0.08	
商洛市	Shangluo	0.68	0.42	0.12	0.05	0.08	
甘肃省	**Gansu**	**6.85**	**5.10**	**3.38**	**2.53**	**2.83**	
兰州市	Lanzhou	2.28	2.05	1.75	1.70	1.60	
嘉峪关市	Jiayuguan	0.13	0.13	0.03	0.03	0.07	
金昌市	Jinchang	0.16	0.16	0.05	0.04	0.05	
白银市	Baiyin	0.61	0.53	0.12	0.10	0.12	
天水市	Tianshui	0.46	0.25	0.27	0.19	0.07	
武威市	Wuwei	0.49	0.40	0.24	0.12	0.27	
张掖市	Zhangye	0.53	0.42	0.15	0.11	0.12	
平凉市	Pingliang	0.43	0.20	0.12	0.05	0.04	
酒泉市	Jiuquan	0.60	0.39	0.14	0.03	0.36	
庆阳市	Qingyang	0.49	0.18	0.24	0.06	0.02	
定西市	Dingxi	0.35	0.23	0.21	0.06	0.08	
陇南市	Longnan	0.32	0.16	0.06	0.04	0.03	
青海省	**Qinghai**	**1.53**	**1.19**	**0.72**	**0.68**	**0.52**	
西宁市	Xining	1.38	1.14	0.71	0.65	0.51	
海东市	Haidong	0.15	0.05	0.01	0.03	0.01	
宁夏回族自治区	**Ningxia**	**2.96**	**2.30**	**1.24**	**1.02**	**1.98**	
银川市	Yinchuan	1.99	1.72	0.95	0.82	1.51	
石嘴山市	Shizuishan	0.28	0.20	0.16	0.12	0.27	
吴忠市	Wuzhong	0.35	0.18	0.05	0.01	0.16	
固原市	Guyuan	0.12	0.08	0.01	0.01	0.03	
中卫市	Zhongwei	0.22	0.12	0.07	0.06	0.01	
新疆维吾尔自治区	**Xinjiang**	**2.86**	**2.84**	**2.02**	**2.02**	**2.84**	
乌鲁木齐市	Urumqi	2.56	2.54	1.62	1.62	2.15	
克拉玛依市	Karamay	0.30	0.30	0.40	0.40	0.69	

2-9 按行业分组的单位从业人员(五)

Persons Employed in Various Units by Sector in Detail(Ⅴ)

单位：万人 (10 000 persons)

城　市	City	(8)科学研究、技术服务和地质勘查业 Scientific Research, Technical Service and Geologic Prospecting		(9)水利、环境和公共设施管理业 Management of Water Conservancy, Environment		(10)居民服务、修理和其他服务业 Services to Households and Other Services	
		全　市 Total City	市辖区 Districts under City	全　市 Total City	市辖区 Districts under City	全　市 Total City	市辖区 Districts under City
城市合计	**Prefecture Cities**	**379.37**	**306.35**	**242.89**	**141.85**	**211.50**	**87.73**
北京市	**Beijing**	**59.65**	**59.32**	**9.82**	**9.03**	**9.09**	**8.84**
天津市	**Tianjin**	**10.75**	**10.55**	**4.14**	**3.71**	**10.83**	**10.69**
河北省	**Hebei**	**13.91**	**7.97**	**11.38**	**6.08**	**1.50**	**0.98**
石家庄市	Shijiazhuang	3.20	2.99	1.84	1.09	0.21	0.06
唐山市	Tangshan	0.83	0.66	1.74	0.93	0.14	0.10
秦皇岛市	Qinhuangdao	0.58	0.47	0.66	0.53	0.12	0.11
邯郸市	Handan	1.06	0.89	1.53	0.81	0.17	0.12
邢台市	Xingtai	0.48	0.41	0.93	0.57	0.09	0.05
保定市	Baoding	4.45	0.40	0.87	0.29	0.15	0.08
张家口市	Zhangjiakou	0.70	0.51	1.12	0.51	0.30	0.27
承德市	Chengde	0.59	0.35	0.77	0.37	0.16	0.12
沧州市	Cangzhou	0.50	0.34	0.87	0.31	0.05	0.03
廊坊市	Langfang	1.23	0.74	0.65	0.44	0.09	0.03
衡水市	Hengshui	0.29	0.21	0.40	0.23	0.02	0.01
山西省	**Shanxi**	**6.92**	**5.69**	**8.83**	**4.73**	**1.50**	**1.17**
太原市	Taiyuan	3.72	3.66	1.95	1.64	0.98	0.94
大同市	Datong	0.62	0.51	0.94	0.76	0.05	0.04
阳泉市	Yangquan	0.24	0.17	0.32	0.25	0.02	0.02
长治市	Changzhi	0.38	0.26	0.92	0.46	0.01	0.01
晋城市	Jincheng	0.22	0.14	0.55	0.30	0.05	0.04
朔州市	Shuozhou	0.15	0.10	0.48	0.20	0.06	0.06
晋中市	Jinzhong	0.47	0.33	0.87	0.37	0.01	0.01
运城市	Yuncheng	0.36	0.16	0.71	0.22	0.09	0.01
忻州市	Xinzhou	0.27	0.18	0.62	0.21	0.12	0.02
临汾市	Linfen	0.35	0.15	0.95	0.26	0.08	0.02
吕梁市	Lvliang	0.14	0.03	0.52	0.06	0.03	
内蒙古自治区	**Inner Mongolia**	**5.29**	**3.99**	**7.37**	**4.62**	**0.85**	**0.34**
呼和浩特市	Hohhot	2.03	1.86	1.71	1.35	0.23	0.08
包头市	Baotou	0.66	0.62	1.04	0.90	0.14	0.12
乌海市	Wuhai	0.15	0.15	0.35	0.35	0.01	0.01
赤峰市	Chifeng	0.50	0.41	0.81	0.56	0.13	0.06
通辽市	Tongliao	0.42	0.20	0.68	0.26	0.03	0.01
鄂尔多斯市	Erdos	0.40	0.13	1.20	0.75	0.03	0.01
呼伦贝尔市	Hulunbuir	0.51	0.25	0.49	0.08	0.20	0.04
巴彦淖尔市	Bayannur	0.24	0.11	0.56	0.18	0.01	
乌兰察布市	Ulanqab	0.38	0.26	0.53	0.19	0.07	0.01
辽宁省	**Liaoning**	**16.87**	**13.69**	**15.90**	**12.01**	**2.80**	**2.39**
沈阳市	Shenyang	6.38	6.19	4.36	3.98	0.92	0.87
大连市	Dalian	2.03	1.83	1.39	1.26	0.46	0.43
鞍山市	Anshan	2.26	1.67	1.73	1.27	0.32	0.27
抚顺市	Fushun	0.56	0.50	0.91	0.78	0.18	0.17
本溪市	Benxi	0.52	0.46	0.87	0.65	0.05	0.04
丹东市	Dandong	1.31	0.65	1.12	0.78	0.09	0.07
锦州市	Jinzhou	0.85	0.63	0.60	0.34	0.15	0.07

2-9 续表 1 continued

单位：万人 (10 000 persons)

城　市	City	(8)科学研究、技术服务和地质勘查业 Scientific Research, Technical Service and Geologic Prospecting		(9)水利、环境和公共设施管理业 Management of Water Conservancy, Environment		(10)居民服务、修理和其他服务业 Services to Households and Other Services	
		全　市 Total City	市辖区 Districts under City	全　市 Total City	市辖区 Districts under City	全　市 Total City	市辖区 Districts under City
营口市	Yingkou	0.34	0.26	0.82	0.53	0.04	0.02
阜新市	Fuxin	0.31	0.24	0.58	0.38	0.03	0.01
辽阳市	Liaoyang	0.30	0.24	0.92	0.74	0.06	0.05
盘锦市	Panjin	0.47	0.35	0.82	0.59	0.07	0.06
铁岭市	Tieling	0.57	0.20	0.57	0.18	0.04	0.01
朝阳市	Chaoyang	0.51	0.24	0.60	0.26	0.36	0.31
葫芦岛市	Huludao	0.46	0.23	0.61	0.27	0.03	0.01
吉林省	**Jilin**	**7.60**	**6.03**	**7.51**	**4.49**	**1.15**	**0.94**
长春市	Changchun	4.20	3.92	2.82	2.18	0.65	0.63
吉林市	Jilin	0.70	0.48	1.18	0.75	0.04	0.03
四平市	Siping	0.54	0.21	0.76	0.38	0.04	
辽源市	Liaoyuan	0.15	0.10	0.21	0.11	0.01	0.01
通化市	Tonghua	0.40	0.15	0.51	0.15	0.14	0.09
白山市	Baishan	0.21	0.12	0.26	0.19	0.03	0.02
松原市	Songyuan	0.33	0.09	0.66	0.33	0.13	0.09
白城市	Baicheng	1.07	0.96	1.11	0.40	0.11	0.07
黑龙江省	**Heilongjiang**	**10.92**	**9.47**	**9.05**	**5.16**	**4.66**	**3.79**
哈尔滨市	Harbin	3.77	3.50	3.30	2.48	0.97	0.92
齐齐哈尔市	Qiqihar	0.59	0.37	1.17	0.69	0.07	0.05
鸡西市	Jixi	0.11	0.08	0.49	0.35	0.02	0.01
鹤岗市	Hegang	0.07	0.03	0.54	0.38	0.16	0.01
双鸭山市	Shuangyashan	0.13	0.08	0.39	0.15	0.03	0.01
大庆市	Daqing	4.78	4.71	0.42	0.33	2.65	2.64
伊春市	Yichun	0.16	0.15	0.23	0.18	0.01	0.01
佳木斯市	Jiamusi	0.30	0.18	0.58	0.26	0.04	0.02
七台河市	Qitaihe	0.15	0.12	0.21	0.14	0.02	0.01
牡丹江市	Mudanjiang	0.30	0.18	0.43	0.09	0.10	0.04
黑河市	Heihe	0.26	0.07	0.59	0.06	0.49	0.07
绥化市	Suihua	0.30		0.70	0.05	0.10	
上海市	**Shanghai**	**20.30**	**20.25**	**8.11**	**7.92**	**5.10**	**4.96**
江苏省	**Jiangsu**	**19.99**	**15.07**	**14.17**	**7.86**	**3.55**	**1.72**
南京市	Nanjing	6.59	6.59	1.73	1.73	0.76	0.76
无锡市	Wuxi	1.63	1.32	1.10	0.62	1.07	0.12
徐州市	Xuzhou	1.02	0.62	1.29	0.51	0.10	0.04
常州市	Changzhou	0.95	0.80	0.93	0.64	0.06	0.05
苏州市	Suzhou	2.35	1.56	2.14	1.10	0.65	0.37
南通市	Nantong	2.01	0.73	1.00	0.40	0.18	0.11
连云港市	Lianyungang	0.85	0.42	0.88	0.50	0.19	0.02
淮安市	Huai'an	0.65	0.47	1.12	0.73	0.08	0.04
盐城市	Yancheng	0.76	0.26	0.96	0.26	0.20	0.08
扬州市	Yangzhou	1.40	1.26	0.79	0.48	0.13	0.05
镇江市	Zhenjiang	0.92	0.65	0.82	0.33	0.05	0.02
泰州市	Taizhou	0.67	0.33	0.64	0.28	0.07	0.05
宿迁市	Suqian	0.19	0.06	0.77	0.28	0.01	0.01

2-9 续表 2 continued

单位：万人 (10 000 persons)

城市	City	(8)科学研究、技术服务和地质勘查业 Scientific Research, Technical Service and Geologic Prospecting		(9)水利、环境和公共设施管理业 Management of Water Conservancy, Environment		(10)居民服务、修理和其他服务业 Services to Households and Other Services	
		全市 Total City	市辖区 Districts under City	全市 Total City	市辖区 Districts under City	全市 Total City	市辖区 Districts under City
浙江省	**Zhejiang**	**15.96**	**12.96**	**11.63**	**5.64**	**2.19**	**1.56**
杭州市	Hangzhou	8.62	8.10	3.42	2.49	0.86	0.81
宁波市	Ningbo	1.94	1.55	1.57	0.95	0.50	0.43
温州市	Wenzhou	1.05	0.70	0.64	0.11	0.16	0.06
嘉兴市	Jiaxing	0.88	0.54	0.92	0.16	0.09	0.03
湖州市	Huzhou	0.45	0.31	0.58	0.29	0.05	0.01
绍兴市	Shaoxing	0.70	0.53	0.97	0.49	0.05	0.02
金华市	Jinhua	0.49	0.20	1.52	0.21	0.14	0.02
衢州市	Quzhou	0.26	0.16	0.21	0.10	0.02	0.01
舟山市	Zhoushan	0.32	0.29	0.51	0.40	0.12	0.11
台州市	Taizhou	0.92	0.41	0.91	0.36	0.15	0.05
丽水市	Lishui	0.33	0.17	0.38	0.08	0.05	0.01
安徽省	**Anhui**	**9.07**	**5.64**	**8.10**	**4.16**	**11.94**	**1.73**
合肥市	Hefei	2.95	2.35	1.01	0.71	0.26	0.22
芜湖市	Wuhu	0.56	0.47	0.53	0.34	0.02	0.01
蚌埠市	Bengbu	0.69	0.63	0.61	0.46	0.04	0.03
淮南市	Huainan	0.45	0.44	0.78	0.68	0.04	0.04
马鞍山市	Maanshan	0.52	0.25	0.32	0.15	0.18	0.16
淮北市	Huaibei	0.20	0.15	0.13	0.09	0.03	0.02
铜陵市	Tongling	0.17	0.16	0.22	0.20	0.06	0.06
安庆市	Anqing	0.45	0.21	0.52	0.18	0.08	0.05
黄山市	Huangshan	0.18	0.14	0.42	0.36	0.01	0.01
滁州市	Chuzhou	0.42	0.05	0.60	0.01	0.02	0.01
阜阳市	Fuyang	0.27	0.13	0.42	0.17	0.02	0.01
宿州市	Suzhou	0.56	0.29	0.38	0.16	0.07	0.01
六安市	Lu'an	0.71	0.06	1.32	0.25	8.52	0.78
亳州市	Bozhou	0.19	0.08	0.55	0.20	0.04	0.16
池州市	Chizhou	0.20	0.12	0.16	0.12	0.01	0.01
宣城市	Xuancheng	0.55	0.11	0.13	0.08	2.54	0.15
福建省	**Fujian**	**7.73**	**6.45**	**5.37**	**2.84**	**1.36**	**1.09**
福州市	Fuzhou	3.85	3.76	1.44	1.14	0.30	0.25
厦门市	Xiamen	1.46	1.46	1.06	1.06	0.62	0.62
莆田市	Putian	0.18	0.15	0.19	0.16	0.03	0.02
三明市	Sanming	0.30	0.12	0.47	0.10	0.03	0.01
泉州市	Quanzhou	0.36	0.29	0.27	0.11	0.16	0.13
漳州市	Zhangzhou	0.50	0.16	0.50	0.07	0.04	0.01
南平市	Nanping	0.43	0.07	0.76	0.07	0.06	0.02
龙岩市	Longyan	0.39	0.30	0.35	0.05	0.04	0.02
宁德市	Ningde	0.26	0.14	0.33	0.08	0.08	0.01
江西省	**Jiangxi**	**5.47**	**4.31**	**6.25**	**2.21**	**0.51**	**0.20**
南昌市	Nanchang	2.33	2.21	1.33	0.80	0.08	0.05
景德镇市	Jingdezhen	0.37	0.33	0.36	0.13	0.08	0.03
萍乡市	Pingxiang	0.22	0.19	0.25	0.20	0.03	0.03
九江市	Jiujiang	0.71	0.53	0.72	0.31	0.10	0.03
新余市	Xinyu	0.10	0.05	0.20	0.02	0.01	0.01
鹰潭市	Yingtan	0.17	0.09	0.22	0.02		
赣州市	Ganzhou	0.67	0.52	0.94	0.31	0.06	0.02
吉安市	Ji'an	0.41	0.15	0.75	0.08	0.01	
宜春市	Yichun	0.20	0.10	0.64	0.16	0.05	
抚州市	Fuzhou	0.19	0.10	0.46	0.10	0.03	0.01
上饶市	Shangrao	0.10	0.04	0.38	0.08	0.06	0.02

2-9 续表 3 continued

单位：万人 (10 000 persons)

城市	City	(8)科学研究、技术服务和地质勘查业 Scientific Research, Technical Service and Geologic Prospecting		(9)水利、环境和公共设施管理业 Management of Water Conservancy, Environment		(10)居民服务、修理和其他服务业 Services to Households and Other Services	
		全市 Total City	市辖区 Districts under City	全市 Total City	市辖区 Districts under City	全市 Total City	市辖区 Districts under City
山东省	**Shandong**	**15.96**	**10.67**	**14.87**	**7.93**	**3.30**	**2.47**
济南市	Jinan	3.39	3.26	1.41	1.15	0.49	0.46
青岛市	Qingdao	2.08	1.83	1.36	1.13	0.85	0.77
淄博市	Zibo	0.64	0.47	1.13	0.83	0.14	0.13
枣庄市	Zaozhuang	0.53	0.43	0.76	0.57	0.12	0.08
东营市	Dongying	0.66	0.63	0.38	0.30	0.06	0.04
烟台市	Yantai	1.76	1.15	1.60	1.02	0.14	0.07
潍坊市	Weifang	1.09	0.54	0.93	0.14	0.16	0.08
济宁市	Jining	0.64	0.39	0.84	0.29	0.14	0.09
泰安市	Tai'an	0.95	0.59	0.77	0.23	0.48	0.27
威海市	Weihai	1.00	0.23	0.86	0.20	0.11	0.04
日照市	Rizhao	0.20	0.14	0.16	0.09	0.02	0.02
莱芜市	Laiwu	0.06	0.06	0.08	0.08	0.01	0.01
临沂市	Linyi	1.02	0.30	1.64	0.58	0.06	0.03
德州市	Dezhou	0.82	0.12	1.00	0.49	0.10	0.02
聊城市	Liaocheng	0.26	0.19	0.61	0.32	0.05	0.04
滨州市	Binzhou	0.27	0.17	0.23	0.07	0.28	0.28
菏泽市	Heze	0.59	0.17	1.11	0.44	0.09	0.04
河南省	**Henan**	**14.72**	**9.80**	**12.30**	**5.40**	**1.82**	**1.09**
郑州市	Zhengzhou	4.99	4.63	1.65	0.96	0.42	0.39
开封市	Kaifeng	0.45	0.21	0.54	0.39	0.24	0.09
洛阳市	Luoyang	2.35	2.13	0.72	0.20	0.12	0.03
平顶山市	Pingdingshan	0.63	0.38	1.07	0.54	0.06	0.04
安阳市	Anyang	0.28	0.19	0.64	0.45	0.09	0.06
鹤壁市	Hebi	0.11	0.05	0.39	0.31	0.02	0.02
新乡市	Xinxiang	0.98	0.33	0.59	0.15	0.08	0.04
焦作市	Jiaozuo	0.35	0.27	0.61	0.24	0.07	0.04
濮阳市	Puyang	0.16	0.13	0.35	0.19	0.06	0.04
许昌市	Xuchang	0.37	0.15	0.58	0.07	0.10	0.08
漯河市	Luohe	0.09	0.08	0.37	0.34	0.01	0.01
三门峡市	Sanmenxia	0.24	0.16	0.26	0.12	0.02	0.01
南阳市	Nanyang	1.53	0.52	1.51	0.54	0.21	0.12
商丘市	Shangqiu	0.32	0.06	0.92	0.39	0.04	0.01
信阳市	Xinyang	0.88	0.22	0.94	0.31	0.07	0.02
周口市	Zhoukou	0.32	0.10	0.58	0.13	0.04	0.02
驻马店市	Zhumadian	0.67	0.19	0.58	0.07	0.17	0.07
湖北省	**Hubei**	**13.80**	**10.08**	**8.14**	**4.39**	**4.15**	**2.25**
武汉市	Wuhan	6.64	6.44	2.37	1.98	0.57	0.53
黄石市	Huangshi	0.49	0.37	0.22	0.14	0.04	0.04
十堰市	Shiyan	0.45	0.16	0.49	0.25	0.92	0.83
宜昌市	Yichang	1.93	1.00	0.80	0.33	0.59	0.23
襄阳市	Xiangyang	1.80	1.02	1.20	0.54	0.95	0.02
鄂州市	Ezhou	0.14	0.14	0.16	0.16	0.34	0.34

2-9 续表 4 continued

单位：万人 (10 000 persons)

城 市	City	(8)科学研究、技术服务和地质勘查业 Scientific Research, Technical Service and Geologic Prospecting		(9)水利、环境和公共设施管理业 Management of Water Conservancy, Environment		(10)居民服务、修理和其他服务业 Services to Households and Other Services	
		全 市 Total City	市辖区 Districts under City	全 市 Total City	市辖区 Districts under City	全 市 Total City	市辖区 Districts under City
荆门市	Jingmen	0.46	0.35	0.33	0.15	0.05	0.05
孝感市	Xiaogan	0.60	0.18	0.60	0.18	0.54	0.16
荆州市	Jingzhou	0.46	0.16	0.70	0.26	0.07	0.01
黄冈市	Huanggang	0.38	0.10	0.57	0.08	0.05	0.02
咸宁市	Xianning	0.30	0.09	0.26	0.07	0.02	0.01
随州市	Suizhou	0.15	0.07	0.44	0.25	0.01	0.01
湖南省	**Hunan**	**11.81**	**7.94**	**9.11**	**4.14**	**1.90**	**1.26**
长沙市	Changsha	5.26	4.96	1.36	1.12	0.77	0.64
株洲市	Zhuzhou	0.68	0.60	0.63	0.25	0.16	0.03
湘潭市	Xiangtan	0.29	0.26	0.35	0.25	0.01	0.01
衡阳市	Hengyang	0.69	0.28	0.77	0.26	0.09	0.08
邵阳市	Shaoyang	0.32	0.14	0.60	0.08	0.05	0.01
岳阳市	Yueyang	1.33	0.32	0.92	0.41	0.28	0.20
常德市	Changde	1.25	0.28	0.64	0.19	0.09	0.02
张家界市	Zhangjiajie	0.09	0.06	0.40	0.33	0.01	0.01
益阳市	Yiyang	0.33	0.20	0.61	0.27	0.03	0.02
郴州市	Chenzhou	0.52	0.26	0.76	0.27	0.10	0.07
永州市	Yongzhou	0.34	0.14	0.65	0.22	0.05	
怀化市	Huaihua	0.44	0.25	0.78	0.26	0.10	0.09
娄底市	Loudi	0.27	0.19	0.64	0.23	0.16	0.08
广东省	**Guangdong**	**29.52**	**27.89**	**16.26**	**12.02**	**7.27**	**6.86**
广州市	Guangzhou	13.95	13.70	5.07	4.85	2.43	2.38
韶关市	Shaoguan	0.38	0.29	0.72	0.40	0.05	0.02
深圳市	Shenzhen	7.87	7.87	1.23	1.23	1.91	1.91
珠海市	Zhuhai	0.81	0.81	0.85	0.85	0.19	0.19
汕头市	Shantou	0.37	0.36	0.67	0.65	0.06	0.05
佛山市	Foshan	1.14	1.14	0.94	0.94	0.61	0.61
江门市	Jiangmen	0.33	0.15	0.49	0.13	0.11	0.02
湛江市	Zhanjiang	0.52	0.38	1.13	0.58	0.05	0.03
茂名市	Maoming	0.36	0.24	0.64	0.24	0.04	0.03
肇庆市	Zhaoqing	0.30	0.17	0.52	0.27	0.08	0.04
惠州市	Huizhou	0.46	0.32	0.80	0.50	0.08	0.04
梅州市	Meizhou	0.39	0.25	0.71	0.21	0.03	0.01
汕尾市	Shanwei	0.07	0.03	0.21	0.04	0.01	0.01
河源市	Heyuan	0.18	0.12	0.22	0.03	0.03	0.02
阳江市	Yangjiang	0.15	0.03	0.37	0.16	0.03	
清远市	Qingyuan	0.24	0.18	0.38	0.13	0.10	0.08
东莞市	Dongguan	1.06	1.06	0.23	0.23	1.30	1.30
中山市	Zhongshan	0.54	0.54	0.26	0.26	0.04	0.04
潮州市	Chaozhou	0.18	0.14	0.27	0.20	0.07	0.07
揭阳市	Jieyang	0.14	0.09	0.36	0.11	0.03	0.01
云浮市	Yunfu	0.08	0.02	0.19	0.01	0.02	
广西壮族自治区	**Guangxi**	**9.28**	**6.54**	**9.60**	**5.87**	**0.56**	**0.54**
南宁市	Nanning	3.38	3.07	2.22	1.68	0.13	0.11
柳州市	Liuzhou	1.40	1.11	1.70	1.43	0.08	0.07
桂林市	Guilin	0.89	0.58	1.55	0.79	0.14	0.13

2-9 续表 5 continued

单位：万人 (10 000 persons)

城 市	City	(8)科学研究、技术服务和地质勘查业 Scientific Research, Technical Service and Geologic Prospecting		(9)水利、环境和公共设施管理业 Management of Water Conservancy, Environment		(10)居民服务、修理和其他服务业 Services to Households and Other Services	
		全 市 Total City	市辖区 Districts under City	全 市 Total City	市辖区 Districts under City	全 市 Total City	市辖区 Districts under City
梧州市	Wuzhou	0.30	0.20	0.31	0.20	0.01	0.01
北海市	Beihai	0.32	0.23	0.44	0.31	0.03	0.03
防城港市	Fangchenggang	0.16	0.12	0.31	0.19		
钦州市	Qinzhou	0.26	0.14	0.30	0.23	0.04	0.04
贵港市	Guigang	0.27	0.20	0.40	0.18	0.04	0.03
玉林市	Yulin	0.55	0.25	0.67	0.25	0.04	0.10
百色市	Baise	0.37	0.23	0.51	0.18	0.02	0.01
贺州市	Hezhou	0.21	0.12	0.17	0.12		
河池市	Hechi	0.42	0.11	0.39	0.07	0.02	0.01
来宾市	Laibin	0.31	0.13	0.33	0.17		
崇左市	Chongzuo	0.44	0.05	0.30	0.07	0.01	
海南省	**Hainan**	**1.53**	**1.53**	**1.70**	**1.70**	**0.32**	**0.32**
海口市	Haikou	1.42	1.42	0.97	0.97	0.23	0.23
三亚市	Sanya	0.11	0.11	0.73	0.73	0.09	0.09
三沙市	Sansa						
重庆市	**Chongqing**	**9.68**		**6.07**		**85.63**	
四川省	**Sichuan**	**20.58**	**17.42**	**12.06**	**6.64**	**31.03**	**27.97**
成都市	Chengdu	12.15	11.23	4.39	2.73	30.22	27.47
自贡市	Zigong	0.26	0.18	0.25	0.19	0.03	0.02
攀枝花市	Panzhihua	0.29	0.28	0.23	0.22	0.03	0.02
泸州市	Luzhou	0.37	0.29	0.44	0.31	0.03	0.01
德阳市	Deyang	0.36	0.26	0.58	0.32	0.04	
绵阳市	Mianyang	3.75	3.60	0.89	0.54	0.30	0.24
广元市	Guangyuan	0.16	0.05	0.80	0.61	0.02	0.02
遂宁市	Suining	0.10	0.02	0.28	0.11	0.01	
内江市	Neijiang	0.17	0.12	0.18	0.07	0.02	0.01
乐山市	Leshan	0.81	0.43	0.79	0.25	0.08	0.08
南充市	Nanchong	0.53	0.19	0.77	0.39	0.03	0.01
眉山市	Meishan	0.23	0.09	0.29	0.04	0.01	
宜宾市	Yibin	0.30	0.20	0.46	0.25	0.06	0.01
广安市	Guang'an	0.13	0.04	0.29	0.02	0.01	
达州市	Dazhou	0.51	0.18	0.65	0.24	0.05	0.02
雅安市	Ya'an	0.07	0.06	0.21	0.12	0.03	0.03
巴中市	Bazhong	0.24	0.11	0.20	0.09	0.04	0.02
资阳市	Ziyang	0.15	0.09	0.36	0.14	0.02	0.01
贵州省	**Guizhou**	**5.46**	**3.26**	**3.13**	**1.78**	**1.21**	**0.82**
贵阳市	Guiyang	2.38	2.24	0.85	0.74	0.83	0.67
六盘水市	Liupanshui	0.19	0.12	0.30	0.23	0.03	0.02
遵义市	Zunyi	0.76	0.23	0.76	0.30	0.15	0.05
安顺市	Anshun	0.29	0.16	0.47	0.16	0.06	0.02
毕节市	Bijie	1.42	0.37	0.41	0.20	0.12	0.05
铜仁市	Tongren	0.42	0.14	0.34	0.15	0.02	0.01
云南省	**Yunnan**	**6.81**	**4.98**	**4.38**	**1.92**	**1.03**	**0.75**
昆明市	Kunming	4.56	4.04	1.46	0.87	0.69	0.61
曲靖市	Qujing	0.36	0.21	0.54	0.23	0.13	0.05

2-9 续表 6 continued

单位：万人 (10 000 persons)

城 市	City	(8)科学研究、技术服务和地质勘查业 Scientific Research, Technical Service and Geologic Prospecting		(9)水利、环境和公共设施管理业 Management of Water Conservancy, Environment		(10)居民服务、修理和其他服务业 Services to Households and Other Services	
		全 市 Total City	市辖区 Districts under City	全 市 Total City	市辖区 Districts under City	全 市 Total City	市辖区 Districts under City
玉溪市	Yuxi	0.35	0.21	0.38	0.10	0.06	0.04
保山市	Baoshan	0.23	0.11	0.37	0.11	0.01	0.01
昭通市	Zhaotong	0.42	0.13	0.45	0.13	0.06	0.01
丽江市	Lijiang	0.24	0.06	0.61	0.27	0.01	
普洱市	Pu'er	0.52	0.18	0.41	0.14	0.03	0.02
临沧市	Lincang	0.13	0.04	0.16	0.07	0.04	0.01
西藏自治区	**Tibet**	**0.71**		**0.12**		**1.60**	
拉萨市	Lasa	0.71		0.12		1.60	
陕西省	**Shaanxi**	**16.66**	**13.51**	**8.91**	**4.33**	**2.01**	**2.29**
西安市	Xi'an	12.12	11.36	2.45	2.09	1.64	1.57
铜川市	Tongchuan	0.11	0.11	0.29	0.28	0.01	0.01
宝鸡市	Baoji	0.54	0.35	0.57	0.24	0.04	0.03
咸阳市	Xianyang	0.80	0.48	1.27	0.47	0.08	0.06
渭南市	Weinan	0.83	0.33	1.55	0.44	0.06	0.52
延安市	Yan'an	0.38	0.18	0.46	0.14	0.07	0.04
汉中市	Hanzhong	0.62	0.23	0.74	0.19	0.05	0.03
榆林市	Yulin	0.63	0.25	1.15	0.28	0.01	
安康市	Ankang	0.28	0.13	0.11	0.03	0.03	0.02
商洛市	Shangluo	0.35	0.09	0.32	0.17	0.02	0.01
甘肃省	**Gansu**	**6.45**	**5.71**	**5.01**	**2.56**	**0.47**	**0.30**
兰州市	Lanzhou	3.35	3.27	1.51	1.16	0.18	0.18
嘉峪关市	Jiayuguan	0.06	0.06	0.12	0.12		
金昌市	Jinchang	0.08	0.07	0.20	0.07	0.02	0.01
白银市	Baiyin	0.20	0.11	0.40	0.09	0.01	0.01
天水市	Tianshui	1.04	1.00	0.26	0.10	0.04	0.04
武威市	Wuwei	0.25	0.19	0.48	0.28	0.01	0.01
张掖市	Zhangye	0.49	0.45	0.47	0.17	0.02	0.01
平凉市	Pingliang	0.28	0.14	0.39	0.20	0.01	0.01
酒泉市	Jiuquan	0.27	0.20	0.47	0.12		
庆阳市	Qingyang	0.18	0.10	0.24	0.17		
定西市	Dingxi	0.15	0.08	0.35	0.05	0.01	0.01
陇南市	Longnan	0.10	0.04	0.12	0.03	0.17	0.02
青海省	**Qinghai**	**1.90**	**1.78**	**0.74**	**0.55**	**11.78**	**0.03**
西宁市	Xining	1.75	1.75	0.49	0.48	0.04	0.03
海东市	Haidong	0.15	0.03	0.25	0.07	11.74	
宁夏回族自治区	**Ningxia**	**1.35**	**1.14**	**2.14**	**1.44**	**0.11**	**0.10**
银川市	Yinchuan	1.01	0.94	0.86	0.70	0.08	0.08
石嘴山市	Shizuishan	0.12	0.09	0.29	0.29		
吴忠市	Wuzhong	0.10	0.05	0.33	0.17	0.01	0.01
固原市	Guyuan	0.09	0.04	0.27	0.12	0.02	0.01
中卫市	Zhongwei	0.03	0.02	0.39	0.16		
新疆维吾尔自治区	**Xinjiang**	**2.72**	**2.71**	**0.72**	**0.72**	**0.28**	**0.28**
乌鲁木齐市	Urumqi	2.54	2.53	0.60	0.60	0.15	0.15
克拉玛依市	Karamay	0.18	0.18	0.12	0.12	0.13	0.13

2-10 按行业分组的单位从业人员(六)

Persons Employed in Various Units by Sector in Detail(Ⅵ)

单位：万人 (10 000 persons)

城 市	City	(11)教育 Education		(12)卫生、社会保障和社会福利业 Health, Social Security and Social Welfare		(13)文化、体育、娱乐用房屋 Culture, Sports and Entertainment		(14)公共管理和社会组织 Public Management and Social Organization	
		全 市 Total City	市辖区 Districts under City	全 市 Total City	市辖区 Districts under City	全 市 Total City	市辖区 Districts under City	全 市 Total City	市辖区 Districts under City
城市合计	**Prefecture Cities**	**1579.18**	**700.85**	**731.64**	**397.35**	**149.02**	**107.97**	**1434.37**	**662.98**
北京市	**Beijing**	**46.10**	**44.80**	**24.83**	**24.11**	**18.10**	**17.92**	**45.48**	**40.78**
天津市	**Tianjin**	**18.94**	**16.48**	**9.31**	**8.42**	**2.27**	**2.19**	**15.53**	**13.21**
河北省	**Hebei**	**87.94**	**22.89**	**33.16**	**12.90**	**5.26**	**3.23**	**84.28**	**25.12**
石家庄市	Shijiazhuang	12.43	5.09	5.01	2.84	1.51	1.27	10.58	4.86
唐山市	Tangshan	9.21	4.14	4.09	2.20	0.54	0.36	9.61	4.71
秦皇岛市	Qinhuangdao	4.14	0.91	2.07	0.19	0.50	0.26	4.51	2.39
邯郸市	Handan	11.31	2.63	3.78	1.47	0.47	0.20	10.12	2.40
邢台市	Xingtai	7.25	1.47	2.58	0.72	0.26	0.13	7.45	1.50
保定市	Baoding	12.37	2.03	4.46	1.52	0.43	0.18	10.75	1.89
张家口市	Zhangjiakou	5.82	1.80	2.34	1.02	0.34	0.18	7.27	1.74
承德市	Chengde	4.55	1.07	1.91	0.70	0.38	0.28	5.15	1.66
沧州市	Cangzhou	9.00	1.08	3.11	1.01	0.42	0.15	7.96	1.26
廊坊市	Langfang	5.87	1.39	1.88	0.57	0.19	0.10	6.47	1.71
衡水市	Hengshui	5.99	1.28	1.93	0.66	0.22	0.12	4.41	1.00
山西省	**Shanxi**	**52.35**	**19.98**	**18.84**	**9.25**	**4.84**	**3.07**	**60.06**	**21.22**
太原市	Taiyuan	7.88	6.67	3.64	3.38	1.46	1.43	6.42	5.37
大同市	Datong	4.77	2.75	1.68	1.17	0.44	0.35	5.64	3.27
阳泉市	Yangquan	1.91	1.09	0.74	0.48	0.13	0.10	2.26	1.14
长治市	Changzhi	5.00	1.69	1.80	0.90	0.47	0.21	5.35	1.56
晋城市	Jincheng	2.88	0.75	1.10	0.34	0.20	0.13	3.18	0.80
朔州市	Shuozhou	2.24	1.65	0.78	0.39	0.15	0.06	3.40	1.71
晋中市	Jinzhong	4.72	1.01	1.69	0.47	0.34	0.11	5.08	1.34
运城市	Yuncheng	6.99	1.27	2.36	0.69	0.64	0.39	7.30	1.66
忻州市	Xinzhou	4.56	0.99	1.55	0.46	0.19	0.09	5.53	1.04
临汾市	Linfen	5.78	1.36	1.97	0.71	0.42	0.11	7.83	1.64
吕梁市	Lvliang	5.62	0.75	1.53	0.26	0.40	0.09	8.07	1.69
内蒙古自治区	**Inner Mongolia**	**30.85**	**13.06**	**12.14**	**6.51**	**3.03**	**2.07**	**33.73**	**13.97**
呼和浩特市	Hohhot	4.94	3.74	1.93	1.70	1.13	1.10	4.98	3.70
包头市	Baotou	3.15	2.57	1.34	1.13	0.31	0.26	2.91	2.18
乌海市	Wuhai	0.74	0.74	0.37	0.37	0.07	0.07	0.98	0.98
赤峰市	Chifeng	6.57	1.99	2.19	0.84	0.25	0.10	5.13	1.63
通辽市	Tongliao	4.26	1.15	1.47	0.70	0.24	0.12	3.40	1.03
鄂尔多斯市	Erdos	2.79	0.63	1.03	0.40	0.28	0.15	4.37	1.38
呼伦贝尔市	Hulunbuir	3.63	0.70	1.93	0.51	0.42	0.13	4.41	0.78
巴彦淖尔市	Bayannur	1.91	0.82	0.97	0.50	0.12	0.04	3.13	1.24
乌兰察布市	Ulanqab	2.86	0.72	0.91	0.36	0.21	0.10	4.42	1.05
辽宁省	**Liaoning**	**59.06**	**35.41**	**33.36**	**23.95**	**5.52**	**4.68**	**53.52**	**32.24**
沈阳市	Shenyang	14.21	12.21	8.37	7.55	1.80	1.70	9.27	7.64
大连市	Dalian	8.19	5.86	4.48	3.29	1.31	1.22	6.78	4.72
鞍山市	Anshan	4.83	2.74	2.80	1.96	0.34	0.25	4.27	2.27
抚顺市	Fushun	2.57	1.72	1.45	1.16	0.24	0.23	2.66	2.02
本溪市	Benxi	2.58	1.84	3.29	2.92	0.16	0.12	2.17	1.53
丹东市	Dandong	3.97	1.99	2.31	1.28	0.21	0.13	2.75	1.32
锦州市	Jinzhou	3.60	1.84	1.87	1.23	0.34	0.26	3.36	2.11

2-10 续表 1 continued

单位：万人 (10 000 persons)

城市	City	(11)教育 Education 全市 Total City	市辖区 Districts under City	(12)卫生、社会保障和社会福利业 Health, Social Security and Social Welfare 全市 Total City	市辖区 Districts under City	(13)文化、体育、娱乐用房屋 Culture, Sports and Entertainment 全市 Total City	市辖区 Districts under City	(14)公共管理和社会组织 Public Management and Social Organization 全市 Total City	市辖区 Districts under City
营口市	Yingkou	2.42	1.30	1.25	0.77	0.20	0.16	3.21	2.04
阜新市	Fuxin	2.63	1.49	1.26	0.85	0.17	0.14	2.27	1.21
辽阳市	Liaoyang	1.91	1.16	1.14	0.85	0.15	0.12	2.29	1.60
盘锦市	Panjin	1.79	0.78	0.88	0.57	0.18	0.13	2.77	1.68
铁岭市	Tieling	2.98	0.53	1.38	0.50	0.16	0.11	3.56	1.00
朝阳市	Chaoyang	4.61	0.95	1.65	0.52	0.15	0.07	4.79	1.52
葫芦岛市	Huludao	2.77	1.00	1.23	0.50	0.11	0.04	3.37	1.58
吉林省	**Jilin**	**34.14**	**16.24**	**16.00**	**8.86**	**3.18**	**2.33**	**30.85**	**15.51**
长春市	Changchun	12.73	8.25	5.56	4.27	1.77	1.61	8.02	5.65
吉林市	Jilin	5.43	2.87	2.60	1.49	0.30	0.23	5.38	3.44
四平市	Siping	3.85	1.01	2.06	0.80	0.23	0.04	2.79	0.96
辽源市	Liaoyuan	1.30	0.48	0.70	0.34	0.09	0.06	1.34	0.74
通化市	Tonghua	2.48	0.70	1.34	0.48	0.27	0.13	3.16	1.05
白山市	Baishan	1.78	0.73	0.87	0.42	0.14	0.07	2.93	1.14
松原市	Songyuan	3.26	0.81	1.48	0.36	0.20	0.11	3.21	1.19
白城市	Baicheng	3.31	1.39	1.39	0.70	0.18	0.08	4.02	1.34
黑龙江省	**Heilongjiang**	**42.98**	**21.21**	**21.14**	**12.78**	**4.47**	**3.48**	**41.04**	**18.48**
哈尔滨市	Harbin	14.90	9.69	7.37	5.42	2.08	1.93	10.60	6.20
齐齐哈尔市	Qiqihar	4.70	1.74	2.59	1.49	0.34	0.19	4.16	1.54
鸡西市	Jixi	1.65	0.85	0.64	0.29	0.20	0.15	2.32	1.31
鹤岗市	Hegang	1.25	0.67	1.06	0.71	0.14	0.09	1.49	0.88
双鸭山市	Shuangyashan	1.40	0.54	0.53	0.19	0.16	0.09	2.54	1.20
大庆市	Daqing	4.12	2.57	2.11	1.67	0.52	0.46	3.59	2.20
伊春市	Yichun	1.28	1.02	0.70	0.59	0.10	0.09	1.47	0.96
佳木斯市	Jiamusi	2.46	1.20	1.23	0.72	0.18	0.12	2.85	1.16
七台河市	Qitaihe	0.79	0.56	0.49	0.37	0.08	0.05	1.24	0.93
牡丹江市	Mudanjiang	2.77	1.15	1.70	1.01	0.26	0.18	2.99	1.05
黑河市	Heihe	2.06	0.42	0.92	0.16	0.21	0.10	2.99	0.72
绥化市	Suihua	5.60	0.80	1.80	0.16	0.20	0.03	4.80	0.33
上海市	**Shanghai**	**29.50**	**28.78**	**18.84**	**18.30**	**5.89**	**5.84**	**20.49**	**19.99**
江苏省	**Jiangsu**	**89.96**	**46.52**	**43.41**	**24.59**	**7.72**	**5.63**	**68.39**	**37.56**
南京市	Nanjing	11.77	11.77	5.52	5.52	2.31	2.31	8.01	8.01
无锡市	Wuxi	6.69	3.71	3.88	2.31	0.77	0.46	5.47	3.33
徐州市	Xuzhou	10.46	4.18	4.84	2.53	0.45	0.33	7.50	3.63
常州市	Changzhou	4.99	3.73	2.90	2.23	0.66	0.58	4.02	2.90
苏州市	Suzhou	9.51	4.81	5.91	2.89	1.03	0.50	9.65	4.50
南通市	Nantong	7.40	2.56	3.39	1.36	0.48	0.17	5.22	2.20
连云港市	Lianyungang	5.07	1.54	2.31	0.98	0.20	0.13	4.33	1.67
淮安市	Huai'an	6.31	3.57	2.47	1.66	0.27	0.17	4.00	2.39
盐城市	Yancheng	7.32	2.24	3.41	1.17	0.52	0.25	5.63	1.63
扬州市	Yangzhou	5.71	3.22	2.15	1.16	0.38	0.32	3.98	2.40
镇江市	Zhenjiang	3.75	1.91	2.06	1.11	0.28	0.20	3.25	1.62
泰州市	Taizhou	5.12	2.04	2.66	1.10	0.23	0.14	4.10	2.02
宿迁市	Suqian	5.86	1.24	1.91	0.57	0.14	0.07	3.23	1.26

2-10 续表 2 continued

单位：万人 (10 000 persons)

城市	City	(11)教育 Education 全市 Total City	(11)教育 Education 市辖区 Districts under City	(12)卫生、社会保障和社会福利业 Health, Social Security and Social Welfare 全市 Total City	(12)卫生、社会保障和社会福利业 Health, Social Security and Social Welfare 市辖区 Districts under City	(13)文化、体育、娱乐用房屋 Culture, Sports and Entertainment 全市 Total City	(13)文化、体育、娱乐用房屋 Culture, Sports and Entertainment 市辖区 Districts under City	(14)公共管理和社会组织 Public Management and Social Organization 全市 Total City	(14)公共管理和社会组织 Public Management and Social Organization 市辖区 Districts under City
浙江省	**Zhejiang**	**68.41**	**33.11**	**39.48**	**21.32**	**7.14**	**4.22**	**65.58**	**31.01**
杭州市	Hangzhou	16.91	13.32	9.70	7.90	2.39	2.10	13.23	10.18
宁波市	Ningbo	8.91	4.70	5.77	3.32	0.90	0.59	9.07	4.79
温州市	Wenzhou	9.50	3.11	4.92	2.27	0.85	0.35	8.80	2.99
嘉兴市	Jiaxing	5.29	1.54	2.86	1.05	0.56	0.18	4.24	1.25
湖州市	Huzhou	3.20	1.41	1.90	0.93	0.19	0.07	3.31	1.30
绍兴市	Shaoxing	5.43	2.69	3.05	1.65	0.62	0.22	4.19	2.23
金华市	Jinhua	6.04	1.62	3.64	1.01	0.50	0.16	6.56	1.41
衢州市	Quzhou	2.40	1.01	1.29	0.57	0.21	0.12	3.43	1.52
舟山市	Zhoushan	1.46	1.15	1.04	0.71	0.21	0.16	2.71	1.98
台州市	Taizhou	6.20	1.84	3.60	1.24	0.42	0.17	6.27	2.48
丽水市	Lishui	3.07	0.72	1.71	0.67	0.29	0.10	3.77	0.88
安徽省	**Anhui**	**63.18**	**23.98**	**28.91**	**13.39**	**5.07**	**2.77**	**52.95**	**22.18**
合肥市	Hefei	9.84	5.59	4.71	3.37	1.11	1.01	7.38	4.29
芜湖市	Wuhu	4.24	1.90	1.95	1.18	0.14	0.08	3.14	1.66
蚌埠市	Bengbu	3.35	1.42	1.52	0.93	0.15	0.11	2.31	1.19
淮南市	Huainan	2.84	2.33	1.54	1.33	0.14	0.11	1.90	1.51
马鞍山市	Maanshan	2.25	1.00	1.01	0.60	0.11	0.07	2.30	1.16
淮北市	Huaibei	2.15	1.25	1.30	0.76	0.06	0.05	1.71	1.12
铜陵市	Tongling	0.86	0.61	0.54	0.44	0.08	0.07	1.23	0.89
安庆市	Anqing	6.10	0.98	2.14	0.63	0.31	0.10	4.32	1.12
黄山市	Huangshan	1.43	0.59	0.82	0.44	0.14	0.06	2.19	1.07
滁州市	Chuzhou	3.91	0.46	1.52	0.09	0.06	0.01	3.23	0.25
阜阳市	Fuyang	6.89	2.07	2.53	0.94	0.15	0.08	4.68	1.83
宿州市	Suzhou	5.69	1.78	2.08	0.93	0.18	0.13	3.19	1.18
六安市	Lu'an	5.07	1.15	3.04	0.72	1.01	0.35	5.17	2.20
亳州市	Bozhou	4.91	1.39	1.57	0.47	0.15	0.07	2.53	0.93
池州市	Chizhou	1.35	0.53	0.64	0.32	0.28	0.27	1.57	0.72
宣城市	Xuancheng	2.30	0.93	2.00	0.24	1.00	0.20	6.10	1.06
福建省	**Fujian**	**48.26**	**18.02**	**19.75**	**10.03**	**3.94**	**2.95**	**35.93**	**15.87**
福州市	Fuzhou	10.91	4.28	5.07	3.45	1.38	1.23	7.75	4.48
厦门市	Xiamen	4.74	4.74	2.21	2.21	0.89	0.89	3.15	3.15
莆田市	Putian	3.84	2.63	1.23	0.94	0.17	0.16	2.03	1.60
三明市	Sanming	3.62	0.56	1.51	0.36	0.18	0.08	3.81	0.74
泉州市	Quanzhou	8.97	2.44	2.54	0.94	0.40	0.23	5.47	1.96
漳州市	Zhangzhou	5.23	1.19	1.98	0.66	0.26	0.13	3.89	1.12
南平市	Nanping	3.43	0.56	1.71	0.39	0.24	0.05	3.09	0.82
龙岩市	Longyan	3.83	0.96	1.86	0.69	0.21	0.11	3.53	1.17
宁德市	Ningde	3.69	0.66	1.64	0.39	0.21	0.07	3.21	0.83
江西省	**Jiangxi**	**45.57**	**11.68**	**20.65**	**7.91**	**2.90**	**1.70**	**49.74**	**16.30**
南昌市	Nanchang	5.51	3.57	3.71	2.81	1.00	0.80	7.30	5.47
景德镇市	Jingdezhen	1.77	0.80	0.85	0.50	0.23	0.21	2.21	1.15
萍乡市	Pingxiang	2.15	1.02	0.95	0.65	0.09	0.08	2.60	1.35
九江市	Jiujiang	4.76	0.89	2.29	0.81	0.35	0.19	5.30	1.43
新余市	Xinyu	1.17	0.42	0.50	0.17	0.08	0.05	1.57	0.55
鹰潭市	Yingtan	1.20	0.29	0.43	0.16	0.05	0.03	1.45	0.66
赣州市	Ganzhou	8.99	0.89	3.74	0.78	0.31	0.09	8.02	1.07
吉安市	Ji'an	4.08	0.65	1.85	0.37	0.27	0.06	4.54	0.88
宜春市	Yichun	4.81	1.03	2.30	0.53	0.15	0.05	5.34	1.33
抚州市	Fuzhou	4.86	1.60	1.49	0.48	0.17	0.07	4.36	0.94
上饶市	Shangrao	6.27	0.52	2.54	0.65	0.20	0.07	7.05	1.47

2-10 续表 3 continued

单位：万人 (10 000 persons)

城市	City	(11)教育 Education 全市 Total City	市辖区 Districts under City	(12)卫生、社会保障和社会福利业 Health, Social Security and Social Welfare 全市 Total City	市辖区 Districts under City	(13)文化、体育、娱乐用房屋 Culture, Sports and Entertainment 全市 Total City	市辖区 Districts under City	(14)公共管理和社会组织 Public Management and Social Organization 全市 Total City	市辖区 Districts under City
山东省	**Shandong**	**119.92**	**49.62**	**56.13**	**26.83**	**7.48**	**5.06**	**110.10**	**47.33**
济南市	Jinan	11.30	8.45	6.05	4.87	1.73	1.66	10.01	7.16
青岛市	Qingdao	11.78	7.00	5.17	3.50	1.18	0.94	8.67	5.41
淄博市	Zibo	6.73	4.69	3.53	2.80	0.64	0.61	5.00	3.97
枣庄市	Zaozhuang	4.59	2.63	2.13	1.38	0.16	0.11	5.31	4.09
东营市	Dongying	2.43	1.14	1.00	0.53	0.10	0.05	3.40	1.86
烟台市	Yantai	11.61	5.27	4.99	1.86	0.64	0.24	7.20	2.82
潍坊市	Weifang	10.99	2.06	5.38	1.33	0.40	0.18	8.21	2.03
济宁市	Jining	8.65	2.60	4.05	1.82	0.65	0.11	9.54	3.12
泰安市	Tai'an	6.98	2.74	2.69	0.92	0.21	0.15	5.25	2.46
威海市	Weihai	3.60	1.61	2.16	0.87	0.20	0.15	3.03	1.27
日照市	Rizhao	2.77	1.30	1.36	0.68	0.13	0.08	2.68	1.65
莱芜市	Laiwu	1.28	1.28	0.76	0.76	0.05	0.05	1.38	1.38
临沂市	Linyi	11.67	3.65	5.23	2.07	0.38	0.18	9.58	3.46
德州市	Dezhou	6.66	0.98	2.78	0.66	0.21	0.10	8.32	1.30
聊城市	Liaocheng	5.82	1.57	2.96	1.20	0.30	0.17	7.30	1.68
滨州市	Binzhou	3.94	0.89	1.89	0.55	0.19	0.13	5.12	1.53
菏泽市	Heze	9.12	1.76	4.00	1.03	0.31	0.15	10.10	2.14
河南省	**Henan**	**116.09**	**33.00**	**48.06**	**18.65**	**8.45**	**4.61**	**107.29**	**37.29**
郑州市	Zhengzhou	14.07	7.54	7.53	5.46	3.70	2.48	13.24	8.01
开封市	Kaifeng	3.96	1.65	2.25	0.91	0.40	0.27	5.10	1.68
洛阳市	Luoyang	7.30	2.73	3.82	1.93	0.50	0.29	8.39	3.58
平顶山市	Pingdingshan	5.44	1.77	2.42	0.78	0.37	0.15	6.11	2.18
安阳市	Anyang	5.36	1.49	2.58	1.11	0.30	0.14	4.98	1.83
鹤壁市	Hebi	1.68	0.89	0.78	0.38	0.06	0.04	1.87	1.11
新乡市	Xinxiang	6.79	1.89	3.22	1.04	0.26	0.10	6.60	1.56
焦作市	Jiaozuo	4.25	1.29	2.02	0.68	0.22	0.13	5.08	2.13
濮阳市	Puyang	3.42	0.60	0.94	0.21	0.17	0.07	4.19	1.24
许昌市	Xuchang	4.70	0.61	1.81	0.61	0.21	0.05	4.82	1.00
漯河市	Luohe	3.21	2.38	1.33	1.02	0.19	0.12	3.13	2.49
三门峡市	Sanmenxia	2.72	0.64	1.19	0.30	0.17	0.04	3.11	0.90
南阳市	Nanyang	13.74	3.58	4.93	1.51	0.59	0.29	8.87	2.06
商丘市	Shangqiu	9.38	1.43	3.81	0.58	0.19	0.05	7.81	1.98
信阳市	Xinyang	10.21	2.12	2.87	0.85	0.45	0.17	7.49	1.88
周口市	Zhoukou	10.86	0.99	3.39	0.54	0.29	0.10	9.37	1.52
驻马店市	Zhumadian	9.00	1.40	3.17	0.74	0.38	0.12	7.13	2.14
湖北省	**Hubei**	**62.85**	**29.88**	**32.89**	**17.56**	**5.97**	**4.08**	**51.70**	**23.02**
武汉市	Wuhan	17.70	13.66	8.49	7.17	2.34	2.23	9.71	7.74
黄石市	Huangshi	2.86	1.25	1.68	1.12	0.20	0.14	2.68	1.40
十堰市	Shiyan	3.87	1.17	2.60	1.18	0.37	0.19	4.01	1.26
宜昌市	Yichang	4.17	1.83	2.46	1.12	0.86	0.36	3.67	1.26
襄阳市	Xiangyang	7.38	2.94	3.35	1.54	0.48	0.21	6.88	3.40
鄂州市	Ezhou	1.32	1.32	0.65	0.65	0.10	0.10	1.00	1.00

2-10 续表 4 continued

单位：万人 (10 000 persons)

城市	City	(11)教育 Education 全市 Total City	(11)教育 Education 市辖区 Districts under City	(12)卫生、社会保障和社会福利业 Health, Social Security and Social Welfare 全市 Total City	(12)卫生、社会保障和社会福利业 Health, Social Security and Social Welfare 市辖区 Districts under City	(13)文化、体育、娱乐用房屋 Culture, Sports and Entertainment 全市 Total City	(13)文化、体育、娱乐用房屋 Culture, Sports and Entertainment 市辖区 Districts under City	(14)公共管理和社会组织 Public Management and Social Organization 全市 Total City	(14)公共管理和社会组织 Public Management and Social Organization 市辖区 Districts under City
荆门市	Jingmen	2.68	1.60	1.31	0.75	0.29	0.29	2.84	2.00
孝感市	Xiaogan	5.76	1.26	2.84	0.65	0.53	0.11	4.88	1.20
荆州市	Jingzhou	5.15	1.54	3.01	1.07	0.35	0.20	5.80	1.39
黄冈市	Huanggang	6.20	1.20	3.08	0.65	0.25	0.15	5.05	0.90
咸宁市	Xianning	3.60	1.37	2.32	1.29	0.12	0.06	3.52	0.81
随州市	Suizhou	2.16	0.74	1.10	0.37	0.08	0.04	1.66	0.66
湖南省	**Hunan**	**68.61**	**23.59**	**34.84**	**14.97**	**4.96**	**3.55**	**77.82**	**26.46**
长沙市	Changsha	11.12	7.44	6.38	4.69	2.32	2.20	8.24	5.77
株洲市	Zhuzhou	4.20	2.04	2.25	1.05	0.22	0.12	4.23	1.86
湘潭市	Xiangtan	3.12	1.68	1.58	0.85	0.19	0.12	3.11	1.40
衡阳市	Hengyang	7.58	1.95	3.74	1.56	0.48	0.24	8.33	2.54
邵阳市	Shaoyang	6.04	0.89	2.97	0.78	0.12	0.07	6.81	1.40
岳阳市	Yueyang	6.29	1.90	2.71	1.17	0.17	0.09	9.96	2.49
常德市	Changde	5.51	1.48	2.69	0.84	0.33	0.16	5.97	2.31
张家界市	Zhangjiajie	1.63	0.72	0.73	0.32	0.08	0.05	1.85	0.91
益阳市	Yiyang	3.80	1.45	2.29	0.80	0.26	0.20	4.90	1.65
郴州市	Chenzhou	4.70	1.16	2.52	0.96	0.18	0.07	6.01	1.77
永州市	Yongzhou	5.89	1.34	2.46	0.68	0.23	0.06	6.80	1.88
怀化市	Huaihua	5.25	0.73	2.74	0.66	0.23	0.09	6.72	1.10
娄底市	Loudi	3.48	0.81	1.78	0.61	0.15	0.08	4.89	1.38
广东省	**Guangdong**	**118.61**	**69.84**	**55.91**	**39.82**	**10.88**	**9.55**	**101.69**	**68.67**
广州市	Guangzhou	17.33	15.03	9.47	8.57	3.75	3.66	15.45	13.29
韶关市	Shaoguan	3.78	1.42	1.78	0.85	0.20	0.11	3.88	1.66
深圳市	Shenzhen	9.34	9.34	5.85	5.85	2.30	2.30	14.02	14.02
珠海市	Zhuhai	2.74	2.74	1.46	1.46	0.37	0.37	3.29	3.29
汕头市	Shantou	6.39	6.31	2.19	2.16	0.24	0.23	3.81	3.68
佛山市	Foshan	8.67	8.67	4.53	4.53	0.38	0.38	5.22	5.22
江门市	Jiangmen	4.36	1.93	2.64	1.38	0.22	0.09	4.34	2.18
湛江市	Zhanjiang	8.78	2.83	3.09	1.43	0.30	0.19	4.77	2.08
茂名市	Maoming	9.00	2.06	2.66	0.76	0.30	0.19	4.36	1.34
肇庆市	Zhaoqing	5.12	1.09	2.38	0.77	0.20	0.12	4.24	1.29
惠州市	Huizhou	4.86	2.45	2.48	1.53	0.42	0.27	5.72	3.29
梅州市	Meizhou	5.74	1.37	2.28	0.86	0.19	0.12	4.19	1.39
汕尾市	Shanwei	3.11	0.64	0.82	0.26	0.13	0.02	2.48	0.81
河源市	Heyuan	3.79	0.63	1.30	0.36	0.18	0.07	3.33	1.02
阳江市	Yangjiang	2.86	0.78	1.25	0.49	0.11	0.05	3.20	1.32
清远市	Qingyuan	3.86	1.33	1.76	0.76	0.16	0.11	4.24	1.91
东莞市	Dongguan	3.59	3.59	4.50	4.50	0.78	0.78	5.00	5.00
中山市	Zhongshan	3.10	3.10	1.79	1.79	0.26	0.26	2.35	2.35
潮州市	Chaozhou	2.84	1.85	1.03	0.72	0.11	0.10	1.59	1.08
揭阳市	Jieyang	6.22	2.20	1.51	0.56	0.18	0.11	3.41	1.58
云浮市	Yunfu	3.13	0.48	1.14	0.23	0.10	0.02	2.80	0.87
广西壮族自治区	**Guangxi**	**61.84**	**24.82**	**27.96**	**13.68**	**3.31**	**2.37**	**45.24**	**20.34**
南宁市	Nanning	10.78	6.92	5.24	3.54	1.27	1.20	7.73	5.47
柳州市	Liuzhou	5.58	3.21	3.27	2.13	0.30	0.24	3.91	1.84
桂林市	Guilin	6.21	2.11	2.97	1.21	0.51	0.26	5.15	1.66

2-10 续表 5 continued

单位：万人 (10 000 persons)

城市	City	(11)教育 Education 全市 Total City	(11)教育 Education 市辖区 Districts under City	(12)卫生、社会保障和社会福利业 Health, Social Security and Social Welfare 全市 Total City	(12)卫生、社会保障和社会福利业 Health, Social Security and Social Welfare 市辖区 Districts under City	(13)文化、体育、娱乐用房屋 Culture, Sports and Entertainment 全市 Total City	(13)文化、体育、娱乐用房屋 Culture, Sports and Entertainment 市辖区 Districts under City	(14)公共管理和社会组织 Public Management and Social Organization 全市 Total City	(14)公共管理和社会组织 Public Management and Social Organization 市辖区 Districts under City
梧州市	Wuzhou	3.55	1.15	1.64	0.95	0.16	0.12	2.52	1.42
北海市	Beihai	2.17	1.11	0.93	0.54	0.12	0.10	1.59	1.06
防城港市	Fangchenggang	1.44	0.91	0.69	0.47	0.05	0.04	1.49	0.96
钦州市	Qinzhou	3.87	1.63	1.80	0.92	0.10	0.06	2.15	1.30
贵港市	Guigang	5.27	1.86	1.68	0.78	0.05	0.02	2.62	1.27
玉林市	Yulin	7.60	1.82	2.65	0.99	0.20	0.10	3.23	1.15
百色市	Baise	3.96	0.72	1.91	0.53	0.13	0.05	4.43	0.86
贺州市	Hezhou	2.36	1.17	0.94	0.45	0.09	0.06	2.38	1.15
河池市	Hechi	4.08	0.48	1.99	0.45	0.16	0.06	3.61	0.76
来宾市	Laibin	2.58	1.23	1.15	0.50	0.09	0.04	1.98	0.83
崇左市	Chongzuo	2.39	0.50	1.10	0.22	0.08	0.02	2.45	0.61
海南省	**Hainan**	**5.15**	**5.15**	**2.82**	**2.82**	**0.89**	**0.89**	**5.18**	**5.18**
海口市	Haikou	4.25	4.25	2.25	2.25	0.74	0.74	4.06	4.06
三亚市	Sanya	0.90	0.90	0.57	0.57	0.15	0.15	1.12	1.12
三沙市	Sansa								
重庆市	**Chongqing**	**40.85**		**19.55**		**5.48**		**27.02**	
四川省	**Sichuan**	**84.44**	**36.51**	**41.46**	**21.19**	**8.03**	**6.38**	**72.35**	**32.62**
成都市	Chengdu	22.93	15.16	13.83	9.42	5.35	4.86	16.83	9.63
自贡市	Zigong	2.43	1.71	1.48	0.99	0.16	0.14	2.14	1.29
攀枝花市	Panzhihua	1.43	0.96	0.77	0.57	0.14	0.13	1.80	1.28
泸州市	Luzhou	4.28	1.62	1.94	0.99	0.12	0.09	3.26	1.62
德阳市	Deyang	3.34	0.84	1.82	0.55	0.12	0.04	3.29	1.07
绵阳市	Mianyang	5.95	2.53	2.56	1.14	0.15	0.10	4.29	1.56
广元市	Guangyuan	3.60	1.21	1.41	0.68	0.07	0.05	3.79	1.77
遂宁市	Suining	2.89	1.07	1.18	0.55	0.08	0.04	2.31	1.26
内江市	Neijiang	3.14	1.18	1.50	0.74	0.16	0.08	2.98	1.46
乐山市	Leshan	2.98	1.04	1.58	0.74	0.24	0.22	3.58	1.49
南充市	Nanchong	6.97	2.33	2.27	1.01	0.30	0.14	5.55	2.00
眉山市	Meishan	2.71	0.82	1.71	0.53	0.09	0.03	3.19	1.18
宜宾市	Yibin	4.93	1.59	2.10	0.94	0.23	0.08	4.38	1.74
广安市	Guang'an	3.21	0.96	1.17	0.37	0.09	0.08	2.82	1.16
达州市	Dazhou	5.36	0.63	2.29	0.61	0.19	0.11	4.38	0.96
雅安市	Ya'an	1.91	0.97	0.82	0.43	0.05	0.02	2.57	1.06
巴中市	Bazhong	3.00	1.14	1.34	0.43	0.29	0.08	2.81	1.29
资阳市	Ziyang	3.38	0.75	1.69	0.50	0.20	0.09	2.38	0.80
贵州省	**Guizhou**	**34.34**	**10.07**	**11.97**	**5.36**	**1.45**	**1.00**	**31.80**	**12.80**
贵阳市	Guiyang	5.93	4.38	3.34	2.72	0.81	0.68	7.56	5.77
六盘水市	Liupanshui	3.32	0.80	0.88	0.30	0.10	0.05	3.44	1.20
遵义市	Zunyi	8.01	1.22	3.24	1.11	0.19	0.10	7.05	1.86
安顺市	Anshun	2.97	1.09	1.08	0.45	0.06	0.03	2.83	1.20
毕节市	Bijie	8.52	1.74	2.00	0.42	0.16	0.08	6.20	1.39
铜仁市	Tongren	5.59	0.84	1.43	0.36	0.13	0.06	4.72	1.38
云南省	**Yunnan**	**37.70**	**13.46**	**14.00**	**7.08**	**2.38**	**1.43**	**30.18**	**11.34**
昆明市	Kunming	11.45	7.86	5.78	4.49	1.42	1.06	9.02	5.55
曲靖市	Qujing	7.17	1.19	1.46	0.45	0.17	0.08	4.04	0.93

2-10 续表 6 continued

单位：万人 (10 000 persons)

城市	City	(11)教育 Education 全市 Total City	(11)教育 Education 市辖区 Districts under City	(12)卫生、社会保障和社会福利业 Health, Social Security and Social Welfare 全市 Total City	(12) 市辖区 Districts under City	(13)文化、体育、娱乐用房屋 Culture, Sports and Entertainment 全市 Total City	(13) 市辖区 Districts under City	(14)公共管理和社会组织 Public Management and Social Organization 全市 Total City	(14) 市辖区 Districts under City
玉溪市	Yuxi	2.82	0.82	1.38	0.60	0.15	0.08	2.77	0.87
保山市	Baoshan	2.89	0.99	1.14	0.46	0.08	0.04	2.27	0.90
昭通市	Zhaotong	6.45	1.16	1.81	0.48	0.11	0.06	4.71	1.01
丽江市	Lijiang	1.71	0.43	0.51	0.13	0.22	0.04	1.84	0.66
普洱市	Pu'er	2.63	0.52	1.14	0.34	0.16	0.05	2.85	0.74
临沧市	Lincang	2.58	0.49	0.78	0.13	0.07	0.02	2.68	0.68
西藏自治区	**Tibet**	**1.29**		**0.60**		**0.67**		**3.60**	
拉萨市	Lasa	1.29		0.60		0.67		3.60	
陕西省	**Shaanxi**	**57.42**	**26.00**	**23.30**	**12.71**	**4.54**	**2.94**	**55.46**	**20.61**
西安市	Xi'an	17.70	15.08	7.21	6.33	2.19	1.99	10.80	8.81
铜川市	Tongchuan	1.14	1.00	0.51	0.48	0.08	0.08	1.89	1.66
宝鸡市	Baoji	4.24	1.65	2.44	1.23	0.28	0.17	3.80	1.83
咸阳市	Xianyang	7.63	1.59	2.45	0.87	0.39	0.13	6.34	1.39
渭南市	Weinan	7.22	1.77	2.49	0.66	0.41	0.12	6.61	1.14
延安市	Yan'an	3.41	0.72	1.74	0.79	0.31	0.12	6.67	1.48
汉中市	Hanzhong	4.30	0.95	2.13	0.79	0.19	0.08	4.61	1.03
榆林市	Yulin	5.30	1.16	1.69	0.54	0.36	0.12	7.68	1.23
安康市	Ankang	3.36	1.16	1.45	0.61	0.14	0.07	3.95	1.34
商洛市	Shangluo	3.12	0.92	1.19	0.41	0.19	0.06	3.11	0.70
甘肃省	**Gansu**	**33.45**	**14.02**	**11.82**	**5.90**	**2.53**	**1.57**	**33.90**	**16.46**
兰州市	Lanzhou	6.72	5.51	2.74	2.36	1.05	1.02	5.80	4.80
嘉峪关市	Jiayuguan	0.26	0.26	0.14	0.14	0.03	0.03	0.50	0.50
金昌市	Jinchang	0.47	0.16	0.33	0.21	0.04	0.03	0.72	0.40
白银市	Baiyin	2.87	0.79	0.80	0.35	0.08	0.05	3.09	1.91
天水市	Tianshui	4.18	1.86	1.40	0.81	0.17	0.10	5.15	3.07
武威市	Wuwei	2.06	1.30	0.90	0.60	0.23	0.05	1.90	1.04
张掖市	Zhangye	2.24	1.04	0.74	0.31	0.13	0.07	1.94	0.77
平凉市	Pingliang	3.22	0.63	1.00	0.30	0.14	0.06	2.67	0.79
酒泉市	Jiuquan	1.38	0.54	0.59	0.21	0.23	0.05	1.85	0.69
庆阳市	Qingyang	3.27	0.74	1.07	0.31	0.12	0.05	3.85	0.92
定西市	Dingxi	3.72	0.65	1.11	0.26	0.12	0.05	3.27	0.95
陇南市	Longnan	3.06	0.54	1.00	0.04	0.19	0.01	3.16	0.62
青海省	**Qinghai**	**4.74**	**2.71**	**2.60**	**1.95**	**0.56**	**0.49**	**4.40**	**2.34**
西宁市	Xining	2.86	2.31	2.12	1.88	0.49	0.48	2.71	2.06
海东市	Haidong	1.88	0.40	0.48	0.07	0.07	0.01	1.69	0.28
宁夏回族自治区	**Ningxia**	**8.73**	**4.19**	**4.07**	**2.70**	**0.80**	**0.66**	**9.30**	**5.46**
银川市	Yinchuan	3.00	2.11	1.82	1.56	0.49	0.46	3.63	2.82
石嘴山市	Shizuishan	0.87	0.53	0.61	0.45	0.07	0.07	1.34	0.88
吴忠市	Wuzhong	1.53	0.45	0.57	0.20	0.09	0.03	1.98	0.93
固原市	Guyuan	1.98	0.63	0.54	0.24	0.08	0.06	1.38	0.47
中卫市	Zhongwei	1.35	0.47	0.53	0.25	0.07	0.04	0.97	0.36
新疆维吾尔自治区	**Xinjiang**	**5.91**	**5.83**	**3.84**	**3.81**	**1.31**	**1.31**	**9.77**	**9.62**
乌鲁木齐市	Urumqi	5.20	5.12	3.53	3.50	1.26	1.26	8.61	8.46
克拉玛依市	Karamay	0.71	0.71	0.31	0.31	0.05	0.05	1.16	1.16

2-11 行政区域土地面积及人口密度

Total Land Area and Population Density of Administrative region

城市	City	行政区域土地面积(平方公里) Total Land Area of Administrative region (sq.km)		建成区面积(平方公里) Area of Built Districts (sq.km)	人口密度(人/平方公里) Population Density (persons/sq.km)	
		全市 Total City	市辖区 Districts under City	市辖区 Districts under City	全市 Total City	市辖区 Districts under City
城市合计	**Prefecture Cities**	**4779788**	**673123**	**36450**	**267.35**	**615.41**
北京市	**Beijing**	**16411**	**12187**	**1306**	**802.11**	**1021.74**
天津市	**Tianjin**	**11917**	**7399**	**736**	**842.47**	**1110.56**
河北省	**Hebei**	**188658**	**8608**	**1282**	**393.55**	**1507.18**
石家庄市	Shijiazhuang	15848	306	217	632.98	8248.04
唐山市	Tangshan	13742	3874	249	537.57	781.83
秦皇岛市	Qinhuangdao	7802	503	97	375.19	1749.90
邯郸市	Handan	12065	463	121	823.89	3010.37
邢台市	Xingtai	12433	425	79	613.58	2043.29
保定市	Baoding	20900	327	144	556.89	3269.72
张家口市	Zhangjiakou	36873	376	86	126.61	2269.41
承德市	Chengde	39735	1267	114	95.17	465.04
沧州市	Cangzhou	14053	183	64	536.77	2919.67
廊坊市	Langfang	6382	292	65	661.83	2817.81
衡水市	Hengshui	8825	592	46	507.08	692.40
山西省	**Shanxi**	**156873**	**15986**	**842**	**226.64**	**629.34**
太原市	Taiyuan	6977	1500	320	526.66	1899.60
大同市	Datong	14127	2080	108	238.90	849.18
阳泉市	Yangquan	4570	652	54	290.46	1083.59
长治市	Changzhi	13896	334	59	243.66	2125.15
晋城市	Jincheng	9425	143	44	232.69	2574.83
朔州市	Shuozhou	10674	4107	42	163.41	175.51
晋中市	Jinzhong	16392	1318	53	201.62	461.00
运城市	Yuncheng	14181	1215	52	368.37	568.48
忻州市	Xinzhou	25117	1982	32	124.00	279.62
临汾市	Linfen	20275	1316	54	210.71	612.16
吕梁市	Lvliang	21239	1339	24	185.45	210.31
内蒙古自治区	**Inner Mongolia**	**654706**	**24245**	**985**	**33.20**	**285.17**
呼和浩特市	Hohhot	17186	2065	230	136.13	603.20
包头市	Baotou	27768	2965	186	81.04	493.69
乌海市	Wuhai	1754	1754	63	315.34	315.34
赤峰市	Chifeng	90021	7077	104	51.58	176.16
通辽市	Tongliao	59535	3385	76	53.95	253.09
鄂尔多斯市	Erdos	86752	2530	113	17.79	106.28
呼伦贝尔市	Hulunbuir	252777	1588	114	10.02	232.30
巴彦淖尔市	Bayannur	64413	2354	42	28.45	253.14
乌兰察布市	Ulanqab	54500	527	57	51.98	596.39
辽宁省	**Liaoning**	**147324**	**18197**	**1925**	**287.67**	**1051.95**
沈阳市	Shenyang	12980	3471	455	560.18	1511.35
大连市	Dalian	12574	2567	396	470.38	1173.51
鞍山市	Anshan	9255	792	167	377.90	1911.87
抚顺市	Fushun	11272	1416	134	193.36	1011.51
本溪市	Benxi	8411	1518	109	181.07	616.60
丹东市	Dandong	15290	941	53	156.74	833.69
锦州市	Jinzhou	10047	825	77	304.47	1183.88
营口市	Yingkou	5242	702	110	443.55	1307.41

2-11 续表 1 continued

城　市	City	行政区域土地面积（平方公里）Total Land Area of Administrative region (sq.km)		建成区面积（平方公里）Area of Built Districts (sq.km)	人口密度（人/平方公里）Population Density (persons/sq.km)	
		全　市 Total City	市辖区 Districts under City	市辖区 Districts under City	全　市 Total City	市辖区 Districts under City
阜新市	Fuxin	10355	490	77	184.54	1581.63
辽阳市	Liaoyang	4736	1081	104	380.13	812.12
盘锦市	Panjin	4065	251	70	317.22	2552.99
铁岭市	Tieling	12985	659	38	232.49	665.55
朝阳市	Chaoyang	19698	1137	59	172.36	533.42
葫芦岛市	Huludao	10414	2347	76	268.78	419.13
吉林省	**Jilin**	**146957**	**17332**	**912**	**167.64**	**496.52**
长春市	Changchun	20604	4789	452	365.30	759.70
吉林市	Jilin	27205	3695	173	157.73	492.07
四平市	Siping	14080	1075	54	233.24	548.28
辽源市	Liaoyuan	5140	442	46	237.20	1071.27
通化市	Tonghua	15608	745	50	142.43	595.17
白山市	Baishan	17485	2736	47	72.71	210.82
松原市	Songyuan	21090	1325	48	134.17	428.83
白城市	Baicheng	25745	2525	42	77.34	197.23
黑龙江省	**Heilongjiang**	**390658**	**69817**	**1437**	**95.30**	**195.03**
哈尔滨市	Harbin	53068	7086	391	187.53	668.40
齐齐哈尔市	Qiqihar	42469	4365	140	131.15	317.02
鸡西市	Jixi	22531	2300	79	82.82	370.43
鹤岗市	Hegang	14657	4551	66	73.56	146.69
双鸭山市	Shuangyashan	23209	1760	58	64.54	280.97
大庆市	Daqing	21522	5107	241	131.29	267.08
伊春市	Yichun	32759	19567	165	37.61	40.32
佳木斯市	Jiamusi	32704	1875	97	74.02	421.76
七台河市	Qitaihe	6221	3646	68	147.82	156.03
牡丹江市	Mudanjiang	38405	2360	78	67.43	377.12
黑河市	Heihe	68240	14444	19	25.14	14.57
绥化市	Suihua	34873	2756	35	159.50	315.28
上海市	**Shanghai**	**6340**	**5155**		**2259.21**	**2646.23**
江苏省	**Jiangsu**	**102742**	**32746**	**2930**	**741.36**	**979.68**
南京市	Nanjing	6587	6587	713	976.30	976.30
无锡市	Wuxi	4627	1643	325	1020.60	1476.69
徐州市	Xuzhou	11259	3038	276	894.26	1074.29
常州市	Changzhou	4372	1862	186	836.94	1244.58
苏州市	Suzhou	8488	4467	441	770.31	745.24
南通市	Nantong	8001	1521	172	958.02	1395.92
连云港市	Lianyungang	7615	1498	150	683.10	655.61
淮安市	Huai'an	10072	3160	140	549.01	908.39
盐城市	Yancheng	16972	1862	96	485.37	901.34
扬州市	Yangzhou	6591	2306	132	697.68	1001.21
镇江市	Zhenjiang	3847	1082	128	706.39	954.71
泰州市	Taizhou	5787	1567	96	877.48	1041.93
宿迁市	Suqian	8524	2153	75	671.18	782.49
浙江省	**Zhejiang**	**104175**	**20696**	**1697**	**463.35**	**815.47**
杭州市	Hangzhou	16596	3068	462	425.77	1469.43
宁波市	Ningbo	9816	2461	295	591.02	924.79

2-11 续表 2 continued

城市	City	行政区域土地面积(平方公里) Total Land Area of Administrative region (sq.km) 全市 Total City	市辖区 Districts under City	建成区面积(平方公里) Area of Built Districts (sq.km) 市辖区 Districts under City	人口密度(人/平方公里) Population Density (persons/sq.km) 全市 Total City	市辖区 Districts under City
温州市	Wenzhou	11784	1187	205	685.03	1272.11
嘉兴市	Jiaxing	3915	968	93	883.60	882.95
湖州市	Huzhou	5824	1572	92	450.70	699.30
绍兴市	Shaoxing	8279	2965	197	533.47	730.89
金华市	Jinhua	10942	2049	77	432.60	461.54
衢州市	Quzhou	8845	2354	67	287.41	355.18
舟山市	Zhoushan	1455	1034	60	668.80	683.08
台州市	Taizhou	9411	1536	116	631.22	1027.08
丽水市	Lishui	17308	1502	33	152.48	263.72
安徽省	**Anhui**	**139274**	**26944**	**1608**	**497.47**	**733.97**
合肥市	Hefei	11445	1127	393	621.67	2136.47
芜湖市	Wuhu	5988	1292	155	642.18	1053.72
蚌埠市	Bengbu	5952	803	119	615.93	1289.79
淮南市	Huainan	2584	1690	106	941.52	1059.70
马鞍山市	Maanshan	4049	704	89	564.09	1169.74
淮北市	Huaibei	2741	760	80	782.56	1405.00
铜陵市	Tongling	1201	355	69	618.07	1273.52
安庆市	Anqing	15318	821	81	405.84	893.67
黄山市	Huangshan	9807	2342	60	150.32	187.79
滁州市	Chuzhou	13516	1406	83	332.53	383.21
阜阳市	Fuyang	9776	1914	98	1077.37	1128.42
宿州市	Suzhou	9787	2868	70	655.90	652.16
六安市	Lu'an	18011	3583	70	397.93	526.46
亳州市	Bozhou	8374	2226	49	755.82	750.36
池州市	Chizhou	8272	2432	37	195.73	275.58
宣城市	Xuancheng	12453	2621	49	225.01	331.06
福建省	**Fujian**	**124099**	**14924**	**981**	**292.00**	**637.89**
福州市	Fuzhou	13066	1786	248	501.68	1090.48
厦门市	Xiamen	1573	1573	282	1250.99	1250.99
莆田市	Putian	4131	2290	55	808.93	973.28
三明市	Sanming	22965	1151	34	121.25	245.53
泉州市	Quanzhou	11015	855	205	638.68	1228.89
漳州市	Zhangzhou	12554	401	59	389.88	1432.67
南平市	Nanping	26280	2653	28	120.26	188.43
龙岩市	Longyan	19063	2678	45	158.71	185.88
宁德市	Ningde	13452	1537	25	258.09	305.92
江西省	**Jiangxi**	**167231**	**11739**	**899**	**288.17**	**792.43**
南昌市	Nanchang	7402	820	250	689.11	2760.49
景德镇市	Jingdezhen	5261	430	79	316.06	1088.84
萍乡市	Pingxiang	3831	1070	51	505.25	813.93
九江市	Jiujiang	19078	599	100	266.32	1091.82
新余市	Xinyu	3178	1789	72	382.22	495.81
鹰潭市	Yingtan	3560	136	33	350.17	1719.85
赣州市	Ganzhou	39379	528	95	235.79	1253.98
吉安市	Ji'an	25283	1340	50	201.37	417.91
宜春市	Yichun	18669	2532	65	309.65	433.77
抚州市	Fuzhou	18799	2125	56	223.19	560.52
上饶市	Shangrao	22791	370	48	333.32	1116.76

2-11 续表 3 continued

城市	City	行政区域土地面积（平方公里）Total Land Area of Administrative region (sq.km) 全市 Total City	市辖区 Districts under City	建成区面积（平方公里）Area of Built Districts (sq.km) 市辖区 Districts under City	人口密度（人/平方公里）Population Density (persons/sq.km) 全市 Total City	市辖区 Districts under City
山东省	**Shandong**	**159119**	**37224**	**3025**	**604.08**	**802.00**
济南市	Jinan	8177	3257	372	749.97	1091.13
青岛市	Qingdao	11282	3293	470	685.76	1112.78
淄博市	Zibo	5965	2989	251	712.96	944.66
枣庄市	Zaozhuang	4563	3069	146	867.76	738.55
东营市	Dongying	8243	3445	113	226.85	244.38
烟台市	Yantai	13852	2738	276	470.09	663.33
潍坊市	Weifang	16143	2638	171	546.91	697.99
济宁市	Jining	11311	1644	176	749.53	1080.90
泰安市	Tai'an	7762	2087	121	719.92	765.36
威海市	Weihai	5786	777	142	438.56	851.99
日照市	Rizhao	5359	2043	97	541.39	638.13
莱芜市	Laiwu	2246	2246	120	563.31	563.31
临沂市	Linyi	17191	2293	195	634.30	1096.64
德州市	Dezhou	10356	539	128	558.91	1130.61
聊城市	Liaocheng	8984	1710	74	665.09	681.05
滨州市	Binzhou	9660	1041	83	395.07	628.05
菏泽市	Heze	12239	1415	90	782.30	1058.80
河南省	**Henan**	**161073**	**15268**	**1813**	**675.49**	**1445.57**
郑州市	Zhengzhou	7446	1010	383	1234.35	5119.80
开封市	Kaifeng	6444	362	113	858.30	2411.33
洛阳市	Luoyang	15236	768	192	454.38	2517.32
平顶山市	Pingdingshan	7904	443	73	680.06	2209.48
安阳市	Anyang	7352	534	110	818.82	2142.88
鹤壁市	Hebi	2182	679	64	760.45	921.80
新乡市	Xinxiang	8552	352	110	730.82	2951.99
焦作市	Jiaozuo	4071	416	108	903.44	2363.22
濮阳市	Puyang	4136	263	50	1008.92	2600.00
许昌市	Xuchang	4996	97	92	998.86	4314.43
漯河市	Luohe	2160	1020	61	1269.35	1366.86
三门峡市	Sanmenxia	10496	185	30	216.07	1618.38
南阳市	Nanyang	26509	2135	149	441.72	871.01
商丘市	Shangqiu	10704	1697	62	880.61	1080.08
信阳市	Xinyang	15841	3604	84	542.79	414.82
周口市	Zhoukou	11961	338	63	945.44	1576.33
驻马店市	Zhumadian	15083	1365	69	594.05	590.77
湖北省	**Hubei**	**151698**	**22348**	**1416**	**351.58**	**678.75**
武汉市	Wuhan	8494	2718	534	967.80	1885.84
黄石市	Huangshi	4583	237	88	572.27	2649.37
十堰市	Shiyan	23680	1193	72	146.41	455.49
宜昌市	Yichang	21084	4284	153	189.76	297.43
襄阳市	Xiangyang	19728	4149	157	301.65	546.49
鄂州市	Ezhou	1596	1596	60	687.91	687.91
荆门市	Jingmen	12404	2391	54	242.49	282.23

2-11 续表 4 continued

城 市	City	行政区域土地面积(平方公里) Total Land Area of Administrative region (sq.km)		建成区面积(平方公里) Area of Built Districts (sq.km)	人口密度(人/平方公里) Population Density (persons/sq.km)	
		全 市 Total City	市辖区 Districts under City	市辖区 Districts under City	全 市 Total City	市辖区 Districts under City
孝感市	Xiaogan	8910	1020	62	591.95	941.18
荆州市	Jingzhou	14099	1566	72	468.83	714.62
黄冈市	Huanggang	17457	362	47	429.71	983.15
咸宁市	Xianning	10027	1510	72	299.70	412.91
随州市	Suizhou	9636	1322	45	267.32	377.38
湖南省	**Hunan**	**196382**	**19567**	**1266**	**348.96**	**691.51**
长沙市	Changsha	11816	1910	326	560.94	1566.75
株洲市	Zhuzhou	11262	837	133	354.80	1135.60
湘潭市	Xiangtan	5008	658	79	578.79	1332.22
衡阳市	Hengyang	15303	693	159	513.57	1344.01
邵阳市	Shaoyang	20830	436	56	388.05	1583.72
岳阳市	Yueyang	14858	1413	88	376.89	767.80
常德市	Changde	18177	2510	86	334.07	554.58
张家界市	Zhangjiajie	9516	2735	33	179.60	192.18
益阳市	Yiyang	12320	1851	67	389.64	732.25
郴州市	Chenzhou	19342	2248	72	264.74	327.98
永州市	Yongzhou	22260	3181	60	279.70	360.61
怀化市	Huaihua	27573	666	61	186.78	557.36
娄底市	Loudi	8117	429	46	540.36	1109.09
广东省	**Guangdong**	**179606**	**39611**	**3891**	**486.93**	**975.57**
广州市	Guangzhou	7434	3843	1024	1119.60	1786.73
韶关市	Shaoguan	18412	2871	92	178.15	321.70
深圳市	Shenzhen	1997	1997	871	1554.68	1554.68
珠海市	Zhuhai	1658	1658	124	654.83	654.83
汕头市	Shantou	2064	1856	247	2616.23	2869.13
佛山市	Foshan	3798	3798	157	1004.77	1004.77
江门市	Jiangmen	9505	1818	158	413.47	767.49
湛江市	Zhanjiang	13261	1703	108	606.46	934.82
茂名市	Maoming	11426	886	103	663.13	1534.54
肇庆市	Zhaoqing	14891	803	95	288.64	685.80
惠州市	Huizhou	11343	2694	237	302.72	515.29
梅州市	Meizhou	15865	3047	50	330.89	317.20
汕尾市	Shanwei	4865	393	16	724.65	1323.16
河源市	Heyuan	15654	362	32	230.58	835.64
阳江市	Yangjiang	7956	780	49	358.38	879.74
清远市	Qingyuan	19036	3650	88	215.27	367.70
东莞市	Dongguan	2460	2460	112	768.01	768.01
中山市	Zhongshan	1784	1784	106	863.73	863.73
潮州市	Chaozhou	3146	1414	42	849.21	1150.21
揭阳市	Jieyang	5266	1031	109	1296.39	1989.43
云浮市	Yunfu	7785	763	71	372.95	407.34
广西壮族自治区	**Guangxi**	**238605**	**41567**	**1048**	**226.89**	**340.51**
南宁市	Nanning	22244	6569	283	325.67	425.83
柳州市	Liuzhou	18597	1017	178	200.22	1137.86
桂林市	Guilin	27850	565	67	187.35	1357.88

2-11 续表 5 continued

城 市	City	行政区域土地面积(平方公里) Total Land Area of Administrative region (sq.km)		建成区面积(平方公里) Area of Built Districts (sq.km)	人口密度(人/平方公里) Population Density (persons/sq.km)	
		全 市 Total City	市辖区 Districts under City	市辖区 Districts under City	全 市 Total City	市辖区 Districts under City
梧州市	Wuzhou	12588	1097	39	267.09	474.75
北海市	Beihai	3337	957	71	507.61	664.16
防城港市	Fangchenggang	6238	2836	35	149.13	194.82
钦州市	Qinzhou	12154	4852	87	326.25	301.53
贵港市	Guigang	10602	3548	69	507.60	550.39
玉林市	Yulin	12824	1265	67	546.54	840.87
百色市	Baise	36202	3718	37	113.71	95.08
贺州市	Hezhou	11753	5517	31	198.72	207.30
河池市	Hechi	33476	2346	21	123.59	142.88
来宾市	Laibin	13409	4363	37	190.63	239.61
崇左市	Chongzuo	17331	2917	26	142.24	125.44
海南省	**Hainan**	**4237**	**4237**	**171**	**521.48**	**521.48**
海口市	Haikou	2305	2305	124	708.16	708.16
三亚市	Sanya	1919	1919	47	300.63	300.63
三沙市	Sansa	13	13		23.08	23.08
重庆市	**Chongqing**	**82374**	**29590**	**1115**	**407.70**	**603.91**
四川省	**Sichuan**	**193169**	**35579**	**1677**	**436.10**	**713.43**
成都市	Chengdu	12133	2130	529	979.14	2652.30
自贡市	Zigong	4381	1434	106	752.64	1055.09
攀枝花市	Panzhihua	7401	2017	69	151.33	340.65
泸州市	Luzhou	12236	2133	109	415.51	700.98
德阳市	Deyang	5910	648	70	663.35	1062.35
绵阳市	Mianyang	20248	1570	110	270.34	798.98
广元市	Guangyuan	16311	4580	50	190.19	204.10
遂宁市	Suining	5325	1874	76	712.45	808.75
内江市	Neijiang	5385	1556	58	792.65	917.54
乐山市	Leshan	12723	2506	68	279.81	463.45
南充市	Nanchong	12477	2526	109	608.28	778.50
眉山市	Meishan	7140	1330	45	493.25	655.64
宜宾市	Yibin	13271	1835	94	414.77	689.54
广安市	Guang'an	6341	1533	47	741.84	826.81
达州市	Dazhou	16588	879	37	414.52	676.68
雅安市	Ya'an	15046	1681	29	104.33	371.39
巴中市	Bazhong	12293	3714	28	317.42	366.67
资阳市	Ziyang	7960	1633	43	637.31	675.93
贵州省	**Guizhou**	**102842**	**11157**	**248**	**298.36**	**584.97**
贵阳市	Guiyang	8043	2403		471.33	948.23
六盘水市	Liupanshui	9914	469	39	328.23	1003.62
遵义市	Zunyi	30762	1316	86	253.06	671.20
安顺市	Anshun	9267	1704	41	308.21	518.43
毕节市	Bijie	26853	3412	39	324.20	454.13
铜仁市	Tongren	18003	1853	43	238.41	248.79
云南省	**Yunnan**	**197503**	**22251**	**629**	**144.90**	**290.02**
昆明市	Kunming	21012	4615	397	260.23	594.97
曲靖市	Qujing	28905	1553	66	222.07	462.72

2-11 续表 6 continued

城　市	City	行政区域土地面积(平方公里) Total Land Area of Administrative region (sq.km)		建成区面积(平方公里) Area of Built Districts (sq.km)	人口密度(人/平方公里) Population Density (persons/sq.km)	
		全　市 Total City	市辖区 Districts under City	市辖区 Districts under City	全　市 Total City	市辖区 Districts under City
玉溪市	Yuxi	15285	1004	36	140.48	431.57
保山市	Baoshan	19637	5011	27	130.83	183.00
昭通市	Zhaotong	22440	2163	37	261.38	396.53
丽江市	Lijiang	21219	1255	23	56.60	121.12
普洱市	Pu'er	45385	4093	25	56.94	75.35
临沧市	Lincang	23620	2557	18	100.09	125.30
西藏自治区	**Tibet**	**29518**	**519**	**66**	**20.37**	**577.84**
拉萨市	Lasa	29518	519	66	20.37	577.84
陕西省	**Shaanxi**	**206202**	**28844**	**929**	**191.13**	**453.71**
西安市	Xi'an	10097	3581	424	799.18	1621.33
铜川市	Tongchuan	3937	2406	44	217.32	316.25
宝鸡市	Baoji	18117	3625	98	212.86	395.78
咸阳市	Xianyang	10189	528	88	523.31	1745.64
渭南市	Weinan	13134	1221	71	433.84	813.76
延安市	Yan'an	37037	3556	36	64.20	131.95
汉中市	Hanzhong	27285	556	34	141.56	1021.94
榆林市	Yulin	43578	7053	70	86.51	78.56
安康市	Ankang	23536	3646	39	130.98	280.99
商洛市	Shangluo	19292	2672	25	129.92	207.30
甘肃省	**Gansu**	**415946**	**41469**	**662**	**60.10**	**206.98**
兰州市	Lanzhou	13086	1632	207	281.65	1513.97
嘉峪关市	Jiayuguan	2935	2935	68	68.25	68.25
金昌市	Jinchang	8896	3019	39	52.68	76.55
白银市	Baiyin	21158	3478	60	83.66	140.63
天水市	Tianshui	14277	5858	46	264.75	227.26
武威市	Wuwei	33238	5081	31	56.72	199.98
张掖市	Zhangye	41924	4240	63	31.33	122.36
平凉市	Pingliang	11170	1936	38	207.56	265.50
酒泉市	Jiuquan	193974	3386	48	5.71	120.73
庆阳市	Qingyang	27119	996	25	97.39	378.82
定西市	Dingxi	20330	4225	23	147.62	110.27
陇南市	Longnan	27839	4683	14	101.57	119.56
青海省	**Qinghai**	**21039**	**3560**	**122**	**188.82**	**430.28**
西宁市	Xining	7649	510	85	296.46	2429.80
海东市	Haidong	13390	3050	37	127.33	95.93
宁夏回族自治区	**Ningxia**	**61587**	**17046**	**377**	**108.56**	**161.86**
银川市	Yinchuan	9025	2311	149	191.28	447.30
石嘴山市	Shizuishan	5310	2262	103	144.18	201.15
吴忠市	Wuzhong	16757	1107	48	85.77	361.34
固原市	Guyuan	13047	4489	39	118.18	103.56
中卫市	Zhongwei	17448	6877	38	69.61	58.95
新疆维吾尔自治区	**Xinjiang**	**21523**	**17311**	**455**	**139.78**	**170.23**
乌鲁木齐市	Urumqi	13788	9576	391	190.69	268.13
克拉玛依市	Karamay	7735	7735	64	49.02	49.02

2-12 城市建设用地状况(市辖区)

Land Used for Urban Construction(Districts under City)

城市	City	城市建设用地面积(平方公里) Area of Land Used for Urban Construction (sq.km)	居住用地面积(平方公里) Area of Land Used for living (sq.km)	城市建设用地占市区面积比重(%) Land Used for Urban Construction as Percentage to urban area (%)
城市合计	**Prefecture Cities**	**35276**	**10977**	**5.24**
北京市	**Beijing**	**1505**	**382**	**12.35**
天津市	**Tianjin**	**736**	**199**	**9.95**
河北省	**Hebei**	**1163**	**398**	**13.51**
石家庄市	Shijiazhuang	215	90	70.26
唐山市	Tangshan	192	71	4.96
秦皇岛市	Qinhuangdao	97	25	19.28
邯郸市	Handan	121	40	26.13
邢台市	Xingtai	79	32	18.59
保定市	Baoding	138	43	42.20
张家口市	Zhangjiakou	85	21	22.61
承德市	Chengde	64	20	5.05
沧州市	Cangzhou	64	24	34.97
廊坊市	Langfang	65	22	22.26
衡水市	Hengshui	43	10	7.26
山西省	**Shanxi**	**785**	**231**	**4.91**
太原市	Taiyuan	284	65	18.93
大同市	Datong	108	35	5.19
阳泉市	Yangquan	53	15	8.13
长治市	Changzhi	58	16	17.37
晋城市	Jincheng	44	11	30.77
朔州市	Shuozhou	40	12	0.97
晋中市	Jinzhong	53	17	4.02
运城市	Yuncheng	41	19	3.37
忻州市	Xinzhou	32	12	1.61
临汾市	Linfen	50	22	3.80
吕梁市	Lvliang	22	7	1.64
内蒙古自治区	**Inner Mongolia**	**1017**	**347**	**4.19**
呼和浩特市	Hohhot	248	83	12.01
包头市	Baotou	186	56	6.27
乌海市	Wuhai	57	20	3.25
赤峰市	Chifeng	81	38	1.14
通辽市	Tongliao	76	22	2.25
鄂尔多斯市	Erdos	155	45	6.13
呼伦贝尔市	Hulunbuir	54	22	3.40
巴彦淖尔市	Bayannur	40	21	1.70
乌兰察布市	Ulanqab	120	40	22.77
辽宁省	**Liaoning**	**1912**	**640**	**10.51**
沈阳市	Shenyang	455	152	13.11
大连市	Dalian	389	130	15.15
鞍山市	Anshan	151	43	19.07
抚顺市	Fushun	134	34	9.46
本溪市	Benxi	92	28	6.06
丹东市	Dandong	53	20	5.63
锦州市	Jinzhou	77	50	9.33

2-12 续表 1 continued

城市	City	城市建设用地面积(平方公里) Area of Land Used for Urban Construction (sq.km)	居住用地面积(平方公里) Area of Land Used for living (sq.km)	城市建设用地占市区面积比重(%) Land Used for Urban Construction as Percentage to urban area (%)
营口市	Yingkou	110	33	15.67
阜新市	Fuxin	160	43	32.65
辽阳市	Liaoyang	104	37	9.62
盘锦市	Panjin	70	25	27.89
铁岭市	Tieling	38	16	5.77
朝阳市	Chaoyang	53	26	4.66
葫芦岛市	Huludao	26	3	1.11
吉林省	**Jilin**	**878**	**292**	**5.07**
长春市	Changchun	425	123	8.87
吉林市	Jilin	173	53	4.68
四平市	Siping	54	23	5.02
辽源市	Liaoyuan	46	28	10.41
通化市	Tonghua	50	19	6.71
白山市	Baishan	42	19	1.54
松原市	Songyuan	47	15	3.55
白城市	Baicheng	41	12	1.62
黑龙江省	**Heilongjiang**	**1488**	**531**	**2.13**
哈尔滨市	Harbin	382	120	5.39
齐齐哈尔市	Qiqihar	135	51	3.09
鸡西市	Jixi	79	48	3.43
鹤岗市	Hegang	66	33	1.45
双鸭山市	Shuangyashan	57	30	3.24
大庆市	Daqing	316	80	6.19
伊春市	Yichun	157	62	0.80
佳木斯市	Jiamusi	83	27	4.43
七台河市	Qitaihe	68	26	1.87
牡丹江市	Mudanjiang	89	35	3.77
黑河市	Heihe	29	8	0.20
绥化市	Suihua	27	11	0.98
上海市	**Shanghai**			
江苏省	**Jiangsu**	**3025**	**920**	**9.24**
南京市	Nanjing	708	198	10.75
无锡市	Wuxi	287	94	17.47
徐州市	Xuzhou	228	53	7.50
常州市	Changzhou	186	52	9.99
苏州市	Suzhou	439	125	9.83
南通市	Nantong	214	68	14.07
连云港市	Lianyungang	180	79	12.02
淮安市	Huai'an	213	76	6.74
盐城市	Yancheng	95	32	5.10
扬州市	Yangzhou	131	42	5.68
镇江市	Zhenjiang	128	36	11.83
泰州市	Taizhou	138	44	8.81
宿迁市	Suqian	78	21	3.62

2-12 续表 2 continued

城市	City	城市建设用地面积(平方公里) Area of Land Used for Urban Construction (sq.km)	居住用地面积(平方公里) Area of Land Used for living (sq.km)	城市建设用地占市区面积比重(%) Land Used for Urban Construction as Percentage to urban area (%)
浙江省	**Zhejiang**	**1715**	**454**	**8.29**
杭州市	Hangzhou	409	109	13.33
宁波市	Ningbo	347	76	14.10
温州市	Wenzhou	158	39	13.31
嘉兴市	Jiaxing	93	27	9.61
湖州市	Huzhou	107	31	6.81
绍兴市	Shaoxing	208	61	7.02
金华市	Jinhua	77	20	3.76
衢州市	Quzhou	65	15	2.76
舟山市	Zhoushan	55	20	5.32
台州市	Taizhou	161	45	10.48
丽水市	Lishui	35	11	2.33
安徽省	**Anhui**	**1596**	**514**	**5.92**
合肥市	Hefei	364	109	32.30
芜湖市	Wuhu	154	35	11.92
蚌埠市	Bengbu	119	38	14.82
淮南市	Huainan	105	43	6.21
马鞍山市	Maanshan	100	22	14.20
淮北市	Huaibei	85	32	11.18
铜陵市	Tongling	68	18	19.15
安庆市	Anqing	88	32	10.72
黄山市	Huangshan	41	16	1.75
滁州市	Chuzhou	102	29	7.25
阜阳市	Fuyang	97	49	5.07
宿州市	Suzhou	70	25	2.44
六安市	Lu'an	70	23	1.95
亳州市	Bozhou	53	18	2.38
池州市	Chizhou	37	14	1.52
宣城市	Xuancheng	43	11	1.64
福建省	**Fujian**	**975**	**291**	**6.53**
福州市	Fuzhou	227	97	12.71
厦门市	Xiamen	282	66	17.93
莆田市	Putian	50	16	2.18
三明市	Sanming	34	10	2.95
泉州市	Quanzhou	222	57	25.96
漳州市	Zhangzhou	59	17	14.71
南平市	Nanping	28	7	1.06
龙岩市	Longyan	40	9	1.49
宁德市	Ningde	33	12	2.15
江西省	**Jiangxi**	**828**	**269**	**7.05**
南昌市	Nanchang	218	71	26.59
景德镇市	Jingdezhen	60	17	13.95
萍乡市	Pingxiang	50	16	4.67
九江市	Jiujiang	100	33	16.69
新余市	Xinyu	66	24	3.69
鹰潭市	Yingtan	27	10	19.85
赣州市	Ganzhou	93	28	17.61
吉安市	Ji'an	46	10	3.43
宜春市	Yichun	65	15	2.57
抚州市	Fuzhou	56	18	2.64
上饶市	Shangrao	47	27	12.70

2-12 续表 3 continued

城 市	City	城市建设用地面积（平方公里）Area of Land Used for Urban Construction (sq.km)	居住用地面积（平方公里）Area of Land Used for living (sq.km)	城市建设用地占市区面积比重(%) Land Used for Urban Construction as Percentage to urban area (%)
山东省	**Shandong**	**2651**	**788**	**7.12**
济南市	Jinan	372	96	11.42
青岛市	Qingdao	203	54	6.16
淄博市	Zibo	245	81	8.20
枣庄市	Zaozhuang	142	47	4.63
东营市	Dongying	111	37	3.22
烟台市	Yantai	276	75	10.08
潍坊市	Weifang	168	61	6.37
济宁市	Jining	174	51	10.58
泰安市	Tai'an	121	47	5.80
威海市	Weihai	142	40	18.28
日照市	Rizhao	97	29	4.75
莱芜市	Laiwu	81	21	3.61
临沂市	Linyi	188	52	8.20
德州市	Dezhou	107	29	19.85
聊城市	Liaocheng	68	18	3.98
滨州市	Binzhou	66	19	6.34
菏泽市	Heze	90	31	6.36
河南省	**Henan**	**1667**	**466**	**10.92**
郑州市	Zhengzhou	344	88	34.06
开封市	Kaifeng	109		30.11
洛阳市	Luoyang	190	64	24.74
平顶山市	Pingdingshan	73	28	16.48
安阳市	Anyang	80	26	14.98
鹤壁市	Hebi	64	15	9.43
新乡市	Xinxiang	111	35	31.53
焦作市	Jiaozuo	102	36	24.52
濮阳市	Puyang	50	17	19.01
许昌市	Xuchang	91	36	93.81
漯河市	Luohe	60	16	5.88
三门峡市	Sanmenxia	30	9	16.22
南阳市	Nanyang	117	34	5.48
商丘市	Shangqiu	62	11	3.65
信阳市	Xinyang	72	22	2.00
周口市	Zhoukou	46	13	13.61
驻马店市	Zhumadian	66	16	4.84
湖北省	**Hubei**	**1501**	**442**	**6.72**
武汉市	Wuhan	708	221	26.05
黄石市	Huangshi	79	20	33.33
十堰市	Shiyan	72	21	6.04
宜昌市	Yichang	136	36	3.17
襄阳市	Xiangyang	152	41	3.66
鄂州市	Ezhou	60	17	3.76

2-12 续表 4 continued

城 市	City	城市建设用地面积 (平方公里) Area of Land Used for Urban Construction (sq.km)	居住用地面积 (平方公里) Area of Land Used for living (sq.km)	城市建设用地占市区面积比重 (%) Land Used for Urban Construction as Percentage to urban area (%)
荆门市	Jingmen	54	15	2.26
孝感市	Xiaogan	52	4	5.10
荆州市	Jingzhou	72	19	4.60
黄冈市	Huanggang	36	12	9.94
咸宁市	Xianning	41	22	2.72
随州市	Suizhou	39	14	2.95
湖南省	**Hunan**	**1377**	**433**	**7.04**
长沙市	Changsha	326	113	17.07
株洲市	Zhuzhou	109	45	13.02
湘潭市	Xiangtan	88	27	13.37
衡阳市	Hengyang	114	38	16.45
邵阳市	Shaoyang	51	19	11.70
岳阳市	Yueyang	165	56	11.68
常德市	Changde	85	23	3.39
张家界市	Zhangjiajie	33	10	1.21
益阳市	Yiyang	88	27	4.75
郴州市	Chenzhou	145	23	6.45
永州市	Yongzhou	59	15	1.85
怀化市	Huaihua	59	16	8.86
娄底市	Loudi	55	21	12.82
广东省	**Guangdong**	**3370**	**1026**	**8.51**
广州市	Guangzhou	688	199	17.90
韶关市	Shaoguan	92	31	3.20
深圳市	Shenzhen	869	217	43.52
珠海市	Zhuhai	123	44	7.42
汕头市	Shantou	243	97	13.09
佛山市	Foshan			
江门市	Jiangmen	147	44	8.09
湛江市	Zhanjiang	99	33	5.81
茂名市	Maoming	92	34	10.38
肇庆市	Zhaoqing	86	25	10.71
惠州市	Huizhou	229	66	8.50
梅州市	Meizhou	48	14	1.58
汕尾市	Shanwei	66	23	16.79
河源市	Heyuan	31	9	8.56
阳江市	Yangjiang	41	11	5.26
清远市	Qingyuan	79	26	2.16
东莞市	Dongguan	112	34	4.55
中山市	Zhongshan	110	39	6.17
潮州市	Chaozhou	115	44	8.13
揭阳市	Jieyang	81	24	7.86
云浮市	Yunfu	19	12	2.49
广西壮族自治区	**Guangxi**	**1002**	**305**	**2.41**
南宁市	Nanning	278	84	4.23
柳州市	Liuzhou	178	47	17.50
桂林市	Guilin	67	18	11.86

2-12 续表 5 continued

城　　市	City	城市建设用地面积(平方公里) Area of Land Used for Urban Construction (sq.km)	居住用地面积(平方公里) Area of Land Used for living (sq.km)	城市建设用地占市区面积比重(%) Land Used for Urban Construction as Percentage to urban area (%)
梧州市	Wuzhou	36	12	3.28
北海市	Beihai	70	26	7.31
防城港市	Fangchenggang	21	5	0.74
钦州市	Qinzhou	88	25	1.81
贵港市	Guigang	61	19	1.72
玉林市	Yulin	66	26	5.22
百色市	Baise	34	14	0.91
贺州市	Hezhou	28	8	0.51
河池市	Hechi	21	6	0.90
来宾市	Laibin	40	11	0.92
崇左市	Chongzuo	14	4	0.48
海南省	**Hainan**	**197**	**70**	**4.65**
海口市	Haikou	122	50	5.29
三亚市	Sanya	75	20	3.91
三沙市	Sansa			
重庆市	**Chongqing**	**921**	**295**	**3.11**
四川省	**Sichuan**	**1632**	**527**	**4.59**
成都市	Chengdu	519	179	24.37
自贡市	Zigong	106	34	7.39
攀枝花市	Panzhihua	69	19	3.42
泸州市	Luzhou	105	30	4.92
德阳市	Deyang	70	20	10.80
绵阳市	Mianyang	110	30	7.01
广元市	Guangyuan	47	12	1.03
遂宁市	Suining	69	23	3.68
内江市	Neijiang	58	22	3.73
乐山市	Leshan	61	21	2.43
南充市	Nanchong	109	42	4.32
眉山市	Meishan	43	16	3.23
宜宾市	Yibin	90	25	4.90
广安市	Guang'an	47	16	3.07
达州市	Dazhou	37	13	4.21
雅安市	Ya'an	22	7	1.31
巴中市	Bazhong	29	8	0.78
资阳市	Ziyang	41	10	2.51
贵州省	**Guizhou**	**222**	**80**	**1.99**
贵阳市	Guiyang			
六盘水市	Liupanshui	37	11	7.89
遵义市	Zunyi	86	36	6.53
安顺市	Anshun	36	12	2.11
毕节市	Bijie	39	11	1.14
铜仁市	Tongren	24	10	1.30
云南省	**Yunnan**	**599**	**270**	**2.69**
昆明市	Kunming	407	210	8.82
曲靖市	Qujing	63	21	4.06

2-12 续表 6 continued

城 市	City	城市建设用地面积 (平方公里) Area of Land Used for Urban Construction (sq.km)	居住用地面积 (平方公里) Area of Land Used for living (sq.km)	城市建设用地占市区面积比重 (%) Land Used for Urban Construction as Percentage to urban area (%)
玉溪市	Yuxi	22	6	2.19
保山市	Baoshan	20	7	0.40
昭通市	Zhaotong	27	8	1.25
丽江市	Lijiang	20	4	1.59
普洱市	Pu'er	23	5	0.56
临沧市	Lincang	17	9	0.66
西藏自治区	**Tibet**	**64**	**18**	**12.33**
拉萨市	Lasa	64	18	12.33
陕西省	**Shaanxi**	**920**	**283**	**3.19**
西安市	Xi'an	420	111	11.73
铜川市	Tongchuan	50	20	2.08
宝鸡市	Baoji	97	26	2.68
咸阳市	Xianyang	90	22	17.05
渭南市	Weinan	59	25	4.83
延安市	Yan'an	26	14	0.73
汉中市	Hanzhong	31	6	5.58
榆林市	Yulin	96	32	1.36
安康市	Ankang	38	23	1.04
商洛市	Shangluo	13	4	0.49
甘肃省	**Gansu**	**640**	**164**	**1.54**
兰州市	Lanzhou	198	48	12.13
嘉峪关市	Jiayuguan	65	13	2.21
金昌市	Jinchang	39	7	1.29
白银市	Baiyin	59	17	1.70
天水市	Tianshui	46	9	0.79
武威市	Wuwei	31	12	0.61
张掖市	Zhangye	34	16	0.80
平凉市	Pingliang	35	13	1.81
酒泉市	Jiuquan	43	10	1.27
庆阳市	Qingyang	61	8	6.12
定西市	Dingxi	15	4	0.36
陇南市	Longnan	14	7	0.30
青海省	**Qinghai**	**120**	**79**	**3.37**
西宁市	Xining	78	41	15.29
海东市	Haidong	42	38	1.38
宁夏回族自治区	**Ningxia**	**317**	**106**	**1.86**
银川市	Yinchuan	149	46	6.45
石嘴山市	Shizuishan	51	22	2.25
吴忠市	Wuzhong	44	14	3.97
固原市	Guyuan	36	13	0.80
中卫市	Zhongwei	37	11	0.54
新疆维吾尔自治区	**Xinjiang**	**453**	**157**	**2.62**
乌鲁木齐市	Urumqi	391	134	4.08
克拉玛依市	Karamay	62	23	0.80

2-13 地区生产总值

Gross Regional Product

城　市	City	地区生产总值(当年价格)(万元) Gross Regional Product (Current Prices) (100 million yuan)		人均地区生产总值(元) Per Capita GRP (yuan)		地区生产总值增长率(%) GRP Growth Rate (%)	
		全　市 Total City	市辖区 Districts under City	全　市 Total City	市辖区 Districts under City	全　市 Total City	市辖区 Districts under City
城市合计	**Prefecture Cities**	**6297153651**	**3633251155**				
北京市	**Beijing**	**195005600**	**192131742**	**148181**	**154323**	**9.07**	**9.06**
天津市	**Tianjin**	**143701600**	**131465527**	**143129**	**159934**	**11.45**	**10.41**
河北省	**Hebei**	**283394598**	**87203197**	**38168**	**67235**	**5.70**	**-0.80**
石家庄市	Shijiazhuang	48636583	17044127	48491	67635	8.08	8.32
唐山市	Tangshan	61212139	24885900	82831	82132	4.43	-15.77
秦皇岛市	Qinhuangdao	11687549	6246639	39889	70985	2.58	1.01
邯郸市	Handan	30615043	8154367	30800	58665	1.23	23.49
邢台市	Xingtai	16045756	2632869	21030	30263	4.73	-4.63
保定市	Baoding	29043115	7678669	24951	71763	6.74	0.52
张家口市	Zhangjiakou	13169971	4454152	28201	52402	6.76	2.85
承德市	Chengde	12720917	2683670	33653	45486	7.63	1.96
沧州市	Cangzhou	30129850	6140369	39960	115856	7.13	5.34
廊坊市	Langfang	19431340	4876442	46046	59469	8.29	8.53
衡水市	Hengshui	10702335	2405993	23889	58683	5.86	11.97
山西省	**Shanxi**	**126537304**	**53438518**	**35594**	**53120**	**2.70**	**3.45**
太原市	Taiyuan	24128724	22190754	65746	77862	4.39	5.04
大同市	Datong	9674311	7742358	28707	43742	3.87	2.95
阳泉市	Yangquan	6118094	3928289	46001	55328	1.64	-0.71
长治市	Changzhi	13337207	3460959	39343	48746	0.38	7.66
晋城市	Jincheng	10319143	2150850	47119	58131	1.89	5.77
朔州市	Shuozhou	10264012	5651024	58989	78486	1.91	-2.15
晋中市	Jinzhong	10222281	2082633	30977	34142	3.62	4.87
运城市	Yuncheng	11401151	1813167	21841	26278	6.69	11.81
忻州市	Xinzhou	6547321	1138209	21052	20695	5.44	9.18
临汾市	Linfen	12239045	2430223	28663	30003	0.23	-1.94
吕梁市	Lvliang	12286015	850052	31183	30359	-0.15	-5.56
内蒙古自治区	**Inner Mongolia**	**173066291**	**85445530**	**79607**	**123655**	**6.20**	**8.32**
呼和浩特市	Hohhot	27103900	19836100	115829	158689	9.49	14.38
包头市	Baotou	35030200	29418392	155690	201496	2.74	5.65
乌海市	Wuhai	5701293	5701293	103660	103660	1.34	1.34
赤峰市	Chifeng	16861549	7271599	36340	58173	7.44	7.13
通辽市	Tongliao	17818000	7137491	55508	82994	5.32	8.81
鄂尔多斯市	Erdos	39558982	8802799	256877	326030	8.18	3.52
呼伦贝尔市	Hulunbuir	14305520	3090090	56544	83516	7.09	31.38
巴彦淖尔市	Bayannur	8348900	2644317	45622	44072	2.65	10.67
乌兰察布市	Ulanqab	8337947	1543449	29463	49789	6.74	4.65
辽宁省	**Liaoning**	**297874714**	**182505615**	**70287**	**95353**	**8.54**	**8.53**
沈阳市	Shenyang	71585745	58204950	98467	110867	8.42	10.51
大连市	Dalian	76507861	49095246	129455	163107	9.25	9.16
鞍山市	Anshan	26232539	12734016	74950	84331	7.98	9.76
抚顺市	Fushun	13404459	9817353	61488	68653	8.42	5.61
本溪市	Benxi	11936598	8434548	78530	89729	7.31	6.78
丹东市	Dandong	11072964	3383737	46137	43381	9.05	7.86
锦州市	Jinzhou	13449310	6323044	43952	64521	8.23	7.50

2-13 续表 1 continued

城市	City	地区生产总值(当年价格)(万元) Gross Regional Product (Current Prices) (100 million yuan)		人均地区生产总值(元) Per Capita GRP (yuan)		地区生产总值增长率(%) GRP Growth Rate (%)	
		全市 Total City	市辖区 Districts under City	全市 Total City	市辖区 Districts under City	全市 Total City	市辖区 Districts under City
营口市	Yingkou	15131145	8635099	64941	93860	9.55	10.26
阜新市	Fuxin	6151240	3155772	32205	40459	9.85	9.71
辽阳市	Liaoyang	10799909	5635799	59999	64043	7.95	3.63
盘锦市	Panjin	13510562	8328458	104733	130132	8.52	5.47
铁岭市	Tieling	10312722	2640376	34148	60009	5.74	-6.48
朝阳市	Chaoyang	10028603	2495819	29496	40915	8.93	6.93
葫芦岛市	Huludao	7751057	3621398	27682	36953	7.75	3.24
吉林省	**Jilin**	**135511594**	**70743285**	**54997**	**82164**	**9.64**	**11.22**
长春市	Changchun	50031808	35693037	66443	98058	12.26	14.06
吉林市	Jilin	26174061	14763494	61012	81118	7.71	7.58
四平市	Siping	12103434	2686862	36901	45540	7.80	-2.29
辽源市	Liaoyuan	7003010	4000336	57402	85114	15.73	14.74
通化市	Tonghua	10034500	3091746	45200	70267	13.88	27.54
白山市	Baishan	6736447	3358339	53043	57902	4.76	7.74
松原市	Songyuan	16504848	5478596	58321	96116	2.81	3.87
白城市	Baicheng	6923486	1670875	34791	33418	12.49	8.75
黑龙江省	**Heilongjiang**	**159821904**	**92204083**	**42928**	**67698**	**7.51**	**3.39**
哈尔滨市	Harbin	50170491	32363205	50423	68277	10.26	7.69
齐齐哈尔市	Qiqihar	12303980	6218075	22090	45059	4.62	5.02
鸡西市	Jixi	5709117	1893026	30530	22271	-1.96	-6.50
鹤岗市	Hegang	3200142	1946697	29631	29055	-10.67	-12.27
双鸭山市	Shuangyashan	5551063	1500295	37007	30618	-1.83	-19.05
大庆市	Daqing	41814993	36194531	147756	266136	4.51	1.85
伊春市	Yichun	2844921	1819128	23129	23027	9.41	9.65
佳木斯市	Jiamusi	7921480	3640000	32733	46076	18.53	10.16
七台河市	Qitaihe	2409883	1862123	26194	32669	-19.38	-19.67
牡丹江市	Mudanjiang	12160742	3369368	46953	37858	23.96	10.66
黑河市	Heihe	3896462	272854	22654	12993	6.44	6.54
绥化市	Suihua	11838630	1124781	21293	12929	11.90	12.96
上海市	**Shanghai**	**216021200**	**213391800**	**150853**	**156446**	**7.04**	**6.99**
江苏省	**Jiangsu**	**612425657**	**349146034**	**80402**	**108836**	**9.84**	**13.99**
南京市	Nanjing	80117800	80117800	124600	124600	11.25	23.89
无锡市	Wuxi	80701800	41738900	170978	171765	6.63	5.75
徐州市	Xuzhou	44358243	26417600	44050	81036	10.44	9.94
常州市	Changzhou	43609347	33496800	119151	144383	9.85	10.86
苏州市	Suzhou	130157000	66208300	199017	198824	8.36	9.47
南通市	Nantong	50388916	19087880	65696	90037	10.53	8.57
连云港市	Lianyungang	17854217	6030200	34335	61533	11.35	6.92
淮安市	Huai'an	21558600	12909200	38985	44980	12.23	10.06
盐城市	Yancheng	34755000	9534000	42178	56750	11.39	11.50
扬州市	Yangzhou	32520078	21823307	70696	94473	10.87	11.96
镇江市	Zhenjiang	29272800	12659600	107621	122909	11.29	9.90
泰州市	Taizhou	30069100	12911977	59191	79215	11.30	73.87
宿迁市	Suqian	17062756	6210470	29830	36967	12.11	12.94

2-13 续表 2 continued

城 市	City	地区生产总值(当年价格)(万元) Gross Regional Product (Current Prices) (100 million yuan)		人均地区生产总值(元) Per Capita GRP (yuan)		地区生产总值增长率(%) GRP Growth Rate (%)	
		全 市 Total City	市辖区 Districts under City	全 市 Total City	市辖区 Districts under City	全 市 Total City	市辖区 Districts under City
浙江省	**Zhejiang**	**374769624**	**195520571**	**77640**	**115830**	**8.30**	**18.64**
杭州市	Hangzhou	83435193	66398609	118013	147225	6.94	6.87
宁波市	Ningbo	71288672	43094609	122912	189011	8.31	9.07
温州市	Wenzhou	40038617	15782906	49614	104523	9.12	9.29
嘉兴市	Jiaxing	31476636	7803705	90973	91808	8.89	9.48
湖州市	Huzhou	18031501	8055714	68823	73234	8.34	8.04
绍兴市	Shaoxing	39672887	23610562	89758	108804	8.57	298.84
金华市	Jinhua	29587771	5719229	62553	60202	9.15	11.40
衢州市	Quzhou	10565716	4378334	41597	52123	8.67	8.60
舟山市	Zhoushan	9308493	6803038	95964	95817	9.10	9.24
台州市	Taizhou	31533369	11382346	53086	72040	8.32	8.47
丽水市	Lishui	9830769	2491519	37238	62288	9.95	7.32
安徽省	**Anhui**	**194345749**	**100965264**	**28048**	**51044**	**10.26**	**11.21**
合肥市	Hefei	46729100	30783146	65631	127731	12.21	12.04
芜湖市	Wuhu	20995271	12690832	54533	93315	12.06	14.07
蚌埠市	Bengbu	10078541	5594203	27462	53790	13.21	23.63
淮南市	Huainan	8193895	5973684	33720	33373	4.81	5.46
马鞍山市	Maanshan	12928032	8259219	56702	100722	4.94	1.88
淮北市	Huaibei	7036634	5178331	32729	48396	13.40	14.66
铜陵市	Tongling	6806000	5690058	91973	126446	9.54	9.68
安庆市	Anqing	14182282	3696231	22801	50633	4.30	4.57
黄山市	Huangshan	4702965	2157209	31993	49027	10.67	9.98
滁州市	Chuzhou	10861431	2564242	24190	47486	11.89	4.62
阜阳市	Fuyang	10624758	3479665	10090	16110	10.39	3.23
宿州市	Suzhou	10143289	4149601	15800	22190	10.86	9.98
六安市	Lu'an	10102100	3260444	14089	17251	10.02	31.84
亳州市	Bozhou	7910950	2716371	12498	16266	10.54	9.40
池州市	Chizhou	4622452	2431431	28534	36290	10.73	11.10
宣城市	Xuancheng	8428049	2340597	30100	26903	11.27	20.06
福建省	**Fujian**	**217955680**	**94341284**	**60142**	**99098**	**10.24**	**8.39**
福州市	Fuzhou	46784951	23015025	71427	118026	10.91	10.46
厦门市	Xiamen	30181565	30181565	153206	153206	7.14	7.14
莆田市	Putian	13428623	11029433	40205	49459	11.65	10.42
三明市	Sanming	14775868	3171828	53151	113280	10.33	8.10
泉州市	Quanzhou	52180021	11551816	74119	110017	10.40	7.70
漳州市	Zhangzhou	22360244	5144886	45726	90261	10.82	5.47
南平市	Nanping	11058215	2413204	34994	48264	10.94	6.90
龙岩市	Longyan	14798988	5686874	48842	113737	7.66	5.09
宁德市	Ningde	12387205	2146653	35698	45673	14.94	16.76
江西省	**Jiangxi**	**143411523**	**58205473**	**29760**	**62587**	**10.77**	**8.47**
南昌市	Nanchang	33360265	22550663	65412	99782	11.18	9.19
景德镇市	Jingdezhen	6802847	3520255	40981	74899	8.28	1.55
萍乡市	Pingxiang	7983294	4936002	41151	56736	8.90	7.31
九江市	Jiujiang	16017317	6786152	31530	104402	12.79	11.83
新余市	Xinyu	8450692	6676208	69840	75014	1.78	-2.01
鹰潭市	Yingtan	5534700	1560242	44278	67837	14.79	14.18
赣州市	Ganzhou	16733140	3947742	18012	59814	10.93	17.19
吉安市	Ji'an	11239013	1736079	22081	31001	11.69	14.58
宜春市	Yichun	13870708	1887900	23998	17163	11.18	14.73
抚州市	Fuzhou	9406413	2947773	22396	24771	14.01	13.58
上饶市	Shangrao	14013134	1656457	18438	40401	10.74	5.45

2-13 续表 3 continued

城 市	City	地区生产总值(当年价格)(万元) Gross Regional Product (Current Prices) (100 million yuan)		人均地区生产总值(元) Per Capita GRP (yuan)		地区生产总值增长率(%) GRP Growth Rate (%)	
		全 市 Total City	市辖区 Districts under City	全 市 Total City	市辖区 Districts under City	全 市 Total City	市辖区 Districts under City
山东省	**Shandong**	**555180119**	**268480820**	**57759**	**89943**	**9.11**	**11.50**
济南市	Jinan	52301948	39085726	85321	110101	8.88	7.59
青岛市	Qingdao	80066000	51501400	103444	140714	9.65	8.84
淄博市	Zibo	38012400	29565136	89441	104841	6.86	6.00
枣庄市	Zaozhuang	18306300	9279900	46228	40881	7.50	6.41
东营市	Dongying	32502000	19965867	173807	237689	8.32	5.59
烟台市	Yantai	56138700	26034566	86235	143047	6.30	9.54
潍坊市	Weifang	44207000	12477955	50065	67815	10.18	16.60
济宁市	Jining	35015400	14938800	41292	83926	9.79	74.80
泰安市	Tai'an	27907000	8114067	49923	50713	9.57	11.72
威海市	Weihai	25496900	6851070	100381	103804	9.06	15.36
日照市	Rizhao	15001600	11662700	51730	89713	10.91	12.94
莱芜市	Laiwu	6534800	6534800	51455	51455	3.50	3.50
临沂市	Linyi	33368100	13773950	30613	54876	10.75	12.24
德州市	Dezhou	24605900	5428400	42497	88990	10.31	14.68
聊城市	Liaocheng	23658700	4249789	39563	36636	10.21	12.97
滨州市	Binzhou	21557271	4602638	56433	70810	8.45	9.96
菏泽市	Heze	20500100	4414056	21421	29427	14.70	15.99
河南省	**Henan**	**320552450**	**100675530**	**29463**	**45616**	**9.66**	**13.19**
郑州市	Zhengzhou	62019000	33357336	67485	64521	11.75	18.63
开封市	Kaifeng	13635447	3525997	24657	40529	12.96	29.05
洛阳市	Luoyang	31407596	12236651	45387	63402	5.35	15.52
平顶山市	Pingdingshan	15568788	4528427	28938	46208	4.08	0.59
安阳市	Anyang	16836494	4538105	27968	39808	7.45	14.63
鹤壁市	Hebi	6221183	3102791	37477	49251	13.99	11.46
新乡市	Xinxiang	17660960	5685015	28258	54664	9.03	11.93
焦作市	Jiaozuo	17073608	3037725	46396	30997	10.06	-10.93
濮阳市	Puyang	11304789	3596528	27110	52890	14.22	7.48
许昌市	Xuchang	18775574	2976705	37626	70874	9.40	9.92
漯河市	Luohe	8615355	5077751	31443	36531	8.08	7.57
三门峡市	Sanmenxia	11920868	1547888	52515	51596	5.75	7.55
南阳市	Nanyang	24992201	5943473	21343	31954	6.77	8.82
商丘市	Shangqiu	15382197	3058103	16312	16711	10.09	9.09
信阳市	Xinyang	15811632	4086167	18386	27241	13.16	15.35
周口市	Zhoukou	17906548	1720465	15832	32462	13.71	17.46
驻马店市	Zhumadian	15420210	2656403	17210	32795	12.27	16.40
湖北省	**Hubei**	**241799900**	**135601689**	**45340**	**89388**	**12.45**	**11.30**
武汉市	Wuhan	90512700	72667200	110113	141651	13.09	12.06
黄石市	Huangshi	11420300	5609400	43589	89038	9.71	8.39
十堰市	Shiyan	10805900	6515282	31141	120653	13.07	12.98
宜昌市	Yichang	28180700	12486218	70452	98317	12.32	7.61
襄阳市	Xiangyang	28140200	14245123	47294	62754	12.47	9.27
鄂州市	Ezhou	6309400	6309400	57358	57358	12.59	12.59

2-13 续表 4 continued

城 市	City	地区生产总值(当年价格)(万元) Gross Regional Product (Current Prices) (100 million yuan) 全市 Total City	市辖区 Districts under City	人均地区生产总值(元) Per Capita GRP (yuan) 全市 Total City	市辖区 Districts under City	地区生产总值增长率(%) GRP Growth Rate (%) 全市 Total City	市辖区 Districts under City
荆门市	Jingmen	12026100	4276900	39954	63834	10.81	14.52
孝感市	Xiaogan	12389300	2263843	23509	23582	12.10	13.74
荆州市	Jingzhou	13349300	4496123	20196	40144	11.61	8.87
黄冈市	Huanggang	13325500	1576100	17767	43781	11.71	12.35
咸宁市	Xianning	8721100	2083300	28974	33602	14.60	13.28
随州市	Suizhou	6619400	3072800	25657	61456	12.09	13.74
湖南省	**Hunan**	**251311414**	**113610262**	**36672**	**83969**	**11.16**	**11.32**
长沙市	Changsha	71531346	45049425	107890	150667	11.77	11.69
株洲市	Zhuzhou	19494317	9569404	48736	100731	10.68	9.20
湘潭市	Xiangtan	14430649	8868478	49761	100778	12.53	14.61
衡阳市	Hengyang	21694404	6360218	27601	68389	10.82	13.00
邵阳市	Shaoyang	11300386	2342414	13986	33948	9.88	12.43
岳阳市	Yueyang	24355050	10310437	43491	95467	10.71	9.52
常德市	Changde	22649358	10685731	37314	76876	11.11	10.16
张家界市	Zhangjiajie	3656506	1860594	21383	35106	7.87	8.20
益阳市	Yiyang	11231297	4594463	23399	33783	10.08	10.73
郴州市	Chenzhou	16855232	4892407	32920	66114	11.09	12.53
永州市	Yongzhou	11754466	3363153	18868	29245	10.93	9.95
怀化市	Huaihua	11176674	2482222	21702	67087	11.65	12.80
娄底市	Loudi	11181729	3231316	25471	67319	11.52	10.83
广东省	**Guangdong**	**671296007**	**558377333**	**76755**	**144508**	**11.08**	**13.36**
广州市	Guangzhou	154201434	141465480	185338	205918	13.79	13.58
韶关市	Shaoguan	10100737	5106773	30795	55508	11.43	13.52
深圳市	Shenzhen	145002302	145002302	467749	467749	11.97	11.97
珠海市	Zhuhai	16623757	16623757	152512	152512	10.55	10.55
汕头市	Shantou	15659049	15525794	28998	29129	9.89	9.90
佛山市	Foshan	70101725	70101725	183512	183512	6.01	6.01
江门市	Jiangmen	20001764	10757661	50895	76840	6.37	3.54
湛江市	Zhanjiang	20600069	10144746	25622	63803	10.74	7.52
茂名市	Maoming	21601686	7215399	28498	53054	11.57	13.35
肇庆市	Zhaoqing	16600720	5850715	38606	106377	13.52	13.32
惠州市	Huizhou	26783541	17908026	78086	128835	13.13	14.99
梅州市	Meizhou	8000148	3295820	15238	33978	7.24	120.00
汕尾市	Shanwei	6717548	1974687	19030	37975	10.05	7.40
河源市	Heyuan	6803296	2305421	18846	76847	10.58	15.78
阳江市	Yangjiang	10398362	3710206	36485	53771	17.23	22.81
清远市	Qingyuan	10930403	5724942	26660	42723	6.63	58.33
东莞市	Dongguan	54900207	54900207	290477	290477	9.58	9.58
中山市	Zhongshan	26389329	26389329	171359	171359	8.11	8.11
潮州市	Chaozhou	7803423	5900825	29226	36201	10.43	384.16
揭阳市	Jieyang	16053517	7195457	23504	35100	14.93	142.92
云浮市	Yunfu	6022990	1278061	20769	41228	11.44	12.62
广西壮族自治区	**Guangxi**	**142741115**	**73161545**	**26365**	**51704**	**10.86**	**12.59**
南宁市	Nanning	28035444	20173877	38723	72050	12.00	12.88
柳州市	Liuzhou	20100543	14880738	54034	128282	10.41	12.42
桂林市	Guilin	16579048	4795511	31761	62279	11.64	10.09

2-13 续表 5 continued

城市	City	地区生产总值(当年价格)(万元) Gross Regional Product (Current Prices) (100 million yuan)		人均地区生产总值(元) Per Capita GRP (yuan)		地区生产总值增长率(%) GRP Growth Rate (%)	
		全市 Total City	市辖区 Districts under City	全市 Total City	市辖区 Districts under City	全市 Total City	市辖区 Districts under City
梧州市	Wuzhou	9917096	3784612	29515	72781	19.11	33.01
北海市	Beihai	7349971	5671275	43491	88614	16.52	21.58
防城港市	Fangchenggang	5251470	3855457	56467	70099	18.28	16.16
钦州市	Qinzhou	7537500	4765893	18986	32643	9.03	9.66
贵港市	Guigang	7420091	3234385	13792	16587	9.25	6.87
玉林市	Yulin	11984584	3509752	17096	33111	8.75	16.61
百色市	Baise	8038711	1730793	19511	49451	6.44	4.27
贺州市	Hezhou	4238481	2246581	18113	19707	7.52	2.07
河池市	Hechi	5286188	915438	12769	26925	7.29	9.94
来宾市	Laibin	5155700	2431556	20139	23158	0.25	-3.81
崇左市	Chongzuo	5846288	1165677	23669	31505	10.20	7.58
海南省	**Hainan**	**12781243**	**12781243**	**57834**	**57834**	**11.17**	**11.17**
海口市	Haikou	9046355	9046355	55499	55499	10.49	10.49
三亚市	Sanya	3734888	3734888	64395	64395	12.85	12.85
三沙市	Sansa						
重庆市	**Chongqing**	**126566900**	**96228100**	**37691**	**53849**	**10.93**	**9.85**
四川省	**Sichuan**	**259007449**	**133308330**	**30746**	**52525**	**10.46**	**11.57**
成都市	Chengdu	91088904	64815506	76674	114718	11.92	13.08
自贡市	Zigong	10016028	6488372	30352	42969	13.20	12.66
攀枝花市	Panzhihua	8008832	5889422	71507	85354	8.22	8.20
泸州市	Luzhou	11404815	5875464	22450	39170	10.68	11.18
德阳市	Deyang	13959445	4118488	35611	59688	9.04	7.82
绵阳市	Mianyang	14551243	6995952	26602	55968	8.07	11.86
广元市	Guangyuan	5187500	2478856	16734	26654	10.69	10.16
遂宁市	Suining	7366143	2999645	19436	19735	7.94	12.50
内江市	Neijiang	10693429	3907583	25043	27326	9.32	8.97
乐山市	Leshan	11347900	5559975	31876	47931	9.35	9.71
南充市	Nanchong	13285528	4764981	17504	24188	12.55	10.62
眉山市	Meishan	8600424	2938832	24433	33780	10.94	9.99
宜宾市	Yibin	13428937	5579072	24416	43930	8.06	8.73
广安市	Guang'an	8351436	2448520	17769	19280	11.02	11.52
达州市	Dazhou	12454149	1834866	18102	31099	9.68	15.49
雅安市	Ya'an	4179698	1698163	26622	27390	5.00	5.05
巴中市	Bazhong	4159422	1395974	10665	10265	6.54	3.67
资阳市	Ziyang	10923616	3518659	21546	31988	10.93	10.77
贵州省	**Guizhou**	**65585188**	**28371636**	**21377**	**43448**	**20.18**	**19.74**
贵阳市	Guiyang	20854252	15913553	55024	69796	22.65	21.90
六盘水市	Liupanshui	8821100	2967800	27142	63145	19.42	15.59
遵义市	Zunyi	15846700	4434100	20369	50388	17.91	15.02
安顺市	Anshun	4291600	1671381	15006	18993	21.71	19.71
毕节市	Bijie	10419300	2193787	11962	14153	18.68	18.96
铜仁市	Tongren	5352236	1191015	12476	25892	20.57	21.84
云南省	**Yunnan**	**82764569**	**43619041**	**28918**	**67626**	**13.55**	**13.99**
昆明市	Kunming	34153115	26878600	62437	97740	13.42	16.47
曲靖市	Qujing	15839411	4943124	24672	68655	13.13	15.23

2-13 续表 6 continued

城市	City	地区生产总值(当年价格)(万元) Gross Regional Product (Current Prices) (100 million yuan) 全市 Total City	市辖区 Districts under City	人均地区生产总值(元) Per Capita GRP (yuan) 全市 Total City	市辖区 Districts under City	地区生产总值增长率(%) GRP Growth Rate (%) 全市 Total City	市辖区 Districts under City
玉溪市	Yuxi	11024677	5835964	51278	135720	10.23	3.67
保山市	Baoshan	4497419	1680006	17500	18261	15.33	12.65
昭通市	Zhaotong	6347027	1876332	10813	21818	14.24	10.07
丽江市	Lijiang	2488114	831077	20734	55405	17.23	12.15
普洱市	Pu'er	4253855	907483	16488	29274	15.96	17.62
临沧市	Lincang	4160951	666455	17631	20827	17.88	19.35
西藏自治区	**Tibet**	**3048700**	**1640263**	**50812**	**54675**	**17.20**	**205.94**
拉萨市	Lasa	3048700	1640263	50812	54675	17.20	205.94
陕西省	**Shaanxi**	**161594560**	**73722942**	**41003**	**56320**	**12.56**	**12.37**
西安市	Xi'an	48841300	40972200	60522	70520	11.86	11.96
铜川市	Tongchuan	3219750	2961350	37439	38965	17.81	17.47
宝鸡市	Baoji	15459100	8738872	40049	61111	12.48	12.30
咸阳市	Xianyang	18603870	6805070	34904	73968	18.22	15.36
渭南市	Weinan	13490070	2737430	23667	27651	16.92	4.27
延安市	Yan'an	13541350	2165740	56896	46080	6.54	6.52
汉中市	Hanzhong	8817300	1771420	22843	31078	16.85	13.34
榆林市	Yulin	28467500	4612640	75511	83866	6.62	15.00
安康市	Ankang	6045520	1874680	19628	18379	21.66	17.70
商洛市	Shangluo	5108800	1083540	20354	19701	20.69	9.89
甘肃省	**Gansu**	**59794343**	**34606265**	**23918**	**40334**	**10.03**	**6.89**
兰州市	Lanzhou	17762823	14927952	48138	60437	13.59	11.11
嘉峪关市	Jiayuguan	2262175	2262175	113109	113109	-15.95	-15.95
金昌市	Jinchang	2520357	1939160	53625	84311	3.55	1.22
白银市	Baiyin	4633061	2949492	26175	60194	6.81	3.24
天水市	Tianshui	4543365	2672215	12019	20092	10.04	7.96
武威市	Wuwei	3811838	2372943	20168	23264	11.61	10.46
张掖市	Zhangye	3359718	1405361	25647	27026	15.09	13.50
平凉市	Pingliang	3410775	993328	14702	19477	5.11	-1.71
酒泉市	Jiuquan	6419382	2030774	57832	49531	11.73	10.06
庆阳市	Qingyang	6053667	1736099	22931	45687	14.36	7.59
定西市	Dingxi	2522182	543519	8407	11564	12.97	17.12
陇南市	Longnan	2495000	773247	8816	13808	10.41	13.55
青海省	**Qinghai**	**13155401**	**7561614**	**33137**	**49422**	**54.57**	**27.54**
西宁市	Xining	9785314	6880685	43107	55489	14.97	16.05
海东市	Haidong	3370087	680929	19824	23480		
宁夏回族自治区	**Ningxia**	**25571619**	**14428854**	**38224**	**52278**	**11.91**	**10.98**
银川市	Yinchuan	12890199	7939008	74510	77078	12.00	11.27
石嘴山市	Shizuishan	4464393	3224385	57979	70095	8.90	8.12
吴忠市	Wuzhong	3519276	1137852	24439	28446	11.71	11.32
固原市	Guyuan	1829501	779942	11880	16955	15.46	14.97
中卫市	Zhongwei	2868250	1347667	23705	32870	14.46	13.91
新疆维吾尔自治区	**Xinjiang**	**30559636**	**30367765**	**101527**	**102942**	**8.57**	**8.49**
乌鲁木齐市	Urumqi	22028545	21836674	83759	84968	9.92	9.82
克拉玛依市	Karamay	8531091	8531091	224502	224502	5.23	5.23

2-14 地区生产总值构成
Composition of Gross Regional Product

单位：% (%)

城 市	City	第一产业占GDP的比重 Primary Industry as Percentage to GRP		第二产业占GDP的比重 Secondary Industry as Percentage to GRP		第三产业占GDP的比重 Tertiary Industry as Percentage to GRP	
		全 市 Total City	市辖区 Districts under City	全 市 Total City	市辖区 Districts under City	全 市 Total City	市辖区 Districts under City
城市合计	**Prefecture Cities**	**8.19**	**2.83**	**49.49**	**47.62**	**42.32**	**49.54**
北京市	**Beijing**	**0.83**	**0.68**	**22.32**	**22.05**	**76.85**	**77.26**
天津市	**Tianjin**	**1.31**	**0.84**	**50.64**	**50.40**	**48.05**	**48.76**
河北省	**Hebei**	**12.01**	**2.98**	**52.05**	**49.14**	**35.94**	**47.88**
石家庄市	Shijiazhuang	10.05	0.56	48.51	26.02	41.44	73.42
唐山市	Tangshan	9.03	6.21	58.70	61.18	32.27	32.60
秦皇岛市	Qinhuangdao	14.67	1.41	38.29	38.72	47.03	59.87
邯郸市	Handan	12.90	0.90	51.34	53.43	35.76	45.67
邢台市	Xingtai	15.88	1.95	52.38	53.81	31.74	44.25
保定市	Baoding	14.09	1.23	54.36	64.81	31.54	33.95
张家口市	Zhangjiakou	18.32	2.74	42.13	50.20	39.56	47.06
承德市	Chengde	16.54	2.11	51.08	56.03	32.38	41.86
沧州市	Cangzhou	10.39	0.88	52.27	50.70	37.34	48.42
廊坊市	Langfang	10.24	5.46	52.60	34.57	37.16	59.97
衡水市	Hengshui	15.72	6.27	52.18	61.52	32.10	32.21
山西省	**Shanxi**	**6.11**	**1.96**	**54.66**	**45.71**	**39.23**	**52.33**
太原市	Taiyuan	1.60	0.73	43.60	42.55	54.80	56.72
大同市	Datong	5.66	1.41	47.09	50.07	47.25	48.51
阳泉市	Yangquan	1.69	0.64	57.68	53.77	40.63	45.59
长治市	Changzhi	4.25	1.05	65.01	50.72	30.74	48.23
晋城市	Jincheng	4.20	0.49	62.45	41.24	33.35	58.27
朔州市	Shuozhou	6.01	3.74	56.03	58.77	37.95	37.49
晋中市	Jinzhong	9.43	8.51	52.42	39.69	38.15	51.80
运城市	Yuncheng	17.19	6.99	44.35	31.01	38.47	62.00
忻州市	Xinzhou	9.68	6.62	50.01	38.80	40.31	54.58
临汾市	Linfen	7.13	3.85	59.86	32.48	33.01	63.67
吕梁市	Lvliang	5.27	2.22	70.60	48.60	24.13	49.18
内蒙古自治区	**Inner Mongolia**	**8.20**	**2.84**	**51.39**	**43.62**	**40.41**	**53.54**
呼和浩特市	Hohhot	4.97	1.43	31.98	23.71	63.05	74.86
包头市	Baotou	2.85	1.02	51.63	46.97	45.52	52.01
乌海市	Wuhai	0.91	0.91	65.94	65.94	33.15	33.15
赤峰市	Chifeng	15.70	8.79	50.87	51.51	33.43	39.71
通辽市	Tongliao	14.45	7.94	57.66	60.65	27.89	31.41
鄂尔多斯市	Erdos	2.46	0.16	59.89	37.29	37.64	62.55
呼伦贝尔市	Hulunbuir	18.39	3.42	47.69	47.99	33.92	48.59
巴彦淖尔市	Bayannur	19.43	15.98	56.23	52.74	24.33	31.29
乌兰察布市	Ulanqab	16.03	3.01	52.42	49.09	31.55	47.90
辽宁省	**Liaoning**	**8.02**	**2.03**	**52.88**	**51.75**	**39.10**	**46.21**
沈阳市	Shenyang	4.49	1.48	51.67	50.10	43.84	48.42
大连市	Dalian	6.24	2.00	50.87	45.39	42.89	52.62
鞍山市	Anshan	5.03	0.75	53.06	52.23	41.91	47.02
抚顺市	Fushun	7.06	2.54	59.29	59.62	33.65	37.84
本溪市	Benxi	5.23	1.83	59.67	61.74	35.10	36.43
丹东市	Dandong	13.35	3.01	49.43	45.08	37.22	51.90
锦州市	Jinzhou	15.03	3.42	48.83	50.00	36.14	46.58

2-14 续表 1 continued

单位：% (%)

城 市	City	第一产业占GDP的比重 Primary Industry as Percentage to GRP 全 市 Total City	市辖区 Districts under City	第二产业占GDP的比重 Secondary Industry as Percentage to GRP 全 市 Total City	市辖区 Districts under City	第三产业占GDP的比重 Tertiary Industry as Percentage to GRP 全 市 Total City	市辖区 Districts under City
营口市	Yingkou	7.24	3.15	52.72	54.71	40.04	42.14
阜新市	Fuxin	21.69	2.00	46.33	62.85	31.98	35.15
辽阳市	Liaoyang	6.26	2.67	62.94	54.76	30.80	42.57
盘锦市	Panjin	8.48	0.44	67.45	71.45	24.07	28.10
铁岭市	Tieling	19.95	3.04	50.60	63.61	29.45	33.35
朝阳市	Chaoyang	21.78	7.60	49.86	47.34	28.37	45.07
葫芦岛市	Huludao	13.11	7.27	46.90	55.22	39.99	37.51
吉林省	**Jilin**	**10.85**	**2.18**	**51.45**	**57.72**	**37.70**	**40.10**
长春市	Changchun	6.64	0.86	53.14	59.11	40.22	40.03
吉林市	Jilin	9.64	3.35	48.90	49.99	41.46	46.65
四平市	Siping	24.27	3.42	46.49	67.24	29.24	29.34
辽源市	Liaoyuan	8.31	1.21	59.15	58.88	32.55	39.90
通化市	Tonghua	9.39	1.47	54.19	68.02	36.42	30.51
白山市	Baishan	8.78	5.12	59.45	58.76	31.77	36.11
松原市	Songyuan	16.06	3.01	47.52	68.85	36.43	28.14
白城市	Baicheng	16.70	12.95	47.37	20.53	35.93	66.52
黑龙江省	**Heilongjiang**	**17.08**	**4.15**	**46.32**	**57.10**	**36.61**	**38.75**
哈尔滨市	Harbin	11.70	3.74	34.76	37.28	53.54	58.99
齐齐哈尔市	Qiqihar	22.79	3.78	36.68	45.00	40.54	51.22
鸡西市	Jixi	29.18	5.90	38.53	59.16	32.29	34.93
鹤岗市	Hegang	29.24	6.88	44.83	62.51	25.94	30.61
双鸭山市	Shuangyashan	33.69	3.10	43.06	57.56	23.25	39.34
大庆市	Daqing	4.20	1.13	79.36	82.23	16.44	16.64
伊春市	Yichun	35.08	26.70	32.57	38.25	32.35	35.05
佳木斯市	Jiamusi	33.44	6.04	24.81	37.23	41.75	56.73
七台河市	Qitaihe	13.16	8.79	46.29	50.45	40.56	40.76
牡丹江市	Mudanjiang	16.19	4.36	41.02	47.09	42.78	48.56
黑河市	Heihe	47.94	32.03	17.48	25.15	34.59	42.82
绥化市	Suihua	38.78	51.76	26.91	15.72	34.31	32.52
上海市	**Shanghai**	**0.60**	**0.47**	**37.16**	**37.19**	**62.24**	**62.33**
江苏省	**Jiangsu**	**5.39**	**2.81**	**49.90**	**49.80**	**44.71**	**47.38**
南京市	Nanjing	2.55	2.55	43.07	43.07	54.38	54.38
无锡市	Wuxi	1.84	1.09	52.14	49.35	46.02	49.56
徐州市	Xuzhou	9.75	2.82	47.75	53.87	42.50	43.30
常州市	Changzhou	3.17	1.95	51.61	51.62	45.22	46.43
苏州市	Suzhou	1.65	1.20	52.63	51.66	45.73	47.14
南通市	Nantong	6.85	3.05	52.07	52.85	41.08	44.10
连云港市	Lianyungang	14.52	5.96	45.22	50.17	40.26	43.87
淮安市	Huai'an	12.64	9.64	45.60	48.30	41.75	42.07
盐城市	Yancheng	14.08	7.98	47.07	55.51	38.85	36.50
扬州市	Yangzhou	6.90	3.69	52.08	53.10	41.02	43.22
镇江市	Zhenjiang	4.41	2.33	52.93	50.77	42.66	46.89
泰州市	Taizhou	6.85	4.03	52.35	56.25	40.80	39.72
宿迁市	Suqian	13.77	9.04	47.80	50.45	38.43	40.51

2-14 续表 2 continued

单位：% (%)

城　市	City	第一产业占GDP的比重 Primary Industry as Percentage to GRP 全 市 Total City	市辖区 Districts under City	第二产业占GDP的比重 Secondary Industry as Percentage to GRP 全 市 Total City	市辖区 Districts under City	第三产业占GDP的比重 Tertiary Industry as Percentage to GRP 全 市 Total City	市辖区 Districts under City
浙江省	**Zhejiang**	**4.67**	**2.67**	**49.71**	**46.72**	**45.63**	**50.61**
杭州市	Hangzhou	3.18	1.73	43.89	41.15	52.93	57.12
宁波市	Ningbo	3.88	1.42	52.49	50.93	43.64	47.65
温州市	Wenzhou	2.88	0.63	50.34	48.11	46.78	51.26
嘉兴市	Jiaxing	4.94	4.19	54.86	48.22	40.20	47.59
湖州市	Huzhou	6.96	5.83	52.86	52.55	40.17	41.63
绍兴市	Shaoxing	4.87	3.70	53.01	52.65	42.12	43.64
金华市	Jinhua	4.74	5.68	48.86	43.55	46.40	50.77
衢州市	Quzhou	7.87	6.60	52.62	50.22	39.52	43.17
舟山市	Zhoushan	10.28	7.19	44.21	44.48	45.50	48.32
台州市	Taizhou	6.76	3.73	48.06	46.52	45.17	49.74
丽水市	Lishui	8.61	6.52	50.64	41.99	40.75	51.49
安徽省	**Anhui**	**12.01**	**4.68**	**54.90**	**57.37**	**33.09**	**37.95**
合肥市	Hefei	5.29	0.38	55.29	53.36	39.42	46.26
芜湖市	Wuhu	6.13	1.92	66.12	66.21	27.75	31.87
蚌埠市	Bengbu	17.10	3.61	51.17	61.61	31.73	34.78
淮南市	Huainan	8.07	6.30	62.06	60.39	29.87	33.31
马鞍山市	Maanshan	6.14	1.51	64.52	65.72	29.34	32.77
淮北市	Huaibei	7.86	3.27	67.02	71.98	25.13	24.75
铜陵市	Tongling	1.76	0.51	72.14	72.22	26.10	27.28
安庆市	Anqing	14.25	3.68	53.14	47.08	32.61	49.23
黄山市	Huangshan	11.01	6.51	46.33	44.89	42.66	48.60
滁州市	Chuzhou	19.17	7.16	53.00	69.20	27.84	23.64
阜阳市	Fuyang	25.65	15.60	41.09	39.40	33.25	45.01
宿州市	Suzhou	24.76	15.47	41.99	46.41	33.24	38.12
六安市	Lu'an	20.27	18.49	47.33	46.79	32.39	34.72
亳州市	Bozhou	24.65	20.98	40.46	42.65	34.89	36.37
池州市	Chizhou	14.58	11.69	48.80	52.56	36.62	35.75
宣城市	Xuancheng	14.22	15.56	52.55	44.13	33.23	40.31
福建省	**Fujian**	**8.93**	**2.70**	**51.95**	**48.52**	**39.11**	**48.78**
福州市	Fuzhou	8.60	0.57	45.60	36.94	45.80	62.49
厦门市	Xiamen	0.86	0.86	47.54	47.54	51.60	51.60
莆田市	Putian	8.41	7.69	56.56	58.31	35.03	34.00
三明市	Sanming	15.63	4.60	52.24	54.29	32.13	41.10
泉州市	Quanzhou	3.28	1.37	61.84	56.78	34.88	41.84
漳州市	Zhangzhou	15.45	2.40	48.82	48.57	35.72	49.03
南平市	Nanping	23.24	14.00	43.51	52.90	33.25	33.10
龙岩市	Longyan	12.02	4.19	53.79	61.48	34.19	34.33
宁德市	Ningde	18.05	14.33	50.66	43.78	31.28	41.89
江西省	**Jiangxi**	**10.67**	**3.07**	**54.10**	**52.00**	**35.23**	**44.93**
南昌市	Nanchang	4.71	0.60	55.47	50.82	39.82	48.58
景德镇市	Jingdezhen	7.69	1.73	58.28	59.61	34.03	38.66
萍乡市	Pingxiang	7.05	4.15	59.34	59.89	33.61	35.96
九江市	Jiujiang	8.12	1.26	56.08	47.91	35.80	50.83
新余市	Xinyu	5.86	5.15	58.00	58.27	36.13	36.58
鹰潭市	Yingtan	8.05	1.68	62.58	47.77	29.37	50.55
赣州市	Ganzhou	15.98	1.81	45.66	54.77	38.36	43.42
吉安市	Ji'an	17.18	9.27	51.15	48.14	31.67	42.59
宜春市	Yichun	15.41	13.86	55.22	39.94	29.38	46.20
抚州市	Fuzhou	17.38	12.71	51.99	56.59	30.63	30.70
上饶市	Shangrao	14.45	3.60	50.61	27.03	34.94	69.37

2-14 续表 3 continued

单位：% (%)

城 市	City	第一产业占GDP的比重 Primary Industry as Percentage to GRP		第二产业占GDP的比重 Secondary Industry as Percentage to GRP		第三产业占GDP的比重 Tertiary Industry as Percentage to GRP	
		全 市 Total City	市辖区 Districts under City	全 市 Total City	市辖区 Districts under City	全 市 Total City	市辖区 Districts under City
山东省	**Shandong**	**7.74**	**3.39**	**51.38**	**51.62**	**40.89**	**44.99**
济南市	Jinan	5.44	2.19	39.26	33.66	55.30	64.14
青岛市	Qingdao	4.40	1.38	45.48	47.25	50.12	51.37
淄博市	Zibo	3.62	2.26	57.12	57.10	39.25	40.64
枣庄市	Zaozhuang	8.18	8.40	56.68	59.92	35.14	31.68
东营市	Dongying	3.61	1.71	69.49	72.46	26.91	25.82
烟台市	Yantai	7.50	2.95	54.78	55.05	37.72	42.00
潍坊市	Weifang	9.80	3.49	51.97	53.49	38.23	43.02
济宁市	Jining	11.96	6.35	51.11	55.99	36.92	37.67
泰安市	Tai'an	9.32	8.03	49.01	42.45	41.67	49.52
威海市	Weihai	7.98	4.97	51.49	54.34	40.53	40.69
日照市	Rizhao	8.76	6.07	52.28	60.43	38.95	33.50
莱芜市	Laiwu	7.55	7.55	56.04	56.04	36.41	36.41
临沂市	Linyi	9.46	2.11	47.47	55.58	43.07	42.31
德州市	Dezhou	11.12	2.41	52.90	53.89	35.98	43.70
聊城市	Liaocheng	11.89	10.57	53.39	50.50	34.72	38.93
滨州市	Binzhou	9.79	4.84	51.31	50.28	38.90	44.88
菏泽市	Heze	12.44	6.86	54.32	42.88	33.24	50.26
河南省	**Henan**	**12.60**	**3.95**	**55.91**	**51.28**	**31.49**	**44.76**
郑州市	Zhengzhou	2.37	1.10	55.96	45.37	41.67	53.52
开封市	Kaifeng	20.56	5.26	44.71	39.76	34.73	54.98
洛阳市	Luoyang	7.92	1.96	57.74	51.58	34.34	46.47
平顶山市	Pingdingshan	10.44	1.63	58.23	62.27	31.33	36.10
安阳市	Anyang	11.83	1.88	57.08	55.56	31.09	42.56
鹤壁市	Hebi	9.81	3.83	71.73	73.63	18.46	22.54
新乡市	Xinxiang	12.02	1.61	56.59	48.00	31.39	50.39
焦作市	Jiaozuo	7.79	4.25	67.42	42.48	24.79	53.27
濮阳市	Puyang	13.15	4.84	66.18	70.33	20.68	24.83
许昌市	Xuchang	9.85	0.61	66.83	69.37	23.32	30.02
漯河市	Luohe	12.48	9.73	67.80	65.92	19.72	24.35
三门峡市	Sanmenxia	8.36	2.51	65.90	48.55	25.74	48.94
南阳市	Nanyang	18.02	7.56	50.60	46.85	31.38	45.59
商丘市	Shangqiu	22.31	17.59	46.81	46.74	30.88	35.67
信阳市	Xinyang	26.53	15.65	40.45	47.13	33.02	37.22
周口市	Zhoukou	24.91	4.84	49.91	51.73	25.19	43.43
驻马店市	Zhumadian	25.54	9.59	43.77	53.15	30.69	37.25
湖北省	**Hubei**	**11.46**	**3.51**	**51.44**	**52.97**	**37.10**	**43.51**
武汉市	Wuhan	3.71	0.53	48.57	46.41	47.72	53.06
黄石市	Huangshi	8.34	0.86	61.22	64.64	30.44	34.50
十堰市	Shiyan	13.24	0.67	50.62	62.34	36.14	36.99
宜昌市	Yichang	11.92	4.96	60.10	66.34	27.97	28.69
襄阳市	Xiangyang	13.73	8.46	57.26	63.57	29.00	27.97
鄂州市	Ezhou	12.44	12.44	59.45	59.45	28.11	28.11

2-14 续表 4 continued

单位：% (%)

城市	City	第一产业占GDP的比重 Primary Industry as Percentage to GRP		第二产业占GDP的比重 Secondary Industry as Percentage to GRP		第三产业占GDP的比重 Tertiary Industry as Percentage to GRP	
		全市 Total City	市辖区 Districts under City	全市 Total City	市辖区 Districts under City	全市 Total City	市辖区 Districts under City
荆门市	Jingmen	15.82	7.21	54.21	56.88	29.97	35.91
孝感市	Xiaogan	19.62	12.98	48.62	44.80	31.76	42.22
荆州市	Jingzhou	23.90	10.35	44.66	54.19	31.44	35.45
黄冈市	Huanggang	26.77	8.44	39.12	48.02	34.11	43.54
咸宁市	Xianning	18.68	12.36	48.51	53.95	32.81	33.69
随州市	Suizhou	18.85	7.04	48.38	51.03	32.77	41.94
湖南省	**Hunan**	**11.03**	**3.42**	**51.72**	**51.15**	**37.25**	**45.43**
长沙市	Changsha	4.12	1.28	55.18	45.73	40.70	52.99
株洲市	Zhuzhou	8.01	2.18	60.03	61.85	31.96	35.96
湘潭市	Xiangtan	8.38	2.02	59.03	62.39	32.59	35.59
衡阳市	Hengyang	15.60	3.16	47.91	58.27	36.49	38.58
邵阳市	Shaoyang	22.48	5.49	38.89	51.55	38.63	42.96
岳阳市	Yueyang	11.12	3.41	54.98	55.36	33.90	41.23
常德市	Changde	14.30	5.53	48.67	54.93	37.03	39.54
张家界市	Zhangjiajie	12.44	8.61	25.40	19.30	62.15	72.08
益阳市	Yiyang	19.24	11.50	44.98	55.23	35.78	33.28
郴州市	Chenzhou	9.93	4.12	57.42	50.24	32.64	45.64
永州市	Yongzhou	22.41	17.03	38.05	43.67	39.54	39.30
怀化市	Huaihua	14.22	3.32	43.83	30.42	41.95	66.26
娄底市	Loudi	14.54	3.20	54.07	61.61	31.39	35.18
广东省	**Guangdong**	**4.67**	**1.76**	**45.58**	**46.20**	**49.74**	**52.05**
广州市	Guangzhou	1.48	1.08	33.90	31.78	64.62	67.14
韶关市	Shaoguan	13.00	4.99	42.40	43.42	44.60	51.60
深圳市	Shenzhen	0.04	0.04	43.43	43.43	56.54	56.54
珠海市	Zhuhai	2.59	2.59	51.07	51.07	46.33	46.33
汕头市	Shantou	5.57	5.37	52.22	52.30	42.21	42.32
佛山市	Foshan	1.98	1.98	61.92	61.92	36.10	36.10
江门市	Jiangmen	7.94	4.31	50.65	61.04	41.41	34.66
湛江市	Zhanjiang	20.46	6.60	39.53	48.48	40.01	44.92
茂名市	Maoming	17.27	6.35	41.36	57.71	41.37	35.94
肇庆市	Zhaoqing	15.81	2.38	47.65	57.67	36.54	39.94
惠州市	Huizhou	5.10	2.10	57.89	64.99	37.00	32.91
梅州市	Meizhou	20.59	14.37	36.20	48.16	43.22	37.47
汕尾市	Shanwei	16.12	10.23	46.99	58.66	36.89	31.11
河源市	Heyuan	12.21	1.07	49.55	53.99	38.24	44.95
阳江市	Yangjiang	18.55	9.94	49.41	50.33	32.04	39.72
清远市	Qingyuan	15.34	9.14	39.41	45.27	45.25	45.59
东莞市	Dongguan	0.37	0.37	45.88	45.88	53.75	53.75
中山市	Zhongshan	2.53	2.53	55.47	55.47	42.00	42.00
潮州市	Chaozhou	7.04	3.49	55.86	59.34	37.10	37.17
揭阳市	Jieyang	9.62	6.14	63.15	64.60	27.23	29.27
云浮市	Yunfu	22.46	8.84	43.11	55.44	34.44	35.72
广西壮族自治区	**Guangxi**	**16.68**	**8.35**	**48.60**	**49.96**	**34.73**	**41.69**
南宁市	Nanning	12.48	6.36	39.62	37.89	47.89	55.75
柳州市	Liuzhou	7.92	1.04	63.43	69.94	28.65	29.02
桂林市	Guilin	18.06	2.06	47.82	40.43	34.11	57.51

2-14 续表 5 continued

单位：% (%)

城 市	City	第一产业占GDP的比重 Primary Industry as Percentage to GRP		第二产业占GDP的比重 Secondary Industry as Percentage to GRP		第三产业占GDP的比重 Tertiary Industry as Percentage to GRP	
		全 市 Total City	市辖区 Districts under City	全 市 Total City	市辖区 Districts under City	全 市 Total City	市辖区 Districts under City
梧州市	Wuzhou	11.63	2.32	66.03	67.07	22.34	30.61
北海市	Beihai	19.43	12.75	50.84	58.25	29.73	29.00
防城港市	Fangchenggang	13.03	9.22	56.38	60.24	30.58	30.54
钦州市	Qinzhou	24.12	18.78	42.04	42.91	33.85	38.30
贵港市	Guigang	21.66	18.45	40.88	34.80	37.45	46.75
玉林市	Yulin	20.35	9.97	43.94	34.91	35.71	55.12
百色市	Baise	18.54	12.79	53.81	55.77	27.64	31.44
贺州市	Hezhou	21.84	19.70	46.31	49.54	31.84	30.76
河池市	Hechi	25.31	11.67	35.90	43.92	38.79	44.41
来宾市	Laibin	26.08	22.36	42.58	40.37	31.35	37.27
崇左市	Chongzuo	25.56	21.23	42.46	45.97	31.98	32.80
海南省	**Hainan**	**8.44**	**8.44**	**22.75**	**22.75**	**68.80**	**68.80**
海口市	Haikou	6.42	6.42	23.99	23.99	69.59	69.59
三亚市	Sanya	13.34	13.34	19.76	19.76	66.90	66.90
三沙市	Sansa						
重庆市	**Chongqing**	**7.92**	**5.42**	**50.55**	**50.29**	**41.53**	**44.29**
四川省	**Sichuan**	**11.81**	**5.50**	**53.27**	**53.84**	**34.93**	**40.66**
成都市	Chengdu	3.88	1.26	45.91	45.41	50.22	53.33
自贡市	Zigong	11.92	6.94	59.77	63.74	28.31	29.32
攀枝花市	Panzhihua	3.48	1.56	74.57	75.41	21.95	23.03
泸州市	Luzhou	13.64	7.64	60.01	65.88	26.35	26.48
德阳市	Deyang	13.94	6.57	60.06	64.56	26.00	28.87
绵阳市	Mianyang	16.42	6.26	51.38	61.11	32.20	32.63
广元市	Guangyuan	18.18	10.47	48.11	54.87	33.71	34.65
遂宁市	Suining	17.99	18.27	55.18	50.87	26.83	30.85
内江市	Neijiang	16.49	14.11	61.84	62.01	21.67	23.88
乐山市	Leshan	11.54	6.74	61.58	67.10	26.88	26.16
南充市	Nanchong	22.37	14.87	51.84	54.41	25.79	30.72
眉山市	Meishan	16.81	13.41	57.12	58.14	26.07	28.46
宜宾市	Yibin	14.79	7.10	60.65	65.93	24.56	26.97
广安市	Guang'an	17.96	14.46	52.38	53.54	29.66	32.00
达州市	Dazhou	21.40	10.19	53.14	56.23	25.46	33.58
雅安市	Ya'an	15.13	16.52	57.48	48.31	27.39	35.17
巴中市	Bazhong	19.00	18.60	46.03	35.05	34.97	46.36
资阳市	Ziyang	21.52	14.29	55.63	64.97	22.85	20.73
贵州省	**Guizhou**	**11.30**	**4.07**	**43.70**	**39.81**	**45.00**	**56.12**
贵阳市	Guiyang	3.91	1.79	40.69	37.17	55.40	61.04
六盘水市	Liupanshui	6.58	1.01	57.11	54.90	36.31	44.09
遵义市	Zunyi	13.12	3.98	46.96	40.11	39.92	55.91
安顺市	Anshun	14.21	10.05	38.32	39.36	47.47	50.58
毕节市	Bijie	18.87	16.17	43.17	38.96	37.97	44.87
铜仁市	Tongren	25.43	11.95	28.96	38.48	45.61	49.58
云南省	**Yunnan**	**13.59**	**3.57**	**47.91**	**48.31**	**38.50**	**48.12**
昆明市	Kunming	4.97	1.07	45.01	40.91	50.03	58.02
曲靖市	Qujing	18.26	4.07	52.93	62.36	28.81	33.57

2-14 续表 6 continued

单位：% (%)

城　市	City	第一产业占GDP的比重 Primary Industry as Percentage to GRP		第二产业占GDP的比重 Secondary Industry as Percentage to GRP		第三产业占GDP的比重 Tertiary Industry as Percentage to GRP	
		全　市 Total City	市辖区 Districts under City	全　市 Total City	市辖区 Districts under City	全　市 Total City	市辖区 Districts under City
玉溪市	Yuxi	10.19	2.23	60.30	76.43	29.50	21.34
保山市	Baoshan	28.58	25.24	34.52	34.06	36.90	40.70
昭通市	Zhaotong	19.93	12.26	50.25	51.06	29.82	36.68
丽江市	Lijiang	16.06	5.83	45.29	40.45	38.65	53.72
普洱市	Pu'er	30.06	11.62	38.16	44.73	31.78	43.65
临沧市	Lincang	31.33	19.45	42.22	39.31	26.45	41.25
西藏自治区	**Tibet**	**3.85**	**0.54**	**35.28**	**24.63**	**60.87**	**74.84**
拉萨市	Lasa	3.85	0.54	35.28	24.63	60.87	74.84
陕西省	**Shaanxi**	**9.40**	**4.14**	**56.37**	**50.54**	**34.23**	**45.31**
西安市	Xi'an	4.46	2.71	43.36	42.52	52.18	54.77
铜川市	Tongchuan	6.75	5.35	66.80	67.72	26.45	26.93
宝鸡市	Baoji	10.20	3.46	65.82	70.02	23.99	26.53
咸阳市	Xianyang	16.96	4.35	57.85	69.19	25.20	26.45
渭南市	Weinan	15.00	12.00	55.09	47.93	29.90	40.07
延安市	Yan'an	7.93	5.30	72.23	44.17	19.84	50.53
汉中市	Hanzhong	20.15	9.09	45.10	41.59	34.74	49.31
榆林市	Yulin	4.91	5.03	69.75	58.63	25.35	36.34
安康市	Ankang	14.98	11.54	53.16	43.59	31.86	44.87
商洛市	Shangluo	17.33	12.46	50.29	44.38	32.37	43.16
甘肃省	**Gansu**	**12.37**	**6.00**	**47.89**	**50.52**	**39.74**	**43.48**
兰州市	Lanzhou	2.77	1.19	46.19	45.34	51.05	53.46
嘉峪关市	Jiayuguan	1.63	1.63	74.50	74.50	23.86	23.86
金昌市	Jinchang	6.27	1.61	72.67	80.59	21.07	17.80
白银市	Baiyin	11.51	2.58	54.63	65.53	33.86	31.89
天水市	Tianshui	18.63	8.13	37.08	47.64	44.29	44.23
武威市	Wuwei	23.40	21.49	43.59	44.07	33.01	34.44
张掖市	Zhangye	25.95	23.98	35.12	27.05	38.93	48.97
平凉市	Pingliang	22.28	14.03	42.98	33.77	34.75	52.20
酒泉市	Jiuquan	10.59	10.48	53.02	53.16	36.39	36.36
庆阳市	Qingyang	12.72	5.49	59.47	63.06	27.81	31.45
定西市	Dingxi	29.41	21.14	25.60	27.71	44.98	51.15
陇南市	Longnan	24.70	16.44	29.65	22.53	45.65	61.04
青海省	**Qinghai**	**6.71**	**1.85**	**52.57**	**43.47**	**40.73**	**54.68**
西宁市	Xining	3.69	0.42	52.58	42.96	43.73	56.62
海东市	Haidong	15.46	16.34	52.53	48.58	32.00	35.09
宁夏回族自治区	**Ningxia**	**8.59**	**5.01**	**52.53**	**46.89**	**38.89**	**48.10**
银川市	Yinchuan	4.30	2.26	53.42	41.70	42.28	56.05
石嘴山市	Shizuishan	5.23	1.95	64.38	66.66	30.39	31.40
吴忠市	Wuzhong	14.12	13.42	54.29	50.66	31.58	35.92
固原市	Guyuan	24.44	16.75	26.23	25.57	49.32	57.68
中卫市	Zhongwei	16.15	14.66	44.69	39.30	39.15	46.04
新疆维吾尔自治区	**Xinjiang**	**1.01**	**0.80**	**50.13**	**50.25**	**48.87**	**48.95**
乌鲁木齐市	Urumqi	1.19	0.91	39.73	39.80	59.08	59.29
克拉玛依市	Karamay	0.52	0.52	76.99	76.99	22.49	22.49

2-15 地方公共财政收支状况(全市)

Public Finance Income and Expenditure (Total City)

单位：万元 (10 000 yuan)

城 市	City	公共财政收入 Public Finance Income	公共财政支出 Public Finance Expenditure	科学技术支出 Expenditure for Science and Technology	教育支出 Expenditure for Education
城市合计	**Prefecture Cities**	**594348985**	**945357028**	**22558756**	**169915362**
北京市	**Beijing**	**36611097**	**41736563**	**2346742**	**6811775**
天津市	**Tianjin**	**20790716**	**25492061**	**928087**	**4613571**
河北省	**Hebei**	**18531461**	**36941761**	**371079**	**7257859**
石家庄市	Shijiazhuang	3151233	5229442	80065	1161551
唐山市	Tangshan	3184152	4971792	90477	972513
秦皇岛市	Qinhuangdao	1095028	2003166	13887	334332
邯郸市	Handan	1726514	3671338	54004	854747
邢台市	Xingtai	899332	2591944	12837	546510
保定市	Baoding	1803034	4604250	24567	781797
张家口市	Zhangjiakou	1184677	2948208	13595	496296
承德市	Chengde	1025005	2617543	21420	528348
沧州市	Cangzhou	1722799	3524113	20687	704699
廊坊市	Langfang	2054342	2924316	31634	536275
衡水市	Hengshui	685345	1855649	7906	340791
山西省	**Shanxi**	**12447654**	**24107092**	**293729**	**4603230**
太原市	Taiyuan	2473261	3191090	112969	547273
大同市	Datong	945719	2340574	11571	399104
阳泉市	Yangquan	479486	863573	9244	188771
长治市	Changzhi	1486623	2458799	28230	411983
晋城市	Jincheng	945755	1573164	21618	311163
朔州市	Shuozhou	953000	1544659	14053	271039
晋中市	Jinzhong	1151305	2136333	17287	447918
运城市	Yuncheng	454211	2291650	18197	519338
忻州市	Xinzhou	737018	2131680	17761	453730
临汾市	Linfen	1181496	2652646	16918	436692
吕梁市	Lvliang	1639780	2922924	25881	616219
内蒙古自治区	**Inner Mongolia**	**13217314**	**26632486**	**225329**	**3571710**
呼和浩特市	Hohhot	1820177	2948353	31291	374967
包头市	Baotou	2151179	3552582	44914	431563
乌海市	Wuhai	685207	907362	24220	85753
赤峰市	Chifeng	911842	3477996	12947	733927
通辽市	Tongliao	1036300	2983200	21200	419300
鄂尔多斯市	Erdos	4400156	5186990	39883	584985
呼伦贝尔市	Hulunbuir	871405	3140161	31339	412843
巴彦淖尔市	Bayannur	579335	1922926	9305	221460
乌兰察布市	Ulanqab	761713	2512916	10230	306912
辽宁省	**Liaoning**	**32461188**	**45570229**	**1036088**	**5605965**
沈阳市	Shenyang	8009997	8812817	277931	1316194
大连市	Dalian	8501646	10835360	462566	1222048
鞍山市	Anshan	2392487	3253879	25441	308368
抚顺市	Fushun	1342095	2289177	26890	178120
本溪市	Benxi	1297005	1823992	28830	252985
丹东市	Dandong	1363630	2243175	21594	274860
锦州市	Jinzhou	1360902	2242213	25658	249797
营口市	Yingkou	1842545	2477586	37897	298149

2-15 续表 1 continued

单位: 万元 (10 000 yuan)

城市	City	公共财政收入 Public Finance Income	公共财政支出 Public Finance Expenditure	科学技术支出 Expenditure for Science and Technology	教育支出 Expenditure for Education
阜新市	Fuxin	704970	1720375	12707	196254
辽阳市	Liaoyang	1113222	1627540	20528	225870
盘锦市	Panjin	1487670	1952589	21346	191099
铁岭市	Tieling	1036379	2195327	34341	288148
朝阳市	Chaoyang	1124884	2290576	16567	327697
葫芦岛市	Huludao	883756	1805623	23792	276376
吉林省	**Jilin**	**8271272**	**18869726**	**230690**	**3036815**
长春市	Changchun	3818178	6329668	78825	962203
吉林市	Jilin	1399704	3278090	44332	524266
四平市	Siping	605560	1784524	7121	340281
辽源市	Liaoyuan	255080	938008	5233	161796
通化市	Tonghua	739961	2006417	73107	290927
白山市	Baishan	463180	1371568	12137	224578
松原市	Songyuan	620000	1601074	2828	275707
白城市	Baicheng	369609	1560377	7107	257057
黑龙江省	**Heilongjiang**	**9377121**	**22456868**	**229939**	**3634120**
哈尔滨市	Harbin	4022808	7097811	119158	1115736
齐齐哈尔市	Qiqihar	419616	1043247	9359	183312
鸡西市	Jixi	443481	774025	3826	151122
鹤岗市	Hegang	204899	748032	9053	127079
双鸭山市	Shuangyashan	289927	1028572	5995	176579
大庆市	Daqing	1436000	1850332	25545	365003
伊春市	Yichun	148435	995349	5452	104165
佳木斯市	Jiamusi	434731	1993135	6277	320383
七台河市	Qitaihe	189259	631117	1513	78320
牡丹江市	Mudanjiang	913055	2213267	23774	349724
黑河市	Heihe	230747	1324897	11473	188297
绥化市	Suihua	644163	2757084	8514	474400
上海市	**Shanghai**	**41095087**	**45286106**	**2576603**	**6795414**
江苏省	**Jiangsu**	**60125159**	**69285393**	**2828885**	**12369106**
南京市	Nanjing	8313076	8509085	401226	1258890
无锡市	Wuxi	7109144	7114926	351021	1212757
徐州市	Xuzhou	4228440	5956105	144855	1217155
常州市	Changzhou	4088800	4179007	221119	665415
苏州市	Suzhou	13310254	12126837	763672	1960726
南通市	Nantong	4858818	5764110	190657	1323743
连云港市	Lianyungang	2333030	3623814	88633	633468
淮安市	Huai'an	2714195	3850537	88813	732505
盐城市	Yancheng	3667672	5556174	197879	1046605
扬州市	Yangzhou	2592606	3192774	104640	569767
镇江市	Zhenjiang	2545158	2862267	107034	497099
泰州市	Taizhou	2512812	3438129	77095	570310
宿迁市	Suqian	1851154	3111628	92241	680666
浙江省	**Zhejiang**	**35213185**	**42185574**	**1615208**	**8595275**
杭州市	Hangzhou	9452020	8557370	462600	1624445
宁波市	Ningbo	7928080	9398939	375758	1484777

2-15 续表 2 continued

单位：万元 (10 000 yuan)

城 市	City	公共财政收入 Public Finance Income	公共财政支出 Public Finance Expenditure	科学技术支出 Expenditure for Science and Technology	教育支出 Expenditure for Education
温州市	Wenzhou	3239752	4379565	99913	1163545
嘉兴市	Jiaxing	2823092	3033633	120567	708107
湖州市	Huzhou	1546646	1675076	60105	415340
绍兴市	Shaoxing	2930721	3121077	158729	705628
金华市	Jinhua	2424721	3222488	121364	765995
衢州市	Quzhou	727535	1655099	49415	336675
舟山市	Zhoushan	926280	1898260	40225	229473
台州市	Taizhou	2477341	3290300	88293	776018
丽水市	Lishui	736997	1953767	38239	385272
安徽省	**Anhui**	**19401416**	**37534347**	**1034387**	**6337950**
合肥市	Hefei	4386226	6308509	260165	1044694
芜湖市	Wuhu	2139917	3196317	263329	507446
蚌埠市	Bengbu	928392	1914991	72384	339008
淮南市	Huainan	1107341	1686273	32914	225132
马鞍山市	Maanshan	2260035	2025888	60893	313134
淮北市	Huaibei	506812	1087215	13406	164168
铜陵市	Tongling	641758	1005932	48551	140836
安庆市	Anqing	984572	2797223	55834	571349
黄山市	Huangshan	593828	1367264	31778	128797
滁州市	Chuzhou	1144231	2508733	34755	402383
阜阳市	Fuyang	854566	3126496	19028	601916
宿州市	Suzhou	663512	2226623	13649	431222
六安市	Lu'an	818338	2860000	26512	580469
亳州市	Bozhou	643813	2064319	15129	380724
池州市	Chizhou	651393	1306761	17887	190923
宣城市	Xuancheng	1076682	2051803	68173	315749
福建省	**Fujian**	**19086307**	**26300694**	**511856**	**5170824**
福州市	Fuzhou	4539690	5338424	86258	1081133
厦门市	Xiamen	4905996	5167402	163750	794507
莆田市	Putian	949205	1441627	26022	429483
三明市	Sanming	898450	1873622	33911	393975
泉州市	Quanzhou	3469079	4222149	92275	919227
漳州市	Zhangzhou	1548628	2622539	40040	477182
南平市	Nanping	716243	1781228	17162	323292
龙岩市	Longyan	1172067	1994163	35047	398322
宁德市	Ningde	886949	1859540	17391	353703
江西省	**Jiangxi**	**15080800**	**29245373**	**355943**	**5695198**
南昌市	Nanchang	2919097	4193652	54172	734317
景德镇市	Jingdezhen	737699	1353980	11418	197303
萍乡市	Pingxiang	855196	1496007	24383	239231
九江市	Jiujiang	1761521	3382022	38203	650635
新余市	Xinyu	844829	1271569	20705	184588
鹰潭市	Yingtan	661346	1003652	17832	143151
赣州市	Ganzhou	1843669	4804153	45266	1013993
吉安市	Ji'an	1214410	2852905	55467	618634
宜春市	Yichun	1593943	3048682	36633	609636
抚州市	Fuzhou	1004770	2276705	23978	474946
上饶市	Shangrao	1644320	3562046	27886	828764

2-15 续表 3 continued

单位：万元 (10 000 yuan)

城市	City	公共财政收入 Public Finance Income	公共财政支出 Public Finance Expenditure	科学技术支出 Expenditure for Science and Technology	教育支出 Expenditure for Education
山东省	**Shandong**	**43239198**	**60222680**	**1289540**	**12362622**
济南市	Jinan	4820722	5193190	108807	889605
青岛市	Qingdao	7889313	10142273	259345	1723376
淄博市	Zibo	2730688	3245438	93916	760205
枣庄市	Zaozhuang	1307206	2078039	17793	383663
东营市	Dongying	1837943	2322472	50338	441862
烟台市	Yantai	4372295	5417439	148168	1019819
潍坊市	Weifang	3839158	4939637	153705	1320019
济宁市	Jining	3022366	4282702	77989	956281
泰安市	Tai'an	1688136	2590660	38756	514605
威海市	Weihai	1952242	2639893	86661	548148
日照市	Rizhao	1000923	1582461	17913	321007
莱芜市	Laiwu	467616	758101	19909	178422
临沂市	Linyi	2161016	4054963	47713	960888
德州市	Dezhou	1500169	2673469	54229	604727
聊城市	Liaocheng	1355503	2582490	36398	532831
滨州市	Binzhou	1700901	2517062	42252	515652
菏泽市	Heze	1593001	3202391	35648	691512
河南省	**Henan**	**22469759**	**47346796**	**670248**	**10184268**
郑州市	Zhengzhou	7236091	8161571	172649	1330655
开封市	Kaifeng	807419	1970201	22106	386959
洛阳市	Luoyang	2340480	3733705	75275	749178
平顶山市	Pingdingshan	1197385	2265588	26619	455060
安阳市	Anyang	922013	2167807	41174	497704
鹤壁市	Hebi	396400	869198	8722	197388
新乡市	Xinxiang	1295043	2677605	36390	604148
焦作市	Jiaozuo	973433	1831407	38334	380401
濮阳市	Puyang	605050	1738659	21983	406085
许昌市	Xuchang	1085019	2025610	28887	476722
漯河市	Luohe	539844	1265438	9446	255862
三门峡市	Sanmenxia	817873	1540695	25631	329625
南阳市	Nanyang	1236254	4282854	61372	945431
商丘市	Shangqiu	858381	3148354	20104	793936
信阳市	Xinyang	679332	3048838	17703	743917
周口市	Zhoukou	760460	3542190	30490	927743
驻马店市	Zhumadian	719282	3077076	33363	703454
湖北省	**Hubei**	**27080115**	**35011867**	**647280**	**5032676**
武汉市	Wuhan	17306543	11228838	315967	1373138
黄石市	Huangshi	783582	1501619	17197	215031
十堰市	Shiyan	735266	2314229	31591	296215
宜昌市	Yichang	2063065	3608522	62912	489843
襄阳市	Xiangyang	1915317	3648653	46699	570470
鄂州市	Ezhou	384309	708450	10251	105722
荆门市	Jingmen	598405	1587851	21407	217574

2-15 续表 4 continued

单位：万元 (10 000 yuan)

城　市	City	公共财政收入 Public Finance Income	公共财政支出 Public Finance Expenditure	科学技术支出 Expenditure for Science and Technology	教育支出 Expenditure for Education
孝感市	Xiaogan	890502	2278988	26218	386985
荆州市	Jingzhou	719525	2559244	30527	369668
黄冈市	Huanggang	799756	3008193	49370	603377
咸宁市	Xianning	587116	1566854	20781	256159
随州市	Suizhou	296729	1000426	14360	148494
湖南省	**Hunan**	**16704221**	**37085145**	**457780**	**6472780**
长沙市	Changsha	5366331	7018238	202244	1187445
株洲市	Zhuzhou	1486423	2597452	38458	374374
湘潭市	Xiangtan	978901	1834191	31302	271080
衡阳市	Hengyang	1571996	3642848	19213	582568
邵阳市	Shaoyang	681472	3068073	9935	564577
岳阳市	Yueyang	1059950	2799881	32452	485390
常德市	Changde	1225251	3173846	20342	506570
张家界市	Zhangjiajie	255619	878954	3878	166375
益阳市	Yiyang	520609	2006409	18124	353772
郴州市	Chenzhou	1465411	3025851	39846	603650
永州市	Yongzhou	700110	2576339	15492	516685
怀化市	Huaihua	768071	2571436	12208	497069
娄底市	Loudi	624077	1891627	14286	363225
广东省	**Guangdong**	**55115895**	**72233223**	**2747789**	**15392686**
广州市	Guangzhou	11418044	13861349	541912	2539473
韶关市	Shaoguan	717804	1683222	25076	352183
深圳市	Shenzhen	17312618	16908280	1329814	2877280
珠海市	Zhuhai	1941981	2520300	121303	510801
汕头市	Shantou	1121063	1912649	26355	522091
佛山市	Foshan	4382128	4883953	163697	1025636
江门市	Jiangmen	1580325	2126085	52778	504425
湛江市	Zhanjiang	1059218	2654423	12965	693352
茂名市	Maoming	903569	2185926	10619	591342
肇庆市	Zhaoqing	1207736	2004040	33989	485174
惠州市	Huizhou	2501721	3282913	55635	727857
梅州市	Meizhou	693723	2062983	12649	494284
汕尾市	Shanwei	481546	1053077	8254	277865
河源市	Heyuan	487872	1697211	13521	346409
阳江市	Yangjiang	537170	1142992	12020	249014
清远市	Qingyuan	928176	1856505	20969	444312
东莞市	Dongguan	4092897	4446589	170307	1135943
中山市	Zhongshan	2253068	2366583	105594	661004
潮州市	Chaozhou	370665	855845	5729	223280
揭阳市	Jieyang	666941	1637455	6596	466727
云浮市	Yunfu	457630	1090843	18007	264234
广西壮族自治区	**Guangxi**	**10110758**	**25877741**	**330859**	**5187542**
南宁市	Nanning	2562469	4183976	62093	703168
柳州市	Liuzhou	1251211	2405829	41134	420447
桂林市	Guilin	1110015	2865608	42993	497253

2-15 续表 5 continued

单位：万元 (10 000 yuan)

城 市	City	公共财政收入 Public Finance Income	公共财政支出 Public Finance Expenditure	科学技术支出 Expenditure for Science and Technology	教育支出 Expenditure for Education
梧州市	Wuzhou	857439	1762808	24700	374936
北海市	Beihai	421111	996343	24391	170695
防城港市	Fangchenggang	407146	884790	8423	103120
钦州市	Qinzhou	449451	1335904	13366	323123
贵港市	Guigang	312222	1404630	10052	399967
玉林市	Yulin	754815	2069458	21506	519454
百色市	Baise	657004	2316889	24414	473133
贺州市	Hezhou	219546	1072592	11836	220551
河池市	Hechi	269739	1933371	17202	416893
来宾市	Laibin	363735	1236425	15198	271134
崇左市	Chongzuo	474855	1409118	13551	293668
海南省	**Hainan**	**1542333**	**2204185**	**47954**	**381015**
海口市	Haikou	867324	1319978	19313	242335
三亚市	Sanya	675009	884207	28641	138680
三沙市	Sansa				
重庆市	**Chongqing**	**16932438**	**30622648**	**386529**	**4372783**
四川省	**Sichuan**	**18812767**	**45551458**	**501045**	**7968896**
成都市	Chengdu	8985395	11617542	205998	1790200
自贡市	Zigong	383331	1399376	21237	227849
攀枝花市	Panzhihua	585450	1150583	15120	238105
泸州市	Luzhou	1096014	2501142	24127	539685
德阳市	Deyang	804680	1896741	25401	285061
绵阳市	Mianyang	904782	2906401	55665	437086
广元市	Guangyuan	304621	1772708	11587	340733
遂宁市	Suining	335604	1441078	8886	262896
内江市	Neijiang	377491	1193944	6569	309446
乐山市	Leshan	751097	1936946	15869	336068
南充市	Nanchong	655666	3097030	13618	639391
眉山市	Meishan	636067	1726618	7426	305585
宜宾市	Yibin	1016000	2554295	30334	506796
广安市	Guang'an	386177	1625740	7202	355240
达州市	Dazhou	603088	2559609	13844	558923
雅安市	Ya'an	229386	2610709	12659	154739
巴中市	Bazhong	273500	1912040	6282	344256
资阳市	Ziyang	484418	1648956	19221	336837
贵州省	**Guizhou**	**7548299**	**17206332**	**168330**	**3454157**
贵阳市	Guiyang	2772077	3936020	93638	710806
六盘水市	Liupanshui	1235902	2191657	12130	373662
遵义市	Zunyi	1367730	3667565	32554	767785
安顺市	Anshun	468896	1515453	10425	291515
毕节市	Bijie	1256216	3537459	13077	812252
铜仁市	Tongren	447478	2358178	6506	498137
云南省	**Yunnan**	**9049093**	**19957871**	**215413**	**3700930**
昆明市	Kunming	4507534	5857610	121709	948740
曲靖市	Qujing	1215321	2972639	25706	750471

2-15 续表 6 continued

单位：万元 (10 000 yuan)

城市	City	公共财政收入 Public Finance Income	公共财政支出 Public Finance Expenditure	科学技术支出 Expenditure for Science and Technology	教育支出 Expenditure for Education
玉溪市	Yuxi	1059687	2047496	20867	310693
保山市	Baoshan	428355	1506183	8711	299832
昭通市	Zhaotong	474721	2612585	12257	584979
丽江市	Lijiang	457795	1132028	8924	195472
普洱市	Pu'er	537229	2016070	11243	282550
临沧市	Lincang	368451	1813260	5996	328193
西藏自治区	**Tibet**	**501616**	**1319166**	**2815**	**180189**
拉萨市	Lasa	501616	1319166	2815	180189
陕西省	**Shaanxi**	**12451101**	**28377657**	**230516**	**5996077**
西安市	Xi'an	5019751	7298119	78976	1135398
铜川市	Tongchuan	241041	811520	4263	165210
宝鸡市	Baoji	720196	2203859	19695	539407
咸阳市	Xianyang	789915	2657448	14474	612997
渭南市	Weinan	650466	2758626	16916	665733
延安市	Yan'an	1553848	2946793	20289	570153
汉中市	Hanzhong	358304	2143635	13202	453668
榆林市	Yulin	2607340	4222195	49578	980844
安康市	Ankang	253440	1872089	5901	486953
商洛市	Shangluo	256800	1463373	7222	385714
甘肃省	**Gansu**	**4166803**	**15722551**	**108851**	**2904832**
兰州市	Lanzhou	1244956	2423426	30475	429490
嘉峪关市	Jiayuguan	153335	225419	1493	30069
金昌市	Jinchang	158695	386400	2295	55235
白银市	Baiyin	241102	1177355	6628	220173
天水市	Tianshui	276007	1738953	12148	351984
武威市	Wuwei	183523	1334030	4238	217056
张掖市	Zhangye	167223	964116	6182	160653
平凉市	Pingliang	226155	1300000	6513	344445
酒泉市	Jiuquan	266996	966940	9144	165546
庆阳市	Qingyang	637346	1833559	15704	363942
定西市	Dingxi	170465	1769167	9445	295906
陇南市	Longnan	441000	1603186	4586	270333
青海省	**Qinghai**	**807883**	**3606338**	**21542**	**522219**
西宁市	Xining	671138	2075698	16641	307716
海东市	Haidong	136745	1530640	4901	214503
宁夏回族自治区	**Ningxia**	**2429624**	**7036959**	**64362**	**935362**
银川市	Yinchuan	1345999	2205311	39013	242037
石嘴山市	Shizuishan	457559	832957	7067	109036
吴忠市	Wuzhong	324749	1398375	6866	191330
固原市	Guyuan	130567	1494503	6832	240064
中卫市	Zhongwei	170750	1105813	4584	152895
新疆维吾尔自治区	**Xinjiang**	**3677305**	**4330138**	**83338**	**767516**
乌鲁木齐市	Urumqi	3019047	3532024	68289	590503
克拉玛依市	Karamay	658258	798114	15049	177013

2-16 地方公共财政收支状况(市辖区)

Public Finance Income and Expenditure (Districts under City)

单位：万元 (10 000 yuan)

城　市	City	公共财政收入 Public Finance Income	公共财政支出 Public Finance Expenditure	科学技术支出 Expenditure for Science and Technology	教育支出 Expenditure for Education
城市合计	**Prefecture Cities**	**396350816**	**495709021**	**16462702**	**80126436**
北京市	**Beijing**	**36256710**	**40049948**	**2324489**	**6589089**
天津市	**Tianjin**	**12152423**	**13578725**	**460524**	**2746293**
河北省	**Hebei**	**9781045**	**13575327**	**182876**	**2282907**
石家庄市	Shijiazhuang	2108968	2652623	52418	569255
唐山市	Tangshan	1974972	2031670	43442	344770
秦皇岛市	Qinhuangdao	854302	1287773	12918	186543
邯郸市	Handan	780138	1066900	20610	197018
邢台市	Xingtai	344514	630796	2634	132920
保定市	Baoding	754527	1296932	17459	114973
张家口市	Zhangjiakou	652527	1050917	4759	155680
承德市	Chengde	467885	926921	4417	156687
沧州市	Cangzhou	777350	1192039	10392	185631
廊坊市	Langfang	736355	907341	11280	160040
衡水市	Hengshui	329507	531415	2547	79390
山西省	**Shanxi**	**5574659**	**7935280**	**153248**	**1360645**
太原市	Taiyuan	2221192	2706586	105142	452835
大同市	Datong	810898	1413442	6791	207888
阳泉市	Yangquan	362964	558634	7153	122660
长治市	Changzhi	553617	713116	8266	115526
晋城市	Jincheng	463942	621703	11230	97636
朔州市	Shuozhou	655590	883270	6953	138699
晋中市	Jinzhong	108446	209376	2055	45596
运城市	Yuncheng	75697	201452	2041	37321
忻州市	Xinzhou	43449	161445	1212	47021
临汾市	Linfen	157258	299110	604	52665
吕梁市	Lvliang	121606	167146	1801	42798
内蒙古自治区	**Inner Mongolia**	**7331267**	**8853146**	**109141**	**1219216**
呼和浩特市	Hohhot	954449	704068	7418	158004
包头市	Baotou	2134873	3158290	49956	369436
乌海市	Wuhai	685207	907362	24220	85753
赤峰市	Chifeng	394915	729328	3214	176552
通辽市	Tongliao	538772	511322	639	74480
鄂尔多斯市	Erdos	2049571	2008038	15738	217693
呼伦贝尔市	Hulunbuir	170725	239894	3628	52102
巴彦淖尔市	Bayannur	156821	319951	3209	51623
乌兰察布市	Ulanqab	245934	274893	1119	33573
辽宁省	**Liaoning**	**22658770**	**28712618**	**869892**	**3128006**
沈阳市	Shenyang	7017318	7322309	274397	958736
大连市	Dalian	6684002	8653017	451389	843768
鞍山市	Anshan	1721291	2232040	21425	176699
抚顺市	Fushun	1007635	1623977	19287	108505
本溪市	Benxi	950702	1273838	21480	151452
丹东市	Dandong	285688	253760	1947	40980
锦州市	Jinzhou	775670	1140046	9615	117691
营口市	Yingkou	1335032	1653034	26408	184182

2-16 续表 1 continued

单位：万元 (10 000 yuan)

城 市	City	公共财政收入 Public Finance Income	公共财政支出 Public Finance Expenditure	科学技术支出 Expenditure for Science and Technology	教育支出 Expenditure for Education
阜新市	Fuxin	495934	1062225	12038	93744
辽阳市	Liaoyang	629537	1152344	7544	139151
盘锦市	Panjin	872168	1064235	10180	124339
铁岭市	Tieling	230034	250598	5773	27055
朝阳市	Chaoyang	284317	594631	6193	83040
葫芦岛市	Huludao	369442	436564	2216	78664
吉林省	**Jilin**	**5499616**	**10002335**	**167569**	**1412124**
长春市	Changchun	3297571	4657077	74936	626992
吉林市	Jilin	895854	1941057	39070	267441
四平市	Siping	289249	624641	5066	120197
辽源市	Liaoyuan	169593	543654	4232	80497
通化市	Tonghua	179488	595118	32220	73974
白山市	Baishan	219283	594513	5854	92735
松原市	Songyuan	333337	568785	1661	90360
白城市	Baicheng	115241	477490	4530	59928
黑龙江省	**Heilongjiang**	**6633487**	**11622252**	**150427**	**1707827**
哈尔滨市	Harbin	3387736	4769565	86984	691163
齐齐哈尔市	Qiqihar	313422	658780	8482	59129
鸡西市	Jixi	306675	432775	1131	57224
鹤岗市	Hegang	161577	498576	7059	78005
双鸭山市	Shuangyashan	165973	466440	1317	78884
大庆市	Daqing	1207132	1438647	19414	266135
伊春市	Yichun	89061	597209	3271	62499
佳木斯市	Jiamusi	287315	755952	2681	115339
七台河市	Qitaihe	162477	463961	1202	57191
牡丹江市	Mudanjiang	418822	902423	14928	137380
黑河市	Heihe	84389	354310	3604	45666
绥化市	Suihua	48908	283614	354	59212
上海市	**Shanghai**	**40689368**	**44096266**	**2560185**	**6613913**
江苏省	**Jiangsu**	**36791596**	**39417205**	**1807843**	**6309431**
南京市	Nanjing	8313076	8509085	401226	1258890
无锡市	Wuxi	4420228	4492796	280104	702460
徐州市	Xuzhou	2251878	2776771	84514	509327
常州市	Changzhou	3373890	3325841	185552	500786
苏州市	Suzhou	6946083	6255136	413314	1000705
南通市	Nantong	2187487	2260019	78955	473157
连云港市	Lianyungang	1041901	1511867	33287	198845
淮安市	Huai'an	1801459	2276911	56807	423578
盐城市	Yancheng	1208182	1659924	56316	269333
扬州市	Yangzhou	1817311	2026892	71202	317646
镇江市	Zhenjiang	1364327	1451954	58918	198038
泰州市	Taizhou	1300849	1671474	41540	246644
宿迁市	Suqian	764925	1198535	46108	210022
浙江省	**Zhejiang**	**21683049**	**22676009**	**969138**	**3941688**
杭州市	Hangzhou	8207264	6662314	385361	1152076
宁波市	Ningbo	5507299	6201396	255258	867080

2-16 续表 2 continued

单位：万元 (10 000 yuan)

城 市	City	公共财政收入 Public Finance Income	公共财政支出 Public Finance Expenditure	科学技术支出 Expenditure for Science and Technology	教育支出 Expenditure for Education
温州市	Wenzhou	1477942	1540246	44440	386616
嘉兴市	Jiaxing	884582	992315	30850	177552
湖州市	Huzhou	595534	834600	23944	153716
绍兴市	Shaoxing	1881371	1870849	94940	377225
金华市	Jinhua	585265	855973	25372	171231
衢州市	Quzhou	397692	718623	22159	130058
舟山市	Zhoushan	766682	1368485	31938	175155
台州市	Taizhou	1103883	1168714	42421	261538
丽水市	Lishui	275535	462494	12455	89441
安徽省	**Anhui**	**11870804**	**17842780**	**710395**	**2516512**
合肥市	Hefei	3331032	4287369	208911	656413
芜湖市	Wuhu	1385153	1900841	243114	258960
蚌埠市	Bengbu	647427	978281	50973	116403
淮南市	Huainan	856262	1300321	27045	162852
马鞍山市	Maanshan	1567473	1133491	42243	154105
淮北市	Huaibei	375732	725398	9726	89081
铜陵市	Tongling	519855	799327	42175	106121
安庆市	Anqing	393360	751965	14013	98798
黄山市	Huangshan	376359	745201	14476	48229
滁州市	Chuzhou	419396	725474	10885	94898
阜阳市	Fuyang	458315	1092287	9219	163022
宿州市	Suzhou	153048	441261	3052	116537
六安市	Lu'an	384335	1093667	11743	180608
亳州市	Bozhou	296029	776790	4547	98085
池州市	Chizhou	396645	730147	10173	81800
宣城市	Xuancheng	310383	360960	8100	90600
福建省	**Fujian**	**11423543**	**12590833**	**317747**	**2202034**
福州市	Fuzhou	2689062	2525064	54726	399200
厦门市	Xiamen	4905996	5167402	163750	794507
莆田市	Putian	810945	1104786	22328	337544
三明市	Sanming	287121	447530	7805	74649
泉州市	Quanzhou	1017776	1136895	27883	223051
漳州市	Zhangzhou	581589	643207	11864	111013
南平市	Nanping	193373	405294	4964	64800
龙岩市	Longyan	673634	714339	16540	120854
宁德市	Ningde	264047	446316	7887	76416
江西省	**Jiangxi**	**5536113**	**8432460**	**117934**	**1248453**
南昌市	Nanchang	2087713	2742487	39281	422781
景德镇市	Jingdezhen	427154	768206	8948	74777
萍乡市	Pingxiang	593172	919383	15953	130629
九江市	Jiujiang	635380	1074763	12816	176164
新余市	Xinyu	645794	984551	14955	145442
鹰潭市	Yingtan	255395	370922	5013	44137
赣州市	Ganzhou	341991	462078	3363	50349
吉安市	Ji'an	126429	283667	5758	62184
宜春市	Yichun	117156	321302	3614	67810
抚州市	Fuzhou	182942	326494	6095	43301
上饶市	Shangrao	122987	178607	2138	30879

2-16 续表 3 continued

单位：万元 (10 000 yuan)

城市	City	公共财政收入 Public Finance Income	公共财政支出 Public Finance Expenditure	科学技术支出 Expenditure for Science and Technology	教育支出 Expenditure for Education
山东省	**Shandong**	**24214765**	**29397222**	**759248**	**4951766**
济南市	Jinan	4080997	4073248	98490	640294
青岛市	Qingdao	5885015	7489557	216799	1040057
淄博市	Zibo	1722075	1763930	53831	424277
枣庄市	Zaozhuang	697120	1001425	9861	196263
东营市	Dongying	1205191	1432348	34289	236826
烟台市	Yantai	2099835	2593380	92623	343312
潍坊市	Weifang	1199429	1680103	51409	325389
济宁市	Jining	1442386	1728979	50117	342327
泰安市	Tai'an	797856	1085384	14302	175953
威海市	Weihai	796687	1050229	45792	156307
日照市	Rizhao	829577	1084980	13134	186324
莱芜市	Laiwu	467616	758101	19909	178422
临沂市	Linyi	1044913	836843	9221	220521
德州市	Dezhou	440752	364591	6828	74625
聊城市	Liaocheng	533421	861395	12142	135008
滨州市	Binzhou	515902	771685	14535	115839
菏泽市	Heze	455993	821044	15966	160022
河南省	**Henan**	**12792653**	**18442658**	**344121**	**3281281**
郑州市	Zhengzhou	5499921	5737363	145155	856382
开封市	Kaifeng	413239	709276	11950	118222
洛阳市	Luoyang	1429130	1769686	43307	285492
平顶山市	Pingdingshan	632087	900934	10098	172300
安阳市	Anyang	514588	856204	25111	181124
鹤壁市	Hebi	300083	481950	6043	107478
新乡市	Xinxiang	627236	940535	14013	196793
焦作市	Jiaozuo	480814	844257	16930	154368
濮阳市	Puyang	399078	658998	10472	140494
许昌市	Xuchang	411103	566029	11217	108020
漯河市	Luohe	419851	846765	6362	165418
三门峡市	Sanmenxia	231034	531135	6595	89323
南阳市	Nanyang	484543	1216630	16970	221129
商丘市	Shangqiu	322616	945553	7717	184838
信阳市	Xinyang	132980	414729	2235	106892
周口市	Zhoukou	179818	401768	2895	55925
驻马店市	Zhumadian	314532	620846	7051	137083
湖北省	**Hubei**	**20937888**	**17543211**	**437725**	**2130791**
武汉市	Wuhan	16011568	9152593	289499	969598
黄石市	Huangshi	386826	675809	9851	85092
十堰市	Shiyan	442807	672088	16223	91282
宜昌市	Yichang	1063891	1481979	33780	206729
襄阳市	Xiangyang	1112882	1719993	29097	237783
鄂州市	Ezhou	384309	708450	10251	105722
荆门市	Jingmen	317867	607323	9120	76557

2-16 续表 4 continued

单位：万元 (10 000 yuan)

城市	City	公共财政收入 Public Finance Income	公共财政支出 Public Finance Expenditure	科学技术支出 Expenditure for Science and Technology	教育支出 Expenditure for Education
孝感市	Xiaogan	325271	624948	7397	88969
荆州市	Jingzhou	402419	830162	15173	112576
黄冈市	Huanggang	53076	152560	2900	19346
咸宁市	Xianning	245685	503571	8599	86989
随州市	Suizhou	191287	413735	5835	50148
湖南省	**Hunan**	**10188262**	**15718070**	**296191**	**2361452**
长沙市	Changsha	4042567	4907745	167490	861997
株洲市	Zhuzhou	842680	1297843	26045	183786
湘潭市	Xiangtan	692975	974457	18392	115545
衡阳市	Hengyang	970825	1504172	11433	160251
邵阳市	Shaoyang	233850	737436	2669	71961
岳阳市	Yueyang	712973	1104024	22061	169936
常德市	Changde	850512	1416782	11916	205162
张家界市	Zhangjiajie	170027	423796	2419	61803
益阳市	Yiyang	304962	828665	13384	110477
郴州市	Chenzhou	642657	990171	13250	172468
永州市	Yongzhou	132167	432667	1307	79570
怀化市	Huaihua	290078	551500	2054	91992
娄底市	Loudi	301989	548812	3771	76504
广东省	**Guangdong**	**49132202**	**57003803**	**2602939**	**11250898**
广州市	Guangzhou	10491376	12788533	518543	2298795
韶关市	Shaoguan	430278	752177	14072	141548
深圳市	Shenzhen	17312618	16908280	1329814	2877280
珠海市	Zhuhai	1941981	2520300	121303	510801
汕头市	Shantou	1104705	1848184	26021	515386
佛山市	Foshan	4382128	4883953	163697	1025636
江门市	Jiangmen	915557	1104047	43229	244344
湛江市	Zhanjiang	773721	1215125	8791	226827
茂名市	Maoming	514059	832238	3641	145947
肇庆市	Zhaoqing	451296	654821	11986	110162
惠州市	Huizhou	1918614	2264681	43107	446291
梅州市	Meizhou	420433	768215	4569	142664
汕尾市	Shanwei	171676	302625	3423	53039
河源市	Heyuan	246345	513905	3389	81953
阳江市	Yangjiang	284272	445299	6828	84941
清远市	Qingyuan	547901	868042	10688	188265
东莞市	Dongguan	4092897	4446589	170307	1135943
中山市	Zhongshan	2253068	2366583	105594	661004
潮州市	Chaozhou	313571	599506	5025	147551
揭阳市	Jieyang	391330	654896	2867	165175
云浮市	Yunfu	174376	265804	6045	47346
广西壮族自治区	**Guangxi**	**6071516**	**10253079**	**180625**	**1718618**
南宁市	Nanning	2211233	2837205	48068	403938
柳州市	Liuzhou	1021085	1367838	31067	209733
桂林市	Guilin	504894	843611	22395	121662

2-16 续表 5 continued

单位：万元 (10 000 yuan)

城　市	City	公共财政收入 Public Finance Income	公共财政支出 Public Finance Expenditure	科学技术支出 Expenditure for Science and Technology	教育支出 Expenditure for Education
梧州市	Wuzhou	453814	683789	15286	107436
北海市	Beihai	362359	709331	20374	90345
防城港市	Fangchenggang	265999	552658	4293	54848
钦州市	Qinzhou	348381	761808	9308	153366
贵港市	Guigang	191898	656749	5422	173774
玉林市	Yulin	349994	615302	10821	121867
百色市	Baise	87313	147006	1509	36871
贺州市	Hezhou	99455	401187	3808	89185
河池市	Hechi	20787	116913	1080	28735
来宾市	Laibin	50411	239290	2950	65099
崇左市	Chongzuo	103893	320392	4244	61759
海南省	**Hainan**	**1542333**	**2204185**	**47954**	**381015**
海口市	Haikou	867324	1319978	19313	242335
三亚市	Sanya	675009	884207	28641	138680
三沙市	Sansa				
重庆市	**Chongqing**	**7917366**	**13501983**	**209249**	**2204113**
四川省	**Sichuan**	**9841670**	**18503734**	**245690**	**2992581**
成都市	Chengdu	4731434	5111808	81059	894741
自贡市	Zigong	268996	864894	20066	128581
攀枝花市	Panzhihua	445487	826349	12544	175830
泸州市	Luzhou	747384	1232482	14516	210433
德阳市	Deyang	332298	620639	11496	73101
绵阳市	Mianyang	562227	1318252	45113	156556
广元市	Guangyuan	194228	820597	6274	130519
遂宁市	Suining	192502	721917	4229	114252
内江市	Neijiang	175110	550328	3811	117170
乐山市	Leshan	439429	905168	9141	130959
南充市	Nanchong	370992	1137855	8150	235510
眉山市	Meishan	263830	572117	3474	94921
宜宾市	Yibin	619166	1037022	13434	166371
广安市	Guang'an	165618	563023	1941	96418
达州市	Dazhou	53132	341694	791	38851
雅安市	Ya'an	23021	484332	2249	44866
巴中市	Bazhong	64892	855141	1160	93664
资阳市	Ziyang	191924	540116	6242	89838
贵州省	**Guizhou**	**3326464**	**5126654**	**103178**	**930359**
贵阳市	Guiyang	2454567	3135097	86045	528344
六盘水市	Liupanshui	158701	285872	2899	56903
遵义市	Zunyi	279333	505521	7180	89987
安顺市	Anshun	162738	366355	3716	78752
毕节市	Bijie	163747	490025	1833	111225
铜仁市	Tongren	107378	343784	1505	65148
云南省	**Yunnan**	**2477251**	**3811304**	**46229**	**682437**
昆明市	Kunming	1650812	1908350	34267	295228
曲靖市	Qujing	203400	305665	1579	77498

2-16 续表 6 continued

单位：万元 (10 000 yuan)

城 市	City	公共财政收入 Public Finance Income	公共财政支出 Public Finance Expenditure	科学技术支出 Expenditure for Science and Technology	教育支出 Expenditure for Education
玉溪市	Yuxi	184615	247360	3555	48346
保山市	Baoshan	100702	361086	2162	75958
昭通市	Zhaotong	90093	380713	822	73937
丽江市	Lijiang	107863	170533	2312	38654
普洱市	Pu'er	83760	214020	1054	25298
临沧市	Lincang	56006	223577	478	47518
西藏自治区	**Tibet**	**62166**			
拉萨市	Lasa	62166			
陕西省	**Shaanxi**	**6376987**	**10386273**	**105990**	**1817277**
西安市	Xi'an	4773282	6394464	75256	891388
铜川市	Tongchuan	108531	400243	2337	121815
宝鸡市	Baoji	504115	1110318	14210	208553
咸阳市	Xianyang	432943	784716	4246	113796
渭南市	Weinan	58439	365762	678	92695
延安市	Yan'an	117871	216626	1816	73636
汉中市	Hanzhong	81545	212643	562	44160
榆林市	Yulin	210948	335598	5586	107421
安康市	Ankang	49158	355397	524	105795
商洛市	Shangluo	40155	210506	775	58018
甘肃省	**Gansu**	**2169187**	**5648151**	**55453**	**895086**
兰州市	Lanzhou	1156617	1979578	28706	314106
嘉峪关市	Jiayuguan	128537	192245	1329	20581
金昌市	Jinchang	35220	85423	215	10936
白银市	Baiyin	181303	513434	5184	65779
天水市	Tianshui	204513	833512	9169	119340
武威市	Wuwei	116617	621006	1467	103606
张掖市	Zhangye	69827	373562	4171	60875
平凉市	Pingliang	30919	207802	1204	45495
酒泉市	Jiuquan	38587	170895	1119	39114
庆阳市	Qingyang	78530	216858	1321	42726
定西市	Dingxi	28148	232736	1409	44248
陇南市	Longnan	100369	221100	159	28280
青海省	**Qinghai**	**261298**	**1487358**	**7688**	**121822**
西宁市	Xining	237431	1259767	4669	78368
海东市	Haidong	23867	227591	3019	43454
宁夏回族自治区	**Ningxia**	**1527215**	**3090959**	**37306**	**379295**
银川市	Yinchuan	949130	1320640	26146	151096
石嘴山市	Shizuishan	345498	578110	6269	72748
吴忠市	Wuzhong	127209	477658	2877	48508
固原市	Guyuan	23298	269458	516	53654
中卫市	Zhongwei	82080	445093	1498	53289
新疆维吾尔自治区	**Xinjiang**	**3629143**	**4205193**	**81708**	**749507**
乌鲁木齐市	Urumqi	2970885	3407079	66659	572494
克拉玛依市	Karamay	658258	798114	15049	177013

2-17 年末金融机构存贷款余额

Deposits and Loans of National Banking System at Year-end

单位：万元 (10 000 yuan)

城市	City	年末金融机构人民币各项存款余额 Deposits of National Banking System at Year-end		居民人民币储蓄存款余额 Household Saving Deposits at Year-end		年末金融机构人民币各项贷款余额 Loans of National Banking System at Year-end	
		全市 Total City	市辖区 Districts under City	全市 Total City	市辖区 Districts under City	全市 Total City	市辖区 Districts under City
城市合计	**Prefecture Cities**	**9939900517**	**7364589031**	**4324489456**	**2734197427**	**6755577249**	**5232005869**
北京市	**Beijing**	**837612980**	**831086694**	**229043566**	**225394765**	**382214492**	**380407166**
天津市	**Tianjin**	**226845862**	**226845862**	**76123070**	**76123070**	**194533091**	**194533091**
河北省	**Hebei**	**387925749**	**199968911**	**233598885**	**97264319**	**222466830**	**117777913**
石家庄市	Shijiazhuang	86077828	59303598	41575970	23387586	45120155	34086657
唐山市	Tangshan	61236216	39458253	36527884	20739323	39637353	24466220
秦皇岛市	Qinhuangdao	20921253	15177384	13116573	8453281	13071220	1175220
邯郸市	Handan	34314866	18071460	20141656	8910438	20949792	12889515
邢台市	Xingtai	23972307	8996149	16559275	4814083	13775712	6571570
保定市	Baoding	44101656	14653322	30362317	7669010	18797311	7596065
张家口市	Zhangjiakou	19135904	9572410	12686186	6038271	13376148	7769546
承德市	Chengde	16012558	6956265	10324862	3801005	11087927	5833925
沧州市	Cangzhou	31054796	8574653	20924394	4351022	15659252	6402176
廊坊市	Langfang	32519024	12699226	18294251	5558303	22084820	7260064
衡水市	Hengshui	18579341	6506191	13085517	3541997	8907140	3726955
山西省	**Shanxi**	**261162333**	**176336695**	**133587258**	**73996779**	**146956912**	**110288730**
太原市	Taiyuan	98196846	94137059	33079851	30499794	71118722	70177928
大同市	Datong	22584744	18158757	13672313	10530919	9508272	8078388
阳泉市	Yangquan	11482365	8194260	6537054	4146514	6173999	4659903
长治市	Changzhi	18479804	9890597	11090310	5292527	9188359	4929243
晋城市	Jincheng	17475406	11287374	8254620	4645090	8590211	6045817
朔州市	Shuozhou	10928415	6906125	6610815	3714844	2674629	2060955
晋中市	Jinzhong	18339056	6863146	12153336	3658636	9092742	4340243
运城市	Yuncheng	15073172	5414500	10001593	2252176	8291753	2446959
忻州市	Xinzhou	14627435	4388230	10113882	3034165	5830577	1536200
临汾市	Linfen	17939590	7461847	11753984	4315614	8457148	3725794
吕梁市	Lvliang	16035500	3634800	10319500	1906500	8030500	2287300
内蒙古自治区	**Inner Mongolia**	**140690905**	**103088923**	**68785809**	**44164064**	**119291208**	**92251035**
呼和浩特市	Hohhot	44379917	41546918	14146189	12663485	42730886	40835281
包头市	Baotou	23265862	21849792	11579225	10561350	16290042	15185378
乌海市	Wuhai	5873300	5873300	2990500	2990500	4749800	4749800
赤峰市	Chifeng	12676421	7034059	8616253	4598549	8607198	5246738
通辽市	Tongliao	6993500	4274830	4285900	2390468	7029900	4347866
鄂尔多斯市	Erdos	23256900	12877100	11793900	5554400	23685600	14680300
呼伦贝尔市	Hulunbuir	11110655	4252559	6599253	2051148	6185922	2715820
巴彦淖尔市	Bayannur	6587700	2964465	4157600	1663034	5691200	2617952
乌兰察布市	Ulanqab	6546650	2415900	4616989	1691130	4320660	1871900
辽宁省	**Liaoning**	**386849209**	**313310452**	**196867636**	**139610341**	**279658326**	**236171904**
沈阳市	Shenyang	114372103	110100728	47654786	44186012	88670501	86485300
大连市	Dalian	114817355	101062616	44837717	34898877	91085545	82135314
鞍山市	Anshan	25162627	18211949	15829678	9914281	14234124	11009545
抚顺市	Fushun	12694832	10311037	8892384	7091700	5867515	4747251
本溪市	Benxi	10070833	7843774	6567202	4938892	6515858	5570356
丹东市	Dandong	13629915	7543537	9929407	4991356	7879744	4456123
锦州市	Jinzhou	15080576	10207475	10183018	5987963	9732976	6996452

2-17 续表 1 continued

单位：万元 (10 000 yuan)

城市	City	年末金融机构人民币各项存款余额 Deposits of National Banking System at Year-end		居民人民币储蓄存款余额 Household Saving Deposits at Year-end		年末金融机构人民币各项贷款余额 Loans of National Banking System at Year-end	
		全市 Total City	市辖区 Districts under City	全市 Total City	市辖区 Districts under City	全市 Total City	市辖区 Districts under City
营口市	Yingkou	14997109	10462306	9227242	5763609	13114247	10242005
阜新市	Fuxin	8014821	5985006	5097666	3662362	6273728	4690019
辽阳市	Liaoyang	12954354	9693496	7605093	5102033	8078436	6253921
盘锦市	Panjin	12246575	9942930	7699529	5941057	6655523	5100363
铁岭市	Tieling	9173828	4429805	7002127	3259302	7023267	3663513
朝阳市	Chaoyang	11576281		8389787		7211862	
葫芦岛市	Huludao	12058000	7515793	7952000	3872897	7315000	4821742
吉林省	**Jilin**	**135957610**	**102139472**	**69625696**	**45358368**	**101375163**	**79174824**
长春市	Changchun	78083098	71076037	31071578	25569503	64533466	60038672
吉林市	Jilin	19753122	14224520	12762400	8829915	11271514	7887136
四平市	Siping	8349487	3394041	6121568	2375017	5457883	2231606
辽源市	Liaoyuan	3716775	2262517	2737372	1593983	2769177	1710678
通化市	Tonghua	8159619	2922001	5601101	1748498	4989685	2054193
白山市	Baishan	5401058	2959443	3577964	1906712	3586741	2305203
松原市	Songyuan	7458035	3248190	4702842	2005327	4984282	1759394
白城市	Baicheng	5036416	2052723	3050871	1329413	3782415	1187942
黑龙江省	**Heilongjiang**	**178937773**	**134248922**	**99609320**	**67315910**	**112567047**	**83704772**
哈尔滨市	Harbin	84881841	76584405	35935628	29654329	62759208	57430458
齐齐哈尔市	Qiqihar	12933048	7630498	8790269	5537869	9081756	5721506
鸡西市	Jixi	7973147	4651976	5613440	3190272	3694507	1798358
鹤岗市	Hegang	4718712	3547166	3336075	2560451	3086736	1616114
双鸭山市	Shuangyashan	5633039	2733701	4047180	1830986	4327579	2150417
大庆市	Daqing	20330525	18222307	11692902	10133893	7704082	6322237
伊春市	Yichun	4856809	3496902	3388803	2439938	1277673	830487
佳木斯市	Jiamusi	9223090	4744680	6211963	3437195	6157045	1501076
七台河市	Qitaihe	3467502	2814049	2281886	1755532	2003200	1568182
牡丹江市	Mudanjiang	11200470	5826682	8239406	4045547	5345067	2797020
黑河市	Heihe	5471459	1620024	3691290	1016457	2157241	628011
绥化市	Suihua	8248131	2376532	6380478	1713441	4972953	1340906
上海市	**Shanghai**	**692563200**	**692563200**	**211856900**	**211856900**	**443578800**	**443578800**
江苏省	**Jiangsu**	**856040772**	**581122875**	**338239011**	**198366675**	**618365317**	**423593719**
南京市	Nanjing	180508183	180508183	48832900	48832900	137910583	137910583
无锡市	Wuxi	112057765	69761061	40868404	24720871	81081412	48802322
徐州市	Xuzhou	38844633	25950180	20897714	11833905	23608014	15528718
常州市	Changzhou	63480979	50804906	27533110	21012446	43183192	34433590
苏州市	Suzhou	200375764	117375908	64083214	32868752	154952420	93513579
南通市	Nantong	73420022	34601268	41302205	15939748	45085394	21689981
连云港市	Lianyungang	16716533	9678657	8231933	3654107	13669421	8376995
淮安市	Huai'an	17212966	10559624	9318062	5548112	13751470	8532243
盐城市	Yancheng	31960555	12638400	17883389	4836077	21797547	8904586
扬州市	Yangzhou	38368729	28018973	19310195	12766330	23418469	17204005
镇江市	Zhenjiang	32894627	16523966	14754886	6174725	23643767	10699381
泰州市	Taizhou	35444225	17604966	17860126	7678587	23442741	11984699
宿迁市	Suqian	14755791	7096783	7362873	2500115	12820887	6013037

2-17 续表 2 continued

单位：万元 (10 000 yuan)

城 市	City	年末金融机构人民币各项存款余额 Deposits of National Banking System at Year-end		居民人民币储蓄存款余额 Household Saving Deposits at Year-end		年末金融机构人民币各项贷款余额 Loans of National Banking System at Year-end	
		全 市 Total City	市辖区 Districts under City	全 市 Total City	市辖区 Districts under City	全 市 Total City	市辖区 Districts under City
浙江省	**Zhejiang**	**720641250**	**464657927**	**289279836**	**154596052**	**626485773**	**401027900**
杭州市	Hangzhou	217490498	197477422	63397531	53825451	183995295	166365912
宁波市	Ningbo	127405215	86815636	45623634	25915297	124932759	82045757
温州市	Wenzhou	77711632	42798863	38212517	18114649	70923219	36507366
嘉兴市	Jiaxing	50726871	17410003	24382135	7080602	38600250	12971378
湖州市	Huzhou	25779300	13566661	12437968	6441219	21454291	10333160
绍兴市	Shaoxing	63654548	44684971	27242485	17455352	54478356	38817667
金华市	Jinhua	60963832	12572618	30051314	5220436	50417253	10597043
衢州市	Quzhou	14814602	6686206	7040824	2312551	12370166	5612666
舟山市	Zhoushan	14702445	12531652	5446392	4346650	13043704	11593230
台州市	Taizhou	51541069	24534747	26981269	11695225	43402430	20982105
丽水市	Lishui	15851238	5579148	8463767	2188620	12868050	5201616
安徽省	**Anhui**	**266494313**	**170799914**	**129540657**	**63204427**	**190717920**	**140653170**
合肥市	Hefei	82325791	70051326	23557723	15975701	70549939	63092508
芜湖市	Wuhu	21283969	14246404	9999857	5247077	19055994	14103931
蚌埠市	Bengbu	12585817	8753101	6042035	3452871	8101820	6042949
淮南市	Huainan	12098590	10349206	6515900	5405882	8791725	7733197
马鞍山市	Maanshan	14478520	10065071	7494829	4270773	9984951	7533076
淮北市	Huaibei	8639085	6341323	4708413	3068111	6121091	6123791
铜陵市	Tongling	6381852	5142480	3096324	2293685	5749861	4925898
安庆市	Anqing	19756834	7181970	12524624	3306609	10673357	4835402
黄山市	Huangshan	7413161	4039080	4403194	1950603	4719512	2710312
滁州市	Chuzhou	12846969	4952276	7120398	1921692	8926828	3622976
阜阳市	Fuyang	17491358	6688876	12167753	4088627	7845679	4362491
宿州市	Suzhou	11558784	5682953	7629628	3181854	5585960	3503244
六安市	Lu'an	15232330	6627458	8764782	3341053	8242684	3856885
亳州市	Bozhou	9275747	3877549	6391634	2209672	5216455	2846718
池州市	Chizhou	5960107	3356114	3719628	1775243	4003940	2667614
宣城市	Xuancheng	9165399	3444727	5403935	1714974	7148124	2692178
福建省	**Fujian**	**282825847**	**185438699**	**118785422**	**62264570**	**246781033**	**171829179**
福州市	Fuzhou	89501389	65923862	32966518	20189590	81598854	64629365
厦门市	Xiamen	63806315	63806315	19501009	19501009	58435408	58435408
莆田市	Putian	12780568	10403393	7736442	5944334	10671860	9018716
三明市	Sanming	11845647	3913769	6010434	1577625	11153646	4058784
泉州市	Quanzhou	54091578	20026319	27067001	6808529	40158027	15187635
漳州市	Zhangzhou	18296697	8068303	9434127	3117871	13621008	6897091
南平市	Nanping	11389396	3293921	6131351	1484921	9109769	3314064
龙岩市	Longyan	10939592	6637426	5249715	2713108	10389658	6912065
宁德市	Ningde	10174665	3365391	4688825	927583	11642803	3376051
江西省	**Jiangxi**	**194142421**	**107575593**	**97241280**	**39528166**	**129435086**	**82813622**
南昌市	Nanchang	66245726	57014757	20511635	15167250	54642226	49063513
景德镇市	Jingdezhen	6700937	4332798	3945270	2229656	3605545	2512178
萍乡市	Pingxiang	6217126	4578954	3667266	2708410	3787633	3114803
九江市	Jiujiang	17590413	7825298	9634351	3278831	10560509	5006794
新余市	Xinyu	6551592	5568597	3396319	2791476	5418069	4803524
鹰潭市	Yingtan	4810383	2270529	2588702	1077773	3140039	1306179
赣州市	Ganzhou	26243297	9134482	15273291	3662814	15929189	6344280
吉安市	Ji'an	14927360	3923315	9772243	2050354	7147345	2482195
宜春市	Yichun	17090991	4401186	10452801	2034762	9164403	2281464
抚州市	Fuzhou	11112433	4424579	7300573	2611979	5990828	2487461
上饶市	Shangrao	16652163	4101098	10698829	1914861	10049300	3411231

2-17 续表 3 continued

单位：万元 (10 000 yuan)

城市	City	年末金融机构人民币各项存款余额 Deposits of National Banking System at Year-end		居民人民币储蓄存款余额 Household Saving Deposits at Year-end		年末金融机构人民币各项贷款余额 Loans of National Banking System at Year-end	
		全市 Total City	市辖区 Districts under City	全市 Total City	市辖区 Districts under City	全市 Total City	市辖区 Districts under City
山东省	**Shandong**	**619223413**	**402658582**	**297960859**	**157561075**	**446755058**	**292004145**
济南市	Jinan	108080692	100239588	32677800	27464996	78125079	73505365
青岛市	Qingdao	109695588	89854200	41405946	29648900	88607439	73482700
淄博市	Zibo	34552861	28852250	18841972	15703081	23294102	17902973
枣庄市	Zaozhuang	12456800	8263552	7798100	4807708	9710600	5693431
东营市	Dongying	27892740	19329137	10513432	7314500	20896109	11320780
烟台市	Yantai	57505412	30162931	30786852	13466670	37606996	20372454
潍坊市	Weifang	49739085	20590120	27927581	8790486	38327038	15099158
济宁市	Jining	35115463	16837196	19503167	7635105	21919785	11381415
泰安市	Tai'an	22612898	11125104	13751148	5998441	14163964	6839519
威海市	Weihai	23176566	11738429	13366887	5381714	15121271	7567118
日照市	Rizhao	17375356	12633776	7580467	4634811	12719139	9967431
莱芜市	Laiwu	7517493	7517493	4178637	4178637	5737779	5737779
临沂市	Linyi	36855656	19323284	22502987	9527531	24756407	14423024
德州市	Dezhou	19242185	6744276	12664446	3492807	12949991	4790453
聊城市	Liaocheng	19309421	7756520	11854083	3720056	14145846	5585352
滨州市	Binzhou	19008284	5897682	8335095	2423335	16468094	4587639
菏泽市	Heze	19086913	5793044	14272259	3372297	12205419	3747554
河南省	**Henan**	**367286531**	**220091239**	**189198672**	**91556834**	**228239341**	**155958011**
郑州市	Zhengzhou	124504572	109071128	44753233	34272709	93423138	85354498
开封市	Kaifeng	11342695	6094927	7638254	3468174	6994174	4536804
洛阳市	Luoyang	33502773	22952004	16598450	9726601	19659831	14702068
平顶山市	Pingdingshan	16662316	9413680	10347979	5010101	10606073	6299750
安阳市	Anyang	15845215	7332075	10560242	3722309	7532095	4147884
鹤壁市	Hebi	4260040	2672173	2571375	1479179	3895691	2193620
新乡市	Xinxiang	17284224	7614548	10846315	3813322	10385815	5041123
焦作市	Jiaozuo	11515155	6080195	7229120	3116047	7734049	4395125
濮阳市	Puyang	9714857	5471049	6860672	3485094	3790519	2227535
许昌市	Xuchang	14105168	6197280	8666567	2623202	9992343	4761832
漯河市	Luohe	6873666	4955921	4385229	2880274	3439227	2727986
三门峡市	Sanmenxia	9360311	3079560	5499153	1521859	5481601	1666997
南阳市	Nanyang	24767261	9546762	15865599	4867255	13261852	6248221
商丘市	Shangqiu	15591126	5551341	10985785	3388607	8334072	3265108
信阳市	Xinyang	18300595	6450924	1306093	3868603	9094900	2740354
周口市	Zhoukou	16556235	2908750	13116278	1775119	7037148	2309625
驻马店市	Zhumadian	17100322	4698922	11968328	2538379	7576813	3339481
湖北省	**Hubei**	**299263092**	**212261251**	**142608947**	**82778566**	**209552951**	**170712138**
武汉市	Wuhan	149156900	138821722	51174300	44834056	128038700	122239316
黄石市	Huangshi	11389000	6860892	5971800	3326140	7373500	5001931
十堰市	Shiyan	14365807	7551024	7869336	3744500	7315139	4170649
宜昌市	Yichang	23706127	14966654	12000980	6205619	17243870	12023513
襄阳市	Xiangyang	21819601	13151254	13200452	6954101	12447874	8493904
鄂州市	Ezhou	3978200	3978200	2367500	2367500	2709900	2709900

2-17 续表 4 continued

单位：万元 (10 000 yuan)

城市	City	年末金融机构人民币各项存款余额 Deposits of National Banking System at Year-end		居民人民币储蓄存款余额 Household Saving Deposits at Year-end		年末金融机构人民币各项贷款余额 Loans of National Banking System at Year-end	
		全市 Total City	市辖区 Districts under City	全市 Total City	市辖区 Districts under City	全市 Total City	市辖区 Districts under City
荆门市	Jingmen	11212547	4735252	7327445	2635643	5604153	3257293
孝感市	Xiaogan	14041195	4791497	9431692	2767974	6590964	2552086
荆州市	Jingzhou	17389123	6976725	11806677	4248495	8021799	4208670
黄冈市	Huanggang	17194302	2713004	11978925	1360442	6542146	1245821
咸宁市	Xianning	7766151	3126155	4488289	1348102	4425827	2264121
随州市	Suizhou	7244139	4588872	4991551	2985994	3239079	2544934
湖南省	**Hunan**	**261073737**	**162669171**	**142572127**	**69621195**	**174745018**	**129447264**
长沙市	Changsha	100772422	87249500	34829700	27184200	93440021	83242600
株洲市	Zhuzhou	18443875	12910713	10799987	7019992	9382774	7318654
湘潭市	Xiangtan	13910768	9138961	8226458	4629120	9746981	7637255
衡阳市	Hengyang	20960603	9689451	15089478	5738452	8549456	4726266
邵阳市	Shaoyang	15083217	4034632	11004628	2418665	6416525	2261787
岳阳市	Yueyang	13095900	6940152	8564334	4035822	6713789	3480744
常德市	Changde	16312935	7519332	11086421	4095327	7987190	4281354
张家界市	Zhangjiajie	4003178	2117470	2638937	1203582	2898041	1889995
益阳市	Yiyang	10218276	4736703	7293876	3080865	5046607	2680371
郴州市	Chenzhou	15114963	6483692	9966662	3528005	6617802	3295742
永州市	Yongzhou	11699298	3870830	8645362	2463298	5540939	2496654
怀化市	Huaihua	11283814	3915275	8061107	2268381	6193987	3074452
娄底市	Loudi	10174488	4062460	6365177	1955486	6210906	3061390
广东省	**Guangdong**	**1145426565**	**1040377565**	**500869229**	**422873204**	**698522227**	**731501591**
广州市	Guangzhou	338381962	324863992	124966918	117496654	220161849	211382081
韶关市	Shaoguan	12557589	7225801	7878365	3945901	5813834	3690499
深圳市	Shenzhen	298309900	298309900	92893700	92893700	198035800	198035800
珠海市	Zhuhai	38921300	38921300	13406248	13406248	19722214	19722214
汕头市	Shantou	25301611	25032485	16791330	16632460	9719302	9651881
佛山市	Foshan	113871268	113871268	56025780	56025780	71113052	71113052
江门市	Jiangmen	32073298	19075404	20298800	10308479	15631518	9981583
湛江市	Zhanjiang	21733946	13115227	14109848	7113965	12272855	90229972
茂名市	Maoming	15670134	5706949	11352341	3364416	6370952	2601974
肇庆市	Zhaoqing	15944311	7787974	9819171	3682834	10513955	5983991
惠州市	Huizhou	29849362	22482443	15339566	9975251	18266246	14894343
梅州市	Meizhou	12405866	5757800	8854862	3546637	5455093	2920969
汕尾市	Shanwei	4801540	1712564	3371425	898479	2238487	1154052
河源市	Heyuan	7542392	3219443	4801426	1543958	5731840	3478553
阳江市	Yangjiang	8130328	3990614	5569763	2419642	5247705	3181234
清远市	Qingyuan	13876303	8115206	8375371	4165112	8386776	5675756
东莞市	Dongguan	86307325	86307325	44764310	44764310	47742282	47742282
中山市	Zhongshan	37865572	37865572	19326712	19326712	21113966	21113966
潮州市	Chaozhou	9136618	7568277	6441620	5201478	3090884	2586907
揭阳市	Jieyang	15296936	6708454	11289859	4639726	7178417	3937172
云浮市	Yunfu	7449004	2739567	5191814	1521462	4715200	2423310
广西壮族自治区	**Guangxi**	**182852932**	**122360666**	**93040532**	**48965496**	**136777364**	**101606500**
南宁市	Nanning	64835258	58313237	23211576	18400919	61158787	57584575
柳州市	Liuzhou	23435779	18607175	9893799	6621333	16147403	13013872
桂林市	Guilin	20670145	11114679	12322318	5395036	12257695	6283364

2-17 续表 5 continued

单位：万元 (10 000 yuan)

城 市	City	年末金融机构人民币各项存款余额 Deposits of National Banking System at Year-end		居民人民币储蓄存款余额 Household Saving Deposits at Year-end		年末金融机构人民币各项贷款余额 Loans of National Banking System at Year-end	
		全 市 Total City	市辖区 Districts under City	全 市 Total City	市辖区 Districts under City	全 市 Total City	市辖区 Districts under City
梧州市	Wuzhou	7614657	3597368	4821254	1878696	5399911	2885094
北海市	Beihai	6562545	4896550	4038517	2669949	3882640	3003070
防城港市	Fangchenggang	4336247	2885910	2428262	1390927	3354040	2473903
钦州市	Qinzhou	6935584	4386919	4302357	2260189	4931694	3827653
贵港市	Guigang	8175169	3958246	5862264	2549641	4802294	2796020
玉林市	Yulin	11782797	4711150	8817257	2806846	6462578	2766709
百色市	Baise	7708922	2248634	4605852	1083660	5887972	1683763
贺州市	Hezhou	4048435	2369563	2527925	1350551	2419834	1570884
河池市	Hechi	7255205	1885394	4496484	1018636	4129431	1006415
来宾市	Laibin	4481046	2171567	2543380	1027495	2998386	1823898
崇左市	Chongzuo	5011143	1214274	3169287	511618	2944699	887280
海南省	**Hainan**	**38287397**	**38287397**	**14074422**	**14074422**	**31614335**	**31614335**
海口市	Haikou	28937987	28937987	10620955	10620955	25477971	25477971
三亚市	Sanya	9308866	9308866	3452621	3452621	6136364	6136364
三沙市	Sansa	40544	40544	846	846		
重庆市	**Chongqing**	**222020988**	**186762649**	**96223099**	**71285832**	**173815529**	**156026997**
四川省	**Sichuan**	**453781899**	**109088521**	**217690796**	**55936404**	**284124537**	**58766017**
成都市	Chengdu	236622059		81515890		176175139	
自贡市	Zigong	9749702	6166107	6343738	3452266	4493274	3136648
攀枝花市	Panzhihua	7841786	6646582	3966505	3237454	6089275	5308388
泸州市	Luzhou	14094598	8965263	8765885	4754483	7666979	5222546
德阳市	Deyang	17933452	7369547	10573270	3396198	9564001	4338022
绵阳市	Mianyang	24102750	13960178	13119094	6037342	12527844	7349329
广元市	Guangyuan	9339610	4672363	5530190	2406950	4157366	2364416
遂宁市	Suining	8932912	4700742	5757838	2623299	4990228	2940264
内江市	Neijiang	10775875	5408390	7462867	3018184	5141141	2462453
乐山市	Leshan	15245602	8680777	9257448	4273165	9317463	5525981
南充市	Nanchong	19165639	8814403	13025093	5116874	8246563	4472229
眉山市	Meishan	11160128	4281176	8779567	2967770	5323813	2425750
宜宾市	Yibin	15736735	9042242	7667375	3166101	7606445	3942488
广安市	Guang'an	11146766	4235134	7958957	2737584	4245345	1786519
达州市	Dazhou	15880534	5125162	11336858	3037000	6555773	2289918
雅安市	Ya'an	8428892	4436397	3769843	1765022	4124406	2192921
巴中市	Bazhong	6786109	2872566	4822611	1785630	2649320	908324
资阳市	Ziyang	10838750	3711492	8037767	2161082	5250162	2099821
贵州省	**Guizhou**	**108279426**	**75809237**	**45928155**	**26341478**	**74334140**	**54212157**
贵阳市	Guiyang	57420872	54366743	18271371	16420516	41779330	39445113
六盘水市	Liupanshui	7544192	4553000	3768433	1990600	5998796	3826500
遵义市	Zunyi	22225914	8683821	11508568	3878853	12036188	5522779
安顺市	Anshun	6097720	3219979	3068575	1543021	4311876	2104805
毕节市	Bijie	8387749	2894076	5094017	1438935	5478078	1883586
铜仁市	Tongren	6602979	2091618	4217191	1069553	4729872	1429374
云南省	**Yunnan**	**155240954**	**117109548**	**62860927**	**38835139**	**127756633**	**103240789**
昆明市	Kunming	100853599	91594279	33552805	28223537	91486301	85079121
曲靖市	Qujing	14042249	7674992	8070108	2977115	10175043	4760080

2-17 续表 6 continued

单位：万元 (10 000 yuan)

城市	City	年末金融机构人民币各项存款余额 Deposits of National Banking System at Year-end		居民人民币储蓄存款余额 Household Saving Deposits at Year-end		年末金融机构人民币各项贷款余额 Loans of National Banking System at Year-end	
		全市 Total City	市辖区 Districts under City	全市 Total City	市辖区 Districts under City	全市 Total City	市辖区 Districts under City
玉溪市	Yuxi	11310400	6182382	5773700	2545240	7084600	3837224
保山市	Baoshan	5557459	2342892	3386584	1289472	3720724	1623978
昭通市	Zhaotong	8585931	2983088	4358774	1180564	4627079	1824449
丽江市	Lijiang	4836179	2626386	2539737	1136252	3467239	2458374
普洱市	Pu'er	6007397	2274789	3030713	914072	3985057	2078510
临沧市	Lincang	4047740	1430740	2148506	568887	3210590	1579053
西藏自治区	**Tibet**	**13041900**				**4543500**	
拉萨市	Lasa	13041900				4543500	
陕西省	**Shaanxi**	**253009513**	**183420477**	**121787949**	**76198336**	**158756744**	**127219410**
西安市	Xi'an	137631895	131636923	53570459	49445134	100236266	98550022
铜川市	Tongchuan	3928227	3301667	2486024	1972794	1145443	911220
宝鸡市	Baoji	16471135	10281230	10376670	5820837	7585094	5448333
咸阳市	Xianyang	18116682	9038799	11481924	4731810	7623538	4344283
渭南市	Weinan	15223979	4770940	9906177	2306344	7260156	1957992
延安市	Yan'an	11044695	5065600	5718243	2559071	5668732	2513500
汉中市	Hanzhong	12468257	4619080	8310973	2633935	4918478	1747635
榆林市	Yulin	24283000	8871100	10887600	3011000	18038100	8330100
安康市	Ankang	7903487	3485371	5016886	2327046	3831145	2025960
商洛市	Shangluo	5938156	2349767	4032993	1390365	2449792	1390365
甘肃省	**Gansu**	**114612512**	**81833912**	**55637265**	**35941945**	**80943586**	**63041388**
兰州市	Lanzhou	54991505	50921474	20215573	18031395	44077083	41864655
嘉峪关市	Jiayuguan	2946097	2946097	1186119	1186119	3530031	3530031
金昌市	Jinchang	2663909	1847598	1538722	1037456	1772605	1125208
白银市	Baiyin	5242856	3376111	2905319	1702219	3296609	2081840
天水市	Tianshui	7913516	4994565	5228206	4225181	3876825	2766545
武威市	Wuwei	6052800	3965692	3927700	2505482	3991700	2636475
张掖市	Zhangye	4364534	2451172	2595457	1413430	2939004	1713278
平凉市	Pingliang	5903400	2615674	3479100	1364867	3196300	1428300
酒泉市	Jiuquan	7661200	3176824	4227384	1614110	4668500	2091325
庆阳市	Qingyang	5999756	2253200	3950511	1264300	3377807	1531400
定西市	Dingxi	5179888	1588605	3149625	818686	3150882	1117931
陇南市	Longnan	5693051	1696900	3233549	778700	3066240	1154400
青海省	**Qinghai**	**31922035**	**26903020**	**11648838**	**9005574**	**28945587**	**26326218**
西宁市	Xining	28224728	26177112	9725048	8526082	27276865	25928185
海东市	Haidong	3697307	725908	1923790	479492	1668722	398033
宁夏回族自治区	**Ningxia**	**38684703**	**28928909**	**18877006**	**13020447**	**39101475**	**30132583**
银川市	Yinchuan	23409309	20139910	10152220	7998750	26606157	22876444
石嘴山市	Shizuishan	5051605	3980152	3009863	2279268	4022030	3150216
吴忠市	Wuzhong	4174415	2031575	2511890	1215055	3691203	1751930
固原市	Guyuan	2710474	1273355	1442051	677629	1621361	977814
中卫市	Zhongwei	3338900	1503917	1760982	849745	3160724	1376179
新疆维吾尔自治区	**Xinjiang**	**67202696**	**66842748**	**21326287**	**21157074**	**42622226**	**42390501**
乌鲁木齐市	Urumqi	56118608	55758660	18963048	18793835	39384150	39152425
克拉玛依市	Karamay	11084088	11084088	2363239	2363239	3238076	3238076

2-18 规模以上工业企业数
Number of Industrial Enterprises above Designated Size

单位：个 (unit)

城　市	City	工业企业数 Number of Industrial Enterprises		内资企业 Domestic Funded		港、澳、台商投资企业 Enterprises with Funds from Hong Kong, Macao and Taiwan		外商投资企业 Foreign Funded Enterprises	
		全　市 Total City	市辖区 Districts under City	全　市 Total City	市辖区 Districts under City	全　市 Total City	市辖区 Districts under City	全　市 Total City	市辖区 Districts under City
城市合计	**Prefecture Cities**	**359698**	**160795**	**302590**	**122834**	**26351**	**17209**	**30757**	**20752**
北京市	**Beijing**	**3641**	**3473**	**2753**	**2626**	**223**	**210**	**665**	**637**
天津市	**Tianjin**	**5383**	**4457**	**3703**	**2887**	**335**	**309**	**1345**	**1261**
河北省	**Hebei**	**13264**	**1794**	**12380**	**1482**	**265**	**89**	**619**	**223**
石家庄市	Shijiazhuang	2277	252	2188	225	29	9	60	18
唐山市	Tangshan	1347	16	1228	13	40		79	3
秦皇岛市	Qinhuangdao	406	215	317	139	20	17	69	59
邯郸市	Handan	1169	201	1119	180	23	10	27	11
邢台市	Xingtai	1117	88	1077	82	14	2	26	4
保定市	Baoding	1593	202	1478	169	32	12	83	21
张家口市	Zhangjiakou	550	154	521	146	6	2	23	6
承德市	Chengde	539	103	529	100	3		7	3
沧州市	Cangzhou	1993	190	1888	169	36	9	69	12
廊坊市	Langfang	1179	211	998	110	42	20	139	81
衡水市	Hengshui	1094	162	1037	149	20	8	37	5
山西省	**Shanxi**	**3965**	**953**	**3820**	**884**	**50**	**20**	**95**	**49**
太原市	Taiyuan	435	294	411	272	4	4	20	18
大同市	Datong	176	87	163	79	4		9	8
阳泉市	Yangquan	163	70	155	64	3	3	5	3
长治市	Changzhi	356	77	346	73	5	2	5	2
晋城市	Jincheng	251	45	234	39	4	1	13	5
朔州市	Shuozhou	268	82	262	78	1	1	5	3
晋中市	Jinzhong	516	117	489	104	14	6	13	7
运城市	Yuncheng	496	78	481	76	1		14	2
忻州市	Xinzhou	331	33	331	33				
临汾市	Linfen	372	50	359	46	10	3	3	1
吕梁市	Lvliang	601	20	589	20	4		8	
内蒙古自治区	**Inner Mongolia**	**3718**	**1342**	**3556**	**1270**	**67**	**30**	**95**	**42**
呼和浩特市	Hohhot	279	83	248	77	14	3	17	3
包头市	Baotou	654	457	619	427	13	10	22	20
乌海市	Wuhai	154	154	151	151	1	1	2	2
赤峰市	Chifeng	563	186	552	177	5	4	6	5
通辽市	Tongliao	601	205	583	195	8	4	10	6
鄂尔多斯市	Erdos	390	62	372	59	8	2	10	1
呼伦贝尔市	Hulunbuir	409	72	386	67	8	2	15	3
巴彦淖尔市	Bayannur	280	77	270	74	3	2	7	1
乌兰察布市	Ulanqab	388	46	375	43	7	2	6	1
辽宁省	**Liaoning**	**17179**	**7565**	**15303**	**6259**	**461**	**327**	**1415**	**979**
沈阳市	Shenyang	3901	2375	3484	1984	116	112	301	279
大连市	Dalian	3101	1280	2311	736	136	92	654	452
鞍山市	Anshan	1229	292	1163	262	24	13	42	17
抚顺市	Fushun	967	521	906	468	19	16	42	37
本溪市	Benxi	647	461	605	435	21	16	21	10
丹东市	Dandong	792	139	701	110	14	8	77	21
锦州市	Jinzhou	826	201	759	150	25	19	42	32
营口市	Yingkou	1468	948	1298	842	47	33	123	73

2-18 续表 1 continued

单位：个 (unit)

城市	City	工业企业数 Number of Industrial Enterprises		内资企业 Domestic Funded		港、澳、台商投资企业 Enterprises with Funds from Hong Kong, Macao and Taiwan		外商投资企业 Foreign Funded Enterprises	
		全市 Total City	市辖区 Districts under City	全市 Total City	市辖区 Districts under City	全市 Total City	市辖区 Districts under City	全市 Total City	市辖区 Districts under City
阜新市	Fuxin	603	392	573	372	12	4	18	16
辽阳市	Liaoyang	665	271	631	250	14	5	20	16
盘锦市	Panjin	534	199	502	181	8	5	24	13
铁岭市	Tieling	1301	268	1259	256	13	3	29	9
朝阳市	Chaoyang	817	133	794	131	11	1	12	1
葫芦岛市	Huludao	328	85	317	82	1		10	3
吉林省	**Jilin**	**4898**	**2242**	**4621**	**2035**	**69**	**48**	**208**	**159**
长春市	Changchun	1109	843	951	693	28	27	130	123
吉林市	Jilin	1097	488	1063	464	12	8	22	16
四平市	Siping	503	204	489	196	8	5	6	3
辽源市	Liaoyuan	313	144	307	140	2	1	4	3
通化市	Tonghua	552	130	529	125	6	2	17	3
白山市	Baishan	412	181	393	176	7	2	12	3
松原市	Songyuan	604	158	597	153	2	1	5	4
白城市	Baicheng	308	94	292	88	4	2	12	4
黑龙江省	**Heilongjiang**	**4238**	**1900**	**4010**	**1764**	**70**	**40**	**158**	**96**
哈尔滨市	Harbin	1342	660	1240	581	28	24	74	55
齐齐哈尔市	Qiqihar	324	170	303	161	6	3	15	6
鸡西市	Jixi	160	57	155	54	4	3	1	
鹤岗市	Hegang	196	127	190	126	2		4	1
双鸭山市	Shuangyashan	196	89	193	88	3	1		
大庆市	Daqing	442	322	421	310	7	3	14	9
伊春市	Yichun	126	88	115	81	2		9	7
佳木斯市	Jiamusi	365	140	352	130	3	3	10	7
七台河市	Qitaihe	106	76	105	75			1	1
牡丹江市	Mudanjiang	492	114	466	105	8	1	18	8
黑河市	Heihe	93	27	87	24	2	1	4	2
绥化市	Suihua	396	30	383	29	5	1	8	
上海市	**Shanghai**	**9782**	**9642**	**5413**	**5285**	**1209**	**1204**	**3160**	**3153**
江苏省	**Jiangsu**	**48730**	**22612**	**37317**	**16411**	**4136**	**2098**	**7277**	**4103**
南京市	Nanjing	2783	2783	2110	2110	204	204	469	469
无锡市	Wuxi	5400	2936	4031	2026	515	310	854	600
徐州市	Xuzhou	2874	873	2694	794	76	26	104	53
常州市	Changzhou	4245	3440	3388	2745	348	277	509	418
苏州市	Suzhou	10776	4823	6008	2469	1476	738	3292	1616
南通市	Nantong	5107	1619	3825	1183	509	117	773	319
连云港市	Lianyungang	1649	315	1435	213	72	29	142	73
淮安市	Huai'an	2226	1013	2035	903	96	49	95	61
盐城市	Yancheng	2920	656	2587	557	123	24	210	75
扬州市	Yangzhou	2748	1536	2323	1264	208	128	217	144
镇江市	Zhenjiang	2781	986	2147	739	305	109	329	138
泰州市	Taizhou	2631	1023	2269	855	142	64	220	104
宿迁市	Suqian	2590	609	2465	553	62	23	63	33
浙江省	**Zhejiang**	**39559**	**16105**	**33019**	**12649**	**3295**	**1697**	**3245**	**1759**
杭州市	Hangzhou	6284	4145	5086	3192	533	406	665	547
宁波市	Ningbo	7167	3379	5171	2190	1066	620	930	569

2-18 续表 2 continued

单位：个 (unit)

城市	City	工业企业数 Number of Industrial Enterprises		内资企业 Domestic Funded		港、澳、台商投资企业 Enterprises with Funds from Hong Kong, Macao and Taiwan		外商投资企业 Foreign Funded Enterprises	
		全市 Total City	市辖区 Districts under City	全市 Total City	市辖区 Districts under City	全市 Total City	市辖区 Districts under City	全市 Total City	市辖区 Districts under City
温州市	Wenzhou	4521	1621	4259	1471	100	48	162	102
嘉兴市	Jiaxing	4707	951	3617	686	509	109	581	156
湖州市	Huzhou	2577	951	2074	781	252	82	251	88
绍兴市	Shaoxing	4079	2393	3278	1879	512	328	289	186
金华市	Jinhua	3871	623	3578	534	143	48	150	41
衢州市	Quzhou	1004	311	951	290	20	3	33	18
舟山市	Zhoushan	414	342	385	322	9	8	20	12
台州市	Taizhou	3733	1162	3451	1084	136	40	146	38
丽水市	Lishui	1202	227	1169	220	15	5	18	2
安徽省	**Anhui**	**16019**	**5574**	**15227**	**5125**	**312**	**173**	**480**	**276**
合肥市	Hefei	2334	848	2144	728	70	43	120	77
芜湖市	Wuhu	1837	661	1695	557	60	43	82	61
蚌埠市	Bengbu	738	343	705	320	18	10	15	13
淮南市	Huainan	608	458	589	441	7	6	12	11
马鞍山市	Maanshan	895	376	840	340	20	13	35	23
淮北市	Huaibei	732	493	706	478	13	7	13	8
铜陵市	Tongling	245	166	220	145	14	12	11	9
安庆市	Anqing	1673	220	1621	198	20	3	32	19
黄山市	Huangshan	503	211	483	198	10	7	10	6
滁州市	Chuzhou	1253	312	1174	274	24	12	55	26
阜阳市	Fuyang	897	303	873	293	12	5	12	5
宿州市	Suzhou	982	337	955	329	12	4	15	4
六安市	Lu'an	1018	253	993	249	11	2	14	2
亳州市	Bozhou	657	197	650	194	2		5	3
池州市	Chizhou	466	199	448	190	7	5	11	4
宣城市	Xuancheng	1181	197	1131	191	12	1	38	5
福建省	**Fujian**	**16115**	**5123**	**11852**	**3342**	**2713**	**1064**	**1550**	**717**
福州市	Fuzhou	2205	756	1508	470	371	156	326	130
厦门市	Xiamen	1668	1668	860	860	417	417	391	391
莆田市	Putian	1029	792	812	604	151	133	66	55
三明市	Sanming	1690	260	1611	249	61	9	18	2
泉州市	Quanzhou	4405	671	2694	344	1216	250	495	77
漳州市	Zhangzhou	1867	324	1350	225	356	64	161	35
南平市	Nanping	941	124	880	114	28	3	33	7
龙岩市	Longyan	987	378	852	336	94	27	41	15
宁德市	Ningde	1323	150	1285	140	19	5	19	5
江西省	**Jiangxi**	**7860**	**2216**	**7024**	**1952**	**520**	**130**	**316**	**134**
南昌市	Nanchang	1078	556	933	456	62	40	83	60
景德镇市	Jingdezhen	304	118	279	105	10	5	15	8
萍乡市	Pingxiang	642	353	623	340	15	10	4	3
九江市	Jiujiang	1009	198	902	172	69	12	38	14
新余市	Xinyu	304	230	283	212	10	10	11	8
鹰潭市	Yingtan	212	79	198	71	6	4	8	4
赣州市	Ganzhou	1018	195	782	147	169	25	67	23
吉安市	Ji'an	935	106	836	96	65	6	34	4
宜春市	Yichun	945	126	875	117	42	6	28	3
抚州市	Fuzhou	761	196	706	183	42	7	13	6
上饶市	Shangrao	652	59	607	53	30	5	15	1

2-18 续表 3 continued

单位：个 (unit)

城市	City	工业企业数 Number of Industrial Enterprises 全市 Total City	市辖区 Districts under City	内资企业 Domestic Funded 全市 Total City	市辖区 Districts under City	港、澳、台商投资企业 Enterprises with Funds from Hong Kong, Macao and Taiwan 全市 Total City	市辖区 Districts under City	外商投资企业 Foreign Funded Enterprises 全市 Total City	市辖区 Districts under City
山东省	**Shandong**	**40460**	**12946**	**36096**	**11002**	**1080**	**480**	**3284**	**1464**
济南市	Jinan	1902	847	1726	755	50	24	126	68
青岛市	Qingdao	4917	1769	3366	1092	283	132	1268	545
淄博市	Zibo	3131	2524	2929	2365	76	57	126	102
枣庄市	Zaozhuang	1507	1023	1434	966	32	24	41	33
东营市	Dongying	940	356	892	323	18	14	30	19
烟台市	Yantai	2767	792	2066	452	185	67	516	273
潍坊市	Weifang	4281	669	3910	567	122	38	249	64
济宁市	Jining	1954	635	1838	578	43	19	73	38
泰安市	Tai'an	1958	418	1881	383	16	3	61	32
威海市	Weihai	1631	386	1179	227	50	25	402	134
日照市	Rizhao	596	266	510	235	22	10	64	21
莱芜市	Laiwu	486	486	461	461	9	9	16	16
临沂市	Linyi	4137	1471	3915	1374	81	34	141	63
德州市	Dezhou	3728	346	3632	312	30	10	66	24
聊城市	Liaocheng	2620	371	2579	359	11	2	30	10
滨州市	Binzhou	1367	192	1308	173	24	8	35	11
菏泽市	Heze	2538	395	2470	380	28	4	40	11
河南省	**Henan**	**20042**	**4319**	**19514**	**4043**	**259**	**119**	**269**	**157**
郑州市	Zhengzhou	2736	659	2623	586	55	36	58	37
开封市	Kaifeng	1254	189	1224	173	16	7	14	9
洛阳市	Luoyang	1770	526	1724	505	18	6	28	15
平顶山市	Pingdingshan	784	213	770	205	8	3	6	5
安阳市	Anyang	937	120	917	107	11	8	9	5
鹤壁市	Hebi	555	309	540	298	7	4	8	7
新乡市	Xinxiang	1162	250	1117	228	17	9	28	13
焦作市	Jiaozuo	1211	203	1179	191	15	5	17	7
濮阳市	Puyang	875	173	855	168	12	1	8	4
许昌市	Xuchang	1433	164	1404	150	11	4	18	10
漯河市	Luohe	599	402	577	387	12	7	10	8
三门峡市	Sanmenxia	637	96	625	92	6	2	6	2
南阳市	Nanyang	1423	288	1380	268	24	9	19	11
商丘市	Shangqiu	979	328	962	316	9	5	8	7
信阳市	Xinyang	1088	154	1074	144	6	5	8	5
周口市	Zhoukou	1128	70	1107	64	12	3	9	3
驻马店市	Zhumadian	1471	175	1436	161	20	5	15	9
湖北省	**Hubei**	**13166**	**5049**	**12391**	**4546**	**335**	**177**	**440**	**326**
武汉市	Wuhan	2340	1455	2020	1180	79	67	241	208
黄石市	Huangshi	687	261	652	240	20	10	15	11
十堰市	Shiyan	856	389	830	372	11	7	15	10
宜昌市	Yichang	1380	360	1312	322	42	22	26	16
襄阳市	Xiangyang	1708	671	1646	632	33	16	29	23
鄂州市	Ezhou	487	487	466	466	6	6	15	15
荆门市	Jingmen	971	281	938	266	23	11	10	4

2-18 续表 4 continued

单位：个 (unit)

城市	City	工业企业数 Number of Industrial Enterprises		内资企业 Domestic Funded		港、澳、台商投资企业 Enterprises with Funds from Hong Kong, Macao and Taiwan		外商投资企业 Foreign Funded Enterprises	
		全市 Total City	市辖区 Districts under City	全市 Total City	市辖区 Districts under City	全市 Total City	市辖区 Districts under City	全市 Total City	市辖区 Districts under City
孝感市	Xiaogan	1142	185	1078	162	32	8	32	15
荆州市	Jingzhou	999	389	957	361	24	16	18	12
黄冈市	Huanggang	1134	136	1088	125	26	7	20	4
咸宁市	Xianning	830	211	797	200	18	5	15	6
随州市	Suizhou	632	224	607	220	21	2	4	2
湖南省	**Hunan**	**13417**	**3810**	**12817**	**3564**	**338**	**128**	**262**	**118**
长沙市	Changsha	2540	798	2391	749	62	25	87	24
株洲市	Zhuzhou	1486	356	1424	334	25	3	37	19
湘潭市	Xiangtan	884	426	848	397	14	10	22	19
衡阳市	Hengyang	1175	354	1124	331	31	8	20	15
邵阳市	Shaoyang	895	191	865	178	16	6	14	7
岳阳市	Yueyang	1327	324	1282	300	23	15	22	9
常德市	Changde	930	276	895	261	26	11	9	4
张家界市	Zhangjiajie	165	56	159	54	4	1	2	1
益阳市	Yiyang	903	406	865	384	27	17	11	5
郴州市	Chenzhou	1133	204	1071	184	49	16	13	4
永州市	Yongzhou	705	199	647	180	48	13	10	6
怀化市	Huaihua	561	56	549	55	6		6	1
娄底市	Loudi	713	164	697	157	7	3	9	4
广东省	**Guangdong**	**41205**	**33294**	**26690**	**20622**	**9789**	**8357**	**4726**	**4315**
广州市	Guangzhou	4812	3550	3054	2111	988	759	770	680
韶关市	Shaoguan	556	169	476	136	59	22	21	11
深圳市	Shenzhen	6520	6520	3586	3586	2139	2139	795	795
珠海市	Zhuhai	1054	1054	471	471	368	368	215	215
汕头市	Shantou	1845	1840	1567	1566	181	179	97	95
佛山市	Foshan	6163	6163	4782	4782	878	878	503	503
江门市	Jiangmen	2007	1077	1197	660	606	319	204	98
湛江市	Zhanjiang	772	269	682	209	54	32	36	28
茂名市	Maoming	844	226	765	212	61	8	18	6
肇庆市	Zhaoqing	1086	332	783	181	211	102	92	49
惠州市	Huizhou	1702	1015	761	400	700	433	241	182
梅州市	Meizhou	368	136	291	112	54	15	23	9
汕尾市	Shanwei	251	55	183	36	65	18	3	1
河源市	Heyuan	436	164	277	77	130	69	29	18
阳江市	Yangjiang	572	201	478	173	71	15	23	13
清远市	Qingyuan	513	308	337	202	137	75	39	31
东莞市	Dongguan	5361	5361	2238	2238	1990	1990	1133	1133
中山市	Zhongshan	2973	2973	1908	1908	698	698	367	367
潮州市	Chaozhou	865	745	692	588	123	110	50	47
揭阳市	Jieyang	1884	968	1654	844	180	97	50	27
云浮市	Yunfu	621	168	508	130	96	31	17	7
广西壮族自治区	**Guangxi**	**5509**	**2313**	**5018**	**2045**	**279**	**139**	**212**	**129**
南宁市	Nanning	969	534	879	473	38	28	52	33
柳州市	Liuzhou	816	545	781	517	12	12	23	16
桂林市	Guilin	649	144	616	126	9	4	24	14

2-18 续表 5 continued

单位：个 (unit)

城市	City	工业企业数 Number of Industrial Enterprises		内资企业 Domestic Funded		港、澳、台商投资企业 Enterprises with Funds from Hong Kong, Macao and Taiwan		外商投资企业 Foreign Funded Enterprises	
		全市 Total City	市辖区 Districts under City	全市 Total City	市辖区 Districts under City	全市 Total City	市辖区 Districts under City	全市 Total City	市辖区 Districts under City
梧州市	Wuzhou	424	196	364	156	46	30	14	10
北海市	Beihai	187	123	149	93	23	19	15	11
防城港市	Fangchenggang	168	118	149	102	5	4	14	12
钦州市	Qinzhou	269	130	243	112	17	9	9	9
贵港市	Guigang	410	178	371	159	25	14	14	5
玉林市	Yulin	626	86	545	79	61	3	20	4
百色市	Baise	243	49	234	46	9	3		
贺州市	Hezhou	174	91	153	79	15	8	6	4
河池市	Hechi	223	32	215	31	6		2	1
来宾市	Laibin	201	52	188	46	6	2	7	4
崇左市	Chongzuo	150	35	131	26	7	3	12	6
海南省	**Hainan**	**177**	**177**	**133**	**133**	**15**	**15**	**29**	**29**
海口市	Haikou	150	150	109	109	15	15	26	26
三亚市	Sanya	27	27	24	24			3	3
三沙市	Sansa								
重庆市	**Chongqing**	**5559**	**3764**	**5214**	**3469**	**138**	**112**	**207**	**183**
四川省	**Sichuan**	**12461**	**4947**	**11900**	**4606**	**200**	**119**	**361**	**222**
成都市	Chengdu	3248	1536	2938	1331	100	69	210	136
自贡市	Zigong	540	349	529	338	1	1	10	10
攀枝花市	Panzhihua	376	295	368	288	4	3	4	4
泸州市	Luzhou	604	327	590	318	6	4	8	5
德阳市	Deyang	1207	357	1159	341	15	3	33	13
绵阳市	Mianyang	729	290	692	267	16	9	21	14
广元市	Guangyuan	371	171	360	164	3	1	8	6
遂宁市	Suining	450	209	433	198	6	4	11	7
内江市	Neijiang	461	150	445	142	7	4	9	4
乐山市	Leshan	653	268	638	261	7	2	8	5
南充市	Nanchong	578	220	564	211	7	5	7	4
眉山市	Meishan	609	189	588	180	6	3	15	6
宜宾市	Yibin	541	129	534	125	4	2	3	2
广安市	Guang'an	476	110	468	106	5	3	3	1
达州市	Dazhou	501	54	497	52	4	2		
雅安市	Ya'an	328	88	322	87	4	1	2	
巴中市	Bazhong	170	56	167	55	2	1	1	
资阳市	Ziyang	619	149	608	142	3	2	8	5
贵州省	**Guizhou**	**2655**	**749**	**2596**	**715**	**26**	**14**	**33**	**20**
贵阳市	Guiyang	469	342	436	317	11	8	22	17
六盘水市	Liupanshui	330	74	325	72			5	2
遵义市	Zunyi	806	119	795	116	5	2	6	1
安顺市	Anshun	263	107	259	106	4	1		
毕节市	Bijie	352	27	348	25	4	2		
铜仁市	Tongren	435	80	433	79	2	1		
云南省	**Yunnan**	**2501**	**856**	**2363**	**772**	**62**	**40**	**76**	**44**
昆明市	Kunming	976	501	886	441	39	28	51	32
曲靖市	Qujing	542	117	530	112	5	3	7	2

2-18 续表 6 continued

单位：个 (unit)

城市	City	工业企业数 Number of Industrial Enterprises		内资企业 Domestic Funded		港、澳、台商投资企业 Enterprises with Funds from Hong Kong, Macao and Taiwan		外商投资企业 Foreign Funded Enterprises	
		全市 Total City	市辖区 Districts under City	全市 Total City	市辖区 Districts under City	全市 Total City	市辖区 Districts under City	全市 Total City	市辖区 Districts under City
玉溪市	Yuxi	318	89	304	81	7	4	7	4
保山市	Baoshan	139	55	133	52	2	1	4	2
昭通市	Zhaotong	200	31	195	27	5	4		
丽江市	Lijiang	79	14	76	14	1		2	
普洱市	Pu'er	131	28	126	26	2		3	2
临沧市	Lincang	116	21	113	19	1		2	2
西藏自治区	**Tibet**	**57**	**15**	**55**	**14**			**2**	**1**
拉萨市	Lasa	57	15	55	14			2	1
陕西省	**Shaanxi**	**4506**	**1754**	**4300**	**1615**	**60**	**39**	**146**	**100**
西安市	Xi'an	1002	805	885	701	28	27	89	77
铜川市	Tongchuan	147	138	144	135			3	3
宝鸡市	Baoji	454	195	436	183	7	3	11	9
咸阳市	Xianyang	708	237	673	225	11	5	24	7
渭南市	Weinan	417	95	402	92	6	1	9	2
延安市	Yan'an	115	23	113	23			2	
汉中市	Hanzhong	357	71	350	69	4	1	3	1
榆林市	Yulin	710	79	706	77	1	1	3	1
安康市	Ankang	409	91	406	90	1	1	2	
商洛市	Shangluo	187	20	185	20	2			
甘肃省	**Gansu**	**1847**	**789**	**1798**	**759**	**19**	**12**	**30**	**18**
兰州市	Lanzhou	395	264	378	250	8	6	9	8
嘉峪关市	Jiayuguan	48	48	48	48				
金昌市	Jinchang	67	29	67	29				
白银市	Baiyin	179	96	172	90	4	3	3	3
天水市	Tianshui	141	55	138	53	1	1	2	1
武威市	Wuwei	160	78	158	76	2	2		
张掖市	Zhangye	174	66	169	63			5	3
平凉市	Pingliang	127	26	127	26				
酒泉市	Jiuquan	277	67	264	65	3		10	2
庆阳市	Qingyang	103	22	102	21			1	1
定西市	Dingxi	92	28	91	28	1			
陇南市	Longnan	84	10	84	10				
青海省	**Qinghai**	**331**	**165**	**313**	**154**	**6**	**2**	**12**	**9**
西宁市	Xining	226	144	210	133	4	2	12	9
海东市	Haidong	105	21	103	21	2			
宁夏回族自治区	**Ningxia**	**1041**	**441**	**1001**	**415**	**11**	**8**	**29**	**18**
银川市	Yinchuan	391	129	366	110	8	6	17	13
石嘴山市	Shizuishan	264	147	253	141	2	1	9	5
吴忠市	Wuzhong	255	98	253	97	1	1	1	
固原市	Guyuan	28	11	28	11				
中卫市	Zhongwei	103	56	101	56			2	
新疆维吾尔自治区	**Xinjiang**	**413**	**409**	**393**	**389**	**9**	**9**	**11**	**11**
乌鲁木齐市	Urumqi	347	343	329	325	8	8	10	10
克拉玛依市	Karamay	66	66	64	64	1	1	1	1

2-19 规模以上工业总产值(全市)
Gross Industrial Output Value above Designated Size(Total City)

单位：万元 (10 000 yuan)

城 市	City	工业总产值(当年价格) Gross Industrial Output Value (current price)	内资企业 Domestic Funded	港、澳、台商投资企业 Enterprises with Funds from Hong Kong, Macao and Taiwan	外商投资企业 Foreign Funded Enterprises
城市合计	**Prefecture Cities**	**10089266139**	**7653385596**	**903835725**	**1532044818**
北京市	**Beijing**	**173708872**	**106143995**	**11689034**	**55875843**
天津市	**Tianjin**	**262274556**	**155099980**	**28933600**	**78240976**
河北省	**Hebei**	**450666539**	**395411986**	**20473435**	**34781118**
石家庄市	Shijiazhuang	76246940	71149160	2742446	2355334
唐山市	Tangshan	104304741	89703702	5387431	9213608
秦皇岛市	Qinhuangdao	15084884	9159204	2018636	3907044
邯郸市	Handan	50985065	44312802	3391516	3280747
邢台市	Xingtai	26957361	22251725	2123262	2582374
保定市	Baoding	41333650	37721819	947642	2664189
张家口市	Zhangjiakou	13338166	12222358	168213	947595
承德市	Chengde	18492986	18259406	140411	93169
沧州市	Cangzhou	53116876	46670940	1703259	4742677
廊坊市	Langfang	34435649	28737778	1372144	4325727
衡水市	Hengshui	16370221	15223092	478475	668654
山西省	**Shanxi**	**163729887**	**151523156**	**6768852**	**5437879**
太原市	Taiyuan	25039692	20299849	3561414	1178429
大同市	Datong	10519123	9804067	26875	688181
阳泉市	Yangquan	7159940	6959613	69862	130465
长治市	Changzhi	20170858	19318930	58849	793079
晋城市	Jincheng	10178786	8169279	1025478	984029
朔州市	Shuozhou	13241293	12953129	113306	174858
晋中市	Jinzhong	13328275	12334730	535475	458070
运城市	Yuncheng	16761987	16389413	84199	288375
忻州市	Xinzhou	8016104	8016104		
临汾市	Linfen	19269114	18777654	449309	42151
吕梁市	Lvliang	20044715	18500388	844085	700242
内蒙古自治区	**Inner Mongolia**	**181824284**	**167512093**	**2758995**	**11553196**
呼和浩特市	Hohhot	14953762	11611480	927213	2415069
包头市	Baotou	33718152	31799612	241883	1676657
乌海市	Wuhai	7170064	7129656	2063	38345
赤峰市	Chifeng	20743185	20190149	179192	373844
通辽市	Tongliao	29650184	26444143	430070	2775971
鄂尔多斯市	Erdos	42679352	39291350	214411	3173591
呼伦贝尔市	Hulunbuir	13469337	12902742	189710	376885
巴彦淖尔市	Bayannur	8633548	7770361	495353	367834
乌兰察布市	Ulanqab	10806700	10372600	79100	355000
辽宁省	**Liaoning**	**518920983**	**427275744**	**22580144**	**69065095**
沈阳市	Shenyang	137351780	106991206	4331766	26028808
大连市	Dalian	115215700	78994509	7094813	29126378
鞍山市	Anshan	33535900	31987400	508700	1039800
抚顺市	Fushun	27137758	25755789	569068	812901
本溪市	Benxi	24121130	18933619	3996234	1191277
丹东市	Dandong	13614250	11567936	418519	1627795
锦州市	Jinzhou	28223897	25311620	1263930	1648347
营口市	Yingkou	29445981	23427581	1743696	4274704

2–19 续表 1 continued

单位：万元 (10 000 yuan)

城　市	City	工业总产值（当年价格）Gross Industrial Output Value (current price)	内资企业 Domestic Funded	港、澳、台商投资企业 Enterprises with Funds from Hong Kong, Macao and Taiwan	外商投资企业 Foreign Funded Enterprises
阜新市	Fuxin	8969323	8324760	215565	428998
辽阳市	Liaoyang	20967470	18348153	1743021	876296
盘锦市	Panjin	28260420	27078909	126859	1054652
铁岭市	Tieling	27645468	26658526	411747	575195
朝阳市	Chaoyang	14463786	14159608	153851	150327
葫芦岛市	Huludao	9968120	9736128	2375	229617
吉林省	**Jilin**	**209085107**	**183847460**	**9377383**	**15860264**
长春市	Changchun	92280427	73806613	7001860	11471954
吉林市	Jilin	31401389	29559655	786866	1054868
四平市	Siping	19442199	18179239	613376	649584
辽源市	Liaoyuan	11813825	11449769	189390	174666
通化市	Tonghua	16526132	15096156	338990	1090986
白山市	Baishan	12189004	11346508	365935	476561
松原市	Songyuan	19759388	19443663	21154	294571
白城市	Baicheng	5672743	4965857	59812	647074
黑龙江省	**Heilongjiang**	**131566574**	**119691603**	**3001348**	**8873623**
哈尔滨市	Harbin	33992630	27961535	798828	5232267
齐齐哈尔市	Qiqihar	9600813	8370931	276870	953012
鸡西市	Jixi	3987873	3718200	252173	17500
鹤岗市	Hegang	2936888	2893946	26265	16677
双鸭山市	Shuangyashan	6788815	6772977	15838	
大庆市	Daqing	44814027	42503014	1294587	1016426
伊春市	Yichun	2029663	1905787	28579	95297
佳木斯市	Jiamusi	6230082	5710403	27810	491869
七台河市	Qitaihe	2371037	2368305		2732
牡丹江市	Mudanjiang	9131352	8366541	175732	589079
黑河市	Heihe	1273312	1236412	6061	30839
绥化市	Suihua	8410082	7883552	98605	427925
上海市	**Shanghai**	**320888779**	**120333723**	**50535939**	**150019117**
江苏省	**Jiangsu**	**1315266953**	**831871291**	**148983386**	**334412276**
南京市	Nanjing	125630932	74276369	7612974	43741589
无锡市	Wuxi	148763310	97097132	18308467	33357711
徐州市	Xuzhou	105230955	96389124	4720475	4121356
常州市	Changzhou	100358193	69018422	12436938	18902833
苏州市	Suzhou	302762935	108096374	49689933	144976628
南通市	Nantong	112539581	73435955	13868726	25234900
连云港市	Lianyungang	41010774	31721340	1825564	7463870
淮安市	Huai'an	46381079	35533440	7683769	3163870
盐城市	Yancheng	63705122	47925805	3042535	12736782
扬州市	Yangzhou	83242102	60837895	10081268	12322939
镇江市	Zhenjiang	71787947	47552472	11285230	12950245
泰州市	Taizhou	83972389	62416974	7006900	14548515
宿迁市	Suqian	29881634	27569989	1420607	891038
浙江省	**Zhejiang**	**626032371**	**469908372**	**77313297**	**78810702**
杭州市	Hangzhou	124079833	86455199	14509534	23115100
宁波市	Ningbo	130100892	79948313	29547796	20604783

2-19 续表 2 continued

单位：万元 (10 000 yuan)

城　　市	City	工业总产值（当年价格）Gross Industrial Output Value (current price)	内资企业 Domestic Funded	港、澳、台商投资企业 Enterprises with Funds from Hong Kong, Macao and Taiwan	外商投资企业 Foreign Funded Enterprises
温州市	Wenzhou	45165634	41444056	1059860	2661718
嘉兴市	Jiaxing	68936724	46619639	8904285	13412800
湖州市	Huzhou	38280173	29379456	4763045	4137672
绍兴市	Shaoxing	93393104	72539349	13564915	7288840
金华市	Jinhua	42263548	38215441	2352613	1695494
衢州市	Quzhou	14485242	13354118	248734	882390
舟山市	Zhoushan	13335566	12012235	106787	1216544
台州市	Taizhou	38057551	32541012	1960898	3555641
丽水市	Lishui	17934104	17399554	294830	239720
安徽省	**Anhui**	**329491733**	**287607966**	**17582154**	**24301613**
合肥市	Hefei	75265754	58392303	5999889	10873562
芜湖市	Wuhu	48088567	39568487	2271243	6248837
蚌埠市	Bengbu	18226159	17075569	877597	272993
淮南市	Huainan	10755297	9965081	623330	166886
马鞍山市	Maanshan	23773899	21605393	519037	1649469
淮北市	Huaibei	16374948	15554036	483216	337696
铜陵市	Tongling	17809047	13961026	3356061	491960
安庆市	Anqing	25744428	24735073	558479	450876
黄山市	Huangshan	5111346	4972131	82567	56648
滁州市	Chuzhou	20029371	17510969	979610	1538792
阜阳市	Fuyang	13065466	12655984	19269	390213
宿州市	Suzhou	12024985	11269113	557959	197913
六安市	Lu'an	15250123	13547340	903935	798848
亳州市	Bozhou	7436469	7376547	25070	34852
池州市	Chizhou	5529092	5299401	81175	148516
宣城市	Xuancheng	15006782	14119513	243717	643552
福建省	**Fujian**	**338533617**	**200368209**	**75383636**	**62781772**
福州市	Fuzhou	67863287	37948948	15814137	14100202
厦门市	Xiamen	47162101	11562766	13055672	22543663
莆田市	Putian	20089195	13705090	3797418	2586687
三明市	Sanming	25747459	24429520	874508	443431
泉州市	Quanzhou	93791087	46957207	29199216	17634664
漳州市	Zhangzhou	32592103	19485858	10205528	2900717
南平市	Nanping	13172871	11751196	462723	958952
龙岩市	Longyan	14884347	12311958	1362083	1210306
宁德市	Ningde	23231167	22215666	612351	403150
江西省	**Jiangxi**	**247105724**	**209887817**	**19987107**	**17230800**
南昌市	Nanchang	44375203	35528372	3048519	5798312
景德镇市	Jingdezhen	10863415	10342659	200600	320156
萍乡市	Pingxiang	14995013	14549773	232338	212902
九江市	Jiujiang	35156906	30148303	3380919	1627684
新余市	Xinyu	14345207	11433870	614742	2296595
鹰潭市	Yingtan	18884788	18557538	68532	258718
赣州市	Ganzhou	26117453	19376255	3792618	2948580
吉安市	Ji'an	22202228	18154413	2000084	2047731
宜春市	Yichun	25602644	22613694	1714304	1274646
抚州市	Fuzhou	12508893	11629809	672309	206775
上饶市	Shangrao	22053974	17553131	4262142	238701

2-19 续表 3 continued

单位：万元 (10 000 yuan)

城市	City	工业总产值（当年价格）Gross Industrial Output Value (current price)	内资企业 Domestic Funded	港、澳、台商投资企业 Enterprises with Funds from Hong Kong, Macao and Taiwan	外商投资企业 Foreign Funded Enterprises
山东省	**Shandong**	**1301351469**	**1116605125**	**40700179**	**144046165**
济南市	Jinan	47774737	43134430	1147365	3492942
青岛市	Qingdao	161041109	118764742	8329624	33946743
淄博市	Zibo	112070385	98876161	2728367	10465857
枣庄市	Zaozhuang	33841224	31641667	922938	1276619
东营市	Dongying	119971790	112412378	3260127	4299285
烟台市	Yantai	138914439	89978911	8835485	40100043
潍坊市	Weifang	116098022	104571685	5228202	6298135
济宁市	Jining	50529025	44674340	848810	5005875
泰安市	Tai'an	61883480	59754898	302372	1826210
威海市	Weihai	60030972	43140706	1364983	15525283
日照市	Rizhao	26862900	19958300	297800	6606800
莱芜市	Laiwu	15947600	15731705	31926	183969
临沂市	Linyi	86298972	76639815	2671947	6987210
德州市	Dezhou	77179217	72951708	528677	3698832
聊城市	Liaocheng	75025764	73115165	446460	1464139
滨州市	Binzhou	65127320	61899108	1700028	1528184
菏泽市	Heze	52754513	49359406	2055068	1340039
河南省	**Henan**	**583381801**	**534431930**	**30907429**	**18042442**
郑州市	Zhengzhou	109346543	84811483	19910082	4624978
开封市	Kaifeng	20141089	19578481	174057	388551
洛阳市	Luoyang	61572330	59365844	816709	1389777
平顶山市	Pingdingshan	24375943	23223530	768592	383821
安阳市	Anyang	31987281	31331745	344178	311358
鹤壁市	Hebi	15602901	15022238	224181	356482
新乡市	Xinxiang	34613976	32007480	516002	2090494
焦作市	Jiaozuo	42206392	40465532	728214	1012646
濮阳市	Puyang	26075420	24987375	612646	475399
许昌市	Xuchang	44187447	42465312	253865	1468270
漯河市	Luohe	20337300	15375100	3404500	1557700
三门峡市	Sanmenxia	32003263	29805852	1089123	1108288
南阳市	Nanyang	29948914	28567565	795440	585909
商丘市	Shangqiu	22423513	22156343	211774	55396
信阳市	Xinyang	17718979	17160048	373338	185593
周口市	Zhoukou	29969794	28436127	391268	1142399
驻马店市	Zhumadian	20870716	19671875	293460	905381
湖北省	**Hubei**	**368083460**	**305389557**	**18418073**	**44275830**
武汉市	Wuhan	111883093	79435189	7024284	25423620
黄石市	Huangshi	20956400	16379200	2499500	2077700
十堰市	Shiyan	17096313	11282949	81951	5731413
宜昌市	Yichang	43962811	40449282	2718235	795294
襄阳市	Xiangyang	54176787	47286000	1327100	5563687
鄂州市	Ezhou	12346705	11520198	408798	417709
荆门市	Jingmen	26054400	24343700	772700	938000

2-19 续表 4 continued

单位：万元 (10 000 yuan)

城 市	City	工业总产值（当年价格） Gross Industrial Output Value (current price)	内资企业 Domestic Funded	港、澳、台商投资企业 Enterprises with Funds from Hong Kong, Macao and Taiwan	外商投资企业 Foreign Funded Enterprises
孝感市	Xiaogan	21985870	19972954	989878	1023038
荆州市	Jingzhou	18966637	17556699	692545	717393
黄冈市	Huanggang	14953685	13654743	762870	536072
咸宁市	Xianning	15145300	13670000	726900	748400
随州市	Suizhou	10555459	9838643	413312	303504
湖南省	**Hunan**	**322333538**	**296910861**	**12090046**	**13332631**
长沙市	Changsha	77776403	69695899	3716959	4363545
株洲市	Zhuzhou	27185998	25621126	754794	810078
湘潭市	Xiangtan	25626782	22820294	683885	2122603
衡阳市	Hengyang	30429005	26435232	808687	3185086
邵阳市	Shaoyang	14440317	13963038	189870	287409
岳阳市	Yueyang	46565205	44840827	603450	1120928
常德市	Changde	21596608	20004461	1249948	342199
张家界市	Zhangjiajie	1373059	1298538		74521
益阳市	Yiyang	15659769	14553558	880956	225255
郴州市	Chenzhou	27871958	25785079	1908023	178856
永州市	Yongzhou	8295500	7595900	586500	113100
怀化市	Huaihua	9003765	8563608	81036	359121
娄底市	Loudi	16509169	15733301	625938	149930
广东省	**Guangdong**	**1097479309**	**569752989**	**251622902**	**276103418**
广州市	Guangzhou	171987181	65986801	31482194	74518186
韶关市	Shaoguan	11605931	9652879	1372209	580843
深圳市	Shenzhen	230952085	110714730	55646912	64590443
珠海市	Zhuhai	34608578	14157653	7625372	12825553
汕头市	Shantou	24817957	19488053	2350503	2979401
佛山市	Foshan	171218835	115792819	31011447	24414569
江门市	Jiangmen	31078568	15023969	11523853	4530746
湛江市	Zhanjiang	20413655	12641211	6920566	851878
茂名市	Maoming	21461245	20663387	499417	298441
肇庆市	Zhaoqing	34102909	21312780	7535002	5255127
惠州市	Huizhou	66052942	23959480	16179073	25914389
梅州市	Meizhou	5679947	4489976	726250	463721
汕尾市	Shanwei	9687201	5901502	3276651	509048
河源市	Heyuan	12091582	6966589	5124993	
阳江市	Yangjiang	15640855	11843637	2039585	1757633
清远市	Qingyuan	14324203	9136552	4175943	1011708
东莞市	Dongguan	110234490	34904660	40861067	34468763
中山市	Zhongshan	56737453	23502152	15082795	18152506
潮州市	Chaozhou	10883140	8257079	1698306	927755
揭阳市	Jieyang	36041900	29648613	4621612	1771675
云浮市	Yunfu	7858652	5708467	1869152	281033
广西壮族自治区	**Guangxi**	**182200067**	**150135020**	**11776226**	**20288821**
南宁市	Nanning	25571348	20656350	2782439	2132559
柳州市	Liuzhou	39178509	31115780	435105	7627624
桂林市	Guilin	19224217	17591379	239762	1393076

2-19 续表 5 continued

单位：万元 (10 000 yuan)

城 市	City	工业总产值(当年价格) Gross Industrial Output Value (current price)	内资企业 Domestic Funded	港、澳、台商投资企业 Enterprises with Funds from Hong Kong, Macao and Taiwan	外商投资企业 Foreign Funded Enterprises
梧州市	Wuzhou	17396659	15460845	1297365	638449
北海市	Beihai	13043028	10287750	2045495	709783
防城港市	Fangchenggang	9644105	6373629	303527	2966949
钦州市	Qinzhou	11305801	9428504	1159014	718283
贵港市	Guigang	7375869	6275436	692799	407634
玉林市	Yulin	12337037	9564162	1049993	1722882
百色市	Baise	9744530	9177162	567368	
贺州市	Hezhou	3641368	2898506	672868	69994
河池市	Hechi	3457834	3259940	61256	136638
来宾市	Laibin	5028962	4276676	345328	406958
崇左市	Chongzuo	5250800	3768901	123907	1357992
海南省	**Hainan**	**5559753**	**4597639**	**192197**	**769917**
海口市	Haikou	4995512	4070767	192197	732548
三亚市	Sanya	564241	526872		37369
三沙市	Sansa				
重庆市	**Chongqing**	**157854080**	**114211743**	**16680149**	**26962188**
四川省	**Sichuan**	**324747627**	**279989503**	**20838283**	**23919841**
成都市	Chengdu	91711596	56295977	16576796	18838823
自贡市	Zigong	15904705	15182881	136040	585784
攀枝花市	Panzhihua	14291756	13939446	175532	176778
泸州市	Luzhou	14021556	13802861	62278	156417
德阳市	Deyang	26231946	23570586	1653408	1007952
绵阳市	Mianyang	18239721	17413258	292325	534138
广元市	Guangyuan	6249671	5873271	43176	333224
遂宁市	Suining	11360685	10898943	122852	338890
内江市	Neijiang	16420683	15828593	266168	325922
乐山市	Leshan	16329768	15923572	205544	200652
南充市	Nanchong	18150817	17676479	212661	261677
眉山市	Meishan	10237318	9524802	223792	488724
宜宾市	Yibin	17038314	16577301	375224	85789
广安市	Guang'an	11338116	11137355	142988	57773
达州市	Dazhou	10248545	10138763	109782	
雅安市	Ya'an	3942197	3743006	178085	21106
巴中市	Bazhong	3791578	3765914	16698	8966
资阳市	Ziyang	19238655	18696495	44934	497226
贵州省	**Guizhou**	**61050169**	**59100066**	**550320**	**1399783**
贵阳市	Guiyang	20143140	18854597	265572	1022971
六盘水市	Liupanshui	12116014	11861279		254735
遵义市	Zunyi	14783604	14630418	31109	122077
安顺市	Anshun	4204292	4012741	191551	
毕节市	Bijie	5888247	5852158	36089	
铜仁市	Tongren	3914872	3888873	25999	
云南省	**Yunnan**	**74437103**	**70760850**	**1539960**	**2136293**
昆明市	Kunming	32247578	29802712	1032444	1412422
曲靖市	Qujing	16820095	16375634	85526	358935

2-19 续表 6 continued

单位：万元 (10 000 yuan)

城　市	City	工业总产值（当年价格） Gross Industrial Output Value (current price)	内资企业 Domestic Funded	港、澳、台商投资企业 Enterprises with Funds from Hong Kong, Macao and Taiwan	外商投资企业 Foreign Funded Enterprises
玉溪市	Yuxi	13290941	12926031	163977	200933
保山市	Baoshan	2691278	2561082	98892	31304
昭通市	Zhaotong	3778303	3707958	70345	
丽江市	Lijiang	1486253	1442245	2389	41619
普洱市	Pu'er	2001795	1866643	63593	71559
临沧市	Lincang	2120860	2078545	22794	19521
西藏自治区	**Tibet**	**717439**	**661641**		**55798**
拉萨市	Lasa	717439	661641		55798
陕西省	**Shaanxi**	**171552727**	**158356713**	**1967744**	**11228270**
西安市	Xi'an	44976189	37166984	419957	7389248
铜川市	Tongchuan	5496641	5234568		262073
宝鸡市	Baoji	22585207	20739084	589043	1257080
咸阳市	Xianyang	25067569	22912690	596508	1558371
渭南市	Weinan	17284723	16912067	60132	312524
延安市	Yan'an	14930619	14917478		13141
汉中市	Hanzhong	8561027	8392888	81633	86506
榆林市	Yulin	21975300	21660900	36000	278400
安康市	Ankang	6089852	6014254	4671	70927
商洛市	Shangluo	4585600	4405800	179800	
甘肃省	**Gansu**	**77538290**	**76179523**	**323263**	**1035504**
兰州市	Lanzhou	24149500	23317200	202200	630100
嘉峪关市	Jiayuguan	8502600	8502600		
金昌市	Jinchang	7876838	7876838		
白银市	Baiyin	6954882	6712940	36808	205134
天水市	Tianshui	3005266	2941092	10371	53803
武威市	Wuwei	3973301	3928633	44668	
张掖市	Zhangye	2550423	2504360		46063
平凉市	Pingliang	2972038	2972038		
酒泉市	Jiuquan	7494809	7381393	29216	84200
庆阳市	Qingyang	7432921	7416717		16204
定西市	Dingxi	1324612	1324612		
陇南市	Longnan	1301100	1301100		
青海省	**Qinghai**	**14980081**	**14391969**	**320203**	**267909**
西宁市	Xining	12045124	11653226	123989	267909
海东市	Haidong	2934957	2738743	196214	
宁夏回族自治区	**Ningxia**	**35544849**	**34549539**	**302614**	**692696**
银川市	Yinchuan	19280304	18588274	190855	501175
石嘴山市	Shizuishan	6603168	6461404	23642	118122
吴忠市	Wuzhong	5192938	5101223	88117	3598
固原市	Guyuan	396593	396593		
中卫市	Zhongwei	4071846	4002045		69801
新疆维吾尔自治区	**Xinjiang**	**41358398**	**40877533**	**237827**	**243038**
乌鲁木齐市	Urumqi	23725269	23267611	230158	227500
克拉玛依市	Karamay	17633129	17609922	7669	15538

2-20 规模以上工业总产值(市辖区)

Gross Industrial Output Value above Designated Size(Districts under City)

单位：万元 (10 000 yuan)

城　市	City	工业总产值(当年价格) Gross Industrial Output Value (current price)	内资企业 Domestic Funded	港、澳、台商投资企业 Enterprises with Funds from Hong Kong, Macao and Taiwan	外商投资企业 Foreign Funded Enterprises
城市合计	**Prefecture Cities**	**5518879793**	**3704439223**	**628791941**	**1185648628**
北京市	**Beijing**	**170127941**	**104064984**	**11149402**	**54913555**
天津市	**Tianjin**	**239982584**	**135325756**	**27511845**	**77144983**
河北省	**Hebei**	**108305166**	**88566294**	**7142083**	**12596789**
石家庄市	Shijiazhuang	11574327	8752247	2085206	736874
唐山市	Tangshan	15719212	15372498		346714
秦皇岛市	Qinhuangdao	9492799	4531025	2009596	2952178
邯郸市	Handan	14338462	13754914	185766	397782
邢台市	Xingtai	5258285	4237759	940465	80061
保定市	Baoding	13527114	11678736	299106	1549272
张家口市	Zhangjiakou	7135690	6856797	17074	261819
承德市	Chengde	5812709	5770416		42293
沧州市	Cangzhou	13755422	10118216	376802	3260404
廊坊市	Langfang	6309785	2617935	859607	2832243
衡水市	Hengshui	5381361	4875751	368461	137149
山西省	**Shanxi**	**59791775**	**52711804**	**4869557**	**2210414**
太原市	Taiyuan	21593467	17082329	3561414	949724
大同市	Datong	9151589	8467608		683981
阳泉市	Yangquan	4374900	4216300	69900	88700
长治市	Changzhi	5422793	5359334	27203	36256
晋城市	Jincheng	3728979	2873437	768761	86781
朔州市	Shuozhou	7452115	7202705	113306	136104
晋中市	Jinzhong	2206936	1811230	221884	173822
运城市	Yuncheng	2088965	2050744		38221
忻州市	Xinzhou	874227	874227		
临汾市	Linfen	2083090	1959176	107089	16825
吕梁市	Lvliang	814714	814714		
内蒙古自治区	**Inner Mongolia**	**67378599**	**61682577**	**972789**	**4723233**
呼和浩特市	Hohhot	4943890	4657607	225571	60712
包头市	Baotou	24956062	23118686	181814	1655562
乌海市	Wuhai	7170064	7129656	2063	38345
赤峰市	Chifeng	9200157	8712638	127401	360118
通辽市	Tongliao	10094582	8558268	61423	1474891
鄂尔多斯市	Erdos	4711281	3783294	5987	922000
呼伦贝尔市	Hulunbuir	2393061	2270459	14191	108411
巴彦淖尔市	Bayannur	2713002	2285869	343539	83594
乌兰察布市	Ulanqab	1196500	1166100	10800	19600
辽宁省	**Liaoning**	**284371803**	**210738938**	**18779547**	**54853318**
沈阳市	Shenyang	97176631	67753119	4147984	25275528
大连市	Dalian	58852837	31831364	5450159	21571314
鞍山市	Anshan	12466100	11982800	200300	283000
抚顺市	Fushun	17946787	16741514	466914	738359
本溪市	Benxi	20360714	15455102	3936158	969454
丹东市	Dandong	2027514	1558541	158224	310749
锦州市	Jinzhou	10464603	8215197	1150003	1099403
营口市	Yingkou	18065513	13981068	1374671	2709774

2-20 续表 1 continued

单位：万元 (10 000 yuan)

城 市	City	工业总产值（当年价格） Gross Industrial Output Value (current price)	内资企业 Domestic Funded	港、澳、台商投资企业 Enterprises with Funds from Hong Kong, Macao and Taiwan	外商投资企业 Foreign Funded Enterprises
阜新市	Fuxin	6478781	5982199	111368	385214
辽阳市	Liaoyang	8796502	6605648	1457392	733462
盘锦市	Panjin	16840732	16279509	18187	543036
铁岭市	Tieling	5858199	5407770	305538	144891
朝阳市	Chaoyang	3503877	3498948	2649	2280
葫芦岛市	Huludao	5533013	5446159		86854
吉林省	**Jilin**	**141101776**	**120640241**	**7745753**	**12715782**
长春市	Changchun	85390007	68126642	6531193	10732172
吉林市	Jilin	19596692	18393714	661850	541128
四平市	Siping	7521785	7006844	142560	372381
辽源市	Liaoyuan	7048886	6734185	171016	143685
通化市	Tonghua	7852043	7687529	138340	26174
白山市	Baishan	5880800	5691800	81500	107500
松原市	Songyuan	6129511	5859096	11815	258600
白城市	Baicheng	1682052	1140431	7479	534142
黑龙江省	**Heilongjiang**	**80936704**	**74855478**	**1058203**	**5023023**
哈尔滨市	Harbin	21291271	17188536	687733	3415002
齐齐哈尔市	Qiqihar	6071644	5740963	66882	263799
鸡西市	Jixi	1917679	1689459	228220	
鹤岗市	Hegang	2066229	2058713		7516
双鸭山市	Shuangyashan	2203195	2199304	3891	
大庆市	Daqing	38384024	37977075	12313	394636
伊春市	Yichun	1575893	1510864		65029
佳木斯市	Jiamusi	2450081	1987611	27810	434660
七台河市	Qitaihe	2022792	2020060		2732
牡丹江市	Mudanjiang	2070863	1622591	18396	429876
黑河市	Heihe	399014	386129	3112	9773
绥化市	Suihua	484019	474173	9846	
上海市	**Shanghai**	**317695279**	**117430871**	**50318279**	**149946128**
江苏省	**Jiangsu**	**660053598**	**378244696**	**76188145**	**205620757**
南京市	Nanjing	125630932	74276369	7612974	43741589
无锡市	Wuxi	58251927	26059367	7025532	25167028
徐州市	Xuzhou	50850980	45501482	2654071	2695427
常州市	Changzhou	77962024	52939269	11189185	13833570
苏州市	Suzhou	116200047	30871643	22530229	62798175
南通市	Nantong	38268044	20148997	3675522	14443525
连云港市	Lianyungang	13835321	6434230	1011323	6389768
淮安市	Huai'an	28732201	19490426	6544735	2697040
盐城市	Yancheng	22080678	11913151	468684	9698843
扬州市	Yangzhou	54259674	39514682	6361184	8383808
镇江市	Zhenjiang	27618389	14974848	3710912	8932629
泰州市	Taizhou	36175218	27373440	2460434	6341344
宿迁市	Suqian	10188163	8746792	943360	498011
浙江省	**Zhejiang**	**330026424**	**229151659**	**51054791**	**49819974**
杭州市	Hangzhou	94086922	60444820	12499209	21142893
宁波市	Ningbo	85985775	48313627	22524844	15147304

2-20 续表 2 continued

单位：万元 (10 000 yuan)

城 市	City	工业总产值(当年价格) Gross Industrial Output Value (current price)	内资企业 Domestic Funded	港、澳、台商投资企业 Enterprises with Funds from Hong Kong, Macao and Taiwan	外商投资企业 Foreign Funded Enterprises
温州市	Wenzhou	16289657	14818152	512661	958844
嘉兴市	Jiaxing	16248978	10672367	1743027	3833584
湖州市	Huzhou	14503367	11823256	1191719	1488392
绍兴市	Shaoxing	61821721	46583551	10471792	4766378
金华市	Jinhua	6438000	4982010	1052376	403614
衢州市	Quzhou	6425994	5753391	135462	537141
舟山市	Zhoushan	10455673	9935995	98692	420986
台州市	Taizhou	13861983	11999531	785823	1076629
丽水市	Lishui	3908354	3824959	39186	44209
安徽省	**Anhui**	**172416128**	**140665048**	**12390117**	**19360963**
合肥市	Hefei	46679891	33136353	3792534	9751004
芜湖市	Wuhu	28175065	20443571	1994414	5737080
蚌埠市	Bengbu	10195649	9370403	608693	216553
淮南市	Huainan	9637313	8855336	617105	164872
马鞍山市	Maanshan	14327032	12934059	420399	972574
淮北市	Huaibei	12250744	11908463	107857	234424
铜陵市	Tongling	15514766	11727616	3344236	442914
安庆市	Anqing	6786757	6425030	32167	329560
黄山市	Huangshan	2282218	2189411	59916	32891
滁州市	Chuzhou	6068296	3935430	831999	1300867
阜阳市	Fuyang	4454128	4428980	9614	15534
宿州市	Suzhou	5117938	4609841	485014	23083
六安市	Lu'an	3226039	3166619	22392	37028
亳州市	Bozhou	3063769	3034494		29275
池州市	Chizhou	2925101	2835568	59263	30270
宣城市	Xuancheng	1711422	1663874	4514	43034
福建省	**Fujian**	**134957172**	**61828638**	**32527901**	**40600633**
福州市	Fuzhou	21968448	11416630	4524563	6027255
厦门市	Xiamen	47162101	11562766	13055672	22543663
莆田市	Putian	16968664	10904363	3608236	2456065
三明市	Sanming	5934549	5762730	156526	15293
泉州市	Quanzhou	22634914	7583310	7134977	7916627
漳州市	Zhangzhou	7137738	3541899	3187694	408145
南平市	Nanping	3063816	2699509	18003	346304
龙岩市	Longyan	6680002	5435262	502908	741832
宁德市	Ningde	3406940	2922169	339322	145449
江西省	**Jiangxi**	**84958785**	**68635075**	**5700172**	**10623538**
南昌市	Nanchang	24436287	16882904	2350554	5202829
景德镇市	Jingdezhen	5865705	5699444	27281	138980
萍乡市	Pingxiang	9668603	9289420	188918	190265
九江市	Jiujiang	10733814	8888789	1061591	783434
新余市	Xinyu	11599180	8879346	614742	2105092
鹰潭市	Yingtan	4196480	4112032	39314	45134
赣州市	Ganzhou	7658885	5187016	950080	1521789
吉安市	Ji'an	3309051	2711289	100197	497565
宜春市	Yichun	2214768	2075627	108305	30836
抚州市	Fuzhou	4498502	4177560	227770	93172
上饶市	Shangrao	777510	731648	31420	14442

2-20 续表 3 continued

单位：万元 (10 000 yuan)

城市	City	工业总产值(当年价格) Gross Industrial Output Value (current price)	内资企业 Domestic Funded	港、澳、台商投资企业 Enterprises with Funds from Hong Kong, Macao and Taiwan	外商投资企业 Foreign Funded Enterprises
山东省	**Shandong**	**518852722**	**410807388**	**20068661**	**87976673**
济南市	Jinan	26877574	24686753	600246	1590575
青岛市	Qingdao	89190212	66557484	4194126	18438602
淄博市	Zibo	87907108	80141023	1996323	5769762
枣庄市	Zaozhuang	20429969	18882547	651708	895714
东营市	Dongying	50024264	43369700	3154300	3500264
烟台市	Yantai	53921970	17880990	3649969	32391011
潍坊市	Weifang	23501317	20157565	1299343	2044409
济宁市	Jining	26866699	21869579	535619	4461501
泰安市	Tai'an	11055413	10063305	30186	961922
威海市	Weihai	13898563	10351904	857041	2689618
日照市	Rizhao	18346500	11794700	189200	6362600
莱芜市	Laiwu	15947600	15731705	31926	183969
临沂市	Linyi	38907216	31979074	1539302	5388840
德州市	Dezhou	11410992	9823135	233794	1354063
聊城市	Liaocheng	9772537	9009705	40749	722083
滨州市	Binzhou	9894204	9194869	130512	568823
菏泽市	Heze	10900584	9313350	934317	652917
河南省	**Henan**	**170253836**	**137202790**	**23692436**	**9358610**
郑州市	Zhengzhou	42529075	21567108	18904395	2057572
开封市	Kaifeng	4030895	3845132	71308	114455
洛阳市	Luoyang	24372408	23512652	61707	798049
平顶山市	Pingdingshan	9290278	8600281	539508	150489
安阳市	Anyang	8424116	8055239	157926	210951
鹤壁市	Hebi	7102080	6614593	131787	355700
新乡市	Xinxiang	10347973	8384422	344636	1618915
焦作市	Jiaozuo	8777651	8453086	179815	144750
濮阳市	Puyang	6860562	6811311	4415	44836
许昌市	Xuchang	5761371	5501729	70318	189324
漯河市	Luohe	11208500	7340200	2421000	1447300
三门峡市	Sanmenxia	4112419	3993756	112282	6381
南阳市	Nanyang	8214166	7422710	273264	518192
商丘市	Shangqiu	3808540	3714811	40203	53526
信阳市	Xinyang	7822638	7506895	208222	107521
周口市	Zhoukou	2979269	2020339	98285	860645
驻马店市	Zhumadian	4611895	3858526	73365	680004
湖北省	**Hubei**	**201815255**	**149298184**	**11966323**	**40550748**
武汉市	Wuhan	92961472	63054678	5653077	24253717
黄石市	Huangshi	11791500	7432000	2331400	2028100
十堰市	Shiyan	11925259	6168753	52870	5703636
宜昌市	Yichang	17210348	15485757	1102486	622105
襄阳市	Xiangyang	26391584	20421900	576800	5392884
鄂州市	Ezhou	12346705	11520198	408798	417709
荆门市	Jingmen	9535400	8700800	577600	257000

2-20 续表 4 continued

单位: 万元 (10 000 yuan)

城 市	City	工业总产值（当年价格）Gross Industrial Output Value (current price)	内资企业 Domestic Funded	港、澳、台商投资企业 Enterprises with Funds from Hong Kong, Macao and Taiwan	外商投资企业 Foreign Funded Enterprises
孝感市	Xiaogan	2342095	1757413	108138	476544
荆州市	Jingzhou	7489176	6316018	530622	642536
黄冈市	Huanggang	1547700	1254400	275200	18100
咸宁市	Xianning	4222000	3499800	155100	567100
随州市	Suizhou	4052016	3686467	194232	171317
湖南省	**Hunan**	**132935497**	**118979579**	**6084650**	**7871268**
长沙市	Changsha	32818118	30330308	1809657	678153
株洲市	Zhuzhou	13602464	12818394	301123	482947
湘潭市	Xiangtan	15932724	13226615	618630	2087479
衡阳市	Hengyang	11892408	8407752	352115	3132541
邵阳市	Shaoyang	3558986	3248900	94364	215722
岳阳市	Yueyang	18469081	17481674	339024	648383
常德市	Changde	10294492	9561807	509448	223237
张家界市	Zhangjiajie	421665	407177		14488
益阳市	Yiyang	8304680	7434638	728675	141367
郴州市	Chenzhou	7251760	6305744	884737	61279
永州市	Yongzhou	2579600	2401000	97500	81100
怀化市	Huaihua	1163819	1099323		64496
娄底市	Loudi	6645700	6256247	349377	40076
广东省	**Guangdong**	**954248105**	**471310639**	**215700856**	**267236610**
广州市	Guangzhou	151223726	53190899	26647722	71385105
韶关市	Shaoguan	6380617	5417343	771795	191479
深圳市	Shenzhen	230952085	110714730	55646912	64590443
珠海市	Zhuhai	34608578	14157653	7625372	12825553
汕头市	Shantou	24794134	19482991	2343226	2967917
佛山市	Foshan	171218835	115792819	31011447	24414569
江门市	Jiangmen	17560175	8415241	6880977	2263957
湛江市	Zhanjiang	13030782	6023280	3276641	3730861
茂名市	Maoming	15531468	15228559	69074	233835
肇庆市	Zhaoqing	12995877	5323911	4207464	3464502
惠州市	Huizhou	52807488	16656004	11255418	24896066
梅州市	Meizhou	3150534	2405222	360816	384496
汕尾市	Shanwei	4322372	2311486	1855341	155545
河源市	Heyuan	6063414	3493448	2569966	
阳江市	Yangjiang	6389385	5111845	219268	1058272
清远市	Qingyuan	9970819	7594419	1584519	791881
东莞市	Dongguan	110234490	34904660	40861067	34468763
中山市	Zhongshan	56737453	23502152	15082795	18152506
潮州市	Chaozhou	8523256	6435841	1583824	503591
揭阳市	Jieyang	16526098	14313672	1525867	686559
云浮市	Yunfu	1226519	834464	321345	70710
广西壮族自治区	**Guangxi**	**110103496**	**86560700**	**7545679**	**15997117**
南宁市	Nanning	17252205	13649053	2519971	1083181
柳州市	Liuzhou	34162956	26155738	435105	7572113
桂林市	Guilin	4844043	4398307	133284	312452

2-20 续表 5 continued

单位：万元 (10 000 yuan)

城市	City	工业总产值（当年价格）Gross Industrial Output Value (current price)	内资企业 Domestic Funded	港、澳、台商投资企业 Enterprises with Funds from Hong Kong, Macao and Taiwan	外商投资企业 Foreign Funded Enterprises
梧州市	Wuzhou	10061900	8975066	636917	449917
北海市	Beihai	11786865	9336697	1911338	538830
防城港市	Fangchenggang	7811825	4796437	69771	2945617
钦州市	Qinzhou	8716877	7042359	956235	718283
贵港市	Guigang	3260093	2683831	551389	24873
玉林市	Yulin	2826757	1428716	21200	1376841
百色市	Baise	2350203	2189541	160662	
贺州市	Hezhou	2108654	2028979	32784	46891
河池市	Hechi	997146	967530		29616
来宾市	Laibin	2546936	2235658	8586	302692
崇左市	Chongzuo	1377036	672788	108437	595811
海南省	**Hainan**	**5559753**	**4597639**	**192197**	**769917**
海口市	Haikou	4995512	4070767	192197	732548
三亚市	Sanya	564241	526872		37369
三沙市	Sansa				
重庆市	**Chongqing**	**131314556**	**89319211**	**16009762**	**25985583**
四川省	**Sichuan**	**171853972**	**137250030**	**16754888**	**17849054**
成都市	Chengdu	61075983	31919871	14608461	14547651
自贡市	Zigong	12104991	11383167	136040	585784
攀枝花市	Panzhihua	11687270	11339483	171009	176778
泸州市	Luzhou	8980223	8811166	45667	123390
德阳市	Deyang	7775573	7024516	561015	190042
绵阳市	Mianyang	11915197	11199172	227055	488970
广元市	Guangyuan	3370431	3050004	9887	310540
遂宁市	Suining	5043668	4730596	112680	200392
内江市	Neijiang	5379187	4925150	251233	202804
乐山市	Leshan	8393051	8224986	51799	116266
南充市	Nanchong	8764308	8434995	151540	177773
眉山市	Meishan	3779254	3440382	104365	234507
宜宾市	Yibin	8277820	8091162	171127	15531
广安市	Guang'an	3362571	3259331	71368	31872
达州市	Dazhou	2334800	2317100	17700	
雅安市	Ya'an	1386597	1329375	57222	
巴中市	Bazhong	977206	977206		
资阳市	Ziyang	7245842	6792368	6720	446754
贵州省	**Guizhou**	**25630148**	**24676233**	**240890**	**713025**
贵阳市	Guiyang	13939228	13113437	187370	638421
六盘水市	Liupanshui	3885256	3843509		41747
遵义市	Zunyi	3783739	3738806	12076	32857
安顺市	Anshun	2222322	2212309	10013	
毕节市	Bijie	1015743	987704	28039	
铜仁市	Tongren	783860	780468	3392	
云南省	**Yunnan**	**39064966**	**36865944**	**1014481**	**1184541**
昆明市	Kunming	20921129	19314067	717412	889650
曲靖市	Qujing	6308468	6198783	69177	40508

2-20 续表 6 continued

单位: 万元 (10 000 yuan)

城 市	City	工业总产值(当年价格) Gross Industrial Output Value (current price)	内资企业 Domestic Funded	港、澳、台商投资企业 Enterprises with Funds from Hong Kong, Macao and Taiwan	外商投资企业 Foreign Funded Enterprises
玉溪市	Yuxi	8795381	8514504	133054	147823
保山市	Baoshan	1006150	945423	39922	20805
昭通市	Zhaotong	1062412	1007496	54916	
丽江市	Lijiang	253263	253263		
普洱市	Pu'er	393603	327369		66234
临沧市	Lincang	324560	305039		19521
西藏自治区	**Tibet**	**373271**	**331108**		**42163**
拉萨市	Lasa	373271	331108		42163
陕西省	**Shaanxi**	**86994275**	**77529803**	**1300792**	**8163680**
西安市	Xi'an	35593125	28741763	414547	6436815
铜川市	Tongchuan	5261872	4999799		262073
宝鸡市	Baoji	13274625	11636653	416535	1221437
咸阳市	Xianyang	10866468	10305843	406166	154459
渭南市	Weinan	2349637	2288419	19123	42095
延安市	Yan'an	12669715	12669715		
汉中市	Hanzhong	1332460	1326309	3750	2401
榆林市	Yulin	3406400	3326000	36000	44400
安康市	Ankang	1172273	1167602	4671	
商洛市	Shangluo	1067700	1067700		
甘肃省	**Gansu**	**52229880**	**51172282**	**269868**	**787730**
兰州市	Lanzhou	19686000	18966600	184200	535200
嘉峪关市	Jiayuguan	8502600	8502600		
金昌市	Jinchang	6756236	6756236		
白银市	Baiyin	5349302	5113540	30629	205133
天水市	Tianshui	1885799	1865164	10371	10264
武威市	Wuwei	2770862	2726194	44668	
张掖市	Zhangye	752799	727913		24886
平凉市	Pingliang	366353	366353		
酒泉市	Jiuquan	3025883	3020570		5313
庆阳市	Qingyang	2700914	2693980		6934
定西市	Dingxi	341940	341940		
陇南市	Longnan	91192	91192		
青海省	**Qinghai**	**7251671**	**6918894**	**67148**	**265629**
西宁市	Xining	6558569	6225792	67148	265629
海东市	Haidong	693102	693102		
宁夏回族自治区	**Ningxia**	**16981024**	**16243973**	**236899**	**500152**
银川市	Yinchuan	9399107	8836036	132527	430544
石嘴山市	Shizuishan	4522197	4436334	16255	69608
吴忠市	Wuzhong	1370132	1282015	88117	
固原市	Guyuan	164294	164294		
中卫市	Zhongwei	1525294	1525294		
新疆维吾尔自治区	**Xinjiang**	**41313632**	**40832767**	**237827**	**243038**
乌鲁木齐市	Urumqi	23680503	23222845	230158	227500
克拉玛依市	Karamay	17633129	17609922	7669	15538

2-21 规模以上工业企业资产状况

Assets of Industrial Enterprises above Designated Size

单位：万元 (10 000 yuan)

城　市	City	流动资产合计 Total Current Assets		固定资产合计 Total Fixed Assets	
		全　市 Total City	市辖区 Districts under City	全　市 Total City	市辖区 Districts under City
城市合计	**Prefecture Cities**	**3960778521**	**2530835263**	**2803288678**	**1568067787**
北京市	**Beijing**	**127305911**	**124197604**	**60602824**	**59584206**
天津市	**Tianjin**	**121599583**	**112742357**		
河北省	**Hebei**	**137026270**	**56159474**	**120503754**	**49650830**
石家庄市	Shijiazhuang	16747210	7971790	21306777	6200339
唐山市	Tangshan	35178667	8687123		
秦皇岛市	Qinhuangdao	9080881	6430112	7868757	5253887
邯郸市	Handan	20377417	8519186	17989050	8172373
邢台市	Xingtai	9559736	2673164	8670994	3484114
保定市	Baoding	3601575	9319787	10293992	4948382
张家口市	Zhangjiakou	6982193	348625	9094479	9094479
承德市	Chengde	8686232	2953030	8954984	3893222
沧州市	Cangzhou	10069556	3328273	22606962	4471714
廊坊市	Langfang	10199414	3146217	9977973	2623158
衡水市	Hengshui	6543389	2782167	3739786	1509162
山西省	**Shanxi**	**110769749**	**42798462**	**105005945**	**42494485**
太原市	Taiyuan	17132658	14303722	13562968	12094349
大同市	Datong	10126087	9315808	10849387	9586479
阳泉市	Yangquan	3818806	2408386	5640719	3941184
长治市	Changzhi	12625105	2177425	10504545	2292912
晋城市	Jincheng	10460594	5154852	9602624	3316676
朔州市	Shuozhou	5629747	3067222	10460746	6397159
晋中市	Jinzhong	9626667	1299234	9139578	1065231
运城市	Yuncheng	9589432	1582760	8264245	1372788
忻州市	Xinzhou	4442882	495058	6841081	401083
临汾市	Linfen	10015840	1174764	8277907	1290488
吕梁市	Lvliang	17301931	1819231	11862145	736136
内蒙古自治区	**Inner Mongolia**	**75784782**	**32394886**	**93162533**	**34423014**
呼和浩特市	Hohhot	9095604	1759123	7928163	3185625
包头市	Baotou	17224179	14381399	14855240	11145224
乌海市	Wuhai	5741997	5741997	4172061	4172061
赤峰市	Chifeng	4765489	2509382	6812504	3046770
通辽市	Tongliao	3396305	1046110	9120474	1828045
鄂尔多斯市	Erdos	23242247	4063757	26794662	5130439
呼伦贝尔市	Hulunbuir	4793567	1345839	10038207	3697249
巴彦淖尔市	Bayannur	3998394	1061079	6635922	1623401
乌兰察布市	Ulanqab	3527000	486200	6805300	594200
辽宁省	**Liaoning**	**172877772**	**132217331**	**140626030**	**89685873**
沈阳市	Shenyang	37449720	34836474	32773125	25096680
大连市	Dalian	50893653	40681808	31699462	17546325
鞍山市	Anshan	16715800	11943500	9262400	5233600
抚顺市	Fushun	6335368	5495243	6935539	6127720
本溪市	Benxi	7908699	6883065	7115871	6255736
丹东市	Dandong	3799875	929418	2330459	647782
锦州市	Jinzhou	4529784	2832815		
营口市	Yingkou	10218031	7758973	8372298	6784824

2-21 续表 1 continued

单位：万元 (10 000 yuan)

城市	City	流动资产合计 Total Current Assets 全市 Total City	流动资产合计 Total Current Assets 市辖区 Districts under City	固定资产合计 Total Fixed Assets 全市 Total City	固定资产合计 Total Fixed Assets 市辖区 Districts under City
阜新市	Fuxin	3919877	3044427	4691497	3528465
辽阳市	Liaoyang	9003899	7077824	5270069	3224719
盘锦市	Panjin	7796074	5245297	10957905	8471650
铁岭市	Tieling	5572427	1156557	11967259	3116405
朝阳市	Chaoyang	4192729	1078126	5090702	1639613
葫芦岛市	Huludao	4541836	3253804	4159444	2012354
吉林省	**Jilin**	**64522552**	**51092098**	**64104889**	**44329752**
长春市	Changchun	36817193	35286706	21721040	20079387
吉林市	Jilin	8984240	4546020	11758292	6894772
四平市	Siping	2849264	1227783	4990213	1292288
辽源市	Liaoyuan	2271237	1383126	3570235	2496485
通化市	Tonghua	5054736	2819026	3837116	2472164
白山市	Baishan	1590596	827500	3481513	2123600
松原市	Songyuan	5591625	4477943	12788587	8224039
白城市	Baicheng	1363661	523994	1957893	747017
黑龙江省	**Heilongjiang**	**57968924**	**46436805**	**55133134**	**43919515**
哈尔滨市	Harbin	23956909	21091655	11598522	8566784
齐齐哈尔市	Qiqihar	6143023	4883595	4633422	3439611
鸡西市	Jixi	2263365	1518889	1954158	1663545
鹤岗市	Hegang	1527536	1241002	1441292	1160854
双鸭山市	Shuangyashan	1586547	981783		
大庆市	Daqing	12454621	11685635	26666346	25220186
伊春市	Yichun	884497	717066	1074574	969451
佳木斯市	Jiamusi	1897977	1110163	1993976	897531
七台河市	Qitaihe	1865380	1528774	1885792	1720785
牡丹江市	Mudanjiang	2406153	1343581		
黑河市	Heihe	669567	232264	813554	206518
绥化市	Suihua	2313349	102398	3071498	74250
上海市	**Shanghai**	**196981952**	**194311833**	**84484284**	**82585818**
江苏省	**Jiangsu**	**494198595**	**269930498**	**302407890**	**166384433**
南京市	Nanjing	50104085	50104085	28105163	28105163
无锡市	Wuxi	87979418	33837866	37206361	17067511
徐州市	Xuzhou	23784970	18850379	29597717	22540966
常州市	Changzhou	46567266	37049462	20760459	16741000
苏州市	Suzhou	152906922	66150555	74869872	28686848
南通市	Nantong	35605365	14621552	22002425	9581521
连云港市	Lianyungang	10018521	6120148	9574773	5235337
淮安市	Huai'an	9300864	5500053	9192427	6224515
盐城市	Yancheng	15325319	5705436	16119848	3956688
扬州市	Yangzhou	20872731	13654350	16026538	10824686
镇江市	Zhenjiang	24754369	9475785	18045939	8383095
泰州市	Taizhou	6696459	3157176	12529296	5299197
宿迁市	Suqian	10282306	5703651	8377072	3737906
浙江省	**Zhejiang**	**348188392**	**181595205**	**158953790**	**82787610**
杭州市	Hangzhou	76160953	59505582	30316969	23604967
宁波市	Ningbo	68701412	40082195	32200934	20836797

2-21 续表 2 continued

单位: 万元 (10 000 yuan)

城　市	City	流动资产合计 Total Current Assets 全　市 Total City	流动资产合计 市辖区 Districts under City	固定资产合计 Total Fixed Assets 全　市 Total City	固定资产合计 市辖区 Districts under City
温州市	Wenzhou	27718944	8913604	9670626	3456337
嘉兴市	Jiaxing	35690340	8101161	24098826	5130352
湖州市	Huzhou	16266830	7179459	8320508	3186427
绍兴市	Shaoxing	49733050	31393173	19916226	14518432
金华市	Jinhua	27107746	5201197	10772721	1661854
衢州市	Quzhou	7787751	4018121	4915062	2436254
舟山市	Zhoushan	8733534	5466668	5056929	3536357
台州市	Taizhou	22918366	9184286	9830957	3423602
丽水市	Lishui	7369466	2549759	3854032	996231
安徽省	**Anhui**	**113190753**	**69379525**	**100831486**	**64557971**
合肥市	Hefei	26445697	17462075	16875612	10797711
芜湖市	Wuhu	19538118	13373210	13344669	8804554
蚌埠市	Bengbu	5035084	3724870	3041264	2319324
淮南市	Huainan	4756828	4602412	13790694	13675623
马鞍山市	Maanshan	9551849	7199860	8757021	6666486
淮北市	Huaibei	6098527	5100232	9772718	8741824
铜陵市	Tongling	7413520	6423223	4868798	3863328
安庆市	Anqing	6232112	1917589	5816470	2456536
黄山市	Huangshan	1840015	876880	956224	407970
滁州市	Chuzhou	6824061	1991174	5528664	
阜阳市	Fuyang	3489442	1632942	3482700	1681700
宿州市	Suzhou	2372802	1231157	3067836	1856300
六安市	Lu'an	4482838	824019	3953940	593276
亳州市	Bozhou	2137166	1284615	2099416	721671
池州市	Chizhou	1881887	1169948	2232768	1665089
宣城市	Xuancheng	5090807	565319	3242692	306579
福建省	**Fujian**	**129045259**	**57731961**	**79272748**	**34844520**
福州市	Fuzhou	24197301	8257056	16524016	4632943
厦门市	Xiamen	25804379	25804379	11102091	11102091
莆田市	Putian	5886002	4774325	3841365	3191860
三明市	Sanming	5443831	1439272	5717213	1786024
泉州市	Quanzhou	35383885	8113407	19956229	5996761
漳州市	Zhangzhou	14068817	3027456	7248933	1422422
南平市	Nanping	4205778	1277697	3351945	1208937
龙岩市	Longyan	7477486	3388721	5629786	2285612
宁德市	Ningde	6577780	1649648	5901170	3217870
江西省	**Jiangxi**	**61941242**	**26059910**	**68317656**	**28871817**
南昌市	Nanchang	13162371	8228662	11598957	5138457
景德镇市	Jingdezhen	4989833	4324684	8585758	6522336
萍乡市	Pingxiang	1796280	1190260	4528555	3292996
九江市	Jiujiang	5935630	1992483	7944238	2810317
新余市	Xinyu	5871734	4916124	6782709	6081312
鹰潭市	Yingtan	9110342	663971	6407155	1367292
赣州市	Ganzhou	6403595	1937164	6008767	1598487
吉安市	Ji'an	2591074	479146	4277743	715503
宜春市	Yichun	5293658	783653	6062274	485008
抚州市	Fuzhou	2452503	1021626	2292053	667998
上饶市	Shangrao	4334222	522137	3829447	192111

2-21 续表 3 continued

单位：万元 (10 000 yuan)

城市	City	流动资产合计 Total Current Assets 全市 Total City	流动资产合计 Total Current Assets 市辖区 Districts under City	固定资产合计 Total Fixed Assets 全市 Total City	固定资产合计 Total Fixed Assets 市辖区 Districts under City
山东省	**Shandong**	**385834203**	**191266473**	**303084678**	**125036316**
济南市	Jinan	24387199	16524134	13505560	9042874
青岛市	Qingdao	51089037	37967362	24597194	14958286
淄博市	Zibo	26289681	19123844	20945075	15618482
枣庄市	Zaozhuang	8100884	6051271	9248051	5157815
东营市	Dongying	34356267	14959480	37512969	18988731
烟台市	Yantai	35901126	18850942	28661808	8759201
潍坊市	Weifang	34748758	10924687	28966277	7094072
济宁市	Jining	27360585	11348441	18509169	8048699
泰安市	Tai'an	15302317	4780514	13720513	3149558
威海市	Weihai	16691384	7303922	15510956	5570622
日照市	Rizhao	14744900	11784500	7415100	5510300
莱芜市	Laiwu	5476541	5476541	5770546	5770546
临沂市	Linyi	18633125	9679465	15168796	6595480
德州市	Dezhou	13464682	2772302	17322809	4103836
聊城市	Liaocheng	24110764	9438897	14600340	1740087
滨州市	Binzhou	24914126	2561105	19720475	2427530
菏泽市	Heze	10262827	1719066	11909040	2500197
河南省	**Henan**	**186670651**	**74492572**	**180295953**	**56781743**
郑州市	Zhengzhou	46257570	23036036	30131384	9166149
开封市	Kaifeng	5782339	2351228	8387130	2547717
洛阳市	Luoyang	20077515	9405768	19239973	7141582
平顶山市	Pingdingshan	11420668	5025658	10345198	4575288
安阳市	Anyang	9904994	3843796	9186935	3714801
鹤壁市	Hebi	3473292	1659973	4663209	2826260
新乡市	Xinxiang	10716401	4131009	9058739	2876705
焦作市	Jiaozuo	11123188	3988209	11512957	4285294
濮阳市	Puyang	6230935	2414539	7355468	3157558
许昌市	Xuchang	13098533	4808635	13645104	1243532
漯河市	Luohe	5566500	3508900	4988100	3074800
三门峡市	Sanmenxia	1497948	939563	9712139	1084427
南阳市	Nanyang	11779610	4084809	9968630	4483397
商丘市	Shangqiu	7012714	1100652	6447239	860183
信阳市	Xinyang	3468770	1272886	7401706	2195721
周口市	Zhoukou	8102249	1019776	8911363	895168
驻马店市	Zhumadian	11157425	1901135	9340679	2653161
湖北省	**Hubei**	**124158445**	**87631648**	**115902059**	**74769684**
武汉市	Wuhan	51276485	45596822	36039022	32777240
黄石市	Huangshi	8650900	5491000	6633500	4794700
十堰市	Shiyan	12034882	10191844	4497912	2134750
宜昌市	Yichang	13846820	8127612	25940355	19415695
襄阳市	Xiangyang	12177300	7459100	8624548	4417800
鄂州市	Ezhou	1893984	1893984	2771123	2771123
荆门市	Jingmen	4227400	1847400	4754500	2195800

2-21 续表 4 continued

单位：万元 (10 000 yuan)

城市	City	流动资产合计 Total Current Assets		固定资产合计 Total Fixed Assets	
		全市 Total City	市辖区 Districts under City	全市 Total City	市辖区 Districts under City
孝感市	Xiaogan	4895644	1014035	5809003	614963
荆州市	Jingzhou	5712630	2260640	4652338	2074860
黄冈市	Huanggang	3963282	659100	8196798	429300
咸宁市	Xianning	3356200	1663400	3692900	704800
随州市	Suizhou	2122918	1426711	4290060	2438653
湖南省	**Hunan**	**83865032**	**51645978**	**80863244**	**38390081**
长沙市	Changsha	32520589	17511979	15949790	7606326
株洲市	Zhuzhou	9192268	7849201	6809930	3778628
湘潭市	Xiangtan	7841933	7235740	5643731	4581823
衡阳市	Hengyang	4655947	2746788	6372831	2881794
邵阳市	Shaoyang	1719796	843175	3535760	1470570
岳阳市	Yueyang	5047759	2871449	10835111	5818112
常德市	Changde	8357672	5696613	5124873	2089137
张家界市	Zhangjiajie	227659	88674	901792	317455
益阳市	Yiyang	2697379	1235821	4482125	2132268
郴州市	Chenzhou	4835161	2628869	8224879	2468541
永州市	Yongzhou	1634000	878100	2997400	1132300
怀化市	Huaihua	1361318	184994	3880145	815179
娄底市	Loudi	3773551	1874575	6104877	3297948
广东省	**Guangdong**	**464554871**	**425553839**	**223901988**	**193753280**
广州市	Guangzhou	74129378	67963897	37056216	34423759
韶关市	Shaoguan	4723722	2961626	5430472	3366982
深圳市	Shenzhen	139505782	139505782	38084105	38084105
珠海市	Zhuhai	26494764	26497764	8315289	8315289
汕头市	Shantou	8289699	8267630	7842497	7777863
佛山市	Foshan	51502989	51502989	31432314	31432314
江门市	Jiangmen	14813015	9320896	8894139	5171429
湛江市	Zhanjiang	8146833	4266669	4268554	3135837
茂名市	Maoming	3500090	2640933	3946174	2706949
肇庆市	Zhaoqing	6657522	2935389	7794776	4859507
惠州市	Huizhou	21466743	18299013	13487938	10567281
梅州市	Meizhou	2962412	2019328	2324299	1383686
汕尾市	Shanwei	1838494	1071835	2471156	1763664
河源市	Heyuan	3462348	2024004	2909861	1687498
阳江市	Yangjiang	3209647	1419064	3891440	1481297
清远市	Qingyuan	6531419	4188368	4584353	3034174
东莞市	Dongguan	53155504	53155504	22485283	22485283
中山市	Zhongshan	22081808	22081808	7678491	7678491
潮州市	Chaozhou	3234473	2648850	2711444	1669189
揭阳市	Jieyang	6292628	2442582	6093462	2481769
云浮市	Yunfu	2555601	339908	2199725	246914
广西壮族自治区	**Guangxi**	**61303075**	**41292214**	**52164915**	**28784124**
南宁市	Nanning	7729261	5509461	7842951	5269576
柳州市	Liuzhou	16337157	14461375	8000808	6462763
桂林市	Guilin	5204643	2214405	4864796	1601830

2-21 续表 5 continued

单位：万元 (10 000 yuan)

城市	City	流动资产合计 Total Current Assets		固定资产合计 Total Fixed Assets	
		全市 Total City	市辖区 Districts under City	全市 Total City	市辖区 Districts under City
梧州市	Wuzhou	3349775	2707437	3235834	1974738
北海市	Beihai	2782312	2258385	2257762	1973071
防城港市	Fangchenggang	3353720	2957983	2143216	1818086
钦州市	Qinzhou	3521075	3063440	3207153	2954047
贵港市	Guigang	2964063	1690954	2482096	1647056
玉林市	Yulin	4046692	1721394	2225591	794504
百色市	Baise	3718813	803243	5930093	1023911
贺州市	Hezhou	1148024	676121	1529310	583043
河池市	Hechi	2844699	1148409	3858903	397976
来宾市	Laibin	2141838	1423698	2566572	1587213
崇左市	Chongzuo	2161003	655909	2019830	696310
海南省	**Hainan**	**4219299**	**4219299**	**2177986**	**2177986**
海口市	Haikou	3724950	3724950	1817328	1817328
三亚市	Sanya	494349	494349	360658	360658
三沙市	Sansa				
重庆市	**Chongqing**	**62293267**	**55138452**	**51562459**	**41168149**
四川省	**Sichuan**	**135141395**	**84405823**	**79605509**	**32816138**
成都市	Chengdu	46033998	32961110		
自贡市	Zigong	6867683	5377132	2765943	2208500
攀枝花市	Panzhihua	8152152	6273501	6672577	4317433
泸州市	Luzhou	4870208	3044355	3397373	1853554
德阳市	Deyang	14680595	6486925	6428252	2709310
绵阳市	Mianyang	11423774	9012828	5057886	2158795
广元市	Guangyuan	1399490	908785	2806066	1258875
遂宁市	Suining	2370159	741549	3398709	1307023
内江市	Neijiang	4367349	699210	4704771	1579342
乐山市	Leshan	7209978	4283010	6966241	3859324
南充市	Nanchong	4307914	2736683	5861925	2624426
眉山市	Meishan	3115068	1240117	3508796	1346810
宜宾市	Yibin	9373209	6672712	10234727	3306760
广安市	Guang'an	1748311	749140	2476021	1271764
达州市	Dazhou	2915296	850488	5453100	1143000
雅安市	Ya'an	1798821	594534	6643958	881793
巴中市	Bazhong	422180	109942	560504	121349
资阳市	Ziyang	4085210	1663802	2668660	868080
贵州省	**Guizhou**	**32001944**	**11711758**	**30067032**	**9516902**
贵阳市	Guiyang	10164410	6301037	7402278	3529297
六盘水市	Liupanshui	6793179	1764066	6859021	2074273
遵义市	Zunyi	9416758	1434268	9477446	2076887
安顺市	Anshun	2606658	1519879	1862680	894998
毕节市	Bijie	2869188	382771	4043508	457811
铜仁市	Tongren	151751	309737	422099	483636
云南省	**Yunnan**	**43190038**	**23923639**	**51519020**	**19386099**
昆明市	Kunming	20424659	14005327	12864331	7512827
曲靖市	Qujing	7998680	2819567	8913735	2586861

2-21 续表 6 continued

单位：万元 (10 000 yuan)

城市	City	流动资产合计 Total Current Assets 全市 Total City	流动资产合计 Total Current Assets 市辖区 Districts under City	固定资产合计 Total Fixed Assets 全市 Total City	固定资产合计 Total Fixed Assets 市辖区 Districts under City
玉溪市	Yuxi	6733246	4830409	6591081	4300666
保山市	Baoshan	1443958	739963	2179837	835223
昭通市	Zhaotong	2491211	656577	8355113	1213666
丽江市	Lijiang	1576563	419315	4007848	705763
普洱市	Pu'er	1299407	285060	5608696	1706237
临沧市	Lincang	1222314	167421	2998379	524856
西藏自治区	**Tibet**	**1123575**	**605717**	**2364439**	**1904303**
拉萨市	Lasa	1123575	605717	2364439	1904303
陕西省	**Shaanxi**	**82362528**	**26721996**	**81242773**	**42810917**
西安市	Xi'an	28947311	2500939	11705654	9861458
铜川市	Tongchuan	1818789	1740490	2843950	2802404
宝鸡市	Baoji	8573688	6558679	7183748	4542069
咸阳市	Xianyang	5699375	2422775	8377530	2883425
渭南市	Weinan	8883894	1174208	8351553	800708
延安市	Yan'an	10628774	9037190	18694220	17317129
汉中市	Hanzhong	3899171	658043	4448551	495988
榆林市	Yulin	11284600	1741200	16157600	3001600
安康市	Ankang	1136826	299672	1966667	371736
商洛市	Shangluo	1490100	588800	1513300	734400
甘肃省	**Gansu**	**38200670**	**27955561**	**52350638**	**32009289**
兰州市	Lanzhou	9890800	8239600	8901400	6678600
嘉峪关市	Jiayuguan	5812400	5812400	4959600	4959600
金昌市	Jinchang	7302093	6704536	15644331	13899926
白银市	Baiyin	3717211	3315205	3484355	2552942
天水市	Tianshui	1429969	1069600	1445958	973348
武威市	Wuwei	1249013	779969	1040280	605482
张掖市	Zhangye	1353934	516151	1448119	619553
平凉市	Pingliang	1173454	11493	2600094	463698
酒泉市	Jiuquan	3623925	912841	5854862	470922
庆阳市	Qingyang	1117903	338062	4783681	566431
定西市	Dingxi	661568	190047	1008858	207258
陇南市	Longnan	868400	65657	1179100	11529
青海省	**Qinghai**	**7082590**	**2781069**	**8710899**	**5097154**
西宁市	Xining	5730229	2575234	7930590	4837592
海东市	Haidong	1352361	205835	780309	259562
宁夏回族自治区	**Ningxia**	**21157226**	**8284462**	**24870592**	**10557723**
银川市	Yinchuan	9922892	3312599	13618678	4788772
石嘴山市	Shizuishan	4442851	2965635	4472381	3452577
吴忠市	Wuzhong	2741258	891078	3819289	924448
固原市	Guyuan	146188	35501	575611	90193
中卫市	Zhongwei	3904037	1079649	2384633	1301733
新疆维吾尔自治区	**Xinjiang**	**16217976**	**16156814**	**29197531**	**28988055**
乌鲁木齐市	Urumqi	10450553	10389391	16193207	15983731
克拉玛依市	Karamay	5767423	5767423	13004324	13004324

2-22 规模以上工业企业主要财务指标

Main Financial Indicators of Industrial Enterprises above Designated Size

单位：万元 (10 000 yuan)

城 市	city	主营业务税金及附加 Tax and Extra Charges from Principal Business		本年应交增值税 Value-added Tax Payable		利润总额 Total Profits	
		全 市 Total City	市辖区 Districts under City	全 市 Total City	市辖区 Districts under City	全 市 Total City	市辖区 Districts under City
城市合计	**Prefecture Cities**	**149791356**	**114147903**	**319462421**	**174977933**	**665093896**	**343408530**
北京市	**Beijing**	**2813921**	**2785103**	**5371656**	**5244358**	**12828840**	**12518864**
天津市	**Tianjin**	**3179547**	**3117556**	**8593291**	**8014511**	**19927619**	**18132574**
河北省	**Hebei**	**4260053**	**1516082**	**11372211**	**3110228**	**26050661**	**3521267**
石家庄市	Shijiazhuang	844484	49587	1753155	295325	5938190	586097
唐山市	Tangshan	528089	91460	2857782	426627	5649856	199918
秦皇岛市	Qinhuangdao	86361	63231	398449	246618	243829	244661
邯郸市	Handan	224624	59883	1170730	405210	1725566	219980
邢台市	Xingtai	81757	24933	643565	195378	1471318	286372
保定市	Baoding	507112	343771	1118297	451285	2407839	394197
张家口市	Zhangjiakou	447688	382355	395393	201900	807679	326414
承德市	Chengde	235113	22145	686909	150320	1253550	155722
沧州市	Cangzhou	1081767	406723	1296455	394015	3718491	385746
廊坊市	Langfang	137849	33592	718792	202440	1909963	377562
衡水市	Hengshui	85209	38402	332684	141110	924380	344598
山西省	**Shanxi**	**1572213**	**678896**	**7238667**	**2488012**	**6915214**	**2380817**
太原市	Taiyuan	303905	289507	666987	600065	94918	143495
大同市	Datong	89852	79537	503585	453757	183279	155504
阳泉市	Yangquan	89839	57849	385596	301329	49326	48608
长治市	Changzhi	128286	22917	833705	137392	1262706	260495
晋城市	Jincheng	101732	55173	712467	285909	1044251	640276
朔州市	Shuozhou	198716	133846	940837	482925	1979479	1081753
晋中市	Jinzhong	109507	8693	633802	52655	137312	13071
运城市	Yuncheng	49560	8660	397657	24555	698926	51127
忻州市	Xinzhou	80935	1339	462474	15791	694736	74097
临汾市	Linfen	110405	10171	678614	75139	265881	-40478
吕梁市	Lvliang	309476	11204	1022943	58495	504400	-47131
内蒙古自治区	**Inner Mongolia**	**2455278**	**1165208**	**7367215**	**1909337**	**19705307**	**5468667**
呼和浩特市	Hohhot	738801	669935	501057	103854	1455446	344757
包头市	Baotou	226315	150602	1157548	643782	2128095	1328799
乌海市	Wuhai	65444	65444	338528	338528	716034	716034
赤峰市	Chifeng	124132	44397	360880	152190	1383099	498612
通辽市	Tongliao	247013	86539	799241	171300	1867860	717613
鄂尔多斯市	Erdos	782697	120154	3164985	355831	9024682	1267075
呼伦贝尔市	Hulunbuir	185595	20257	691141	110570	2365419	281906
巴彦淖尔市	Bayannur	51081	5180	144435	22382	440172	304671
乌兰察布市	Ulanqab	34200	2700	209400	10900	324500	9200
辽宁省	**Liaoning**	**8790583**	**6750809**	**14512938**	**7701378**	**28729485**	**12262789**
沈阳市	Shenyang	1615936	1367118	2708593	1981183	7724545	4786806
大连市	Dalian	2586287	1967219	3786530	1833727	5939962	2418845
鞍山市	Anshan	396900	141700	1184700	451700	1949300	465800
抚顺市	Fushun	683269	648365	458507	338644	649960	102675
本溪市	Benxi	166812	112072	670451	521200	929329	604116
丹东市	Dandong	86685	10845	382686	52809	562784	84967
锦州市	Jinzhou	649215	522777	743040	321932	2069345	480935

2-22 续表 1 continued

单位：万元 (10 000 yuan)

城市	city	主营业务税金及附加 Tax and Extra Charges from Principal Business 全市 Total City	市辖区 Districts under City	本年应交增值税 Value-added Tax Payable 全市 Total City	市辖区 Districts under City	利润总额 Total Profits 全市 Total City	市辖区 Districts under City
营口市	Yingkou	421060	303203	1378434	783536	2916850	1662427
阜新市	Fuxin	49573	36896	202125	176524	320787	242071
辽阳市	Liaoyang	521981	440441	428243	226410	1179686	-27341
盘锦市	Panjin	824258	730026	821920	665372	1598186	990340
铁岭市	Tieling	171341	33760	838418	121181	1639876	258124
朝阳市	Chaoyang	166666	11871	641893	55227	1110054	250630
葫芦岛市	Huludao	450600	424516	267398	171933	138821	-57606
吉林省	**Jilin**	**4529416**	**3991890**	**6006679**	**4600376**	**12147075**	**9020292**
长春市	Changchun	2806726	2731991	3290672	3213605	7531489	7309467
吉林市	Jilin	858839	765390	1007128	567825	579918	-23608
四平市	Siping	65891	24613	181558	49859	589342	220583
辽源市	Liaoyuan	40195	22740	129600	98200	201527	89286
通化市	Tonghua	137446	24245	480184	119041	831696	266093
白山市	Baishan	94073	41200	328748	146100	211316	77500
松原市	Songyuan	506921	377835	524185	376655	2029752	1007622
白城市	Baicheng	19325	3876	64604	29091	172035	73349
黑龙江省	**Heilongjiang**	**6718118**	**6366096**	**5882269**	**4400962**	**11938976**	**8429875**
哈尔滨市	Harbin	1169723	1030292	981509	648050	1292415	588873
齐齐哈尔市	Qiqihar	57774	35745	349583	232930	553170	310275
鸡西市	Jixi	33648	27573	211873	133325	101119	-41606
鹤岗市	Hegang	27976	21568	118540	104561	-27639	-85576
双鸭山市	Shuangyashan	50527	22251	368000	138717	319974	-6871
大庆市	Daqing	5181172	5154041	2938812	2840853	7992261	7438138
伊春市	Yichun	6686	5283	47597	41355	122863	58208
佳木斯市	Jiamusi	25999	11826	129683	43818	354556	74247
七台河市	Qitaihe	16746	14756	118058	113160	-111205	-101585
牡丹江市	Mudanjiang	58543	36334	370590	81473	473319	92054
黑河市	Heihe	13174	6215	51961	18669	180120	84571
绥化市	Suihua	76150	212	196063	4051	688023	19147
上海市	**Shanghai**	**9106609**	**9101752**	**9052829**	**8994368**	**24152004**	**24136287**
江苏省	**Jiangsu**	**11258205**	**7988164**	**41837135**	**22018353**	**83132846**	**43337070**
南京市	Nanjing	3253869	3253869	4842435	4842435	9791044	9791044
无锡市	Wuxi	613456	241650	3642465	1274844	8334735	3226629
徐州市	Xuzhou	1897804	1456385	4868456	2297902	8560785	4107340
常州市	Changzhou	390737	271998	2906618	2164795	5256942	3945179
苏州市	Suzhou	827704	345668	5032322	1821892	13501159	5677194
南通市	Nantong	490976	154100	4201478	1339378	8615231	2670554
连云港市	Lianyungang	359919	72188	1571400	735692	3160934	1391443
淮安市	Huai'an	919954	807189	1043494	628857	2231445	1316716
盐城市	Yancheng	643495	400398	3125901	1503732	4279918	1765721
扬州市	Yangzhou	769689	535258	3430145	2432491	5760476	3675602
镇江市	Zhenjiang	251459	93131	2233035	814416	4396292	2014256
泰州市	Taizhou	585977	299273	3842368	1767939	5960851	2432403
宿迁市	Suqian	253166	57057	1097018	393980	3283034	1322989

2-22 续表 2 continued

单位：万元 (10 000 yuan)

城市	city	主营业务税金及附加 Tax and Extra Charges from Principal Business		本年应交增值税 Value-added Tax Payable		利润总额 Total Profits	
		全市 Total City	市辖区 Districts under City	全市 Total City	市辖区 Districts under City	全市 Total City	市辖区 Districts under City
浙江省	**Zhejiang**	**6643341**	**5245228**	**17090683**	**8830426**	**35608339**	**18595340**
杭州市	Hangzhou	2151876	2025782	3807696	3029724	8541359	6818273
宁波市	Ningbo	2745051	2550973	3376861	2191453	7016804	4842992
温州市	Wenzhou	234882	78086	1441631	490563	2368065	662211
嘉兴市	Jiaxing	287803	63267	2053039	341704	3563875	871494
湖州市	Huzhou	211816	73472	995970	347690	2202697	760031
绍兴市	Shaoxing	380623	258497	2001692	1354999	5054964	3131784
金华市	Jinhua	230038	30738	1186907	179442	2319608	220538
衢州市	Quzhou	78638	35825	473229	220601	966988	329137
舟山市	Zhoushan	41014	35061	160735	144847	116969	56944
台州市	Taizhou	203737	74767	1153089	410054	1975263	574305
丽水市	Lishui	77863	18760	439834	119349	1481747	327631
安徽省	**Anhui**	**4233440**	**3226000**	**9962084**	**5572199**	**20863250**	**9704666**
合肥市	Hefei	870091	735080	2228485	1429771	4988691	3101532
芜湖市	Wuhu	736680	618998	1676954	987932	2760332	1575605
蚌埠市	Bengbu	524388	484193	277570	224373	620634	394752
淮南市	Huainan	85280	83479	548671	543125	189168	145161
马鞍山市	Maanshan	123983	78598	776958	431797	1512031	917944
淮北市	Huaibei	175599	121012	583323	516955	614638	394380
铜陵市	Tongling	39920	34981	322135	279935	631137	534851
安庆市	Anqing	599959	465600	637694	197253	1866835	260047
黄山市	Huangshan	29860	10429	159848	68270	340003	178605
滁州市	Chuzhou	268188	204673	632504	214065	2194585	682882
阜阳市	Fuyang	320354	223600	589524	132760	717862	162838
宿州市	Suzhou	78939	38411	292697	209629	601692	288964
六安市	Lu'an	149621	16411	319261	39447	1190080	231602
亳州市	Bozhou	120381	76144	233904	116129	826626	422939
池州市	Chizhou	33140	17011	175832	117380	527417	276876
宣城市	Xuancheng	77057	17380	506724	63378	1281519	135688
福建省	**Fujian**	**4000830**	**2790708**	**9918037**	**3521402**	**22249955**	**7476089**
福州市	Fuzhou	496393	230261	2016718	691733	4225103	1063987
厦门市	Xiamen	756597	756597	823311	823311	2345251	2345251
莆田市	Putian	144399	132966	463143	395679	1531362	1360349
三明市	Sanming	148906	53694	677695	185456	798227	167474
泉州市	Quanzhou	1223865	691786	2571139	523828	7172290	973374
漳州市	Zhangzhou	153307	59967	1775649	380659	2684908	585769
南平市	Nanping	106492	27715	406799	70776	740070	125142
龙岩市	Longyan	862172	805896	526348	324534	1132592	458101
宁德市	Ningde	108699	31826	657235	125426	1620152	396642
江西省	**Jiangxi**	**2734182**	**1649530**	**8918035**	**2628792**	**17805675**	**5187784**
南昌市	Nanchang	965669	846793	1240378	729825	2507625	1546062
景德镇市	Jingdezhen	77661	55200	305226	140553	480397	170182
萍乡市	Pingxiang	153990	55840	556595	352231	1851041	1178937
九江市	Jiujiang	574399	511111	942833	236313	2597957	494614
新余市	Xinyu	71967	50601	330013	253959	597819	451691
鹰潭市	Yingtan	96676	11040	845447	85270	1039770	280298
赣州市	Ganzhou	183271	56261	1072185	258228	1722553	418387
吉安市	Ji'an	173172	20304	978837	174276	1974188	249149
宜春市	Yichun	203991	12387	1039153	138243	2425210	176349
抚州市	Fuzhou	56850	25554	495306	228569	756947	279364
上饶市	Shangrao	176536	4439	1112062	31325	1852168	-57249

2-22 续表 3 continued

单位：万元 (10 000 yuan)

城市	city	主营业务税金及附加 Tax and Extra Charges from Principal Business		本年应交增值税 Value-added Tax Payable		利润总额 Total Profits	
		全市 Total City	市辖区 Districts under City	全市 Total City	市辖区 Districts under City	全市 Total City	市辖区 Districts under City
山东省	**Shandong**	**14090708**	**8248644**	**38253520**	**16108336**	**86252416**	**32952077**
济南市	Jinan	1333793	1127337	1527838	751111	2588671	933762
青岛市	Qingdao	2527476	1796918	5240029	2871553	8956766	4467285
淄博市	Zibo	1295617	1093871	3861483	3392613	7615418	6212986
枣庄市	Zaozhuang	277692	195962	1354129	766142	1858765	1073974
东营市	Dongying	3117138	2610052	4105376	2530017	12397350	5697982
烟台市	Yantai	573378	310796	2849883	1079851	10455357	3566494
潍坊市	Weifang	607188	134359	2455695	558540	6471222	1375949
济宁市	Jining	355790	111424	1816344	700889	3290183	1389242
泰安市	Tai'an	682602	79432	2156198	399177	4525180	887227
威海市	Weihai	390332	97147	1684042	328406	3448706	947673
日照市	Rizhao	143500	115500	386800	209800	803500	408700
莱芜市	Laiwu	55523	55523	215484	215484	351925	351925
临沂市	Linyi	506276	148012	2056474	923930	5496474	2667885
德州市	Dezhou	885297	84047	3101306	435878	5187039	884559
聊城市	Liaocheng	401147	25637	1890387	170168	5248032	490145
滨州市	Binzhou	365773	150463	1352453	352232	3032194	375203
菏泽市	Heze	572186	112164	2199599	422545	4525634	1221086
河南省	**Henan**	**6313679**	**3029418**	**20500407**	**5121369**	**44355778**	**7442433**
郑州市	Zhengzhou	1182318	484538	4320964	1930282	9769002	2162828
开封市	Kaifeng	136425	15317	476021	74763	1938935	120831
洛阳市	Luoyang	882867	738028	981785	503254	2366226	594243
平顶山市	Pingdingshan	165722	45396	886617	384758	1598773	350431
安阳市	Anyang	431264	330816	766927	195604	2208885	197264
鹤壁市	Hebi	85812	42537	354371	138156	892615	161223
新乡市	Xinxiang	118123	27900	524489	157465	2044785	469506
焦作市	Jiaozuo	235368	52052	1205553	282677	3190373	325103
濮阳市	Puyang	468992	33418	648157	315246	2174572	-119661
许昌市	Xuchang	933097	535562	1523764	259611	3796921	512787
漯河市	Luohe	239500	205800	413400	313000	2693900	1259400
三门峡市	Sanmenxia	147955	8168	466291	60275	2287298	111937
南阳市	Nanyang	497081	416747	853631	275810	1980378	510095
商丘市	Shangqiu	151612	28173	5514632	28546	1489846	98249
信阳市	Xinyang	141737	21820	423898	103422	990097	204327
周口市	Zhoukou	283875	23501	668360	33272	3354666	282773
驻马店市	Zhumadian	211931	19645	471547	65228	1578506	201097
湖北省	**Hubei**	**7321419**	**5855887**	**10482341**	**5913766**	**23620288**	**13353313**
武汉市	Wuhan	4674695	4566059	3443898	3047650	4658820	3783840
黄石市	Huangshi	145300	57200	497200	262000	895000	463600
十堰市	Shiyan	132992	84767	535474	349603	1924661	1520323
宜昌市	Yichang	400463	148215	2031722	704688	4147766	2844241
襄阳市	Xiangyang	456300	314600	1214200	584400	5173100	2600900
鄂州市	Ezhou	73054	73054	314482	314482	424411	424411

2-22 续表 4 continued

单位：万元 (10 000 yuan)

城 市	city	主营业务税金及附加 Tax and Extra Charges from Principal Business		本年应交增值税 Value-added Tax Payable		利润总额 Total Profits	
		全 市 Total City	市辖区 Districts under City	全 市 Total City	市辖区 Districts under City	全 市 Total City	市辖区 Districts under City
荆门市	Jingmen	640200	510000	529900	256800	1315600	446400
孝感市	Xiaogan	284714	9282	480690	45150	1209653	107853
荆州市	Jingzhou	110055	28657	500185	140606	1181939	363672
黄冈市	Huanggang	99570	8400	237949	69400	541020	144200
咸宁市	Xianning	237700	46100	469300	91000	1358900	516600
随州市	Suizhou	66376	9553	227341	47987	789418	137273
湖南省	**Hunan**	**8655871**	**6185701**	**12489878**	**5260826**	**19998224**	**7613874**
长沙市	Changsha	1918082	1221596	2727411	1258426	6106733	2759826
株洲市	Zhuzhou	278131	88013	1314771	673597	1416274	681163
湘潭市	Xiangtan	331707	117844	747278	395524	1104981	520761
衡阳市	Hengyang	224117	62275	1022388	310183	1751661	466658
邵阳市	Shaoyang	160944	47358	503867	117799	1248131	201317
岳阳市	Yueyang	1359030	982111	1737216	718522	1509930	502009
常德市	Changde	3061195	2961130	1205233	818516	2040781	1168312
张家界市	Zhangjiajie	12880	4121	35622	10707	31682	10935
益阳市	Yiyang	177174	80081	713777	345433	838169	365996
郴州市	Chenzhou	618578	316075	1199072	209087	1942176	432083
永州市	Yongzhou	305800	256900	310800	116900	417200	104700
怀化市	Huaihua	59790	10091	268903	16256	495989	68541
娄底市	Loudi	148443	38106	703540	269876	1094517	331573
广东省	**Guangdong**	**11622215**	**10830048**	**33382264**	**29379283**	**73656534**	**63761947**
广州市	Guangzhou	3651929	3561799	5125516	4689197	11053751	10495977
韶关市	Shaoguan	348939	296046	438642	217411	674678	231146
深圳市	Shenzhen	1591487	1591487	7104143	7104143	21471822	21471822
珠海市	Zhuhai	215361	215361	1043900	1043900	2498882	2498882
汕头市	Shantou	188954	188663	599783	596860	1905366	1896752
佛山市	Foshan	838369	838369	4217841	4217841	12852946	12852946
江门市	Jiangmen	159627	106182	846997	520650	1560754	913672
湛江市	Zhanjiang	858259	828427	906925	804695	1005654	921708
茂名市	Maoming	1226710	1125842	2072676	1815921	1430289	622128
肇庆市	Zhaoqing	204479	71469	986860	252540	2181718	334276
惠州市	Huizhou	917811	874529	2691534	2399674	2799262	1954265
梅州市	Meizhou	360729	343783	272167	160357	388083	298522
汕尾市	Shanwei	55692	14736	114490	81978	367802	310636
河源市	Heyuan	67237	27140	312120	113872	778565	223377
阳江市	Yangjiang	55885	22017	562208	236144	1735796	638327
清远市	Qingyuan	50653	35796	405137	262365	757984	535108
东莞市	Dongguan	397803	397803	2429326	2429326	3137479	3137479
中山市	Zhongshan	174423	174423	1804189	1804189	2744789	2744789
潮州市	Chaozhou	56983	45049	410965	295538	1009105	695533
揭阳市	Jieyang	152627	65472	791761	314071	2783613	918744
云浮市	Yunfu	48258	5655	245084	18611	518196	65858
广西壮族自治区	**Guangxi**	**3169910**	**2695669**	**5736270**	**3423896**	**10172911**	**4649484**
南宁市	Nanning	593488	535685	807333	560938	1668465	1033815
柳州市	Liuzhou	796072	771856	802531	681370	1274810	1103068
桂林市	Guilin	144445	60740	637527	136907	1705495	277360

2-22 续表 5 continued

单位：万元 (10 000 yuan)

城市	city	主营业务税金及附加 Tax and Extra Charges from Principal Business		本年应交增值税 Value-added Tax Payable		利润总额 Total Profits	
		全市 Total City	市辖区 Districts under City	全市 Total City	市辖区 Districts under City	全市 Total City	市辖区 Districts under City
梧州市	Wuzhou	135763	82892	1105904	750359	1444408	497818
北海市	Beihai	501255	492770	648798	627132	1053537	971980
防城港市	Fangchenggang	32615	22086	94332	62346	396834	264124
钦州市	Qinzhou	687308	656742	216879	165587	68530	-67049
贵港市	Guigang	59775	13077	192223	78929	612161	107664
玉林市	Yulin	68361	20166	391853	101795	802589	167637
百色市	Baise	60490	7785	261052	57604	77029	-7140
贺州市	Hezhou	17496	9066	138376	56757	280222	115666
河池市	Hechi	24344	8242	129793	34310	-14931	-4108
来宾市	Laibin	15824	5586	136725	75018	81248	28693
崇左市	Chongzuo	32674	8976	172944	34844	722514	159956
海南省	**Hainan**	**171479**	**171479**	**226640**	**226640**	**355340**	**355340**
海口市	Haikou	168146	168146	201208	201208	342977	342977
三亚市	Sanya	3333	3333	25432	25432	12363	12363
三沙市	Sansa						
重庆市	**Chongqing**	**2242513**	**1998917**	**5991852**	**4835218**	**9076025**	**7093621**
四川省	**Sichuan**	**6000190**	**3988300**	**11732078**	**6588453**	**21060818**	**11740769**
成都市	Chengdu	2588826	2404026	3480282	2571521	6174021	5079600
自贡市	Zigong	123689	99452	594038	489949	694493	535834
攀枝花市	Panzhihua	129352	96962	432822	297909	135216	-231798
泸州市	Luzhou	416828	291064	553409	346282	1187020	838560
德阳市	Deyang	707149	71630	847624	214349	1584704	129444
绵阳市	Mianyang	262321	207267	896248	585323	909492	622438
广元市	Guangyuan	52563	29213	139383	77926	317072	229256
遂宁市	Suining	196789	53796	494336	234641	842213	367774
内江市	Neijiang	128530	49416	730250	340151	956110	722067
乐山市	Leshan	87029	38106	428331	183627	685738	344436
南充市	Nanchong	406885	272199	632969	322590	1232166	616443
眉山市	Meishan	53403	12849	379337	72339	679882	124657
宜宾市	Yibin	358761	250279	736215	430873	2152778	1431011
广安市	Guang'an	85346	18452	266827	79065	608331	156801
达州市	Dazhou	109088	11253	235096	66489	893138	57408
雅安市	Ya'an	28858	7357	222553	54513	304066	102392
巴中市	Bazhong	93988	14076	69296	14450	91550	33158
资阳市	Ziyang	170785	60903	593062	206456	1612828	581288
贵州省	**Guizhou**	**1915715**	**1020965**	**1938558**	**469144**	**6444263**	**1394078**
贵阳市	Guiyang	1064353	945430	190062	150103	2154742	696730
六盘水市	Liupanshui	140692	33114	373661	90459	608500	238447
遵义市	Zunyi	523560	16105	913328	76777	2699360	48876
安顺市	Anshun	40094	17913	123404	51525	550284	331073
毕节市	Bijie	144230	2530	334115	86109	421970	3788
铜仁市	Tongren	2786	5873	3988	14171	9407	75164
云南省	**Yunnan**	**6045244**	**5471238**	**3509461**	**2187663**	**4540960**	**2774523**
昆明市	Kunming	1763026	1681604	1393106	1080194	1873964	1362177
曲靖市	Qujing	1089331	727223	708153	313168	793651	430322

2-22 续表 6 continued

单位：万元 (10 000 yuan)

城市	city	主营业务税金及附加 Tax and Extra Charges from Principal Business		本年应交增值税 Value-added Tax Payable		利润总额 Total Profits	
		全市 Total City	市辖区 Districts under City	全市 Total City	市辖区 Districts under City	全市 Total City	市辖区 Districts under City
玉溪市	Yuxi	2699237	2659842	697574	581393	784538	663440
保山市	Baoshan	20909	9304	109698	30867	194292	131398
昭通市	Zhaotong	420451	386539	245004	98066	237510	104737
丽江市	Lijiang	18662	3022	122909	29185	265467	46506
普洱市	Pu'er	15399	2497	127386	28064	202172	3384
临沧市	Lincang	18229	1207	105631	26726	189366	32559
西藏自治区	**Tibet**	**11441**	**4106**	**52322**	**27270**	**-12656**	**-60042**
拉萨市	Lasa	11441	4106	52322	27270	-12656	-60042
陕西省	**Shaanxi**	**4261375**	**3141327**	**7091897**	**3032727**	**14067091**	**4845830**
西安市	Xi'an	381652	359539	1010137	868842	1818195	1576871
铜川市	Tongchuan	53146	48494	208125	199524	153788	141309
宝鸡市	Baoji	523935	434054	623424	315926	1016995	308924
咸阳市	Xianyang	663415	500037	1100468	299238	2807625	545016
渭南市	Weinan	68519	4273	440000	13673	789647	119924
延安市	Yan'an	1737461	1685853	1140947	995547	1503222	1204292
汉中市	Hanzhong	287161	5976	174240	23636	203180	33968
榆林市	Yulin	433400	92700	1878700	253600	4668200	694700
安康市	Ankang	68386	9301	342456	50941	718839	111526
商洛市	Shangluo	44300	1100	173400	11800	387400	109300
甘肃省	**Gansu**	**2659419**	**2282268**	**1820810**	**1051165**	**3932711**	**1077827**
兰州市	Lanzhou	1708600	1701700	588200	535200	219600	275800
嘉峪关市	Jiayuguan	37600	138600	138600	138600	283300	283300
金昌市	Jinchang	22381	20675	69094	55772	131148	110992
白银市	Baiyin	26370	16625	157541	126686	160407	128942
天水市	Tianshui	9285	5292	56881	36005	63517	62464
武威市	Wuwei	9538	6816	30511	14781	40641	30676
张掖市	Zhangye	13163	1931	45157	12953	89670	29045
平凉市	Pingliang	24967	2286	164082	13540	105760	22490
酒泉市	Jiuquan	182870	4760	92907	18531	93178	32829
庆阳市	Qingyang	587551	381731	400219	88346	2642983	93296
定西市	Dingxi	2394	1039	20358	6937	21707	2609
陇南市	Longnan	34700	813	57260	3814	80800	5384
青海省	**Qinghai**	**72171**	**25766**	**362549**	**128610**	**224066**	**104449**
西宁市	Xining	40881	24729	296317	130334	55784	114449
海东市	Haidong	31290	1037	66232	-1724	168282	-10000
宁夏回族自治区	**Ningxia**	**686004**	**569246**	**1142883**	**565727**	**1700470**	**552976**
银川市	Yinchuan	605942	520725	648819	289857	1056989	133307
石嘴山市	Shizuishan	46624	42785	244785	203968	277059	285244
吴忠市	Wuzhong	23936	3135	153429	21807	169322	65604
固原市	Guyuan	3593	195	15517	1152	25763	1363
中卫市	Zhongwei	5909	2406	80333	48943	171337	67458
新疆维吾尔自治区	**Xinjiang**	**2256267**	**2255902**	**1624962**	**1623138**	**3593411**	**3583650**
乌鲁木齐市	Urumqi	885806	885441	711487	709663	1639563	1629802
克拉玛依市	Karamay	1370461	1370461	913475	913475	1953848	1953848

2-23 按运输方式分类的客运量(全市)
Passenger Traffic by Mode of Transport (Total City)

单位：万人 (10 000 persons)

城市	City	客运总量 Total Passenger Traffic	铁路旅客运量 Railway Passenger Traffic	公路客运量 Highway Passenger Traffic	水运客运量 Waterway Passenger Traffic	民用航空客运量 Civil Aviation Passenger Traffic
城市合计	**Prefecture Cities**	**3741469**	**237279**	**3391613**	**24377**	**88200**
北京市	**Beijing**	**71057**	**11588**	**52481**		**6988**
天津市	**Tianjin**	**29519**	**3352**	**24980**		**1187**
河北省	**Hebei**	**101653**	**7415**	**93911**	**5**	**322**
石家庄市	Shijiazhuang	13573	1100	12206		267
唐山市	Tangshan	14035	823	13194		18
秦皇岛市	Qinhuangdao	2883	816	2051	5	11
邯郸市	Handan	19241	846	18372		23
邢台市	Xingtai	8555	429	8126		
保定市	Baoding	15203	1207	13996		
张家口市	Zhangjiakou	5235	439	4794		2
承德市	Chengde	5935	368	5567		
沧州市	Cangzhou	10241	351	9890		
廊坊市	Langfang	3333	206	3127		
衡水市	Hengshui	3418	830	2588		
山西省	**Shanxi**	**41708**	**6453**	**34266**	**15**	**974**
太原市	Taiyuan	5530	2523	2227		780
大同市	Datong	3572	569	2967		36
阳泉市	Yangquan	3316	247	3069		
长治市	Changzhi	3666	113	3487	8	58
晋城市	Jincheng	2143	76	2067		
朔州市	Shuozhou	3689	474	3215		
晋中市	Jinzhong	4049	633	3416		
运城市	Yuncheng	5868	413	5355		100
忻州市	Xinzhou	2580	683	1897		
临汾市	Linfen	5351	665	4686		
吕梁市	Lvliang	1945	58	1880	7	
内蒙古自治区	**Inner Mongolia**	**26307**	**4551**	**20533**		**1223**
呼和浩特市	Hohhot	3230	990	1625		615
包头市	Baotou	2046	778	1182		86
乌海市	Wuhai	547	177	323		47
赤峰市	Chifeng	5130	556	4508		66
通辽市	Tongliao	3746	792	2897		57
鄂尔多斯市	Erdos	2758	48	2537		173
呼伦贝尔市	Hulunbuir	4853	835	3859		159
巴彦淖尔市	Bayannur	1766	140	1607		19
乌兰察布市	Ulanqab	2231	235	1996		
辽宁省	**Liaoning**	**92589**	**12972**	**78168**	**534**	**915**
沈阳市	Shenyang	24484	3816	20254		414
大连市	Dalian	13293	2299	10058	435	501
鞍山市	Anshan	8422	790	7632		
抚顺市	Fushun	3067	196	2871		
本溪市	Benxi	4416	1745	2671		
丹东市	Dandong	5648	448	5157	43	
锦州市	Jinzhou	6818	968	5850		

2-23 续表 1 continued

单位：万人 (10 000 persons)

城 市	City	客运总量 Total Passenger Traffic	铁路旅客运量 Railway Passenger Traffic	公路客运量 Highway Passenger Traffic	水运客运量 Waterway Passenger Traffic	民用航空客运量 Civil Aviation Passenger Traffic
营口市	Yingkou	4405	603	3802		
阜新市	Fuxin	1727	235	1492		
辽阳市	Liaoyang	4405	358	4047		
盘锦市	Panjin	3388	165	3223		
铁岭市	Tieling	5280	506	4774		
朝阳市	Chaoyang	3136	263	2873		
葫芦岛市	Huludao	4100	580	3464	56	
吉林省	**Jilin**	**41596**	**6130**	**34931**	**161**	**374**
长春市	Changchun	11867	2822	8648	54	343
吉林市	Jilin	5506	1202	4260	44	
四平市	Siping	2809	736	2055	18	
辽源市	Liaoyuan	1241	61	1179	1	
通化市	Tonghua	9185	357	8812	16	
白山市	Baishan	5826	169	5620	5	32
松原市	Songyuan	3149	361	2766	22	
白城市	Baicheng	2015	422	1591	2	
黑龙江省	**Heilongjiang**	**45393**	**9909**	**34610**	**157**	**717**
哈尔滨市	Harbin	13191	4041	8632		518
齐齐哈尔市	Qiqihar	7875	1564	6285		26
鸡西市	Jixi	4958	416	4527		15
鹤岗市	Hegang	564	118	422	24	
双鸭山市	Shuangyashan	3112	95	3017		
大庆市	Daqing	2611	578	1976	3	54
伊春市	Yichun	1444	395	1041		8
佳木斯市	Jiamusi	3915	592	3173	108	42
七台河市	Qitaihe	1348	48	1300		
牡丹江市	Mudanjiang	941	896			45
黑河市	Heihe	1156	315	808	22	11
绥化市	Suihua	4279	850	3429		
上海市	**Shanghai**	**19118**	**7972**	**3720**	**366**	**7060**
江苏省	**Jiangsu**	**156880**	**16749**	**135556**	**2454**	**2121**
南京市	Nanjing	15615	3602	10493	19	1501
无锡市	Wuxi	9370	1632	7152	403	183
徐州市	Xuzhou	16797	1872	14814		111
常州市	Changzhou	8445	1262	6657	461	65
苏州市	Suzhou	45654	6070	39050	534	
南通市	Nantong	10715	232	9833	582	68
连云港市	Lianyungang	5748	262	5381	49	56
淮安市	Huai'an	8531	192	8296	3	40
盐城市	Yancheng	9527	208	9284		35
扬州市	Yangzhou	4967	137	4746	23	61
镇江市	Zhenjiang	5340	922	4418		
泰州市	Taizhou	9500	311	8809	380	
宿迁市	Suqian	6668	45	6623		

2-23 续表 2 continued

单位：万人 (10 000 persons)

城　　市	City	客运总量 Total Passenger Traffic	铁路旅客运量 Railway Passenger Traffic	公路客运量 Highway Passenger Traffic	水运客运量 Waterway Passenger Traffic	民用航空客运量 Civil Aviation Passenger Traffic
浙江省	**Zhejiang**	**223227**	**11052**	**206330**	**3588**	**2257**
杭州市	Hangzhou	36409	3717	30994	547	1151
宁波市	Ningbo	26354	2834	22850	124	546
温州市	Wenzhou	32145	675	31075	52	343
嘉兴市	Jiaxing	12579	958	11578	43	
湖州市	Huzhou	8363		8325	38	
绍兴市	Shaoxing	18160	614	17441	105	
金华市	Jinhua	30534	1367	29040	11	116
衢州市	Quzhou	5536	242	5266	6	22
舟山市	Zhoushan	16714		14254	2412	48
台州市	Taizhou	30557	547	29776	203	31
丽水市	Lishui	5877	99	5731	47	
安徽省	**Anhui**	**251877**	**7681**	**243515**	**258**	**423**
合肥市	Hefei	40107	2623	37147	23	314
芜湖市	Wuhu	17072	481	16591		
蚌埠市	Bengbu	18733	701	18032		
淮南市	Huainan	8680	304	8376		
马鞍山市	Maanshan	8465	219	8246		
淮北市	Huaibei	9741	506	9235		
铜陵市	Tongling	12120	51	11971	98	
安庆市	Anqing	10321	490	9803	16	12
黄山市	Huangshan	3432	129	3153	95	55
滁州市	Chuzhou	19841		19841		
阜阳市	Fuyang	30537	970	29531		36
宿州市	Suzhou	7718	509	7209		
六安市	Lu'an	34702	220	34460	22	
亳州市	Bozhou	9422	213	9209		
池州市	Chizhou	7503	46	7451		6
宣城市	Xuancheng	13482	218	13260	4	
福建省	**Fujian**	**77071**	**4163**	**68121**	**1606**	**3181**
福州市	Fuzhou	19524		18531	100	893
厦门市	Xiamen	14812	1383	10726	728	1975
莆田市	Putian	6686	293	6170	223	
三明市	Sanming	2956	197	2739	20	
泉州市	Quanzhou	14387	705	13407	12	263
漳州市	Zhangzhou	5625	179	5325	121	
南平市	Nanping	2833	472	2312	4	45
龙岩市	Longyan	2401	402	1946	48	5
宁德市	Ningde	7844	532	6964	348	
江西省	**Jiangxi**	**85150**	**8171**	**76250**	**334**	**395**
南昌市	Nanchang	11758	2373	9158		227
景德镇市	Jingdezhen	1962	136	1785		41
萍乡市	Pingxiang	7730	250	7480		
九江市	Jiujiang	12452	913	11491	36	12
新余市	Xinyu	2117	237	1844	36	
鹰潭市	Yingtan	5978	531	5402	45	
赣州市	Ganzhou	10974	1423	9343	145	63
吉安市	Ji'an	4713	621	4039	9	44
宜春市	Yichun	5987	1055	4924		8
抚州市	Fuzhou	4418	119	4299		
上饶市	Shangrao	17060	512	16485	63	

2-23 续表 3 continued

单位：万人 (10 000 persons)

城　市	City	客运总量 Total Passenger Traffic	铁路旅客运量 Railway Passenger Traffic	公路客运量 Highway Passenger Traffic	水运客运量 Waterway Passenger Traffic	民用航空客运量 Civil Aviation Passenger Traffic
山东省	**Shandong**	**259589**	**5996**	**249044**	**2194**	**2355**
济南市	Jinan	12739		12262	24	453
青岛市	Qingdao	27429	2056	23588	333	1452
淄博市	Zibo	42661	626	42035		
枣庄市	Zaozhuang	8340	581	7736	23	
东营市	Dongying	4521	18	4420	66	17
烟台市	Yantai	36733	464	35369	704	196
潍坊市	Weifang	24164	627	23524		13
济宁市	Jining	10415		10198	184	33
泰安市	Tai'an	6416		6305	111	
威海市	Weihai	17874	321	16922	517	114
日照市	Rizhao	4815	118	4585	112	
莱芜市	Laiwu	4055		4055		
临沂市	Linyi	24171	355	23620	119	77
德州市	Dezhou	12411	277	12134		
聊城市	Liaocheng	9465	160	9305		
滨州市	Binzhou	6434		6434		
菏泽市	Heze	6945	393	6552		
河南省	**Henan**	**222338**	**10547**	**211008**	**286**	**497**
郑州市	Zhengzhou	38643	3795	34431		417
开封市	Kaifeng	9041	473	8568		
洛阳市	Luoyang	19920	978	18878	5	59
平顶山市	Pingdingshan	11405	163	11242		
安阳市	Anyang	9711	420	9291		
鹤壁市	Hebi	8097	71	8026		
新乡市	Xinxiang	7921	521	7400		
焦作市	Jiaozuo	5167	116	5051		
濮阳市	Puyang	5862		5762	100	
许昌市	Xuchang	7651	276	7375		
漯河市	Luohe	5089	402	4684	3	
三门峡市	Sanmenxia	5653	419	5234		
南阳市	Nanyang	24460	685	23695	59	21
商丘市	Shangqiu	17229	915	16314		
信阳市	Xinyang	14621	838	13720	63	
周口市	Zhoukou	12810	44	12718	48	
驻马店市	Zhumadian	19057	429	18619	9	
湖北省	**Hubei**	**134122**	**17746**	**114823**	**408**	**1145**
武汉市	Wuhan	29620	12104	16521		995
黄石市	Huangshi	5256	225	5031		
十堰市	Shiyan	8285	328	7933	24	
宜昌市	Yichang	16887	1619	14968	210	90
襄阳市	Xiangyang	15914	725	15108	21	60
鄂州市	Ezhou	2639	170	2399	70	

2-23 续表 4 continued

单位：万人 (10 000 persons)

城　市	City	客运总量 Total Passenger Traffic	铁路旅客运量 Railway Passenger Traffic	公路客运量 Highway Passenger Traffic	水运客运量 Waterway Passenger Traffic	民用航空客运量 Civil Aviation Passenger Traffic
荆门市	Jingmen	8316	300	8008	8	
孝感市	Xiaogan	9881	910	8971		
荆州市	Jingzhou	10397		10397		
黄冈市	Huanggang	13859	900	12959		
咸宁市	Xianning	7088	288	6747	53	
随州市	Suizhou	5980	177	5781	22	
湖南省	**Hunan**	**222006**	**8888**	**181611**	**1372**	**30135**
长沙市	Changsha	37922	2088	35143		691
株洲市	Zhuzhou	17246	1029	16214	3	
湘潭市	Xiangtan	5024	18	5003	3	
衡阳市	Hengyang	26565	1274	25226	65	
邵阳市	Shaoyang	14789	134	14601	54	
岳阳市	Yueyang	14146	1142	12995	9	
常德市	Changde	16532	255	16235	14	28
张家界市	Zhangjiajie	6902	189	6448	164	101
益阳市	Yiyang	11655	133	11442	80	
郴州市	Chenzhou	8542	551	7770	221	
永州市	Yongzhou	39444	661	9280	202	29301
怀化市	Huaihua	11759	890	10320	536	13
娄底市	Loudi	11481	524	10935	22	
广东省	**Guangdong**	**636266**	**18595**	**604936**	**2649**	**10086**
广州市	Guangzhou	89269	11703	70815	299	6452
韶关市	Shaoguan	17870	726	17144		
深圳市	Shenzhen	201722	2595	195597	401	3129
珠海市	Zhuhai	29743	963	28071	571	138
汕头市	Shantou	4187	122	3794		271
佛山市	Foshan	49349	187	49060	86	16
江门市	Jiangmen	20363	261	19906	196	
湛江市	Zhanjiang	15875	163	15042	601	69
茂名市	Maoming	8840	168	8620	52	
肇庆市	Zhaoqing	7771	97	7672	2	
惠州市	Huizhou	17301	628	16661	12	
梅州市	Meizhou	6576	149	6402	14	11
汕尾市	Shanwei	12636		12636		
河源市	Heyuan	5575		5551	24	
阳江市	Yangjiang	4315		4309	6	
清远市	Qingyuan	14550	196	14188	166	
东莞市	Dongguan	78113		78082	31	
中山市	Zhongshan	34418	515	33727	176	
潮州市	Chaozhou	3819	57	3750	12	
揭阳市	Jieyang	6282	66	6216		
云浮市	Yunfu	7693		7693		
广西壮族自治区	**Guangxi**	**59291**	**3275**	**54752**	**395**	**869**
南宁市	Nanning	8394	1103	6867		424
柳州市	Liuzhou	3298	570	2675	11	42
桂林市	Guilin	9993	478	8988	212	315

2-23 续表 5 continued

单位：万人 (10 000 persons)

城 市	City	客运总量 Total Passenger Traffic	铁路旅客运量 Railway Passenger Traffic	公路客运量 Highway Passenger Traffic	水运客运量 Waterway Passenger Traffic	民用航空客运量 Civil Aviation Passenger Traffic
梧州市	Wuzhou	4289	70	4214		5
北海市	Beihai	2570	9	2356	121	84
防城港市	Fangchenggang	1057	16	1024	17	
钦州市	Qinzhou	4760	31	4710	19	
贵港市	Guigang	7275	125	7148	2	
玉林市	Yulin	3850	313	3537		
百色市	Baise	4532	132	4399	1	
贺州市	Hezhou	1375	50	1324	1	
河池市	Hechi	4261	131	4119	11	
来宾市	Laibin	2005	121	1884		
崇左市	Chongzuo	1634	126	1507	1	
海南省	**Hainan**	**50999**	**1777**	**45711**	**1339**	**2172**
海口市	Haikou	45538	1422	41180	975	1961
三亚市	Sanya	5460	355	4531	363	211
三沙市	Sansa	2			2	
重庆市	**Chongqing**	**171388**	**3251**	**165445**	**1230**	**1462**
四川省	**Sichuan**	**297999**	**32449**	**260424**	**3215**	**1911**
成都市	Chengdu	124059	28169	94188	45	1657
自贡市	Zigong	10509	46	10381	82	
攀枝花市	Panzhihua	6488	194	6257	31	6
泸州市	Luzhou	14350		14147	159	44
德阳市	Deyang	12627	173	12454		
绵阳市	Mianyang	10402	515	9769	26	92
广元市	Guangyuan	14161	210	13858	81	12
遂宁市	Suining	5784	254	5402	128	
内江市	Neijiang	12759	228	12216	315	
乐山市	Leshan	8897	76	8573	248	
南充市	Nanchong	13385	681	11997	675	32
眉山市	Meishan	7149		7029	120	
宜宾市	Yibin	15498	173	15058	224	43
广安市	Guang'an	11820	165	11351	304	
达州市	Dazhou	11632	967	10162	478	25
雅安市	Ya'an	2643		2643		
巴中市	Bazhong	8160	548	7427	185	
资阳市	Ziyang	7676	49	7512	115	
贵州省	**Guizhou**	**174338**	**3042**	**169019**	**1171**	**1106**
贵阳市	Guiyang	60430	1471	57872	40	1047
六盘水市	Liupanshui	54708	800	53908		
遵义市	Zunyi	26059	334	25493	201	31
安顺市	Anshun	8409	220	8027	156	6
毕节市	Bijie	8977	217	8619	133	8
铜仁市	Tongren	15754		15100	640	14
云南省	**Yunnan**	**40007**	**5372**	**30922**	**215**	**3498**
昆明市	Kunming	17387	4493	9803	122	2969
曲靖市	Qujing	6892	634	6258		

2-23 续表 6 continued

单位：万人 (10 000 persons)

城市	City	客运总量 Total Passenger Traffic	铁路旅客运量 Railway Passenger Traffic	公路客运量 Highway Passenger Traffic	水运客运量 Waterway Passenger Traffic	民用航空客运量 Civil Aviation Passenger Traffic
玉溪市	Yuxi	3746	9	3737		
保山市	Baoshan	2034		1954		80
昭通市	Zhaotong	2700	106	2586		8
丽江市	Lijiang	2848	130	2318		400
普洱市	Pu'er	3453		3338	93	22
临沧市	Lincang	947		927		20
西藏自治区	**Tibet**	**1125**	**102**	**793**		**230**
拉萨市	Lasa	1125	102	793		230
陕西省	**Shaanxi**	**117620**	**4015**	**110549**	**313**	**2743**
西安市	Xi'an	38289	3071	32614		2604
铜川市	Tongchuan	1750		1750		
宝鸡市	Baoji	10458		10458		
咸阳市	Xianyang	14069		14069		
渭南市	Weinan	13403		13388	15	
延安市	Yan'an	8685	296	8371		18
汉中市	Hanzhong	9946	189	9757		
榆林市	Yulin	8481	460	7901		120
安康市	Ankang	8548		8250	298	
商洛市	Shangluo	3991		3991		
甘肃省	**Gansu**	**58049**	**2031**	**55320**	**50**	**648**
兰州市	Lanzhou	4837	1042	3180	50	565
嘉峪关市	Jiayuguan	5477	182	5260		35
金昌市	Jinchang	1183	46	1131		6
白银市	Baiyin	7208	28	7180		
天水市	Tianshui	6503	278	6223		2
武威市	Wuwei	4864	132	4732		
张掖市	Zhangye	4283	109	4170		4
平凉市	Pingliang	3314	100	3214		
酒泉市	Jiuquan	7687		7652		35
庆阳市	Qingyang	3734		3732		2
定西市	Dingxi	4918	114	4804		
陇南市	Longnan	4042		4042		
青海省	**Qinghai**	**9873**	**430**	**9287**		**156**
西宁市	Xining	5402	430	4816		156
海东市	Haidong	4471		4471		
宁夏回族自治区	**Ningxia**	**17179**	**480**	**16422**	**62**	**215**
银川市	Yinchuan	4041	386	3451		204
石嘴山市	Shizuishan	2687	10	2677		
吴忠市	Wuzhong	4531	23	4508		
固原市	Guyuan	2990	61	2926		3
中卫市	Zhongwei	2929		2860	62	7
新疆维吾尔自治区	**Xinjiang**	**6134**	**1124**	**4177**		**833**
乌鲁木齐市	Urumqi	5427	1119	3481		827
克拉玛依市	Karamay	707	5	696		6

2-24 按运输方式分类的货运量(全市)

Freight Traffic by Mode of Transport (Total City)

单位：万吨 (10 000 tons)

城市	City	货运总量 Total Freight Traffic	铁路货物运量 Railway Freight Traffic	公路货运量 Highway Freight Traffic	水运货运量 waterway Freight Traffic	民用航空货邮运量 Civil Aviation Freight Traffic
城市合计	**Prefecture Cities**	**4452569**	**375170**	**3601833**	**474813**	**753**
北京市	**Beijing**	**25865**	**1078**	**24651**		**136**
天津市	**Tianjin**	**50322**	**8446**	**31985**	**9884**	**7**
河北省	**Hebei**	**245073**	**17147**	**224320**	**3603**	**3**
石家庄市	Shijiazhuang	35893	1400	34490		3
唐山市	Tangshan	47879	3745	43043	1091	
秦皇岛市	Qinhuangdao	7835	1361	5225	1249	
邯郸市	Handan	36956	2391	34565		
邢台市	Xingtai	15425	1105	14320		
保定市	Baoding	26879	810	26069		
张家口市	Zhangjiakou	9780	3178	6602		
承德市	Chengde	9154	787	8367		
沧州市	Cangzhou	35406	471	33672	1263	
廊坊市	Langfang	12821	754	12067		
衡水市	Hengshui	7045	1145	5900		
山西省	**Shanxi**	**152325**	**72474**	**79844**	**2**	**5**
太原市	Taiyuan	15342	4239	11099		4
大同市	Datong	20274	11979	8295		
阳泉市	Yangquan	8413	4076	4337		
长治市	Changzhi	11731	4340	7391		
晋城市	Jincheng	12262	7400	4862		
朔州市	Shuozhou	23093	20984	2109		
晋中市	Jinzhong	13397	4245	9152		
运城市	Yuncheng	8969	1521	7448		
忻州市	Xinzhou	13249	6344	6905		
临汾市	Linfen	14638	2694	11944		
吕梁市	Lvliang	10956	4652	6302	2	
内蒙古自治区	**Inner Mongolia**	**179421**	**56973**	**122442**		**6**
呼和浩特市	Hohhot	17971	2990	14978		3
包头市	Baotou	32434	9485	22949		
乌海市	Wuhai	12170	2082	10088		
赤峰市	Chifeng	12052	2254	9798		
通辽市	Tongliao	10754	4939	5815		
鄂尔多斯市	Erdos	66609	26402	40206		1
呼伦贝尔市	Hulunbuir	17097	8584	8512		1
巴彦淖尔市	Bayannur	3367	175	3192		
乌兰察布市	Ulanqab	6966	62	6904		
辽宁省	**Liaoning**	**204263**	**17951**	**172923**	**13379**	**10**
沈阳市	Shenyang	21491	530	20957		4
大连市	Dalian	40557	2393	26276	11883	5
鞍山市	Anshan	19990	1339	18651		
抚顺市	Fushun	9719	1135	8584		
本溪市	Benxi	10442	2976	7466		
丹东市	Dandong	7723	539	6652	532	
锦州市	Jinzhou	16615	555	15904	156	
营口市	Yingkou	18250	2228	15278	744	

2-24 续表 1 continued

单位：万吨 (10 000 tons)

城市	City	货运总量 Total Freight Traffic	铁路货物运量 Railway Freight Traffic	公路货运量 Highway Freight Traffic	水运货运量 waterway Freight Traffic	民用航空货邮运量 Civil Aviation Freight Traffic
阜新市	Fuxin	5707	1256	4451		
辽阳市	Liaoyang	14686	1550	13136		
盘锦市	Panjin	13083	519	12551	13	
铁岭市	Tieling	8564	1412	7152		
朝阳市	Chaoyang	5792	998	4794		
葫芦岛市	Huludao	11643	521	11071	51	
吉林省	**Jilin**	**41109**	**5279**	**35518**	**307**	**5**
长春市	Changchun	9574	595	8827	147	5
吉林市	Jilin	8723	2077	6646		
四平市	Siping	6072	405	5667		
辽源市	Liaoyuan	1779	291	1488		
通化市	Tonghua	3729	963	2766		
白山市	Baishan	2379	265	2114		
松原市	Songyuan	7350	267	7004	79	
白城市	Baicheng	1503	416	1006	81	
黑龙江省	**Heilongjiang**	**326790**	**15925**	**309726**	**1136**	**3**
哈尔滨市	Harbin	11138	1554	9007	574	3
齐齐哈尔市	Qiqihar	11444	1626	9818		
鸡西市	Jixi	5325	1947	3378		
鹤岗市	Hegang	3013	897	2000	116	
双鸭山市	Shuangyashan	3283	1097	2186		
大庆市	Daqing	8392	4168	4088	136	
伊春市	Yichun	1844	482	1362		
佳木斯市	Jiamusi	272423	645	271483	295	
七台河市	Qitaihe	2783	1309	1474		
牡丹江市	Mudanjiang	1278	1278			
黑河市	Heihe	1692	592	1085	15	
绥化市	Suihua	4175	330	3845		
上海市	**Shanghai**	**91352**	**694**	**43809**	**46697**	**152**
江苏省	**Jiangsu**	**192481**	**17829**	**103708**	**70908**	**36**
南京市	Nanjing	29099	1702	10912	16459	26
无锡市	Wuxi	13950	113	11579	2253	5
徐州市	Xuzhou	30960	10708	15455	4796	1
常州市	Changzhou	11712	170	9620	1921	1
苏州市	Suzhou	12070	279	10799	992	
南通市	Nantong	17098	88	10137	6871	2
连云港市	Lianyungang	13286	4122	7554	1610	
淮安市	Huai'an	10440	146	5076	5218	
盐城市	Yancheng	13620	155	4639	8826	
扬州市	Yangzhou	10528		5924	4604	
镇江市	Zhenjiang	7828	286	6290	1252	
泰州市	Taizhou	16392	21	2265	14106	
宿迁市	Suqian	5497	39	3458	2000	
浙江省	**Zhejiang**	**191541**	**4632**	**115859**	**71014**	**36**
杭州市	Hangzhou	30734	284	23884	6544	22
宁波市	Ningbo	36145	2905	17790	15441	9

2-24 续表 2 continued

单位：万吨 (10 000 tons)

城　市	City	货运总量 Total Freight Traffic	铁路货物运量 Railway Freight Traffic	公路货运量 Highway Freight Traffic	水运货运量 waterway Freight Traffic	民用航空货邮运量 Civil Aviation Freight Traffic
温州市	Wenzhou	11421	641	7989	2787	4
嘉兴市	Jiaxing	17267	41	8843	8383	
湖州市	Huzhou	16628		7192	9436	
绍兴市	Shaoxing	9986	115	8560	1311	
金华市	Jinhua	12363	130	12108	124	1
衢州市	Quzhou	8584	371	8209	4	
舟山市	Zhoushan	21392		4958	16434	
台州市	Taizhou	22279	27	11828	10424	
丽水市	Lishui	4742	118	4498	126	
安徽省	**Anhui**	**358294**	**13873**	**299763**	**44656**	**2**
合肥市	Hefei	39131	150	36703	2276	2
芜湖市	Wuhu	25461	142	16382	8937	
蚌埠市	Bengbu	26332	132	19405	6795	
淮南市	Huainan	15363	5286	8204	1873	
马鞍山市	Maanshan	21019	1579	16447	2993	
淮北市	Huaibei	12491	4766	7725		
铜陵市	Tongling	12638	122	11869	647	
安庆市	Anqing	30001	256	28229	1516	
黄山市	Huangshan	8014	8	7996	10	
滁州市	Chuzhou	16817		15893	924	
阜阳市	Fuyang	38424		33170	5254	
宿州市	Suzhou	26654	950	25179	525	
六安市	Lu'an	39886	110	33690	6086	
亳州市	Bozhou	19101	141	17699	1261	
池州市	Chizhou	9056	6	8272	778	
宣城市	Xuancheng	17906	225	12900	4781	
福建省	**Fujian**	**88016**	**3178**	**62625**	**22168**	**45**
福州市	Fuzhou	19540		12234	7295	11
厦门市	Xiamen	15739	1099	9393	5217	30
莆田市	Putian	3767		3208	559	
三明市	Sanming	9958	880	9075	3	
泉州市	Quanzhou	17272	597	9944	6727	4
漳州市	Zhangzhou	6648	49	5142	1457	
南平市	Nanping	3191	248	2816	127	
龙岩市	Longyan	8064	305	7759		
宁德市	Ningde	3837		3054	783	
江西省	**Jiangxi**	**137087**	**7099**	**121341**	**8645**	**2**
南昌市	Nanchang	10534	239	9545	748	2
景德镇市	Jingdezhen	2715	249	2277	189	
萍乡市	Pingxiang	5259	675	4584		
九江市	Jiujiang	13211	1261	10952	998	
新余市	Xinyu	13337	523	12731	83	
鹰潭市	Yingtan	7633	392	6794	447	
赣州市	Ganzhou	20935	840	18629	1466	
吉安市	Ji'an	10525	427	8478	1620	
宜春市	Yichun	19387	1616	15498	2273	
抚州市	Fuzhou	13485	116	13229	140	
上饶市	Shangrao	20066	761	18624	681	

2-24 续表 3 continued

单位：万吨 (10 000 tons)

城市	City	货运总量 Total Freight Traffic	铁路货物运量 Railway Freight Traffic	公路货运量 Highway Freight Traffic	水运货运量 waterway Freight Traffic	民用航空货邮运量 Civil Aviation Freight Traffic
山东省	**Shandong**	**330678**	**20147**	**296958**	**13545**	**28**
济南市	Jinan	17763		17570	189	4
青岛市	Qingdao	31318	6266	23720	1313	19
淄博市	Zibo	27475	1039	26436		
枣庄市	Zaozhuang	25279	1376	22894	1009	
东营市	Dongying	7218	12	7029	177	
烟台市	Yantai	22926	1777	17653	3493	3
潍坊市	Weifang	26093	123	24601	1367	2
济宁市	Jining	27270		24000	3270	
泰安市	Tai'an	12068		11964	104	
威海市	Weihai	6398	66	4829	1502	1
日照市	Rizhao	20660	6901	12966	793	
莱芜市	Laiwu	6519		6519		
临沂市	Linyi	37032	1844	35188		
德州市	Dezhou	18974	201	18773		
聊城市	Liaocheng	15843	132	15711		
滨州市	Binzhou	14285	7	14160	118	
菏泽市	Heze	13558	403	12945	210	
河南省	**Henan**	**303010**	**16235**	**278169**	**8601**	**5**
郑州市	Zhengzhou	29307	3101	26202		4
开封市	Kaifeng	9816	347	9469		
洛阳市	Luoyang	22142	890	21222	30	
平顶山市	Pingdingshan	21422	2810	18612		
安阳市	Anyang	25397	37	25360		
鹤壁市	Hebi	7830	310	7520		
新乡市	Xinxiang	12264	87	12177		
焦作市	Jiaozuo	22489	997	21492		
濮阳市	Puyang	6030	772	5017	241	
许昌市	Xuchang	24422	102	24320		
漯河市	Luohe	6024	272	5509	243	
三门峡市	Sanmenxia	6411	1311	5100		
南阳市	Nanyang	24450	978	22744	728	
商丘市	Shangqiu	27514	181	27199	134	
信阳市	Xinyang	12499	910	8994	2595	
周口市	Zhoukou	19043	2615	14216	2212	
驻马店市	Zhumadian	25949	515	23016	2418	
湖北省	**Hubei**	**137129**	**16870**	**99437**	**20811**	**11**
武汉市	Wuhan	44529	9010	25023	10486	10
黄石市	Huangshi	9273	555	7407	1311	
十堰市	Shiyan	6315	245	5883	187	
宜昌市	Yichang	17355	1330	13683	2341	1
襄阳市	Xiangyang	16240	752	14566	922	
鄂州市	Ezhou	2962	537	1975	450	
荆门市	Jingmen	12809	684	12066	59	

2-24 续表 4 continued

单位：万吨 (10 000 tons)

城 市	City	货运总量 Total Freight Traffic	铁路货物运量 Railway Freight Traffic	公路货运量 Highway Freight Traffic	水运货运量 waterway Freight Traffic	民用航空货邮运量 Civil Aviation Freight Traffic
孝感市	Xiaogan	6387	2782	3315	290	
荆州市	Jingzhou	7883	142	5239	2502	
黄冈市	Huanggang	6148	417	3597	2134	
咸宁市	Xianning	4031	369	3556	106	
随州市	Suizhou	3197	47	3127	23	
湖南省	**Hunan**	**213385**	**11881**	**181045**	**20453**	**6**
长沙市	Changsha	27862	149	24627	3080	6
株洲市	Zhuzhou	20454	998	18485	971	
湘潭市	Xiangtan	10620	1292	7638	1690	
衡阳市	Hengyang	24192	1128	21884	1180	
邵阳市	Shaoyang	20877	248	20081	548	
岳阳市	Yueyang	21935	2165	13224	6546	
常德市	Changde	12263	345	9092	2826	
张家界市	Zhangjiajie	2189	19	2014	156	
益阳市	Yiyang	11266	50	9273	1943	
郴州市	Chenzhou	27410	975	26118	317	
永州市	Yongzhou	11087	435	9915	737	
怀化市	Huaihua	5394	273	4950	171	
娄底市	Loudi	17836	3804	13744	288	
广东省	**Guangdong**	**299346**	**13231**	**217629**	**68377**	**109**
广州市	Guangzhou	88289	6137	59142	22908	102
韶关市	Shaoguan	12732	548	8498	3686	
深圳市	Shenzhen	29617	391	22242	6984	
珠海市	Zhuhai	8568	110	7049	1408	1
汕头市	Shantou	4711	81	3618	1010	2
佛山市	Foshan	27650	444	23358	3848	
江门市	Jiangmen	9999		6487	3512	
湛江市	Zhanjiang	13770	3180	7799	2791	
茂名市	Maoming	7790	667	6661	462	
肇庆市	Zhaoqing	4531	60	3345	1126	
惠州市	Huizhou	19314	251	9534	9529	
梅州市	Meizhou	6739	413	6260	65	1
汕尾市	Shanwei	1934		1934		
河源市	Heyuan	3995		3984	11	
阳江市	Yangjiang	8320	648	6891	781	
清远市	Qingyuan	10465	102	8452	1911	
东莞市	Dongguan	12863		9162	3701	
中山市	Zhongshan	16719		13848	2871	
潮州市	Chaozhou	3991	47	3162	782	
揭阳市	Jieyang	2939	152	2754	30	3
云浮市	Yunfu	4410		3449	961	
广西壮族自治区	**Guangxi**	**160814**	**9379**	**131852**	**19575**	**8**
南宁市	Nanning	32358	1981	27872	2500	5
柳州市	Liuzhou	13783	724	12346	713	
桂林市	Guilin	8600	218	8351	29	2

2-24 续表 5 continued

单位：万吨 (10 000 tons)

城市	City	货运总量 Total Freight Traffic	铁路货物运量 Railway Freight Traffic	公路货运量 Highway Freight Traffic	水运货运量 waterway Freight Traffic	民用航空货邮运量 Civil Aviation Freight Traffic
梧州市	Wuzhou	5599	25	3710	1864	
北海市	Beihai	6698	439	5423	836	
防城港市	Fangchenggang	8123	3222	3617	1284	
钦州市	Qinzhou	27803	1454	24185	2164	
贵港市	Guigang	11878	264	2636	8978	
玉林市	Yulin	19920	92	19636	192	
百色市	Baise	9261	545	8434	282	
贺州市	Hezhou	4084	38	3989	57	
河池市	Hechi	6191	147	6012	32	
来宾市	Laibin	2372	66	1684	622	
崇左市	Chongzuo	4143	164	3957	22	
海南省	**Hainan**	**15863**	**967**	**7797**	**7072**	**27**
海口市	Haikou	12168	964	4122	7057	25
三亚市	Sanya	3695	3	3675	15	2
三沙市	Sansa					
重庆市	**Chongqing**	**97404**	**2337**	**80695**	**14360**	**12**
四川省	**Sichuan**	**178821**	**9568**	**160964**	**8259**	**30**
成都市	Chengdu	43328	764	42537		27
自贡市	Zigong	5631	314	5075	242	
攀枝花市	Panzhihua	15620	3090	12513	17	
泸州市	Luzhou	8394	322	6390	1682	
德阳市	Deyang	9793	853	8940		
绵阳市	Mianyang	6774	110	6663		1
广元市	Guangyuan	6770	319	5461	990	
遂宁市	Suining	3468	14	3226	228	
内江市	Neijiang	6977	250	6444	283	
乐山市	Leshan	12460	1522	10645	293	
南充市	Nanchong	7102	216	5909	977	
眉山市	Meishan	6386		5186	1200	
宜宾市	Yibin	7228	763	5939	526	
广安市	Guang'an	5598	142	5002	454	
达州市	Dazhou	17284	476	16266	540	2
雅安市	Ya'an	4947		4947		
巴中市	Bazhong	3763	350	3117	296	
资阳市	Ziyang	7298	63	6704	531	
贵州省	**Guizhou**	**118924**	**2749**	**115376**	**791**	**8**
贵阳市	Guiyang	21281	1519	19750	4	8
六盘水市	Liupanshui	70438		70438		
遵义市	Zunyi	14229	631	12954	644	
安顺市	Anshun	3418	119	3297	2	
毕节市	Bijie	6250	480	5767	3	
铜仁市	Tongren	3308		3170	138	
云南省	**Yunnan**	**61778**	**13834**	**47653**	**261**	**30**
昆明市	Kunming	28173	11931	16176	37	29
曲靖市	Qujing	13147	958	12189		

2-24 续表 6 continued

单位：万吨 (10 000 tons)

城 市	City	货运总量 Total Freight Traffic	铁路货物运量 Railway Freight Traffic	公路货运量 Highway Freight Traffic	水运货运量 waterway Freight Traffic	民用航空货邮运量 Civil Aviation Freight Traffic
玉溪市	Yuxi	7467	575	6892		
保山市	Baoshan	2255		2255		
昭通市	Zhaotong	3878	152	3511	215	
丽江市	Lijiang	1526	218	1307		1
普洱市	Pu'er	3520		3511	9	
临沧市	Lincang	1812		1812		
西藏自治区	**Tibet**	**689**	**71**	**618**		
拉萨市	Lasa	689	71	618		
陕西省	**Shaanxi**	**122557**	**5652**	**116644**	**243**	**18**
西安市	Xi'an	50119	858	49243		18
铜川市	Tongchuan	4016		4016		
宝鸡市	Baoji	9946		9946		
咸阳市	Xianyang	8052		8052		
渭南市	Weinan	13871		13801	70	
延安市	Yan'an	8246	1864	6382		
汉中市	Hanzhong	6629	317	6312		
榆林市	Yulin	13353	2613	10740		
安康市	Ankang	7502		7329	173	
商洛市	Shangluo	823		823		
甘肃省	**Gansu**	**60009**	**4746**	**55237**	**22**	**4**
兰州市	Lanzhou	10531	974	9531	22	4
嘉峪关市	Jiayuguan	5158	50	5108		
金昌市	Jinchang	2697	335	2362		
白银市	Baiyin	13381	1478	11903		
天水市	Tianshui	3152	46	3106		
武威市	Wuwei	2853	96	2757		
张掖市	Zhangye	3142	59	3083		
平凉市	Pingliang	4776	1405	3371		
酒泉市	Jiuquan	2896		2896		
庆阳市	Qingyang	4601		4601		
定西市	Dingxi	4379	303	4076		
陇南市	Longnan	2443		2443		
青海省	**Qinghai**	**6572**	**491**	**6080**		**1**
西宁市	Xining	3273	491	2781		1
海东市	Haidong	3299		3299		
宁夏回族自治区	**Ningxia**	**38275**	**2065**	**36165**	**44**	**1**
银川市	Yinchuan	15277	489	14787		1
石嘴山市	Shizuishan	8665	1406	7259		
吴忠市	Wuzhong	7992	86	7906		
固原市	Guyuan	4153	84	4069		
中卫市	Zhongwei	2188		2144	44	
新疆维吾尔自治区	**Xinjiang**	**23376**	**2369**	**21000**		**7**
乌鲁木齐市	Urumqi	20135	2275	17853		7
克拉玛依市	Karamay	3241	94	3147		

2-25 邮政局(所)数及邮政、电信业务收入(全市)
Number of Post Offices and Revenue from Postal and Telecommunication Services (Total City)

城　市	City	年末邮政局(所)数 (处) Number of Post Offices at Year-end (unit)	邮政业务收入 (万元) Revenue from Postal Services (10 000 yuan)	电信业务收入 (万元) Revenue from Telecommunication Services (10 000 yuan)
城市合计	**Prefecture Cities**	**45475**	**17270272**	**114955327**
北京市	**Beijing**	**918**	**584585**	**5940104**
天津市	**Tianjin**	**850**	**306302**	**1653735**
河北省	**Hebei**	**1606**	**719108**	**4904320**
石家庄市	Shijiazhuang	205	187727	869830
唐山市	Tangshan	158	71095	631975
秦皇岛市	Qinhuangdao	90	26687	279198
邯郸市	Handan	154	51548	457295
邢台市	Xingtai	137	36895	351381
保定市	Baoding	201	109450	714206
张家口市	Zhangjiakou	140	33514	279853
承德市	Chengde	112	26188	227162
沧州市	Cangzhou	185	68217	432427
廊坊市	Langfang	114	75051	445622
衡水市	Hengshui	110	32736	215371
山西省	**Shanxi**	**1326**	**261339**	**2832297**
太原市	Taiyuan	140	58755	634427
大同市	Datong	120	28651	234349
阳泉市	Yangquan	70	13187	132972
长治市	Changzhi	98	18495	228405
晋城市	Jincheng	106	13238	181680
朔州市	Shuozhou	61	11146	115449
晋中市	Jinzhong	133	21792	240100
运城市	Yuncheng	170	26679	315000
忻州市	Xinzhou	175	23000	183000
临汾市	Linfen	141	24689	338800
吕梁市	Lvliang	112	21707	228115
内蒙古自治区	**Inner Mongolia**	**1252**	**419540**	**2052920**
呼和浩特市	Hohhot	107	55225	447052
包头市	Baotou	96	11953	268872
乌海市	Wuhai	37	4734	32400
赤峰市	Chifeng	289	18062	268067
通辽市	Tongliao	125	11111	388952
鄂尔多斯市	Erdos	125	284400	272300
呼伦贝尔市	Hulunbuir	177	14795	83142
巴彦淖尔市	Bayannur	129	7960	93135
乌兰察布市	Ulanqab	167	11300	199000
辽宁省	**Liaoning**	**1548**	**552621**	**4265162**
沈阳市	Shenyang	209	150663	1147776
大连市	Dalian	235	134001	987046
鞍山市	Anshan	102	33882	306894
抚顺市	Fushun	81	19269	169667
本溪市	Benxi	69	15663	125525
丹东市	Dandong	94	23214	188621
锦州市	Jinzhou	99	21717	207507
营口市	Yingkou	70	20065	220107

2-25 续表 1 continued

城 市	City	年末邮政局(所)数 (处) Number of Post Offices at Year-end (unit)	邮政业务收入 (万元) Revenue from Postal Services (10 000 yuan)	电信业务收入 (万元) Revenue from Telecommunication Services (10 000 yuan)
阜新市	Fuxin	65	9854	120896
辽阳市	Liaoyang	58	23551	143146
盘锦市	Panjin	77	24526	134683
铁岭市	Tieling	119	21465	165894
朝阳市	Chaoyang	162	27689	179869
葫芦岛市	Huludao	108	27062	167531
吉林省	**Jilin**	**854**	**191222**	**1693149**
长春市	Changchun	202	56099	718732
吉林市	Jilin	141	31730	283733
四平市	Siping	108	24579	168375
辽源市	Liaoyuan	51	10275	69508
通化市	Tonghua	110	21553	128871
白山市	Baishan	61	16343	76758
松原市	Songyuan	94	16917	142208
白城市	Baicheng	87	13726	104964
黑龙江省	**Heilongjiang**	**1668**	**409695**	**2671244**
哈尔滨市	Harbin	352	98272	1127068
齐齐哈尔市	Qiqihar		29227	312320
鸡西市	Jixi	116	24100	118571
鹤岗市	Hegang	69	9519	82815
双鸭山市	Shuangyashan	111	16726	94640
大庆市	Daqing	161	38666	317877
伊春市	Yichun	84	91049	79687
佳木斯市	Jiamusi	205	21512	166754
七台河市	Qitaihe	37	5966	58824
牡丹江市	Mudanjiang	188	30165	137273
黑河市	Heihe	120	12698	146925
绥化市	Suihua	225	31795	28490
上海市	**Shanghai**	**544**	**512461**	**4873900**
江苏省	**Jiangsu**	**2414**	**2332000**	**8696396**
南京市	Nanjing	181	398000	1237707
无锡市	Wuxi	141	248000	1010012
徐州市	Xuzhou	235	105000	588980
常州市	Changzhou	150	168000	626771
苏州市	Suzhou	246	654000	2077036
南通市	Nantong	314	195000	666609
连云港市	Lianyungang	132	56000	307482
淮安市	Huai'an	174	59000	302207
盐城市	Yancheng	229	83000	469558
扬州市	Yangzhou	191	104000	426893
镇江市	Zhenjiang	109	71000	305249
泰州市	Taizhou	177	86000	379358
宿迁市	Suqian	135	105000	298534
浙江省	**Zhejiang**	**1750**	**591823**	**7879860**
杭州市	Hangzhou	269	133400	1752286
宁波市	Ningbo	280	95951	1225466

2-25 续表 2 continued

城 市	City	年末邮政局(所)数(处) Number of Post Offices at Year-end (unit)	邮政业务收入(万元) Revenue from Postal Services (10 000 yuan)	电信业务收入(万元) Revenue from Telecommunication Services (10 000 yuan)
温州市	Wenzhou	151	71587	1216822
嘉兴市	Jiaxing	150	40746	832749
湖州市	Huzhou	76		315944
绍兴市	Shaoxing	153	46892	571128
金华市	Jinhua	204	90479	736882
衢州市	Quzhou	61	14739	161885
舟山市	Zhoushan	54	13211	159517
台州市	Taizhou	136	64894	718147
丽水市	Lishui	216	19924	189034
安徽省	**Anhui**	**1828**	**385958**	**3862829**
合肥市	Hefei	177	62194	798399
芜湖市	Wuhu	123	25169	296786
蚌埠市	Bengbu	83	19001	206793
淮南市	Huainan	66	11995	155735
马鞍山市	Maanshan	71	16000	169000
淮北市	Huaibei	46	10878	120343
铜陵市	Tongling	31	7249	69552
安庆市	Anqing	181	41783	267917
黄山市	Huangshan	90	10022	230491
滁州市	Chuzhou	156	16969	258305
阜阳市	Fuyang	171	50162	313104
宿州市	Suzhou	129	33649	247627
六安市	Lu'an	172	23475	257192
亳州市	Bozhou	140	32300	211727
池州市	Chizhou	72	11696	88924
宣城市	Xuancheng	120	13416	170934
福建省	**Fujian**	**1370**	**841819**	**4567486**
福州市	Fuzhou	232	71800	1069000
厦门市	Xiamen	90	218400	765500
莆田市	Putian	60	89500	266077
三明市	Sanming	175	36388	211830
泉州市	Quanzhou	218	310900	1080200
漳州市	Zhangzhou	138	37988	451489
南平市	Nanping	193	31255	210807
龙岩市	Longyan	128	20626	236195
宁德市	Ningde	136	24962	276388
江西省	**Jiangxi**	**1740**	**349372**	**2452433**
南昌市	Nanchang	157	115400	544791
景德镇市	Jingdezhen	53	7873	97227
萍乡市	Pingxiang	63	11132	107005
九江市	Jiujiang	215	21608	279475
新余市	Xinyu	61	12300	98000
鹰潭市	Yingtan	39	11212	62283
赣州市	Ganzhou	345	42145	397769
吉安市	Ji'an	217	42378	188076
宜春市	Yichun	185	34808	172700
抚州市	Fuzhou	182	22516	164107
上饶市	Shangrao	223	28000	341000

2-25 续表 3 continued

城 市	City	年末邮政局(所)数 (处) Number of Post Offices at Year-end (unit)	邮政业务收入 (万元) Revenue from Postal Services (10 000 yuan)	电信业务收入 (万元) Revenue from Telecommunication Services (10 000 yuan)
山东省	**Shandong**	**2836**	**724584**	**7109148**
济南市	Jinan	215	53343	704982
青岛市	Qingdao	217	80351	1033204
淄博市	Zibo	140	30579	387800
枣庄市	Zaozhuang	100	19340	563147
东营市	Dongying	84	15685	220644
烟台市	Yantai	270	52781	571071
潍坊市	Weifang	267	51342	614682
济宁市	Jining	221	55699	462000
泰安市	Tai'an	136	49100	326203
威海市	Weihai	101	30203	249900
日照市	Rizhao	77	11914	165051
莱芜市	Laiwu	45	10085	75647
临沂市	Linyi	253	76900	591342
德州市	Dezhou	233	40500	304000
聊城市	Liaocheng	171	41673	246758
滨州市	Binzhou	127	37000	174505
菏泽市	Heze	179	68089	418212
河南省	**Henan**	**2482**	**693529**	**5730493**
郑州市	Zhengzhou	238	68000	1293000
开封市	Kaifeng	118	24412	271520
洛阳市	Luoyang	185	48947	489438
平顶山市	Pingdingshan	125	39495	261498
安阳市	Anyang	117	42072	327847
鹤壁市	Hebi	25	8037	77292
新乡市	Xinxiang	151	62759	346754
焦作市	Jiaozuo	114	20638	270659
濮阳市	Puyang	97	28983	278000
许昌市	Xuchang	108	28073	221015
漯河市	Luohe	60	15974	122815
三门峡市	Sanmenxia	79	28169	129307
南阳市	Nanyang	267	75730	417900
商丘市	Shangqiu	202	59755	329148
信阳市	Xinyang	215	36800	309500
周口市	Zhoukou	186	58822	317538
驻马店市	Zhumadian	195	46863	267262
湖北省	**Hubei**	**1496**	**379884**	**3590494**
武汉市	Wuhan	268	99619	1414885
黄石市	Huangshi	63	21500	173500
十堰市	Shiyan	145	20500	163500
宜昌市	Yichang	138	25545	282200
襄阳市	Xiangyang	179	33694	312500
鄂州市	Ezhou	37	20153	71732
荆门市	Jingmen	85	19121	164675

2-25 续表 4 continued

城市	City	年末邮政局(所)数(处) Number of Post Offices at Year-end (unit)	邮政业务收入(万元) Revenue from Postal Services (10 000 yuan)	电信业务收入(万元) Revenue from Telecommunication Services (10 000 yuan)
孝感市	Xiaogan	128	37451	214674
荆州市	Jingzhou	167	43600	312400
黄冈市	Huanggang	147	28694	234362
咸宁市	Xianning	79	13774	129637
随州市	Suizhou	60	16233	116429
湖南省	**Hunan**	**1961**	**534567**	**4241613**
长沙市	Changsha	254	184008	1027921
株洲市	Zhuzhou	102	35091	321780
湘潭市	Xiangtan	89	17000	240900
衡阳市	Hengyang	180	44446	363565
邵阳市	Shaoyang	204	38091	324890
岳阳市	Yueyang	142	28448	339400
常德市	Changde	213	32437	312427
张家界市	Zhangjiajie	72	10981	125500
益阳市	Yiyang	133	30950	207550
郴州市	Chenzhou	140	42783	294300
永州市	Yongzhou	143	26326	179533
怀化市	Huaihua	214	25482	274667
娄底市	Loudi	75	18524	229180
广东省	**Guangdong**	**3725**	**4481766**	**15953208**
广州市	Guangzhou	244	1256412	3328651
韶关市	Shaoguan	132	27843	199589
深圳市	Shenzhen	797	2203600	3663000
珠海市	Zhuhai	69	29408	374300
汕头市	Shantou	70	22191	557312
佛山市	Foshan	263	130695	1396510
江门市	Jiangmen	121	76669	523995
湛江市	Zhanjiang	139	59055	705463
茂名市	Maoming	130	43243	492081
肇庆市	Zhaoqing	128	38168	373173
惠州市	Huizhou	164	23765	616640
梅州市	Meizhou	159	40117	199066
汕尾市	Shanwei	50	16807	213717
河源市	Heyuan	115	13853	180293
阳江市	Yangjiang	57	21635	184558
清远市	Qingyuan	120	25099	343458
东莞市	Dongguan	611	88635	1669207
中山市	Zhongshan	136	157168	716088
潮州市	Chaozhou	53	12903	197830
揭阳市	Jieyang	87		
云浮市	Yunfu	80	194500	18277
广西壮族自治区	**Guangxi**	**1433**	**262267**	**2545424**
南宁市	Nanning	193	61421	603214
柳州市	Liuzhou	110	18166	252491
桂林市	Guilin	183	24460	271206

2-25 续表 5 continued

城　市	City	年末邮政局(所)数(处) Number of Post Offices at Year-end (unit)	邮政业务收入(万元) Revenue from Postal Services (10 000 yuan)	电信业务收入(万元) Revenue from Telecommunication Services (10 000 yuan)
梧州市	Wuzhou	72	14601	172152
北海市	Beihai	34	8097	115775
防城港市	Fangchenggang	32	5891	69844
钦州市	Qinzhou	70	15925	128682
贵港市	Guigang	75	25642	147249
玉林市	Yulin	106	27882	221062
百色市	Baise	169	14140	157240
贺州市	Hezhou	69	7521	75122
河池市	Hechi	159	16430	142580
来宾市	Laibin	77	9032	88848
崇左市	Chongzuo	84	13059	99959
海南省	**Hainan**	**92**	**33113**	**415003**
海口市	Haikou	58	26934	350391
三亚市	Sanya	33	6168	64577
三沙市	Sansa	1	11	35
重庆市	**Chongqing**	**1684**	**385542**	**2187644**
四川省	**Sichuan**	**4655**	**512567**	**4896919**
成都市	Chengdu	460	102673	1840208
自贡市	Zigong	174	24300	144926
攀枝花市	Panzhihua	47	8220	113838
泸州市	Luzhou	233	31055	252549
德阳市	Deyang	179	29616	254337
绵阳市	Mianyang	419	33652	343156
广元市	Guangyuan	256	17638	158218
遂宁市	Suining	128	17954	116632
内江市	Neijiang	213	17673	42933
乐山市	Leshan	216	18017	212809
南充市	Nanchong	531	46473	283017
眉山市	Meishan	245	17810	156336
宜宾市	Yibin	250	27539	242751
广安市	Guang'an	147	23602	140853
达州市	Dazhou	426	35405	236295
雅安市	Ya'an	77	6150	96728
巴中市	Bazhong	300	23031	118355
资阳市	Ziyang	354	31759	142978
贵州省	**Guizhou**	**920**	**135276**	**1631696**
贵阳市	Guiyang	184	41086	560600
六盘水市	Liupanshui	115	12669	161759
遵义市	Zunyi	294	37661	384866
安顺市	Anshun	86	8787	115265
毕节市	Bijie	123	16870	250836
铜仁市	Tongren	118	18203	158370
云南省	**Yunnan**	**1046**	**100676**	**2350161**
昆明市	Kunming	301	42600	953000
曲靖市	Qujing	162	15200	760300

2-25 续表 6 continued

城 市	City	年末邮政局(所)数(处) Number of Post Offices at Year-end (unit)	邮政业务收入(万元) Revenue from Postal Services (10 000 yuan)	电信业务收入(万元) Revenue from Telecommunication Services (10 000 yuan)
玉溪市	Yuxi	76	6854	112978
保山市	Baoshan	91	5302	52700
昭通市	Zhaotong	141	12224	201767
丽江市	Lijiang	70	5648	18510
普洱市	Pu'er	125	6744	141878
临沧市	Lincang	80	6104	109028
西藏自治区	**Tibet**	**44**	**4108**	**4908**
拉萨市	Lasa	44	4108	4908
陕西省	**Shaanxi**	**1523**	**377247**	**2979063**
西安市	Xi'an	279	177100	1316435
铜川市	Tongchuan	42	7116	16467
宝鸡市	Baoji	155	35300	224100
咸阳市	Xianyang	140	26425	283401
渭南市	Weinan	235	26900	290000
延安市	Yan'an	136	15986	45882
汉中市	Hanzhong	158	35435	188081
榆林市	Yulin	166	20400	393900
安康市	Ankang	124	19785	136597
商洛市	Shangluo	88	12800	84200
甘肃省	**Gansu**	**1126**	**99088**	**1374896**
兰州市	Lanzhou	146	23442	450978
嘉峪关市	Jiayuguan	13	3076	33770
金昌市	Jinchang	18	2303	46943
白银市	Baiyin	86	6038	122300
天水市	Tianshui	134	18507	143566
武威市	Wuwei	83	6300	104100
张掖市	Zhangye	95	5350	68106
平凉市	Pingliang	118	5421	116300
酒泉市	Jiuquan	83	5564	108800
庆阳市	Qingyang	123	8695	38838
定西市	Dingxi	107	6967	109844
陇南市	Longnan	120	7425	31351
青海省	**Qinghai**	**250**	**15443**	**323057**
西宁市	Xining	222	12285	263966
海东市	Haidong	28	3158	59091
宁夏回族自治区	**Ningxia**	**319**	**28047**	**610575**
银川市	Yinchuan	97	13264	352844
石嘴山市	Shizuishan	43	4118	73651
吴忠市	Wuzhong	46	3877	98849
固原市	Guyuan	90	4321	13588
中卫市	Zhongwei	43	2467	71643
新疆维吾尔自治区	**Xinjiang**	**215**	**44723**	**665190**
乌鲁木齐市	Urumqi	181	39390	599623
克拉玛依市	Karamay	34	5333	65567

2-26 电话及互联网用户数(全市)

Number of Subscribers of Telephone and Internet Services (Total City)

单位：万户 (10 000 household)

城　市	City	固定电话年末用户数 Number of Subscribers of Local Telephones at Year-end	移动电话年末用户数 Number of Subscribers of Mobile Telephones at Year-end	互联网宽带接入用户数 Number of Subscribers of Internet Services
城市合计	**Prefecture Cities**	**25167.90**	**127408.29**	**21136**
北京市	**Beijing**	**867.60**	**3373.80**	**535**
天津市	**Tianjin**	**352.80**	**1323.15**	**188**
河北省	**Hebei**	**1147.09**	**6180.14**	**1043**
石家庄市	Shijiazhuang	161.60	979.30	192
唐山市	Tangshan	152.18	805.41	137
秦皇岛市	Qinhuangdao	70.95	343.10	59
邯郸市	Handan	87.00	651.50	100
邢台市	Xingtai	91.45	436.82	81
保定市	Baoding	169.94	967.30	157
张家口市	Zhangjiakou	61.05	327.32	51
承德市	Chengde	40.70	267.47	41
沧州市	Cangzhou	123.00	592.80	83
廊坊市	Langfang	105.20	486.40	84
衡水市	Hengshui	84.02	322.72	57
山西省	**Shanxi**	**594.52**	**3529.77**	**574**
太原市	Taiyuan	126.18	726.22	133
大同市	Datong	49.31	337.59	50
阳泉市	Yangquan	21.97	158.70	29
长治市	Changzhi	41.82	287.70	50
晋城市	Jincheng	40.30	224.10	35
朔州市	Shuozhou	16.92	149.60	18
晋中市	Jinzhong	62.90	282.02	53
运城市	Yuncheng	76.61	398.47	61
忻州市	Xinzhou	60.02	268.50	34
临汾市	Linfen	53.89	393.61	64
吕梁市	Lvliang	44.60	303.26	46
内蒙古自治区	**Inner Mongolia**	**337.06**	**2690.22**	**261**
呼和浩特市	Hohhot	81.25	400.40	45
包头市	Baotou	46.82	391.96	40
乌海市	Wuhai	13.17	105.32	20
赤峰市	Chifeng	50.40	396.32	36
通辽市	Tongliao	28.20	380.85	26
鄂尔多斯市	Erdos	23.34	306.21	18
呼伦贝尔市	Hulunbuir	43.58	318.26	37
巴彦淖尔市	Bayannur	25.50	201.00	19
乌兰察布市	Ulanqab	24.80	189.90	19
辽宁省	**Liaoning**	**1229.17**	**4610.80**	**738**
沈阳市	Shenyang	268.72	1015.87	151
大连市	Dalian	252.85	908.71	130
鞍山市	Anshan	92.89	361.09	62
抚顺市	Fushun	59.02	209.71	38
本溪市	Benxi	39.71	149.68	33
丹东市	Dandong	77.44	210.33	38
锦州市	Jinzhou	84.38	282.53	54
营口市	Yingkou	58.93	244.40	41

2-26 续表 1 continued

单位：万户 (10 000 household)

城市	City	固定电话年末用户数 Number of Subscribers of Local Telephones at Year-end	移动电话年末用户数 Number of Subscribers of Mobile Telephones at Year-end	互联网宽带接入用户数 Number of Subscribers of Internet Services
阜新市	Fuxin	45.63	179.67	33
辽阳市	Liaoyang	44.01	182.10	32
盘锦市	Panjin	34.00	160.72	22
铁岭市	Tieling	47.73	225.51	32
朝阳市	Chaoyang	68.41	248.81	36
葫芦岛市	Huludao	55.45	231.67	36
吉林省	**Jilin**	**510.99**	**2191.07**	**335**
长春市	Changchun	183.40	794.63	121
吉林市	Jilin	91.45	365.92	67
四平市	Siping	48.21	268.00	33
辽源市	Liaoyuan	24.96	102.35	15
通化市	Tonghua	51.22	168.55	31
白山市	Baishan	37.74	104.65	18
松原市	Songyuan	37.26	224.50	24
白城市	Baicheng	36.75	162.47	25
黑龙江省	**Heilongjiang**	**696.80**	**3355.23**	**504**
哈尔滨市	Harbin	258.43	1124.35	156
齐齐哈尔市	Qiqihar	77.59	380.29	44
鸡西市	Jixi	36.40	173.80	23
鹤岗市	Hegang	16.24	112.36	13
双鸭山市	Shuangyashan	25.00	153.47	20
大庆市	Daqing	57.20	405.78	48
伊春市	Yichun	19.70	82.60	52
佳木斯市	Jiamusi	40.60	234.20	33
七台河市	Qitaihe	13.33	100.67	11
牡丹江市	Mudanjiang	47.41	229.51	43
黑河市	Heihe	24.20	115.80	20
绥化市	Suihua	80.70	242.40	42
上海市	**Shanghai**	**869.24**	**3200.65**	**511**
江苏省	**Jiangsu**	**2289.82**	**7941.94**	**1431**
南京市	Nanjing	305.66	992.27	215
无锡市	Wuxi	229.52	815.16	144
徐州市	Xuzhou	161.01	727.18	103
常州市	Changzhou	160.80	523.07	108
苏州市	Suzhou	357.92	1474.47	273
南通市	Nantong	248.98	641.87	122
连云港市	Lianyungang	103.12	352.50	64
淮安市	Huai'an	95.19	357.85	54
盐城市	Yancheng	162.92	562.02	87
扬州市	Yangzhou	142.21	430.23	77
镇江市	Zhenjiang	103.35	318.43	60
泰州市	Taizhou	138.59	380.00	74
宿迁市	Suqian	80.55	366.89	51
浙江省	**Zhejiang**	**1763.57**	**7956.40**	**1613**
杭州市	Hangzhou	334.87	1546.83	339
宁波市	Ningbo	298.00	1228.00	250

2-26 续表 2 continued

单位：万户 (10 000 household)

城 市	City	固定电话年末用户数 Number of Subscribers of Local Telephones at Year-end	移动电话年末用户数 Number of Subscribers of Mobile Telephones at Year-end	互联网宽带接入用户数 Number of Subscribers of Internet Services
温州市	Wenzhou	239.88	1185.10	237
嘉兴市	Jiaxing	152.54	560.65	132
湖州市	Huzhou	97.03	366.35	81
绍兴市	Shaoxing	179.04	686.04	135
金华市	Jinhua	161.73	985.03	165
衢州市	Quzhou	50.68	201.14	43
舟山市	Zhoushan	48.74	156.60	36
台州市	Taizhou	152.04	744.77	151
丽水市	Lishui	49.02	295.89	45
安徽省	**Anhui**	**953.57**	**4203.57**	**780**
合肥市	Hefei	176.61	703.32	103
芜湖市	Wuhu	70.62	274.38	59
蚌埠市	Bengbu	52.90	227.73	37
淮南市	Huainan	46.64	156.65	32
马鞍山市	Maanshan	56.17	166.75	34
淮北市	Huaibei	37.15	166.36	28
铜陵市	Tongling	19.74	72.41	17
安庆市	Anqing	95.10	345.40	52
黄山市	Huangshan	25.14	104.94	20
滁州市	Chuzhou	65.64	272.90	43
阜阳市	Fuyang	69.95	422.21	195
宿州市	Suzhou	52.60	334.84	40
六安市	Lu'an	65.30	360.06	40
亳州市	Bozhou	39.06	307.36	30
池州市	Chizhou	28.25	103.67	18
宣城市	Xuancheng	52.70	184.59	33
福建省	**Fujian**	**1004.30**	**4556.59**	**964**
福州市	Fuzhou	213.90	901.50	197
厦门市	Xiamen	174.19	627.81	137
莆田市	Putian	65.99	281.68	121
三明市	Sanming	53.05	259.14	53
泉州市	Quanzhou	239.25	1115.10	208
漳州市	Zhangzhou	95.94	520.82	95
南平市	Nanping	58.05	250.73	50
龙岩市	Longyan	49.93	289.60	43
宁德市	Ningde	54.00	310.21	60
江西省	**Jiangxi**	**623.15**	**3059.03**	**536**
南昌市	Nanchang	126.74	628.57	116
景德镇市	Jingdezhen	24.08	129.20	24
萍乡市	Pingxiang	26.50	152.50	24
九江市	Jiujiang	79.68	324.00	59
新余市	Xinyu	18.24	96.89	19
鹰潭市	Yingtan	18.84	82.89	16
赣州市	Ganzhou	118.24	504.32	109
吉安市	Ji'an	49.78	274.64	46
宜春市	Yichun	57.89	320.46	36
抚州市	Fuzhou	27.56	219.96	34
上饶市	Shangrao	75.60	325.60	54

2-26 续表 3 continued

单位：万户 (10 000 household)

城市	City	固定电话年末用户数 Number of Subscribers of Local Telephones at Year-end	移动电话年末用户数 Number of Subscribers of Mobile Telephones at Year-end	互联网宽带接入用户数 Number of Subscribers of Internet Services
山东省	**Shandong**	**1654.88**	**10457.01**	**1889**
济南市	Jinan	180.05	1243.57	176
青岛市	Qingdao	236.39	1262.19	228
淄博市	Zibo	77.35	560.94	84
枣庄市	Zaozhuang	65.68	345.06	56
东营市	Dongying	52.69	322.33	49
烟台市	Yantai	167.16	829.52	130
潍坊市	Weifang	166.30	927.79	506
济宁市	Jining	94.50	657.00	83
泰安市	Tai'an	96.82	609.24	71
威海市	Weihai	68.65	298.71	76
日照市	Rizhao	45.35	298.33	44
莱芜市	Laiwu	22.53	134.71	22
临沂市	Linyi	110.59	981.91	129
德州市	Dezhou	65.81	489.03	54
聊城市	Liaocheng	71.05	411.58	61
滨州市	Binzhou	73.32	403.69	53
菏泽市	Heze	60.64	681.41	68
河南省	**Henan**	**1142.51**	**7558.67**	**1162**
郑州市	Zhengzhou	242.80	1249.10	204
开封市	Kaifeng	46.43	327.86	54
洛阳市	Luoyang	115.23	626.34	138
平顶山市	Pingdingshan	49.94	364.43	47
安阳市	Anyang	72.53	472.28	68
鹤壁市	Hebi	28.50	113.14	26
新乡市	Xinxiang	87.05	565.20	78
焦作市	Jiaozuo	51.20	290.30	46
濮阳市	Puyang	31.61	308.16	32
许昌市	Xuchang	55.36	327.49	48
漯河市	Luohe	19.30	178.71	25
三门峡市	Sanmenxia	24.70	204.50	116
南阳市	Nanyang	76.91	578.92	75
商丘市	Shangqiu	76.97	571.23	61
信阳市	Xinyang	60.91	384.28	43
周口市	Zhoukou	66.57	511.73	56
驻马店市	Zhumadian	36.50	485.00	46
湖北省	**Hubei**	**884.88**	**4828.66**	**905**
武汉市	Wuhan	294.00	1662.00	369
黄石市	Huangshi	42.60	223.33	40
十堰市	Shiyan	48.50	267.51	68
宜昌市	Yichang	65.17	397.28	64
襄阳市	Xiangyang	78.00	413.80	62
鄂州市	Ezhou	21.68	95.00	16
荆门市	Jingmen	38.15	199.23	38

2-26 续表 4 continued

单位：万户 (10 000 household)

城市	City	固定电话年末用户数 Number of Subscribers of Local Telephones at Year-end	移动电话年末用户数 Number of Subscribers of Mobile Telephones at Year-end	互联网宽带接入用户数 Number of Subscribers of Internet Services
孝感市	Xiaogan	57.85	326.50	50
荆州市	Jingzhou	73.32	393.30	76
黄冈市	Huanggang	87.43	369.27	56
咸宁市	Xianning	41.87	226.18	34
随州市	Suizhou	36.31	255.26	31
湖南省	**Hunan**	**832.71**	**4711.91**	**649**
长沙市	Changsha	194.70	1086.50	143
株洲市	Zhuzhou	72.36	316.88	59
湘潭市	Xiangtan	38.63	276.99	29
衡阳市	Hengyang	85.61	405.16	63
邵阳市	Shaoyang	69.64	388.18	41
岳阳市	Yueyang	68.99	408.65	47
常德市	Changde	63.10	348.83	54
张家界市	Zhangjiajie	18.25	93.08	19
益阳市	Yiyang	40.27	248.98	40
郴州市	Chenzhou	60.04	318.84	45
永州市	Yongzhou	35.96	253.91	33
怀化市	Huaihua	48.33	306.64	36
娄底市	Loudi	36.83	259.27	40
广东省	**Guangdong**	**3029.63**	**15409.09**	**2879**
广州市	Guangzhou	551.73	3176.12	766
韶关市	Shaoguan	92.20	272.95	45
深圳市	Shenzhen	490.00	2553.00	433
珠海市	Zhuhai	82.23	350.54	66
汕头市	Shantou	137.24	604.54	94
佛山市	Foshan	296.02	1339.30	233
江门市	Jiangmen	136.66	590.98	83
湛江市	Zhanjiang	75.13	644.26	71
茂名市	Maoming	77.14	360.33	52
肇庆市	Zhaoqing	65.80	392.00	245
惠州市	Huizhou	131.47	597.79	110
梅州市	Meizhou	64.27	354.58	42
汕尾市	Shanwei	39.83	184.85	20
河源市	Heyuan	49.92	167.36	29
阳江市	Yangjiang	47.00	202.59	30
清远市	Qingyuan	52.20	303.20	40
东莞市	Dongguan	314.48	1850.39	216
中山市	Zhongshan	115.00	626.00	100
潮州市	Chaozhou	63.04	241.04	40
揭阳市	Jieyang	109.79	468.91	75
云浮市	Yunfu	38.48	128.36	89
广西壮族自治区	**Guangxi**	**555.64**	**3315.79**	**566**
南宁市	Nanning	109.30	702.64	156
柳州市	Liuzhou	51.11	324.27	65
桂林市	Guilin	66.27	362.18	68

2-26 续表 5 continued

单位：万户 (10 000 household)

城　市	City	固定电话年末用户数 Number of Subscribers of Local Telephones at Year-end	移动电话年末用户数 Number of Subscribers of Mobile Telephones at Year-end	互联网宽带接入用户数 Number of Subscribers of Internet Services
梧州市	Wuzhou	33.39	170.11	29
北海市	Beihai	24.62	158.33	27
防城港市	Fangchenggang	13.59	85.07	14
钦州市	Qinzhou	32.12	174.50	26
贵港市	Guigang	43.82	222.18	31
玉林市	Yulin	68.00	311.40	44
百色市	Baise	35.07	214.93	30
贺州市	Hezhou	15.47	113.18	17
河池市	Hechi	29.40	199.92	28
来宾市	Laibin	16.29	133.14	17
崇左市	Chongzuo	17.19	143.94	15
海南省	**Hainan**	**85.88**	**500.92**	**67**
海口市	Haikou	61.75	385.66	53
三亚市	Sanya	24.13	115.26	14
三沙市	Sansa			
重庆市	**Chongqing**	**580.33**	**2380.78**	**505**
四川省	**Sichuan**	**1201.49**	**6704.65**	**821**
成都市	Chengdu	411.95	2274.84	257
自贡市	Zigong	43.55	189.58	30
攀枝花市	Panzhihua	33.08	128.04	24
泸州市	Luzhou	50.50	324.80	38
德阳市	Deyang	51.01	310.20	51
绵阳市	Mianyang	75.96	470.17	65
广元市	Guangyuan	39.98	221.74	27
遂宁市	Suining	31.56	198.01	23
内江市	Neijiang	47.45	236.30	26
乐山市	Leshan	64.00	293.13	41
南充市	Nanchong	71.46	388.56	55
眉山市	Meishan	41.72	239.16	28
宜宾市	Yibin	57.07	348.28	39
广安市	Guang'an	32.98	209.28	23
达州市	Dazhou	58.35	333.31	37
雅安市	Ya'an	21.16	129.05	18
巴中市	Bazhong	36.37	177.76	15
资阳市	Ziyang	33.34	232.44	25
贵州省	**Guizhou**	**273.99**	**2240.65**	**436**
贵阳市	Guiyang	101.89	753.25	94
六盘水市	Liupanshui	30.56	275.44	19
遵义市	Zunyi	68.00	534.07	48
安顺市	Anshun	19.31	167.88	16
毕节市	Bijie	32.96	324.41	240
铜仁市	Tongren	21.27	185.60	19
云南省	**Yunnan**	**309.92**	**2510.44**	**275**
昆明市	Kunming	164.37	898.02	133
曲靖市	Qujing	33.37	441.00	37

2-26 续表 6 continued

单位：万户 (10 000 household)

城市	City	固定电话年末用户数 Number of Subscribers of Local Telephones at Year-end	移动电话年末用户数 Number of Subscribers of Mobile Telephones at Year-end	互联网宽带接入用户数 Number of Subscribers of Internet Services
玉溪市	Yuxi	18.25	209.25	27
保山市	Baoshan	14.37	185.23	15
昭通市	Zhaotong	19.51	288.09	18
丽江市	Lijiang	15.12	99.38	12
普洱市	Pu'er	27.00	210.00	18
临沧市	Lincang	17.93	179.47	14
西藏自治区	**Tibet**	**20.80**	**93.66**	
拉萨市	Lasa	20.80	93.66	
陕西省	**Shaanxi**	**709.17**	**4805.27**	**561**
西安市	Xi'an	304.51	2160.67	267
铜川市	Tongchuan	12.53	88.92	10
宝鸡市	Baoji	62.90	344.82	43
咸阳市	Xianyang	59.42	429.60	57
渭南市	Weinan	69.97	437.00	41
延安市	Yan'an	34.05	266.81	26
汉中市	Hanzhong	48.41	274.41	32
榆林市	Yulin	52.14	422.44	40
安康市	Ankang	38.46	197.38	26
商洛市	Shangluo	26.78	183.22	20
甘肃省	**Gansu**	**309.30**	**2050.05**	**193**
兰州市	Lanzhou	86.27	491.89	65
嘉峪关市	Jiayuguan	10.76	42.94	7
金昌市	Jinchang	4.72	50.52	7
白银市	Baiyin	32.62	145.54	13
天水市	Tianshui	34.73	230.54	16
武威市	Wuwei	19.93	120.74	11
张掖市	Zhangye	26.47	115.12	14
平凉市	Pingliang	18.64	161.87	13
酒泉市	Jiuquan	16.45	111.68	12
庆阳市	Qingyang	24.86	220.00	13
定西市	Dingxi	16.23	223.96	10
陇南市	Longnan	17.62	135.25	11
青海省	**Qinghai**	**76.83**	**404.73**	**43**
西宁市	Xining	66.19	275.90	39
海东市	Haidong	10.64	128.83	5
宁夏回族自治区	**Ningxia**	**96.66**	**726.55**	**75**
银川市	Yinchuan	50.98	342.85	39
石嘴山市	Shizuishan	14.15	82.05	11
吴忠市	Wuzhong	10.40	112.34	10
固原市	Guyuan	9.47	104.93	5
中卫市	Zhongwei	11.66	84.38	10
新疆维吾尔自治区	**Xinjiang**	**163.60**	**537.10**	**98**
乌鲁木齐市	Urumqi	147.35	466.93	86
克拉玛依市	Karamay	16.25	70.17	12

2-27 社会消费品零售总额及批发零售贸易业情况

Total Retail Sales of Consumer Goods and Basic Conditions

城　市	City	限额以上批发零售贸易业商品销售总额(万元) Total Sales of Commodities of Enterprises above Designated Size in Wholesale and Retail Trades (10 000 yuan)		社会消费品零售总额(万元) Total Retail Sales of Consumer Goods (10 000 yuan)		限额以上批发零售贸易企业数(法人数)(个) Number of Enterprises above Designated Size of Wholesale and Retail Trades (Number of Legal Entities) (unit)	
		全市 Total City	市辖区 Districts under City	全市 Total City	市辖区 Districts under City	全市 Total City	市辖区 Districts under City
城市合计	**Prefecture Cities**	**4881764535**	**4153799398**	**2300968695**	**1485441932**	**165031**	**106474**
北京市	**Beijing**	**520046401**	**518329041**	**83751191**	**81666878**	**7256**	**7158**
天津市	**Tianjin**	**287478453**	**274963553**	**44704286**	**41329822**	**5164**	**4679**
河北省	**Hebei**	**133113837**	**88252890**	**101606763**	**37751689**	**3560**	**1590**
石家庄市	Shijiazhuang	24480976	23075148	19723521	9254965	400	273
唐山市	Tangshan	25240036	18646528	17246086	8600102	417	255
秦皇岛市	Qinhuangdao	8197235	7384019	5145681	3510097	210	164
邯郸市	Handan	15047624	11282733	11061832	3497229	470	137
邢台市	Xingtai	3922274	2772476	7084604	1728383	286	104
保定市	Baoding	32669822	9303236	12204863	3593530	455	146
张家口市	Zhangjiakou	3569995	1732333	4997744	2294387	202	96
承德市	Chengde	3327771	2889083	3925745	1211057	174	71
沧州市	Cangzhou	6224851	4115169	8862458	1325295	374	147
廊坊市	Langfang	4291808	3264903	6441833	1399383	193	92
衡水市	Hengshui	6141445	3787262	4912396	1337261	379	105
山西省	**Shanxi**	**116209170**	**85853904**	**49882930**	**29346031**	**3090**	**1494**
太原市	Taiyuan	43228840	42426923	12814594	11930137	610	556
大同市	Datong	13898299	13547317	4712235	3698675	213	139
阳泉市	Yangquan	10461881	9748506	2467028	1753064	124	92
长治市	Changzhi	16993051	4780177	4258179	2817107	419	212
晋城市	Jincheng	4674178	2834166	2971499	1559340	265	108
朔州市	Shuozhou	4402559	1988418	2187641	1029246	183	92
晋中市	Jinzhong	7760328	5281888	4294792	1360350	272	79
运城市	Yuncheng	3528385	1422360	5521189	1793758	315	62
忻州市	Xinzhou	3744233	1519029	2460390	969949	240	40
临汾市	Linfen	6581986	2115197	4755026	1872338	256	82
吕梁市	Lvliang	935430	189923	3440357	562067	193	32
内蒙古自治区	**Inner Mongolia**	**35624875**	**25335199**	**46769062**	**31675560**	**1612**	**1090**
呼和浩特市	Hohhot	5563338	5290970	11423591	10264676	371	315
包头市	Baotou	11277202	10209912	10773622	10061728	285	257
乌海市	Wuhai	1561547	1561547	1137267	1137267	120	120
赤峰市	Chifeng	2336480	2064162	5265567	2618723	164	94
通辽市	Tongliao	2442772	613483	3723539	1894753	200	89
鄂尔多斯市	Erdos	8118352	2933499	5538138	2709797	162	90
呼伦贝尔市	Hulunbuir	2590164	1021514	4568000	1460898	226	63
巴彦淖尔市	Bayannur	1042527	967536	1944690	793074	52	34
乌兰察布市	Ulanqab	692493	672576	2394648	734644	32	28
辽宁省	**Liaoning**	**170668306**	**146628035**	**105244379**	**77871218**	**6751**	**4900**
沈阳市	Shenyang	81844980	79107483	31860936	29000106	1920	1662
大连市	Dalian	39793639	35707742	25265048	20334956	1670	1349
鞍山市	Anshan	14770900	6829459	8000849	4092326	826	433
抚顺市	Fushun	3935965	3657748	5184214	4480095	218	169
本溪市	Benxi	1930091	1813019	2973592	2157977	302	257
丹东市	Dandong	2176906	806125	4270122	2870866	201	102
锦州市	Jinzhou	3612299	2590757	4939822	2940297	226	153

2-27 续表 1 continued

城市	City	限额以上批发零售贸易业商品销售总额(万元) Total Sales of Commodities of Enterprises above Designated Size in Wholesale and Retail Trades (10 000 yuan)		社会消费品零售总额(万元) Total Retail Sales of Consumer Goods (10 000 yuan)		限额以上批发零售贸易企业数(法人数)(个) Number of Enterprises above Designated Size of Wholesale and Retail Trades (Number of Legal Entities) (unit)	
		全市 Total City	市辖区 Districts under City	全市 Total City	市辖区 Districts under City	全市 Total City	市辖区 Districts under City
营口市	Yingkou	4639076	3712711	3892107	2242357	366	219
阜新市	Fuxin	3212334	2784464	2306016	1762451	200	139
辽阳市	Liaoyang	2772774	2211975	3224286	1928895	135	98
盘锦市	Panjin	4881909	3840884	2867072	2173306	196	153
铁岭市	Tieling	2054165	850740	3501489	885877	155	39
朝阳市	Chaoyang	2649709	1227506	3350285	945855	201	50
葫芦岛市	Huludao	2393559	1487422	3608541	2055854	135	77
吉林省	**Jilin**	**33861846**	**28391758**	**50270441**	**30312982**	**1194**	**691**
长春市	Changchun	15788957	15438692	19700410	15499621	340	297
吉林市	Jilin	7996982	7230831	10666795	7458529	353	177
四平市	Siping	2675572	1065968	4499770	1413184	119	39
辽源市	Liaoyuan	958249	431278	1675534	1105371	72	58
通化市	Tonghua	2866936	2053157	3889179	1073768	182	68
白山市	Baishan	477775	395178	2176159	942567	31	16
松原市	Songyuan	2030702	857223	5148000	1415984	63	21
白城市	Baicheng	1066673	919431	2514594	1403958	34	15
黑龙江省	**Heilongjiang**	**52715270**	**44420594**	**60057003**	**38461115**	**1983**	**1312**
哈尔滨市	Harbin	22494013	21470535	27282938	22010322	849	717
齐齐哈尔市	Qiqihar	2033523	1856676	5447129		93	66
鸡西市	Jixi	1579262	1008926	2099678	1173177	84	33
鹤岗市	Hegang	524072	444797	1068469	884022	81	65
双鸭山市	Shuangyashan	599288	415740	1006477	540742	53	16
大庆市	Daqing	15861014	15750965	9093853	8030992	300	276
伊春市	Yichun	377837	313091	866507	632325	27	21
佳木斯市	Jiamusi	1099394	914753	3260246	1713020	50	24
七台河市	Qitaihe	396958	366779	816809	612602	19	16
牡丹江市	Mudanjiang	5116240	1148013	4197085	2145888	291	49
黑河市	Heihe	705424	351662	842283	53130	44	13
绥化市	Suihua	1928245	378657	4075529	664895	92	16
上海市	**Shanghai**	**574902435**	**574098850**	**80520011**	**79766189**	**7410**	**7356**
江苏省	**Jiangsu**	**460289481**	**288989375**	**207966000**	**129024327**	**22555**	**13132**
南京市	Nanjing	96107349	96107349	35317285	35317285	2607	2607
无锡市	Wuxi	82800504	35449114	27599841	17588501	2670	1275
徐州市	Xuzhou	22457601	16091833	14959079	9532600	2570	1500
常州市	Changzhou	47235569	39106070	16076257	11923773	2975	2527
苏州市	Suzhou	123605443	41978229	36622357	18953775	4008	1676
南通市	Nantong	24056886	17256404	19404100	7205421	1978	776
连云港市	Lianyungang	8486486	6058426	6555728	2599909	763	343
淮安市	Huai'an	6214990	4184949	7212158	4455414	927	548
盐城市	Yancheng	9499736	4615239	11633806	3937459	1481	392
扬州市	Yangzhou	11158043	8428867	11068789	7292995	822	607
镇江市	Zhenjiang	9312745	6735681	8721339	4382533	629	377
泰州市	Taizhou	13065134	8066841	8370943	4111253	648	350
宿迁市	Suqian	6288995	4910373	4424318	1723409	477	154

2-27 续表 2 continued

城市	City	限额以上批发零售贸易业商品销售总额(万元) Total Sales of Commodities of Enterprises above Designated Size in Wholesale and Retail Trades (10 000 yuan)		社会消费品零售总额(万元) Total Retail Sales of Consumer Goods (10 000 yuan)		限额以上批发零售贸易企业数(法人数)(个) Number of Enterprises above Designated Size of Wholesale and Retail Trades (Number of Legal Entities) (unit)	
		全市 Total City	市辖区 Districts under City	全市 Total City	市辖区 Districts under City	全市 Total City	市辖区 Districts under City
浙江省	**Zhejiang**	**382647389**	**312848222**	**156371713**	**86375751**	**14231**	**9114**
杭州市	Hangzhou	158614195	152584974	35311732	30419033	3684	3150
宁波市	Ningbo	95524061	82110598	26357078	14077290	2936	2252
温州市	Wenzhou	25937650	17939343	21363782	11243876	2068	1093
嘉兴市	Jiaxing	19398231	8869743	11969340	3282975	1300	417
湖州市	Huzhou	17712625	7436279	7662182	3985525	464	216
绍兴市	Shaoxing	20156144	14766999	13183940	7544170	1259	841
金华市	Jinhua	12870603	5506113	14069776	4148095	843	229
衢州市	Quzhou	4859927	2926670	4436693	1729830	299	148
舟山市	Zhoushan	8279431	8042767	3316470	2576599	296	257
台州市	Taizhou	14532638	10028174	14492679	5862532	785	387
丽水市	Lishui	4761884	2636562	4208041	1505826	297	124
安徽省	**Anhui**	**86619278**	**71152747**	**65044589**	**36587152**	**5219**	**2796**
合肥市	Hefei	38557655	37439281	14808408	11815021	899	729
芜湖市	Wuhu	7217972	6286826	5599547	3420607	567	324
蚌埠市	Bengbu	3128569	2557808	4248198	2760480	275	156
淮南市	Huainan	2878235	2625297	2912336	2404219	293	226
马鞍山市	Maanshan	5057901	4161453	3013382	1904941	206	129
淮北市	Huaibei	1766834	1484623	1954577	1421208	210	138
铜陵市	Tongling	1479429	1434792	1555663	1317818	152	137
安庆市	Anqing	2011627	1048953	5235890	1976185	407	119
黄山市	Huangshan	1282681	935458	1961207	1031808	165	83
滁州市	Chuzhou	3124467	1874469	3384770	827137	419	117
阜阳市	Fuyang	7898736	5258242	5080164	2014827	404	174
宿州市	Suzhou	4951363	1576284	3036694	684770	301	74
六安市	Lu'an	2818402	1621040	4342297	1778977	210	100
亳州市	Bozhou	1197055	565568	3450943	1248303	304	127
池州市	Chizhou	1038620	856006	1424834	801134	155	89
宣城市	Xuancheng	2209732	1426647	3035679	1179717	252	74
福建省	**Fujian**	**160164347**	**133082262**	**84433392**	**45744969**	**7746**	**4495**
福州市	Fuzhou	42280399	38107770	26817155	19232713	1537	1163
厦门市	Xiamen	63862199	63862199	9745064	9745064	1346	1346
莆田市	Putian	7002311	5539765	4441346	3742437	542	478
三明市	Sanming	5712878	3771738	3855313	1019109	507	234
泉州市	Quanzhou	23740046	9448031	19455675	5519414	1771	400
漳州市	Zhangzhou	5953376	4642144	7463641	2473289	630	281
南平市	Nanping	2630392	1345964	4126815	915129	195	55
龙岩市	Longyan	6233974	4780734	4807669	2231926	842	406
宁德市	Ningde	2748772	1583917	3720714	865888	376	132
江西省	**Jiangxi**	**34053664**	**27991348**	**44165327**	**22715734**	**1633**	**783**
南昌市	Nanchang	17388799	16348784	11327693	9763921	460	393
景德镇市	Jingdezhen	890804	783069	2132707	1400094	62	35
萍乡市	Pingxiang	770433	706881	2377150	1573777	59	40
九江市	Jiujiang	2140750	1762196	4356334	1927928	132	47
新余市	Xinyu	900956	851131	1708320	1348988	55	41
鹰潭市	Yingtan	833318	680501	1337690	617880	41	29
赣州市	Ganzhou	2750213	1900835	5599904	2040050	177	34
吉安市	Ji'an	1485793	1106799	3002881	565754	156	40
宜春市	Yichun	3343608	1672130	4048334	1327382	174	72
抚州市	Fuzhou	1351466	962281	3395954	1223071	112	23
上饶市	Shangrao	2197524	1216741	4878360	926889	205	29

2-27 续表 3 continued

城 市	City	限额以上批发零售贸易业商品销售总额(万元) Total Sales of Commodities of Enterprises above Designated Size in Wholesale and Retail Trades (10 000 yuan)		社会消费品零售总额(万元) Total Retail Sales of Consumer Goods (10 000 yuan)		限额以上批发零售贸易企业数(法人数)(个) Number of Enterprises above Designated Size of Wholesale and Retail Trades (Number of Legal Entities) (unit)	
		全市 Total City	市辖区 Districts under City	全市 Total City	市辖区 Districts under City	全市 Total City	市辖区 Districts under City
山东省	**Shandong**	**312303793**	**201386233**	**222082850**	**110632784**	**17097**	**7493**
济南市	Jinan	42084933	39666760	27433506	22202647	1818	1450
青岛市	Qingdao	56206527	49373873	29868133	19201026	1650	1095
淄博市	Zibo	18446724	16496186	15681749	12731810	761	610
枣庄市	Zaozhuang	7396999	4121674	6450797	3540287	772	456
东营市	Dongying	10568309	5867353	5937197	3796578	440	222
烟台市	Yantai	25776465	14898767	21586797	8729353	1264	678
潍坊市	Weifang	27151581	11777770	18303940	5886488	2218	440
济宁市	Jining	18187125	9152814	15341110	6501374	1147	374
泰安市	Tai'an	21287189	7343573	10537872	3866125	1176	437
威海市	Weihai	9639340	6282539	10821811	3800279	397	169
日照市	Rizhao	15633745	9233751	4762149	2243063	190	87
莱芜市	Laiwu	3287455	3287455	2577538	2577538	250	250
临沂市	Linyi	20377522	11926298	17809138	7502902	1204	530
德州市	Dezhou	10799153	3138170	9905000	2283000	1435	186
聊城市	Liaocheng	9333055	3800258	8208176	1820726	645	192
滨州市	Binzhou	6591336	2014919	6580427	1796163	416	98
菏泽市	Heze	9536335	3004073	10277510	2153425	1314	219
河南省	**Henan**	**103127140**	**71942945**	**121315198**	**51591269**	**6932**	**3152**
郑州市	Zhengzhou	35160229	28398494	25864155	16529844	1349	949
开封市	Kaifeng	2747931	1744760	5778067	2675262	385	123
洛阳市	Luoyang	10402121	8896808	12691980	6577358	687	419
平顶山市	Pingdingshan	7103587	5427772	5408693	2596871	491	201
安阳市	Anyang	5747686	3553774	5326857	2533883	289	118
鹤壁市	Hebi	967159	737653	1452630	759589	131	83
新乡市	Xinxiang	4883533	3209952	5632319	3087354	361	170
焦作市	Jiaozuo	2463698	1785436	4972405	1673908	273	113
濮阳市	Puyang	2532014	1839278	3653393	918440	227	64
许昌市	Xuchang	3884301	2010441	5491919	1311027	404	54
漯河市	Luohe	2407279	1626826	3360748	1946400	259	167
三门峡市	Sanmenxia	2558118	1358760	3113267	729308	240	69
南阳市	Nanyang	6589394	3881490	12164624	3652374	602	273
商丘市	Shangqiu	6158670	2300697	6234175	2382118	263	127
信阳市	Xinyang	2542501	1745274	6747648	2005577	311	86
周口市	Zhoukou	3577626	1664536	7567665	1065634	248	60
驻马店市	Zhumadian	3401293	1760994	5854653	1146322	412	76
湖北省	**Hubei**	**145854516**	**119264730**	**98466921**	**58714413**	**6864**	**3550**
武汉市	Wuhan	104552947	98422069	39166000	33903060	1972	1650
黄石市	Huangshi	2897000	1502000	4610300	2390700	248	130
十堰市	Shiyan	4610513	3669527	4847000	2585703	474	238
宜昌市	Yichang	6643609	3969864	8600386	4671342	628	355
襄阳市	Xiangyang	6457823	2501213	9255050	4587803	1076	424
鄂州市	Ezhou	512811	512811	2051031	2051031	98	98

2-27 续表 4 continued

城　市	City	限额以上批发零售贸易业商品销售总额(万元) Total Sales of Commodities of Enterprises above Designated Size in Wholesale and Retail Trades (10 000 yuan)		社会消费品零售总额(万元) Total Retail Sales of Consumer Goods (10 000 yuan)		限额以上批发零售贸易企业数(法人数)(个) Number of Enterprises above Designated Size of Wholesale and Retail Trades (Number of Legal Entities) (unit)	
		全市 Total City	市辖区 Districts under City	全市 Total City	市辖区 Districts under City	全市 Total City	市辖区 Districts under City
荆门市	Jingmen	3315125	2115621	3954849	1549839	441	194
孝感市	Xiaogan	3552357	1448581	6026400	1103840	321	79
荆州市	Jingzhou	3553545	1982860	7382647	2776800	528	176
黄冈市	Huanggang	3603069	1399112	6264103	839400	392	37
咸宁市	Xianning	3428738	518655	3206400	845200	471	73
随州市	Suizhou	2726979	1222417	3102755	1409695	215	96
湖南省	**Hunan**	**79060792**	**59488828**	**80762776**	**48591308**	**5156**	**2499**
长沙市	Changsha	34884287	30811216	28019735	21934793	1363	975
株洲市	Zhuzhou	5313618	3553629	6602926	3568013	583	143
湘潭市	Xiangtan	2454506	2217022	3980406	2587187	153	112
衡阳市	Hengyang	4735304	3794955	7319241	3186721	614	397
邵阳市	Shaoyang	2503549	1678393	4318680	1036537	352	81
岳阳市	Yueyang	4922385	2881025	782161	4369968	305	138
常德市	Changde	3069800	2355768	7267946	2916332	406	150
张家界市	Zhangjiajie	629728	534633	1240053	699846	54	21
益阳市	Yiyang	2450444	1572779	4027644	1577539	349	119
郴州市	Chenzhou	6314784	3913752	6261258	3096047	381	145
永州市	Yongzhou	7141328	3124308	3748833	1398020	164	55
怀化市	Huaihua	1796064	1582833	3803097	1446794	141	73
娄底市	Loudi	2844995	1468515	3390796	773511	291	90
广东省	**Guangdong**	**670335504**	**642516095**	**255510632**	**212917731**	**17766**	**15538**
广州市	Guangzhou	292162284	286185193	68828473	65048918	6195	5898
韶关市	Shaoguan	2661719	2104144	4711076	3018983	268	138
深圳市	Shenzhen	179279043	179279043	44335936	44335936	1896	1896
珠海市	Zhuhai	27005074	27005074	7205234	7205234	860	860
汕头市	Shantou	9545580	9508862	11589237	11418992	621	613
佛山市	Foshan	36404093	36404093	22641007	22641007	1650	1650
江门市	Jiangmen	8992172	6720446	9036984	3899745	589	342
湛江市	Zhanjiang	10879644	10069635	10107043	5710640	530	355
茂名市	Maoming	14355634	12460004	10087878	4294677	506	353
肇庆市	Zhaoqing	5349192	2995148	4931175	1837231	197	120
惠州市	Huizhou	9284866	8172294	8579079	5281460	443	299
梅州市	Meizhou	2117866	1656526	4501832	2013008	183	110
汕尾市	Shanwei	1017655	650330	296849	233612	63	22
河源市	Heyuan	1126506	1057612	2366100	1087456	88	59
阳江市	Yangjiang	1334135	883833	5272893	2328379	132	58
清远市	Qingyuan	1778641	1567742	5089622	2650973	167	107
东莞市	Dongguan	29369393	29369393	14866589	14866589	1292	1292
中山市	Zhongshan	14372413	14372413	8905506	8905506	846	846
潮州市	Chaozhou	7382481	5170838	3541358	2785214	159	30
揭阳市	Jieyang	13231769	6241249	6576580	2730348	890	437
云浮市	Yunfu	2685344	642223	2040181	623823	191	53
广西壮族自治区	**Guangxi**	**46682984**	**42776142**	**51413716**	**31921293**	**2375**	**1705**
南宁市	Nanning	21180775	20310307	14508367	12103366	716	636
柳州市	Liuzhou	9643337	9413535	7584238	6184121	441	388
桂林市	Guilin	2913777	2729292	6040268	3228984	236	118

2-27 续表 5 continued

城 市	City	限额以上批发零售贸易业商品销售总额（万元）Total Sales of Commodities of Enterprises above Designated Size in Wholesale and Retail Trades (10 000 yuan)		社会消费品零售总额（万元）Total Retail Sales of Consumer Goods (10 000 yuan)		限额以上批发零售贸易企业数(法人数)（个）Number of Enterprises above Designated Size of Wholesale and Retail Trades (Number of Legal Entities) (unit)	
		全市 Total City	市辖区 Districts under City	全市 Total City	市辖区 Districts under City	全市 Total City	市辖区 Districts under City
梧州市	Wuzhou	975191	512479	2923448	1335829	88	58
北海市	Beihai	908862	885100	1670335	1061345	38	30
防城港市	Fangchenggang	900594	468255	814278	488110	67	43
钦州市	Qinzhou	2068028	2005460	2688225	1354097	131	102
贵港市	Guigang	1072677	918880	3217239	1648611	81	55
玉林市	Yulin	2704988	1994441	4829090	2217412	212	116
百色市	Baise	1292149	1093548	1785984	443542	112	43
贺州市	Hezhou	710865	635844	1189956	627003	54	41
河池市	Hechi	987736	827782	1989715	489685	87	30
来宾市	Laibin	594533	545374	1208723	537618	49	29
崇左市	Chongzuo	729472	435845	963850	201570	63	16
海南省	**Hainan**	**3255319**	**3255319**	**6135350**	**6135350**	**356**	**356**
海口市	Haikou	1812502	1812502	4900518	4900518	318	318
三亚市	Sanya	1442817	1442817	1234832	1234832	38	38
三沙市	Sansa						
重庆市	**Chongqing**	**95214370**	**86335359**	**45997683**	**40926544**	**4455**	**2978**
四川省	**Sichuan**	**108427051**	**88731723**	**98764793**	**56083068**	**5796**	**3254**
成都市	Chengdu	65686593	60409892	37528793	30650739	1734	1449
自贡市	Zigong	2994816	2570892	3903612	2583144	230	153
攀枝花市	Panzhihua	2586249	2333964	2193323	1850885	222	201
泸州市	Luzhou	4635004	3387537	4119427	2067563	457	232
德阳市	Deyang	3910031	1630203	4676660	1166372	286	91
绵阳市	Mianyang	5733974	4617317	6500036	2469760	312	137
广元市	Guangyuan	1263487	1138776	2194614	1145272	134	82
遂宁市	Suining	1854219	1111916	3068123	1344082	147	68
内江市	Neijiang	1901981	1249987	3161214	1349657	282	100
乐山市	Leshan	2125373	1491674	3895607	1840748	226	109
南充市	Nanchong	2511424	1834456	5233724	2257224	363	168
眉山市	Meishan	1954953	1218558	2831069	1017156	232	97
宜宾市	Yibin	3171982	1755836	4972427	2144708	305	99
广安市	Guang'an	1866738	1131000	2920791	878608	262	101
达州市	Dazhou	2852078	1099796	4933880	1032131	237	44
雅安市	Ya'an	681827	636359	1463152	702500	54	31
巴中市	Bazhong	1099541	383824	1802968	717500	138	46
资阳市	Ziyang	1596781	729736	3365373	865019	175	46
贵州省	**Guizhou**	**29094897**	**22371164**	**18941358**	**11927236**	**1349**	**781**
贵阳市	Guiyang	15700677	15329222	7856629	6988460	502	451
六盘水市	Liupanshui	737718	499135	2092734	1160969	170	76
遵义市	Zunyi	7450959	2945761	4703701	2235429	359	122
安顺市	Anshun	2250078	1099881	1115197	443655	68	44
毕节市	Bijie	1845177	1578013	1984944	737786	110	50
铜仁市	Tongren	1110288	919152	1188153	360937	140	38
云南省	**Yunnan**	**62361329**	**51445739**	**29206214**	**21654581**	**1952**	**1167**
昆明市	Kunming	45604700	41156549	17022979	14815450	962	771
曲靖市	Qujing	5662858	1156800	3783195	3283663	263	77

2-27 续表 6 continued

城市	City	限额以上批发零售贸易业商品销售总额(万元) Total Sales of Commodities of Enterprises above Designated Size in Wholesale and Retail Trades (10 000 yuan)		社会消费品零售总额(万元) Total Retail Sales of Consumer Goods (10 000 yuan)		限额以上批发零售贸易企业数(法人数)(个) Number of Enterprises above Designated Size of Wholesale and Retail Trades (Number of Legal Entities) (unit)	
		全市 Total City	市辖区 Districts under City	全市 Total City	市辖区 Districts under City	全市 Total City	市辖区 Districts under City
玉溪市	Yuxi	4459444	3668425	2263456	1089513	200	115
保山市	Baoshan	1487213	1309706	1363876	700321	141	61
昭通市	Zhaotong	1736830	1409830	1698835	687280	107	36
丽江市	Lijiang	1061965	920571	748547	357303	80	43
普洱市	Pu'er	1320590	1071657	1162309	370766	91	37
临沧市	Lincang	1027729	752201	1163017	350285	108	27
西藏自治区	**Tibet**	**1201758**		**1441086**		**46**	
拉萨市	Lasa	1201758		1441086		46	
陕西省	**Shaanxi**	**80790722**	**57932843**	**49290528**	**34178003**	**2932**	**1472**
西安市	Xi'an	41954895	41333632	25480235	24025304	683	646
铜川市	Tongchuan	380582	348800	723630	678140	85	81
宝鸡市	Baoji	6264857	569500	4699919	3105700	367	201
咸阳市	Xianyang	6888005	6069284	4596800	1687400	341	110
渭南市	Weinan	7506871	1848053	3672318	964006	286	94
延安市	Yan'an	1528809	1162344	1714572	786442	194	93
汉中市	Hanzhong	2178831	1497727	2481481	990676	233	62
榆林市	Yulin	12005059	3522827	2986200	827240	399	90
安康市	Ankang	1438192	1049652	1717183	812667	267	75
商洛市	Shangluo	644621	531024	1218190	300428	77	20
甘肃省	**Gansu**	**43829779**	**36850293**	**20706251**	**14395682**	**1286**	**834**
兰州市	Lanzhou	26668613	26465288	8438727	8045118	444	402
嘉峪关市	Jiayuguan	1730811	1730811	377561	377561	61	61
金昌市	Jinchang	1141096	832480	573924	401866	43	26
白银市	Baiyin	1038435	792859	1357520	867706	85	36
天水市	Tianshui	4334551	2584840	2000421	1268679	141	107
武威市	Wuwei	533743	469152	1174620	694010	56	32
张掖市	Zhangye	836949	552679	1060517	656181	79	33
平凉市	Pingliang	2312450	775030	1377453	517450	45	11
酒泉市	Jiuquan	3081022	940073	1392824	592493	138	60
庆阳市	Qingyang	794477	753025	1480528	466800	80	37
定西市	Dingxi	811377	547975	826356	277330	59	17
陇南市	Longnan	546255	406081	645800	230488	55	12
青海省	**Qinghai**	**5373966**	**5150230**	**3805190**	**3052746**	**201**	**192**
西宁市	Xining	5164501	5142867	3174604	2926010	196	191
海东市	Haidong	209465	7363	630586	126736	5	1
宁夏回族自治区	**Ningxia**	**10835377**	**8393491**	**6105144**	**3928089**	**444**	**293**
银川市	Yinchuan	8564263	6565790	3480615	2366915	285	185
石嘴山市	Shizuishan	809141	799984	843221	647834	40	35
吴忠市	Wuzhong	810094	688116	781518	397769	55	31
固原市	Guyuan	116355	77885	495251	240825	21	14
中卫市	Zhongwei	535524	261716	504539	274746	43	28
新疆维吾尔自治区	**Xinjiang**	**35620486**	**35620486**	**10235918**	**10162418**	**620**	**620**
乌鲁木齐市	Urumqi	34240000	34240000	9700498	9626998	558	558
克拉玛依市	Karamay	1380486	1380486	535420	535420	62	62

2-28 利用外资情况

Utilization of Foreign Capital

城市	City	外商直接投资合同项目（个）Number of Projects for Contracted Foreign Direct Investment (unit)		当年实际使用外资金额（万美元）Amount of Foreign Capital Actually Utilized (USD 10000)	
		全市 Total City	市辖区 Districts under City	全市 Total City	市辖区 Districts under City
城市合计	**Prefecture Cities**	**23859**	**17588**	**27251083**	**19721277**
北京市	**Beijing**	**1190**	**1171**	**852418**	**831338**
天津市	**Tianjin**	**564**	**546**	**1682897**	**1624604**
河北省	**Hebei**	**513**	**146**	**665010**	**314141**
石家庄市	Shijiazhuang	42	31	98050	41129
唐山市	Tangshan	16		135178	85397
秦皇岛市	Qinhuangdao	9	6	73825	59601
邯郸市	Handan	50	8	88377	32741
邢台市	Xingtai	12	2	45976	5294
保定市	Baoding	17	7	61991	29049
张家口市	Zhangjiakou	3	1	27685	314
承德市	Chengde	5	2	4137	217
沧州市	Cangzhou	50	20	41023	17788
廊坊市	Langfang	289	66	68532	40063
衡水市	Hengshui	20	3	20236	2548
山西省	**Shanxi**	**44**	**23**	**278854**	**210064**
太原市	Taiyuan	18	17	94426	91967
大同市	Datong	2	2	16455	7321
阳泉市	Yangquan	2		26500	25268
长治市	Changzhi	2		31262	12873
晋城市	Jincheng			28400	28400
朔州市	Shuozhou			15420	15420
晋中市	Jinzhong	8	3	18406	14582
运城市	Yuncheng	1		1351	
忻州市	Xinzhou	1		494	
临汾市	Linfen	3	1	13880	13804
吕梁市	Lvliang	7		32260	429
内蒙古自治区	**Inner Mongolia**	**61**	**29**	**455316**	**202054**
呼和浩特市	Hohhot	4	2	80688	53411
包头市	Baotou	18	14	141000	94724
乌海市	Wuhai	6	6	12000	12000
赤峰市	Chifeng			1000	1000
通辽市	Tongliao	4	1	7047	429
鄂尔多斯市	Erdos	15	6	160000	33546
呼伦贝尔市	Hulunbuir	11		23144	
巴彦淖尔市	Bayannur			8275	6944
乌兰察布市	Ulanqab	3		22162	
辽宁省	**Liaoning**	**648**	**533**	**2903996**	**2096701**
沈阳市	Shenyang	155	143	581093	552745
大连市	Dalian	240	216	1359985	1008300
鞍山市	Anshan	87	83	138391	101477
抚顺市	Fushun	24	12	52108	38052
本溪市	Benxi	7	4	51449	33441
丹东市	Dandong	21	12	110012	29536
锦州市	Jinzhou	36	29	114009	59734
营口市	Yingkou	17	14	133041	95106

2-28 续表 1 continued

城市	City	外商直接投资合同项目（个） Number of Projects for Contracted Foreign Direct Investment (unit)		当年实际使用外资金额（万美元） Amount of Foreign Capital Actually Utilized (USD 10000)	
		全市 Total City	市辖区 Districts under City	全市 Total City	市辖区 Districts under City
阜新市	Fuxin	14	8	20506	12410
辽阳市	Liaoyang	5	3	52009	47250
盘锦市	Panjin	16	6	150334	78383
铁岭市	Tieling	3		55539	19286
朝阳市	Chaoyang	8	1	21020	3564
葫芦岛市	Huludao	15	2	64500	17417
吉林省	**Jilin**	**68**	**104**	**672291**	**513346**
长春市	Changchun	35	31	443995	414407
吉林市	Jilin	9	62	81491	49312
四平市	Siping	2		26700	1820
辽源市	Liaoyuan	9	5	25000	15000
通化市	Tonghua	5	3	34006	9230
白山市	Baishan	2		20935	1361
松原市	Songyuan	3	1	27680	17616
白城市	Baicheng	3	2	12484	4600
黑龙江省	**Heilongjiang**	**291**	**84**	**417193**	**304611**
哈尔滨市	Harbin	52	43	226242	199070
齐齐哈尔市	Qiqihar	3	3	41550	41550
鸡西市	Jixi	6	2	10100	7200
鹤岗市	Hegang	2	21	6000	6000
双鸭山市	Shuangyashan	8	4	4568	1545
大庆市	Daqing	5	4	60032	41042
伊春市	Yichun			6530	
佳木斯市	Jiamusi	43	4	21000	2037
七台河市	Qitaihe			655	535
牡丹江市	Mudanjiang	5	3	5976	4660
黑河市	Heihe	161		15240	
绥化市	Suihua	6		19300	972
上海市	**Shanghai**	**3740**	**3740**	**1677958**	**1677958**
江苏省	**Jiangsu**	**3630**	**2156**	**3399647**	**2166737**
南京市	Nanjing	533	533	403262	403262
无锡市	Wuxi	236	163	333886	220119
徐州市	Xuzhou	171	68	150047	84705
常州市	Changzhou	255	209	353000	293880
苏州市	Suzhou	936	486	869805	465916
南通市	Nantong	354	125	228743	100302
连云港市	Lianyungang	147	81	86990	51110
淮安市	Huai'an	143	80	130219	81101
盐城市	Yancheng	262	88	154983	56143
扬州市	Yangzhou	191	131	195880	148449
镇江市	Zhenjiang	162	92	309678	162011
泰州市	Taizhou	156	76	132259	81307
宿迁市	Suqian	84	24	50895	18432
浙江省	**Zhejiang**	**1630**	**984**	**1417820**	**916867**
杭州市	Hangzhou	415	365	527633	456432
宁波市	Ningbo	442	297	327483	222459

2-28 续表 2 continued

城市	City	外商直接投资合同项目(个) Number of Projects for Contracted Foreign Direct Investment (unit)		当年实际使用外资金额(万美元) Amount of Foreign Capital Actually Utilized (USD 10000)	
		全市 Total City	市辖区 Districts under City	全市 Total City	市辖区 Districts under City
温州市	Wenzhou	45	22	50150	28048
嘉兴市	Jiaxing	248	74	220676	64708
湖州市	Huzhou	211	81	105860	50841
绍兴市	Shaoxing	138	112	80782	56081
金华市	Jinhua	59	9	24905	9697
衢州市	Quzhou	13	4	6616	4241
舟山市	Zhoushan	4	4	20930	10615
台州市	Taizhou	29	10	40001	9447
丽水市	Lishui	26	6	12784	4298
安徽省	**Anhui**	**292**	**190**	**1109774**	**666657**
合肥市	Hefei	84	69	191785	147154
芜湖市	Wuhu	60	46	164131	104551
蚌埠市	Bengbu	8	6	101262	73135
淮南市	Huainan	3	3	24662	22574
马鞍山市	Maanshan	23	18	174655	133217
淮北市	Huaibei	3	3	45934	30572
铜陵市	Tongling	10	6	40310	30647
安庆市	Anqing	10	3	45178	32842
黄山市	Huangshan	8	3	25301	15040
滁州市	Chuzhou	19	11	72596	24599
阜阳市	Fuyang	8	2	13433	7585
宿州市	Suzhou	6		48830	6163
六安市	Lu'an	14	4	30403	5281
亳州市	Bozhou	6	3	47783	11858
池州市	Chizhou	13	11	26208	14853
宣城市	Xuancheng	17	2	57303	6586
福建省	**Fujian**	**800**	**509**	**651406**	**355623**
福州市	Fuzhou	135	85	143036	63417
厦门市	Xiamen	331	331	185608	185608
莆田市	Putian	35	30	30165	26665
三明市	Sanming	37	8	12500	2060
泉州市	Quanzhou	111	33	139112	43793
漳州市	Zhangzhou	84	11	94552	12450
南平市	Nanping	30	4	10501	1454
龙岩市	Longyan	17	4	21500	10861
宁德市	Ningde	20	3	14432	9315
江西省	**Jiangxi**	**846**	**277**	**839876**	**332655**
南昌市	Nanchang	176	129	296437	208081
景德镇市	Jingdezhen	23	10	14042	5174
萍乡市	Pingxiang	32	15	25486	12565
九江市	Jiujiang	140	27	123107	31937
新余市	Xinyu	42	35	31414	22738
鹰潭市	Yingtan	39	11	19219	6164
赣州市	Ganzhou	119	15	110714	20960
吉安市	Ji'an	125	19	68427	8250
宜春市	Yichun	25	1	53208	4320
抚州市	Fuzhou	45	5	22089	6531
上饶市	Shangrao	80	10	75733	5935

2-28 续表 3 continued

城市	City	外商直接投资合同项目(个) Number of Projects for Contracted Foreign Direct Investment (unit)		当年实际使用外资金额(万美元) Amount of Foreign Capital Actually Utilized (USD 10000)	
		全市 Total City	市辖区 Districts under City	全市 Total City	市辖区 Districts under City
山东省	**Shandong**	**1418**	**918**	**1409925**	**824149**
济南市	Jinan	86	75	132054	101000
青岛市	Qingdao	645	488	552227	354551
淄博市	Zibo	21	19	52700	42671
枣庄市	Zaozhuang	11	9	15850	10588
东营市	Dongying	19	15	19335	13967
烟台市	Yantai	258	143	160597	83097
潍坊市	Weifang	49	27	81021	23657
济宁市	Jining	45	16	83015	43174
泰安市	Tai'an	57	15	35122	16553
威海市	Weihai	112	55	92018	48920
日照市	Rizhao	22	15	52991	39321
莱芜市	Laiwu	5	5	12134	12134
临沂市	Linyi	40	25	30870	14649
德州市	Dezhou	18	3	21472	5534
聊城市	Liaocheng	9	2	16302	1384
滨州市	Binzhou	7		30399	1821
菏泽市	Heze	14	6	21818	11128
河南省	**Henan**	**358**	**173**	**1323152**	**667523**
郑州市	Zhengzhou	72	59	332178	247250
开封市	Kaifeng	13	6	43898	24108
洛阳市	Luoyang	46	32	222272	111778
平顶山市	Pingdingshan	12	5	45318	14637
安阳市	Anyang	20	9	38057	22111
鹤壁市	Hebi	21	15	55783	40913
新乡市	Xinxiang	16		74009	27570
焦作市	Jiaozuo	14	5	66181	16990
濮阳市	Puyang	10	2	38979	12453
许昌市	Xuchang	12	1	53113	31038
漯河市	Luohe	22	15	70401	53386
三门峡市	Sanmenxia	20	2	86857	5573
南阳市	Nanyang	25	6	50388	11292
商丘市	Shangqiu	8	1	27649	10313
信阳市	Xinyang	15	6	42237	18057
周口市	Zhoukou	14	4	44242	4860
驻马店市	Zhumadian	18	5	31590	15194
湖北省	**Hubei**	**275**	**198**	**797594**	**613289**
武汉市	Wuhan	138	127	525011	466972
黄石市	Huangshi	5	3	49000	43651
十堰市	Shiyan	11	6	15615	9536
宜昌市	Yichang	18	11	27002	14892
襄阳市	Xiangyang	28	21	53746	33478
鄂州市	Ezhou	3	3	16200	16200
荆门市	Jingmen	15	9	26275	9445

2-28 续表 4 continued

城　市	City	外商直接投资合同项目(个) Number of Projects for Contracted Foreign Direct Investment (unit)		当年实际使用外资金额(万美元) Amount of Foreign Capital Actually Utilized (USD 10000)	
		全市 Total City	市辖区 Districts under City	全市 Total City	市辖区 Districts under City
孝感市	Xiaogan	27	3	33724	6929
荆州市	Jingzhou	11	6	10824	4991
黄冈市	Huanggang	5	1	6749	1069
咸宁市	Xianning	6	3	24674	1626
随州市	Suizhou	8	5	8774	4500
湖南省	**Hunan**	**590**	**262**	**872828**	**493983**
长沙市	Changsha	150	113	340043	256250
株洲市	Zhuzhou	73	31	69316	46064
湘潭市	Xiangtan	44	30	69693	53593
衡阳市	Hengyang	112		76215	11088
邵阳市	Shaoyang	20	6	13737	3965
岳阳市	Yueyang	14	7	27503	9499
常德市	Changde	33	12	50784	18516
张家界市	Zhangjiajie	7	5	6701	6701
益阳市	Yiyang	6	5	17000	9938
郴州市	Chenzhou	89	34	101808	41562
永州市	Yongzhou	25	8	62513	20328
怀化市	Huaihua	16	11	9415	3183
娄底市	Loudi	1		28100	13296
广东省	**Guangdong**	**5520**	**4911**	**2495230**	**2192427**
广州市	Guangzhou	1092	1051	480385	465282
韶关市	Shaoguan	69	8	18935	5664
深圳市	Shenzhen	2056	2056	546789	546789
珠海市	Zhuhai	272	272	168730	168730
汕头市	Shantou	24	23	14822	
佛山市	Foshan	205	205	252089	252089
江门市	Jiangmen	167	114	92304	45167
湛江市	Zhanjiang	9	3	13183	532
茂名市	Maoming	50	8	11470	5109
肇庆市	Zhaoqing	129	82	124109	58332
惠州市	Huizhou	284	203	183417	130439
梅州市	Meizhou	186	103	13309	5069
汕尾市	Shanwei	33	12	15240	2620
河源市	Heyuan	85	31	21113	9704
阳江市	Yangjiang	41	19	16533	6411
清远市	Qingyuan	43	13	21163	11567
东莞市	Dongguan	506	506	393775	393775
中山市	Zhongshan	173	173	64637	64637
潮州市	Chaozhou	24	10	10106	8661
揭阳市	Jieyang	38	8	22071	9584
云浮市	Yunfu	34	11	11050	2266
广西壮族自治区	**Guangxi**	**132**	**93**	**193339**	**121699**
南宁市	Nanning	49	44	58021	46528
柳州市	Liuzhou	11	10	36544	33409
桂林市	Guilin	9	8	5047	4477

2-28 续表 5 continued

城 市	City	外商直接投资合同项目（个）Number of Projects for Contracted Foreign Direct Investment (unit)		当年实际使用外资金额（万美元）Amount of Foreign Capital Actually Utilized (USD 10000)	
		全市 Total City	市辖区 Districts under City	全市 Total City	市辖区 Districts under City
梧州市	Wuzhou	5	4	3029	1837
北海市	Beihai	6	5	8515	8412
防城港市	Fangchenggang	1	1	2220	2220
钦州市	Qinzhou	17	11	53900	13562
贵港市	Guigang	3	1	2035	1335
玉林市	Yulin	6	2	2702	139
百色市	Baise	3	1	191	1
贺州市	Hezhou	2		6739	115
河池市	Hechi	16	2	7559	2827
来宾市	Laibin	3	3	2260	2260
崇左市	Chongzuo	1	1	4577	4577
海南省	**Hainan**	**44**	**44**	**75400**	**75400**
海口市	Haikou	37	37	51200	51200
三亚市	Sanya	7	7	24200	24200
三沙市	Sansa				
重庆市	**Chongqing**	**192**	**165**	**1059715**	**935510**
四川省	**Sichuan**	**272**	**41**	**1260391**	**1063302**
成都市	Chengdu	201		1121599	983923
自贡市	Zigong	7	4	2278	1984
攀枝花市	Panzhihua	2	2	11130	11130
泸州市	Luzhou	5	4	5293	3345
德阳市	Deyang	11	1	20294	7844
绵阳市	Mianyang	11	9	24134	14371
广元市	Guangyuan	3	1	4678	1770
遂宁市	Suining	3		5506	4703
内江市	Neijiang			9980	7380
乐山市	Leshan	5	3	10593	7276
南充市	Nanchong	5	5	5894	5641
眉山市	Meishan	3	2	20304	5105
宜宾市	Yibin	3	2	4549	3400
广安市	Guang'an	1		4104	1864
达州市	Dazhou	3	1	4797	450
雅安市	Ya'an	2	1	1142	
巴中市	Bazhong				
资阳市	Ziyang	7	6	4116	3116
贵州省	**Guizhou**	**46**	**18**	**121964**	**62112**
贵阳市	Guiyang	24	13	63000	54267
六盘水市	Liupanshui	2		28000	
遵义市	Zunyi	8	3	8142	6131
安顺市	Anshun	2	1	8037	569
毕节市	Bijie	7		10622	
铜仁市	Tongren	3	1	4163	1145
云南省	**Yunnan**	**87**	**44**	**217049**	**109291**
昆明市	Kunming	56	30	179800	98470
曲靖市	Qujing	5	1	5766	390

2-28 续表 6 continued

城 市	City	外商直接投资合同项目（个）Number of Projects for Contracted Foreign Direct Investment (unit)		当年实际使用外资金额（万美元）Amount of Foreign Capital Actually Utilized (USD 10000)	
		全市 Total City	市辖区 Districts under City	全市 Total City	市辖区 Districts under City
玉溪市	Yuxi	1	1	6742	4028
保山市	Baoshan	6	2	10600	1125
昭通市	Zhaotong	1		1482	300
丽江市	Lijiang	4	4	3994	3994
普洱市	Pu'er	8	5	4043	623
临沧市	Lincang	6	1	4622	361
西藏自治区	**Tibet**				
拉萨市	Lasa				
陕西省	**Shaanxi**	**535**	**185**	**349214**	**314750**
西安市	Xi'an	152	150	312994	308951
铜川市	Tongchuan	2	2	3003	3003
宝鸡市	Baoji	5	1	7006	420
咸阳市	Xianyang	2		7561	
渭南市	Weinan	337	20	5008	629
延安市	Yan'an	2		802	
汉中市	Hanzhong	30	11	3100	1650
榆林市	Yulin	3	1	2096	97
安康市	Ankang	2		3002	
商洛市	Shangluo			4642	
甘肃省	**Gansu**	**16**	**11**	**5659**	**4657**
兰州市	Lanzhou	8	8	2132	2132
嘉峪关市	Jiayuguan				
金昌市	Jinchang				
白银市	Baiyin				
天水市	Tianshui				
武威市	Wuwei				
张掖市	Zhangye	1	1	2165	2165
平凉市	Pingliang				
酒泉市	Jiuquan	3		510	
庆阳市	Qingyang	1	1	800	360
定西市	Dingxi	3	1	52	
陇南市	Longnan				
青海省	**Qinghai**	**10**		**2480**	
西宁市	Xining	9		2480	
海东市	Haidong	1			
宁夏回族自治区	**Ningxia**	**15**	**1**	**13167**	**309**
银川市	Yinchuan	14		12858	
石嘴山市	Shizuishan	1	1	309	309
吴忠市	Wuzhong				
固原市	Guyuan				
中卫市	Zhongwei				
新疆维吾尔自治区	**Xinjiang**	**32**	**32**	**29520**	**29520**
乌鲁木齐市	Urumqi	31	31	22300	22300
克拉玛依市	Karamay	1	1	7220	7220

2-29 固定资产投资情况

Basic Conditions of Investment in Fixed Assets

单位：万元 (10 000 yuan)

城市	City	固定资产投资(不含农户) Investment in Fixed Assets (Excluding Rural Households)		房地产开发投资 Investment in Real Estate Development		住宅 Residential Buildings	
		全市 Total City	市辖区 Districts under City	全市 Total City	市辖区 Districts under City	全市 Total City	市辖区 Districts under City
城市合计	**Prefecture Cities**	**4187704531**	**2191104405**	**834529191**	**621197832**	**575970151**	**415582178**
北京市	**Beijing**	**69826696**	**67515495**	**34834045**	**34349384**	**17245610**	**16851684**
天津市	**Tianjin**	**100910313**	**84621515**	**14808152**	**13590071**	**12753220**	**11592559**
河北省	**Hebei**	**216116195**	**74525772**	**33952606**	**23618984**	**25728841**	**16765745**
石家庄市	Shijiazhuang	41862462	18999837	9201619	8129173	6720840	5395004
唐山市	Tangshan	35758674	20470509	5691492	4461746	4364545	3406753
秦皇岛市	Qinhuangdao	7702882	4742175	2351162	1953992	1733190	1463649
邯郸市	Handan	26612310	7211471	3050380	2146585	1975445	1329788
邢台市	Xingtai	14177624	2223195	1247842	878284	870867	505074
保定市	Baoding	19054763	4492515	2919637	1367186	2591132	1202238
张家口市	Zhangjiakou	12719294	2968224	1993354	1101953	1361669	733496
承德市	Chengde	12020958	2553780	1409338	950583	998122	616322
沧州市	Cangzhou	22921444	6483821	1845062	1153364	1469174	890088
廊坊市	Langfang	15413137	2660770	3034575	852271	2637533	691580
衡水市	Hengshui	7872647	1719475	1208145	623847	1006324	531753
山西省	**Shanxi**	**105709276**	**38564494**	**13086275**	**9781396**	**9588469**	**7137817**
太原市	Taiyuan	16707390	14820788	4299194	4113553	3099689	2939617
大同市	Datong	10362711	5428789	2650205	2195254	1927696	1636703
阳泉市	Yangquan	4855450	2594387	723913	564270	534713	416134
长治市	Changzhi	10868280	2847556	942084	610459	676527	433327
晋城市	Jincheng	8376976	2910549	508188	393533	390098	307704
朔州市	Shuozhou	7747111	2148018	901456	407218	672474	324670
晋中市	Jinzhong	9459249	1606888	769336	337346	539023	230375
运城市	Yuncheng	10088690	2198352	930300	571840	713121	422343
忻州市	Xinzhou	8151644	953564	381082	112151	313351	97757
临汾市	Linfen	10362704	2390728	655801	373644	484284	258954
吕梁市	Lvliang	8729071	664875	324716	102128	237493	70233
内蒙古自治区	**Inner Mongolia**	**137065214**	**61652600**	**13871799**	**10367253**	**9473842**	**7122704**
呼和浩特市	Hohhot	15048258	9689413	5816832	4866025	3921333	3343095
包头市	Baotou	29793414	21600722	2064694	1847509	1423593	1281005
乌海市	Wuhai	4169700	4169700	478631	478631	327950	327950
赤峰市	Chifeng	15674713	5985874	1471732	735762	944828	381859
通辽市	Tongliao	15776517	6647416	691912	398803	489872	243833
鄂尔多斯市	Erdos	29763846	6498858	1375613	910096	1013126	682939
呼伦贝尔市	Hulunbuir	10800326	3240493	1079776	487927	714604	337565
巴彦淖尔市	Bayannur	8031694	2003373	582918	478819	435042	414991
乌兰察布市	Ulanqab	8006746	1816751	309691	163681	203494	109467
辽宁省	**Liaoning**	**247914018**	**151236729**	**64507513**	**54632358**	**46649928**	**37025946**
沈阳市	Shenyang	63839125	50599958	21840129	21789188	15745799	13750147
大连市	Dalian	64781048	43116993	17103585	15464956	12579700	11355651
鞍山市	Anshan	18583643	8191420	4559099	3462024	3063727	2245638
抚顺市	Fushun	10963568	8104220	1495420	1318852	1033728	889599
本溪市	Benxi	8430476	5855750	1327049	883362	924125	615858
丹东市	Dandong	10036544	4719106	2562833	1696028	1846817	1227949
锦州市	Jinzhou	9521408	4629003	1879992	1373664	1381343	1007173

2-29 续表 1 continued

单位：万元 (10 000 yuan)

城市	City	固定资产投资(不含农户) Investment in Fixed Assets (Excluding Rural Households)		房地产开发投资 Investment in Real Estate Development		住宅 Residential Buildings	
		全市 Total City	市辖区 Districts under City	全市 Total City	市辖区 Districts under City	全市 Total City	市辖区 Districts under City
营口市	Yingkou	12711897	8891575	3074737	2566147	2421699	2016077
阜新市	Fuxin	5732327	3716734	1328399	982433	884416	635316
辽阳市	Liaoyang	6963299	3977448	1469125	1164266	910675	782605
盘锦市	Panjin	11376933	3900686	2257521	1317084	1389340	820322
铁岭市	Tieling	10444128	2078975	2439878	1346487	1941822	692250
朝阳市	Chaoyang	8203199	1699873	1350923	428004	1042228	336328
葫芦岛市	Huludao	6326423	1754988	1818823	839863	1484509	651033
吉林省	**Jilin**	**90622754**	**51191743**	**11783644**	**9034602**	**8571400**	**6388068**
长春市	Changchun	32575210	26587781	6135822	5757738	4370923	4023995
吉林市	Jilin	19293046	11812481	2298738	1504342	1709975	1064807
四平市	Siping	6409009	1750332	486384	198107	408735	165330
辽源市	Liaoyuan	5016990	2309375	440479	272526	355418	210654
通化市	Tonghua	7578122	1826328	846151	325008	624644	206455
白山市	Baishan	5066064	2198523	412098	238634	282535	175453
松原市	Songyuan	9882823	3521646	1030478	682698	719599	501551
白城市	Baicheng	4801490	1185277	133494	55549	99571	39823
黑龙江省	**Heilongjiang**	**110863043**	**63864047**	**15891733**	**13082480**	**11284756**	**9135722**
哈尔滨市	Harbin	49400101	38440806	8496514	8085413	5818335	5493554
齐齐哈尔市	Qiqihar	8013655	4239345	1172220	711768	925632	593348
鸡西市	Jixi	2974910	1528757	292932	129227	233734	105497
鹤岗市	Hegang	1700795	1347850	125609	109981	103202	90444
双鸭山市	Shuangyashan	4951000	1945000	204701	103199	157318	78212
大庆市	Daqing	15278933	8301292	2772410	2633088	1951643	1843896
伊春市	Yichun	2564943	1541944	98054	81144	89736	77097
佳木斯市	Jiamusi	4863400	1066632	692423	439923	460099	243526
七台河市	Qitaihe	1916608	1475799	123814	121839	85695	83750
牡丹江市	Mudanjiang	9910796	2797918	1094771	629122	841820	498013
黑河市	Heihe	2434095	474151	196857	37776	158600	28385
绥化市	Suihua	6853807	704553	621428		458942	
上海市	**Shanghai**	**56441312**	**56441312**	**28195915**	**28195915**	**16155060**	**16155060**
江苏省	**Jiangsu**	**359825173**	**218082834**	**72414512**	**50339440**	**51714983**	**35336661**
南京市	Nanjing	50937800	50937800	10377148	10377148	7291275	7291275
无锡市	Wuxi	39735188	25116513	11289089	7649303	7358494	4805311
徐州市	Xuzhou	30901313	16824224	3804668	2611336	2889379	1926255
常州市	Changzhou	28501154	22240905	6813942	6048430	4734639	4187807
苏州市	Suzhou	58221381	30659399	14140070	8694510	9886186	5934604
南通市	Nantong	32987297	13596890	5965201	3801146	4448995	2649037
连云港市	Lianyungang	13501170	6456622	1740695	958742	1310060	725142
淮安市	Huai'an	14530541	8780350	3122219	1891805	2316365	1465743
盐城市	Yancheng	22176911	6686791	3273124	1574906	2495502	1252489
扬州市	Yangzhou	20251768	12411892	3159065	2328420	2399839	1720446
镇江市	Zhenjiang	17531494	10496776	2963063	1634947	2211059	1255755
泰州市	Taizhou	17641702	8632755	2711581	1546323	2141614	1303273
宿迁市	Suqian	12907454	5241917	3054647	1222424	2231576	819524

2-29 续表 2 continued

单位：万元 (10 000 yuan)

城市	City	固定资产投资(不含农户) Investment in Fixed Assets (Excluding Rural Households) 全市 Total City	市辖区 Districts under City	房地产开发投资 Investment in Real Estate Development 全市 Total City	市辖区 Districts under City	住宅 Residential Buildings 全市 Total City	市辖区 Districts under City
浙江省	**Zhejiang**	**201505620**	**103395932**	**62162493**	**38281237**	**40892167**	**24731953**
杭州市	Hangzhou	42638732	34029665	18532841	15978470	11695643	9890618
宁波市	Ningbo	34229529	19320211	11231401	6687711	6423263	3577483
温州市	Wenzhou	26181629	8946532	7343708	2847708	5222031	2110314
嘉兴市	Jiaxing	19101518	5120944	5108262	1858524	3337967	1076619
湖州市	Huzhou	10700473	4648491	2676379	1300787	1790217	872332
绍兴市	Shaoxing	20019855	12447494	5369907	3664767	4182912	3007938
金华市	Jinhua	13643582	3037198	3849707	1152251	2519876	708558
衢州市	Quzhou	6707238	2792044	888211	542200	705324	446764
舟山市	Zhoushan	7500233	6129819	1437890	1323845	948212	883114
台州市	Taizhou	15078661	5323748	4535381	2366255	3188965	1695852
丽水市	Lishui	5704170	1599786	1188806	558719	877757	462361
安徽省	**Anhui**	**182842525**	**99416850**	**39462264**	**27157592**	**25498814**	**17317187**
合肥市	Hefei	46854411	31169884	11058109	8473166	6743458	4955834
芜湖市	Wuhu	20406501	12419782	4461183	3753279	3085236	2593413
蚌埠市	Bengbu	10608899	6997641	3253221	2604054	2141286	1655347
淮南市	Huainan	8005251	6204021	1282077	999208	835843	669176
马鞍山市	Maanshan	14316040	8495955	2557476	1653184	1733030	1101433
淮北市	Huaibei	7005287	5032895	1340086	1166085	909262	797864
铜陵市	Tongling	6502389	4929887	1254634	1026906	639940	505103
安庆市	Anqing	11857153	3118325	1497996	626570	1070954	451043
黄山市	Huangshan	5250659	2809269	1424677	996760	853292	563945
滁州市	Chuzhou	10757835	2941867	2616911	1190926	1687182	774803
阜阳市	Fuyang	6452575	3069881	1404760	849721	993131	600556
宿州市	Suzhou	7732978	2287974	1425022	787295	918759	599639
六安市	Lu'an	8450393	3124036	1447547	915277	1140948	699501
亳州市	Bozhou	5414925	2116384	1490738	381548	854182	219112
池州市	Chizhou	4614756	2876553	1056746	840105	662418	539921
宣城市	Xuancheng	8612473	1822496	1891081	893508	1229893	590497
福建省	**Fujian**	**152223923**	**59076689**	**37029727**	**20099074**	**24020834**	**12553666**
福州市	Fuzhou	38342181	15786370	12647907	6470708	8654077	4228332
厦门市	Xiamen	13372572	13372572	5318029	5318029	3041899	3041899
莆田市	Putian	11645376	9738924	2833227	2203045	1665030	1312167
三明市	Sanming	13341251	2838523	1620235	294404	1079623	236217
泉州市	Quanzhou	24435088	4878005	5854460	1932161	3834409	1247801
漳州市	Zhangzhou	17132640	3496531	3561031	1171342	2427727	744305
南平市	Nanping	11865857	1766527	1333124	358909	879948	294496
龙岩市	Longyan	12988738	4807840	1651264	1206106	905135	606454
宁德市	Ningde	9100220	2391397	2210450	1144370	1532986	841995
江西省	**Jiangxi**	**123504441**	**47399130**	**11745768**	**6312868**	**7972948**	**3925642**
南昌市	Nanchang	28968649	20110206	4061358	3099938	2411410	1606617
景德镇市	Jingdezhen	5387200	2282700	426646	269801	335020	230881
萍乡市	Pingxiang	8301074	5139450	243783	171877	191079	131361
九江市	Jiujiang	15077751	3451846	752929	299171	594634	213066
新余市	Xinyu	7041529	5583802	415211	354887	281822	232546
鹰潭市	Yingtan	3939686	850939	366276	124814	237960	103432
赣州市	Ganzhou	13308676	3928250	1966223	856983	1261237	486187
吉安市	Ji'an	10646288	1364802	622319	284855	448073	207415
宜春市	Yichun	11245778	1698673	1009931	403686	772963	328636
抚州市	Fuzhou	7940981	1992277	813592	309196	671517	271795
上饶市	Shangrao	11646829	996185	1067500	137660	767233	113706

2-29 续表 3 continued

单位：万元 (10 000 yuan)

城市	City	固定资产投资(不含农户) Investment in Fixed Assets (Excluding Rural Households) 全市 Total City	市辖区 Districts under City	房地产开发投资 Investment in Real Estate Development 全市 Total City	市辖区 Districts under City	住宅 Residential Buildings 全市 Total City	市辖区 Districts under City
山东省	**Shandong**	**358758558**	**164467458**	**54445312**	**36261212**	**39845206**	**25602979**
济南市	Jinan	26383337	16992785	7211744	6209410	5135293	4350013
青岛市	Qingdao	50278649	27558270	10485229	8957729	6681209	5568077
淄博市	Zibo	20784638	15677242	2003746	1403764	1549540	1059832
枣庄市	Zaozhuang	12382079	7810898	2203557	1349061	1703168	1069121
东营市	Dongying	23321320	13539897	1757619	1218028	1359793	897683
烟台市	Yantai	35381912	15960989	5784003	4555170	4282961	3315372
潍坊市	Weifang	34299456	10808107	6020510	2913605	4189999	2118658
济宁市	Jining	21883112	7849064	2753759	1339773	2008060	936332
泰安市	Tai'an	19817769	6740877	1262055	804431	984228	636022
威海市	Weihai	19237131	5304496	4118091	1789186	3375314	1335160
日照市	Rizhao	10690473	7967802	720404	490600	618257	421037
莱芜市	Laiwu	4726266	4726266	367119	367119	245132	245132
临沂市	Linyi	24315946	10917460	3005427	1943572	2193028	1364454
德州市	Dezhou	16866146	3294698	1958155	825860	1545934	600082
聊城市	Liaocheng	15110871	3182695	1461199	849142	1135479	639528
滨州市	Binzhou	15171758	4112115	1270851	512208	1030503	380897
菏泽市	Heze	8107695	2023797	2061844	732554	1807308	665579
河南省	**Henan**	**249896819**	**79185601**	**38047917**	**26491495**	**28784271**	**18807775**
郑州市	Zhengzhou	44002102	25009114	14453279	12528476	9488928	7835231
开封市	Kaifeng	9416764	2908670	1347974	975346	1102853	724076
洛阳市	Luoyang	25889782	7394613	3019658	2333608	2287622	1711406
平顶山市	Pingdingshan	12317679	2209351	1201672	856292	1020458	624548
安阳市	Anyang	13286167	3094282	1467264	1083109	1130414	819763
鹤壁市	Hebi	5120077	3109739	505560	362792	410593	285722
新乡市	Xinxiang	15611456	5869281	2272854	1592378	1775535	1227267
焦作市	Jiaozuo	13740388	3205278	1169981	843961	948034	679329
濮阳市	Puyang	9418889	2576799	726834	460903	601768	391213
许昌市	Xuchang	13711138	2304547	1206571	606313	1079757	487032
漯河市	Luohe	6482943	3891085	463861	380466	425967	275941
三门峡市	Sanmenxia	11380263	2306697	857241	404678	518250	212128
南阳市	Nanyang	20913972	4185360	1310302	783836	1048492	624336
商丘市	Shangqiu	12467850	3220942	1896791	626560	1579716	550371
信阳市	Xinyang	14472831	3925320	2262902	725822	1896662	629084
周口市	Zhoukou	11515508	1699064	2071967	1241312	1942106	1174529
驻马店市	Zhumadian	10149010	2275459	1813206	685643	1527116	555799
湖北省	**Hubei**	**184918847**	**90748069**	**31124993**	**22520088**	**21684214**	**15442938**
武汉市	Wuhan	59745272	43847603	19056000	16010230	12507839	10649969
黄石市	Huangshi	9476850	3950969	846770	628938	647833	480358
十堰市	Shiyan	8535174	3100219	1011119	704706	696152	497175
宜昌市	Yichang	20239227	7654720	2031762	1433308	1497044	1073864
襄阳市	Xiangyang	16966359	7541689	2519372	1092050	2054764	749354
鄂州市	Ezhou	5671854	5671854	162791	162791	128935	128935

2-29 续表 4 continued

单位：万元 (10 000 yuan)

城市	City	固定资产投资(不含农户) Investment in Fixed Assets (Excluding Rural Households)		房地产开发投资 Investment in Real Estate Development		住宅 Residential Buildings	
		全市 Total City	市辖区 Districts under City	全市 Total City	市辖区 Districts under City	全市 Total City	市辖区 Districts under City
荆门市	Jingmen	9784961	3840844	877901	493297	633120	361817
孝感市	Xiaogan	12153490	2646087	1111279	640879	883858	511314
荆州市	Jingzhou	12874028	5599475	767853	363945	564061	265632
黄冈市	Huanggang	13655737	1756000	1327252	207300	1041649	182504
咸宁市	Xianning	9530031	2615653	1120622	511334	789839	322454
随州市	Suizhou	6285864	2522956	292272	271310	239120	219562
湖南省	**Hunan**	**172145818**	**74835712**	**25536951**	**17465109**	**18082422**	**11282127**
长沙市	Changsha	45933871	26916899	11536073	9159837	7665970	5932630
株洲市	Zhuzhou	15053294	8344709	2269413	1739326	1521917	1189803
湘潭市	Xiangtan	12149177	8909402	1222456	864360	869810	607841
衡阳市	Hengyang	14372975	4180602	1113018	413301	821213	270891
邵阳市	Shaoyang	10299862	1656375	1027340	463641	782507	340737
岳阳市	Yueyang	14853493	4190283	1099016	691409	840222	530988
常德市	Changde	12841600	4612600	1217607	800051	944265	625984
张家界市	Zhangjiajie	2108360	627344	679974	554565	478045	399778
益阳市	Yiyang	8423740	4168470	1008972	449349	731856	309142
郴州市	Chenzhou	14740568	3506866	1476211	823343	1133565	15114
永州市	Yongzhou	7483667	2636215	899759	260519	857646	189794
怀化市	Huaihua	6009465	1875247	793469	596687	657107	434510
娄底市	Loudi	7875746	3210700	1193643	648721	778299	434915
广东省	**Guangdong**	**227772187**	**169873608**	**65294706**	**55456487**	**45872724**	**37878393**
广州市	Guangzhou	44545508	40069035	15796798	13708879	9964331	8201198
韶关市	Shaoguan	6398948	2728635	1236396	704769	936760	366239
深圳市	Shenzhen	25010091	25010091	8877123	8877123	5941047	5941047
珠海市	Zhuhai	9608944	9608944	2825782	2725782	2096561	2096561
汕头市	Shantou	7279796	7146478	1507967	1469269	1052630	1022143
佛山市	Foshan	23836462	23836462	7453703	7453703	5049951	5049951
江门市	Jiangmen	10008418	4371599	2417874	1532384	1738153	1036969
湛江市	Zhanjiang	7955763	3360402	1547846	1033599	1203412	776492
茂名市	Maoming	6605279	2286968	773575	140852	598722	73718
肇庆市	Zhaoqing	10077778	3188798	1714816	963211	1285673	674032
惠州市	Huizhou	14013040	9187221	5934706	3930804	4697816	3116864
梅州市	Meizhou	2805022	1159412	770176	416319	572073	290873
汕尾市	Shanwei	4620909	614083	166609	56907	122919	50129
河源市	Heyuan	3427305	1175196	891801	488254	634738	323961
阳江市	Yangjiang	5986644	1913020	889559	547161	652911	402816
清远市	Qingyuan	5059662	2841561	1878317	1352838	1497926	1071130
东莞市	Dongguan	13839352	13839352	4976593	4976593	3676823	3676823
中山市	Zhongshan	9629280	9629280	3991156	3991156	2915844	2915844
潮州市	Chaozhou	2536278	2105993	419083	395886	287435	264913
揭阳市	Jieyang	8293908	3395749	570446	417454	477899	339482
云浮市	Yunfu	6233800	2405329	654380	273544	469100	187208
广西壮族自治区	**Guangxi**	**115610471**	**58102235**	**16146322**	**10749507**	**11666137**	**7434951**
南宁市	Nanning	24326855	17315783	4163709	3642124	3023848	2614419
柳州市	Liuzhou	15221226	9934882	2458540	1850470	1416523	988109
桂林市	Guilin	13084622	2827847	1943448	478161	1572061	381785

2-29 续表 5 continued

单位：万元 (10 000 yuan)

城　市	City	固定资产投资(不含农户) Investment in Fixed Assets (Excluding Rural Households)		房地产开发投资 Investment in Real Estate Development		住宅 Residential Buildings	
		全市 Total City	市辖区 Districts under City	全市 Total City	市辖区 Districts under City	全市 Total City	市辖区 Districts under City
梧州市	Wuzhou	8034009	2836075	912398	304655	706047	218205
北海市	Beihai	6500327	5373633	1699979	1591193	1197122	1127010
防城港市	Fangchenggang	4558099	3185503	1001210	700059	797059	549272
钦州市	Qinzhou	5590268	3909292	729063	583838	509917	396837
贵港市	Guigang	4634435	2389567	543147	295253	417670	214481
玉林市	Yulin	9535909	3079546	870882	495362	639200	350733
百色市	Baise	8024905	1065504	570253	194393	461429	153848
贺州市	Hezhou	4518431	2507068	228027	160435	169665	126062
河池市	Hechi	2968769	676224	192129	54582	137686	39826
来宾市	Laibin	4104211	2295491	529930	365309	372580	243974
崇左市	Chongzuo	4508405	705820	303607	33673	245330	30390
海南省	**Hainan**	**11726249**	**11726249**	**5591266**	**5591266**	**4354346**	**4354346**
海口市	Haikou	6493348	6493348	2564025	2564025	2057313	2057313
三亚市	Sanya	5232901	5232901	3027241	3027241	2297033	2297033
三沙市	Sansa						
重庆市	**Chongqing**	**110607443**	**75636819**	**30127838**	**25359365**	**20442392**	**16732078**
四川省	**Sichuan**	**187363699**	**88685596**	**38293398**	**24153798**	**25189822**	**15351808**
成都市	Chengdu	65010801	39018194	21102665	15566990	12907209	9169243
自贡市	Zigong	5248091	3375299	777759	540878	546660	371601
攀枝花市	Panzhihua	5249377	3652790	511624	390260	364719	259205
泸州市	Luzhou	8530556	4343826	1309177	717904	923579	533442
德阳市	Deyang	7836529	2262445	826568	510854	587828	389924
绵阳市	Mianyang	9301035	4663484	1699379	1146404	1198884	816292
广元市	Guangyuan	4911892	2683806	586671	475716	371894	306620
遂宁市	Suining	7814778	4240838	859934	354008	605919	217532
内江市	Neijiang	5670849	2398623	786448	290872	561789	220014
乐山市	Leshan	7482673	4303915	1101894	554321	799227	440835
南充市	Nanchong	10916437	4591656	2079104	925683	1647691	725460
眉山市	Meishan	7337204	2340146	1303086	473339	988074	399077
宜宾市	Yibin	9103211	2488318	1411341	741999	824763	436215
广安市	Guang'an	6637032	2402019	652547	264670	479545	185612
达州市	Dazhou	9739589	1172969	1005277	270970	743751	217828
雅安市	Ya'an	2834242	769593	270166	173358	198098	131509
巴中市	Bazhong	6440083	1688675	639940	249312	475638	173958
资阳市	Ziyang	7299320	2289000	1369818	506260	964554	357441
贵州省	**Guizhou**	**84088062**	**35678341**	**16665885**	**11834595**	**10289207**	**7447111**
贵阳市	Guiyang	30303811	23127999	9830870	9491857	6318707	6058570
六盘水市	Liupanshui	10549324	2562435	817200	430024	397000	193991
遵义市	Zunyi	15660575	3781185	2390434	685561	1542894	472469
安顺市	Anshun	2940923	1328857	919028	610609	523412	319922
毕节市	Bijie	15311917	2724312	1767687	410163	931867	255296
铜仁市	Tongren	9321512	2153553	940666	206381	575327	146863
云南省	**Yunnan**	**63202188**	**29605774**	**19356159**	**13030613**	**13047303**	**8852681**
昆明市	Kunming	29315032	20831293	12917060	10247193	8689524	7039764
曲靖市	Qujing	10208337	2253636	1836862	730965	1134601	461462

2-29 续表 6 continued

单位：万元 (10 000 yuan)

城市	City	固定资产投资(不含农户) Investment in Fixed Assets (Excluding Rural Households) 全市 Total City	市辖区 Districts under City	房地产开发投资 Investment in Real Estate Development 全市 Total City	市辖区 Districts under City	住宅 Residential Buildings 全市 Total City	市辖区 Districts under City
玉溪市	Yuxi	3937118	1475876	1046535	507408	1003628	421005
保山市	Baoshan	2883336	790034	825183	195834	524129	113444
昭通市	Zhaotong	5484963	879275	504134	290221	340170	193554
丽江市	Lijiang	2928013	912596	798734	424305	610974	313436
普洱市	Pu'er	4272832	1692341	467283	321252	235382	154948
临沧市	Lincang	4172557	770723	960368	313435	508895	155068
西藏自治区	**Tibet**	**3302334**		**72082**		**16897**	
拉萨市	Lasa	3302334		72082		16897	
陕西省	**Shaanxi**	**144394684**	**75364793**	**22202921**	**19787378**	**17495582**	**15500842**
西安市	Xi'an	50552171	43913423	15956418	15426443	12414728	11971820
铜川市	Tongchuan	2565600	2340631	224863	219813	194771	191851
宝鸡市	Baoji	15814387	6410055	812723	756896	596059	550018
咸阳市	Xianyang	19580457	9200970	1748254	1485492	1679603	1439829
渭南市	Weinan	13579479	3206501	1013325	599917	747042	402919
延安市	Yan'an	11532948	2629533	184045	134622	137829	95749
汉中市	Hanzhong	5900383	1136300	690905	319266	536733	253997
榆林市	Yulin	15942330	4338283	895447	471814	614800	282680
安康市	Ankang	4269929	1188623	505314	310165	419657	259310
商洛市	Shangluo	4657000	1000474	171627	62950	154360	52669
甘肃省	**Gansu**	**62489546**	**24813518**	**6744341**	**5048498**	**4476707**	**3245740**
兰州市	Lanzhou	13168629	8570579	2868054	2815197	1912068	1876885
嘉峪关市	Jiayuguan	1029736	1029736	224836	224836	187229	187229
金昌市	Jinchang	2017061	1383680	91425	69456	62095	49356
白银市	Baiyin	3520177	1727229	228192	144340	204813	121470
天水市	Tianshui	4228833	2116782	390057	286090	305175	257650
武威市	Wuwei	4500062	2294283	307897	233874	253272	199538
张掖市	Zhangye	2269966	810154	454508	199287	375529	156387
平凉市	Pingliang	4428441	903500	400486	189218	333551	148900
酒泉市	Jiuquan	8297429	1908882	412216	154417	327596	
庆阳市	Qingyang	9531893	1987742	667172	390238		
定西市	Dingxi	5108951	1116611	604337	262072	452854	197174
陇南市	Longnan	4388368	964340	95161	79473	62525	51151
青海省	**Qinghai**	**13107464**	**6727101**	**2336511**	**2030211**	**1520778**	**1312899**
西宁市	Xining	9052938	6000994	1952887	1939416	1244635	1232493
海东市	Haidong	4054526	726107	383624	90795	276143	80406
宁夏回族自治区	**Ningxia**	**26008257**	**12029803**	**5589682**	**3369095**	**3269154**	**1912979**
银川市	Yinchuan	11319781	4705429	3308094	2293964	1956800	1304183
石嘴山市	Shizuishan	4591554	3333982	655774	333412	392344	226387
吴忠市	Wuzhong	4967686	1987418	561295	177198	370081	158143
固原市	Guyuan	2302003	917766	453963	330239	125970	70041
中卫市	Zhongwei	2827233	1085208	610556	234282	423959	154225
新疆维吾尔自治区	**Xinjiang**	**16941402**	**16638586**	**3206461**	**3206461**	**2382117**	**2382117**
乌鲁木齐市	Urumqi	12715924	12413108	2714326	2714326	1995658	1995658
克拉玛依市	Karamay	4225478	4225478	492135	492135	386459	386459

2-30 学校数(一)

Number of Schools（Ⅰ）

单位：所 (unit)

城 市	City	普通高等学校 Regular Institutions of Higher Education	中等职业教育学校 Vocational Secondary Schools	
		全市 Total City	全市 Total City	市辖区 Districts under City
城市合计	**Prefecture Cities**	**2456**	**9551**	**5487**
北京市	**Beijing**	**89**	**119**	**119**
天津市	**Tianjin**	**55**	**93**	**93**
河北省	**Hebei**	**125**	**682**	**329**
石家庄市	Shijiazhuang	49	173	102
唐山市	Tangshan	8	52	35
秦皇岛市	Qinhuangdao	13	40	24
邯郸市	Handan	5	68	40
邢台市	Xingtai	4	67	22
保定市	Baoding	16	82	25
张家口市	Zhangjiakou	4	52	19
承德市	Chengde	5	30	16
沧州市	Cangzhou	7	47	20
廊坊市	Langfang	12	30	9
衡水市	Hengshui	2	41	17
山西省	**Shanxi**	**88**	**494**	**243**
太原市	Taiyuan	44	90	86
大同市	Datong	1	41	24
阳泉市	Yangquan	2	15	13
长治市	Changzhi	6	45	21
晋城市	Jincheng	2	17	8
朔州市	Shuozhou	1	19	10
晋中市	Jinzhong	16	34	7
运城市	Yuncheng	7	57	24
忻州市	Xinzhou	4	84	16
临汾市	Linfen	4	55	23
吕梁市	Lvliang	1	37	11
内蒙古自治区	**Inner Mongolia**	**46**	**224**	**97**
呼和浩特市	Hohhot	23	58	39
包头市	Baotou	5	21	19
乌海市	Wuhai	1	1	1
赤峰市	Chifeng	4	44	18
通辽市	Tongliao	3	30	1
鄂尔多斯市	Erdos	2	4	4
呼伦贝尔市	Hulunbuir	3	28	4
巴彦淖尔市	Bayannur	2	13	7
乌兰察布市	Ulanqab	3	25	4
辽宁省	**Liaoning**	**114**	**380**	**312**
沈阳市	Shenyang	46	114	110
大连市	Dalian	30	84	76
鞍山市	Anshan	3	22	15
抚顺市	Fushun	5	16	13
本溪市	Benxi	3	13	11
丹东市	Dandong	3	15	11
锦州市	Jinzhou	9	13	9

2-30 续表 1 continued

单位：所 (unit)

城市	City	普通高等学校 Regular Institutions of Higher Education	中等职业教育学校 Vocational Secondary Schools	
		全市 Total City	全市 Total City	市辖区 Districts under City
营口市	Yingkou	3	16	14
阜新市	Fuxin	2	19	18
辽阳市	Liaoyang	2	11	10
盘锦市	Panjin	2	6	3
铁岭市	Tieling	4	23	16
朝阳市	Chaoyang	1	14	6
葫芦岛市	Huludao	1	14	
吉林省	**Jilin**	**57**	**293**	**189**
长春市	Changchun	37	104	89
吉林市	Jilin	8	43	30
四平市	Siping	4	41	21
辽源市	Liaoyuan	2	11	6
通化市	Tonghua	1	30	12
白山市	Baishan	1	21	12
松原市	Songyuan	1	20	8
白城市	Baicheng	3	23	11
黑龙江省	**Heilongjiang**	**84**	**299**	**139**
哈尔滨市	Harbin	50	100	46
齐齐哈尔市	Qiqihar	6	45	26
鸡西市	Jixi	1	18	13
鹤岗市	Hegang	5	10	8
双鸭山市	Shuangyashan	1	8	5
大庆市	Daqing	7	11	7
伊春市	Yichun	1	13	12
佳木斯市	Jiamusi	3	16	8
七台河市	Qitaihe	1	4	3
牡丹江市	Mudanjiang	7	21	6
黑河市	Heihe	1	27	4
绥化市	Suihua	1	26	1
上海市	**Shanghai**	**68**	**90**	**90**
江苏省	**Jiangsu**	**156**	**361**	**254**
南京市	Nanjing	53	51	51
无锡市	Wuxi	12	41	28
徐州市	Xuzhou	11	30	22
常州市	Changzhou	10	20	16
苏州市	Suzhou	25	40	26
南通市	Nantong	8	27	13
连云港市	Lianyungang	4	27	16
淮安市	Huai'an	6	23	16
盐城市	Yancheng	5	24	11
扬州市	Yangzhou	7	27	21
镇江市	Zhenjiang	6	18	14
泰州市	Taizhou	7	12	8
宿迁市	Suqian	2	21	12

2-30 续表 2 continued

单位：所 (unit)

城市	City	普通高等学校 Regular Institutions of Higher Education	中等职业教育学校 Vocational Secondary Schools	
		全市 Total City	全市 Total City	市辖区 Districts under City
浙江省	**Zhejiang**	**97**	**351**	**148**
杭州市	Hangzhou	38	57	39
宁波市	Ningbo	14	55	21
温州市	Wenzhou	8	59	22
嘉兴市	Jiaxing	6	21	5
湖州市	Huzhou	3	12	4
绍兴市	Shaoxing	9	21	11
金华市	Jinhua	7	43	14
衢州市	Quzhou	2	17	7
舟山市	Zhoushan	3	7	5
台州市	Taizhou	4	40	13
丽水市	Lishui	3	19	7
安徽省	**Anhui**	**111**	**469**	**231**
合肥市	Hefei	50	84	49
芜湖市	Wuhu	10	29	18
蚌埠市	Bengbu	5	26	12
淮南市	Huainan	5	24	21
马鞍山市	Maanshan	6	14	4
淮北市	Huaibei	3	15	12
铜陵市	Tongling	3	6	4
安庆市	Anqing	5	48	20
黄山市	Huangshan	2	23	11
滁州市	Chuzhou	4	26	6
阜阳市	Fuyang	4	56	26
宿州市	Suzhou	2	25	6
六安市	Lu'an	5	41	22
亳州市	Bozhou	2	28	9
池州市	Chizhou	3	10	5
宣城市	Xuancheng	2	14	6
福建省	**Fujian**	**86**	**242**	**122**
福州市	Fuzhou	32	56	36
厦门市	Xiamen	17	21	21
莆田市	Putian	2	20	12
三明市	Sanming	3	14	4
泉州市	Quanzhou	17	44	21
漳州市	Zhangzhou	7	28	7
南平市	Nanping	4	25	6
龙岩市	Longyan	2	22	12
宁德市	Ningde	2	12	3
江西省	**Jiangxi**	**81**	**411**	**199**
南昌市	Nanchang	43	58	53
景德镇市	Jingdezhen	3	20	12
萍乡市	Pingxiang	3	22	14
九江市	Jiujiang	7	31	14
新余市	Xinyu	5	19	19
鹰潭市	Yingtan	1	13	5
赣州市	Ganzhou	9	74	25
吉安市	Ji'an	1	58	18
宜春市	Yichun	2	37	12
抚州市	Fuzhou	4	36	15
上饶市	Shangrao	3	43	12

2-30 续表 3 continued

单位：所 (unit)

城市	City	普通高等学校 Regular Institutions of Higher Education 全市 Total City	中等职业教育学校 Vocational Secondary Schools 全市 Total City	中等职业教育学校 Vocational Secondary Schools 市辖区 Districts under City
山东省	**Shandong**	**174**	**646**	**402**
济南市	Jinan	69	95	77
青岛市	Qingdao	22	87	73
淄博市	Zibo	8	18	15
枣庄市	Zaozhuang	3	18	13
东营市	Dongying	4	10	7
烟台市	Yantai	10	66	32
潍坊市	Weifang	13	47	20
济宁市	Jining	7	25	8
泰安市	Tai'an	8	20	11
威海市	Weihai	8	29	17
日照市	Rizhao	2	20	15
莱芜市	Laiwu	3	14	14
临沂市	Linyi	3	48	28
德州市	Dezhou	4	31	12
聊城市	Liaocheng	3	40	16
滨州市	Binzhou	3	30	15
菏泽市	Heze	4	48	29
河南省	**Henan**	**127**	**775**	**364**
郑州市	Zhengzhou	56	134	87
开封市	Kaifeng	5	47	32
洛阳市	Luoyang	7	89	57
平顶山市	Pingdingshan	4	32	13
安阳市	Anyang	6	23	9
鹤壁市	Hebi	2	13	7
新乡市	Xinxiang	10	42	14
焦作市	Jiaozuo	6	32	13
濮阳市	Puyang	1	27	13
许昌市	Xuchang	4	28	11
漯河市	Luohe	3	23	13
三门峡市	Sanmenxia	1	22	8
南阳市	Nanyang	6	89	35
商丘市	Shangqiu	6	39	11
信阳市	Xinyang	5	45	12
周口市	Zhoukou	3	55	17
驻马店市	Zhumadian	2	35	12
湖北省	**Hubei**	**119**	**351**	**255**
武汉市	Wuhan	80	144	144
黄石市	Huangshi	3	19	12
十堰市	Shiyan	7	20	7
宜昌市	Yichang	5	15	7
襄阳市	Xiangyang	5	39	28
鄂州市	Ezhou	1	7	7

2-30 续表 4 continued

单位：所 (unit)

城市	City	普通高等学校 Regular Institutions of Higher Education	中等职业教育学校 Vocational Secondary Schools	
		全市 Total City	全市 Total City	市辖区 Districts under City
荆门市	Jingmen	1	12	4
孝感市	Xiaogan	2	18	10
荆州市	Jingzhou	8	24	10
黄冈市	Huanggang	4	29	14
咸宁市	Xianning	2	16	6
随州市	Suizhou	1	8	6
湖南省	**Hunan**	**109**	**505**	**225**
长沙市	Changsha	50	74	47
株洲市	Zhuzhou	10	27	11
湘潭市	Xiangtan	10	24	9
衡阳市	Hengyang	9	40	17
邵阳市	Shaoyang	3	58	23
岳阳市	Yueyang	5	41	16
常德市	Changde	5	52	22
张家界市	Zhangjiajie	1	14	10
益阳市	Yiyang	4	26	16
郴州市	Chenzhou	2	27	14
永州市	Yongzhou	3	43	12
怀化市	Huaihua	3	43	14
娄底市	Loudi	4	36	14
广东省	**Guangdong**	**142**	**537**	**355**
广州市	Guangzhou	80	85	81
韶关市	Shaoguan	2	22	15
深圳市	Shenzhen	10	15	15
珠海市	Zhuhai	10	6	6
汕头市	Shantou	1	25	24
佛山市	Foshan	3	48	48
江门市	Jiangmen	3	27	15
湛江市	Zhanjiang	3	56	26
茂名市	Maoming	2	35	15
肇庆市	Zhaoqing	5	20	13
惠州市	Huizhou	3	33	
梅州市	Meizhou	1	29	13
汕尾市	Shanwei	1	14	7
河源市	Heyuan	1	16	8
阳江市	Yangjiang	1	9	4
清远市	Qingyuan	1	14	6
东莞市	Dongguan	6	25	25
中山市	Zhongshan	5	11	11
潮州市	Chaozhou	1	12	8
揭阳市	Jieyang	2	20	12
云浮市	Yunfu	1	15	3
广西壮族自治区	**Guangxi**	**69**	**305**	**189**
南宁市	Nanning	31	67	59
柳州市	Liuzhou	6	33	26
桂林市	Guilin	9	32	18

2-30 续表 5 continued

单位：所 (unit)

城市	City	普通高等学校 Regular Institutions of Higher Education 全市 Total City	中等职业教育学校 Vocational Secondary Schools 全市 Total City	市辖区 Districts under City
梧州市	Wuzhou	2	18	13
北海市	Beihai	3	9	7
防城港市	Fangchenggang	1	3	1
钦州市	Qinzhou	2	17	13
贵港市	Guigang	1	22	12
玉林市	Yulin	1	25	16
百色市	Baise	4	27	1
贺州市	Hezhou	1	15	12
河池市	Hechi	2	17	3
来宾市	Laibin	1	8	3
崇左市	Chongzuo	5	12	5
海南省	**Hainan**	**16**	**58**	**58**
海口市	Haikou	11	54	54
三亚市	Sanya	5	4	4
三沙市	Sansa			
重庆市	**Chongqing**	**63**	**221**	**91**
四川省	**Sichuan**	**100**	**490**	**248**
成都市	Chengdu	53	86	54
自贡市	Zigong	2	19	14
攀枝花市	Panzhihua	2	7	6
泸州市	Luzhou	5	23	12
德阳市	Deyang	5	20	13
绵阳市	Mianyang	10	33	22
广元市	Guangyuan	2	13	7
遂宁市	Suining	1	15	5
内江市	Neijiang	2	28	16
乐山市	Leshan	3	27	16
南充市	Nanchong	4	46	26
眉山市	Meishan	2	19	8
宜宾市	Yibin	2	31	14
广安市	Guang'an	1	24	5
达州市	Dazhou	2	35	2
雅安市	Ya'an	2	9	4
巴中市	Bazhong	1	35	19
资阳市	Ziyang	1	20	5
贵州省	**Guizhou**	**43**	**158**	**99**
贵阳市	Guiyang	28	71	63
六盘水市	Liupanshui	2	19	8
遵义市	Zunyi	6	25	13
安顺市	Anshun	2	13	5
毕节市	Bijie	2	17	6
铜仁市	Tongren	3	13	4
云南省	**Yunnan**	**54**	**229**	**107**
昆明市	Kunming	41	89	64
曲靖市	Qujing	3	28	8

2-30 续表 6 continued

单位: 所 (unit)

城市	City	普通高等学校 Regular Institutions of Higher Education	中等职业教育学校 Vocational Secondary Schools	
		全市 Total City	全市 Total City	市辖区 Districts under City
玉溪市	Yuxi	2	13	2
保山市	Baoshan	2	7	2
昭通市	Zhaotong	1	31	10
丽江市	Lijiang	2	11	3
普洱市	Pu'er	2	28	10
临沧市	Lincang	1	22	8
西藏自治区	**Tibet**	**5**	**1**	**1**
拉萨市	Lasa	5	1	1
陕西省	**Shaanxi**	**91**	**423**	**302**
西安市	Xi'an	63	207	193
铜川市	Tongchuan	1	5	4
宝鸡市	Baoji	2	36	25
咸阳市	Xianyang	13	35	20
渭南市	Weinan	1	52	24
延安市	Yan'an	2	15	3
汉中市	Hanzhong	3	15	3
榆林市	Yulin	2	28	16
安康市	Ankang	2	20	10
商洛市	Shangluo	2	10	4
甘肃省	**Gansu**	**41**	**239**	**142**
兰州市	Lanzhou	25	73	61
嘉峪关市	Jiayuguan	1	3	3
金昌市	Jinchang	1	2	1
白银市	Baiyin	1	17	9
天水市	Tianshui	4	28	18
武威市	Wuwei	2	19	13
张掖市	Zhangye	2	14	8
平凉市	Pingliang	1	11	5
酒泉市	Jiuquan	1	8	5
庆阳市	Qingyang	1	17	9
定西市	Dingxi	1	26	8
陇南市	Longnan	1	21	2
青海省	**Qinghai**	**9**	**25**	**19**
西宁市	Xining	9	19	19
海东市	Haidong		6	
宁夏回族自治区	**Ningxia**	**16**	**35**	**20**
银川市	Yinchuan	13	20	15
石嘴山市	Shizuishan	1	4	3
吴忠市	Wuzhong	1	3	
固原市	Guyuan	1	5	1
中卫市	Zhongwei		3	1
新疆维吾尔自治区	**Xinjiang**	**21**	**45**	**45**
乌鲁木齐市	Urumqi	20	44	44
克拉玛依市	Karamay	1	1	1

2-31 学校数(二)

Number of Schools (II)

单位：所 (unit)

城 市	City	普通中学 Regular Secondary Schools		小 学 Primary Schools	
		全市 Total City	市辖区 Districts under City	全市 Total City	市辖区 Districts under City
城市合计	**Prefecture Cities**	**61100**	**20173**	**198387**	**43644**
北京市	**Beijing**	**638**	**594**	**1093**	**1019**
天津市	**Tianjin**	**518**	**374**	**838**	**565**
河北省	**Hebei**	**2869**	**538**	**12538**	**1471**
石家庄市	Shijiazhuang	421	89	1418	208
唐山市	Tangshan	330	121	1122	402
秦皇岛市	Qinhuangdao	165	41	429	64
邯郸市	Handan	372	66	1966	122
邢台市	Xingtai	262	38	1375	123
保定市	Baoding	365	44	2179	110
张家口市	Zhangjiakou	170	43	537	105
承德市	Chengde	122	23	512	70
沧州市	Cangzhou	313	25	1314	73
廊坊市	Langfang	173	27	807	142
衡水市	Hengshui	176	21	879	52
山西省	**Shanxi**	**2495**	**636**	**8946**	**1435**
太原市	Taiyuan	226	164	543	245
大同市	Datong	232	105	631	211
阳泉市	Yangquan	85	39	303	82
长治市	Changzhi	221	48	950	89
晋城市	Jincheng	159	29	586	70
朔州市	Shuozhou	99	38	380	112
晋中市	Jinzhong	223	31	692	100
运城市	Yuncheng	343	50	962	107
忻州市	Xinzhou	299	47	1489	166
临汾市	Linfen	297	62	1249	193
吕梁市	Lvliang	311	23	1161	60
内蒙古自治区	**Inner Mongolia**	**873**	**308**	**2090**	**575**
呼和浩特市	Hohhot	111	70	258	113
包头市	Baotou	96	78	153	117
乌海市	Wuhai	18	18	27	27
赤峰市	Chifeng	162	53	542	120
通辽市	Tongliao	138	28	526	86
鄂尔多斯市	Erdos	66	7	121	35
呼伦贝尔市	Hulunbuir	168	24	175	22
巴彦淖尔市	Bayannur	51	19	99	29
乌兰察布市	Ulanqab	63	11	189	26
辽宁省	**Liaoning**	**1968**	**857**	**4631**	**1150**
沈阳市	Shenyang	322	223	320	252
大连市	Dalian	285	155	569	233
鞍山市	Anshan	164	67	576	86
抚顺市	Fushun	118	74	139	65
本溪市	Benxi	59	39	74	45
丹东市	Dandong	127	39	462	74
锦州市	Jinzhou	133	45	403	75
营口市	Yingkou	99	50	172	58

2-31 续表 1 continued

单位：所 (unit)

城市	City	普通中学 Regular Secondary Schools 全市 Total City	普通中学 Regular Secondary Schools 市辖区 Districts under City	小学 Primary Schools 全市 Total City	小学 Primary Schools 市辖区 Districts under City
阜新市	Fuxin	95	37	89	40
辽阳市	Liaoyang	80	43	216	61
盘锦市	Panjin	72	35	49	45
铁岭市	Tieling	130	23	334	32
朝阳市	Chaoyang	171	27	683	84
葫芦岛市	Huludao	113		545	
吉林省	**Jilin**	**1279**	**378**	**4912**	**814**
长春市	Changchun	332	146	1345	291
吉林市	Jilin	188	68	636	143
四平市	Siping	186	29	900	83
辽源市	Liaoyuan	65	20	342	51
通化市	Tonghua	131	21	257	36
白山市	Baishan	107	36	195	49
松原市	Songyuan	146	27	723	90
白城市	Baicheng	124	31	514	71
黑龙江省	**Heilongjiang**	**1858**	**644**	**3881**	**859**
哈尔滨市	Harbin	485	210	665	190
齐齐哈尔市	Qiqihar	260	74	861	116
鸡西市	Jixi	96	37	69	24
鹤岗市	Hegang	46	31	88	52
双鸭山市	Shuangyashan	83	30	121	36
大庆市	Daqing	145	79	401	152
伊春市	Yichun	56	32	67	38
佳木斯市	Jiamusi	115	35	223	55
七台河市	Qitaihe	50	32	60	32
牡丹江市	Mudanjiang	134	41	288	61
黑河市	Heihe	115	7	203	10
绥化市	Suihua	273	36	835	93
上海市	**Shanghai**	**762**	**725**	**759**	**730**
江苏省	**Jiangsu**	**2651**	**1145**	**4020**	**1538**
南京市	Nanjing	219	219	339	339
无锡市	Wuxi	176	90	194	99
徐州市	Xuzhou	321	103	870	243
常州市	Changzhou	163	101	182	113
苏州市	Suzhou	261	133	304	151
南通市	Nantong	222	62	321	89
连云港市	Lianyungang	176	38	439	74
淮安市	Huai'an	175	95	284	134
盐城市	Yancheng	277	59	375	62
扬州市	Yangzhou	170	88	207	97
镇江市	Zhenjiang	113	44	114	47
泰州市	Taizhou	191	61	141	50
宿迁市	Suqian	187	52	250	40
浙江省	**Zhejiang**	**2296**	**849**	**3400**	**1085**
杭州市	Hangzhou	311	201	419	242
宁波市	Ningbo	297	126	465	189

2-31 续表 2 continued

单位：所 (unit)

城市	City	普通中学 Regular Secondary Schools 全市 Total City	普通中学 Regular Secondary Schools 市辖区 Districts under City	小学 Primary Schools 全市 Total City	小学 Primary Schools 市辖区 Districts under City
温州市	Wenzhou	469	97	577	128
嘉兴市	Jiaxing	157	47	161	39
湖州市	Huzhou	125	52	130	50
绍兴市	Shaoxing	182	82	373	172
金华市	Jinhua	240	60	425	76
衢州市	Quzhou	93	35	212	55
舟山市	Zhoushan	48	38	57	37
台州市	Taizhou	280	89	356	78
丽水市	Lishui	94	22	225	19
安徽省	**Anhui**	**3599**	**986**	**11507**	**2503**
合肥市	Hefei	367	112	894	153
芜湖市	Wuhu	211	68	418	135
蚌埠市	Bengbu	166	30	730	50
淮南市	Huainan	129	95	370	229
马鞍山市	Maanshan	102	32	293	61
淮北市	Huaibei	134	78	350	144
铜陵市	Tongling	45	25	85	44
安庆市	Anqing	367	43	1369	112
黄山市	Huangshan	116	36	152	34
滁州市	Chuzhou	287	30	431	45
阜阳市	Fuyang	461	109	2111	388
宿州市	Suzhou	244	67	962	250
六安市	Lu'an	416	113	1501	303
亳州市	Bozhou	291	63	1305	353
池州市	Chizhou	106	39	315	132
宣城市	Xuancheng	157	46	221	70
福建省	**Fujian**	**1756**	**441**	**5159**	**1229**
福州市	Fuzhou	322	83	905	200
厦门市	Xiamen	95	95	289	289
莆田市	Putian	144	89	495	341
三明市	Sanming	152	19	230	24
泉州市	Quanzhou	324	46	1349	150
漳州市	Zhangzhou	209	29	921	90
南平市	Nanping	164	26	326	54
龙岩市	Longyan	169	26	365	52
宁德市	Ningde	177	28	279	29
江西省	**Jiangxi**	**2541**	**444**	**10716**	**1499**
南昌市	Nanchang	266	122	972	177
景德镇市	Jingdezhen	98	29	475	58
萍乡市	Pingxiang	106	40	382	144
九江市	Jiujiang	295	35	1131	74
新余市	Xinyu	38	32	98	76
鹰潭市	Yingtan	76	17	325	46
赣州市	Ganzhou	452	20	2140	70
吉安市	Ji'an	305	29	1021	93
宜春市	Yichun	235	43	1108	322
抚州市	Fuzhou	212	51	1095	367
上饶市	Shangrao	458	26	1969	72

2-31 续表 3 continued

单位：所 (unit)

城市	City	普通中学 Regular Secondary Schools 全市 Total City	普通中学 Regular Secondary Schools 市辖区 Districts under City	小学 Primary Schools 全市 Total City	小学 Primary Schools 市辖区 Districts under City
山东省	**Shandong**	**3464**	**1157**	**11151**	**2965**
济南市	Jinan	204	124	602	360
青岛市	Qingdao	293	145	806	298
淄博市	Zibo	191	133	325	200
枣庄市	Zaozhuang	125	79	534	311
东营市	Dongying	91	49	132	63
烟台市	Yantai	257	66	340	120
潍坊市	Weifang	326	72	868	188
济宁市	Jining	286	62	1184	161
泰安市	Tai'an	171	60	560	163
威海市	Weihai	108	29	95	39
日照市	Rizhao	108	61	377	149
莱芜市	Laiwu	53	53	148	148
临沂市	Linyi	343	75	1461	274
德州市	Dezhou	195	22	970	64
聊城市	Liaocheng	198	43	784	149
滨州市	Binzhou	161	28	402	49
菏泽市	Heze	354	56	1563	229
河南省	**Henan**	**5289**	**1053**	**25982**	**2936**
郑州市	Zhengzhou	371	167	980	309
开封市	Kaifeng	275	44	1401	124
洛阳市	Luoyang	451	110	1722	232
平顶山市	Pingdingshan	251	56	1400	149
安阳市	Anyang	296	52	1362	137
鹤壁市	Hebi	84	33	365	85
新乡市	Xinxiang	386	58	1539	139
焦作市	Jiaozuo	218	56	599	104
濮阳市	Puyang	212	64	1168	104
许昌市	Xuchang	239	28	1007	41
漯河市	Luohe	110	47	527	218
三门峡市	Sanmenxia	128	16	271	32
南阳市	Nanyang	498	92	3474	269
商丘市	Shangqiu	446	85	2412	451
信阳市	Xinyang	378	70	1983	233
周口市	Zhoukou	608	34	3826	136
驻马店市	Zhumadian	338	41	1946	173
湖北省	**Hubei**	**2277**	**734**	**5200**	**1282**
武汉市	Wuhan	369	252	590	288
黄石市	Huangshi	139	39	487	91
十堰市	Shiyan	175	34	477	58
宜昌市	Yichang	172	57	270	76
襄阳市	Xiangyang	237	89	656	160
鄂州市	Ezhou	50	50	249	249
荆门市	Jingmen	122	32	231	64

2-31 续表 4 continued

单位：所 (unit)

城市	City	普通中学 Regular Secondary Schools 全市 Total City	普通中学 Regular Secondary Schools 市辖区 Districts under City	小学 Primary Schools 全市 Total City	小学 Primary Schools 市辖区 Districts under City
孝感市	Xiaogan	219	42	517	96
荆州市	Jingzhou	247	53	392	61
黄冈市	Huanggang	307	22	746	36
咸宁市	Xianning	142	32	396	60
随州市	Suizhou	98	32	189	43
湖南省	**Hunan**	**3693**	**639**	**9178**	**1419**
长沙市	Changsha	285	105	937	341
株洲市	Zhuzhou	192	46	404	86
湘潭市	Xiangtan	180	39	439	83
衡阳市	Hengyang	419	44	1664	140
邵阳市	Shaoyang	460	35	1334	95
岳阳市	Yueyang	304	53	874	137
常德市	Changde	293	67	585	101
张家界市	Zhangjiajie	101	29	145	66
益阳市	Yiyang	227	57	459	132
郴州市	Chenzhou	279	47	805	50
永州市	Yongzhou	320	63	444	87
怀化市	Huaihua	351	28	272	54
娄底市	Loudi	282	26	816	47
广东省	**Guangdong**	**4366**	**2351**	**11824**	**4836**
广州市	Guangzhou	494	417	936	776
韶关市	Shaoguan	153	44	182	59
深圳市	Shenzhen	314	314	335	335
珠海市	Zhuhai	65	65	114	114
汕头市	Shantou	280	275	768	757
佛山市	Foshan	191	191	408	408
江门市	Jiangmen	184	75	315	125
湛江市	Zhanjiang	328	86	1270	86
茂名市	Maoming	277	49	1751	274
肇庆市	Zhaoqing	171	34	223	36
惠州市	Huizhou	221	101	460	235
梅州市	Meizhou	233	45	538	64
汕尾市	Shanwei	172	28	741	112
河源市	Heyuan	183	26	585	47
阳江市	Yangjiang	112	36	136	34
清远市	Qingyuan	174	59	307	118
东莞市	Dongguan	207	207	321	321
中山市	Zhongshan	100	100	208	208
潮州市	Chaozhou	126	84	648	405
揭阳市	Jieyang	277	100	1275	277
云浮市	Yunfu	104	15	303	45
广西壮族自治区	**Guangxi**	**2289**	**729**	**13793**	**2897**
南宁市	Nanning	332	174	1453	461
柳州市	Liuzhou	164	65	890	131
桂林市	Guilin	221	43	1173	85

2-31 续表 5 continued

单位: 所 (unit)

城市	City	普通中学 Regular Secondary Schools 全市 Total City	普通中学 Regular Secondary Schools 市辖区 Districts under City	小学 Primary Schools 全市 Total City	小学 Primary Schools 市辖区 Districts under City
梧州市	Wuzhou	135	21	900	82
北海市	Beihai	84	42	397	120
防城港市	Fangchenggang	42	23	518	191
钦州市	Qinzhou	128	78	1078	367
贵港市	Guigang	229	90	1137	426
玉林市	Yulin	289	56	1475	238
百色市	Baise	192	12	1307	112
贺州市	Hezhou	106	45	690	300
河池市	Hechi	197	22	1399	78
来宾市	Laibin	84	43	670	244
崇左市	Chongzuo	86	15	706	62
海南省	**Hainan**	**142**	**142**	**307**	**307**
海口市	Haikou	98	98	171	171
三亚市	Sanya	44	44	136	136
三沙市	Sansa				
重庆市	**Chongqing**	**1200**	**646**	**4728**	**1655**
四川省	**Sichuan**	**4316**	**1233**	**6377**	**1551**
成都市	Chengdu	498	227	513	276
自贡市	Zigong	142	56	244	117
攀枝花市	Panzhihua	56	40	64	35
泸州市	Luzhou	218	61	270	43
德阳市	Deyang	151	25	362	35
绵阳市	Mianyang	234	58	436	72
广元市	Guangyuan	179	52	252	88
遂宁市	Suining	168	59	219	82
内江市	Neijiang	183	58	306	119
乐山市	Leshan	217	75	360	73
南充市	Nanchong	509	121	258	93
眉山市	Meishan	226	44	201	51
宜宾市	Yibin	300	63	347	47
广安市	Guang'an	275	77	231	54
达州市	Dazhou	381	29	1647	146
雅安市	Ya'an	68	25	184	49
巴中市	Bazhong	204	91	220	48
资阳市	Ziyang	307	72	263	123
贵州省	**Guizhou**	**1894**	**548**	**7489**	**1325**
贵阳市	Guiyang	313	233	623	379
六盘水市	Liupanshui	224	49	716	84
遵义市	Zunyi	459	69	1633	137
安顺市	Anshun	147	51	811	212
毕节市	Bijie	492	112	2424	367
铜仁市	Tongren	259	34	1282	146
云南省	**Yunnan**	**1301**	**336**	**8247**	**1288**
昆明市	Kunming	274	167	956	390
曲靖市	Qujing	241	33	1702	108

2-31 续表 6 continued

单位：所 (unit)

城市	City	普通中学 Regular Secondary Schools 全市 Total City	普通中学 Regular Secondary Schools 市辖区 Districts under City	小学 Primary Schools 全市 Total City	小学 Primary Schools 市辖区 Districts under City
玉溪市	Yuxi	114	24	557	78
保山市	Baoshan	122	35	952	335
昭通市	Zhaotong	219	32	1885	182
丽江市	Lijiang	76	8	476	45
普洱市	Pu'er	134	15	609	40
临沧市	Lincang	121	22	1110	110
西藏自治区	**Tibet**	**22**	**15**	**81**	**20**
拉萨市	Lasa	22	15	81	20
陕西省	**Shaanxi**	**2224**	**757**	**7328**	**2033**
西安市	Xi'an	418	283	1291	708
铜川市	Tongchuan	53	46	130	97
宝鸡市	Baoji	195	87	713	206
咸阳市	Xianyang	301	61	1238	100
渭南市	Weinan	346	58	1038	183
延安市	Yan'an	123	33	319	65
汉中市	Hanzhong	208	30	742	108
榆林市	Yulin	213	43	490	88
安康市	Ankang	196	76	686	301
商洛市	Shangluo	171	40	681	177
甘肃省	**Gansu**	**1807**	**565**	**9466**	**1941**
兰州市	Lanzhou	205	122	607	271
嘉峪关市	Jiayuguan	11	11	18	18
金昌市	Jinchang	20	10	53	13
白银市	Baiyin	147	37	755	108
天水市	Tianshui	264	83	1480	308
武威市	Wuwei	143	75	773	334
张掖市	Zhangye	82	37	351	99
平凉市	Pingliang	168	34	1054	171
酒泉市	Jiuquan	66	19	220	62
庆阳市	Qingyang	181	32	1193	108
定西市	Dingxi	287	65	1233	173
陇南市	Longnan	233	40	1729	276
青海省	**Qinghai**	**241**	**63**	**730**	**106**
西宁市	Xining	136	50	181	75
海东市	Haidong	105	13	549	31
宁夏回族自治区	**Ningxia**	**303**	**126**	**1846**	**452**
银川市	Yinchuan	69	45	205	104
石嘴山市	Shizuishan	36	23	76	45
吴忠市	Wuzhong	60	19	330	62
固原市	Guyuan	69	14	866	167
中卫市	Zhongwei	69	25	369	74
新疆维吾尔自治区	**Xinjiang**	**169**	**160**	**170**	**159**
乌鲁木齐市	Urumqi	151	142	142	131
克拉玛依市	Karamay	18	18	28	28

2-32 专任教师数(一)

Number of Full-time Teachers (Ⅰ)

单位：人 (person)

城 市	City	普通高等学校 Regular Institutions of Higher Education		中等职业教育学校 Vocational Secondary Schools	
		全市 Total City	市辖区 Districts under City	全市 Total City	市辖区 Districts under City
城市合计	**Prefecture Cities**	**1483652**	**1323102**	**707452**	**403338**
北京市	**Beijing**	**66026**	**66026**	**9212**	**9212**
天津市	**Tianjin**	**30900**	**30900**	**8285**	**8285**
河北省	**Hebei**	**62813**	**37853**	**47134**	**19652**
石家庄市	Shijiazhuang	22555		10208	5410
唐山市	Tangshan	5474	5474	4517	2380
秦皇岛市	Qinhuangdao	6480	6480	2781	1517
邯郸市	Handan	3382	3382	5431	2361
邢台市	Xingtai	2363	2363	4294	1583
保定市	Baoding	9827	9827	6652	1787
张家口市	Zhangjiakou	1161	1161	3046	1117
承德市	Chengde	2614	2614	2005	830
沧州市	Cangzhou	2760	1713	3302	930
廊坊市	Langfang	5359	4001	1806	349
衡水市	Hengshui	838	838	3092	1388
山西省	**Shanxi**	**40460**	**38176**	**28507**	**13951**
太原市	Taiyuan	22895	22895	4732	4582
大同市	Datong	1652	1652	3210	1230
阳泉市	Yangquan	534	534	1277	1086
长治市	Changzhi	1993	1993	2714	1504
晋城市	Jincheng	486	486	1406	678
朔州市	Shuozhou	62	62	1978	962
晋中市	Jinzhong	4953	3044	2913	593
运城市	Yuncheng	2386	2386	2859	1162
忻州市	Xinzhou	1860	1485	2713	667
临汾市	Linfen	2979	2979	2465	776
吕梁市	Lvliang	660	660	2240	711
内蒙古自治区	**Inner Mongolia**	**23380**	**21079**	**12320**	**5812**
呼和浩特市	Hohhot	11997	11997	2139	1676
包头市	Baotou	4520	4520	1347	1180
乌海市	Wuhai	260	260	166	166
赤峰市	Chifeng	1774	1774	2786	974
通辽市	Tongliao	1921		1170	115
鄂尔多斯市	Erdos	419	419	607	607
呼伦贝尔市	Hulunbuir	930	550	1637	325
巴彦淖尔市	Bayannur	571	571	1172	571
乌兰察布市	Ulanqab	988	988	1296	198
辽宁省	**Liaoning**	**63183**	**62175**	**25748**	**20271**
沈阳市	Shenyang	26161	26161	7209	6966
大连市	Dalian	17678	17678	4382	3817
鞍山市	Anshan	2224	2224	1547	940
抚顺市	Fushun	2472	2472	1135	1003
本溪市	Benxi	1539	1539	2320	1947
丹东市	Dandong	1521	1521	1003	604
锦州市	Jinzhou	4767	4767	1214	843
营口市	Yingkou	1111	1111	1367	1103

2-32 续表 1 continued

单位：人 (person)

城市	City	普通高等学校 Regular Institutions of Higher Education 全市 Total City	市辖区 Districts under City	中等职业教育学校 Vocational Secondary Schools 全市 Total City	市辖区 Districts under City
阜新市	Fuxin	2118	2118	1048	938
辽阳市	Liaoyang	993	479	834	664
盘锦市	Panjin	542	542	582	364
铁岭市	Tieling	1088	1088	962	404
朝阳市	Chaoyang	475	475	1331	678
葫芦岛市	Huludao	494		814	
吉林省	**Jilin**	**35935**	**35935**	**16182**	**10345**
长春市	Changchun	25323	25323	5557	4431
吉林市	Jilin	5430	5430	2956	2303
四平市	Siping	2146	2146	1881	840
辽源市	Liaoyuan	420	420	473	277
通化市	Tonghua	726	726	1687	774
白山市	Baishan	257	257	1000	639
松原市	Songyuan	534	534	1192	500
白城市	Baicheng	1099	1099	1436	581
黑龙江省	**Heilongjiang**	**46549**	**42370**	**15467**	**6992**
哈尔滨市	Harbin	31831	31271	5325	2548
齐齐哈尔市	Qiqihar	3220		2438	1490
鸡西市	Jixi	274	274	660	422
鹤岗市	Hegang	414	414	676	524
双鸭山市	Shuangyashan	237	237	411	163
大庆市	Daqing	3901	3901	961	472
伊春市	Yichun	210	210	292	292
佳木斯市	Jiamusi	2042	2042	707	306
七台河市	Qitaihe	467	467	350	275
牡丹江市	Mudanjiang	2957	2558	979	160
黑河市	Heihe	486	486	869	219
绥化市	Suihua	510	510	1799	121
上海市	**Shanghai**	**40297**	**40297**	**8141**	**8141**
江苏省	**Jiangsu**	**108272**	**105661**	**55445**	**36280**
南京市	Nanjing	52531	52531	5878	5878
无锡市	Wuxi	5918	5210	5956	3601
徐州市	Xuzhou	7596	7596	5352	3681
常州市	Changzhou	5009	5342	3594	2796
苏州市	Suzhou	10704	8204	5891	3733
南通市	Nantong	4402	4402	5645	2449
连云港市	Lianyungang	1913	1913	3507	2259
淮安市	Huai'an	3378	3378	3421	2310
盐城市	Yancheng	2964	2964	4162	2225
扬州市	Yangzhou	4950	4950	3840	2569
镇江市	Zhenjiang	5196	5460	2165	1446
泰州市	Taizhou	2746	2746	2046	905
宿迁市	Suqian	965	965	3988	2428
浙江省	**Zhejiang**	**57405**	**53017**	**35694**	**15634**
杭州市	Hangzhou	27544	26144	5869	4185
宁波市	Ningbo	7524	7524	5714	2381

2-32 续表 2 continued

单位：人 (person)

城市	City	普通高等学校 Regular Institutions of Higher Education 全市 Total City	市辖区 Districts under City	中等职业教育学校 Vocational Secondary Schools 全市 Total City	市辖区 Districts under City
温州市	Wenzhou	4927	4927	4289	1356
嘉兴市	Jiaxing	2910	2380	2748	721
湖州市	Huzhou	1960	1960	1968	663
绍兴市	Shaoxing	3807	3461	2760	1519
金华市	Jinhua	4318	3142	4209	1676
衢州市	Quzhou	580	580	1789	866
舟山市	Zhoushan	1059	1059	547	454
台州市	Taizhou	1593	657	3953	1346
丽水市	Lishui	1183	1183	1848	467
安徽省	**Anhui**	**54593**	**51513**	**34599**	**15332**
合肥市	Hefei	23630	22522	3753	2212
芜湖市	Wuhu	6508	6508	1763	1023
蚌埠市	Bengbu	3023	3023	1954	757
淮南市	Huainan	3078	3078	1351	1205
马鞍山市	Maanshan	2959	2959	1314	446
淮北市	Huaibei	1839	1839	864	746
铜陵市	Tongling	1213	1213	288	229
安庆市	Anqing	2209	1696	5765	1700
黄山市	Huangshan	867	867	663	280
滁州市	Chuzhou	2217	1236	2270	497
阜阳市	Fuyang	1818	1340	3361	1958
宿州市	Suzhou	897	897	2177	773
六安市	Lu'an	1871	1871	1803	762
亳州市	Bozhou	716	716	3761	1223
池州市	Chizhou	1275	1275	1808	800
宣城市	Xuancheng	473	473	1704	721
福建省	**Fujian**	**43584**	**39105**	**18136**	**9317**
福州市	Fuzhou	19248	19248	4697	3246
厦门市	Xiamen	9639	9639	1606	1606
莆田市	Putian	887	684	1394	892
三明市	Sanming	963	724	1491	383
泉州市	Quanzhou	6597	3269	3181	1110
漳州市	Zhangzhou	3586	3586	1428	478
南平市	Nanping	1164	455	1332	431
龙岩市	Longyan	971	971	1621	838
宁德市	Ningde	529	529	1386	333
江西省	**Jiangxi**	**50924**	**19710**	**15361**	**8281**
南昌市	Nanchang	30457		2318	2235
景德镇市	Jingdezhen	1508	1508	569	428
萍乡市	Pingxiang	1006	1006	1059	700
九江市	Jiujiang	5217	4444	1304	635
新余市	Xinyu	1748	1748	1576	1576
鹰潭市	Yingtan	298	298	507	185
赣州市	Ganzhou	5350	5350	3041	786
吉安市	Ji'an	988	988	1488	612
宜春市	Yichun	1778	1794	1490	351
抚州市	Fuzhou	1462	1462	743	273
上饶市	Shangrao	1112	1112	1266	500

2-32 续表 3 continued

单位：人 (person)

城 市	City	普通高等学校 Regular Institutions of Higher Education		中等职业教育学校 Vocational Secondary Schools	
		全市 Total City	市辖区 Districts under City	全市 Total City	市辖区 Districts under City
山东省	**Shandong**	**101949**	**90749**	**61862**	**30366**
济南市	Jinan	31143	28943	6339	4792
青岛市	Qingdao	18396	18396	8207	5500
淄博市	Zibo	5291	4808	2575	2059
枣庄市	Zaozhuang	1320	937	1744	1062
东营市	Dongying	1614	1474	1123	576
烟台市	Yantai	8748	6935	7732	3630
潍坊市	Weifang	7629	6169	4324	1321
济宁市	Jining	5122	1863	3557	694
泰安市	Tai'an	5349	5349	2255	931
威海市	Weihai	3243	2438	2006	995
日照市	Rizhao	1206	1206	2122	1399
莱芜市	Laiwu	699	699	436	436
临沂市	Linyi	3108	3108	4045	1671
德州市	Dezhou	2579	2100	3151	567
聊城市	Liaocheng	1911	1911	4812	1610
滨州市	Binzhou	2735	2735	3951	1530
菏泽市	Heze	1856	1678	3483	1593
河南省	**Henan**	**106505**	**80915**	**60950**	**31399**
郑州市	Zhengzhou	55040	30219	14469	11600
开封市	Kaifeng	5048	5048	2811	1670
洛阳市	Luoyang	5676	5676	4686	2776
平顶山市	Pingdingshan	2981	2981	3147	1843
安阳市	Anyang	3512	3512	2200	937
鹤壁市	Hebi	700	700	1150	787
新乡市	Xinxiang	8091	7904	4057	1847
焦作市	Jiaozuo	5118	5037	2988	1739
濮阳市	Puyang	655	655	2032	793
许昌市	Xuchang	1976	1938	2422	733
漯河市	Luohe	1734	1734	1282	887
三门峡市	Sanmenxia	851	851	1574	507
南阳市	Nanyang	4037	3961	4899	1663
商丘市	Shangqiu	4391	4090	2912	569
信阳市	Xinyang	3433	3347	4026	912
周口市	Zhoukou	2092	2092	3274	1065
驻马店市	Zhumadian	1170	1170	3021	1071
湖北省	**Hubei**	**80714**	**80714**	**24774**	**15925**
武汉市	Wuhan	55746	55746	8490	8490
黄石市	Huangshi	2266	2266	1162	819
十堰市	Shiyan	2745	2745	2106	772
宜昌市	Yichang	3488	3488	1884	712
襄阳市	Xiangyang	2815	2815	2390	1332
鄂州市	Ezhou	665	665	212	212
荆门市	Jingmen	1004	1004	1099	512

2-32 续表 4 continued

单位：人 (person)

城市	City	普通高等学校 Regular Institutions of Higher Education		中等职业教育学校 Vocational Secondary Schools	
		全市 Total City	市辖区 Districts under City	全市 Total City	市辖区 Districts under City
孝感市	Xiaogan	1525	1525	1115	381
荆州市	Jingzhou	4555	4555	1875	979
黄冈市	Huanggang	3318	3318	3359	1180
咸宁市	Xianning	2155	2155	703	292
随州市	Suizhou	432	432	379	244
湖南省	**Hunan**	**63944**	**58413**	**25393**	**12257**
长沙市	Changsha	31683	27058	3647	2666
株洲市	Zhuzhou	4139	4137	1665	1280
湘潭市	Xiangtan	6832	6832	1356	760
衡阳市	Hengyang	5856	4327	2109	1092
邵阳市	Shaoyang	1508	1508	2140	630
岳阳市	Yueyang	3425	3425	2728	1192
常德市	Changde	2386	2220	2208	575
张家界市	Zhangjiajie	704	704	597	352
益阳市	Yiyang	1767	1767	1376	562
郴州市	Chenzhou	1144	1144	1681	940
永州市	Yongzhou	1610	1610	2136	465
怀化市	Huaihua	1466	1466	2158	830
娄底市	Loudi	1424	2215	1592	913
广东省	**Guangdong**	**90941**	**84083**	**48967**	**33328**
广州市	Guangzhou	55416	48979	7768	7191
韶关市	Shaoguan	1731	1731	1712	1072
深圳市	Shenzhen	4184	4184	2070	2070
珠海市	Zhuhai	5857	5857	902	902
汕头市	Shantou	738	738	1907	1894
佛山市	Foshan	1774	1774	4750	4750
江门市	Jiangmen	1473	1473	3000	1792
湛江市	Zhanjiang	3912	3912	3359	1819
茂名市	Maoming	1372	1146	2574	1023
肇庆市	Zhaoqing	2582	2582	2617	1284
惠州市	Huizhou	1497	1497	3209	
梅州市	Meizhou	1194	1194	2057	1099
汕尾市	Shanwei	265	265	845	318
河源市	Heyuan	435	435	1612	913
阳江市	Yangjiang	342	342	615	311
清远市	Qingyuan	495	495	1648	768
东莞市	Dongguan	2952	2952	2677	2677
中山市	Zhongshan	2940	2940	1465	1465
潮州市	Chaozhou	770	770	790	573
揭阳市	Jieyang	567	372	2281	1086
云浮市	Yunfu	445	445	1109	321
广西壮族自治区	**Guangxi**	**35711**	**33827**	**20231**	**12972**
南宁市	Nanning	17582	17476	5399	4918
柳州市	Liuzhou	3340	3340	2505	2006
桂林市	Guilin	6655	6598	1768	914

2-32 续表 5 continued

单位：人 (person)

城 市	City	普通高等学校 Regular Institutions of Higher Education		中等职业教育学校 Vocational Secondary Schools	
		全市 Total City	市辖区 Districts under City	全市 Total City	市辖区 Districts under City
梧州市	Wuzhou	678	678	1191	594
北海市	Beihai	792	792	804	677
防城港市	Fangchenggang	160	160	123	56
钦州市	Qinzhou	967	967	1076	596
贵港市	Guigang	117	117	1150	627
玉林市	Yulin	837	837	1523	955
百色市	Baise	1483	1032	1431	61
贺州市	Hezhou	544	544	971	548
河池市	Hechi	674	203	1133	527
来宾市	Laibin	525	525	556	303
崇左市	Chongzuo	1357	558	601	190
海南省	**Hainan**	**3915**	**3915**	**2927**	**2927**
海口市	Haikou	1775	1775	2491	2491
三亚市	Sanya	2140	2140	436	436
三沙市	Sansa				
重庆市	**Chongqing**	**37130**	**36694**	**19640**	**10394**
四川省	**Sichuan**	**78618**	**54549**	**39496**	**18155**
成都市	Chengdu	48374	27165	9072	5468
自贡市	Zigong	1763	1763	1115	756
攀枝花市	Panzhihua	1209	1209	1061	981
泸州市	Luzhou	2025	1899	2024	892
德阳市	Deyang	3118	1662	1561	623
绵阳市	Mianyang	6732	6358	1917	967
广元市	Guangyuan	495	495	1091	451
遂宁市	Suining	642	642	1734	723
内江市	Neijiang	1338	1338	1802	912
乐山市	Leshan	2305	2305	1730	880
南充市	Nanchong	3797	3836	3780	2197
眉山市	Meishan	1182	239	1349	450
宜宾市	Yibin	1291	1291	2975	1547
广安市	Guang'an	380	380	1174	197
达州市	Dazhou	1195	1195	3546	71
雅安市	Ya'an	2624	2624	407	189
巴中市	Bazhong	30	30	1700	467
资阳市	Ziyang	118	118	1458	384
贵州省	**Guizhou**	**21351**	**20892**	**10860**	**6113**
贵阳市	Guiyang	14918	14459	4576	4210
六盘水市	Liupanshui	609	609	852	279
遵义市	Zunyi	2815	2815	2042	483
安顺市	Anshun	987	987	631	237
毕节市	Bijie	897	897	1643	527
铜仁市	Tongren	1125	1125	1116	377
云南省	**Yunnan**	**30125**	**29020**	**13538**	**8596**
昆明市	Kunming	25183	25183	5959	4774
曲靖市	Qujing	1292	1292	1473	1473

2-32 续表 6 continued

单位：人 (person)

城 市	City	普通高等学校 Regular Institutions of Higher Education		中等职业教育学校 Vocational Secondary Schools	
		全市 Total City	市辖区 Districts under City	全市 Total City	市辖区 Districts under City
玉溪市	Yuxi	782	996	1290	239
保山市	Baoshan	723	723	1084	362
昭通市	Zhaotong	379		1228	597
丽江市	Lijiang	940		479	246
普洱市	Pu'er	497	497	1198	540
临沧市	Lincang	329	329	827	365
西藏自治区	**Tibet**	**1450**	**1450**	**35**	**35**
拉萨市	Lasa	1450	1450	35	35
陕西省	**Shaanxi**	**61505**	**59380**	**25826**	**17511**
西安市	Xi'an	46436	45179	11620	11039
铜川市	Tongchuan	305	305	174	148
宝鸡市	Baoji	1850	1850	3141	2494
咸阳市	Xianyang	5518	5518	2000	735
渭南市	Weinan	1276	1276	2417	845
延安市	Yan'an	1548	1548	988	399
汉中市	Hanzhong	2137	1628	1078	295
榆林市	Yulin	801	801	2361	1046
安康市	Ankang	881	522	775	269
商洛市	Shangluo	753	753	1272	241
甘肃省	**Gansu**	**23983**	**23732**	**15013**	**9674**
兰州市	Lanzhou	18319	18319	3888	3421
嘉峪关市	Jiayuguan	193	193	169	169
金昌市	Jinchang	117	117	232	88
白银市	Baiyin	170	170	1157	506
天水市	Tianshui	1668	1668	1645	1047
武威市	Wuwei	749	749	954	431
张掖市	Zhangye	835	835	819	406
平凉市	Pingliang	255	255	1484	494
酒泉市	Jiuquan	316	316	557	366
庆阳市	Qingyang	738	738	1333	522
定西市	Dingxi	297	297	1812	461
陇南市	Longnan	326	75	963	1763
青海省	**Qinghai**	**3785**	**3785**	**1944**	**1549**
西宁市	Xining	3785	3785	1549	1549
海东市	Haidong			395	
宁夏回族自治区	**Ningxia**	**7079**	**6541**	**2738**	**1605**
银川市	Yinchuan	6119	5581	1270	1012
石嘴山市	Shizuishan	330	330	300	213
吴忠市	Wuzhong	269	269	177	
固原市	Guyuan	361	361	672	211
中卫市	Zhongwei			319	169
新疆维吾尔自治区	**Xinjiang**	**10626**	**10626**	**3027**	**3027**
乌鲁木齐市	Urumqi	10334	10334	2791	2791
克拉玛依市	Karamay	292	292	236	236

2-33 专任教师数(二)

Number of Full-time Teachers (II)

单位：人 (persons)

城市	City	普通中学 Regular Secondary Schools		小学 Primary Schools	
		全市 Total City	市辖区 Districts under City	全市 Total City	市辖区 Districts under City
城市合计	**Prefecture Cities**	**4853339**	**1788972**	**4995068**	**1644762**
北京市	**Beijing**	**58963**	**55612**	**48726**	**46060**
天津市	**Tianjin**	**41556**	**32347**	**38275**	**30608**
河北省	**Hebei**	**252976**	**62821**	**313053**	**57853**
石家庄市	Shijiazhuang	35296	10706	41568	8474
唐山市	Tangshan	30399	13493	29785	12211
秦皇岛市	Qinhuangdao	11354	3971	13162	4427
邯郸市	Handan	33338	8617	42656	6030
邢台市	Xingtai	23425	4607	33701	8524
保定市	Baoding	36484	3884	42387	3192
张家口市	Zhangjiakou	15045	4776	18808	3787
承德市	Chengde	11765	3220	15293	2172
沧州市	Cangzhou	22434	2904	35559	3073
廊坊市	Langfang	15569	3107	21496	3694
衡水市	Hengshui	17867	3536	18638	2269
山西省	**Shanxi**	**182178**	**56005**	**172451**	**45848**
太原市	Taiyuan	18392	14591	16608	12104
大同市	Datong	18059	8135	16458	9214
阳泉市	Yangquan	6282	3336	5454	2414
长治市	Changzhi	15523	4494	14769	2784
晋城市	Jincheng	11317	2853	10537	1944
朔州市	Shuozhou	11650	4288	10067	3175
晋中市	Jinzhong	15836	2644	14315	2633
运城市	Yuncheng	30076	4878	24524	3199
忻州市	Xinzhou	15137	3311	17572	2362
临汾市	Linfen	21990	5552	22405	4267
吕梁市	Lvliang	17916	1923	19742	1752
内蒙古自治区	**Inner Mongolia**	**83225**	**33735**	**94036**	**29590**
呼和浩特市	Hohhot	10356	6687	8872	4986
包头市	Baotou	10035	8220	7945	5989
乌海市	Wuhai	866	866	1959	1959
赤峰市	Chifeng	18318	6066	22052	5883
通辽市	Tongliao	12169	3581	17263	3686
鄂尔多斯市	Erdos	7592	2427	7445	1963
呼伦贝尔市	Hulunbuir	11656	2150	12699	1462
巴彦淖尔市	Bayannur	5459	2645	6968	2249
乌兰察布市	Ulanqab	6774	1093	8833	1413
辽宁省	**Liaoning**	**153188**	**69119**	**138153**	**56244**
沈阳市	Shenyang	23818	17178	21709	14635
大连市	Dalian	21781	12330	17942	9870
鞍山市	Anshan	12954	6225	10592	4368
抚顺市	Fushun	7119	4702	6841	3950
本溪市	Benxi	6521	4023	6307	3573
丹东市	Dandong	8107	2548	8148	1971
锦州市	Jinzhou	9394	3153	10285	2891
营口市	Yingkou	10022	6020	5582	3383

2-33 续表 1 continued

单位：人 (persons)

城 市	City	普通中学 Regular Secondary Schools		小 学 Primary Schools	
		全市 Total City	市辖区 Districts under City	全市 Total City	市辖区 Districts under City
阜新市	Fuxin	6758	1668	5195	2219
辽阳市	Liaoyang	7001	4151	6264	3384
盘锦市	Panjin	5695	3182	5173	2682
铁岭市	Tieling	10062	2218	9652	1096
朝阳市	Chaoyang	13944	1721	14045	2222
葫芦岛市	Huludao	10012		10418	
吉林省	**Jilin**	**96324**	**32982**	**95458**	**28149**
长春市	Changchun	29399	14368	27564	10777
吉林市	Jilin	16164	6183	15568	5367
四平市	Siping	11551	2274	13273	2412
辽源市	Liaoyuan	4391	1721	5427	1568
通化市	Tonghua	9762	1779	8124	1563
白山市	Baishan	6916	2120	4409	2279
松原市	Songyuan	9783	2636	11997	2499
白城市	Baicheng	8358	1901	9096	1684
黑龙江省	**Heilongjiang**	**139007**	**59886**	**123444**	**40137**
哈尔滨市	Harbin	38912	21951	32463	12568
齐齐哈尔市	Qiqihar	17410	5671	14218	3696
鸡西市	Jixi	7620	3845	4153	1625
鹤岗市	Hegang	3418	2565	2874	1027
双鸭山市	Shuangyashan	4806	1977	4604	1659
大庆市	Daqing	13104	8327	11530	5526
伊春市	Yichun	4656	3025	4335	2087
佳木斯市	Jiamusi	8528	3229	9625	3129
七台河市	Qitaihe	3846	2845	2997	2004
牡丹江市	Mudanjiang	8633	3035	9341	3083
黑河市	Heihe	8864	1084	7395	706
绥化市	Suihua	19210	2332	19909	3027
上海市	**Shanghai**	**52649**	**50393**	**49772**	**47960**
江苏省	**Jiangsu**	**274279**	**119056**	**258173**	**112126**
南京市	Nanjing	22361	22361	20761	20761
无锡市	Wuxi	19247	9877	19108	10319
徐州市	Xuzhou	34591	11186	36511	11422
常州市	Changzhou	13958	8809	12689	8461
苏州市	Suzhou	25792	14028	26619	13921
南通市	Nantong	24898	6858	19552	6155
连云港市	Lianyungang	20822	4498	20860	4257
淮安市	Huai'an	19354	10414	19537	9869
盐城市	Yancheng	27697	6127	24193	5034
扬州市	Yangzhou	16757	8742	13679	7590
镇江市	Zhenjiang	9983	3501	9077	3394
泰州市	Taizhou	19505	6723	14760	4929
宿迁市	Suqian	19314	5932	20827	6014
浙江省	**Zhejiang**	**184491**	**71093**	**180474**	**70565**
杭州市	Hangzhou	27385	18131	28949	20521
宁波市	Ningbo	23203	10366	24025	10817

2-33 续表 2 continued

单位：人 (persons)

城市	City	普通中学 Regular Secondary Schools 全市 Total City	普通中学 市辖区 Districts under City	小学 Primary Schools 全市 Total City	小学 市辖区 Districts under City
温州市	Wenzhou	30901	7404	32833	8107
嘉兴市	Jiaxing	14139	3864	11205	2614
湖州市	Huzhou	10101	4184	8558	3687
绍兴市	Shaoxing	18317	9045	15632	7914
金华市	Jinhua	20135	4772	16730	3223
衢州市	Quzhou	8529	3193	8262	2898
舟山市	Zhoushan	3284	2521	3285	2476
台州市	Taizhou	20232	5722	21398	6566
丽水市	Lishui	8265	1891	9597	1742
安徽省	**Anhui**	**231987**	**72041**	**235961**	**67210**
合肥市	Hefei	29085	10499	21563	7348
芜湖市	Wuhu	12856	3888	11390	4401
蚌埠市	Bengbu	11399	2689	12323	2337
淮南市	Huainan	9206	6914	9289	6621
马鞍山市	Maanshan	8395	3408	7900	2860
淮北市	Huaibei	9041	4794	8563	4757
铜陵市	Tongling	3267	2065	2890	1691
安庆市	Anqing	24851	3584	21142	2556
黄山市	Huangshan	5123	1777	5196	1560
滁州市	Chuzhou	16119	2391	15331	2145
阜阳市	Fuyang	26135	7032	35621	8086
宿州市	Suzhou	20158	5786	22522	5096
六安市	Lu'an	24214	6402	22773	6072
亳州市	Bozhou	16627	5205	24308	6433
池州市	Chizhou	6103	2474	5809	2388
宣城市	Xuancheng	9408	3133	9341	2859
福建省	**Fujian**	**147444**	**45056**	**151734**	**45375**
福州市	Fuzhou	24276	8450	25394	8961
厦门市	Xiamen	9301	9301	10908	10908
莆田市	Putian	14469	9724	13534	9419
三明市	Sanming	11409	1491	12167	1283
泉州市	Quanzhou	30219	6302	30618	5772
漳州市	Zhangzhou	19609	3406	19874	2612
南平市	Nanping	11690	2045	13702	2115
龙岩市	Longyan	13207	2254	11760	2227
宁德市	Ningde	13264	2083	13777	2078
江西省	**Jiangxi**	**176469**	**42500**	**200614**	**35573**
南昌市	Nanchang	22043	11498	17735	7228
景德镇市	Jingdezhen	7377	2842	6572	1611
萍乡市	Pingxiang	8445	3769	6883	3012
九江市	Jiujiang	17623	3494	21024	2874
新余市	Xinyu	4837	4027	4641	3275
鹰潭市	Yingtan	4580	1088	5530	1250
赣州市	Ganzhou	33307	2680	41848	2822
吉安市	Ji'an	16664	2559	18175	2249
宜春市	Yichun	18941	3677	23711	4056
抚州市	Fuzhou	16114	5103	19880	5573
上饶市	Shangrao	26538	1763	34615	1623

2-33 续表 3 continued

单位：人 (persons)

城市	City	普通中学 Regular Secondary Schools		小学 Primary Schools	
		全市 Total City	市辖区 Districts under City	全市 Total City	市辖区 Districts under City
山东省	**Shandong**	**382628**	**127623**	**382513**	**120318**
济南市	Jinan	22742	13426	25209	14260
青岛市	Qingdao	31813	14347	32770	15833
淄博市	Zibo	21475	14750	15283	10644
枣庄市	Zaozhuang	14285	7773	18207	11059
东营市	Dongying	10594	5178	7464	3841
烟台市	Yantai	29956	8054	16027	5518
潍坊市	Weifang	40608	8417	37162	8461
济宁市	Jining	30306	7651	31210	5295
泰安市	Tai'an	21179	6568	20007	4709
威海市	Weihai	12762	3811	7237	2672
日照市	Rizhao	11896	5645	10762	4527
莱芜市	Laiwu	6146	6146	4666	4666
临沂市	Linyi	40825	9810	45387	12308
德州市	Dezhou	19934	3249	26910	2540
聊城市	Liaocheng	20648	4699	23684	5006
滨州市	Binzhou	15949	2591	15955	3003
菏泽市	Heze	31510	5508	44573	5976
河南省	**Henan**	**395860**	**92593**	**481012**	**89287**
郑州市	Zhengzhou	31929	14464	35191	15607
开封市	Kaifeng	18547	3779	22988	3347
洛阳市	Luoyang	29948	10687	28719	7268
平顶山市	Pingdingshan	17490	4399	25995	5786
安阳市	Anyang	19731	4284	25415	5265
鹤壁市	Hebi	6117	2892	7662	3187
新乡市	Xinxiang	23224	4302	25562	3936
焦作市	Jiaozuo	16236	4441	13928	3286
濮阳市	Puyang	18051	6004	19303	3722
许昌市	Xuchang	17230	1880	23105	1642
漯河市	Luohe	9252	4734	11541	5825
三门峡市	Sanmenxia	10471	1460	10389	1452
南阳市	Nanyang	38589	7820	49835	7155
商丘市	Shangqiu	34629	7463	49073	9190
信阳市	Xinyang	34699	7360	41221	6072
周口市	Zhoukou	38392	2799	50991	2882
驻马店市	Zhumadian	31325	3825	40094	3665
湖北省	**Hubei**	**188634**	**67114**	**169363**	**53790**
武汉市	Wuhan	31510	23653	26667	17606
黄石市	Huangshi	9554	2901	10668	2663
十堰市	Shiyan	12087	3261	14228	2960
宜昌市	Yichang	13318	5210	11100	3939
襄阳市	Xiangyang	20743	9693	20141	8593
鄂州市	Ezhou	3894	3894	4817	4817
荆门市	Jingmen	9279	2848	9330	2577

2-33 续表 4 continued

单位：人 (persons)

城市	City	普通中学 Regular Secondary Schools 全市 Total City	普通中学 Regular Secondary Schools 市辖区 Districts under City	小学 Primary Schools 全市 Total City	小学 Primary Schools 市辖区 Districts under City
孝感市	Xiaogan	19236	3902	16878	3078
荆州市	Jingzhou	21895	4463	14015	2366
黄冈市	Huanggang	29536	2320	23811	1210
咸宁市	Xianning	10023	2355	10890	1998
随州市	Suizhou	7559	2614	6818	1983
湖南省	**Hunan**	**232650**	**56159**	**230280**	**49699**
长沙市	Changsha	24827	12353	21251	10473
株洲市	Zhuzhou	12998	4076	11075	3273
湘潭市	Xiangtan	10556	3202	8299	2328
衡阳市	Hengyang	25212	3885	27199	4336
邵阳市	Shaoyang	24373	2206	26962	2561
岳阳市	Yueyang	23945	5587	17476	4268
常德市	Changde	21262	5424	16971	4141
张家界市	Zhangjiajie	5291	1172	5610	2163
益阳市	Yiyang	15472	5245	14710	3934
郴州市	Chenzhou	15712	3255	21116	3534
永州市	Yongzhou	20218	4335	24204	4645
怀化市	Huaihua	17044	2298	20270	2069
娄底市	Loudi	15740	3121	15137	1974
广东省	**Guangdong**	**424570**	**218405**	**431801**	**229795**
广州市	Guangzhou	40791	33362	45075	38011
韶关市	Shaoguan	13068	3881	13108	3536
深圳市	Shenzhen	27048	27048	35546	35546
珠海市	Zhuhai	6351	6351	6068	6068
汕头市	Shantou	25762	25388	23910	23541
佛山市	Foshan	21643	21643	21523	21523
江门市	Jiangmen	18540	7973	14573	5975
湛江市	Zhanjiang	33684	8558	34800	7151
茂名市	Maoming	35587	5990	32955	5897
肇庆市	Zhaoqing	20030	3063	16700	2244
惠州市	Huizhou	19076	9378	22497	10410
梅州市	Meizhou	23504	5138	19636	3656
汕尾市	Shanwei	14867	2711	15747	2520
河源市	Heyuan	15845	2346	14816	1688
阳江市	Yangjiang	12840	3962	10649	2323
清远市	Qingyuan	17125	6460	15711	5545
东莞市	Dongguan	16422	16422	26681	26681
中山市	Zhongshan	10387	10387	12114	12114
潮州市	Chaozhou	11574	7306	9926	6144
揭阳市	Jieyang	28598	9335	28578	7900
云浮市	Yunfu	11828	1703	11188	1322
广西壮族自治区	**Guangxi**	**167203**	**53818**	**215883**	**59510**
南宁市	Nanning	23120	10712	28234	12611
柳州市	Liuzhou	12655	4902	14999	4346
桂林市	Guilin	16206	3310	19393	3616

2-33 续表 5 continued

单位：人 (persons)

城市	City	普通中学 Regular Secondary Schools 全市 Total City	普通中学 Regular Secondary Schools 市辖区 Districts under City	小学 Primary Schools 全市 Total City	小学 Primary Schools 市辖区 Districts under City
梧州市	Wuzhou	10801	1761	13875	2080
北海市	Beihai	6520	3254	6765	2732
防城港市	Fangchenggang	2659	1547	4227	2301
钦州市	Qinzhou	12094	4936	16030	6492
贵港市	Guigang	18367	7958	20821	7438
玉林市	Yulin	21920	4242	28041	4322
百色市	Baise	10664	1407	16306	1701
贺州市	Hezhou	7038	3670	9288	4404
河池市	Hechi	11499	1386	18403	1506
来宾市	Laibin	7703	3806	9877	4419
崇左市	Chongzuo	5957	927	9624	1542
海南省	**Hainan**	**12862**	**12862**	**11482**	**11482**
海口市	Haikou	10166	10166	7818	7818
三亚市	Sanya	2696	2696	3664	3664
三沙市	Sansa				
重庆市	**Chongqing**	**113880**	**63754**	**115204**	**57666**
四川省	**Sichuan**	**285977**	**98067**	**253003**	**81031**
成都市	Chengdu	46295	23746	39450	21053
自贡市	Zigong	8059	3446	8245	4001
攀枝花市	Panzhihua	4994	3281	5055	2864
泸州市	Luzhou	14632	4952	16944	4746
德阳市	Deyang	11158	2372	10727	2116
绵阳市	Mianyang	19409	7344	16768	4644
广元市	Guangyuan	14157	4671	10194	3100
遂宁市	Suining	13013	5453	11837	4731
内江市	Neijiang	13888	4453	10435	3721
乐山市	Leshan	10761	3834	9781	2797
南充市	Nanchong	35408	9965	15037	5302
眉山市	Meishan	10606	2745	9674	2440
宜宾市	Yibin	18732	6267	19492	4162
广安市	Guang'an	14629	4365	13338	3597
达州市	Dazhou	20004	1448	23199	2302
雅安市	Ya'an	4623	1736	6477	2249
巴中市	Bazhong	12160	4661	13414	4166
资阳市	Ziyang	13449	3328	12936	3040
贵州省	**Guizhou**	**120575**	**32863**	**133321**	**29485**
贵阳市	Guiyang	18949	13163	14201	9174
六盘水市	Liupanshui	12868	2943	14069	2761
遵义市	Zunyi	31507	4998	29957	3435
安顺市	Anshun	8631	3256	12551	3997
毕节市	Bijie	30789	5950	40833	7571
铜仁市	Tongren	17831	2553	21710	2547
云南省	**Yunnan**	**99443**	**28085**	**133514**	**31227**
昆明市	Kunming	23388	11284	26243	13399
曲靖市	Qujing	16496	3759	24194	3343

2-33 续表 6 continued

单位：人 (persons)

城 市	City	普通中学 Regular Secondary Schools		小 学 Primary Schools	
		全市 Total City	市辖区 Districts under City	全市 Total City	市辖区 Districts under City
玉溪市	Yuxi	9046	2188	11063	1966
保山市	Baoshan	11140	3906	11275	3880
昭通市	Zhaotong	18726	3152	28937	4695
丽江市	Lijiang	5198	996	6786	968
普洱市	Pu'er	7922	1271	11768	1223
临沧市	Lincang	7527	1529	13248	1753
西藏自治区	**Tibet**	**2842**	**1875**	**3492**	**1586**
拉萨市	Lasa	2842	1875	3492	1586
陕西省	**Shaanxi**	**170036**	**59310**	**155769**	**48025**
西安市	Xi'an	32886	23544	27954	19498
铜川市	Tongchuan	4262	3872	3459	2995
宝鸡市	Baoji	17427	6348	14454	5311
咸阳市	Xianyang	26352	4984	25368	3491
渭南市	Weinan	26192	4540	21207	3174
延安市	Yan'an	10443	2720	12034	2630
汉中市	Hanzhong	14334	2260	14151	2067
榆林市	Yulin	18444	3618	16721	3014
安康市	Ankang	12451	4747	11188	3595
商洛市	Shangluo	7245	2677	9233	2250
甘肃省	**Gansu**	**118996**	**40494**	**119251**	**38256**
兰州市	Lanzhou	13922	8837	14225	8518
嘉峪关市	Jiayuguan	1115	1115	803	803
金昌市	Jinchang	2199	1051	1842	804
白银市	Baiyin	11592	3319	10658	2727
天水市	Tianshui	17309	6127	17626	6123
武威市	Wuwei	9177	4689	10571	5559
张掖市	Zhangye	5783	2604	5870	2311
平凉市	Pingliang	11308	2028	12247	2463
酒泉市	Jiuquan	5184	2016	4302	1614
庆阳市	Qingyang	12669	2696	13639	2370
定西市	Dingxi	17311	3143	13378	2095
陇南市	Longnan	11427	2869	14090	2869
青海省	**Qinghai**	**18401**	**5660**	**12931**	**5289**
西宁市	Xining	11668	4329	5496	3696
海东市	Haidong	6733	1331	7435	1593
宁夏回族自治区	**Ningxia**	**29859**	**13668**	**33462**	**12956**
银川市	Yinchuan	7940	5149	7820	4628
石嘴山市	Shizuishan	3486	2326	3449	2125
吴忠市	Wuzhong	5976	1859	7259	1938
固原市	Guyuan	6981	2357	9070	2691
中卫市	Zhongwei	5476	1977	5864	1574
新疆维吾尔自治区	**Xinjiang**	**14187**	**13976**	**12463**	**12062**
乌鲁木齐市	Urumqi	11769	11558	10568	10167
克拉玛依市	Karamay	2418	2418	1895	1895

2-34 在校学生数(一)

Number of Students Enrollment (I)

单位：人 (person)

城市	City	普通高等学校 Regular Institutions of Higher Education		高中阶段在校学生数 Students Enrollment of Senior Secondary Schools	
		全市 Total City	市辖区 Districts under City	全市 Total City	市辖区 Districts under City
城市合计	**Prefecture Cities**	**25718145**	**23830102**	**34442107**	**15528586**
北京市	**Beijing**	**589234**	**589234**	**396145**	**396145**
天津市	**Tianjin**	**489919**	**489919**	**286009**	**249583**
河北省	**Hebei**	**1285704**	**842881**	**1915368**	**781127**
石家庄市	Shijiazhuang	399055		347895	188930
唐山市	Tangshan	111758	111758	319104	214304
秦皇岛市	Qinhuangdao	169925	169925	76023	26023
邯郸市	Handan	84180	84180	220108	75931
邢台市	Xingtai	47756	47756	167759	51399
保定市	Baoding	259287	259287	139562	21881
张家口市	Zhangjiakou	15741	15741	67150	25403
承德市	Chengde	41711	41711	104329	34008
沧州市	Cangzhou	53811	36195	149853	46740
廊坊市	Langfang	87167	61015	65942	23255
衡水市	Hengshui	15313	15313	257643	73253
山西省	**Shanxi**	**708029**	**655870**	**1278380**	**440937**
太原市	Taiyuan	378728	378728	88514	72418
大同市	Datong	30001	30001	101217	58169
阳泉市	Yangquan	12356	12356	48114	34653
长治市	Changzhi	32376	32376	117295	53419
晋城市	Jincheng	6168	6168	89316	31303
朔州市	Shuozhou	1002	1002	184269	69780
晋中市	Jinzhong	119071	69357	57189	9559
运城市	Yuncheng	46390	46390	315160	31945
忻州市	Xinzhou	18925	16480	62362	19944
临汾市	Linfen	43263	43263	95641	32410
吕梁市	Lvliang	19749	19749	119303	27337
内蒙古自治区	**Inner Mongolia**	**398485**	**366598**	**510258**	**245156**
呼和浩特市	Hohhot	229258	229258	61450	41010
包头市	Baotou	70100	70100	55022	48591
乌海市	Wuhai	3054	3054	11221	11221
赤峰市	Chifeng	18756	18756	153665	38938
通辽市	Tongliao	29294		81825	35632
鄂尔多斯市	Erdos	4271	4271	33259	13942
呼伦贝尔市	Hulunbuir	15138	12545	40668	12662
巴彦淖尔市	Bayannur	8041	8041	31850	25120
乌兰察布市	Ulanqab	20573	20573	41298	18040
辽宁省	**Liaoning**	**993366**	**973251**	**1028476**	**583143**
沈阳市	Shenyang	383543	383543	188493	167287
大连市	Dalian	276275	276275	167923	93788
鞍山市	Anshan	37541	37541	71675	41220
抚顺市	Fushun	44246	44246	47397	36178
本溪市	Benxi	14861	14861	41595	31487
丹东市	Dandong	29386	29386	62412	27980
锦州市	Jinzhou	85265	85265	71336	36245
营口市	Yingkou	22039	22039	55760	46964

2-34 续表 1 continued

单位：人 (person)

城市	City	普通高等学校 Regular Institutions of Higher Education		高中阶段在校学生数 Students Enrollment of Senior Secondary Schools	
		全市 Total City	市辖区 Districts under City	全市 Total City	市辖区 Districts under City
阜新市	Fuxin	45688	45688	53333	15734
辽阳市	Liaoyang	17010	5297	40494	24628
盘锦市	Panjin	6264	6264	30184	17453
铁岭市	Tieling	17894	17894	63206	20057
朝阳市	Chaoyang	4952	4952	89659	24122
葫芦岛市	Huludao	8402		45009	
吉林省	**Jilin**	**580549**	**580549**	**590811**	**299881**
长春市	Changchun	401823	401823	202104	130512
吉林市	Jilin	101143	101143	111282	63322
四平市	Siping	35920	35920	84912	29500
辽源市	Liaoyuan	6139	6139	26118	13596
通化市	Tonghua	12086	12086	51970	13713
白山市	Baishan	934	934	20049	9091
松原市	Songyuan	3291	3291	55123	25721
白城市	Baicheng	19213	19213	39253	14426
黑龙江省	**Heilongjiang**	**748833**	**736524**	**634940**	**312453**
哈尔滨市	Harbin	492382	486252	205225	140185
齐齐哈尔市	Qiqihar	51255	51255	72048	26478
鸡西市	Jixi	9141	9141	27081	16285
鹤岗市	Hegang	5781	5781	18375	14965
双鸭山市	Shuangyashan	2074	2074	28708	11697
大庆市	Daqing	70010	70010	63555	42556
伊春市	Yichun	1070	1070	20228	13942
佳木斯市	Jiamusi	44935	44935	36169	17024
七台河市	Qitaihe	1685	1685	13493	10124
牡丹江市	Mudanjiang	50074	43895	37832	11763
黑河市	Heihe	10216	10216	40622	4571
绥化市	Suihua	10210	10210	71604	2863
上海市	**Shanghai**	**504771**	**504771**	**303539**	**303539**
江苏省	**Jiangsu**	**1830402**	**1791055**	**2147048**	**1171480**
南京市	Nanjing	807450	807450	206612	206612
无锡市	Wuxi	111391	96821	144389	88851
徐州市	Xuzhou	136313	136313	273727	125645
常州市	Changzhou	106303	125515	121269	90072
苏州市	Suzhou	201926	148150	161742	99251
南通市	Nantong	76272	85514	188840	71206
连云港市	Lianyungang	37591	37591	153116	49658
淮安市	Huai'an	66876	66876	171100	96264
盐城市	Yancheng	54891	54891	195198	84663
扬州市	Yangzhou	81717	76370	169186	96223
镇江市	Zhenjiang	83052	88944	70915	37633
泰州市	Taizhou	49089	49089	106637	45467
宿迁市	Suqian	17531	17531	184317	79935
浙江省	**Zhejiang**	**1057155**	**989986**	**1482879**	**600642**
杭州市	Hangzhou	471820	450456	230902	155761
宁波市	Ningbo	148954	148954	175285	75208

2-34 续表 2 continued

单位：人 (person)

城市	City	普通高等学校 Regular Institutions of Higher Education 全市 Total City	市辖区 Districts under City	高中阶段在校学生数 Students Enrollment of Senior Secondary Schools 全市 Total City	市辖区 Districts under City
温州市	Wenzhou	79158	79158	195739	52197
嘉兴市	Jiaxing	63731	54065	124280	37211
湖州市	Huzhou	26673	26673	85867	29411
绍兴市	Shaoxing	77532	71424	170237	82328
金华市	Jinhua	81281	59065	165549	54237
衢州市	Quzhou	12937	12937	70410	30036
舟山市	Zhoushan	23301	23301	21424	17527
台州市	Taizhou	32018	24203	174938	50100
丽水市	Lishui	39750	39750	68248	16626
安徽省	**Anhui**	**1102250**	**1055521**	**2027490**	**709526**
合肥市	Hefei	443401	417959	292184	141689
芜湖市	Wuhu	154451	154451	69665	20358
蚌埠市	Bengbu	63230	63230	121333	35310
淮南市	Huainan	80692	80692	79997	68175
马鞍山市	Maanshan	50867	50867	86386	45109
淮北市	Huaibei	33165	33165	51146	30664
铜陵市	Tongling	32559	32559	15914	11691
安庆市	Anqing	40896	37249	262735	38284
黄山市	Huangshan	18926	18926	44430	16351
滁州市	Chuzhou	43735	26168	144072	27951
阜阳市	Fuyang	35361	35288	263359	43369
宿州市	Suzhou	20446	20446	106395	29886
六安市	Lu'an	40076	40076	226991	103430
亳州市	Bozhou	11821	11821	151202	46630
池州市	Chizhou	21359	21359	68614	35377
宣城市	Xuancheng	11265	11265	43067	15252
福建省	**Fujian**	**747526**	**664499**	**1080989**	**492392**
福州市	Fuzhou	318343	318343	271302	174026
厦门市	Xiamen	152546	152546	84599	84599
莆田市	Putian	18322	14257	111068	68901
三明市	Sanming	24114	18734	49871	9759
泉州市	Quanzhou	118697	60315	235934	80965
漳州市	Zhangzhou	66106	66106	133156	31337
南平市	Nanping	23632	8432	56264	11196
龙岩市	Longyan	16588	16588	57060	15239
宁德市	Ningde	9178	9178	81735	16370
江西省	**Jiangxi**	**861680**	**836073**	**1023366**	**308702**
南昌市	Nanchang	520148	498004	99010	47225
景德镇市	Jingdezhen	23167	23167	38682	28408
萍乡市	Pingxiang	10363	10363	63296	37896
九江市	Jiujiang	79596	72185	136303	36509
新余市	Xinyu	29146	29146	24560	19807
鹰潭市	Yingtan	5073	5073	34183	13895
赣州市	Ganzhou	84800	84800	151197	15922
吉安市	Ji'an	17711	17711	94589	10889
宜春市	Yichun	43994	47942	132413	34007
抚州市	Fuzhou	24921	24921	77900	32127
上饶市	Shangrao	22761	22761	171233	32017

2-34 续表 3 continued

单位：人 (person)

城 市	City	普通高等学校 Regular Institutions of Higher Education 全市 Total City	市辖区 Districts under City	高中阶段在校学生数 Students Enrollment of Senior Secondary Schools 全市 Total City	市辖区 Districts under City
山东省	**Shandong**	**1961683**	**1758473**	**2783911**	**1064372**
济南市	Jinan	727227	691637	208931	40463
青岛市	Qingdao	300246	300246	259968	142944
淄博市	Zibo	90391	83164	155743	109592
枣庄市	Zaozhuang	22605	3012	124579	79939
东营市	Dongying	25833	24720	72253	37749
烟台市	Yantai	166639	135660	232009	87782
潍坊市	Weifang	125785	97912	353590	89517
济宁市	Jining	88694	32322	199371	54943
泰安市	Tai'an	101965	101965	154410	65756
威海市	Weihai	61266	45650	69336	30290
日照市	Rizhao	22365	22365	84039	53812
莱芜市	Laiwu	5144	5144	45136	45136
临沂市	Linyi	61503	61503	267945	87406
德州市	Dezhou	40014	32279	84726	16557
聊城市	Liaocheng	41972	41972	106339	22582
滨州市	Binzhou	46625	46625	134187	39368
菏泽市	Heze	33409	32297	231349	60536
河南省	**Henan**	**1675926**	**1495990**	**2915728**	**926725**
郑州市	Zhengzhou	747637	573420	170508	83757
开封市	Kaifeng	86625	86625	167637	75603
洛阳市	Luoyang	118507	118507	227647	105160
平顶山市	Pingdingshan	59307	59307	133779	50497
安阳市	Anyang	62282	62282	119724	38077
鹤壁市	Hebi	10701	10701	59446	33740
新乡市	Xinxiang	141792	141053	202372	63208
焦作市	Jiaozuo	83135	82874	115239	40330
濮阳市	Puyang	9876	9876	119253	46743
许昌市	Xuchang	33998	33803	144392	29125
漯河市	Luohe	29586	29586	77329	50759
三门峡市	Sanmenxia	13755	13755	85815	24010
南阳市	Nanyang	68279	67721	262563	91845
商丘市	Shangqiu	75419	71659	254962	60727
信阳市	Xinyang	71509	71303	263817	46852
周口市	Zhoukou	31750	31750	284430	43645
驻马店市	Zhumadian	31768	31768	226815	42647
湖北省	**Hubei**	**1455970**	**1455970**	**1114436**	**557745**
武汉市	Wuhan	966438	966438	244225	244225
黄石市	Huangshi	36658	36658	50037	17029
十堰市	Shiyan	48923	48923	55364	20853
宜昌市	Yichang	59781	59781	93117	41970
襄阳市	Xiangyang	64625	64625	154078	80136
鄂州市	Ezhou	13116	13116	24833	24833
荆门市	Jingmen	21223	21223	61556	22760

2-34 续表 4 continued

单位：人 (person)

城 市	City	普通高等学校 Regular Institutions of Higher Education 全市 Total City	市辖区 Districts under City	高中阶段在校学生数 Students Enrollment of Senior Secondary Schools 全市 Total City	市辖区 Districts under City
孝感市	Xiaogan	37700	37700	79790	22462
荆州市	Jingzhou	113476	113476	110666	27798
黄冈市	Huanggang	48275	48275	136476	14131
咸宁市	Xianning	38955	38955	61338	19358
随州市	Suizhou	6800	6800	42956	22190
湖南省	**Hunan**	**1132237**	**1033302**	**1296035**	**477597**
长沙市	Changsha	573447	479391	248445	154222
株洲市	Zhuzhou	74004	74004	50318	14492
湘潭市	Xiangtan	122216	122216	50450	24650
衡阳市	Hengyang	101423	98068	117854	21317
邵阳市	Shaoyang	27107	27107	115662	12608
岳阳市	Yueyang	40212	40212	83512	22601
常德市	Changde	39521	37475	145236	43171
张家界市	Zhangjiajie	11938	11938	24185	6504
益阳市	Yiyang	29455	29977	91077	38612
郴州市	Chenzhou	21766	21766	59855	39709
永州市	Yongzhou	24812	24812	126822	36549
怀化市	Huaihua	38145	38145	109890	30540
娄底市	Loudi	28191	28191	72729	32622
广东省	**Guangdong**	**1718835**	**1562139**	**2857242**	**1623036**
广州市	Guangzhou	983051	834886	177227	143378
韶关市	Shaoguan	36612	36612	99208	45781
深圳市	Shenzhen	82401	82401	113639	113639
珠海市	Zhuhai	127115	127115	31430	31430
汕头市	Shantou	9606	9606	297673	295130
佛山市	Foshan	47297	47297	210468	210468
江门市	Jiangmen	34345	34345	84532	34855
湛江市	Zhanjiang	76589	76589	198448	61373
茂名市	Maoming	33563	28750	361407	113533
肇庆市	Zhaoqing	66648	66648	155453	64309
惠州市	Huizhou	27012	27012	96918	53132
梅州市	Meizhou	22185	22185	124487	31155
汕尾市	Shanwei	4558	4558	86886	18656
河源市	Heyuan	12398	12398	73345	11402
阳江市	Yangjiang	8033	8033	63587	18061
清远市	Qingyuan	12229	12229	79605	32082
东莞市	Dongguan	60877	60877	77045	77045
中山市	Zhongshan	38641	38641	46733	46733
潮州市	Chaozhou	16427	16427	206531	136991
揭阳市	Jieyang	11813	8095	168633	55076
云浮市	Yunfu	7435	7435	103987	28807
广西壮族自治区	**Guangxi**	**827171**	**788683**	**1201390**	**517404**
南宁市	Nanning	441524	438043	118590	58735
柳州市	Liuzhou	65249	65249	144993	101470
桂林市	Guilin	161523	160745	127887	46578

2-34 续表 5 continued

单位：人 (person)

城市	City	普通高等学校 Regular Institutions of Higher Education		高中阶段在校学生数 Students Enrollment of Senior Secondary Schools	
		全市 Total City	市辖区 Districts under City	全市 Total City	市辖区 Districts under City
梧州市	Wuzhou	13469	13469	52201	10576
北海市	Beihai	16502	16502	58148	34808
防城港市	Fangchenggang	3341	3341	13800	9723
钦州市	Qinzhou	17737	14862	96303	37842
贵港市	Guigang	2130	2130	151280	72918
玉林市	Yulin	16392	16392	199004	67272
百色市	Baise	24220	21105	57431	16892
贺州市	Hezhou	10024	10024	30131	14629
河池市	Hechi	13672	3204	65936	9867
来宾市	Laibin	6295	6295	62068	30873
崇左市	Chongzuo	35093	17322	23618	5221
海南省	**Hainan**	**187999**	**187999**	**58631**	**58631**
海口市	Haikou	146231	146231	44795	44795
三亚市	Sanya	41768	41768	13836	13836
三沙市	Sansa				
重庆市	**Chongqing**	**707610**	**697855**	**1174343**	**638687**
四川省	**Sichuan**	**1241779**	**872064**	**2248059**	**917898**
成都市	Chengdu	701701	376053	446537	248642
自贡市	Zigong	31626	31626	74477	41186
攀枝花市	Panzhihua	21843	21843	42703	34957
泸州市	Luzhou	43178	42498	165711	63780
德阳市	Deyang	56002	36259	104583	33374
绵阳市	Mianyang	111283	102607	181000	88482
广元市	Guangyuan	8547	8547	103290	42260
遂宁市	Suining	14634	14634	102929	48023
内江市	Neijiang	23428	23428	59099	2
乐山市	Leshan	43741	43741	94546	48088
南充市	Nanchong	66605	67980	156472	50625
眉山市	Meishan	22242	5899	56273	16794
宜宾市	Yibin	24020	24020	159353	60632
广安市	Guang'an	7945	7945	152226	49995
达州市	Dazhou	21348	21348	101840	5169
雅安市	Ya'an	42446	42446	21711	9259
巴中市	Bazhong	231	231	107133	46899
资阳市	Ziyang	959	959	118176	29731
贵州省	**Guizhou**	**439565**	**432532**	**677799**	**187194**
贵阳市	Guiyang	325347	318314	83433	52035
六盘水市	Liupanshui	9599	9599	81415	26489
遵义市	Zunyi	58463	58463	226169	39832
安顺市	Anshun	13095	13095	43207	20774
毕节市	Bijie	13249	13249	149389	28943
铜仁市	Tongren	19812	19812	94186	19121
云南省	**Yunnan**	**483371**	**450204**	**714115**	**315764**
昆明市	Kunming	386097	386097	265094	199632
曲靖市	Qujing	23829	23829	131637	20624

2-34 续表 6 continued

单位：人 (person)

城市	City	普通高等学校 Regular Institutions of Higher Education 全市 Total City	市辖区 Districts under City	高中阶段在校学生数 Students Enrollment of Senior Secondary Schools 全市 Total City	市辖区 Districts under City
玉溪市	Yuxi	17213	14087	50105	10114
保山市	Baoshan	11097	11097	47303	17438
昭通市	Zhaotong	6619		119636	32405
丽江市	Lijiang	23422		23330	5039
普洱市	Pu'er	9468	9468	48751	20650
临沧市	Lincang	5626	5626	28259	9862
西藏自治区	**Tibet**	**19059**	**19059**	**13692**	**13692**
拉萨市	Lasa	19059	19059	13692	13692
陕西省	**Shaanxi**	**1053720**	**1000911**	**1302340**	**573684**
西安市	Xi'an	752682	729090	384923	327354
铜川市	Tongchuan	3342	3342	18922	18145
宝鸡市	Baoji	37030	37030	83101	35074
咸阳市	Xianyang	120755	120755	222311	45116
渭南市	Weinan	17200	17200	140602	31678
延安市	Yan'an	26739	26739	81516	25307
汉中市	Hanzhong	43181	22745	102086	12075
榆林市	Yulin	16172	16172	124798	45714
安康市	Ankang	20150	11369	87376	20998
商洛市	Shangluo	16469	16469	56705	12223
甘肃省	**Gansu**	**592566**	**683303**	**823833**	**329992**
兰州市	Lanzhou	464824	464824	157768	120252
嘉峪关市	Jiayuguan	3210	3210	5618	5618
金昌市	Jinchang	3349	3349	11918	5579
白银市	Baiyin	2192	2192	69970	19534
天水市	Tianshui	41460	41460	111148	47902
武威市	Wuwei	16703	16703	54800	26283
张掖市	Zhangye	20390	20390	45604	22245
平凉市	Pingliang	6550	6550	89314	10464
酒泉市	Jiuquan	7037	6883	24222	19791
庆阳市	Qingyang	15715	15715	93415	14132
定西市	Dingxi	5475	5475	110424	27191
陇南市	Longnan	5661	96552	49632	11001
青海省	**Qinghai**	**63918**	**63918**	**73894**	**41119**
西宁市	Xining	63918	63918	42261	20045
海东市	Haidong			31633	21074
宁夏回族自治区	**Ningxia**	**108279**	**100415**	**219163**	**128542**
银川市	Yinchuan	92469	84605	107531	81097
石嘴山市	Shizuishan	7232	7232	16812	11793
吴忠市	Wuzhong	2401	2401	30906	11272
固原市	Guyuan	6177	6177	38024	13977
中卫市	Zhongwei			25890	10403
新疆维吾尔自治区	**Xinjiang**	**150554**	**150554**	**261798**	**261798**
乌鲁木齐市	Urumqi	146066	146066	251522	251522
克拉玛依市	Karamay	4488	4488	10276	10276

2-35 在校学生数(二)

Number of Students Enrollment (Ⅱ)

城　市	City	中等职业教育学校(人) Vocational Secondary Schools (person)		普通中学(万人) Regular Secondary Schools (10 000 persons)	
		全市 Total City	市辖区 Districts under City	全市 Total City	市辖区 Districts under City
城市合计	**Prefecture Cities**	**15744047**	**9086596**	**6340.46**	**2315.01**
北京市	**Beijing**	**208559**	**208559**	**49.82**	**47.04**
天津市	**Tianjin**	**110865**	**110865**	**43.59**	**33.79**
河北省	**Hebei**	**803225**	**348855**	**318.12**	**78.60**
石家庄市	Shijiazhuang	176572	122502	45.96	14.68
唐山市	Tangshan	92344	32096	31.96	12.87
秦皇岛市	Qinhuangdao	38099	18297	12.70	4.50
邯郸市	Handan	98207	37740	42.68	10.84
邢台市	Xingtai	62520	20261	30.95	6.82
保定市	Baoding	115250	24636	49.46	5.77
张家口市	Zhangjiakou	46484	22950	19.28	6.06
承德市	Chengde	43309	18014	15.84	3.13
沧州市	Cangzhou	55194	23965	28.38	4.50
廊坊市	Langfang	38252	9369	18.85	4.01
衡水市	Hengshui	36994	19025	22.06	5.42
山西省	**Shanxi**	**441259**	**273058**	**213.98**	**76.23**
太原市	Taiyuan	120481	118069	22.28	18.39
大同市	Datong	38165	20490	18.15	9.49
阳泉市	Yangquan	17798	15379	7.68	5.48
长治市	Changzhi	34559	21601	20.62	6.58
晋城市	Jincheng	27142	16966	16.06	4.35
朔州市	Shuozhou	17537	6768	15.17	6.70
晋中市	Jinzhong	51443	12138	16.34	2.86
运城市	Yuncheng	38073	17450	31.42	6.93
忻州市	Xinzhou	38648	17215	17.37	4.71
临汾市	Linfen	29508	15260	25.19	7.25
吕梁市	Lvliang	27905	11722	23.70	3.49
内蒙古自治区	**Inner Mongolia**	**201591**	**118104**	**101.02**	**44.26**
呼和浩特市	Hohhot	42658	37568	15.23	10.38
包头市	Baotou	28172	26207	12.89	11.00
乌海市	Wuhai	4618	4618	1.52	1.52
赤峰市	Chifeng	49821	24883	23.07	7.99
通辽市	Tongliao	19038	860	15.80	3.02
鄂尔多斯市	Erdos	8620	8620	5.20	1.59
呼伦贝尔市	Hulunbuir	22079	2834	10.06	2.34
巴彦淖尔市	Bayannur	16743	11869	8.18	3.25
乌兰察布市	Ulanqab	9842	645	9.07	3.17
辽宁省	**Liaoning**	**384529**	**310173**	**164.06**	**79.89**
沈阳市	Shenyang	103408	98477	27.25	20.26
大连市	Dalian	70222	63547	24.58	14.35
鞍山市	Anshan	18261	13516	13.52	5.51
抚顺市	Fushun	16837	14604	7.15	5.56
本溪市	Benxi	19592	17383	5.20	3.28
丹东市	Dandong	18576	15324	10.33	2.95
锦州市	Jinzhou	22991	17646	12.32	4.26
营口市	Yingkou	21855	18154	9.38	6.61

2-35 续表 1 continued

城 市	City	中等职业教育学校 (人) Vocational Secondary Schools (person)		普通中学 (万人) Regular Secondary Schools (10 000 persons)	
		全市 Total City	市辖区 Districts under City	全市 Total City	市辖区 Districts under City
阜新市	Fuxin	20373	18273	4.88	1.82
辽阳市	Liaoyang	12754	10158	8.50	6.12
盘锦市	Panjin	11166	7339	7.27	4.52
铁岭市	Tieling	17495	6385	11.55	2.47
朝阳市	Chaoyang	19764	9367	9.85	2.18
葫芦岛市	Huludao	11235		12.28	
吉林省	**Jilin**	**175744**	**131309**	**102.16**	**38.66**
长春市	Changchun	62254	57397	32.60	16.30
吉林市	Jilin	37512	32767	17.68	7.18
四平市	Siping	35338	17770	13.21	2.74
辽源市	Liaoyuan	7486	6219	4.62	1.72
通化市	Tonghua	9121	4900	10.39	1.94
白山市	Baishan	6559	3626	4.55	2.04
松原市	Songyuan	8632	5021	11.31	4.26
白城市	Baicheng	8842	3609	7.80	2.48
黑龙江省	**Heilongjiang**	**245394**	**112807**	**146.55**	**62.99**
哈尔滨市	Harbin	115079	60186	39.26	22.17
齐齐哈尔市	Qiqihar	36272	20234	17.69	5.62
鸡西市	Jixi	8321	4470	7.50	3.80
鹤岗市	Hegang	8287	6990	3.69	3.01
双鸭山市	Shuangyashan	6306	3182	5.18	1.89
大庆市	Daqing	7033	5652	15.91	10.16
伊春市	Yichun	3010	2806	4.10	2.60
佳木斯市	Jiamusi	7308	1588	8.98	3.75
七台河市	Qitaihe	3031	2711	3.98	2.94
牡丹江市	Mudanjiang	7665	2421	9.82	3.76
黑河市	Heihe	20133	2319	9.18	1.01
绥化市	Suihua	22949	248	21.26	2.28
上海市	**Shanghai**	**132681**	**132681**	**59.35**	**57.47**
江苏省	**Jiangsu**	**1037149**	**699563**	**296.73**	**129.99**
南京市	Nanjing	125767	125767	22.43	22.43
无锡市	Wuxi	75717	53817	20.82	10.96
徐州市	Xuzhou	123300	79758	37.52	11.97
常州市	Changzhou	64861	53669	16.48	11.51
苏州市	Suzhou	81294	56635	26.69	13.41
南通市	Nantong	88832	41350	26.00	8.02
连云港市	Lianyungang	67026	31601	23.15	4.78
淮安市	Huai'an	84489	49489	22.71	12.11
盐城市	Yancheng	84202	55251	28.24	7.01
扬州市	Yangzhou	93334	57086	19.02	10.13
镇江市	Zhenjiang	33289	24104	9.95	3.73
泰州市	Taizhou	33548	18780	18.46	6.75
宿迁市	Suqian	81490	52256	25.26	7.18
浙江省	**Zhejiang**	**622462**	**278773**	**232.23**	**86.67**
杭州市	Hangzhou	100482	73404	32.73	21.36
宁波市	Ningbo	78345	34679	28.59	12.51

2-35 续表 2 continued

城市	City	中等职业教育学校 (人) Vocational Secondary Schools (person) 全市 Total City	市辖区 Districts under City	普通中学 (万人) Regular Secondary Schools (10 000 persons) 全市 Total City	市辖区 Districts under City
温州市	Wenzhou	64039	21001	37.02	8.32
嘉兴市	Jiaxing	56020	15615	17.50	4.92
湖州市	Huzhou	33361	11082	12.59	4.90
绍兴市	Shaoxing	60672	35366	25.19	12.02
金华市	Jinhua	75328	32190	24.31	5.33
衢州市	Quzhou	30935	14986	11.38	4.15
舟山市	Zhoushan	8497	7577	3.47	2.72
台州市	Taizhou	82808	23720	28.26	8.17
丽水市	Lishui	31975	9153	11.19	2.27
安徽省	**Anhui**	**973851**	**416488**	**325.20**	**104.60**
合肥市	Hefei	137126	84592	37.93	14.54
芜湖市	Wuhu	59616	20964	16.41	5.32
蚌埠市	Bengbu	60028	18027	17.20	4.00
淮南市	Huainan	36643	34129	11.50	8.20
马鞍山市	Maanshan	38286	12239	11.64	6.95
淮北市	Huaibei	31702	27276	12.68	6.16
铜陵市	Tongling	12014	10239	3.74	2.60
安庆市	Anqing	115389	15842	33.04	4.58
黄山市	Huangshan	18900	6311	5.97	2.19
滁州市	Chuzhou	64619	15590	22.12	3.23
阜阳市	Fuyang	116927	55617	44.32	11.36
宿州市	Suzhou	60978	24250	28.33	8.06
六安市	Lu'an	83343	37730	34.22	11.78
亳州市	Bozhou	70973	21717	25.95	7.91
池州市	Chizhou	29246	18424	8.81	3.76
宣城市	Xuancheng	38061	13541	11.34	3.96
福建省	**Fujian**	**539811**	**307488**	**174.11**	**57.71**
福州市	Fuzhou	166265	131624	29.81	11.77
厦门市	Xiamen	40403	40403	13.09	13.09
莆田市	Putian	44147	24091	16.95	11.32
三明市	Sanming	50896	13315	12.65	2.11
泉州市	Quanzhou	100409	47336	36.40	7.57
漳州市	Zhangzhou	46279	12476	24.89	4.84
南平市	Nanping	25425	5105	13.92	2.27
龙岩市	Longyan	41689	25787	12.88	2.64
宁德市	Ningde	24298	7351	13.52	2.10
江西省	**Jiangxi**	**459719**	**303652**	**257.61**	**57.49**
南昌市	Nanchang	109777	108021	29.51	14.07
景德镇市	Jingdezhen	7994	3417	9.08	3.27
萍乡市	Pingxiang	28482	21269	9.86	4.22
九江市	Jiujiang	35782	17557	26.19	4.36
新余市	Xinyu	32170	32170	6.37	4.99
鹰潭市	Yingtan	15304	8125	5.68	1.76
赣州市	Ganzhou	86129	45613	52.26	4.34
吉安市	Ji'an	50107	20489	25.68	3.08
宜春市	Yichun	35318	18438	30.16	5.68
抚州市	Fuzhou	17002	6967	23.09	9.16
上饶市	Shangrao	41654	21586	39.73	2.56

2-35 续表 3 continued

城市	City	中等职业教育学校（人） Vocational Secondary Schools (person) 全市 Total City	市辖区 Districts under City	普通中学（万人） Regular Secondary Schools (10 000 persons) 全市 Total City	市辖区 Districts under City
山东省	**Shandong**	**1221640**	**593662**	**480.02**	**167.92**
济南市	Jinan	129546	45879	30.81	17.58
青岛市	Qingdao	134452	85066	36.51	16.71
淄博市	Zibo	52817	40348	28.44	18.78
枣庄市	Zaozhuang	46565	34770	20.31	11.88
东营市	Dongying	26202	16081	13.67	6.70
烟台市	Yantai	125486	54198	32.16	9.69
潍坊市	Weifang	158459	53268	46.30	9.40
济宁市	Jining	64672	20698	40.80	10.40
泰安市	Tai'an	57811	31472	28.58	10.54
威海市	Weihai	30735	18087	12.12	4.47
日照市	Rizhao	40107	34654	14.22	7.16
莱芜市	Laiwu	11155	11155	9.15	9.15
临沂市	Linyi	81718	41039	51.29	13.40
德州市	Dezhou	68087	23203	18.85	2.71
聊城市	Liaocheng	35687	12786	27.27	7.01
滨州市	Binzhou	82664	37026	19.81	3.61
菏泽市	Heze	75477	33932	49.73	8.73
河南省	**Henan**	**1284818**	**662902**	**570.19**	**132.76**
郑州市	Zhengzhou	240756	187815	46.09	23.50
开封市	Kaifeng	75035	53232	26.79	6.04
洛阳市	Luoyang	100739	64403	39.44	11.81
平顶山市	Pingdingshan	54708	30690	23.62	5.74
安阳市	Anyang	36323	18805	27.74	6.41
鹤壁市	Hebi	30539	17732	10.18	4.71
新乡市	Xinxiang	91223	36380	33.21	6.67
焦作市	Jiaozuo	60435	37864	21.63	5.89
濮阳市	Puyang	56106	19374	22.64	8.86
许昌市	Xuchang	63682	17328	23.11	3.22
漯河市	Luohe	30148	23630	13.65	8.46
三门峡市	Sanmenxia	40231	15205	12.54	2.19
南阳市	Nanyang	105518	51261	51.73	10.74
商丘市	Shangqiu	79749	16569	51.61	11.43
信阳市	Xinyang	87657	17554	47.54	7.84
周口市	Zhoukou	64931	32431	69.18	3.55
驻马店市	Zhumadian	67038	22629	49.49	5.70
湖北省	**Hubei**	**406977**	**260726**	**215.08**	**79.46**
武汉市	Wuhan	124287	124287	31.40	25.07
黄石市	Huangshi	17787	11556	13.19	3.81
十堰市	Shiyan	33318	13371	14.14	4.48
宜昌市	Yichang	31856	14591	14.47	5.85
襄阳市	Xiangyang	47346	27845	25.62	11.99
鄂州市	Ezhou	4901	4901	4.86	4.86
荆门市	Jingmen	14594	5455	10.87	3.64

2-35 续表 4 continued

城　市	City	中等职业教育学校（人）Vocational Secondary Schools (person)		普通中学（万人）Regular Secondary Schools (10 000 persons)	
		全市 Total City	市辖区 Districts under City	全市 Total City	市辖区 Districts under City
孝感市	Xiaogan	20184	9910	19.04	4.70
荆州市	Jingzhou	36435	22172	25.60	5.45
黄冈市	Huanggang	51404	16375	33.88	2.63
咸宁市	Xianning	17251	5452	13.30	3.57
随州市	Suizhou	7614	4811	8.71	3.41
湖南省	**Hunan**	**678916**	**348124**	**303.56**	**71.29**
长沙市	Changsha	118540	84121	35.71	18.70
株洲市	Zhuzhou	50140	36716	15.12	4.44
湘潭市	Xiangtan	41628	24024	12.72	4.11
衡阳市	Hengyang	68545	38223	39.77	5.59
邵阳市	Shaoyang	67102	21157	38.05	4.10
岳阳市	Yueyang	62416	29010	24.60	6.21
常德市	Changde	54658	17670	22.31	5.70
张家界市	Zhangjiajie	15940	5814	7.31	2.29
益阳市	Yiyang	29256	15598	17.66	5.87
郴州市	Chenzhou	37168	24056	23.03	4.80
永州市	Yongzhou	49025	15822	25.92	2.07
怀化市	Huaihua	51054	19419	20.20	3.27
娄底市	Loudi	33444	16494	21.16	4.14
广东省	**Guangdong**	**1513820**	**1000163**	**612.77**	**318.90**
广州市	Guangzhou	240579	226705	54.69	44.79
韶关市	Shaoguan	35083	23630	16.71	5.40
深圳市	Shenzhen	33618	33618	37.17	37.17
珠海市	Zhuhai	21717	21717	9.39	9.39
汕头市	Shantou	136059	135285	43.87	43.53
佛山市	Foshan	96722	96722	31.56	31.56
江门市	Jiangmen	67371	45447	23.43	9.68
湛江市	Zhanjiang	116154	63794	58.86	14.77
茂名市	Maoming	96380	35495	56.65	8.70
肇庆市	Zhaoqing	67243	45678	28.57	4.42
惠州市	Huizhou	95812		28.73	14.92
梅州市	Meizhou	63255	32607	16.52	3.16
汕尾市	Shanwei	24149	3806	24.56	4.40
河源市	Heyuan	49250	35516	19.57	3.44
阳江市	Yangjiang	22543	6720	15.32	4.20
清远市	Qingyuan	45000	25814	21.82	8.87
东莞市	Dongguan	61011	61011	27.83	27.83
中山市	Zhongshan	25175	25175	15.26	15.26
潮州市	Chaozhou	25554	21856	18.10	11.51
揭阳市	Jieyang	150572	43533	48.05	13.91
云浮市	Yunfu	40573	16034	16.11	1.99
广西壮族自治区	**Guangxi**	**739720**	**420939**	**277.25**	**86.33**
南宁市	Nanning	193452	160039	38.16	18.44
柳州市	Liuzhou	81790	65809	17.97	8.71
桂林市	Guilin	58723	29536	20.01	4.39

2-35 续表 5 continued

城 市	City	中等职业教育学校 (人) Vocational Secondary Schools (person)		普通中学 (万人) Regular Secondary Schools (10 000 persons)	
		全市 Total City	市辖区 Districts under City	全市 Total City	市辖区 Districts under City
梧州市	Wuzhou	44721	16622	18.80	2.82
北海市	Beihai	25629	19457	9.89	4.37
防城港市	Fangchenggang	10419	5334	4.80	2.91
钦州市	Qinzhou	49803	16342	20.59	8.12
贵港市	Guigang	18327	10694	36.36	13.78
玉林市	Yulin	90020	39216	39.75	6.93
百色市	Baise	56903	1326	19.56	1.48
贺州市	Hezhou	42660	32109	10.78	5.46
河池市	Hechi	39279	14684	20.20	1.86
来宾市	Laibin	20420	6270	12.02	6.40
崇左市	Chongzuo	7574	3501	8.36	0.66
海南省	**Hainan**	**97828**	**97828**	**16.30**	**16.30**
海口市	Haikou	90143	90143	12.04	12.04
三亚市	Sanya	7685	7685	4.26	4.26
三沙市	Sansa				
重庆市	**Chongqing**	**512959**	**270987**	**167.90**	**87.63**
四川省	**Sichuan**	**1163644**	**529901**	**389.48**	**133.82**
成都市	Chengdu	232972	142802	59.91	32.16
自贡市	Zigong	31144	23782	12.28	5.17
攀枝花市	Panzhihua	19750	17713	7.07	4.62
泸州市	Luzhou	86458	36906	25.28	7.57
德阳市	Deyang	49304	18775	14.64	3.39
绵阳市	Mianyang	59996	28381	26.99	11.83
广元市	Guangyuan	38589	20390	15.35	5.43
遂宁市	Suining	44670	20977	15.87	6.96
内江市	Neijiang	53295	27831	16.56	5.62
乐山市	Leshan	42212	26487	13.71	5.14
南充市	Nanchong	99229	58437	36.14	11.35
眉山市	Meishan	51020	16438	13.76	1.68
宜宾市	Yibin	75334	30561	26.56	7.50
广安市	Guang'an	63396	20099	24.81	7.80
达州市	Dazhou	94941	2023	32.19	2.26
雅安市	Ya'an	15412	9087	6.54	2.52
巴中市	Bazhong	46928	13039	23.80	8.95
资阳市	Ziyang	58994	16173	18.02	3.87
贵州省	**Guizhou**	**347823**	**205564**	**217.17**	**48.19**
贵阳市	Guiyang	153476	134871	25.78	16.60
六盘水市	Liupanshui	29237	9496	25.65	3.91
遵义市	Zunyi	65423	20945	53.49	7.63
安顺市	Anshun	16975	8341	15.89	6.28
毕节市	Bijie	48895	20353	65.29	9.35
铜仁市	Tongren	33817	11558	31.07	4.42
云南省	**Yunnan**	**370187**	**271310**	**156.23**	**41.15**
昆明市	Kunming	168198	144577	31.37	16.35
曲靖市	Qujing	85633	67719	29.24	5.83

2-35 续表 6 continued

城市	City	中等职业教育学校（人）Vocational Secondary Schools (person) 全市 Total City	市辖区 Districts under City	普通中学（万人）Regular Secondary Schools (10 000 persons) 全市 Total City	市辖区 Districts under City
玉溪市	Yuxi	19095	7165	13.24	2.94
保山市	Baoshan	26743	9499	15.31	4.55
昭通市	Zhaotong	22186	11282	37.65	5.99
丽江市	Lijiang	8418	5996	6.94	1.35
普洱市	Pu'er	20300	13117	11.29	1.94
临沧市	Lincang	19614	11955	11.19	2.20
西藏自治区	**Tibet**	**3094**	**3094**	**3.50**	**2.50**
拉萨市	Lasa	3094	3094	3.50	2.50
陕西省	**Shaanxi**	**546047**	**317273**	**208.99**	**76.20**
西安市	Xi'an	211480	199848	43.73	31.98
铜川市	Tongchuan	3585	2306	4.22	3.94
宝鸡市	Baoji	67853	44641	20.03	8.13
咸阳市	Xianyang	77945	15016	31.37	6.24
渭南市	Weinan	38234	11610	29.31	6.63
延安市	Yan'an	23030	4944	13.59	4.11
汉中市	Hanzhong	24700	2737	19.22	1.69
榆林市	Yulin	41878	22543	18.20	4.72
安康市	Ankang	28517	8482	14.88	5.60
商洛市	Shangluo	28825	5146	14.44	3.16
甘肃省	**Gansu**	**285873**	**169718**	**153.92**	**49.55**
兰州市	Lanzhou	77587	73042	18.06	11.87
嘉峪关市	Jiayuguan	6178	6178	1.48	1.48
金昌市	Jinchang	2938	922	2.97	1.41
白银市	Baiyin	17458	7089	15.08	4.04
天水市	Tianshui	37960	23891	22.80	7.00
武威市	Wuwei	17258	9678	12.44	6.00
张掖市	Zhangye	14389	9058	7.76	3.18
平凉市	Pingliang	29501	7532	15.40	2.93
酒泉市	Jiuquan	8481	8933	6.46	2.71
庆阳市	Qingyang	29241	11959	15.41	3.40
定西市	Dingxi	24680	9072	20.27	3.31
陇南市	Longnan	20202	2364	15.79	2.22
青海省	**Qinghai**	**57958**	**40425**	**20.18**	**7.71**
西宁市	Xining	40425	40425	11.87	6.10
海东市	Haidong	17533		8.31	1.61
宁夏回族自治区	**Ningxia**	**93097**	**58798**	**43.93**	**20.65**
银川市	Yinchuan	52537	41210	12.86	8.54
石嘴山市	Shizuishan	3598	573	4.55	3.02
吴忠市	Wuzhong	8281	2094	9.30	2.89
固原市	Guyuan	19477	9761	9.63	3.56
中卫市	Zhongwei	9204	5160	7.59	2.64
新疆维吾尔自治区	**Xinjiang**	**82807**	**82807**	**19.46**	**19.26**
乌鲁木齐市	Urumqi	82119	82119	16.94	16.74
克拉玛依市	Karamay	688	688	2.52	2.52

2-36 在校学生数(三)

Number of Students Enrollment (Ⅲ)

城市	City	小学(万人) Primary Schools (10 000 persons)		成人高等学校在校学生数(人) Students Enrollment of Adult Institutions of Higher Education (person)	
		全市 Total City	市辖区 Districts under City	全市 Total City	市辖区 Districts under City
城市合计	**Prefecture Cities**	**8632.02**	**2975.33**	**6108763**	**5662156**
北京市	**Beijing**	**78.93**	**75.70**	**258278**	**258278**
天津市	**Tianjin**	**55.21**	**42.62**	**73572**	**73572**
河北省	**Hebei**	**546.25**	**93.88**	**261625**	**256968**
石家庄市	Shijiazhuang	68.52	17.70	97451	97451
唐山市	Tangshan	47.38	19.45	25454	25454
秦皇岛市	Qinhuangdao	18.40	6.40	43820	43820
邯郸市	Handan	91.77	12.55	10000	10000
邢台市	Xingtai	56.71	7.62	8401	8401
保定市	Baoding	88.18	4.92	40058	40058
张家口市	Zhangjiakou	28.55	6.41	15741	15741
承德市	Chengde	25.27	3.73		
沧州市	Cangzhou	55.41	4.67	986	815
廊坊市	Langfang	34.26	5.89	19063	14577
衡水市	Hengshui	31.80	4.54	651	651
山西省	**Shanxi**	**233.64**	**78.62**	**209729**	**197866**
太原市	Taiyuan	25.44	21.05	124893	124893
大同市	Datong	20.12	11.20	16685	16035
阳泉市	Yangquan	8.39	6.25	5144	5144
长治市	Changzhi	21.43	5.81	12369	12369
晋城市	Jincheng	13.81	3.81	3221	3221
朔州市	Shuozhou	17.31	7.81	1682	412
晋中市	Jinzhong	22.15	3.81	11368	9593
运城市	Yuncheng	29.96	5.38	1194	1194
忻州市	Xinzhou	20.42	3.83	16891	8723
临汾市	Linfen	28.13	6.17	15166	15166
吕梁市	Lvliang	26.48	3.50	1116	1116
内蒙古自治区	**Inner Mongolia**	**115.93**	**50.43**	**98615**	**81515**
呼和浩特市	Hohhot	16.95	11.81	47373	47373
包头市	Baotou	13.31	10.96	20367	20367
乌海市	Wuhai	3.03	3.03	4204	4204
赤峰市	Chifeng	25.24	7.83		
通辽市	Tongliao	19.20	6.74	17100	
鄂尔多斯市	Erdos	11.19	3.36		
呼伦贝尔市	Hulunbuir	10.60	1.60	5921	5921
巴彦淖尔市	Bayannur	7.56	2.86		
乌兰察布市	Ulanqab	8.85	2.24	3650	3650
辽宁省	**Liaoning**	**204.40**	**89.53**	**217740**	**215343**
沈阳市	Shenyang	34.47	24.95	92177	92177
大连市	Dalian	28.38	17.49	60875	60875
鞍山市	Anshan	17.14	5.58	12552	12552
抚顺市	Fushun	7.73	4.61	2485	2485
本溪市	Benxi	5.58	3.28	2202	2202
丹东市	Dandong	10.85	2.66	3935	3935
锦州市	Jinzhou	14.38	4.44	22838	22838
营口市	Yingkou	11.43	6.97	3782	3782

2-36 续表 1 continued

城市	City	小学（万人）Primary Schools (10 000 persons) 全市 Total City	市辖区 Districts under City	成人高等学校在校学生数（人）Students Enrollment of Adult Institutions of Higher Education (person) 全市 Total City	市辖区 Districts under City
阜新市	Fuxin	8.80	3.09	5741	3741
辽阳市	Liaoyang	8.88	6.35	268	268
盘锦市	Panjin	6.78	3.72	1600	1600
铁岭市	Tieling	14.03	2.45	1632	1632
朝阳市	Chaoyang	19.72	3.94	7256	7256
葫芦岛市	Huludao	16.23		397	
吉林省	**Jilin**	**127.16**	**40.75**	**166933**	**164579**
长春市	Changchun	39.50	17.80	100759	100759
吉林市	Jilin	20.69	7.89	32636	32636
四平市	Siping	18.85	2.75	16307	15139
辽源市	Liaoyuan	5.50	1.82	5573	5573
通化市	Tonghua	12.12	1.94	6498	6498
白山市	Baishan	4.95	2.03	3201	2015
松原市	Songyuan	15.95	3.92	530	530
白城市	Baicheng	9.60	2.60	1429	1429
黑龙江省	**Heilongjiang**	**149.66**	**52.92**	**99629**	**73806**
哈尔滨市	Harbin	42.23	18.84	21974	21974
齐齐哈尔市	Qiqihar	21.97	5.48	19527	
鸡西市	Jixi	5.20	2.30		
鹤岗市	Hegang	3.28	2.23	2002	2002
双鸭山市	Shuangyashan	5.39	1.66	784	784
大庆市	Daqing	12.62	6.77	13125	13125
伊春市	Yichun	3.40	1.70	980	980
佳木斯市	Jiamusi	10.42	3.58	15454	15454
七台河市	Qitaihe	3.62	2.32		
牡丹江市	Mudanjiang	11.41	3.54	9075	9075
黑河市	Heihe	9.86	1.07	7489	1193
绥化市	Suihua	20.26	3.43	9219	9219
上海市	**Shanghai**	**79.25**	**77.33**	**183733**	**183733**
江苏省	**Jiangsu**	**435.36**	**190.65**	**397921**	**391277**
南京市	Nanjing	32.14	32.14	175305	175305
无锡市	Wuxi	32.53	17.44	20748	17203
徐州市	Xuzhou	66.18	21.04	41665	41665
常州市	Changzhou	24.36	18.08	31672	34009
苏州市	Suzhou	47.24	23.90	35012	27850
南通市	Nantong	31.82	10.80	14190	18161
连云港市	Lianyungang	35.52	6.67	6955	6955
淮安市	Huai'an	32.54	16.53	10493	10493
盐城市	Yancheng	40.41	8.77	11913	11913
扬州市	Yangzhou	22.06	12.57	16045	16045
镇江市	Zhenjiang	13.44	5.10	26988	26988
泰州市	Taizhou	22.04	8.01	6935	
宿迁市	Suqian	35.08	9.60		4690
浙江省	**Zhejiang**	**349.58**	**134.45**	**332404**	**275486**
杭州市	Hangzhou	48.35	34.99	107466	102956
宁波市	Ningbo	48.70	21.25	53320	53320

2-36 续表 2 continued

城　市	City	小 学 (万人) Primary Schools (10 000 persons) 全市 Total City	市辖区 Districts under City	成人高等学校在校学生数 (人) Students Enrollment of Adult Institutions of Higher Education (person) 全市 Total City	市辖区 Districts under City
温州市	Wenzhou	60.83	15.71	28308	28308
嘉兴市	Jiaxing	22.68	5.91	32108	12352
湖州市	Huzhou	15.67	6.97	5818	5818
绍兴市	Shaoxing	29.96	16.05	21691	16188
金华市	Jinhua	40.10	7.59	3083	3083
衢州市	Quzhou	14.36	5.03	21904	14106
舟山市	Zhoushan	4.64	3.65	4509	4509
台州市	Taizhou	47.94	14.01	33378	14027
丽水市	Lishui	16.35	3.29	20819	20819
安徽省	**Anhui**	**409.20**	**120.99**	**266275**	**253658**
合肥市	Hefei	42.69	19.80	119614	119614
芜湖市	Wuhu	18.86	6.72	26400	26400
蚌埠市	Bengbu	22.11	4.45	26838	26838
淮南市	Huainan	14.25	9.54	7725	7725
马鞍山市	Maanshan	12.35	4.62	8429	8429
淮北市	Huaibei	14.38	7.00	1758	1585
铜陵市	Tongling	3.85	2.54	8119	8119
安庆市	Anqing	31.91	3.84	4895	3748
黄山市	Huangshan	6.69	2.41	9298	9298
滁州市	Chuzhou	24.36	3.14	11836	6254
阜阳市	Fuyang	72.67	16.40	9125	8194
宿州市	Suzhou	37.16	10.50	11250	11250
六安市	Lu'an	39.19	10.14	6783	1999
亳州市	Bozhou	46.42	11.87	11520	11520
池州市	Chizhou	9.06	3.83	2614	2614
宣城市	Xuancheng	13.25	4.19	71	71
福建省	**Fujian**	**257.13**	**86.61**	**151345**	**136333**
福州市	Fuzhou	46.92	18.55	93413	93413
厦门市	Xiamen	24.09	24.09	16632	16632
莆田市	Putian	21.81	15.00	8787	8751
三明市	Sanming	16.08	2.28	9267	2445
泉州市	Quanzhou	61.38	10.13	10789	4772
漳州市	Zhangzhou	33.05	5.78	2767	2767
南平市	Nanping	18.38	3.11	3678	1541
龙岩市	Longyan	16.64	4.43	2671	2671
宁德市	Ningde	18.78	3.24	3341	3341
江西省	**Jiangxi**	**408.15**	**78.90**	**281134**	**178528**
南昌市	Nanchang	39.49	18.35	96376	
景德镇市	Jingdezhen	14.20	5.10	2003	2003
萍乡市	Pingxiang	14.46	5.62	16469	16469
九江市	Jiujiang	39.34	4.77	22209	22209
新余市	Xinyu	9.58	7.11	48326	48326
鹰潭市	Yingtan	10.46	2.98	3066	3066
赣州市	Ganzhou	90.92	6.36	59889	59889
吉安市	Ji'an	41.40	4.67	10105	3875
宜春市	Yichun	46.65	9.91	3990	3990
抚州市	Fuzhou	34.29	10.36	6748	6748
上饶市	Shangrao	67.36	3.67	11953	11953

2-36 续表 3 continued

城　　市	City	小 学 (万人) Primary Schools (10 000 persons)		成人高等学校在校学生数 (人) Students Enrollment of Adult Institutions of Higher Education (person)	
		全市 Total City	市辖区 Districts under City	全市 Total City	市辖区 Districts under City
山东省	**Shandong**	**625.92**	**205.22**	**486841**	**438056**
济南市	Jinan	39.42	24.34	197247	165681
青岛市	Qingdao	49.63	24.29	102032	102032
淄博市	Zibo	21.80	15.06	27973	27954
枣庄市	Zaozhuang	27.44	18.66	12118	7789
东营市	Dongying	11.51	6.26	47	47
烟台市	Yantai	25.63	7.96	33334	30949
潍坊市	Weifang	57.00	13.00		
济宁市	Jining	57.00	11.51	27061	16575
泰安市	Tai'an	33.64	9.82	34514	34514
威海市	Weihai	10.09	4.39		
日照市	Rizhao	19.02	9.07	7093	7093
莱芜市	Laiwu	6.09	6.09	685	685
临沂市	Linyi	76.80	23.48	9797	9797
德州市	Dezhou	42.29	5.66	183	183
聊城市	Liaocheng	43.03	9.35	15953	15953
滨州市	Binzhou	24.44	4.65	15432	15432
菏泽市	Heze	81.09	11.63	3372	3372
河南省	**Henan**	**935.14**	**178.03**	**291089**	**286079**
郑州市	Zhengzhou	70.52	34.12	90494	85498
开封市	Kaifeng	44.91	6.73	26182	26182
洛阳市	Luoyang	59.79	15.86	4710	4710
平顶山市	Pingdingshan	48.03	8.91	21797	21797
安阳市	Anyang	52.85	10.54	12787	12787
鹤壁市	Hebi	15.26	5.53	753	753
新乡市	Xinxiang	59.11	8.98	31746	31746
焦作市	Jiaozuo	26.01	6.86	26702	26702
濮阳市	Puyang	38.75	7.80	49	49
许昌市	Xuchang	39.70	4.01	10163	10163
漯河市	Luohe	19.20	10.57	3341	3341
三门峡市	Sanmenxia	15.14	2.50	784	784
南阳市	Nanyang	115.23	20.96	19880	19866
商丘市	Shangqiu	77.46	15.27	8374	8374
信阳市	Xinyang	68.78	5.20	17762	17762
周口市	Zhoukou	105.17	5.70	11681	11681
驻马店市	Zhumadian	79.23	8.49	3884	3884
湖北省	**Hubei**	**285.14**	**93.48**	**288433**	**288233**
武汉市	Wuhan	42.38	30.83	171537	171537
黄石市	Huangshi	21.71	4.68	5521	5521
十堰市	Shiyan	20.94	5.71	15403	15403
宜昌市	Yichang	15.63	6.24	25752	25752
襄阳市	Xiangyang	32.11	14.86	28074	27874
鄂州市	Ezhou	6.72	6.72	696	696
荆门市	Jingmen	12.24	3.66	3506	3506

2-36 续表 4 continued

城市	City	小学（万人）Primary Schools (10 000 persons) 全市 Total City	市辖区 Districts under City	成人高等学校在校学生数（人）Students Enrollment of Adult Institutions of Higher Education (person) 全市 Total City	市辖区 Districts under City
孝感市	Xiaogan	24.06	5.20	2161	2161
荆州市	Jingzhou	31.78	4.93	29612	29612
黄冈市	Huanggang	43.19	2.08	4471	4471
咸宁市	Xianning	23.00	5.00		
随州市	Suizhou	11.38	3.57	1700	1700
湖南省	**Hunan**	**447.08**	**99.20**	**277119**	**245179**
长沙市	Changsha	45.79	22.44	105559	97673
株洲市	Zhuzhou	22.18	6.85	6671	6671
湘潭市	Xiangtan	14.41	5.27	3421	3421
衡阳市	Hengyang	56.33	7.99	39024	37508
邵阳市	Shaoyang	61.60	5.41	3498	3498
岳阳市	Yueyang	33.38	7.66	6117	6117
常德市	Changde	26.42	6.04	15671	14316
张家界市	Zhangjiajie	10.63	3.93	2784	2784
益阳市	Yiyang	23.42	7.17	62598	41415
郴州市	Chenzhou	44.71	8.09	7340	7340
永州市	Yongzhou	46.44	8.48	11310	11310
怀化市	Huaihua	31.57	4.65	8921	8921
娄底市	Loudi	30.20	5.22	4205	4205
广东省	**Guangdong**	**807.93**	**480.04**	**571563**	**528618**
广州市	Guangzhou	85.93	75.02	306649	306649
韶关市	Shaoguan	20.68	6.51	16372	16372
深圳市	Shenzhen	73.02	73.02	23845	23845
珠海市	Zhuhai	13.16	13.16	7481	7481
汕头市	Shantou	48.51	48.24	30347	30347
佛山市	Foshan	46.37	46.37	19440	19440
江门市	Jiangmen	29.57	13.37	22208	
湛江市	Zhanjiang	55.06	12.91		
茂名市	Maoming	56.80	10.00	20053	20053
肇庆市	Zhaoqing	32.77	5.62	10238	10238
惠州市	Huizhou	44.56	23.13	16467	10543
梅州市	Meizhou	28.99	5.73	23385	23385
汕尾市	Shanwei	24.72	3.72	11247	3057
河源市	Heyuan	24.77	5.22		
阳江市	Yangjiang	18.15	5.36	10331	8069
清远市	Qingyuan	26.98	11.67	296	296
东莞市	Dongguan	65.91	65.91	17254	17254
中山市	Zhongshan	25.75	25.75	24695	24695
潮州市	Chaozhou	18.41	12.83	2282	2282
揭阳市	Jieyang	49.24	13.80	6443	2082
云浮市	Yunfu	18.58	2.70	2530	2530
广西壮族自治区	**Guangxi**	**426.24**	**126.23**	**231053**	**225629**
南宁市	Nanning	54.80	28.27	109541	109541
柳州市	Liuzhou	27.71	10.80	24599	24599
桂林市	Guilin	31.85	6.45	42940	42940

2-36 续表 5 continued

城　市	City	小 学（万人）Primary Schools (10 000 persons)		成人高等学校在校学生数（人）Students Enrollment of Adult Institutions of Higher Education (person)	
		全市 Total City	市辖区 Districts under City	全市 Total City	市辖区 Districts under City
梧州市	Wuzhou	28.33	3.93	9590	6075
北海市	Beihai	15.42	6.98	3120	3120
防城港市	Fangchenggang	8.87	4.81	3505	2463
钦州市	Qinzhou	35.08	13.20		
贵港市	Guigang	44.83	15.72	6609	6609
玉林市	Yulin	60.09	10.24	11627	11627
百色市	Baise	33.83	3.07	11130	10927
贺州市	Hezhou	17.72	9.21	2468	2468
河池市	Hechi	33.72	2.69		
来宾市	Laibin	17.41	8.25	3661	3661
崇左市	Chongzuo	16.58	2.61	2263	1599
海南省	**Hainan**	**7.75**	**7.75**		
海口市	Haikou	1.61	1.61		
三亚市	Sanya	6.14	6.14		
三沙市	Sansa				
重庆市	**Chongqing**	**198.91**	**98.35**	**144674**	**143979**
四川省	**Sichuan**	**456.06**	**150.58**	**375609**	**348069**
成都市	Chengdu	70.70	41.43	226397	215299
自贡市	Zigong	16.94	7.50	20171	20171
攀枝花市	Panzhihua	7.97	4.78	6763	6763
泸州市	Luzhou	40.07	11.10	20437	20437
德阳市	Deyang	15.90	3.28	6475	5068
绵阳市	Mianyang	23.38	7.94	10941	9994
广元市	Guangyuan	14.19	4.57	1573	1573
遂宁市	Suining	15.67	6.71	936	936
内江市	Neijiang	22.98	8.14	6034	4237
乐山市	Leshan	16.71	4.93	7906	7906
南充市	Nanchong	35.80	10.04	36533	32544
眉山市	Meishan	13.51	3.32	16	16
宜宾市	Yibin	36.55	8.21	15092	10148
广安市	Guang'an	25.70	6.89	3668	3668
达州市	Dazhou	42.76	4.86	3378	3378
雅安市	Ya'an	9.48	3.47	3120	3120
巴中市	Bazhong	21.43	7.34		
资阳市	Ziyang	26.32	6.07	6169	2811
贵州省	**Guizhou**	**258.40**	**64.98**	**37956**	**36492**
贵阳市	Guiyang	30.87	22.58	8787	8787
六盘水市	Liupanshui	26.46	6.79	3494	3494
遵义市	Zunyi	54.30	8.29	11866	11866
安顺市	Anshun	22.53	7.42	5710	4246
毕节市	Bijie	87.90	15.97	7377	7377
铜仁市	Tongren	36.34	3.93	722	722
云南省	**Yunnan**	**231.86**	**60.12**	**171127**	**167685**
昆明市	Kunming	48.38	27.70	149459	149459
曲靖市	Qujing	42.41	7.17	10737	9221

2-36 续表 6 continued

城市	City	小学（万人）Primary Schools (10 000 persons) 全市 Total City	市辖区 Districts under City	成人高等学校在校学生数（人）Students Enrollment of Adult Institutions of Higher Education (person) 全市 Total City	市辖区 Districts under City
玉溪市	Yuxi	17.22	3.77	3171	3171
保山市	Baoshan	19.60	6.47	5014	5014
昭通市	Zhaotong	58.84	8.46	931	
丽江市	Lijiang	9.29	1.52	1815	820
普洱市	Pu'er	17.51	2.40		
临沧市	Lincang	18.61	2.63		
西藏自治区	**Tibet**	**5.00**	**1.00**	**9326**	**9326**
拉萨市	Lasa	5.00	1.00	9326	9326
陕西省	**Shaanxi**	**226.12**	**85.77**	**83984**	**79599**
西安市	Xi'an	51.95	40.68	18139	16769
铜川市	Tongchuan	3.63	3.24	5772	5772
宝鸡市	Baoji	19.76	7.99	5392	5392
咸阳市	Xianyang	32.12	5.81	7611	7611
渭南市	Weinan	26.97	4.84	2360	2360
延安市	Yan'an	17.20	4.88	22314	22314
汉中市	Hanzhong	19.71	3.01	16200	13185
榆林市	Yulin	21.71	5.40	2086	2086
安康市	Ankang	17.44	6.39	2060	2060
商洛市	Shangluo	15.63	3.53	2050	2050
甘肃省	**Gansu**	**160.81**	**56.15**	**52799**	**39587**
兰州市	Lanzhou	20.28	14.45	6928	6928
嘉峪关市	Jiayuguan	1.64	1.64		
金昌市	Jinchang	3.03	1.56	3533	3533
白银市	Baiyin	10.64	3.23	5960	3900
天水市	Tianshui	28.00	9.10	4707	4707
武威市	Wuwei	11.16	6.32	9995	7019
张掖市	Zhangye	7.56	3.06	2315	2315
平凉市	Pingliang	16.10	3.93	5112	2781
酒泉市	Jiuquan	7.36	3.07		341
庆阳市	Qingyang	16.12	3.14	3330	1254
定西市	Dingxi	18.75	2.25	6239	6239
陇南市	Longnan	20.17	4.40	4680	570
青海省	**Qinghai**	**27.54**	**9.30**	**1621**	**1233**
西宁市	Xining	15.30	7.48	1621	1233
海东市	Haidong	12.24	1.82		
宁夏回族自治区	**Ningxia**	**60.13**	**23.99**	**38841**	**35655**
银川市	Yinchuan	15.19	9.14	28771	28771
石嘴山市	Shizuishan	5.46	3.33	7658	5338
吴忠市	Wuzhong	13.83	3.94	2412	1546
固原市	Guyuan	13.86	4.41		
中卫市	Zhongwei	11.79	3.17		
新疆维吾尔自治区	**Xinjiang**	**22.14**	**21.76**	**47795**	**47795**
乌鲁木齐市	Urumqi	19.87	19.49	47795	47795
克拉玛依市	Karamay	2.27	2.27		

2-37 在校学生数(四)

Number of Students Enrollment (Ⅳ)

城市	City	每万人在校大学生数 Students Enrollment of Regular Institutions of Higher Education Per 10 000 persons		每万人在校中等职业学生数 Students Enrollment of Vocational Secondary Schools Per 10 000 persons	
		全市 Total City	市辖区 Districts under City	全市 Total City	市辖区 Districts under City
城市合计	**Prefecture Cities**	**269.53**	**374.86**	**123.21**	**219.35**
北京市	**Beijing**	**300.95**	**318.14**	**158.44**	**167.49**
天津市	**Tianjin**	**284.87**	**303.74**	**110.42**	**134.92**
河北省	**Hebei**	**257.98**	**602.07**	**108.18**	**268.89**
石家庄市	Shijiazhuang	346.79	748.53	176.01	485.35
唐山市	Tangshan	431.98	707.51	125.01	105.96
秦皇岛市	Qinhuangdao	259.73	295.72	130.16	207.92
邯郸市	Handan	221.44	544.70	98.80	270.73
邢台市	Xingtai	219.90	592.15	81.95	233.42
保定市	Baoding	119.91	204.69	99.02	230.46
张家口市	Zhangjiakou	143.82	297.81	99.56	269.05
承德市	Chengde	275.93	577.39	114.54	305.84
沧州市	Cangzhou	198.66	875.28	73.17	448.78
廊坊市	Langfang	156.11	282.56	90.56	113.84
衡水市	Hengshui	575.74	1786.66	82.67	464.02
山西省	**Shanxi**	**359.56**	**438.26**	**124.11**	**271.40**
太原市	Taiyuan	240.85	254.19	327.84	414.42
大同市	Datong	299.90	329.38	113.08	116.02
阳泉市	Yangquan	362.58	490.14	134.12	217.52
长治市	Changzhi	346.41	752.38	102.06	304.24
晋城市	Jincheng	407.28	850.63	123.77	461.03
朔州市	Shuozhou	1056.59	967.82	100.56	93.87
晋中市	Jinzhong	173.04	157.22	155.65	199.64
运城市	Yuncheng	603.29	462.30	72.88	252.53
忻州市	Xinzhou	200.26	360.00	124.11	310.74
临汾市	Linfen	223.88	402.11	69.07	189.33
吕梁市	Lvliang	302.88	969.40	70.84	415.67
内蒙古自治区	**Inner Mongolia**	**234.73**	**354.58**	**92.74**	**170.82**
呼和浩特市	Hohhot	262.61	329.13	182.30	301.51
包头市	Baotou	244.54	331.91	125.21	179.01
乌海市	Wuhai	202.91	202.91	83.51	83.51
赤峰市	Chifeng	330.96	312.25	107.30	199.54
通辽市	Tongliao	254.75	415.78	59.27	10.04
鄂尔多斯市	Erdos	215.55	518.29	55.87	320.45
呼伦贝尔市	Hulunbuir	160.62	343.14	87.20	76.80
巴彦淖尔市	Bayannur	173.85	421.48	91.39	199.14
乌兰察布市	Ulanqab	145.77	574.52	34.74	20.54
辽宁省	**Liaoning**	**242.68**	**304.64**	**90.73**	**162.04**
沈阳市	Shenyang	259.24	318.88	142.22	187.72
大连市	Dalian	283.89	311.38	118.72	210.98
鞍山市	Anshan	204.90	272.26	52.20	89.27
抚顺市	Fushun	217.42	252.64	77.23	101.98
本溪市	Benxi	273.11	336.40	128.64	185.72
丹东市	Dandong	260.38	356.43	77.50	195.21
锦州市	Jinzhou	233.20	370.98	75.16	180.61
营口市	Yingkou	239.83	511.59	94.00	197.76

2-37 续表 1 continued

城市	City	每万人在校大学生数 Students Enrollment of Regular Institutions of Higher Education Per 10 000 persons		每万人在校中等职业学生数 Students Enrollment of Vocational Secondary Schools Per 10 000 persons	
		全市 Total City	市辖区 Districts under City	全市 Total City	市辖区 Districts under City
阜新市	Fuxin	279.08	203.02	106.61	235.78
辽阳市	Liaoyang	224.97	280.50	70.86	115.69
盘锦市	Panjin	233.98	272.28	86.56	114.49
铁岭市	Tieling	209.36	456.88	57.95	145.44
朝阳市	Chaoyang	264.09	397.40	58.22	154.32
葫芦岛市	Huludao	160.80		40.14	
吉林省	**Jilin**	**239.82**	**348.46**	**71.34**	**152.58**
长春市	Changchun	268.51	358.75	82.71	157.77
吉林市	Jilin	259.34	348.31	87.42	180.24
四平市	Siping	258.56	500.85	107.61	301.70
辽源市	Liaoyuan	214.26	286.84	61.41	131.20
通化市	Tonghua	233.78	309.55	41.03	110.61
白山市	Baishan	157.74	157.56	51.61	62.84
松原市	Songyuan	194.78	452.83	30.50	88.40
白城市	Baicheng	197.15	289.68	44.41	72.47
黑龙江省	**Heilongjiang**	**170.55**	**229.47**	**65.91**	**82.85**
哈尔滨市	Harbin	206.21	296.00	115.63	127.08
齐齐哈尔市	Qiqihar	129.35	191.32	65.12	146.20
鸡西市	Jixi	145.13	191.14	44.59	52.46
鹤岗市	Hegang	170.45	224.03	76.87	104.64
双鸭山市	Shuangyashan	191.64	236.30	42.10	64.28
大庆市	Daqing	224.89	311.99	24.89	41.44
伊春市	Yichun	164.19	176.70	24.43	35.56
佳木斯市	Jiamusi	149.40	215.22	30.19	20.08
七台河市	Qitaihe	146.66	177.93	32.95	47.64
牡丹江市	Mudanjiang	146.07	132.17	29.59	27.20
黑河市	Heihe	236.86	217.67	117.39	110.43
绥化市	Suihua	128.74	32.95	41.26	2.85
上海市	**Shanghai**	**211.92**	**222.52**	**92.63**	**97.27**
江苏省	**Jiangsu**	**281.88**	**365.16**	**136.17**	**218.06**
南京市	Nanjing	321.28	321.28	195.56	195.56
无锡市	Wuxi	305.78	366.24	160.35	221.83
徐州市	Xuzhou	271.85	384.94	122.46	244.36
常州市	Changzhou	331.43	388.74	177.26	231.63
苏州市	Suzhou	247.39	298.14	124.34	170.13
南通市	Nantong	246.37	335.40	115.89	194.77
连云港市	Lianyungang	294.34	505.68	128.85	321.80
淮安市	Huai'an	309.40	335.30	152.78	172.38
盐城市	Yancheng	236.95	504.55	102.21	329.27
扬州市	Yangzhou	367.96	416.73	202.99	247.23
镇江市	Zhenjiang	260.91	364.31	122.48	233.34
泰州市	Taizhou	210.00	278.43	66.07	115.00
宿迁市	Suqian	322.18	474.39	142.44	310.12
浙江省	**Zhejiang**	**307.21**	**355.89**	**128.96**	**165.18**
杭州市	Hangzhou	326.78	345.52	142.20	162.83
宁波市	Ningbo	302.11	330.44	135.03	152.37

2-37 续表 2 continued

城　市	City	每万人在校大学生数 Students Enrollment of Regular Institutions of Higher Education Per 10 000 persons		每万人在校中等职业学生数 Students Enrollment of Vocational Secondary Schools Per 10 000 persons	
		全市 Total City	市辖区 Districts under City	全市 Total City	市辖区 Districts under City
温州市	Wenzhou	242.49	345.68	79.33	139.08
嘉兴市	Jiaxing	359.29	435.22	161.95	182.63
湖州市	Huzhou	327.11	267.62	127.09	100.84
绍兴市	Shaoxing	385.41	379.92	137.36	163.20
金华市	Jinhua	349.70	573.33	159.12	340.27
衢州市	Quzhou	276.99	359.28	121.70	179.26
舟山市	Zhoushan	220.18	248.26	87.33	107.32
台州市	Taizhou	294.51	317.49	139.41	150.32
丽水市	Lishui	258.61	419.85	121.16	231.14
安徽省	**Anhui**	**292.63**	**358.78**	**140.56**	**210.60**
合肥市	Hefei	410.66	588.41	192.73	351.30
芜湖市	Wuhu	181.18	149.58	155.05	154.03
蚌埠市	Bengbu	330.97	340.83	163.74	174.01
淮南市	Huainan	328.80	380.65	150.61	190.56
马鞍山市	Maanshan	378.22	547.44	167.63	148.53
淮北市	Huaibei	238.44	287.12	147.79	255.39
铜陵市	Tongling	214.47	258.65	161.91	226.53
安庆市	Anqing	422.61	521.58	185.60	215.83
黄山市	Huangshan	301.42	371.61	128.22	143.43
滁州市	Chuzhou	320.52	518.57	143.76	289.24
阜阳市	Fuyang	250.06	200.78	111.02	257.49
宿州市	Suzhou	165.75	159.82	95.00	129.68
六安市	Lu'an	316.72	548.41	116.29	200.05
亳州市	Bozhou	238.90	279.22	112.14	130.04
池州市	Chizhou	423.80	528.01	180.64	274.99
宣城市	Xuancheng	153.70	175.71	135.84	156.00
福建省	**Fujian**	**298.32**	**517.22**	**148.97**	**322.99**
福州市	Fuzhou	413.89	893.36	253.65	675.69
厦门市	Xiamen	429.87	429.87	205.30	205.30
莆田市	Putian	332.34	309.11	132.10	108.08
三明市	Sanming	179.07	344.84	182.75	470.49
泉州市	Quanzhou	335.37	770.36	142.73	450.39
漳州市	Zhangzhou	272.02	544.99	94.54	216.97
南平市	Nanping	178.05	223.92	80.46	102.10
龙岩市	Longyan	188.57	306.00	137.77	517.81
宁德市	Ningde	235.41	348.30	69.98	156.40
江西省	**Jiangxi**	**212.36**	**331.87**	**95.40**	**326.44**
南昌市	Nanchang	194.10	208.59	215.21	477.12
景德镇市	Jingdezhen	232.60	607.01	48.07	73.01
萍乡市	Pingxiang	326.94	435.09	147.12	244.19
九江市	Jiujiang	268.26	558.24	70.42	268.46
新余市	Xinyu	202.14	223.30	264.77	362.68
鹰潭市	Yingtan	274.12	593.80	122.73	347.22
赣州市	Ganzhou	162.84	240.51	92.76	689.02
吉安市	Ji'an	185.80	194.45	98.42	365.88
宜春市	Yichun	229.05	309.72	61.09	167.92
抚州市	Fuzhou	185.65	269.75	40.52	58.50
上饶市	Shangrao	225.40	775.23	54.83	522.66

2-37 续表 3 continued

城市	City	每万人在校大学生数 Students Enrollment of Regular Institutions of Higher Education Per 10 000 persons		每万人在校中等职业学生数 Students Enrollment of Vocational Secondary Schools Per 10 000 persons	
		全市 Total City	市辖区 Districts under City	全市 Total City	市辖区 Districts under City
山东省	**Shandong**	**289.63**	**356.53**	**127.09**	**198.86**
济南市	Jinan	340.67	113.85	211.23	129.09
青岛市	Qingdao	336.01	390.13	173.78	232.17
淄博市	Zibo	366.20	388.07	124.19	142.88
枣庄市	Zaozhuang	314.59	352.62	117.59	153.37
东营市	Dongying	386.38	448.33	140.12	190.99
烟台市	Yantai	356.28	483.38	192.70	298.45
潍坊市	Weifang	400.49	486.24	179.48	289.34
济宁市	Jining	235.16	309.19	76.28	116.48
泰安市	Tai'an	276.32	411.75	103.46	197.07
威海市	Weihai	273.19	457.55	121.10	273.22
日照市	Rizhao	289.69	412.67	138.25	265.75
莱芜市	Laiwu	356.81	356.81	88.18	88.18
临沂市	Linyi	245.73	347.54	74.94	163.18
德州市	Dezhou	146.38	271.87	117.63	381.00
聊城市	Liaocheng	177.97	193.84	59.73	109.75
滨州市	Binzhou	351.64	601.96	216.62	566.15
菏泽市	Heze	241.62	404.11	78.83	226.52
河南省	**Henan**	**267.98**	**419.88**	**118.09**	**300.35**
郑州市	Zhengzhou	185.52	161.97	261.95	363.21
开封市	Kaifeng	303.09	866.01	135.66	609.76
洛阳市	Luoyang	328.83	544.02	145.51	333.18
平顶山市	Pingdingshan	248.89	515.80	101.78	313.48
安阳市	Anyang	198.88	332.84	60.34	164.38
鹤壁市	Hebi	358.32	538.98	184.08	283.26
新乡市	Xinxiang	323.80	608.35	145.96	350.14
焦作市	Jiaozuo	313.32	410.27	164.31	385.19
濮阳市	Puyang	285.77	683.38	134.45	283.25
许昌市	Xuchang	289.36	695.11	127.62	413.56
漯河市	Luohe	282.02	364.12	109.95	169.51
三门峡市	Sanmenxia	378.37	803.01	177.39	508.53
南阳市	Nanyang	224.22	493.79	90.11	275.60
商丘市	Shangqiu	270.49	331.30	84.61	90.39
信阳市	Xinyang	306.84	313.39	101.95	117.42
周口市	Zhoukou	251.53	818.86	57.42	608.46
驻马店市	Zhumadian	253.14	529.12	74.82	280.76
湖北省	**Hubei**	**208.95**	**367.69**	**76.31**	**171.88**
武汉市	Wuhan	297.07	476.44	151.18	242.46
黄石市	Huangshi	190.76	271.16	67.81	184.01
十堰市	Shiyan	159.69	384.03	96.10	246.24
宜昌市	Yichang	232.73	329.43	79.62	114.53
襄阳市	Xiangyang	258.91	353.49	79.56	122.83
鄂州市	Ezhou	226.17	226.17	44.64	44.64
荆门市	Jingmen	204.64	337.19	48.52	80.81

2-37 续表 4 continued

城市	City	每万人在校大学生数 Students Enrollment of Regular Institutions of Higher Education Per 10 000 persons		每万人在校中等职业学生数 Students Enrollment of Vocational Secondary Schools Per 10 000 persons	
		全市 Total City	市辖区 Districts under City	全市 Total City	市辖区 Districts under City
孝感市	Xiaogan	151.29	233.98	38.27	103.23
荆州市	Jingzhou	167.42	248.42	55.12	198.14
黄冈市	Huanggang	181.92	396.94	68.52	459.97
咸宁市	Xianning	204.12	310.22	57.41	87.37
随州市	Suizhou	166.75	444.69	29.56	96.41
湖南省	**Hunan**	**189.12**	**352.97**	**99.07**	**257.28**
长沙市	Changsha	374.84	515.28	178.85	281.06
株洲市	Zhuzhou	125.92	152.39	125.48	386.08
湘潭市	Xiangtan	174.03	281.07	143.59	273.93
衡阳市	Hengyang	149.96	228.97	87.22	410.56
邵阳市	Shaoyang	143.09	182.46	83.02	306.18
岳阳市	Yueyang	149.13	208.30	111.46	267.37
常德市	Changde	239.19	310.14	90.02	126.94
张家界市	Zhangjiajie	141.52	123.65	93.27	110.53
益阳市	Yiyang	189.74	284.96	60.95	115.11
郴州市	Chenzhou	116.88	538.79	72.58	326.40
永州市	Yongzhou	203.70	318.65	78.74	137.94
怀化市	Huaihua	213.38	823.18	99.13	523.42
娄底市	Loudi	165.82	685.34	76.25	346.51
广东省	**Guangdong**	**326.71**	**420.01**	**173.10**	**258.82**
广州市	Guangzhou	212.94	208.82	289.05	330.18
韶关市	Shaoguan	302.46	495.47	106.96	255.74
深圳市	Shenzhen	365.99	365.99	108.27	108.27
珠海市	Zhuhai	289.41	289.41	199.97	199.97
汕头市	Shantou	551.25	554.23	251.96	254.06
佛山市	Foshan	551.54	551.54	253.46	253.46
江门市	Jiangmen	215.09	249.86	171.43	325.78
湛江市	Zhanjiang	246.76	385.51	144.43	400.72
茂名市	Maoming	476.98	834.80	127.20	260.99
肇庆市	Zhaoqing	361.69	1167.13	156.45	829.00
惠州市	Huizhou	282.23	382.80	279.01	
梅州市	Meizhou	237.12	322.18	120.49	337.20
汕尾市	Shanwei	246.49	358.77	68.51	73.19
河源市	Heyuan	203.17	376.30	136.43	1172.15
阳江市	Yangjiang	223.03	263.28	79.07	97.96
清远市	Qingyuan	194.25	239.06	109.81	192.35
东莞市	Dongguan	407.86	407.86	322.98	322.98
中山市	Zhongshan	303.26	303.26	163.37	163.37
潮州市	Chaozhou	772.95	842.50	95.64	134.42
揭阳市	Jieyang	247.01	268.53	220.55	212.25
云浮市	Yunfu	358.21	926.27	139.76	515.56
广西壮族自治区	**Guangxi**	**221.91**	**365.55**	**136.64**	**297.40**
南宁市	Nanning	163.71	209.99	267.05	572.18
柳州市	Liuzhou	389.35	877.01	219.63	568.79
桂林市	Guilin	245.09	607.28	112.54	385.08

2-37 续表 5 continued

城市	City	每万人在校大学生数 Students Enrollment of Regular Institutions of Higher Education Per 10 000 persons		每万人在校中等职业学生数 Students Enrollment of Vocational Secondary Schools Per 10 000 persons	
		全市 Total City	市辖区 Districts under City	全市 Total City	市辖区 Districts under City
梧州市	Wuzhou	155.27	202.99	133.02	319.04
北海市	Beihai	343.26	547.30	151.29	305.93
防城港市	Fangchenggang	148.39	175.82	112.03	96.46
钦州市	Qinzhou	242.88	258.66	125.61	111.70
贵港市	Guigang	281.09	373.36	34.05	54.76
玉林市	Yulin	283.93	632.26	128.43	368.57
百色市	Baise	139.50	477.18	138.21	37.46
贺州市	Hezhou	128.99	127.88	182.62	280.67
河池市	Hechi	159.38	294.54	94.95	438.33
来宾市	Laibin	242.83	295.44	79.89	60.00
崇左市	Chongzuo	95.81	142.65	30.73	95.66
海南省	**Hainan**	**265.30**	**265.30**	**442.66**	**442.66**
海口市	Haikou	274.48	274.48	552.35	552.35
三亚市	Sanya	239.79	239.79	133.19	133.19
三沙市	Sansa				
重庆市	**Chongqing**	**349.67**	**357.41**	**152.74**	**151.64**
四川省	**Sichuan**	**266.86**	**361.62**	**138.13**	**208.76**
成都市	Chengdu	375.87	440.15	196.10	252.79
自贡市	Zigong	225.89	272.21	94.46	157.18
攀枝花市	Panzhihua	381.28	508.84	176.34	257.83
泸州市	Luzhou	325.95	426.62	170.06	246.86
德阳市	Deyang	266.79	485.09	125.78	272.89
绵阳市	Mianyang	330.65	705.60	109.60	226.32
广元市	Guangyuan	332.98	451.98	124.40	218.07
遂宁市	Suining	271.29	316.77	117.74	138.37
内江市	Neijiang	138.47	0.01	124.87	194.89
乐山市	Leshan	265.58	414.19	118.57	228.14
南充市	Nanchong	206.16	257.37	130.74	297.09
眉山市	Meishan	159.78	192.59	144.86	188.51
宜宾市	Yibin	289.52	479.30	136.87	241.59
广安市	Guang'an	323.61	394.28	134.77	158.51
达州市	Dazhou	148.11	86.87	138.08	34.00
雅安市	Ya'an	138.29	148.38	98.17	145.63
巴中市	Bazhong	274.56	344.34	120.27	95.73
资阳市	Ziyang	232.95	269.30	116.29	146.49
贵州省	**Guizhou**	**220.90**	**286.80**	**113.36**	**314.94**
贵阳市	Guiyang	220.08	228.32	404.84	591.80
六盘水市	Liupanshui	250.20	562.40	89.85	201.61
遵义市	Zunyi	290.52	451.10	84.04	237.20
安顺市	Anshun	151.29	235.27	59.44	94.46
毕节市	Bijie	171.59	186.73	56.16	131.31
铜仁市	Tongren	219.45	414.77	78.79	250.72
云南省	**Yunnan**	**249.53**	**489.33**	**129.35**	**420.44**
昆明市	Kunming	484.81	726.99	307.60	526.50
曲靖市	Qujing	205.07	286.84	133.41	941.85

2-37 续表 6 continued

城　市	City	每万人在校大学生数 Students Enrollment of Regular Institutions of Higher Education Per 10 000 persons		每万人在校中等职业学生数 Students Enrollment of Vocational Secondary Schools Per 10 000 persons	
		全市 Total City	市辖区 Districts under City	全市 Total City	市辖区 Districts under City
玉溪市	Yuxi	233.37	233.58	88.94	165.47
保山市	Baoshan	184.13	190.16	104.10	103.59
昭通市	Zhaotong	203.98	377.68	37.83	131.49
丽江市	Lijiang	194.25	331.51	70.09	394.47
普洱市	Pu'er	188.66	670.45	78.56	425.88
临沧市	Lincang	119.54	308.19	82.97	373.59
西藏自治区	**Tibet**	**227.82**	**456.40**	**51.48**	**103.13**
拉萨市	Lasa	227.82	456.40	51.48	103.13
陕西省	**Shaanxi**	**330.46**	**438.36**	**138.56**	**242.43**
西安市	Xi'an	477.04	563.82	262.09	344.21
铜川市	Tongchuan	221.05	238.44	41.88	30.30
宝鸡市	Baoji	215.51	244.42	175.97	311.09
咸阳市	Xianyang	416.94	489.33	146.18	162.86
渭南市	Weinan	246.76	318.69	67.10	116.80
延安市	Yan'an	342.79	539.59	96.85	105.42
汉中市	Hanzhong	264.33	212.59	63.96	48.19
榆林市	Yulin	331.03	825.16	111.08	406.91
安康市	Ankang	283.41	204.86	92.50	82.75
商洛市	Shangluo	226.28	220.63	115.02	92.89
甘肃省	**Gansu**	**329.53**	**384.47**	**114.35**	**197.74**
兰州市	Lanzhou	428.02	486.65	210.49	295.60
嘉峪关市	Jiayuguan	280.90	280.90	308.90	308.90
金昌市	Jinchang	254.12	241.52	62.64	39.91
白银市	Baiyin	395.31	399.47	98.63	144.97
天水市	Tianshui	294.04	359.89	100.42	179.50
武威市	Wuwei	290.72	258.69	91.55	95.26
张掖市	Zhangye	347.33	428.61	109.59	174.53
平凉市	Pingliang	385.14	203.58	127.21	146.54
酒泉市	Jiuquan	218.61	483.89	76.54	218.41
庆阳市	Qingyang	353.71	374.85	110.72	317.21
定西市	Dingxi	367.96	583.50	82.24	194.68
陇南市	Longnan	175.50	196.45	71.44	42.21
青海省	**Qinghai**	**185.99**	**268.40**	**145.88**	**263.87**
西宁市	Xining	186.34	161.78	178.24	326.27
海东市	Haidong	185.53	719.25	102.83	
宁夏回族自治区	**Ningxia**	**327.79**	**465.90**	**139.24**	**213.11**
银川市	Yinchuan	623.01	784.30	304.39	398.55
石嘴山市	Shizuishan	219.48	259.19	46.97	12.59
吴忠市	Wuzhong	215.07	281.80	57.63	52.35
固原市	Guyuan	246.59	300.58	126.31	209.91
中卫市	Zhongwei	213.09	256.86	75.75	127.41
新疆维吾尔自治区	**Xinjiang**	**870.05**	**888.35**	**275.20**	**280.99**
乌鲁木齐市	Urumqi	956.72	979.45	312.36	319.78
克拉玛依市	Karamay	271.13	271.13	18.15	18.15

2-38 剧场、影剧院数及公共图书馆图书藏量

Number of Theaters, Music Halls and Cinemas and Total Collections of Public Libraries

城 市	City	剧场、影剧院数(个) Number of Theaters, Music Halls and Cinemas (unit)		公共图书馆图书总藏量(千册、件) Total Collections of Public Libraries (1000 copies,piece)		每百人公共图书馆藏书(册、件) Collections of Public Libraries per 100 Persons (copy,piece)	
		全市 Total City	市辖区 Districts under City	全市 Total City	市辖区 Districts under City	全市 Total City	市辖区 Districts under City
城市合计	**Prefecture Cities**	**3869**	**2204**	**755449**	**538689**	**59.12**	**130.04**
北京市	**Beijing**	**272**	**264**	**53160**	**52150**	**403.95**	**418.88**
天津市	**Tianjin**	**29**	**26**	**14738**	**14328**	**146.79**	**174.31**
河北省	**Hebei**	**177**	**60**	**18923**	**11256**	**25.49**	**86.78**
石家庄市	Shijiazhuang	20	7	5557	4131	55.40	163.93
唐山市	Tangshan	23	13	2190	1376	29.63	45.41
秦皇岛市	Qinhuangdao	14	7	1151	722	39.28	82.05
邯郸市	Handan	11	3	1582	644	15.92	46.33
邢台市	Xingtai	28	6	1301	427	17.05	49.08
保定市	Baoding	35	7	1918	753	16.48	70.37
张家口市	Zhangjiakou	3		1355	651	29.01	76.59
承德市	Chengde	17	9	87	43	2.30	7.29
沧州市	Cangzhou	5	3	1191	541	15.80	102.08
廊坊市	Langfang	6	3	2037	1513	48.27	184.51
衡水市	Hengshui	15	2	553	454	12.34	110.73
山西省	**Shanxi**	**135**	**45**	**16831**	**9534**	**47.34**	**94.77**
太原市	Taiyuan	19	16	6591	6331	179.59	222.14
大同市	Datong	11	5	718	398	21.31	22.49
阳泉市	Yangquan	4	2	725	557	54.51	78.45
长治市	Changzhi	8	3	1660	605	48.97	85.21
晋城市	Jincheng	13	5	438	89	20.00	24.05
朔州市	Shuozhou	7	3	752	515	43.22	71.53
晋中市	Jinzhong	13	1	1263	290	38.27	47.54
运城市	Yuncheng	14	2	1215	225	23.28	32.61
忻州市	Xinzhou	15	2	826	181	26.56	32.91
临汾市	Linfen	23	5	1516	231	35.50	28.52
吕梁市	Lvliang	8	1	1127	113	28.60	40.36
内蒙古自治区	**Inner Mongolia**	**93**	**58**	**15844**	**8580**	**72.88**	**124.17**
呼和浩特市	Hohhot	14	10	3141	2875	134.23	230.00
包头市	Baotou	17	16	3036	2958	134.93	202.60
乌海市	Wuhai	5	5	659	659	119.82	119.82
赤峰市	Chifeng	8	4	1613	474	34.76	37.92
通辽市	Tongliao	6	5	914	300	28.47	34.88
鄂尔多斯市	Erdos	15	8	3687	645	239.42	238.89
呼伦贝尔市	Hulunbuir	15	4	1866	49	73.75	13.24
巴彦淖尔市	Bayannur	6	2	670	570	36.61	95.00
乌兰察布市	Ulanqab	7	4	258	50	9.12	16.13
辽宁省	**Liaoning**	**128**	**92**	**38737**	**33294**	**91.40**	**173.95**
沈阳市	Shenyang	45	45	12721	12364	174.98	235.50
大连市	Dalian	6	6	14512	13176	245.55	437.74
鞍山市	Anshan	11	8	2408	2088	68.80	138.28
抚顺市	Fushun	8	7	1101	929	50.50	64.97
本溪市	Benxi	5	3	1033	874	67.96	92.98
丹东市	Dandong	9	3	955	124	39.79	15.90
锦州市	Jinzhou	7	4	1396	896	45.62	91.43
营口市	Yingkou	2	2	1341	774	57.55	84.13

2-38 续表 1 continued

城市	City	剧场、影剧院数（个）Number of Theaters, Music Halls and Cinemas (unit)		公共图书馆图书总藏量（千册、件）Total Collections of Public Libraries (1000 copies,piece)		每百人公共图书馆藏书（册、件）Collections of Public Libraries per 100 Persons (copy,piece)	
		全市 Total City	市辖区 Districts under City	全市 Total City	市辖区 Districts under City	全市 Total City	市辖区 Districts under City
阜新市	Fuxin	3	1	376	268	19.69	34.36
辽阳市	Liaoyang	2	2	1085	891	60.28	101.25
盘锦市	Panjin	3	1	578	401	44.81	62.66
铁岭市	Tieling	7	2	64	37	2.12	8.41
朝阳市	Chaoyang	5	2	833	437	24.50	71.64
葫芦岛市	Huludao	15	6	335	35	11.96	3.57
吉林省	**Jilin**	**47**	**38**	**13979**	**11042**	**56.73**	**128.25**
长春市	Changchun	30	26	8150	7750	108.23	212.91
吉林市	Jilin	4	3	2131	1597	49.67	87.75
四平市	Siping	2	1	648	473	19.76	80.17
辽源市	Liaoyuan	1	1	349	234	28.61	49.79
通化市	Tonghua	1	1	827	286	37.25	65.00
白山市	Baishan	4	3	746	228	58.74	39.31
松原市	Songyuan	1	1	668	215	23.60	37.72
白城市	Baicheng	4	2	460	259	23.12	51.80
黑龙江省	**Heilongjiang**	**178**	**109**	**17060**	**12969**	**45.82**	**95.22**
哈尔滨市	Harbin	80	59	7704	7029	77.43	148.29
齐齐哈尔市	Qiqihar	17	8	1646	1068	29.55	77.39
鸡西市	Jixi	4	1	359	135	19.20	15.88
鹤岗市	Hegang	1	1	410	290	37.96	43.28
双鸭山市	Shuangyashan	3	1	207	198	13.80	40.41
大庆市	Daqing	15	12	2540	2219	89.75	163.16
伊春市	Yichun	8	6	856	719	69.59	91.01
佳木斯市	Jiamusi	15	4	471	282	19.46	35.70
七台河市	Qitaihe	9	7	229	170	24.89	29.82
牡丹江市	Mudanjiang	7	6	1060	607	40.93	68.20
黑河市	Heihe	6	1	318	111	18.49	52.86
绥化市	Suihua	13	3	1259	141	22.64	16.21
上海市	**Shanghai**	**116**	**114**	**72390**	**71849**	**505.52**	**526.75**
江苏省	**Jiangsu**	**270**	**154**	**60386**	**37121**	**79.28**	**115.71**
南京市	Nanjing	54	54	15053	15053	234.11	234.11
无锡市	Wuxi	66	32	3921	2538	83.07	104.44
徐州市	Xuzhou	9	4	2994	1519	29.73	46.60
常州市	Changzhou	7	5	2849	2279	77.84	98.23
苏州市	Suzhou	30	13	13539	3512	207.02	105.47
南通市	Nantong	30	16	5284	2140	68.89	100.94
连云港市	Lianyungang	7	2	2977	1551	57.25	158.27
淮安市	Huai'an	16	8	2081	1461	37.63	50.91
盐城市	Yancheng	14	4	2652	1076	32.18	64.05
扬州市	Yangzhou	6	2	3270	2614	71.09	113.16
镇江市	Zhenjiang	4	2	2559	1638	94.08	159.03
泰州市	Taizhou	20	8	2177	1198	42.85	73.50
宿迁市	Suqian	7	4	1030	542	18.01	32.26
浙江省	**Zhejiang**	**300**	**145**	**57245**	**34589**	**118.59**	**204.91**
杭州市	Hangzhou	60	50	17979	15990	254.30	354.55
宁波市	Ningbo	48	26	6678	4564	115.14	200.18

2-38 续表 2 continued

城 市	City	剧场、影剧院数（个）Number of Theaters, Music Halls and Cinemas (unit)		公共图书馆图书总藏量（千册、件）Total Collections of Public Libraries (1000 copies,piece)		每百人公共图书馆藏书（册、件）Collections of Public Libraries per 100 Persons (copy,piece)	
		全市 Total City	市辖区 Districts under City	全市 Total City	市辖区 Districts under City	全市 Total City	市辖区 Districts under City
温州市	Wenzhou	10	4	10510	5130	130.24	339.74
嘉兴市	Jiaxing	37	7	7920	2347	228.90	276.12
湖州市	Huzhou	5	3	2019	987	77.06	89.73
绍兴市	Shaoxing	34	20	2964	1935	67.06	89.17
金华市	Jinhua	20	6	2562	484	54.16	50.95
衢州市	Quzhou	14	7	1417	780	55.79	92.86
舟山市	Zhoushan	7	3	1285	949	132.47	133.66
台州市	Taizhou	44	13	2398	1109	40.37	70.19
丽水市	Lishui	21	6	1514	315	57.35	78.75
安徽省	**Anhui**	**139**	**88**	**21239**	**11424**	**30.65**	**57.76**
合肥市	Hefei	41	37	4327	3835	60.77	159.13
芜湖市	Wuhu	9	6	1506	737	39.12	54.19
蚌埠市	Bengbu	7	6	1068	843	29.10	81.06
淮南市	Huainan	1		398	320	16.38	17.88
马鞍山市	Maanshan	6	6	1061	886	46.54	108.05
淮北市	Huaibei	5	5	835	770	38.84	71.96
铜陵市	Tongling	3	2	671	513	90.68	114.00
安庆市	Anqing	25	9	3837	781	61.69	106.99
黄山市	Huangshan	10	6	2229	1806	151.63	410.45
滁州市	Chuzhou	2	1	722	122	16.08	22.59
阜阳市	Fuyang	6	2	569	138	5.40	6.39
宿州市	Suzhou	3	1	274	42	4.27	2.25
六安市	Lu'an	1		2214	297	30.88	15.71
亳州市	Bozhou	11	3	403	200	6.37	11.98
池州市	Chizhou	7	3	394	100	24.32	14.93
宣城市	Xuancheng	2	1	731	34	26.11	3.91
福建省	**Fujian**	**113**	**53**	**26575**	**10353**	**73.33**	**108.75**
福州市	Fuzhou	31	19	3837	1351	58.58	69.28
厦门市	Xiamen	5	5	4557	4557	231.32	231.32
莆田市	Putian	4	2	868	750	25.99	33.63
三明市	Sanming	14	5	2646	432	95.18	154.29
泉州市	Quanzhou	23	9	5234	1338	74.35	127.43
漳州市	Zhangzhou	10	3	4428	281	90.55	49.30
南平市	Nanping	8	3	2020	447	63.92	89.40
龙岩市	Longyan	12	6	1782	863	58.81	172.60
宁德市	Ningde	6	1	1202	333	34.64	70.85
江西省	**Jiangxi**	**150**	**43**	**19560**	**7997**	**40.59**	**85.99**
南昌市	Nanchang	9	7	4937	4182	96.80	185.04
景德镇市	Jingdezhen	4	3	780	13	46.99	2.77
萍乡市	Pingxiang	9	7	880	654	45.36	75.17
九江市	Jiujiang	5	1	1956	730	38.50	112.31
新余市	Xinyu	2	1	616	534	50.91	60.00
鹰潭市	Yingtan	6	3	392	262	31.36	113.91
赣州市	Ganzhou	13	4	3039	481	32.71	72.88
吉安市	Ji'an	27	5	2940	605	57.76	108.04
宜春市	Yichun	33	5	1289	189	22.30	17.18
抚州市	Fuzhou	22	5	1433	183	34.12	15.38
上饶市	Shangrao	20	2	1298	165	17.08	40.24

2-38 续表 3 continued

城市	City	剧场、影剧院数（个）Number of Theaters, Music Halls and Cinemas (unit)		公共图书馆图书总藏量（千册、件）Total Collections of Public Libraries (1000 copies,piece)		每百人公共图书馆藏书（册、件）Collections of Public Libraries per 100 Persons (copy,piece)	
		全市 Total City	市辖区 Districts under City	全市 Total City	市辖区 Districts under City	全市 Total City	市辖区 Districts under City
山东省	**Shandong**	**277**	**141**	**48753**	**30773**	**50.72**	**103.09**
济南市	Jinan	25	20	10932	10545	178.34	297.04
青岛市	Qingdao	40	30	5457	4450	70.50	121.58
淄博市	Zibo	8	4	2236	1620	52.61	57.45
枣庄市	Zaozhuang	6	2	1154	346	29.14	15.24
东营市	Dongying	22	17	1560	941	83.42	112.02
烟台市	Yantai	26	9	6342	3150	97.42	173.08
潍坊市	Weifang	36	12	3494	1165	39.57	63.32
济宁市	Jining	9	5	2329	1236	27.46	69.44
泰安市	Tai'an	4	2	1500	711	26.83	44.44
威海市	Weihai	14	8	3248	739	127.87	111.97
日照市	Rizhao	9	7	413	108	14.24	8.31
莱芜市	Laiwu			486	486	38.27	38.27
临沂市	Linyi	28	13	3213	1641	29.48	65.38
德州市	Dezhou	14	4	1397	560	24.13	91.80
聊城市	Liaocheng	7	3	2329	2329	38.95	200.78
滨州市	Binzhou	8	1	1433	286	37.51	44.00
菏泽市	Heze	21	4	1230	460	12.85	30.67
河南省	**Henan**	**165**	**73**	**21246**	**13309**	**19.53**	**60.30**
郑州市	Zhengzhou	14	11	6331	4945	68.89	95.65
开封市	Kaifeng	6	6	756	560	13.67	64.37
洛阳市	Luoyang	25	14	1725	981	24.93	50.83
平顶山市	Pingdingshan	8	2	1244	661	23.12	67.45
安阳市	Anyang	18	13	1070	779	17.77	68.33
鹤壁市	Hebi	6	5	497	395	29.94	62.70
新乡市	Xinxiang	10	4	1230	739	19.68	71.06
焦作市	Jiaozuo	10	4	1010	447	27.45	45.61
濮阳市	Puyang	5	1	581	357	13.93	52.50
许昌市	Xuchang	6	1	1086	570	21.76	135.71
漯河市	Luohe	1	1	415	300	15.15	21.58
三门峡市	Sanmenxia	6	1	1327	761	58.46	253.67
南阳市	Nanyang	13	2	1169	753	9.98	40.48
商丘市	Shangqiu	8	2	804	310	8.53	16.94
信阳市	Xinyang	9	3	876	392	10.19	26.13
周口市	Zhoukou	9	1	623	202	5.51	38.11
驻马店市	Zhumadian	11	2	503	158	5.61	19.51
湖北省	**Hubei**	**217**	**101**	**26555**	**18246**	**49.79**	**120.28**
武汉市	Wuhan	115	61	12237	11625	148.87	226.61
黄石市	Huangshi	6	4	1269	1025	48.44	162.70
十堰市	Shiyan	4	2	948	631	27.32	116.85
宜昌市	Yichang	23	9	2273	1022	56.83	80.47
襄阳市	Xiangyang	9	4	1570	103	26.39	4.54
鄂州市	Ezhou	2	2	389	389	35.36	35.36
荆门市	Jingmen	7	5	1076	776	35.75	115.82

2-38 续表 4 continued

城 市	City	剧场、影剧院数（个）Number of Theaters, Music Halls and Cinemas (unit)		公共图书馆图书总藏量（千册、件）Total Collections of Public Libraries (1000 copies,piece)		每百人公共图书馆藏书（册、件）Collections of Public Libraries per 100 Persons (copy,piece)	
		全市 Total City	市辖区 Districts under City	全市 Total City	市辖区 Districts under City	全市 Total City	市辖区 Districts under City
孝感市	Xiaogan	4		865	478	16.41	49.79
荆州市	Jingzhou	10	5	1148	674	17.37	60.18
黄冈市	Huanggang	28	6	1670	80	22.27	22.22
咸宁市	Xianning	2		848	212	28.17	34.19
随州市	Suizhou	7	3	2263	1232	87.71	246.40
湖南省	**Hunan**	**117**	**56**	**24509**	**16031**	**35.76**	**118.48**
长沙市	Changsha	16	15	10174	9691	153.45	324.11
株洲市	Zhuzhou	2	2	1340	555	33.50	58.42
湘潭市	Xiangtan	10	5	1300	1070	44.83	121.59
衡阳市	Hengyang	5	2	1802	850	22.93	91.40
邵阳市	Shaoyang	9	3	1448	502	17.92	72.75
岳阳市	Yueyang	12	6	911	707	16.27	65.46
常德市	Changde	20	7	1447	572	23.84	41.15
张家界市	Zhangjiajie	8	4	216	49	12.63	9.25
益阳市	Yiyang	6	4	1078	489	22.46	35.96
郴州市	Chenzhou	6	1	1148	418	22.42	56.49
永州市	Yongzhou	6	2	1201	462	19.28	40.17
怀化市	Huaihua	13	3	1531	538	29.73	145.41
娄底市	Loudi	4	2	913	128	20.80	26.67
广东省	**Guangdong**	**287**	**207**	**81521**	**72774**	**93.21**	**188.34**
广州市	Guangzhou	54	52	18541	17884	222.85	260.32
韶关市	Shaoguan	13	5	1167	582	35.58	63.26
深圳市	Shenzhen			28544	28544	920.77	920.77
珠海市	Zhuhai	14	14	1160	1160	106.42	106.42
汕头市	Shantou	10	9	2870	2839	53.15	53.26
佛山市	Foshan	47	47	3611	3611	94.53	94.53
江门市	Jiangmen	2	1	2210	1140	56.23	81.43
湛江市	Zhanjiang	4	2	1380	893	17.16	56.16
茂名市	Maoming	5	2	975	326	12.86	23.97
肇庆市	Zhaoqing	13	5	1792	302	41.67	54.91
惠州市	Huizhou	7	2	1173	676	34.20	48.63
梅州市	Meizhou	19	7	1180	503	22.48	51.86
汕尾市	Shanwei	31	13	282	132	7.99	25.38
河源市	Heyuan	5	2	620	160	17.17	53.33
阳江市	Yangjiang	1	1	725	500	25.44	72.46
清远市	Qingyuan	9	3	974	471	23.76	35.15
东莞市	Dongguan	13	13	10607	10607	561.22	561.22
中山市	Zhongshan	20	20	1337	1337	86.82	86.82
潮州市	Chaozhou	6	5	485	483	18.16	29.63
揭阳市	Jieyang	5	2	971	388	14.22	18.93
云浮市	Yunfu	9	2	917	239	31.62	77.10
广西壮族自治区	**Guangxi**	**98**	**46**	**24297**	**14661**	**44.88**	**103.61**
南宁市	Nanning	18	15	8424	7239	116.35	258.54
柳州市	Liuzhou	3	3	1847	1227	49.65	105.78
桂林市	Guilin	23	7	4124	2576	79.00	334.55

2-38 续表 5 continued

城　市	City	剧场、影剧院数（个）Number of Theaters, Music Halls and Cinemas (unit)		公共图书馆图书总藏量（千册、件）Total Collections of Public Libraries (1000 copies,piece)		每百人公共图书馆藏书（册、件）Collections of Public Libraries per 100 Persons (copy,piece)	
		全市 Total City	市辖区 Districts under City	全市 Total City	市辖区 Districts under City	全市 Total City	市辖区 Districts under City
梧州市	Wuzhou	6	2	1029	565	30.63	108.65
北海市	Beihai	6	4	554	359	32.78	56.09
防城港市	Fangchenggang	4	1	302	187	32.47	34.00
钦州市	Qinzhou	3	2	962	521	24.23	35.68
贵港市	Guigang	7	4	793	294	14.74	15.08
玉林市	Yulin			1704	612	24.31	57.74
百色市	Baise	12	2	1387	173	33.67	49.43
贺州市	Hezhou	3	1	634	205	27.09	17.98
河池市	Hechi	3	2	1081	197	26.11	57.94
来宾市	Laibin	8	3	761	366	29.73	34.86
崇左市	Chongzuo	2		695	140	28.14	37.84
海南省	**Hainan**	**11**	**11**	**933**	**933**	**42.22**	**42.22**
海口市	Haikou	9	9	573	573	35.15	35.15
三亚市	Sanya	2	2	360	360	62.07	62.07
三沙市	Sansa						
重庆市	**Chongqing**	**12**	**6**	**11289**	**9215**	**33.62**	**51.57**
四川省	**Sichuan**	**174**	**84**	**17510**	**8888**	**20.79**	**35.02**
成都市	Chengdu	21	14	1908	1063	16.06	18.81
自贡市	Zigong	5	3	471	360	14.27	23.84
攀枝花市	Panzhihua	5	4	839	580	74.91	84.06
泸州市	Luzhou	7	3	1203	779	23.68	51.93
德阳市	Deyang	9	4	765	150	19.52	21.74
绵阳市	Mianyang	17	10	1802	596	32.94	47.68
广元市	Guangyuan	32	6	1075	418	34.68	44.95
遂宁市	Suining	7	3	490	303	12.93	19.93
内江市	Neijiang	9	5	524	279	12.27	19.51
乐山市	Leshan	1	1	576	247	16.18	21.29
南充市	Nanchong	3	2	1041	535	13.72	27.16
眉山市	Meishan	5	3	306	41	8.69	4.71
宜宾市	Yibin	15	11	1208	621	21.96	48.90
广安市	Guang'an	6	1	1685	1290	35.85	101.57
达州市	Dazhou	12	3	1072	235	15.58	39.83
雅安市	Ya'an	2	2	743	427	47.32	68.87
巴中市	Bazhong	11	7	568	118	14.56	8.68
资阳市	Ziyang	7	2	1234	848	24.34	77.09
贵州省	**Guizhou**	**33**	**16**	**8709**	**3464**	**28.39**	**53.05**
贵阳市	Guiyang	5	3	2859	2666	75.44	116.93
六盘水市	Liupanshui	4	4	420		12.92	
遵义市	Zunyi	16	2	4200	350	53.98	39.77
安顺市	Anshun	4	4	510	250	17.83	28.41
毕节市	Bijie			161	60	1.85	3.87
铜仁市	Tongren	4	3	559	138	13.03	30.00
云南省	**Yunnan**	**46**	**24**	**7787**	**2739**	**27.21**	**42.47**
昆明市	Kunming	7	3	2747	1285	50.22	46.73
曲靖市	Qujing	8	6	112	84	1.74	11.67

2-38 续表 6 continued

城 市	City	剧场、影剧院数（个）Number of Theaters, Music Halls and Cinemas (unit)		公共图书馆图书总藏量（千册、件）Total Collections of Public Libraries (1000 copies,piece)		每百人公共图书馆藏书（册、件）Collections of Public Libraries per 100 Persons (copy,piece)	
		全市 Total City	市辖区 Districts under City	全市 Total City	市辖区 Districts under City	全市 Total City	市辖区 Districts under City
玉溪市	Yuxi	22	8	1243	610	57.81	141.86
保山市	Baoshan	4	3	723	174	28.13	18.91
昭通市	Zhaotong			809	83	13.78	9.65
丽江市	Lijiang	3	2	510	70	42.50	46.67
普洱市	Pu'er			843	40	32.67	12.90
临沧市	Lincang	2	2	799	393	33.86	122.81
西藏自治区	**Tibet**	**4**					
拉萨市	Lasa	4					
陕西省	**Shaanxi**	**143**	**71**	**15105**	**8945**	**38.33**	**68.33**
西安市	Xi'an	49	44	6647	6134	82.37	105.58
铜川市	Tongchuan	8	6	677	615	78.72	80.92
宝鸡市	Baoji	16	6	1309	851	33.91	59.51
咸阳市	Xianyang	11	1	1275	434	23.92	47.17
渭南市	Weinan	11	1	975	94	17.11	9.49
延安市	Yan'an	2	2	1021	258	42.90	54.89
汉中市	Hanzhong	4	2	792	201	20.52	35.26
榆林市	Yulin	26	6	1166	140	30.93	25.45
安康市	Ankang	8	1	734	101	23.83	9.90
商洛市	Shangluo	8	2	510	117	20.32	21.27
甘肃省	**Gansu**	**87**	**46**	**7801**	**3178**	**31.20**	**37.04**
兰州市	Lanzhou	18	17	1080	900	29.27	36.44
嘉峪关市	Jiayuguan	5	5	238	238	119.00	119.00
金昌市	Jinchang	4	4	373	246	79.36	106.96
白银市	Baiyin	3	2	716	475	40.45	96.94
天水市	Tianshui	7	3	775	507	20.50	38.12
武威市	Wuwei	1	1	321	252	16.98	24.71
张掖市	Zhangye	6	1	964	203	73.59	39.04
平凉市	Pingliang	9	3	694	85	29.91	16.67
酒泉市	Jiuquan	10	2	500	110	45.05	26.83
庆阳市	Qingyang	6	3	634	22	24.02	5.79
定西市	Dingxi	9	2	654	125	21.80	26.60
陇南市	Longnan	9	3	852	16	30.11	2.86
青海省	**Qinghai**	**10**	**9**	**2208**	**1575**	**55.62**	**102.94**
西宁市	Xining	9	9	1764	1475	77.71	118.95
海东市	Haidong	1		444	100	26.12	34.48
宁夏回族自治区	**Ningxia**	**32**	**15**	**5550**	**2463**	**82.96**	**89.24**
银川市	Yinchuan	12	9	3161	1031	182.72	100.10
石嘴山市	Shizuishan	2	1	582	477	75.58	103.70
吴忠市	Wuzhong	5	1	896	424	62.22	106.00
固原市	Guyuan	10	3	517	296	33.57	64.35
中卫市	Zhongwei	3	1	394	235	32.56	57.32
新疆维吾尔自治区	**Xinjiang**	**9**	**9**	**5011**	**5010**	**166.48**	**169.83**
乌鲁木齐市	Urumqi	4	4	3131	3130	119.05	121.79
克拉玛依市	Karamay	5	5	1880	1880	494.74	494.74

2-39 医院、卫生院数，床位数和医生数

Number of Hospitals, Health centers, Beds and Doctors

城市	City	医院、卫生院数 (个) Number of Hospitals and Health centers (unit)		医院、卫生院床位数 (张) Number of Beds of Hospitals and Health Centers (bed)		医生数(执业医师+执业助理医师) (人) Number of Doctors (Licensed Doctors+ Assistant Doctors) (person)	
		全市 Total City	市辖区 Districts under City	全市 Total City	市辖区 Districts under City	全市 Total City	市辖区 Districts under City
城市合计	**Prefecture Cities**	**70986**	**22124**	**5480548**	**2956346**	**2684703**	**1463525**
北京市	**Beijing**	**647**	**631**	**115278**	**113395**	**85819**	**83407**
天津市	**Tianjin**	**482**	**399**	**53062**	**48690**	**32059**	**28766**
河北省	**Hebei**	**3154**	**527**	**289636**	**109566**	**150197**	**55552**
石家庄市	Shijiazhuang	394	91	47819	24855	27059	13873
唐山市	Tangshan	345	103	38278	20875	18134	9072
秦皇岛市	Qinhuangdao	64	42	13926	6817	7629	3916
邯郸市	Handan	381	77	35580	13018	15510	5814
邢台市	Xingtai	302	54	26805	7387	14019	3752
保定市	Baoding	440	40	34900	9191	20429	5039
张家口市	Zhangjiakou	277	27	19279	7423	7129	3013
承德市	Chengde	251	15	15724	4519	7684	2240
沧州市	Cangzhou	301	13	26632	7248	15497	3774
廊坊市	Langfang	184	32	15547	3763	8651	2365
衡水市	Hengshui	215	33	15146	4470	8456	2694
山西省	**Shanxi**	**3677**	**888**	**168586**	**79479**	**107024**	**47390**
太原市	Taiyuan	244	180	33515	29885	18913	17442
大同市	Datong	258	100	15879	10976	8712	6450
阳泉市	Yangquan	78	42	6668	5245	3746	2810
长治市	Changzhi	286	95	14544	7201	7716	4060
晋城市	Jincheng	177	35	9159	3289	5830	2364
朔州市	Shuozhou	163	54	6758	2285	3478	1424
晋中市	Jinzhong	262	32	13033	3504	6666	2119
运城市	Yuncheng	427	72	29573	6475	20595	3678
忻州市	Xinzhou	772	139	12187	3519	11812	2965
临汾市	Linfen	324	75	16488	5382	9493	3032
吕梁市	Lvliang	686	64	10782	1718	10063	1046
内蒙古自治区	**Inner Mongolia**	**1929**	**739**	**103366**	**58863**	**54767**	**27842**
呼和浩特市	Hohhot	155	87	13558	12925	5394	3901
包头市	Baotou	118	59	14109	12477	8104	7042
乌海市	Wuhai	333	333	3862	3862	1661	1661
赤峰市	Chifeng	316	89	21550	10309	10568	4760
通辽市	Tongliao	224	49	12764	6676	6624	2625
鄂尔多斯市	Erdos	175	42	9872	4101	6893	2546
呼伦贝尔市	Hulunbuir	232	18	13154	2972	7331	1703
巴彦淖尔市	Bayannur	152	41	7573	3572	4237	1968
乌兰察布市	Ulanqab	224	21	6924	1969	3955	1636
辽宁省	**Liaoning**	**5879**	**1462**	**231704**	**154075**	**98535**	**66686**
沈阳市	Shenyang	314	256	53515	50129	23392	21686
大连市	Dalian	216	107	36931	24282	17487	13161
鞍山市	Anshan	152	58	19018	11986	5412	3413
抚顺市	Fushun	99	51	10433	8128	5207	4141
本溪市	Benxi	66	30	10357	7653	2969	2292
丹东市	Dandong	121	37	14198	6388	5543	1732
锦州市	Jinzhou	106	19	11476	7058	5082	2765
营口市	Yingkou	123	57	10714	6388	5052	3169

2-39 续表 1 continued

城 市	City	医院、卫生院数 (个) Number of Hospitals and Health centers (unit)		医院、卫生院床位数 (张) Number of Beds of Hospitals and Health Centers (bed)		医生数(执业医师+执业助理医师) (人) Number of Doctors (Licensed Doctors+ Assistant Doctors) (person)	
		全市 Total City	市辖区 Districts under City	全市 Total City	市辖区 Districts under City	全市 Total City	市辖区 Districts under City
阜新市	Fuxin	107	41	9680	7077	2776	1849
辽阳市	Liaoyang	94	47	11270	7924	4024	2846
盘锦市	Panjin	1120	590	7784	6233	3893	3104
铁岭市	Tieling	116	16	9202	2634	5855	1876
朝阳市	Chaoyang	193	29	13785	4265	4319	1306
葫芦岛市	Huludao	3052	124	13341	3930	7524	3346
吉林省	**Jilin**	**1213**	**425**	**113846**	**65610**	**56050**	**28940**
长春市	Changchun	299	145	43261	32282	18464	13030
吉林市	Jilin	227	114	20728	12559	10590	6394
四平市	Siping	149	36	13095	5834	6498	2267
辽源市	Liaoyuan	60	16	5462	2705	2656	1438
通化市	Tonghua	130	23	10753	3545	5409	1393
白山市	Baishan	95	30	6562	3495	3325	1564
松原市	Songyuan	127	26	7657	2766	4743	1487
白城市	Baicheng	126	35	6328	2424	4365	1367
黑龙江省	**Heilongjiang**	**2681**	**1144**	**180023**	**119667**	**79409**	**42839**
哈尔滨市	Harbin	446	275	60077	55157	22372	16551
齐齐哈尔市	Qiqihar	988	429	23706	13889	9021	7966
鸡西市	Jixi	124	48	9890	4993	3612	1250
鹤岗市	Hegang	72	39	7383	5153	2762	964
双鸭山市	Shuangyashan	98	30	7313	3005	3400	1312
大庆市	Daqing	157	88	14745	11836	8929	5939
伊春市	Yichun	64	41	5621	5171	1874	1620
佳木斯市	Jiamusi	168	55	11758	6606	5192	1826
七台河市	Qitaihe	48	38	3601	3141	1647	1236
牡丹江市	Mudanjiang	146	54	14318	8662	4731	2517
黑河市	Heihe	144	18	7514	849	7559	1097
绥化市	Suihua	226	29	14097	1205	8310	561
上海市	**Shanghai**	**629**	**586**	**113066**	**109861**	**46250**	**45060**
江苏省	**Jiangsu**	**2556**	**1044**	**341243**	**189462**	**169661**	**94758**
南京市	Nanjing	208	208	37186	37186	20662	20662
无锡市	Wuxi	164	85	29216	17667	14767	9327
徐州市	Xuzhou	277	106	40179	22393	16175	8093
常州市	Changzhou	103	60	19157	14618	10850	8067
苏州市	Suzhou	263	110	49341	26051	24296	12168
南通市	Nantong	310	72	32264	13833	15579	6798
连云港市	Lianyungang	157	38	16044	5756	7647	3514
淮安市	Huai'an	178	84	21681	12461	11173	6528
盐城市	Yancheng	274	53	28878	7939	15008	3864
扬州市	Yangzhou	136	63	17054	11095	9276	5808
镇江市	Zhenjiang	88	36	12646	7287	7204	3707
泰州市	Taizhou	176	56	18646	7131	9567	3968
宿迁市	Suqian	222	73	18951	6045	7457	2254
浙江省	**Zhejiang**	**2213**	**710**	**218531**	**120090**	**139796**	**70793**
杭州市	Hangzhou	301	156	47350	39489	29686	23886
宁波市	Ningbo	219	84	28053	16930	19949	11025

2-39 续表 2 continued

城市	City	医院、卫生院数（个）Number of Hospitals and Health centers (unit)		医院、卫生院床位数（张）Number of Beds of Hospitals and Health Centers (bed)		医生数(执业医师+执业助理医师)（人）Number of Doctors (Licensed Doctors+Assistant Doctors) (person)	
		全市 Total City	市辖区 Districts under City	全市 Total City	市辖区 Districts under City	全市 Total City	市辖区 Districts under City
温州市	Wenzhou	378	95	29165	14481	21093	7823
嘉兴市	Jiaxing	127	34	18398	7228	8837	3177
湖州市	Huzhou	111	24	11694	5607	6569	3206
绍兴市	Shaoxing	158	77	19850	11069	11605	6337
金华市	Jinhua	260	67	21676	7099	13374	3601
衢州市	Quzhou	152	50	8828	4112	6615	3050
舟山市	Zhoushan	72	45	4621	3834	2847	2294
台州市	Taizhou	201	50	19033	6214	13338	4345
丽水市	Lishui	234	28	9863	4027	5883	2049
安徽省	**Anhui**	**2610**	**923**	**221994**	**113342**	**98630**	**48841**
合肥市	Hefei	481	235	37739	26759	16353	11013
芜湖市	Wuhu	129	54	13755	9855	6920	4519
蚌埠市	Bengbu	134	66	15353	9100	5487	3268
淮南市	Huainan	109	84	10741	10046	4918	4148
马鞍山市	Maanshan	91	34	6847	3699	3919	2319
淮北市	Huaibei	102	63	9526	6228	3996	2580
铜陵市	Tongling	32	19	4448	3875	2023	1607
安庆市	Anqing	213	33	17056	5601	8313	2374
黄山市	Huangshan	131	45	5829	2700	2933	1310
滁州市	Chuzhou	157	17	13730	3301	5813	1434
阜阳市	Fuyang	252	70	25523	8862	10254	3632
宿州市	Suzhou	171	52	16168	6733	7696	3224
六安市	Lu'an	201	50	17587	6572	7941	3166
亳州市	Bozhou	131	38	13063	4203	4470	1542
池州市	Chizhou	88	35	5255	2631	2869	1348
宣城市	Xuancheng	188	28	9374	3177	4725	1357
福建省	**Fujian**	**1412**	**370**	**149001**	**69870**	**66521**	**37367**
福州市	Fuzhou	230	78	29146	19177	16880	12271
厦门市	Xiamen	53	53	12170	12170	8669	8669
莆田市	Putian	82	59	10088	7759	4630	3834
三明市	Sanming	164	13	12249	2505	4640	1219
泉州市	Quanzhou	244	58	27893	10631	12041	4885
漳州市	Zhangzhou	174	35	16819	5516	6414	2514
南平市	Nanping	170	28	15062	3581	4967	1311
龙岩市	Longyan	152	26	14425	5814	3667	1531
宁德市	Ningde	143	20	11149	2717	4613	1133
江西省	**Jiangxi**	**2142**	**401**	**159029**	**65434**	**70622**	**27654**
南昌市	Nanchang	181	73	23664	17896	11369	8567
景德镇市	Jingdezhen	70	17	6740	3894	2756	1893
萍乡市	Pingxiang	82	40	8848	5592	4021	2662
九江市	Jiujiang	260	27	17275	8112	8730	2663
新余市	Xinyu	49	30	4407	3758	2456	1859
鹰潭市	Yingtan	61	15	4348	1661	2353	836
赣州市	Ganzhou	379	20	28154	7671	10140	2748
吉安市	Ji'an	279	23	16915	3844	6883	1437
宜春市	Yichun	219	45	18551	5224	7227	1325
抚州市	Fuzhou	212	76	9676	3492	4726	1551
上饶市	Shangrao	350	35	20451	4290	9961	2113

2-39 续表 3 continued

城市	City	医院、卫生院数 (个) Number of Hospitals and Health centers (unit)		医院、卫生院床位数 (张) Number of Beds of Hospitals and Health Centers (bed)		医生数(执业医师+执业助理医师) (人) Number of Doctors (Licensed Doctors+Assistant Doctors) (person)	
		全市 Total City	市辖区 Districts under City	全市 Total City	市辖区 Districts under City	全市 Total City	市辖区 Districts under City
山东省	**Shandong**	**3526**	**1369**	**450245**	**198157**	**238557**	**108097**
济南市	Jinan	255	197	41287	33584	22752	18379
青岛市	Qingdao	285	141	39725	23548	24113	16655
淄博市	Zibo	222	167	23235	17757	12451	9898
枣庄市	Zaozhuang	114	71	14924	8639	5966	3392
东营市	Dongying	105	65	11318	6986	4322	2727
烟台市	Yantai	273	77	36874	11010	19621	7304
潍坊市	Weifang	289	86	46628	11887	30227	6907
济宁市	Jining	290	76	41485	15519	26509	8522
泰安市	Tai'an	172	60	26900	9714	12441	6262
威海市	Weihai	96	23	15793	5290	6569	2882
日照市	Rizhao	77	34	10096	5284	5218	3026
莱芜市	Laiwu	39	39	6411	6411	3082	3082
临沂市	Linyi	313	93	41210	14780	16319	6626
德州市	Dezhou	206	41	20692	5114	13817	2489
聊城市	Liaocheng	321	94	24460	9031	9699	3737
滨州市	Binzhou	163	43	17934	5555	8131	2422
菏泽市	Heze	306	62	31273	8048	17320	3787
河南省	**Henan**	**3728**	**978**	**399824**	**169926**	**180495**	**70679**
郑州市	Zhengzhou	317	175	63944	48594	20471	15491
开封市	Kaifeng	170	51	20005	8296	18909	8670
洛阳市	Luoyang	273	92	31742	15648	14360	7194
平顶山市	Pingdingshan	212	68	23707	9246	9982	3776
安阳市	Anyang	162	45	22286	9040	11195	4038
鹤壁市	Hebi	57	29	7084	3457	3105	1707
新乡市	Xinxiang	242	53	26904	9072	8751	2925
焦作市	Jiaozuo	137	40	15564	6742	7772	3030
濮阳市	Puyang	134	40	15079	6415	6600	3053
许昌市	Xuchang	166	38	15959	5091	9015	2098
漯河市	Luohe	102	64	10918	6994	4547	3003
三门峡市	Sanmenxia	122	17	11607	4062	4713	1291
南阳市	Nanyang	406	95	35810	14818	14603	5551
商丘市	Shangqiu	261	47	27223	6590	12584	3089
信阳市	Xinyang	395	65	17753	6145	8812	1876
周口市	Zhoukou	298	31	28832	3970	13212	1915
驻马店市	Zhumadian	274	28	25407	5746	11864	1972
湖北省	**Hubei**	**2230**	**1018**	**240587**	**122043**	**123201**	**54962**
武汉市	Wuhan	242	158	58410	49772	27767	22644
黄石市	Huangshi	73	30	13220	7785	4725	2774
十堰市	Shiyan	171	29	20657	8018	8389	3998
宜昌市	Yichang	163	58	21821	11082	9398	4780
襄阳市	Xiangyang	208	83	26093	11355	10211	5279
鄂州市	Ezhou	473	473	4410	4410	1730	1730
荆门市	Jingmen	98	29	13339	5998	6335	2611

2-39 续表 4 continued

城市	City	医院、卫生院数（个）Number of Hospitals and Health centers (unit)		医院、卫生院床位数（张）Number of Beds of Hospitals and Health Centers (bed)		医生数(执业医师+执业助理医师)（人）Number of Doctors (Licensed Doctors+ Assistant Doctors) (person)	
		全市 Total City	市辖区 Districts under City	全市 Total City	市辖区 Districts under City	全市 Total City	市辖区 Districts under City
孝感市	Xiaogan	155	30	14484	3973	7393	2018
荆州市	Jingzhou	166	42	23447	10058	9692	3709
黄冈市	Huanggang	286	22	26176	2138	28066	2275
咸宁市	Xianning	92	20	10288	3103	5964	1540
随州市	Suizhou	103	44	8242	4351	3531	1604
湖南省	**Hunan**	**3630**	**1191**	**281055**	**130914**	**134802**	**64996**
长沙市	Changsha	279	160	52507	36965	22936	16484
株洲市	Zhuzhou	174	53	20077	9813	8527	5868
湘潭市	Xiangtan	109	46	12933	7314	6511	3254
衡阳市	Hengyang	273	186	27420	19084	11184	5600
邵阳市	Shaoyang	879	251	27094	6951	7417	3608
岳阳市	Yueyang	223	108	17718	11693	8930	5160
常德市	Changde	306	88	22965	7491	24500	8537
张家界市	Zhangjiajie	117	38	6505	2521	2648	1399
益阳市	Yiyang	130	46	14626	6495	7034	2668
郴州市	Chenzhou	331	65	23068	8104	8554	3004
永州市	Yongzhou	286	61	20926	7671	7967	4593
怀化市	Huaihua	388	27	22538	3304	12501	3422
娄底市	Loudi	135	62	12678	3508	6093	1399
广东省	**Guangdong**	**2465**	**1184**	**351452**	**248499**	**205346**	**149845**
广州市	Guangzhou	253	224	66721	61919	39694	36668
韶关市	Shaoguan	164	52	13387	7007	4358	1810
深圳市	Shenzhen	119	119	27160	27160	25358	25358
珠海市	Zhuhai	51	51	6990	6990	5068	5068
汕头市	Shantou	71	67	13507	13384	8516	8380
佛山市	Foshan	111	111	26696	26696	14350	14350
江门市	Jiangmen	111	37	16795	9007	7891	4069
湛江市	Zhanjiang	174	46	24018	9100	10869	4571
茂名市	Maoming	147	23	19413	6062	10234	3092
肇庆市	Zhaoqing	167	40	12396	5057	5827	2221
惠州市	Huizhou	139	61	16258	9845	9735	6224
梅州市	Meizhou	159	38	12865	5534	5931	2113
汕尾市	Shanwei	72	10	6399	1445	4787	1333
河源市	Heyuan	122	14	8623	2124	4527	1297
阳江市	Yangjiang	76	24	7673	3190	4223	1856
清远市	Qingyuan	158	45	11844	5094	6965	3598
东莞市	Dongguan	81	81	25026	25026	14864	14864
中山市	Zhongshan	47	47	12225	12225	6060	6060
潮州市	Chaozhou	75	50	5732	4690	4108	3228
揭阳市	Jieyang	96	31	10742	5269	8112	3053
云浮市	Yunfu	72	13	6982	1675	3869	632
广西壮族自治区	**Guangxi**	**1781**	**498**	**170906**	**77545**	**90914**	**42664**
南宁市	Nanning	205	104	31444	20698	17772	13171
柳州市	Liuzhou	156	53	18021	11038	8663	5663
桂林市	Guilin	198	44	16034	6279	9949	4242

2-39 续表 5 continued

城市	City	医院、卫生院数(个) Number of Hospitals and Health centers (unit)		医院、卫生院床位数(张) Number of Beds of Hospitals and Health Centers (bed)		医生数(执业医师+执业助理医师)(人) Number of Doctors (Licensed Doctors+ Assistant Doctors) (person)	
		全市 Total City	市辖区 Districts under City	全市 Total City	市辖区 Districts under City	全市 Total City	市辖区 Districts under City
梧州市	Wuzhou	95	21	10620	4417	5260	2250
北海市	Beihai	50	24	6433	2893	3102	1937
防城港市	Fangchenggang	43	21	3164	2075	1622	983
钦州市	Qinzhou	77	38	9669	5320	7807	1412
贵港市	Guigang	106	40	12296	4748	5348	2264
玉林市	Yulin	161	31	17012	5961	7339	2872
百色市	Baise	209	19	13466	3423	9450	2823
贺州市	Hezhou	82	35	6360	3201	2880	1527
河池市	Hechi	194	18	11504	2866	5351	1604
来宾市	Laibin	93	33	8343	3515	3313	1467
崇左市	Chongzuo	112	17	6540	1111	3058	449
海南省	**Hainan**	**92**	**92**	**11280**	**11280**	**7988**	**7988**
海口市	Haikou	65	65	11250	11250	6454	6454
三亚市	Sanya	26	26			1526	1526
三沙市	Sansa	1	1	30	30	8	8
重庆市	**Chongqing**	**1502**	**797**	**136700**	**91001**	**55221**	**38175**
四川省	**Sichuan**	**5052**	**1583**	**386495**	**182326**	**151412**	**76658**
成都市	Chengdu	724	341	100970	64264	45861	31181
自贡市	Zigong	158	83	14486	9474	4021	2542
攀枝花市	Panzhihua	72	34	8734	7064	3779	2954
泸州市	Luzhou	236	81	20230	9259	8074	4260
德阳市	Deyang	210	37	17022	4664	7863	2387
绵阳市	Mianyang	412	102	27880	10476	10788	4174
广元市	Guangyuan	306	89	14418	7891	5727	2680
遂宁市	Suining	165	68	13512	7110	6080	2588
内江市	Neijiang	168	67	17970	7410	4466	2242
乐山市	Leshan	297	102	15915	7877	7209	3384
南充市	Nanchong	555	152	25388	9757	11038	3929
眉山市	Meishan	177	51	13480	5647	3764	1451
宜宾市	Yibin	257	73	22779	10168	5565	2602
广安市	Guang'an	219	57	11421	3143	4657	1425
达州市	Dazhou	383	40	21363	4610	6179	1156
雅安市	Ya'an	192	62	9470	4889	2619	1270
巴中市	Bazhong	281	84	12842	2712	6605	4512
资阳市	Ziyang	240	60	18615	5911	7117	1921
贵州省	**Guizhou**	**3393**	**704**	**118787**	**49982**	**38319**	**21212**
贵阳市	Guiyang	243	132	24729	20245	12719	10798
六盘水市	Liupanshui	1931	336	12791	4752	3808	1931
遵义市	Zunyi	344	67	28055	9239	7731	3123
安顺市	Anshun	146	47	8567	3732	2672	2137
毕节市	Bijie	483	80	30206	8571	7028	1953
铜仁市	Tongren	246	42	14439	3443	4361	1270
云南省	**Yunnan**	**3462**	**389**	**127499**	**55905**	**47468**	**25815**
昆明市	Kunming	365	204	43443	29949	22128	17751
曲靖市	Qujing	685	35	24880	6212	6474	1745

2-39 续表 6 continued

城市	City	医院、卫生院数 (个) Number of Hospitals and Health centers (unit)		医院、卫生院床位数 (张) Number of Beds of Hospitals and Health Centers (bed)		医生数(执业医师+执业助理医师) (人) Number of Doctors (Licensed Doctors+Assistant Doctors) (person)	
		全市 Total City	市辖区 Districts under City	全市 Total City	市辖区 Districts under City	全市 Total City	市辖区 Districts under City
玉溪市	Yuxi	133	36	11034	4551	4739	1918
保山市	Baoshan	115	40	9060	4155	3229	1383
昭通市	Zhaotong	1823	28	18256	4017	4155	974
丽江市	Lijiang	84	15	4420	1603	1730	563
普洱市	Pu'er	135	16	8132	2656	2260	720
临沧市	Lincang	122	15	8274	2762	2753	761
西藏自治区	**Tibet**	**274**		**2536**		**1661**	
拉萨市	Lasa	274		2536		1661	
陕西省	**Shaanxi**	**3825**	**839**	**169425**	**88927**	**71409**	**42034**
西安市	Xi'an	381	261	44190	38214	23885	21829
铜川市	Tongchuan	73	61	4490	4171	2142	1985
宝鸡市	Baoji	249	88	17202	8556	4824	2538
咸阳市	Xianyang	344	87	22798	9180	9290	4132
渭南市	Weinan	656	77	18066	5871	7933	3647
延安市	Yan'an	223	39	10492	4571	3350	1584
汉中市	Hanzhong	1171	46	15500	6823	6367	1705
榆林市	Yulin	333	89	16436	3742	5714	1691
安康市	Ankang	219	64	10920	4985	4358	1793
商洛市	Shangluo	176	27	9331	2814	3546	1130
甘肃省	**Gansu**	**3063**	**537**	**97539**	**51739**	**43240**	**25436**
兰州市	Lanzhou	165	102	21441	18507	11349	10078
嘉峪关市	Jiayuguan	11	11	1596	1596	844	844
金昌市	Jinchang	25	10	2297	1408	1228	756
白银市	Baiyin	107	37	6458	3471	2572	1420
天水市	Tianshui	167	65	11132	6279	4116	2254
武威市	Wuwei	213	112	8332	5531	5455	3809
张掖市	Zhangye	117	39	4769	2462	2473	1222
平凉市	Pingliang	144	35	10159	3279	3445	1384
酒泉市	Jiuquan	88	36	5345	2338	2766	1092
庆阳市	Qingyang	151	16	7474	3151	3316	1182
定西市	Dingxi	166	29	11443	2097	3491	957
陇南市	Longnan	1709	45	7093	1620	2185	438
青海省	**Qinghai**	**238**	**76**	**20774**	**13287**	**11618**	**6050**
西宁市	Xining	109	44	15885	12671	7003	5606
海东市	Haidong	129	32	4889	616	4615	444
宁夏回族自治区	**Nlngxla**	**1325**	**452**	**29080**	**19482**	**13784**	**9168**
银川市	Yinchuan	92	59	11733	10581	6429	5559
石嘴山市	Shizuishan	51	30	4404	3533	1785	1307
吴忠市	Wuzhong	825	220	4702	2194	2004	872
固原市	Guyuan	300	126	4660	1432	2036	779
中卫市	Zhongwei	57	17	3581	1742	1530	651
新疆维吾尔自治区	**Xinjiang**	**176**	**168**	**27999**	**27929**	**13928**	**13851**
乌鲁木齐市	Urumqi	167	159	26200	26130	13100	13023
克拉玛依市	Karamay	9	9	1799	1799	828	828

2-40 在岗职工人数及工资状况

Number and Wages of Staff and Workers

城市	City	在岗职工平均人数（万人）Average Number of Employed Staff and Workers (10 000 persons)		在岗职工工资总额（万元）Total Wage Bill of Employed Staff and Workers (10 000 yuan)		职工平均工资（元）Average Wage of Employed Staff and Workers (yuan)	
		全市 Total City	市辖区 Districts under City	全市 Total City	市辖区 Districts under City	全市 Total City	市辖区 Districts under City
城市合计	**Prefecture Cities**	**15736.65**	**10106.34**	**801696940**	**693793241**		
北京市	**Beijing**	**691.73**	**674.85**	**65020386**	**64130760**	**93996.77**	**95029.65**
天津市	**Tianjin**	**284.82**	**266.53**	**19613700**	**18548165**	**68863.49**	**69591.28**
河北省	**Hebei**	**556.65**	**288.37**	**18479496**	**10183036**		
石家庄市	Shijiazhuang	89.12	53.41	3890359	2607172	43653.04	48814.30
唐山市	Tangshan	85.36	58.81	4120332	2728921	48270.06	46402.33
秦皇岛市	Qinhuangdao	30.97	22.06	1496108	1181018	48308.30	53536.63
邯郸市	Handan	74.79	31.49	2919866	1424829	39040.86	45247.03
邢台市	Xingtai	42.10	16.30	1671682	792493	39707.41	48619.20
保定市	Baoding	80.68	33.20	3201275	1387410	39678.67	41789.46
张家口市	Zhangjiakou	36.78	16.64	1334768	659937	36290.59	39659.68
承德市	Chengde	27.66	12.61	1170657	578408	42323.10	45868.99
沧州市	Cangzhou	48.55	15.60	2110744	700571	43475.67	44908.40
廊坊市	Langfang	40.64	18.63	2016987	1088480	49630.59	58426.19
衡水市	Hengshui	27.47	9.62	1007763	421697	36685.95	43835.45
山西省	**Shanxi**	**431.19**	**221.52**	**20154937**	**11319690**		
太原市	Taiyuan	94.23	89.03	4809134	4631134	51036.12	52017.68
大同市	Datong	42.95	35.28	2215249	1941751	51577.39	55038.29
阳泉市	Yangquan	26.93	17.26	1305949	1049267	48494.21	60791.83
长治市	Changzhi	44.02	15.00	1963378	559562	44601.95	37304.13
晋城市	Jincheng	35.80	14.04	1964770	947562	54881.84	67490.17
朔州市	Shuozhou	19.87	11.45	937316	589510	47172.42	51485.59
晋中市	Jinzhong	32.70	9.35	1516359	405024	46371.83	43318.07
运城市	Yuncheng	36.45	9.69	1254113	376344	34406.39	38838.39
忻州市	Xinzhou	24.29	6.62	930398	228170	38303.75	34466.77
临汾市	Linfen	36.29	8.70	1363507	375107	37572.53	43115.75
吕梁市	Lvliang	37.66	5.10	1894764	216259	50312.37	42403.73
内蒙古自治区	**Inner Mongolia**	**257.80**	**129.88**	**13202053**	**6848673**		
呼和浩特市	Hohhot	42.00	28.00	2049486	1450768	48797.29	51813.14
包头市	Baotou	41.51	36.49	2203988	1923751	53095.35	52719.95
乌海市	Wuhai	13.21	13.21	702752	702752	53198.49	53198.49
赤峰市	Chifeng	35.71	15.96	1831017	869977	51274.63	54509.84
通辽市	Tongliao	28.15	10.28	1208243	480511	42921.60	46742.32
鄂尔多斯市	Erdos	27.90	4.96	1914933	398358	68635.59	80314.11
呼伦贝尔市	Hulunbuir	38.40	7.96	1856639	429515	48349.97	53959.17
巴彦淖尔市	Bayannur	15.10	7.10	707540	349786	46856.95	49265.63
乌兰察布市	Ulanqab	15.82	5.92	727455	243255	45983.25	41090.37
辽宁省	**Liaoning**	**658.43**	**481.28**	**30353057**	**24036278**		
沈阳市	Shenyang	144.80	134.22	7596413	7214558	52461.42	53751.74
大连市	Dalian	125.75	97.80	7427139	6164368	59062.74	63030.35
鞍山市	Anshan	60.64	42.45	2441401	1779169	40260.57	41912.11
抚顺市	Fushun	34.58	29.37	1470479	1297511	42523.97	44178.11
本溪市	Benxi	30.11	24.30	1242888	1026626	41278.25	42247.98
丹东市	Dandong	28.79	19.62	926547	589568	32182.95	30049.34
锦州市	Jinzhou	31.23	22.65	1241447	998532	39751.75	44085.30
营口市	Yingkou	28.77	22.23	1139923	904533	39621.93	40689.74

2-40 续表 1 continued

城市	City	在岗职工平均人数（万人）Average Number of Employed Staff and Workers (10 000 persons)		在岗职工工资总额（万元）Total Wage Bill of Employed Staff and Workers (10 000 yuan)		职工平均工资（元）Average Wage of Employed Staff and Workers (yuan)	
		全市 Total City	市辖区 Districts under City	全市 Total City	市辖区 Districts under City	全市 Total City	市辖区 Districts under City
阜新市	Fuxin	20.84	16.00	834667	661605	40051.20	41350.31
辽阳市	Liaoyang	20.85	13.65	897437	587871	43042.54	43067.47
盘锦市	Panjin	47.10	22.84	1778419	1335766	37758.37	58483.63
铁岭市	Tieling	28.05	7.40	1115273	293415	39760.18	39650.68
朝阳市	Chaoyang	31.71	13.15	1239660	519147	39093.66	39478.86
葫芦岛市	Huludao	25.21	15.60	1001364	663609	39720.90	42539.04
吉林省	**Jilin**	**293.72**	**199.57**	**12874069**	**9667556**		
长春市	Changchun	122.69	105.49	6423080	5832238	52352.11	55287.12
吉林市	Jilin	43.16	28.45	1816288	1290526	42082.67	45361.20
四平市	Siping	20.57	7.34	717651	282969	34888.24	38551.63
辽源市	Liaoyuan	13.44	9.48	491076	352382	36538.39	37171.10
通化市	Tonghua	29.58	16.03	1067253	594003	36080.22	37055.71
白山市	Baishan	18.12	10.83	645093	378497	35601.16	34948.94
松原市	Songyuan	26.15	11.85	1132397	615694	43303.90	51957.30
白城市	Baicheng	20.01	10.10	581231	321247	29047.03	31806.63
黑龙江省	**Heilongjiang**	**382.42**	**256.69**	**16614827**	**12756445**		
哈尔滨市	Harbin	131.83	104.82	6223739	5339209	47210.34	50936.93
齐齐哈尔市	Qiqihar	39.84	27.71	1512218	1152104	37957.28	41577.19
鸡西市	Jixi	19.60	12.50	755057	548662	38523.32	43892.96
鹤岗市	Hegang	13.50	11.30	539162	471445	39937.93	41720.80
双鸭山市	Shuangyashan	13.49	9.15	543555	396991	40293.18	43386.99
大庆市	Daqing	50.83	44.44	3268625	3095161	64305.04	69648.09
伊春市	Yichun	18.34	13.97	454581	356876	24786.31	25545.88
佳木斯市	Jiamusi	18.28	8.79	658423	379616	36018.76	43187.26
七台河市	Qitaihe	11.80	10.37	462254	421605	39174.07	40656.22
牡丹江市	Mudanjiang	24.36	8.00	932635	389243	38285.51	48655.38
黑河市	Heihe	11.92	2.46	396707	108974	33280.79	44298.37
绥化市	Suihua	28.63	3.18	867871	96559	30313.34	30364.47
上海市	**Shanghai**	**584.86**	**576.62**	**53500158**	**52984814**	**91475.15**	**91888.62**
江苏省	**Jiangsu**	**1343.23**	**794.27**	**75960823**	**47503714**		
南京市	Nanjing	202.51	202.51	13443124	13443124	66382.52	66382.52
无锡市	Wuxi	117.89	74.77	7141961	4531713	60581.57	60608.71
徐州市	Xuzhou	97.57	54.07	4587245	2806363	47014.91	51902.40
常州市	Changzhou	53.90	43.21	3936560	3328460	73034.51	77029.85
苏州市	Suzhou	292.13	151.01	17683120	9552348	60531.68	63256.40
南通市	Nantong	138.42	38.01	8118790	2271344	58653.30	59756.49
连云港市	Lianyungang	43.32	21.01	2003412	1093722	46246.81	52057.21
淮安市	Huai'an	59.27	39.24	2698133	1858076	45522.74	47351.57
盐城市	Yancheng	74.21	25.02	3285417	1259192	44271.89	50327.42
扬州市	Yangzhou	88.77	61.14	4674496	3148966	52658.51	51504.19
镇江市	Zhenjiang	43.96	21.19	2406859	1207903	54751.11	57003.45
泰州市	Taizhou	85.85	37.37	4017092	1817765	46791.99	48642.36
宿迁市	Suqian	45.43	25.72	1964614	1184738	43244.86	46062.91
浙江省	**Zhejiang**	**923.04**	**545.03**	**53760582**	**34055181**		
杭州市	Hangzhou	258.62	227.48	16824084	15110063	65053.30	66423.70
宁波市	Ningbo	144.48	86.92	9124123	5899934	63151.46	67877.75

2-40 续表 2 continued

城 市	City	在岗职工平均人数(万人) Average Number of Employed Staff and Workers (10 000 persons)		在岗职工工资总额(万元) Total Wage Bill of Employed Staff and Workers (10 000 yuan)		职工平均工资(元) Average Wage of Employed Staff and Workers (yuan)	
		全市 Total City	市辖区 Districts under City	全市 Total City	市辖区 Districts under City	全市 Total City	市辖区 Districts under City
温州市	Wenzhou	91.03	33.46	5067188	2275243	55665.03	67998.89
嘉兴市	Jiaxing	71.89	21.29	3879595	1246508	53965.71	58548.99
湖州市	Huzhou	41.61	20.10	2148619	1043468	51637.08	51913.83
绍兴市	Shaoxing	119.62	74.50	6026388	3801921	50379.43	51032.50
金华市	Jinhua	51.30	13.33	2833271	815182	55229.45	61153.94
衢州市	Quzhou	16.87	8.93	1006042	562048	59634.97	62939.31
舟山市	Zhoushan	17.52	14.11	1109090	904345	63304.22	64092.49
台州市	Taizhou	92.61	40.02	4685640	2056039	50595.40	51375.29
丽水市	Lishui	17.49	4.89	1056542	340430	60408.35	69617.59
安徽省	**Anhui**	**503.27**	**292.84**	**24373009**	**14659027**		
合肥市	Hefei	142.91	111.86	7747263	6336621	54210.78	56647.78
芜湖市	Wuhu	42.40	30.70	1900028	1410250	44811.98	45936.48
蚌埠市	Bengbu	25.50	19.15	1082067	818571	42434.00	42745.22
淮南市	Huainan	35.60	29.55	2086057	1688563	58597.11	57142.57
马鞍山市	Maanshan	21.97	7.57	1214874	436019	55296.95	57598.28
淮北市	Huaibei	28.70		1503256		52378.26	
铜陵市	Tongling	15.55	13.46	762971	663060	49065.66	49261.52
安庆市	Anqing	34.69	14.16	1364365	518402	39330.21	36610.31
黄山市	Huangshan	11.69	7.40	505901	329005	43276.39	44460.14
滁州市	Chuzhou	22.30	8.60	1007916	406264	45198.03	47240.00
阜阳市	Fuyang	30.58	14.44	1207131	584263	39474.53	40461.43
宿州市	Suzhou	31.52	15.93	1153540	638648	36597.08	40090.90
六安市	Lu'an	20.39	6.00	821288	257358	40278.96	42893.00
亳州市	Bozhou	15.58	7.94	816327	318668	52395.83	40134.51
池州市	Chizhou	10.48	6.08	440153	253335	41999.33	41666.94
宣城市	Xuancheng	13.41		759872		56664.58	
福建省	**Fujian**	**581.84**	**312.43**	**28753487**	**16644371**		
福州市	Fuzhou	131.21	86.49	6997971	4647499	53334.13	53734.52
厦门市	Xiamen	105.81	105.81	6137515	6137515	58005.06	58005.06
莆田市	Putian	42.38	34.75	1858983	1541240	43864.63	44352.23
三明市	Sanming	21.68	7.52	1027162	400763	47378.32	53292.95
泉州市	Quanzhou	161.50	37.53	7250776	1744427	44896.45	46480.87
漳州市	Zhangzhou	42.08	15.34	1967174	880310	46748.43	57386.57
南平市	Nanping	20.01	5.91	899075	289828	44931.28	49040.27
龙岩市	Longyan	32.65	11.81	1461913	609315	44775.28	51593.14
宁德市	Ningde	24.52	7.27	1152918	393474	47019.49	54122.97
江西省	**Jiangxi**	**401.22**	**174.22**	**16693081**	**8050480**		
南昌市	Nanchang	104.33	77.07	4876812	3820328	46744.10	49569.59
景德镇市	Jingdezhen	18.64	11.29	695711	436242	37323.55	38639.68
萍乡市	Pingxiang	18.44	13.58	708397	563245	38416.32	41476.07
九江市	Jiujiang	37.27	11.04	1472824	544184	39517.68	49292.03
新余市	Xinyu	13.66	10.50	582474	459481	42640.85	43760.10
鹰潭市	Yingtan	15.09	4.09	623291	164896	41304.90	40316.87
赣州市	Ganzhou	50.93	12.44	2084249	614333	40923.80	49383.68
吉安市	Ji'an	30.59	5.13	1202213	205771	39300.85	40111.31
宜春市	Yichun	40.11	7.06	1514264	315267	37752.78	44655.38
抚州市	Fuzhou	33.86	14.68	1364953	609254	40311.67	41502.32
上饶市	Shangrao	38.30	7.34	1567893	317479	40937.15	43253.27

注：安徽省的三项指标均为从业人员，与其他省(市)口径不一致。
Note: The data of Anhui province in this chart are employed person. They are different from the other provinces' statistical data.

2-40 续表 3 continued

城市	City	在岗职工平均人数（万人） Average Number of Employed Staff and Workers (10 000 persons)		在岗职工工资总额（万元） Total Wage Bill of Employed Staff and Workers (10 000 yuan)		职工平均工资（元） Average Wage of Employed Staff and Workers (yuan)	
		全市 Total City	市辖区 Districts under City	全市 Total City	市辖区 Districts under City	全市 Total City	市辖区 Districts under City
山东省	**Shandong**	**1224.66**	**655.39**	**57630593**	**33767523**		
济南市	Jinan	127.45	103.18	7091617	6133651	55642.35	59446.12
青岛市	Qingdao	141.92	96.95	7857389	5876163	55364.92	60610.24
淄博市	Zibo	90.64	60.25	4276802	2941984	47184.49	48829.61
枣庄市	Zaozhuang	49.05	31.81	2084443	1403979	42496.29	44136.40
东营市	Dongying	47.99	33.61	2726387	2142345	56811.56	63741.30
烟台市	Yantai	106.91	56.19	5141171	2924460	48088.78	52045.92
潍坊市	Weifang	86.98	35.77	4009543	1743387	46097.30	48738.80
济宁市	Jining	91.60	41.60	4258543	1792340	46490.64	43085.10
泰安市	Tai'an	76.60	25.63	3433918	1131731	44829.22	44156.50
威海市	Weihai	55.72	26.27	2433543	1175970	43674.50	44764.75
日照市	Rizhao	29.74	18.79	1306922	889139	43944.92	47319.80
莱芜市	Laiwu	18.21	18.21	864600	864600	47479.41	47479.41
临沂市	Linyi	99.73	44.24	4178392	2077055	41897.04	46949.71
德州市	Dezhou	54.59	15.75	2118082	649451	38799.82	41234.98
聊城市	Liaocheng	47.15	15.13	1777615	664590	37701.27	43925.31
滨州市	Binzhou	51.90	15.15	2341210	728069	45110.02	48057.36
菏泽市	Heze	48.48	16.86	1730416	628609	35693.40	37284.05
河南省	**Henan**	**949.15**	**429.39**	**35999849**	**18300811**		
郑州市	Zhengzhou	165.46	117.46	7435970	5703751	44941.19	48559.09
开封市	Kaifeng	40.57	16.91	1432942	605403	35320.24	35801.48
洛阳市	Luoyang	68.10	38.90	2756002	1821242	40469.93	46818.56
平顶山市	Pingdingshan	54.68	33.17	2323521	1513366	42493.07	45624.54
安阳市	Anyang	52.84	19.99	1828950	779853	34612.98	39012.16
鹤壁市	Hebi	20.31	11.52	763262	419058	37580.60	36376.56
新乡市	Xinxiang	62.59	18.73	2099252	717927	33539.73	38330.33
焦作市	Jiaozuo	46.70	18.91	1602551	801264	34315.87	42372.50
濮阳市	Puyang	37.92	24.55	1425265	1007368	37586.10	41033.32
许昌市	Xuchang	42.36	12.46	1525872	522329	36021.53	41920.47
漯河市	Luohe	27.33	18.86	956040	650107	34981.34	34470.15
三门峡市	Sanmenxia	25.83	6.76	1109000	311964	42934.57	46148.52
南阳市	Nanyang	81.01	27.64	2924272	1148213	36097.67	41541.71
商丘市	Shangqiu	49.14	15.26	1801279	528616	36656.06	34640.63
信阳市	Xinyang	55.08	18.27	1894683	631386	34398.75	34558.62
周口市	Zhoukou	63.22	11.37	2309812	523920	36536.10	46079.16
驻马店市	Zhumadian	56.01	18.63	1811176	615044	32336.66	33013.61
湖北省	**Hubei**	**717.65**	**383.70**	**26859038**	**16843778**		
武汉市	Wuhan	183.79	147.53	9877794	8170802	53745.00	55384.00
黄石市	Huangshi	48.63	34.10	1631566	1203895	33550.61	35304.84
十堰市	Shiyan	55.89	34.28	1952021	1320340	34926.12	38516.34
宜昌市	Yichang	82.27	35.99	2717395	1320970	33030.21	36703.81
襄阳市	Xiangyang	78.06	33.15	2224215	1343557	28493.66	40529.62
鄂州市	Ezhou	20.00	20.00	592551	592551	29627.55	29627.55
荆门市	Jingmen	36.49	14.00	1131899	596970	31019.43	42640.71

2-40 续表 4 continued

城市	City	在岗职工平均人数（万人）Average Number of Employed Staff and Workers (10 000 persons)		在岗职工工资总额（万元）Total Wage Bill of Employed Staff and Workers (10 000 yuan)		职工平均工资（元）Average Wage of Employed Staff and Workers (yuan)	
		全市 Total City	市辖区 Districts under City	全市 Total City	市辖区 Districts under City	全市 Total City	市辖区 Districts under City
孝感市	Xiaogan	74.48	23.96	2353713	850950	31601.95	35515.44
荆州市	Jingzhou	35.88	15.22	1292658	623598	36027.26	40972.27
黄冈市	Huanggang	55.92	5.91	1692322	180356	30263.27	30517.09
咸宁市	Xianning	32.78	11.59	951524	363752	29027.58	31384.99
随州市	Suizhou	13.46	7.97	441380	276037	32791.98	34634.50
湖南省	**Hunan**	**510.83**	**246.32**	**22065168**	**11942607**		
长沙市	Changsha	120.64	80.95	6802064	4793347	56383.16	59213.68
株洲市	Zhuzhou	41.37	24.34	1916328	1243765	46321.68	51099.63
湘潭市	Xiangtan	30.12	19.72	1297284	904405	43070.52	45862.32
衡阳市	Hengyang	53.32	22.67	1938714	980891	36359.98	43268.24
邵阳市	Shaoyang	31.42	8.79	1129866	325830	35960.09	37068.26
岳阳市	Yueyang	43.90	18.57	1684121	683925	38362.67	36829.56
常德市	Changde	38.47	15.31	1469492	662871	38198.39	43296.60
张家界市	Zhangjiajie	7.73	4.02	293398	160358	37955.76	39890.05
益阳市	Yiyang	25.38	13.18	960287	512930	37836.37	38917.30
郴州市	Chenzhou	32.53	12.98	1327061	604733	40794.99	46589.60
永州市	Yongzhou	29.22	8.68	1084530	346367	37116.02	39904.03
怀化市	Huaihua	28.40	6.99	1045182	303082	36802.18	43359.37
娄底市	Loudi	28.33	10.12	1116841	420103	39422.56	41512.15
广东省	**Guangdong**	**1759.58**	**1485.34**	**98753870**	**87952119**		
广州市	Guangzhou	257.75	238.57	19008976	18030727	73749.66	75578.35
韶关市	Shaoguan	32.91	18.74	1477730	922318	44902.16	49216.54
深圳市	Shenzhen	361.87	361.87	28135080	28135080	77749.14	77749.14
珠海市	Zhuhai	68.64	68.64	3860320	3860320	56240.09	56240.09
汕头市	Shantou	52.23	51.74	2227430	2209171	42646.56	42697.55
佛山市	Foshan	170.56	170.56	8588605	8588605	50355.33	50355.33
江门市	Jiangmen	56.96	29.80	2440678	1409049	42848.98	47283.52
湛江市	Zhanjiang	48.51	22.32	1966312	1134164	40534.16	50813.80
茂名市	Maoming	42.04	14.17	1803024	716487	42888.30	50563.66
肇庆市	Zhaoqing	39.01	18.84	1742051	858940	44656.52	45591.30
惠州市	Huizhou	84.90	62.08	4000986	3060435	47125.87	49298.24
梅州市	Meizhou	27.90	10.66	1112560	548294	39876.70	51434.71
汕尾市	Shanwei	23.90	7.10	940992	307496	39372.05	43309.30
河源市	Heyuan	24.90	12.53	1023259	581457	41094.74	46405.19
阳江市	Yangjiang	23.38	8.46	938215	372842	40128.96	44071.16
清远市	Qingyuan	31.04	18.47	1464191	877758	47171.10	47523.44
东莞市	Dongguan	244.92	244.92	10499782	10499782	42870.25	42870.25
中山市	Zhongshan	89.91	89.91	4356112	4356112	48449.69	48449.69
潮州市	Chaozhou	19.60	15.99	746382	645351	38080.71	40359.66
揭阳市	Jieyang	38.10	15.20	1597564	601140	41930.81	39548.68
云浮市	Yunfu	20.55	4.77	823621	236591	40078.88	49599.79
广西壮族自治区	**Guangxi**	**315.48**	**177.99**	**13195207**	**8275093**		
南宁市	Nanning	67.34	53.81	3337032	2818765	49554.97	52383.66
柳州市	Liuzhou	40.99	31.61	1914477	1524570	46705.95	48230.62
桂林市	Guilin	34.28	16.08	1431914	730525	41771.12	45430.66

2-40 续表 5 continued

城市	City	在岗职工平均人数（万人）Average Number of Employed Staff and Workers (10 000 persons)		在岗职工工资总额（万元）Total Wage Bill of Employed Staff and Workers (10 000 yuan)		职工平均工资（元）Average Wage of Employed Staff and Workers (yuan)	
		全市 Total City	市辖区 Districts under City	全市 Total City	市辖区 Districts under City	全市 Total City	市辖区 Districts under City
梧州市	Wuzhou	18.01	10.48	594016	370704	32982.57	35372.52
北海市	Beihai	11.15	8.16	458136	350911	41088.43	43003.80
防城港市	Fangchenggang	8.81	6.40	364801	269230	41407.60	42067.19
钦州市	Qinzhou	17.98	9.83	670301	420560	37280.37	42783.32
贵港市	Guigang	15.44	6.90	575491	308947	37272.73	44774.93
玉林市	Yulin	32.00	10.19	1196109	448697	37378.41	44033.07
百色市	Baise	19.90	6.34	760611	261330	38221.66	41219.24
贺州市	Hezhou	8.85	4.52	347305	201650	39243.50	44612.83
河池市	Hechi	16.99	4.18	636614	186174	37469.92	44539.23
来宾市	Laibin	11.36	6.29	475446	259720	41852.64	41290.94
崇左市	Chongzuo	12.38	3.20	432954	123310	34972.05	38534.38
海南省	**Hainan**	**58.47**	**58.47**	**2677862**	**2677862**		
海口市	Haikou	48.62	48.62	2207863	2207863	45410.59	45410.59
三亚市	Sanya	9.85	9.85	469999	469999	47715.63	47715.63
三沙市	Sansa						
重庆市	**Chongqing**	**366.62**	**294.12**	**18702874**	**15497193**	**51014.33**	**52690.03**
四川省	**Sichuan**	**634.39**	**367.67**	**31146170**	**19656757**		
成都市	Chengdu	219.52	157.81	12851447	9755953	58543.40	62074.35
自贡市	Zigong	17.56	12.87	816189	602670	46480.01	46827.51
攀枝花市	Panzhihua	18.50	16.64	974987	871995	52702.00	52403.55
泸州市	Luzhou	33.98	19.90	1464722	914654	43105.41	45962.51
德阳市	Deyang	32.19	13.64	1630903	771450	50664.90	56557.92
绵阳市	Mianyang	44.92	26.06	2175038	1431352	48420.26	54925.25
广元市	Guangyuan	14.28	8.07	636170	361486	44549.72	44793.80
遂宁市	Suining	17.51	7.29	703356	332458	40168.82	45604.66
内江市	Neijiang	25.08	10.07	1009330	459936	40244.42	45673.88
乐山市	Leshan	27.58	13.30	1199088	585222	43476.72	44001.65
南充市	Nanchong	36.85	17.30	1533930	762274	41626.32	44062.08
眉山市	Meishan	17.80	12.93	777429	505996	43675.79	39133.49
宜宾市	Yibin	33.73	17.41	1527259	851190	45278.95	48890.87
广安市	Guang'an	12.33	4.66	578255	223103	46898.22	47876.18
达州市	Dazhou	31.62	8.41	1248898	376663	39497.09	44787.51
雅安市	Ya'an	9.61	3.66	385357	159282	40099.58	43519.67
巴中市	Bazhong	17.91	7.88	703979	279194	39306.48	35430.71
资阳市	Ziyang	23.42	9.77	929833	411879	39702.52	42157.52
贵州省	**Guizhou**	**206.19**	**96.62**	**10129489**	**6026096**		
贵阳市	Guiyang	88.71	58.58	4508238	4018111	50819.95	68591.86
六盘水市	Liupanshui	22.19	8.64	1034410	435642	46616.04	50421.53
遵义市	Zunyi	36.90	12.30	1865314	614762	50550.51	49980.65
安顺市	Anshun	15.71	8.14	721659	371178	45936.28	45599.26
毕节市	Bijie	27.46	6.69	1269972	349088	46248.07	52180.57
铜仁市	Tongren	15.22	2.27	729896	237315	47956.37	104544.05
云南省	**Yunnan**	**270.55**	**132.80**	**12189838**	**6309719**		
昆明市	Kunming	123.14	79.62	6287632	4030038	51060.84	50615.90
曲靖市	Qujing	45.27	14.68	1791262	592982	39568.41	40393.87

2-40 续表 6 continued

城市	City	在岗职工平均人数（万人）Average Number of Employed Staff and Workers (10 000 persons) 全市 Total City	市辖区 Districts under City	在岗职工工资总额（万元）Total Wage Bill of Employed Staff and Workers (10 000 yuan) 全市 Total City	市辖区 Districts under City	职工平均工资（元）Average Wage of Employed Staff and Workers (yuan) 全市 Total City	市辖区 Districts under City
玉溪市	Yuxi	25.26	12.02	1097681	591111	43455.30	49177.29
保山市	Baoshan	16.97	8.01	661021	325842	38952.33	40679.40
昭通市	Zhaotong	21.70	5.50	886698	268928	40861.66	48896.00
丽江市	Lijiang	9.53	3.71	402132	155818	42196.43	41999.46
普洱市	Pu'er	16.18	5.39	571716	188637	35334.73	34997.59
临沧市	Lincang	12.50	3.87	491696	156363	39335.68	40403.88
西藏自治区	**Tibet**	**9.10**		**624630**			
拉萨市	Lasa	9.10		624630		68640.66	
陕西省	**Shaanxi**	**420.89**	**282.17**	**20594844**	**12737852**		
西安市	Xi'an	163.03	181.30	8865217	8059465	54377.83	44453.75
铜川市	Tongchuan	10.96	10.35	503736	475723	45961.31	45963.57
宝鸡市	Baoji	33.20	18.88	1498170	886966	45125.60	46979.13
咸阳市	Xianyang	49.85	19.67	2066923	784259	41462.85	39870.82
渭南市	Weinan	42.46	10.68	1756900	472800	41377.77	44269.66
延安市	Yan'an	25.02	12.11	1389035	716024	55516.99	59126.67
汉中市	Hanzhong	27.29	9.45	1192918	405320	43712.64	42891.01
榆林市	Yulin	34.91	8.18	2039600	477616	58424.52	58388.26
安康市	Ankang	15.32	5.98	655041	258990	42757.25	43309.36
商洛市	Shangluo	18.85	5.57	627304	200689	33278.73	36030.34
甘肃省	**Gansu**	**204.83**	**121.09**	**8988798**	**5550933**		
兰州市	Lanzhou	56.09	50.28	2767762	2514967	49345.02	50019.23
嘉峪关市	Jiayuguan	6.94	6.94	370575	370575	53396.97	53396.97
金昌市	Jinchang	8.27	6.09	408425	329360	49386.34	54082.10
白银市	Baiyin	17.26	11.08	763023	528165	44207.59	47668.32
天水市	Tianshui	19.48	12.19	746579	453217	38325.41	37179.41
武威市	Wuwei	12.30	7.84	427024	261846	34717.40	33398.72
张掖市	Zhangye	11.70	6.01	422260	207110	36090.60	34460.90
平凉市	Pingliang	14.84	3.68	729522	136151	49159.16	36997.55
酒泉市	Jiuquan	13.18	4.07	578108	161704	43862.52	39730.71
庆阳市	Qingyang	16.38	6.23	719773	324234	43942.19	52043.98
定西市	Dingxi	15.43	4.59	570417	176287	36968.05	38406.75
陇南市	Longnan	12.96	2.09	485330	87317	37448.30	41778.47
青海省	**Qinghai**	**39.54**	**28.91**	**1902686**	**1303122**		
西宁市	Xining	34.05	27.60	1612043	1233581	47343.41	44694.96
海东市	Haidong	5.49	1.31	290643	69541	52940.44	53084.73
宁夏回族自治区	**Ningxia**	**61.46**	**39.49**	**3126608**	**2155090**		
银川市	Yinchuan	29.54	24.03	1696940	1429662	57445.50	59494.88
石嘴山市	Shizuishan	8.87	6.16	403652	310034	45507.55	50330.19
吴忠市	Wuzhong	10.66	3.70	449994	159557	42213.32	43123.51
固原市	Guyuan	6.47	2.52	296659	103870	45851.47	41218.25
中卫市	Zhongwei	5.92	3.08	279363	151967	47189.70	49339.94
新疆维吾尔自治区	**Xinjiang**	**93.04**	**92.77**	**5667715**	**5650263**		
乌鲁木齐市	Urumqi	78.30	78.03	4421072	4403620	56463.24	56434.96
克拉玛依市	Karamay	14.74	14.74	1246643	1246643	84575.51	84575.51

注：安徽省的三项指标均为从业人员，与其他省(市)口径不一致。
Note: The data of Anhui province in this chart are employed person. They are different from the other provinces' statistical data.

2-41 社会保障主要指标

Main indicators of Social Security

单位：人 (person)

城市	City	城镇职工基本养老保险参保人数 Number of Employees Joining Urban Basic Pension Insurance		城镇基本医疗保险参保人数 Number of Persons Joining Urban Basic Medical Care System		失业保险参保人数 Persons Covered of Unemployment Insurance	
		全市 Total City	市辖区 Districts under City	全市 Total City	市辖区 Districts under City	全市 Total City	市辖区 Districts under City
城市合计	**Prefecture Cities**	**290292354**	**179570706**	**242607418**	**164913530**	**153665582**	**107740583**
北京市	**Beijing**	**13112997**	**12863969**	**13547669**	**13233216**	**10250919**	**10054184**
天津市	**Tianjin**	**5206700**	**5206700**	**4930800**	**4930800**	**2786900**	**2786900**
河北省	**Hebei**	**10780007**	**5487167**	**8865290**	**4791705**	**4945008**	**3098172**
石家庄市	Shijiazhuang	1866124	1344675	1359461	955825	902000	728496
唐山市	Tangshan	1979154	974659	1518002	1116360	798300	579680
秦皇岛市	Qinhuangdao	711711	529937	577718	451889	318571	310895
邯郸市	Handan	1130342	664473	1035732	601162	667735	431144
邢台市	Xingtai	598786	284503	614258	293319	343517	174911
保定市	Baoding	1169600	199705	1020900	448417	501900	305173
张家口市	Zhangjiakou	782300	351823	630200		385600	
承德市	Chengde	539900	268414	432400	196964	236000	137713
沧州市	Cangzhou	811890	322840	607419	257191	358385	180458
廊坊市	Langfang	726200	358069	605200	340041	249800	168325
衡水市	Hengshui	464000	188069	464000	130537	183200	81377
山西省	**Shanxi**	**5718717**	**3179739**	**5454739**	**2995150**	**3918297**	**2216928**
太原市	Taiyuan	1355506	1254814	1491382	1422730	815670	753223
大同市	Datong	716583	566478	879044	511156	448327	386599
阳泉市	Yangquan	306210	237551	383292	317353	250209	206660
长治市	Changzhi	427455	261349	551038	273279	405004	217370
晋城市	Jincheng	417183	235548	393775	221271	284607	182994
朔州市	Shuozhou	183674	97529	123347	78036	182150	101269
晋中市	Jinzhong	490484	153400	534776	75696	322200	75070
运城市	Yuncheng	576047	19357	279335	21492	337085	26315
忻州市	Xinzhou	387900	80230	321100	13180	207800	16891
临汾市	Linfen	608688	243576	182172	39756	347956	208537
吕梁市	Lvliang	248987	29907	315478	21201	317289	42000
内蒙古自治区	**Inner Mongolia**	**3774820**	**1741015**	**3788459**	**1930336**	**2102215**	**1080100**
呼和浩特市	Hohhot	386500	315631	534545	436669	405006	344726
包头市	Baotou	850735	760985	787605	734807	433011	395265
乌海市	Wuhai	162613	162613	213465	213465	98000	98000
赤峰市	Chifeng	315652	69257	490513	97223	265850	62100
通辽市	Tongliao	233620	104642	371479	127648	180012	34043
鄂尔多斯市	Erdos	260694	119063	330632	155472	169089	72326
呼伦贝尔市	Hulunbuir	1087438	108357	584662	102717	307127	37044
巴彦淖尔市	Bayannur	330972	75275	211123	32116	106000	16596
乌兰察布市	Ulanqab	146596	25192	264135	30219	138120	20000
辽宁省	**Liaoning**	**13578626**	**9949099**	**13195804**	**9516698**	**6589867**	**5027582**
沈阳市	Shenyang	3458415	3254544	1228872	1144398	1343125	1268532
大连市	Dalian	1922784	1608114	3680522	3016638	1426823	1212895
鞍山市	Anshan	883323	597071	637648	525281	624033	540749
抚顺市	Fushun	1000502	874976	1159114	1088261	490056	448596
本溪市	Benxi	953425	797666	786230	669698	397001	356888
丹东市	Dandong	836500	478243	793943	486283	258061	167001
锦州市	Jinzhou	758059	505000	979265	519007	330486	248419

2-41 续表 1 continued

单位：人 (person)

城市	City	城镇职工基本养老保险参保人数 Number of Employees Joining Urban Basic Pension Insurance		城镇基本医疗保险参保人数 Number of Persons Joining Urban Basic Medical Care System		失业保险参保人数 Persons Covered of Unemployment Insurance	
		全市 Total City	市辖区 Districts under City	全市 Total City	市辖区 Districts under City	全市 Total City	市辖区 Districts under City
营口市	Yingkou	535127	345565	689247	473827	225572	101329
阜新市	Fuxin	501050	386752	556380	478608	210137	165027
辽阳市	Liaoyang	618888	423794	586451	422901	223377	57994
盘锦市	Panjin	596253	317523	499001	390206	344187	303526
铁岭市	Tieling	450000	22000	573000	24700	230000	17500
朝阳市	Chaoyang	542492	211460	450331	174550	240384	94614
葫芦岛市	Huludao	521808	126391	575800	102340	246625	44512
吉林省	**Jilin**	**5257334**	**3329573**	**5070389**	**3140461**	**2258812**	**1505886**
长春市	Changchun	1883070	1581816	1614070	1337630	899867	747172
吉林市	Jilin	1064258	710759	944445	608470	425858	298978
四平市	Siping	536821	249257	563108	235278	227705	111258
辽源市	Liaoyuan	244267	175731	263511	185415	84082	56563
通化市	Tonghua	514537	219039	482352	189421	191234	93731
白山市	Baishan	377377	103738	428175	228349	135597	38371
松原市	Songyuan	321886	169005	404043	222891	153392	93766
白城市	Baicheng	315118	120228	370685	133007	141077	66047
黑龙江省	**Heilongjiang**	**5148088**	**2860647**	**6144595**	**4396950**	**3353237**	**2580413**
哈尔滨市	Harbin	1231351	1045799	2185960	1818946	1258000	1204000
齐齐哈尔市	Qiqihar	497183	279146	743895	521170	485628	354125
鸡西市	Jixi	241614	175919	470600	302428	199768	146860
鹤岗市	Hegang	116000	100600	245900	218417	102300	90900
双鸭山市	Shuangyashan	192942	11362	175169	99311	121500	78300
大庆市	Daqing	477116	345804	859269	610006	205890	169388
伊春市	Yichun	287326	265805	302712	27197	123449	117534
佳木斯市	Jiamusi	992000	155692	276000	272277	190400	134548
七台河市	Qitaihe	272598	225450	175309	142848	98253	86132
牡丹江市	Mudanjiang	331999	194381	538068	326914	187808	142758
黑河市	Heihe	202319	29992	69713	18966	69791	17644
绥化市	Suihua	305640	30697	102000	38470	310450	38224
上海市	**Shanghai**	**13429800**	**13429800**	**13940900**	**13940900**	**6257400**	**6257400**
江苏省	**Jiangsu**	**25189155**	**14608228**	**17310891**	**12435345**	**13893351**	**9459758**
南京市	Nanjing	3583517	3583517	2753648	2753648	2359779	2359779
无锡市	Wuxi	2903089	1856264	2195273	1331576	1947752	1275202
徐州市	Xuzhou	1081964	721442	1096305	1013749	831478	521793
常州市	Changzhou	1259721	987562	1299868	1390968	1000593	794997
苏州市	Suzhou	4924374	2499871	4001175	2040599	3169558	2141313
南通市	Nantong	2585908	1278459	1232336	793410	974313	471654
连云港市	Lianyungang	785038	428813	518771	460914	337735	205853
淮安市	Huai'an	834607	523927	609037	487137	610947	382074
盐城市	Yancheng	1355861	437166	881300	413908	674969	233646
扬州市	Yangzhou	991633	378376	855678	723014	617952	409228
镇江市	Zhenjiang	1068069	543220	653581	339565	477576	270633
泰州市	Taizhou	3348539	1175281	823525	482971	604446	266634
宿迁市	Suqian	466835	194330	390394	203886	286253	126952

2-41 续表 2 continued

单位：人 (person)

城市	City	城镇职工基本养老保险参保人数 Number of Employees Joining Urban Basic Pension Insurance		城镇基本医疗保险参保人数 Number of Persons Joining Urban Basic Medical Care System		失业保险参保人数 Persons Covered of Unemployment Insurance	
		全市 Total City	市辖区 Districts under City	全市 Total City	市辖区 Districts under City	全市 Total City	市辖区 Districts under City
浙江省	**Zhejiang**	**22402663**	**12471746**	**17699673**	**10374290**	**11446021**	**7006964**
杭州市	Hangzhou	5307029	4356500	4483529	3773780	3163604	2731968
宁波市	Ningbo	5089401	3069162	3462764	2297596	2317404	1598860
温州市	Wenzhou	2369574	953440	1534236	701549	1020045	459759
嘉兴市	Jiaxing	2093917	585633	1808659	529694	1041200	308100
湖州市	Huzhou	1086100	448200	962100	397300	577603	242751
绍兴市	Shaoxing	2117966	1406823	1730699	1164241	1089431	726166
金华市	Jinhua	1305612	336634	1254320	337301	705984	222950
衢州市	Quzhou	504613	258781	529654	281774	232618	117304
舟山市	Zhoushan	409020	311747	358061	285660	202732	166592
台州市	Taizhou	1609977	597897	1223191	475628	895307	350084
丽水市	Lishui	509454	146929	352460	129767	200093	82430
安徽省	**Anhui**	**6821094**	**4491762**	**6404045**	**4393857**	**4072546**	**2776261**
合肥市	Hefei	1358683	1137612	1420634	1127625	1050519	924230
芜湖市	Wuhu	518007	388442	620092	477490	351117	271436
蚌埠市	Bengbu	514125	400896	446874	352444	212813	156598
淮南市	Huainan	324534	271779	514771	484689	292090	252096
马鞍山市	Maanshan	605888	456702	477557	371960	246658	192405
淮北市	Huaibei	389292	340657	317003	289689	250218	234535
铜陵市	Tongling	249905	223589	279114	252101	147791	136808
安庆市	Anqing	572553	309533	434489	236441	235732	136258
黄山市	Huangshan	213501	124766	182408	109217	93650	59526
滁州市	Chuzhou	437867	139386	392473	142347	212334	76420
阜阳市	Fuyang	335359	193518	361044	181418	250022	114972
宿州市	Suzhou	356667	155922	289500	67009	201600	55016
六安市	Lu'an	322889	148361	339927	154353	174800	77700
亳州市	Bozhou	167478	70770	194635	74388	150768	32397
池州市	Chizhou	106241	62692	133524	72686	70866	36474
宣城市	Xuancheng	348105	67137			131568	19390
福建省	**Fujian**	**7724361**	**4911099**	**6716972**	**4352614**	**4982235**	**3616407**
福州市	Fuzhou	1643366	1171482	1418285	1024652	1100977	916654
厦门市	Xiamen	2223000	2223000	1953400	1953400	1696400	1696400
莆田市	Putian	319040	270522	319803	251722	241263	197733
三明市	Sanming	510300	168288	406788	153776	276198	97021
泉州市	Quanzhou	1141023	429944	1015846	428644	607029	262840
漳州市	Zhangzhou	616438	219654	518065	212227	314528	174845
南平市	Nanping	531580	173180	412452	140094	287996	95209
龙岩市	Longyan	415973	175117	382997	107811	298807	137367
宁德市	Ningde	323641	79912	289336	80288	159037	38338
江西省	**Jiangxi**	**6911946**	**2068442**	**5127554**	**1644269**	**2711569**	**1228689**
南昌市	Nanchang	1535635	305698	714508	103604	585188	508623
景德镇市	Jingdezhen	393741	279468	321963	223702	136000	104963
萍乡市	Pingxiang	330184	251155	439439	311965	147039	121334
九江市	Jiujiang	787364	298137	545039	226513	340000	155000
新余市	Xinyu	285896	244396	275467	259767	103576	91319
鹰潭市	Yingtan	188261	70883	140680	48372	77894	34150
赣州市	Ganzhou	789491	233498	631156	179162	350500	65800
吉安市	Ji'an	601004	77345	398259	91727	220572	45110
宜春市	Yichun	690372	78262	682640	38095	260000	24900
抚州市	Fuzhou	530298	165632	375403	123552	200500	59000
上饶市	Shangrao	779700	63968	603000	37810	290300	18490

2-41 续表 3 continued

单位：人 (person)

城市	City	城镇职工基本养老保险参保人数 Number of Employees Joining Urban Basic Pension Insurance		城镇基本医疗保险参保人数 Number of Persons Joining Urban Basic Medical Care System		失业保险参保人数 Persons Covered of Unemployment Insurance	
		全市 Total City	市辖区 Districts under City	全市 Total City	市辖区 Districts under City	全市 Total City	市辖区 Districts under City
山东省	**Shandong**	**28320612**	**13904948**	**18101365**	**10530735**	**10082006**	**5871011**
济南市	Jinan	2325352	2018418	1831829	1602489	1199649	1049313
青岛市	Qingdao	3770089	2791018	3024363	2317559	1710441	1256220
淄博市	Zibo	2522049	1402090	1242910	1042154	718399	583736
枣庄市	Zaozhuang	695803	433791	564304	399477	365845	268130
东营市	Dongying	461653	284802	603266	485569	197500	116140
烟台市	Yantai	2249582	1227341	2075505	1024758	1055333	599404
潍坊市	Weifang	1689004	621506	1559974	609055	815164	300313
济宁市	Jining	1348076	604981	1108605	482636	710580	286946
泰安市	Tai'an	1201180	516877	1019836	547923	551455	271638
威海市	Weihai	1031114	532018	893480	417827	507524	252529
日照市	Rizhao	510061	335471	334890	218533	214176	140955
莱芜市	Laiwu	847461	847461	266792	266792	183027	183027
临沂市	Linyi	6786059	1607091	1048287	477736	527146	211370
德州市	Dezhou	739093	68154	687817	55419	324099	28409
聊城市	Liaocheng	786875	213128	571949	210962	310770	105822
滨州市	Binzhou	603134	186214	582893	181830	376003	121409
菏泽市	Heze	754027	214587	684665	190016	314895	95650
河南省	**Henan**	**13470491**	**5868829**	**9296439**	**5120846**	**6835463**	**3603175**
郑州市	Zhengzhou	2634214	1601809	1296000	991801	1331274	870584
开封市	Kaifeng	302862	128050	386603	239281	243008	113708
洛阳市	Luoyang	1060453	765164	1044824	758162	610739	420862
平顶山市	Pingdingshan	695318	473831	690547	454671	460095	316390
安阳市	Anyang	798951	463018	598018	385474	405465	245385
鹤壁市	Hebi	180900	117600	149000	95500	146900	102900
新乡市	Xinxiang	3360788	520529	773658	409869	449189	221794
焦作市	Jiaozuo	539664	291145	479715	272460	350605	198589
濮阳市	Puyang	299464	131396	393000	160025	293965	173240
许昌市	Xuchang	541515	219949	411949	177059	275000	103800
漯河市	Luohe	260600	212100	368409	290322	170985	115985
三门峡市	Sanmenxia	299393	123357	344447	111253	222315	59451
南阳市	Nanyang	881106	309960	782291	308568	621541	252769
商丘市	Shangqiu	441813	188691	424017	147315	352000	142100
信阳市	Xinyang	484300	144000	134600	87000	132044	128712
周口市	Zhoukou	343538	60317	565288	91088	384138	45406
驻马店市	Zhumadian	345612	117913	454073	140998	386200	91500
湖北省	**Hubei**	**11015146**	**6484027**	**9675005**	**6032180**	**4493783**	**3060046**
武汉市	Wuhan	3682417	3251721	3814533	3530062	1681644	1563730
黄石市	Huangshi	587100	401379	502000	255469	310400	250248
十堰市	Shiyan	382000	179510	482977	236278	273313	157068
宜昌市	Yichang	979715	550894	789040	482361	485144	333190
襄阳市	Xiangyang	933219	521373	753168	441063	459578	283210
鄂州市	Ezhou	423900	423900	169000	169000	80200	80200

2-41 续表 4 continued

单位：人 (person)

城市	City	城镇职工基本养老保险参保人数 Number of Employees Joining Urban Basic Pension Insurance		城镇基本医疗保险参保人数 Number of Persons Joining Urban Basic Medical Care System		失业保险参保人数 Persons Covered of Unemployment Insurance	
		全市 Total City	市辖区 Districts under City	全市 Total City	市辖区 Districts under City	全市 Total City	市辖区 Districts under City
荆门市	Jingmen	1591683	348805	360202	164471	180065	86628
孝感市	Xiaogan	433647	146305	1283800	208303	232993	50989
荆州市	Jingzhou	901673	375771	629956	332232	321205	143634
黄冈市	Huanggang	555300	129164	476000	78338	209900	26993
咸宁市	Xianning	347377	121598	250643	87708	142691	54393
随州市	Suizhou	197115	33607	163686	46895	116650	29763
湖南省	**Hunan**	**7781065**	**4092260**	**6704953**	**3738579**	**4363022**	**2582869**
长沙市	Changsha	1996645	1512401	1511239	1219496	1014852	835291
株洲市	Zhuzhou	552660	347805	546609	377867	319234	200728
湘潭市	Xiangtan	385249	216126	474796	330950	320005	250987
衡阳市	Hengyang	896507	345982	686695	348570	519234	214518
邵阳市	Shaoyang	485567	179892	524018	197397	265699	99054
岳阳市	Yueyang	771278	284736	679706	344500	335094	205100
常德市	Changde	911416	462554			243384	102330
张家界市	Zhangjiajie	107945	58758	103009	56556	96972	46804
益阳市	Yiyang	256795	123115	418812	183024	200000	84100
郴州市	Chenzhou	452261	189415	501867	250665	274891	165740
永州市	Yongzhou	523592	187379	442252	162417	214825	92986
怀化市	Huaihua	224434	84267	436790	116757	242989	90608
娄底市	Loudi	216716	99830	379160	150380	315843	194623
广东省	**Guangdong**	**37844313**	**25533021**	**33598117**	**25736614**	**27050903**	**20894119**
广州市	Guangzhou	6029256		5382826		4132275	
韶关市	Shaoguan	482331	262669	499213	326743	280313	173632
深圳市	Shenzhen	8139046	8139046	9995291	9995291	9304475	9304475
珠海市	Zhuhai	1053606	1053606	1078995	1078995	874204	874204
汕头市	Shantou	1083307	1073373	488537	483573	697680	692182
佛山市	Foshan	3053984	3053984	2583450	2583450	2088290	2088290
江门市	Jiangmen					712397	427237
湛江市	Zhanjiang	992790	509691	581918	359593	363820	220330
茂名市	Maoming	2735988	547533	416652	208560	261282	115182
肇庆市	Zhaoqing	720716	331110	598588	331555	410538	226150
惠州市	Huizhou	1976065	1468610	1593023	1224293	1273804	1001721
梅州市	Meizhou	701420	261683	389317	196125	234978	115472
汕尾市	Shanwei	452740	134851	270032	101515	150279	56198
河源市	Heyuan	449296	172169	282412	129329	269066	132662
阳江市	Yangjiang	467573	193402	252884	110035	196967	70077
清远市	Qingyuan	753357	397099	548300	335285	355813	238761
东莞市	Dongguan	5219118	5219118	6180883	6180883	3224378	3224378
中山市	Zhongshan	1900454	1900454	1634600	1634600	1494161	1494161
潮州市	Chaozhou	510196	395494	347658	280402	366237	298238
揭阳市	Jieyang	704056	308748	276167	117585	192216	95043
云浮市	Yunfu	419014	110381	197371	58802	167730	45726
广西壮族自治区	**Guangxi**	**4668832**	**2756427**	**4251496**	**2503384**	**2088605**	**1189705**
南宁市	Nanning	946773	740031	946800	828900	426566	338969
柳州市	Liuzhou	848198	657343	757027	602466	325765	254565
桂林市	Guilin	667909	411864	563468	293508	252813	152859

2-41 续表 5 continued

单位：人 (person)

城 市	City	城镇职工基本养老保险参保人数 Number of Employees Joining Urban Basic Pension Insurance		城镇基本医疗保险参保人数 Number of Persons Joining Urban Basic Medical Care System		失业保险参保人数 Persons Covered of Unemployment Insurance	
		全市 Total City	市辖区 Districts under City	全市 Total City	市辖区 Districts under City	全市 Total City	市辖区 Districts under City
梧州市	Wuzhou	311347	191174	276357	163307	127064	65694
北海市	Beihai	192561	121157	189963	128170	116301	74298
防城港市	Fangchenggang	134720	88622	91046	59405	58294	40469
钦州市	Qinzhou	143500	55321	168569	12034	78100	38247
贵港市	Guigang	224374	114520	215370	109893	108639	49700
玉林市	Yulin	346000	128327	298441	130742	152700	55847
百色市	Baise	211521	21483	244234	22167	115385	9700
贺州市	Hezhou	111300	36000	72800	33000	65400	19000
河池市	Hechi	224411	90364	156120	15701	118392	37612
来宾市	Laibin	164897	64934	112975	57529	70107	34265
崇左市	Chongzuo	141321	35287	158326	46562	73079	18480
海南省	**Hainan**	**634753**	**634753**	**574680**	**574680**	**195946**	**195946**
海口市	Haikou	469477	469477	379255	379255		
三亚市	Sanya	165048	165048	195089	195089	195718	195718
三沙市	Sansa	228	228	336	336	228	228
重庆市	**Chongqing**	**7609000**	**6239600**	**5395300**	**4524936**	**3896700**	**3261600**
四川省	**Sichuan**	**16829116**	**6822491**	**10633962**	**5205027**	**5581548**	**2817688**
成都市	Chengdu	5144514	2241814	4167001	1914821	2977681	1401135
自贡市	Zigong	624546	416183	363675	288535	124981	99003
攀枝花市	Panzhihua	352016	309347	386238	358751	215875	187334
泸州市	Luzhou	963426	551933	386565	246613	191884	119811
德阳市	Deyang	2327201	352964	631667	317274	317605	163487
绵阳市	Mianyang	1019763	455453	628379	354190	237275	142031
广元市	Guangyuan	460932	218402	320400	157503	142001	76446
遂宁市	Suining	562371	240225	240312	124317	86095	47772
内江市	Neijiang	566405	227975	367107	181389	125014	57002
乐山市	Leshan	888473	446615	533294	341025	193320	141485
南充市	Nanchong	861985	377698	508347	267491	170486	76561
眉山市	Meishan	491482	119630	255538	56996	91488	17975
宜宾市	Yibin	712586	399186	481026	280142	227983	157838
广安市	Guang'an	235532	79617	197600	68800	96984	45800
达州市	Dazhou	485180	62168	373865	25643	158456	19772
雅安市	Ya'an	278180	81907	210332	44877	63658	11369
巴中市	Bazhong	187882	38334	170168	40000	69500	16021
资阳市	Ziyang	666642	203040	412448	136660	91262	36846
贵州省	**Guizhou**	**2168992**	**1556854**	**2563060**	**1432744**	**1226106**	**627031**
贵阳市	Guiyang	1343368	1225289	1127379	1024188	583632	518452
六盘水市	Liupanshui	92230	36767	296369	14910	103230	9440
遵义市	Zunyi	463648	194294	522875	226579	216211	36397
安顺市	Anshun	168666	84202	194423	116551	86085	39625
毕节市	Bijie			255894	30508	149432	14200
铜仁市	Tongren	101080	16302	166120	20008	87516	8917
云南省	**Yunnan**	**2662114**	**1653355**	**2885738**	**1231568**	**1652246**	**811151**
昆明市	Kunming	1590241	1393485	1412860	950600	879735	641424
曲靖市	Qujing	250800	46089	427000	37677	233900	18141

2-41 续表 6 continued

单位：人 (person)

城市	City	城镇职工基本养老保险参保人数 Number of Employees Joining Urban Basic Pension Insurance		城镇基本医疗保险参保人数 Number of Persons Joining Urban Basic Medical Care System		失业保险参保人数 Persons Covered of Unemployment Insurance	
		全市 Total City	市辖区 Districts under City	全市 Total City	市辖区 Districts under City	全市 Total City	市辖区 Districts under City
玉溪市	Yuxi	223220	52161	249653	114705	139505	62432
保山市	Baoshan	113365	36246	146259	37600	77700	16200
昭通市	Zhaotong	112708	16428	204339	27440	109217	9620
丽江市	Lijiang	77482	18838	104590	20454	32050	9987
普洱市	Pu'er	153015	53877	196716	24850	96935	28799
临沧市	Lincang	141283	36231	144321	18242	83204	24548
西藏自治区	**Tibet**	**159155**		**44073**	**31705**	**13413**	
拉萨市	Lasa	159155		44073	31705	13413	
陕西省	**Shaanxi**	**8004935**	**4415884**	**5417173**	**3389821**	**3379368**	**2188643**
西安市	Xi'an	2923442	2765088	2112000	1995200	1455800	1390100
铜川市	Tongchuan	177698	168816	189499	183098	94831	90911
宝鸡市	Baoji	540907	359993	522100	326135	322405	189660
咸阳市	Xianyang	722590	101843	629184	197960	390301	159887
渭南市	Weinan	393185	150894	588800	189541	297047	96068
延安市	Yan'an	996484	155693	320293	117575	190100	26000
汉中市	Hanzhong	368000	174037	369100	139183	224400	96380
榆林市	Yulin	254500	101997	355004	108666	183000	57224
安康市	Ankang	173287	102042	187800	81550	94684	48196
商洛市	Shangluo	1454842	335481	143393	50913	126800	34217
甘肃省	**Gansu**	**1343639**	**791149**	**2636483**	**526021**	**1428501**	**390115**
兰州市	Lanzhou	402685	375836	1036200		573649	
嘉峪关市	Jiayuguan	93662	93662	83817	83817	53641	53641
金昌市	Jinchang	41271	28364	113596	92550	73000	63636
白银市	Baiyin	81756	57367	217625	98889	118804	84782
天水市	Tianshui	119093	19363	276645	53981	145057	21852
武威市	Wuwei	76899	36117	126854	48549	63801	47185
张掖市	Zhangye	103896	69754	121504	56220	68676	34931
平凉市	Pingliang	98200	22476	110300	16173	87000	12644
酒泉市	Jiuquan	109537	27122	130730	23374	70346	13062
庆阳市	Qingyang	72859	34966	139296	14345	82722	40266
定西市	Dingxi	90903	19364	146407	20723	82536	12762
陇南市	Longnan	52878	6758	133509	17400	9269	5354
青海省	**Qinghai**	**407872**	**294068**	**228250**	**143622**	**210142**	**141137**
西宁市	Xining	319602	279441	165721	127908	166284	133563
海东市	Haidong	88270	14627	62529	15714	43858	7574
宁夏回族自治区	**Ningxia**	**1217627**	**851767**	**1087052**	**797985**	**683492**	**494742**
银川市	Yinchuan	589137	493845	600254	511124	389858	312988
石嘴山市	Shizuishan	204136	155536	189562	166216	119328	102112
吴忠市	Wuzhong	158246	84552	128074	56423	78439	30006
固原市	Guyuan	136410	39670	83470	20570	41000	20896
中卫市	Zhongwei	129698	78164	85692	43652	54867	28740
新疆维吾尔自治区	**Xinjiang**	**1098384**	**1072287**	**1316492**	**1316492**	**915961**	**915961**
乌鲁木齐市	Urumqi	860012	833915	1113154	1113154	751354	751354
克拉玛依市	Karamay	238372	238372	203338	203338	164607	164607

2-42 市政公用事业(市辖区)

Municipal Public Utilities(Districts under City)

城　市	City	城市维护建设资金支出 (万元) Expenditure for Maintaining and Building Cities (10 000 yuan)	年末实有城市道路面积 (万平方米) Area of City Paved Roads at Year-end (10 000 sq.m)	排水管道长度 (公里) Length of City Sewage Pipes (km)
城市合计	**Prefecture Cities**	**95957853**	**512334**	**381127**
北京市	**Beijing**	**8106944**	**9611**	**13505**
天津市	**Tianjin**	**1476679**	**12440**	**18644**
河北省	**Hebei**	**2276537**	**21205**	**12380**
石家庄市	Shijiazhuang		4560	2208
唐山市	Tangshan	248956	3050	2279
秦皇岛市	Qinhuangdao	237692	1900	1411
邯郸市	Handan	704363	3157	1621
邢台市	Xingtai	37183	1367	710
保定市	Baoding	445148	2437	833
张家口市	Zhangjiakou	297308	1347	1392
承德市	Chengde	42335	874	461
沧州市	Cangzhou	96572	942	535
廊坊市	Langfang	112809	884	542
衡水市	Hengshui	54171	687	388
山西省	**Shanxi**	**4472161**	**10602**	**5519**
太原市	Taiyuan	3572736	3570	1470
大同市	Datong	454366	2026	606
阳泉市	Yangquan	35143	611	352
长治市	Changzhi	115479	381	383
晋城市	Jincheng	60944	549	354
朔州市	Shuozhou	9027	525	417
晋中市	Jinzhong	3525	1010	710
运城市	Yuncheng	30672	601	378
忻州市	Xinzhou	38169	507	371
临汾市	Linfen	57182	528	234
吕梁市	Lvliang	94918	294	244
内蒙古自治区	**Inner Mongolia**	**578447**	**13454**	**8294**
呼和浩特市	Hohhot	206074	2169	754
包头市	Baotou	58456	2504	1997
乌海市	Wuhai	131731	762	279
赤峰市	Chifeng	33834	1676	725
通辽市	Tongliao	64158	906	766
鄂尔多斯市	Erdos	62983	2914	2066
呼伦贝尔市	Hulunbuir	13665	716	306
巴彦淖尔市	Bayannur	2446	943	1089
乌兰察布市	Ulanqab	5100	864	312
辽宁省	**Liaoning**	**3488170**	**23370**	**14570**
沈阳市	Shenyang	1797090	7777	3981
大连市	Dalian	712311	4362	2654
鞍山市	Anshan	75461	1427	905
抚顺市	Fushun	43238	1386	921
本溪市	Benxi	110793	1024	361
丹东市	Dandong	78509	1051	782
锦州市	Jinzhou	170510	1075	493
营口市	Yingkou	99890	720	550

2-42 续表 1 continued

城 市	City	城市维护建设资金支出(万元) Expenditure for Maintaining and Building Cities (10 000 yuan)	年末实有城市道路面积(万平方米) Area of City Paved Roads at Year-end (10 000 sq.m)	排水管道长度(公里) Length of City Sewage Pipes (km)
阜新市	Fuxin	62321	503	275
辽阳市	Liaoyang	17051	1331	1307
盘锦市	Panjin	86946	923	613
铁岭市	Tieling	35821	833	465
朝阳市	Chaoyang	37434	401	636
葫芦岛市	Huludao	160795	557	627
吉林省	**Jilin**	**795977**	**11008**	**6971**
长春市	Changchun	562184	6760	4853
吉林市	Jilin	70000	1344	892
四平市	Siping	6400	547	214
辽源市	Liaoyuan	50000	525	160
通化市	Tonghua	28344	400	165
白山市	Baishan	47280	407	156
松原市	Songyuan	12722	759	223
白城市	Baicheng	19047	266	308
黑龙江省	**Heilongjiang**	**986895**	**15906**	**7712**
哈尔滨市	Harbin		4757	2748
齐齐哈尔市	Qiqihar	157027	944	723
鸡西市	Jixi	30863	642	307
鹤岗市	Hegang	19462	436	285
双鸭山市	Shuangyashan	1823	378	361
大庆市	Daqing	522633	3394	1521
伊春市	Yichun	9536	881	449
佳木斯市	Jiamusi	32600	541	492
七台河市	Qitaihe	29120	485	151
牡丹江市	Mudanjiang	174353	981	387
黑河市	Heihe	1352	167	108
绥化市	Suihua	8126	2300	180
上海市	**Shanghai**	**1697598**	**9932**	**19425**
江苏省	**Jiangsu**	**9921351**	**52735**	**48343**
南京市	Nanjing	2586514	12761	7398
无锡市	Wuxi	394326	6081	12536
徐州市	Xuzhou	298407	3750	2016
常州市	Changzhou	399774	3719	5003
苏州市	Suzhou	2354820	8005	7631
南通市	Nantong	2060418	3816	2507
连云港市	Lianyungang	420515	1748	1429
淮安市	Huai'an	227058	2810	1970
盐城市	Yancheng	127370	1679	1092
扬州市	Yangzhou	372958	2329	2232
镇江市	Zhenjiang	260237	2114	1969
泰州市	Taizhou	230466	2199	1582
宿迁市	Suqian	188488	1724	978
浙江省	**Zhejiang**	**4024077**	**23361**	**22403**
杭州市	Hangzhou	1555479	5426	4455
宁波市	Ningbo	757265	2869	4492

2-42 续表 2 continued

城 市	City	城市维护建设资金支出（万元）Expenditure for Maintaining and Building Cities (10 000 yuan)	年末实有城市道路面积（万平方米）Area of City Paved Roads at Year-end (10 000 sq.m)	排水管道长度（公里）Length of City Sewage Pipes (km)
温州市	Wenzhou	188898	2657	2470
嘉兴市	Jiaxing	94367	1189	770
湖州市	Huzhou	221396	2031	1813
绍兴市	Shaoxing	370718	2501	2393
金华市	Jinhua	155098	1571	1503
衢州市	Quzhou	159575	930	1146
舟山市	Zhoushan	230363	1042	899
台州市	Taizhou	190229	2722	1940
丽水市	Lishui	100689	423	522
安徽省	**Anhui**	**3647396**	**24828**	**20039**
合肥市	Hefei	491309	5470	6679
芜湖市	Wuhu	782207	3204	2288
蚌埠市	Bengbu	439365	1607	1057
淮南市	Huainan	260709	1469	701
马鞍山市	Maanshan	299867	1206	1380
淮北市	Huaibei	234174	1066	163
铜陵市	Tongling	24793	501	1075
安庆市	Anqing	104883	1081	1014
黄山市	Huangshan	79068	703	457
滁州市	Chuzhou	311160	1510	1153
阜阳市	Fuyang	146070	1584	677
宿州市	Suzhou	60099	1258	755
六安市	Lu'an	137308	1207	452
亳州市	Bozhou	153512	1349	963
池州市	Chizhou	122843	741	534
宣城市	Xuancheng	29	872	691
福建省	**Fujian**	**3187241**	**11449**	**9369**
福州市	Fuzhou	858954	2591	1939
厦门市	Xiamen	1303328	3570	2610
莆田市	Putian	29883	827	1858
三明市	Sanming	25898	346	193
泉州市	Quanzhou	726200	2236	1375
漳州市	Zhangzhou	55796	855	807
南平市	Nanping	41927	251	154
龙岩市	Longyan	143995	441	247
宁德市	Ningde	1260	332	186
江西省	**Jiangxi**	**1457770**	**12305**	**8691**
南昌市	Nanchang	77322	3458	2259
景德镇市	Jingdezhen	56320	805	709
萍乡市	Pingxiang	109342	681	488
九江市	Jiujiang	239364	1499	1101
新余市	Xinyu	235069	1083	782
鹰潭市	Yingtan	58466	300	137
赣州市	Ganzhou	7808	990	706
吉安市	Ji'an	193679	716	506
宜春市	Yichun	388491	774	555
抚州市	Fuzhou	88078	1060	729
上饶市	Shangrao	3831	939	719

2-42 续表 3 continued

城 市	City	城市维护建设资金支出 (万元) Expenditure for Maintaining and Building Cities (10 000 yuan)	年末实有城市道路面积 (万平方米) Area of City Paved Roads at Year-end (10 000 sq.m)	排水管道长度 (公里) Length of City Sewage Pipes (km)
山东省	**Shandong**	**5523558**	**52043**	**32979**
济南市	Jinan	1452884	7452	2328
青岛市	Qingdao	668603	7859	6537
淄博市	Zibo	281548	3684	2549
枣庄市	Zaozhuang	231462	2381	1227
东营市	Dongying	408591	2267	956
烟台市	Yantai	575209	3244	3065
潍坊市	Weifang	170127	3449	1997
济宁市	Jining	295781	4241	1347
泰安市	Tai'an	209000	1680	1528
威海市	Weihai	133186	1910	2631
日照市	Rizhao	42848	1792	1377
莱芜市	Laiwu	52303	1675	1020
临沂市	Linyi	347624	3979	2248
德州市	Dezhou	333929	1438	930
聊城市	Liaocheng	101098	2115	1114
滨州市	Binzhou	96000	1508	1352
菏泽市	Heze	123365	1369	773
河南省	**Henan**	**2087489**	**19791**	**13920**
郑州市	Zhengzhou	907919	3836	3377
开封市	Kaifeng	105625	1326	798
洛阳市	Luoyang	53653	2269	1538
平顶山市	Pingdingshan	27765	1048	438
安阳市	Anyang	39350	965	817
鹤壁市	Hebi	118379	722	401
新乡市	Xinxiang	83197	1084	820
焦作市	Jiaozuo	195930	1201	816
濮阳市	Puyang	62983	648	604
许昌市	Xuchang	78877	606	499
漯河市	Luohe	17964	805	466
三门峡市	Sanmenxia	26126	316	196
南阳市	Nanyang	158231	1908	1218
商丘市	Shangqiu	88539	888	391
信阳市	Xinyang	35032	411	331
周口市	Zhoukou	55325	712	554
驻马店市	Zhumadian	32594	1046	656
湖北省	**Hubei**	**3178594**	**19447**	**14940**
武汉市	Wuhan	2135100	8357	9010
黄石市	Huangshi	89317	1425	853
十堰市	Shiyan	266098	911	474
宜昌市	Yichang	271909	1767	893
襄阳市	Xiangyang	15226	1731	889
鄂州市	Ezhou	139579	1074	583
荆门市	Jingmen	29426	790	730

2-42 续表 4 continued

城 市	City	城市维护建设资金支出（万元）Expenditure for Maintaining and Building Cities (10 000 yuan)	年末实有城市道路面积（万平方米）Area of City Paved Roads at Year-end (10 000 sq.m)	排水管道长度（公里）Length of City Sewage Pipes (km)
孝感市	Xiaogan	125225	718	328
荆州市	Jingzhou	45920	891	465
黄冈市	Huanggang	30306	800	217
咸宁市	Xianning	12888	515	242
随州市	Suizhou	17600	468	256
湖南省	**Hunan**	**2262895**	**15643**	**10725**
长沙市	Changsha	624500	2996	2169
株洲市	Zhuzhou	465568	1837	914
湘潭市	Xiangtan	282110	1360	959
衡阳市	Hengyang	8741	2257	1076
邵阳市	Shaoyang	98763	938	1016
岳阳市	Yueyang	167345	1135	1204
常德市	Changde	235620	1401	689
张家界市	Zhangjiajie	5500	480	229
益阳市	Yiyang	181915	842	782
郴州市	Chenzhou	16104	850	451
永州市	Yongzhou	28317	684	453
怀化市	Huaihua	13879	436	346
娄底市	Loudi	134533	427	437
广东省	**Guangdong**	**7703910**	**52525**	**36299**
广州市	Guangzhou	3046379	10241	9550
韶关市	Shaoguan	12610	728	505
深圳市	Shenzhen	564226	11496	10420
珠海市	Zhuhai	617432	4633	1398
汕头市	Shantou	579184	2500	1666
佛山市	Foshan			2390
江门市	Jiangmen	213383	2228	1385
湛江市	Zhanjiang	245267	972	618
茂名市	Maoming	18374	536	368
肇庆市	Zhaoqing	649553	1062	785
惠州市	Huizhou	539543	2116	2340
梅州市	Meizhou	231394	765	516
汕尾市	Shanwei	18075	260	242
河源市	Heyuan	1000	409	350
阳江市	Yangjiang	45708	652	388
清远市	Qingyuan		1403	653
东莞市	Dongguan	634485	10273	972
中山市	Zhongshan	191179	1047	1053
潮州市	Chaozhou	77040	433	328
揭阳市	Jieyang	18833	676	310
云浮市	Yunfu	245	95	62
广西壮族自治区	**Guangxi**	**5073813**	**12579**	**6930**
南宁市	Nanning	2306812	3527	764
柳州市	Liuzhou	1534548	1807	1195
桂林市	Guilin	522731	880	516

2-42 续表 5 continued

城市	City	城市维护建设资金支出(万元) Expenditure for Maintaining and Building Cities (10 000 yuan)	年末实有城市道路面积(万平方米) Area of City Paved Roads at Year-end (10 000 sq.m)	排水管道长度(公里) Length of City Sewage Pipes (km)
梧州市	Wuzhou	73774	607	217
北海市	Beihai	117603	858	810
防城港市	Fangchenggang	103195	628	461
钦州市	Qinzhou	26228	1069	633
贵港市	Guigang	41136	780	299
玉林市	Yulin	70131	943	727
百色市	Baise	63279	190	297
贺州市	Hezhou	43956	317	219
河池市	Hechi	1885	209	217
来宾市	Laibin	123420	574	477
崇左市	Chongzuo	45115	190	98
海南省	**Hainan**	**212178**	**1875**	**1862**
海口市	Haikou	124871	1466	1085
三亚市	Sanya	87307	404	777
三沙市	Sansa		5	
重庆市	**Chongqing**	**4084579**	**12723**	**9497**
四川省	**Sichuan**	**2676433**	**20549**	**16048**
成都市	Chengdu	1318283	7444	6305
自贡市	Zigong	44053	1090	126
攀枝花市	Panzhihua	74023	762	624
泸州市	Luzhou	156309	1329	873
德阳市	Deyang	98790	671	470
绵阳市	Mianyang	75589	1530	1854
广元市	Guangyuan	122926	512	527
遂宁市	Suining	54625	1782	608
内江市	Neijiang	101534	439	306
乐山市	Leshan	75430	823	581
南充市	Nanchong	231930	1410	1210
眉山市	Meishan	80586	535	445
宜宾市	Yibin	44229	694	548
广安市	Guang'an	104455	398	256
达州市	Dazhou	15489	223	431
雅安市	Ya'an	68166	296	243
巴中市	Bazhong	2780	142	292
资阳市	Ziyang	7236	469	349
贵州省	**Guizhou**	**261487**	**3672**	**3754**
贵阳市	Guiyang	18944	1630	2183
六盘水市	Liupanshui	15459	658	393
遵义市	Zunyi	23240	468	464
安顺市	Anshun	162560	418	345
毕节市	Bijie	40131	325	165
铜仁市	Tongren	1153	173	204
云南省	**Yunnan**	**2885536**	**6681**	**3256**
昆明市	Kunming	2778380	3916	833
曲靖市	Qujing	42331	780	571

2-42 续表 6 continued

城市	City	城市维护建设资金支出（万元）Expenditure for Maintaining and Building Cities (10 000 yuan)	年末实有城市道路面积（万平方米）Area of City Paved Roads at Year-end (10 000 sq.m)	排水管道长度（公里）Length of City Sewage Pipes (km)
玉溪市	Yuxi	26274	662	448
保山市	Baoshan	4250	356	168
昭通市	Zhaotong	7372	383	167
丽江市	Lijiang	13059	179	398
普洱市	Pu'er	12660	216	456
临沧市	Lincang	1210	189	215
西藏自治区	**Tibet**	**7747766**	**13284**	**713**
拉萨市	Lasa	7747766	13284	713
陕西省	**Shaanxi**	**5051592**	**13143**	**7000**
西安市	Xi'an	3386824	7017	4192
铜川市	Tongchuan	168749	460	380
宝鸡市	Baoji	381483	1294	538
咸阳市	Xianyang	275103	1165	293
渭南市	Weinan	16187	1438	619
延安市	Yan'an	46217	216	92
汉中市	Hanzhong	96524	281	143
榆林市	Yulin	338479	570	425
安康市	Ankang	278098	517	185
商洛市	Shangluo	63928	185	133
甘肃省	**Gansu**	**357208**	**7340**	**3626**
兰州市	Lanzhou	243372	2910	1361
嘉峪关市	Jiayuguan	5600	385	376
金昌市	Jinchang	15497	460	96
白银市	Baiyin	27134	626	168
天水市	Tianshui	15192	597	315
武威市	Wuwei	4920	322	284
张掖市	Zhangye	5823	418	137
平凉市	Pingliang	980	557	263
酒泉市	Jiuquan	9064	453	264
庆阳市	Qingyang	23378	309	159
定西市	Dingxi	647	229	135
陇南市	Longnan	5601	74	68
青海省	**Qinghai**	**218600**	**963**	**871**
西宁市	Xining	216452	886	797
海东市	Haidong	2148	77	74
宁夏回族自治区	**Ningxia**	**344632**	**4001**	**1076**
银川市	Yinchuan	82600	1837	544
石嘴山市	Shizuishan	105601	737	103
吴忠市	Wuzhong	5500	499	122
固原市	Guyuan	88277	386	211
中卫市	Zhongwei	62654	542	96
新疆维吾尔自治区	**Xinjiang**	**170340**	**3869**	**1766**
乌鲁木齐市	Urumqi		2914	1352
克拉玛依市	Karamay	170340	955	414

2-43 供水、用水及用电情况(市辖区)
Water Supply, Water Consumption and Electricity Consumption (Districts under City)

城市	City	供水总量 (万吨) Water Supply (10 000 ton)	居民生活用水量 (万吨) Water Consumption for Residential Use (10 000 ton)	全社会用电量 (万千瓦时) Annual Electricity Consumption (10 000 kwh)	工业用电 (万千瓦时) Electricity Consumption for Industrial (10 000 kwh)	城乡居民生活用电 (万千瓦时) Household Electricity Consumption for urban and rural residential (10 000 kwh)
城市合计	**Prefecture Cities**	**4679415**	**1691767**	**264501562**	**178447050**	**33938455**
北京市	**Beijing**	**189386**	**76122**	**8913540**	**3027853**	**1529046**
天津市	**Tianjin**	**78631**	**24338**	**7744916**	**5463727**	**751732**
河北省	**Hebei**	**129256**	**36252**	**13496406**	**10761845**	**842397**
石家庄市	Shijiazhuang	35081	7148	1492236	869617	168529
唐山市	Tangshan	25979	5893	5650821	5195783	103765
秦皇岛市	Qinhuangdao	11288	4069	729351	439485	84050
邯郸市	Handan	14258	4321	1533065	1352959	62792
邢台市	Xingtai	8146	2337	491311	369077	55218
保定市	Baoding	9596	3878	771190	494980	122607
张家口市	Zhangjiakou	8384	2194	732379	559507	52508
承德市	Chengde	5497	1852	461542	388110	33253
沧州市	Cangzhou	3919	1303	694136	450480	49140
廊坊市	Langfang	4791	2152	653024	462879	75498
衡水市	Hengshui	2317	1105	287351	178968	35037
山西省	**Shanxi**	**70516**	**29149**	**6278526**	**4141043**	**620835**
太原市	Taiyuan	32348	13286	2299961	1630143	260107
大同市	Datong	8816	3439	788230	558696	88297
阳泉市	Yangquan	5062	1344	784159	560526	27170
长治市	Changzhi	7664	4328	397400	306365	46174
晋城市	Jincheng	2511	1055	199154	150881	16343
朔州市	Shuozhou	2451	1093	505733	465361	10048
晋中市	Jinzhong	3312	1111	308012	143200	31800
运城市	Yuncheng	2712	812	501738	39561	52841
忻州市	Xinzhou	2231	931	110739	69610	12155
临汾市	Linfen	2404	1404	296800	184300	53900
吕梁市	Lvliang	1005	346	86600	32400	22000
内蒙古自治区	**Inner Mongolia**	**86000**	**16410**	**6593797**	**5107206**	**557993**
呼和浩特市	Hohhot	13836	3256	628331	265235	145436
包头市	Baotou	28044	3616	2376017	2141658	172068
乌海市	Wuhai	3652	1131	1593784	1329393	26695
赤峰市	Chifeng	10493	2367	576849	370423	53919
通辽市	Tongliao	20550	1056	705293	583715	52678
鄂尔多斯市	Erdos	3472	1692	227351	109447	31023
呼伦贝尔市	Hulunbuir	2538	1191	146892	92327	25176
巴彦淖尔市	Bayannur	2126	1319	189971	132469	26699
乌兰察布市	Ulanqab	1289	782	149309	82539	24299
辽宁省	**Liaoning**	**240994**	**56017**	**12873723**	**9198824**	**1237709**
沈阳市	Shenyang	54879	20965	2479961	1221312	420246
大连市	Dalian	40972	10593	2631966	1811990	284191
鞍山市	Anshan	31178	3463	1635265	1421353	88273
抚顺市	Fushun	21646	2232	1073571	942891	68018
本溪市	Benxi	25753	1634	1285880	1180210	50067
丹东市	Dandong	5400	1471			
锦州市	Jinzhou	13587	2673	479210	167037	94243
营口市	Yingkou	7099	1918	1005255	833712	62192

2-43 续表 1 continued

城市	City	供水总量 (万吨) Water Supply (10 000 ton)	居民生活用水量 (万吨) Water Consumption for Residential Use (10 000 ton)	全社会用电量 (万千瓦时) Annual Electricity Consumption (10 000 kwh)	工业用电 (万千瓦时) Electricity Consumption for Industrial (10 000 kwh)	城乡居民生活用电 (万千瓦时) Household Electricity Consumption for urban and rural residential (10 000 kwh)
阜新市	Fuxin	7847	2388	389705	297635	41333
辽阳市	Liaoyang	11429	1875	955105	574049	36794
盘锦市	Panjin	7637	1948	518600	438000	31620
铁岭市	Tieling	3491	1278	146193	107397	30163
朝阳市	Chaoyang	5147	1490	273012	203238	30569
葫芦岛市	Huludao	4929	2089			
吉林省	**Jilin**	**80544**	**19318**	**3774148**	**2706696**	**439954**
长春市	Changchun	37047	8829	1294022	801405	198141
吉林市	Jilin	21176	4718	1090432	936783	93526
四平市	Siping	3759	1058	335238	214694	21918
辽源市	Liaoyuan	3702	650	212521	174083	17771
通化市	Tonghua	3890	618	210617	168830	28033
白山市	Baishan	3870	587	202011	108779	25462
松原市	Songyuan	5293	2100	343116	262878	31498
白城市	Baicheng	1807	758	86191	39244	23605
黑龙江省	**Heilongjiang**	**124616**	**33931**	**4982537**	**3484105**	**635524**
哈尔滨市	Harbin	35731	15070	1573203	772963	310328
齐齐哈尔市	Qiqihar	9531	2859			
鸡西市	Jixi	4583	1518	389626	232673	35523
鹤岗市	Hegang	4725	1125	340370	249833	53320
双鸭山市	Shuangyashan	2539	1075			
大庆市	Daqing	26562	4247	1873443	1725429	70439
伊春市	Yichun	4860	2272	205184	114731	31049
佳木斯市	Jiamusi	6628	1740	185328	98737	44033
七台河市	Qitaihe	3804	800	263222	195168	33290
牡丹江市	Mudanjiang	22374	1668			
黑河市	Heihe	605	246	84991	76619	8324
绥化市	Suihua	2674	1311	67170	17952	49218
上海市	**Shanghai**	**319072**	**102382**	**14106000**	**7994500**	**2050400**
江苏省	**Jiangsu**	**398218**	**132416**	**24505148**	**17454662**	**3098288**
南京市	Nanjing	126656	36636	4626718	2867065	675488
无锡市	Wuxi	43021	14497	2761769	1940069	326663
徐州市	Xuzhou	23363	6579	2031639	1588975	206248
常州市	Changzhou	26465	11758	2803051	2154766	193409
苏州市	Suzhou	70278	20836	5492795	4180034	521894
南通市	Nantong	21688	9546	1344137	966163	377974
连云港市	Lianyungang	10074	2871	484067	283472	85368
淮安市	Huai'an	19366	6911	913463	636443	147390
盐城市	Yancheng	7210	3886	460602	249550	101465
扬州市	Yangzhou	17529	7672	1082080	697009	184641
镇江市	Zhenjiang	16750	5856	1084280	846658	97452
泰州市	Taizhou	8945	3193	762225	534321	108274
宿迁市	Suqian	6873	2175	658322	510137	72022
浙江省	**Zhejiang**	**220450**	**76205**	**15970132**	**11072582**	**2057402**
杭州市	Hangzhou	60747	23733	4840497	2960819	715234
宁波市	Ningbo	47309	14606	3081224	2262718	320387

2-43 续表 2 continued

城市	City	供水总量 (万吨) Water Supply (10 000 ton)	居民生活用水量 (万吨) Water Consumption for Residential Use (10 000 ton)	全社会用电量 (万千瓦时) Annual Electricity Consumption (10 000 kwh)	工业用电 (万千瓦时) Electricity Consumption for Industrial (10 000 kwh)	城乡居民生活用电 (万千瓦时) Household Electricity Consumption for urban and rural residential (10 000 kwh)
温州市	Wenzhou	26390	11137	1228977	735419	254254
嘉兴市	Jiaxing	10044	2341	991233	768964	87116
湖州市	Huzhou	8877	3726	755944	532200	100419
绍兴市	Shaoxing	32915	5868	2447315	2013613	191942
金华市	Jinhua	6221	3097	491643	302977	88017
衢州市	Quzhou	5030	1733	675752	571817	49921
舟山市	Zhoushan	4662	1948	339076	180537	60514
台州市	Taizhou	14075	6413	942172	643060	156840
丽水市	Lishui	4180	1603	176299	100458	32758
安徽省	**Anhui**	**152811**	**56400**	**7321850**	**4859764**	**1089478**
合肥市	Hefei	37596	18757	1170320	441803	300875
芜湖市	Wuhu	15809	6192	859505	650363	85901
蚌埠市	Bengbu	15784	3661	392545	242158	63671
淮南市	Huainan	9722	3850	551361	394104	88885
马鞍山市	Maanshan	17033	3807	1122121	1001988	64677
淮北市	Huaibei	5530	2839	336780	246507	46328
铜陵市	Tongling	8174	2613	579237	512468	29056
安庆市	Anqing	8744	2279	408002	312348	44640
黄山市	Huangshan	3588	1337	125306	49284	29109
滁州市	Chuzhou	5748	1561	210107	83377	31183
阜阳市	Fuyang	6769	1452	368972	223233	44149
宿州市	Suzhou	5073	2548	319598	185738	65038
六安市	Lu'an	4546	1728	239326	109948	70275
亳州市	Bozhou	2993	1373	144637	41109	60025
池州市	Chizhou	2689	1065	296446	240985	27156
宣城市	Xuancheng	3013	1338	197587	124351	38510
福建省	**Fujian**	**117527**	**42301**	**6395120**	**3582995**	**1377912**
福州市	Fuzhou	33596	13085	1144165	370394	364728
厦门市	Xiamen	38638	13069	2002650	1135949	397365
莆田市	Putian	8987	2864	518439	259645	151798
三明市	Sanming	6637	1620	394300	322678	27475
泉州市	Quanzhou	13490	5432	814315	484674	175721
漳州市	Zhangzhou	4744	2411	517997	312952	109810
南平市	Nanping	2625	1348	441351	355085	39390
龙岩市	Longyan	7046	1412	413703	281318	69425
宁德市	Ningde	1764	1060	148200	60300	42200
江西省	**Jiangxi**	**93395**	**33147**	**3843113**	**2402528**	**671590**
南昌市	Nanchang	45171	11226	1494124	785620	313524
景德镇市	Jingdezhen	4815	2561	163209	122010	33753
萍乡市	Pingxiang	3955	1540	429611	344563	47792
九江市	Jiujiang	8088	3207	380300	272200	56738
新余市	Xinyu	5573	2390	560365	487900	31580
鹰潭市	Yingtan	1981	708	70683	26085	15503
赣州市	Ganzhou	7724	3560	205083	95832	45318
吉安市	Ji'an	2876	1406	137443	84134	22811
宜春市	Yichun	4191	2589	162380	73649	40073
抚州市	Fuzhou	5021	2611	159675	91234	38321
上饶市	Shangrao	4000	1349	80240	19301	26177

2-43 续表 3 continued

城市	City	供水总量(万吨) Water Supply (10 000 ton)	居民生活用水量(万吨) Water Consumption for Residential Use (10 000 ton)	全社会用电量(万千瓦时) Annual Electricity Consumption (10 000 kwh)	工业用电(万千瓦时) Electricity Consumption for Industrial (10 000 kwh)	城乡居民生活用电(万千瓦时) Household Electricity Consumption for urban and rural residential (10 000 kwh)
山东省	**Shandong**	**228933**	**69972**	**19966703**	**15121824**	**1962674**
济南市	Jinan	33569	12681	1827981	963649	336923
青岛市	Qingdao	38331	11851	2034910	1199839	315468
淄博市	Zibo	27102	5552	2600268	2226243	193120
枣庄市	Zaozhuang	9516	2948	700378	511384	92523
东营市	Dongying	9413	2363	1472134	1365580	35175
烟台市	Yantai	15710	4518	1230845	893888	131404
潍坊市	Weifang	15285	3427	1356713	1025138	121569
济宁市	Jining	16039	4877	991696	753594	99627
泰安市	Tai'an	6630	2144	403895	224120	79271
威海市	Weihai	6655	1508	512877	360800	53233
日照市	Rizhao	6716	1985	1247698	1043181	73598
莱芜市	Laiwu	4462	1935	1042604	938892	48836
临沂市	Linyi	18092	6360	1623727	1233881	170052
德州市	Dezhou	2968	1575	563993	447395	42363
聊城市	Liaocheng	6446	2305	1262090	1090207	64149
滨州市	Binzhou	7408	2089	495775	401773	40236
菏泽市	Heze	4591	1854	599119	442260	65127
河南省	**Henan**	**135806**	**48334**	**15392818**	**11901233**	**1542125**
郑州市	Zhengzhou	35413	11871	3618523	2420614	464875
开封市	Kaifeng	7628	2233	480758	311453	77965
洛阳市	Luoyang	16218	6550	2440217	2152996	125649
平顶山市	Pingdingshan	10671	3572	797948	659362	66639
安阳市	Anyang	5014	2440	1458334	1269194	95934
鹤壁市	Hebi	4887	1755	351595	285161	24387
新乡市	Xinxiang	7433	2946	757705	548926	79182
焦作市	Jiaozuo	8003	2382	1471965	1346814	52361
濮阳市	Puyang	5457	1520	492549	394397	43234
许昌市	Xuchang	4409	1461	300228	210827	44760
漯河市	Luohe	4083	1149	351731	225504	62289
三门峡市	Sanmenxia	1918	1340	179533	156838	21399
南阳市	Nanyang	9253	2901	752777	522698	139452
商丘市	Shangqiu	3747	2005	944882	762038	94157
信阳市	Xinyang	3641	1984	420396	227796	78760
周口市	Zhoukou	3131	945	151183	89881	28757
驻马店市	Zhumadian	4900	1280	422494	316734	42325
湖北省	**Hubei**	**207209**	**84483**	**8058988**	**5273194**	**1266379**
武汉市	Wuhan	126257	48212	3768151	2185527	678267
黄石市	Huangshi	8939	5243	671001	560275	54961
十堰市	Shiyan	10009	4272	360877	240710	49957
宜昌市	Yichang	10764	4067	802981	609374	88259
襄阳市	Xiangyang	18007	6288	594588	385796	100584
鄂州市	Ezhou	3940	3718	589298	499106	52217
荆门市	Jingmen	7350	2442	345866	267732	38742

2-43 续表 4 continued

城　市	City	供水总量 (万吨) Water Supply (10 000 ton)	居民生活用水量 (万吨) Water Consumption for Residential Use (10 000 ton)	全社会用电量 (万千瓦时) Annual Electricity Consumption (10 000 kwh)	工业用电 (万千瓦时) Electricity Consumption for Industrial (10 000 kwh)	城乡居民生活用电 (万千瓦时) Household Electricity Consumption for urban and rural residential (10 000 kwh)
孝感市	Xiaogan	3510	1860	169208	82290	55243
荆州市	Jingzhou	7812	3436	397891	261408	64942
黄冈市	Huanggang	3882	2003	89730	39323	25784
咸宁市	Xianning	2979	1410	159677	84445	31605
随州市	Suizhou	3760	1532	109720	57208	25818
湖南省	**Hunan**	**171805**	**74835**	**6525852**	**3778328**	**1147621**
长沙市	Changsha	52739	31263	1373249	383172	489662
株洲市	Zhuzhou	17689	6850	798579	512885	90359
湘潭市	Xiangtan	9809	3462	788764	623460	60613
衡阳市	Hengyang	20128	4636	671584	447532	87038
邵阳市	Shaoyang	7693	3392	161730	86620	34078
岳阳市	Yueyang	21765	7103	693143	497743	84677
常德市	Changde	8145	3913	259866	104354	61005
张家界市	Zhangjiajie	2620	1020	97527	28869	30229
益阳市	Yiyang	5400	2334	215279	140275	48546
郴州市	Chenzhou	7113	3652	401800	279900	49500
永州市	Yongzhou	9500	2336	211286	107789	52551
怀化市	Huaihua	4723	2202	187106	4550	9873
娄底市	Loudi	4481	2672	665939	561179	49490
广东省	**Guangdong**	**863284**	**347581**	**35693194**	**23105568**	**5072602**
广州市	Guangzhou	196329	88722	6397985	3197361	1282044
韶关市	Shaoguan	8520	4617	606000	444500	64200
深圳市	Shenzhen	159139	91204	7297680	4393588	1039391
珠海市	Zhuhai	33704	10650	1247341	774433	168438
汕头市	Shantou	28946	14373			
佛山市	Foshan	133845	47277	5270608	3798092	605033
江门市	Jiangmen	20792	6085	1018789	707863	117245
湛江市	Zhanjiang	12225	5931	564419	352752	76627
茂名市	Maoming	5427	3064	480736	379911	48095
肇庆市	Zhaoqing	11320	3729	419068	285572	52377
惠州市	Huizhou	26534	9892	1545632	1083545	191978
梅州市	Meizhou	4340	2135	193299	104121	46654
汕尾市	Shanwei	3050	1316	91745	44841	46904
河源市	Heyuan	6359	2507	213481	126186	43141
阳江市	Yangjiang	7738	2397	415082	317301	40362
清远市	Qingyuan	10871	4077	831694	598409	79791
东莞市	Dongguan	160831	40418	6225139	4537990	720611
中山市	Zhongshan	14404		2171019	1458375	328273
潮州市	Chaozhou	5533	2435	593936	428280	103898
揭阳市	Jieyang	10352	5511			
云浮市	Yunfu	3025	1241	109541	72448	17540
广西壮族自治区	**Guangxi**	**145822**	**56293**	**5540873**	**3719990**	**893434**
南宁市	Nanning	42582	20684	1067842	480439	267470
柳州市	Liuzhou	48977	8717	774610	533788	120454
桂林市	Guilin	11104	5771	266322	98156	88334

2-43 续表 5 continued

城市	City	供水总量 (万吨) Water Supply (10 000 ton)	居民生活用水量 (万吨) Water Consumption for Residential Use (10 000 ton)	全社会用电量 (万千瓦时) Annual Electricity Consumption (10 000 kwh)	工业用电 (万千瓦时) Electricity Consumption for Industrial (10 000 kwh)	城乡居民生活用电 (万千瓦时) Household Electricity Consumption for urban and rural residential (10 000 kwh)
梧州市	Wuzhou	5311	2386	280031	212224	32397
北海市	Beihai	5163	2576	301333	177191	56194
防城港市	Fangchenggang	4084	1047	310802	233496	29178
钦州市	Qinzhou	4923	2052	399251	295321	46258
贵港市	Guigang	4602	2398	333119	235232	62817
玉林市	Yulin	5859	3137	214432	107341	58335
百色市	Baise	4491	2101	503567	446643	29983
贺州市	Hezhou	2611	1265	437214	368766	41196
河池市	Hechi	2486	1687	150342	107223	13898
来宾市	Laibin	2424	1900	408226	350920	34419
崇左市	Chongzuo	1205	572	93782	73250	12501
海南省	**Hainan**	**30793**	**12829**	**802826**	**182603**	**159478**
海口市	Haikou	20293	9655	555210	152610	90523
三亚市	Sanya	10500	3174	247514	29993	68955
三沙市	Sansa			102		
重庆市	**Chongqing**	**104996**	**50626**	**6416839**	**4121536**	**1042702**
四川省	**Sichuan**	**170461**	**80575**	**8627141**	**5355584**	**1327675**
成都市	Chengdu	81554	40449	2843239	1327738	515925
自贡市	Zigong	5295	2291	306400	177663	46200
攀枝花市	Panzhihua	13257	3283	891774	798803	39439
泸州市	Luzhou	10458	4080	366134	216849	73576
德阳市	Deyang	5430	2182	286767	192873	41745
绵阳市	Mianyang	9178	4789	476195	286007	82251
广元市	Guangyuan	3323	1929	365725	279029	34327
遂宁市	Suining	3478	1795	144461	67455	40622
内江市	Neijiang	3502	1929	161482	77427	49151
乐山市	Leshan	4522	2619	773143	526109	68357
南充市	Nanchong	8140	4050	250618	125831	72992
眉山市	Meishan	3141	1654	536971	453755	40001
宜宾市	Yibin	6039	2952	377605	244231	83009
广安市	Guang'an	1981	957	198622	141549	19087
达州市	Dazhou	3936	2017	254371	208151	18010
雅安市	Ya'an	2421	1133	208154	159085	33725
巴中市	Bazhong	2394	1325	75282	17552	36137
资阳市	Ziyang	2412	1141	110198	55477	33121
贵州省	**Guizhou**	**40938**	**20338**	**3489431**	**2229818**	**652983**
贵阳市	Guiyang	26201	11992	1745085	994064	425758
六盘水市	Liupanshui	3421	1502	482367	406300	
遵义市	Zunyi	5126	3542	456494	282933	95849
安顺市	Anshun	2226	1315	374607	263734	44267
毕节市	Bijie	1775	904	189236	106351	52885
铜仁市	Tongren	2189	1083	241642	176436	34224
云南省	**Yunnan**	**46680**	**19043**	**2174961**	**1471300**	**398175**
昆明市	Kunming	32843	12059	1036234	640159	245283
曲靖市	Qujing	4011	1965	348170	312976	35194

2-43 续表 6 continued

城　市	City	供水总量（万吨）Water Supply (10 000 ton)	居民生活用水量（万吨）Water Consumption for Residential Use (10 000 ton)	全社会用电量（万千瓦时）Annual Electricity Consumption (10 000 kwh)	工业用电（万千瓦时）Electricity Consumption for Industrial (10 000 kwh)	城乡居民生活用电（万千瓦时）Household Electricity Consumption for urban and rural residential (10 000 kwh)
玉溪市	Yuxi	2781	1483	399687	332867	22794
保山市	Baoshan	1965	820	93246	51981	30150
昭通市	Zhaotong	1530	1010	136969	61998	29589
丽江市	Lijiang	1700	503	43717	1016	12077
普洱市	Pu'er	1173	658	70742	41234	13804
临沧市	Lincang	677	545	46196	29069	9284
西藏自治区	**Tibet**	**11280**	**4065**			
拉萨市	Lasa	11280	4065			
陕西省	**Shaanxi**	**83475**	**37018**	**4117891**	**1961966**	**924007**
西安市	Xi'an	48445	24549	2186579	717618	650983
铜川市	Tongchuan	1654	745	526897	474543	26142
宝鸡市	Baoji	6535	3039	377301	256033	60561
咸阳市	Xianyang	11169	3014	140576	83118	23120
渭南市	Weinan	6810	1327	89468	20133	32016
延安市	Yan'an	1856	817	160074	99250	25235
汉中市	Hanzhong	2553	1196	78401	13997	19186
榆林市	Yulin	2003	910	359146	258738	27644
安康市	Ankang	1550	901	165393	35300	43205
商洛市	Shangluo	900	520	34056	3236	15915
甘肃省	**Gansu**	**56928**	**21321**	**4267513**	**3307579**	**251640**
兰州市	Lanzhou	26772	9782	1370989	982131	120991
嘉峪关市	Jiayuguan	3727	638	1562917	1425983	19657
金昌市	Jinchang	3132	889			
白银市	Baiyin	10738	3822	825641	621543	28541
天水市	Tianshui	3265	1798			
武威市	Wuwei	2136	1174	139869	57044	22472
张掖市	Zhangye	2087	928	35349	12634	12123
平凉市	Pingliang	1334	705	119560	91244	10964
酒泉市	Jiuquan	2247	795	114101	74164	15475
庆阳市	Qingyang	880	580	41881	32109	5230
定西市	Dingxi	610	210	13912	2357	2623
陇南市	Longnan			43294	8370	13564
青海省	**Qinghai**	**15496**	**6292**	**1106501**	**869225**	**104303**
西宁市	Xining	15243	6152	799664	575055	98294
海东市	Haidong	253	140	306837	294170	6009
宁夏回族自治区	**Ningxia**	**19892**	**7955**	**3135183**	**2897225**	**56600**
银川市	Yinchuan	11835	5776			
石嘴山市	Shizuishan	4225	821	1195674	1114880	22956
吴忠市	Wuzhong	2115	636	177100	141500	11200
固原市	Guyuan	916	347	83515	48800	11700
中卫市	Zhongwei	801	375	1678894	1592045	10744
新疆维吾尔自治区	**Xinjiang**	**44201**	**15819**	**2385892**	**1891747**	**175797**
乌鲁木齐市	Urumqi	30826	14170	1887672	1450372	149800
克拉玛依市	Karamay	13375	1649	498220	441375	25997

2-44 煤气及液化石油气供应及利用情况(市辖区)

Supply and Consumption of Coal Gas and Liquefied Petroleum Gas (Districts under City)

城市	City	供气总量(人工、天然气)(万立方米) Total Gas Supply (Coal Gas, Natural Gas) (10 000 cubic meters)	家庭用量(万立方米) Consumption of Gas for Residential Use (10 000 cubic meters)	用气人口(人) Population with Access To Gas (person)	液化石油气供气总量(吨) Liquefied Petroleum Gas Supply (ton)	家庭用量(吨) Consumption of Liquefied Petroleum Gas for Residential Use (ton)	用液化气人口(人) Population with Access To Liquefied Petroleum Gas (person)
城市合计	**Prefecture Cities**	**10211669**	**2413384**	**227259963**	**9018087**	**4674384**	**113023949**
北京市	**Beijing**	**989484**	**119406**	**13985700**	**472980**	**202468**	**4265300**
天津市	**Tianjin**	**281885**	**43884**	**6510100**	**49490**	**22734**	**126500**
河北省	**Hebei**	**226763**	**59201**	**9712000**	**78752**	**48554**	**1468270**
石家庄市	Shijiazhuang	34194	6740	2512900	30348	6644	137800
唐山市	Tangshan	63206	7120	1974800	9870	7222	8270
秦皇岛市	Qinhuangdao	20650	2083	938600	2893	721	23700
邯郸市	Handan	26212	10061	1388100	4995	4624	259800
邢台市	Xingtai	27631	3045	840000	7292	7292	77000
保定市	Baoding	16206	16168	883500	3249	2436	146600
张家口市	Zhangjiakou	5627	3920		5640	5640	106700
承德市	Chengde	5207	2233	187300	4455	3965	257800
沧州市	Cangzhou	8130	2541	389800	3210	3210	157500
廊坊市	Langfang	16530	5071	497000	2900	2900	27900
衡水市	Hengshui	3170	219	100000	3900	3900	265200
山西省	**Shanxi**	**249777**	**48790**	**7442700**	**65600**	**37564**	**1222931**
太原市	Taiyuan	85741	9580	2862100	33623	19733	503900
大同市	Datong	10782	3495	1252500	10756	3496	48600
阳泉市	Yangquan	82810	13854	549000	857	807	1500
长治市	Changzhi	3844	3844	472800	3774	3774	176300
晋城市	Jincheng	15701	3275	378000	1589	1225	56000
朔州市	Shuozhou	4048	2037	326700	1300	680	24600
晋中市	Jinzhong	8552	2007	273200	2600	400	196700
运城市	Yuncheng	725	508	425100	2851	2207	93923
忻州市	Xinzhou	7690	3900	238600	4050	1642	51408
临汾市	Linfen	27396	4554	412900	4200	3600	70000
吕梁市	Lvliang	2488	1736	251800			
内蒙古自治区	**Inner Mongolia**	**104956**	**24337**	**4881685**	**55270**	**49876**	**2195431**
呼和浩特市	Hohhot	37474	6591	1760000	10003	10003	286000
包头市	Baotou	45784	7338	1458000	9720	9020	240000
乌海市	Wuhai	2965	1380	347805	1331	1278	84211
赤峰市	Chifeng	684	285	164060	15510	13550	747230
通辽市	Tongliao	1912	1725	231700	3620	3178	289990
鄂尔多斯市	Erdos	9869	1832	402000	2700	2700	96400
呼伦贝尔市	Hulunbuir	231	169	60120	8601	7687	287600
巴彦淖尔市	Bayannur	3485	3485	339000			
乌兰察布市	Ulanqab	2552	1532	119000	3785	2460	164000
辽宁省	**Liaoning**	**144338**	**79835**	**15103780**	**413399**	**157358**	**3901099**
沈阳市	Shenyang	47277	20315	5116000	149000	21500	623000
大连市	Dalian	25523	18011	2251000	158312	53030	980300
鞍山市	Anshan	16489	9565	1532000	5100	5100	87000
抚顺市	Fushun	11808	6845	735300	38742	24780	567000
本溪市	Benxi	5715	3757	740000	6650	2840	154299
丹东市	Dandong	4609	3393	675080	5186	4680	97800
锦州市	Jinzhou	10081	6952	941400	111	111	6900

2-44 续表 1 continued

城市	City	供气总量(人工、天然气)(万立方米) Total Gas Supply (Coal Gas, Natural Gas) (10 000 cubic meters)	家庭用量(万立方米) Consumption of Gas for Residential Use (10 000 cubic meters)	用气人口(人) Population with Access To Gas (person)	液化石油气供气总量(吨) Liquefied Petroleum Gas Supply (ton)	家庭用量(吨) Consumption of Liquefied Petroleum Gas for Residential Use (ton)	用液化气人口(人) Population with Access To Liquefied Petroleum Gas (person)
营口市	Yingkou	1913	1420	690000	6005	6000	253000
阜新市	Fuxin	4039	1635	420000	5120	4850	167000
辽阳市	Liaoyang	2574	1143	377300	11372	11372	410500
盘锦市	Panjin	2240	1981	414900	14655	14589	276300
铁岭市	Tieling	4364	2157	342000	3118	1610	97300
朝阳市	Chaoyang	1293	911	454700	5976	3997	122900
葫芦岛市	Huludao	6413	1750	414100	4052	2899	57800
吉林省	**Jilin**	**91429**	**27446**	**5400900**	**115909**	**55840**	**1846900**
长春市	Changchun	49370	18277	3250300	32556	7524	301900
吉林市	Jilin	25399	3292	812700	43337	16337	424900
四平市	Siping	3281	1164	485000	9000	6000	98000
辽源市	Liaoyuan	945	36	56000	5506	2164	356000
通化市	Tonghua	3502	2448	390000	2090	1000	45000
白山市	Baishan	230	171	90000	4895	4290	235000
松原市	Songyuan	7350	2058	296000	11000	11000	171000
白城市	Baicheng	1352		20900	7525	7525	215100
黑龙江省	**Heilongjiang**	**109747**	**31605**	**7702200**	**159884**	**68355**	**2286158**
哈尔滨市	Harbin	35118	12474	3751600	69000	14600	368000
齐齐哈尔市	Qiqihar	21791	3366	1020000	6500	5000	35000
鸡西市	Jixi	1100	900	426500	5526	4321	180500
鹤岗市	Hegang	1395	1201	152700	7774	6298	200200
双鸭山市	Shuangyashan	735	500	95000	4000	3391	151000
大庆市	Daqing	37374	7160	1289800	11237	7565	143400
伊春市	Yichun				8770	7179	278900
佳木斯市	Jiamusi	3752	1265	409000	23700	3029	110000
七台河市	Qitaihe	4592	2720	209400	2460	1655	75000
牡丹江市	Mudanjiang	2015	549	164000	18041	13136	463200
黑河市	Heihe				1146	701	96458
绥化市	Suihua	1875	1470	184200	1730	1480	184500
上海市	**Shanghai**	**750231**	**135948**	**15596321**	**397314**	**235092**	**8555179**
江苏省	**Jiangsu**	**457709**	**100677**	**15578800**	**483502**	**302883**	**6735600**
南京市	Nanjing	86128	24492	3735000	119147	74242	2215000
无锡市	Wuxi	62975	12415	2202000	44122	27030	255700
徐州市	Xuzhou	13982	5659	1111000	28480	21297	548400
常州市	Changzhou	58829	8476	1427200	6123	1652	32500
苏州市	Suzhou	113539	21634	2575300	86976	34300	292800
南通市	Nantong	15761	4052	871800	30490	24980	576000
连云港市	Lianyungang	9828	2834	573500	9246	6901	245800
淮安市	Huai'an	14584	6858	684200	37551	31269	696300
盐城市	Yancheng	9600	2300	492000	24500	20000	287100
扬州市	Yangzhou	15164	5255	740000	35707	17225	351700
镇江市	Zhenjiang	30271	4189	624200	24830	11927	261000
泰州市	Taizhou	15577	1940	371300	24029	20170	522600
宿迁市	Suqian	11471	573	171300	12301	11890	450700

2-44 续表 2 continued

城市	City	供气总量（人工、天然气）（万立方米） Total Gas Supply (Coal Gas, Natural Gas) (10 000 cubic meters)	家庭用量（万立方米） Consumption of Gas for Residential Use (10 000 cubic meters)	用气人口（人） Population with Access To Gas (person)	液化石油气供气总量（吨） Liquefied Petroleum Gas Supply (ton)	家庭用量（吨） Consumption of Liquefied Petroleum Gas for Residential Use (ton)	用液化气人口（人） Population with Access To Liquefied Petroleum Gas (person)
浙江省	**Zhejiang**	**194228**	**48080**	**6010500**	**571463**	**341238**	**6303500**
杭州市	Hangzhou	57566	13869	2323600	119178	47031	923200
宁波市	Ningbo	61395	7728	1607000	133323	54050	215200
温州市	Wenzhou	3657	113	57000	115010	78811	1868900
嘉兴市	Jiaxing	13566	12920		24811	16069	194000
湖州市	Huzhou	15283	1208	291300	4679	2971	576700
绍兴市	Shaoxing	30170	8760	719300	30293	25667	682300
金华市	Jinhua	3123	312	105000	35502	26896	505800
衢州市	Quzhou	4567	1667	222200	5626	5506	105600
舟山市	Zhoushan	2639	1226	484500	28923	28923	76100
台州市	Taizhou	2262	277	200600	61770	43754	814700
丽水市	Lishui				12348	11560	341000
安徽省	**Anhui**	**188437**	**50417**	**8700400**	**595888**	**117837**	**3121000**
合肥市	Hefei	38659	15832	2851100	33966	10977	400000
芜湖市	Wuhu	28851	4806	1082700	18000	12000	83600
蚌埠市	Bengbu	23460	9187	769600	2400	2400	150000
淮南市	Huainan	9250	3703	713200	11645	10140	290000
马鞍山市	Maanshan	18962	3623				
淮北市	Huaibei	5594	1622	571900	12201	11502	239600
铜陵市	Tongling	18444	1411	435600	530	112	800
安庆市	Anqing	5292	847	267000	449177	12400	344000
黄山市	Huangshan	909	44	16100	12929	11159	327300
滁州市	Chuzhou	13858	1370	321000	6050	5900	62000
阜阳市	Fuyang	9260	3600	486800	7865	5306	187200
宿州市	Suzhou	2696	656	241200	7450	7150	254200
六安市	Lu'an	5609	878	270000	7410	7410	305000
亳州市	Bozhou	2763	1484	127600	19950	16650	190000
池州市	Chizhou	2204	1035	229600	2715	2031	71000
宣城市	Xuancheng	2626	319	317000	3600	2700	216300
福建省	**Fujian**	**63194**	**11026**	**3171400**	**222611**	**115207**	**5381100**
福州市	Fuzhou	16318	4849	1460000	56305	23501	830000
厦门市	Xiamen	22058	2570	1079500	77254	28755	1749600
莆田市	Putian	6361	295	90200	12980	12900	462400
三明市	Sanming	2927	2374	136000	1400	950	90800
泉州市	Quanzhou	10997	313	173800	39160	18459	1270200
漳州市	Zhangzhou	2338	317	115900	15068	12051	330800
南平市	Nanping	1552			5070	4460	208000
龙岩市	Longyan	399	222	82000	7589	7250	225500
宁德市	Ningde	244	86	34000	7785	6881	213800
江西省	**Jiangxi**	**74568**	**17576**	**4130000**	**220485**	**176768**	**3130600**
南昌市	Nanchang	16004	2058	1592100	81358	77609	737900
景德镇市	Jingdezhen	14895	942	123000	23305	10300	208000
萍乡市	Pingxiang	24783	6408	322800	16759	11839	213400
九江市	Jiujiang	3238	1161	250000	15151	10700	400000
新余市	Xinyu	4200	2063	441700	1596	1110	15000
鹰潭市	Yingtan	169	32	19700	7005	4000	195300
赣州市	Ganzhou	3319	2502	546000	8580	8280	335000
吉安市	Ji'an	1282	906	248900	4605	3610	143000
宜春市	Yichun	3746	762	236100	20403	12084	290100
抚州市	Fuzhou	2167	302	218000	23356	23356	312900
上饶市	Shangrao	765	440	131700	18367	13880	280000

2-44 续表 3 continued

城 市	City	供气总量（人工、天然气）（万立方米）Total Gas Supply (Coal Gas, Natural Gas) (10 000 cubic meters)	家庭用量（万立方米）Consumption of Gas for Residential Use (10 000 cubic meters)	用气人口（人）Population with Access To Gas (person)	液化石油气供气总量（吨）Liquefied Petroleum Gas Supply (ton)	家庭用量（吨）Consumption of Liquefied Petroleum Gas for Residential Use (ton)	用液化气人口（人）Population with Access To Liquefied Petroleum Gas (person)
山东省	**Shandong**	**494944**	**115209**	**15683462**	**299125**	**165314**	**4501978**
济南市	Jinan	44000	13222	2270000	45000	25000	720000
青岛市	Qingdao	70918	17399	2858500	41302	18851	329500
淄博市	Zibo	93780	17349	1324500	46648	12128	257400
枣庄市	Zaozhuang	7570	3612	706000	11523	7665	221900
东营市	Dongying	26907	12988	544600	10762	10247	111500
烟台市	Yantai	24633	5536	1139400	37634	11248	382200
潍坊市	Weifang	26298	3438	1031200	8800	8800	235900
济宁市	Jining	17504	2646	1074100	4252	4106	224100
泰安市	Tai'an	47023	7036	633000	1021	839	20000
威海市	Weihai	6338	1840	569302	7845	949	31500
日照市	Rizhao	7255	2190	326700	12896	10730	324700
莱芜市	Laiwu	9150	1578	290000	9414	7224	308900
临沂市	Linyi	56767	14466	1300000	44802	32248	562000
德州市	Dezhou	15113	2321	654700	6576	6440	44600
聊城市	Liaocheng	15905	3754	390000	5200	4600	250000
滨州市	Binzhou	11404	2738	437900	4000	2810	298200
菏泽市	Heze	14379	3096	133560	1450	1429	179578
河南省	**Henan**	**296570**	**82272**	**11714400**	**178061**	**146649**	**3936014**
郑州市	Zhengzhou	86524	30580	4270000	63024	45513	1010000
开封市	Kaifeng	11558	3369	590000	10248	9382	220000
洛阳市	Luoyang	21949	3491	1506000	22123	19578	344300
平顶山市	Pingdingshan	9694	2867	800000	91	87	2014
安阳市	Anyang	60397	6022	617200	7206	3687	83600
鹤壁市	Hebi	3313	1930	360000	1418	1418	39000
新乡市	Xinxiang	13870	8310	700000	1200	1200	43700
焦作市	Jiaozuo	20265	4963	617500	2117	2117	91200
濮阳市	Puyang	13886	7082	485700			
许昌市	Xuchang	4248	1299	260000	6776	6740	173000
漯河市	Luohe	2123	1320	200000	9512	8925	258000
三门峡市	Sanmenxia	12066	339	151300	2410	2300	140400
南阳市	Nanyang	13172	2173	396600	20605	20458	647700
商丘市	Shangqiu	3676	952	251600	13901	10064	378500
信阳市	Xinyang	10400	4638	234500	10160	7920	246000
周口市	Zhoukou	6829	497	108000	4000	4000	148600
驻马店市	Zhumadian	2600	2440	166000	3270	3260	110000
湖北省	**Hubei**	**230239**	**45006**	**8786600**	**292171**	**136383**	**3817956**
武汉市	Wuhan	140000	25060	5130000	175000	29750	1140000
黄石市	Huangshi	19445	1000	251800	26926	24300	475400
十堰市	Shiyan	3563	3026	441000	9012	8762	110000
宜昌市	Yichang	13514	3499	685900	7821	7821	85000
襄阳市	Xiangyang	16905	2364	610000	26115	22261	408156
鄂州市	Ezhou	3500	1500	129200	7000	5800	263500

2-44 续表 4 continued

城市	City	供气总量(人工、天然气)(万立方米) Total Gas Supply (Coal Gas, Natural Gas) (10 000 cubic meters)	家庭用量(万立方米) Consumption of Gas for Residential Use (10 000 cubic meters)	用气人口(人) Population with Access To Gas (person)	液化石油气供气总量(吨) Liquefied Petroleum Gas Supply (ton)	家庭用量(吨) Consumption of Liquefied Petroleum Gas for Residential Use (ton)	用液化气人口(人) Population with Access To Liquefied Petroleum Gas (person)
荆门市	Jingmen	9410	1488	296000	7645	7595	188900
孝感市	Xiaogan	1219	628	57500	10098	9150	305000
荆州市	Jingzhou	12631	2996	459000	5034	5034	240000
黄冈市	Huanggang	2400	1200	170000	3750	3360	132000
咸宁市	Xianning	6018	1825	116200	5300	5080	240000
随州市	Suizhou	1634	420	440000	8470	7470	230000
湖南省	**Hunan**	**299877**	**51568**	**7684523**	**216084**	**178649**	**6086300**
长沙市	Changsha	70321	26019	3118600	86492	72573	2750000
株洲市	Zhuzhou	23602	4529	971600	3000	3000	70000
湘潭市	Xiangtan	145308	3282	542600	8600	8200	199500
衡阳市	Hengyang	19910	3933	768000	15968	11193	400000
邵阳市	Shaoyang	3330	2552	421900	3501	2550	195000
岳阳市	Yueyang	12230	3280	480000	3610	3600	166000
常德市	Changde	12287	2037	235713	11792	10792	506200
张家界市	Zhangjiajie	416	238	45300	11000	10890	157500
益阳市	Yiyang	4876	1150	214000	15100	13110	400000
郴州市	Chenzhou	670	211	84310	18771	13841	481100
永州市	Yongzhou	3711	2120	470000	11200	8200	210000
怀化市	Huaihua	139	60	25500	21000	17900	420000
娄底市	Loudi	3077	2157	307000	6050	2800	131000
广东省	**Guangdong**	**78300**	**140295**	**12973580**	**2959685**	**1385713**	**30921576**
广州市	Guangzhou	132896	23101	4370500	994614	241618	6212800
韶关市	Shaoguan	2610	1228	498600	11751	11751	255000
深圳市	Shenzhen	314286	30534	4515000	387208	285752	6569011
珠海市	Zhuhai	4973	413	43000	309900	145000	1500000
汕头市	Shantou	1802	249	62200	32200	27100	5020000
佛山市	Foshan	87681	6255		259319	119634	
江门市	Jiangmen	5055	338	85300	77498	57540	1079000
湛江市	Zhanjiang	8024	5436	458300	40100	35000	394900
茂名市	Maoming	887	505	125000	33124	8003	358400
肇庆市	Zhaoqing	5729	653	134100	16070	10100	40900
惠州市	Huizhou				84455	61900	1323300
梅州市	Meizhou	375	126	70000	21253	21250	325500
汕尾市	Shanwei	62	33	16600	18235	16235	201200
河源市	Heyuan	386	247	296100	15330	15030	296100
阳江市	Yangjiang	1228	317	72800	118207	9033	352000
清远市	Qingyuan	4316	751	156600	32335	18329	283700
东莞市	Dongguan	62747	11661	1455000	290356	176761	4642500
中山市	Zhongshan	7689	2194	461900	34231	22250	234000
潮州市	Chaozhou	160446	57846	80	106943	36202	65
揭阳市	Jieyang	6075	74	28300	70300	64000	1690000
云浮市	Yunfu	33	17	124200	6256	3225	143200
广西壮族自治区	**Guangxi**	**25924**	**13352**	**2987641**	**284094**	**218226**	**5283441**
南宁市	Nanning	9456	4695	1068400	90675	72540	1400600
柳州市	Liuzhou	7877	5424	830300	52346	20524	672300
桂林市	Guilin	3000	1100	307000	19333	17577	515000

2-44 续表 5 continued

城市	City	供气总量（人工、天然气）（万立方米） Total Gas Supply (Coal Gas, Natural Gas) (10 000 cubic meters)	家庭用量（万立方米） Consumption of Gas for Residential Use (10 000 cubic meters)	用气人口（人） Population with Access To Gas (person)	液化石油气供气总量（吨） Liquefied Petroleum Gas Supply (ton)	家庭用量（吨） Consumption of Liquefied Petroleum Gas for Residential Use (ton)	用液化气人口（人） Population with Access To Liquefied Petroleum Gas (person)
梧州市	Wuzhou	710	269	77300	6915	6480	338000
北海市	Beihai	2263	725	89000	19900	13900	320400
防城港市	Fangchenggang	120	64	23100	9693	8457	129100
钦州市	Qinzhou	723	372	109600	9811	9685	188700
贵港市	Guigang	631	292	80000	11406	11400	314800
玉林市	Yulin	932	286	112000	35958	31100	542500
百色市	Baise	17	17	4200	5644	5591	120000
贺州市	Hezhou				6630	6000	170000
河池市	Hechi	195	108	6900	5018	4538	182000
来宾市	Laibin			279841	7564	7234	279841
崇左市	Chongzuo				3201	3200	110200
海南省	**Hainan**	**22434**	**10620**	**1010000**	**68593**	**60020**	**519000**
海口市	Haikou	19071	9850	750000	58500	58500	450000
三亚市	Sanya	3363	770	260000	10093	1520	69000
三沙市	Sansa						
重庆市	**Chongqing**	**324336**	**110899**	**9552100**	**87922**	**29541**	**995400**
四川省	**Sichuan**	**679099**	**170341**	**13486600**	**276282**	**187961**	**801064**
成都市	Chengdu	205368	85131	4371000	110036	51283	196600
自贡市	Zigong	22654	6990	959500	1153	327	10609
攀枝花市	Panzhihua	165003	5803	500400	120798	108452	148900
泸州市	Luzhou	79057	10050	935000	2297	1744	25200
德阳市	Deyang	46439	6119	460000	2604	2500	32000
绵阳市	Mianyang	46663	11297	1130000	3602	2978	46000
广元市	Guangyuan	9129	4195	279700	1190	941	33100
遂宁市	Suining	9794	1004	572300			
内江市	Neijiang	8554	3287	410100	19496	7597	63300
乐山市	Leshan	25504	5060	527400	120	13	500
南充市	Nanchong	16396	7160	975000	5810	4745	50000
眉山市	Meishan	4790	2453	293000	2259	2160	27900
宜宾市	Yibin	9666	4462	556800	550	490	9300
广安市	Guang'an	5825	3163	339300			
达州市	Dazhou	7100	4541	301700			
雅安市	Ya'an	5229	3274	248100			
巴中市	Bazhong	6794	4511	400000	1200	1044	32595
资阳市	Ziyang	5134	1841	227300	3487	2307	63800
贵州省	**Guizhou**	**39918**	**14146**	**2719800**	**52759**	**50745**	**1170020**
贵阳市	Guiyang	27704	10499	2180600	38000	38000	720000
六盘水市	Liupanshui	8129	3054	273000	494	385	14900
遵义市	Zunyi	3019	231	100000	10192	9187	415600
安顺市	Anshun	450	63	128500	4002	3119	11400
毕节市	Bijie	496	233	12900			
铜仁市	Tongren	120	66	24800	71	54	8120
云南省	**Yunnan**	**44573**	**25413**	**2902858**	**175820**	**59181**	**1787400**
昆明市	Kunming	34406	16451	2270800	153575	39295	1050000
曲靖市	Qujing	45	43	84000	4680	4680	82000

2-44 续表 6 continued

城　市	City	供气总量（人工、天然气）（万立方米） Total Gas Supply (Coal Gas, Natural Gas) (10 000 cubic meters)	家庭用量（万立方米） Consumption of Gas for Residential Use (10 000 cubic meters)	用气人口（人） Population with Access To Gas (person)	液化石油气供气总量（吨） Liquefied Petroleum Gas Supply (ton)	家庭用量（吨） Consumption of Liquefied Petroleum Gas for Residential Use (ton)	用液化气人口（人） Population with Access To Liquefied Petroleum Gas (person)
玉溪市	Yuxi	7489	6719	186758	6980	6210	92000
保山市	Baoshan	485	262	58000	1185	582	112000
昭通市	Zhaotong	265	75	112000	560	560	68400
丽江市	Lijiang	25	5	22100	2996	2010	101800
普洱市	Pu'er	1858	1858	169200	1858	1858	169200
临沧市	Lincang				3986	3986	112000
西藏自治区	**Tibet**	**2099057**	**621483**	**9200**	**3488**	**620**	**41333**
拉萨市	Lasa	2099057	621483	9200	3488	620	41333
陕西省	**Shaanxi**	**232173**	**64039**	**6735827**	**27771**	**22364**	**861835**
西安市	Xi'an	147044	31992	3899100			
铜川市	Tongchuan	8760	2737	207500	1327	690	95100
宝鸡市	Baoji	20385	6170	749700	831	590	48900
咸阳市	Xianyang	16427	6145	781427	5912	2364	65000
渭南市	Weinan	5318	2420	153300	6200	5691	172300
延安市	Yan'an	9164	4850	324800	5961	5961	53500
汉中市	Hanzhong	1636	373	160000	3780	3400	230000
榆林市	Yulin	21773	9100	350000			
安康市	Ankang	500	34	20000	3100	3038	169200
商洛市	Shangluo	1166	218	90000	660	630	27835
甘肃省	**Gansu**	**128319**	**24735**	**2830180**	**134515**	**57210**	**948620**
兰州市	Lanzhou	114891	18580	1648000	101250	26105	12600
嘉峪关市	Jiayuguan	1868	1738	243200	42	17	1000
金昌市	Jinchang	1136	89	55000	450	285	66100
白银市	Baiyin	5336	3081	222500	1880	1880	105100
天水市	Tianshui	798	478	145000	7083	7083	308000
武威市	Wuwei	1756	164	78000	1330	1064	52000
张掖市	Zhangye	543	164	96000	4140	3750	92200
平凉市	Pingliang	900	140	95000	120	92	4520
酒泉市	Jiuquan	506	147	94500	15000	15000	25200
庆阳市	Qingyang	520	150	45000	2000	800	139000
定西市	Dingxi	62	1	2800	624	564	103200
陇南市	Longnan	3	3	105180	596	570	39700
青海省	**Qinghai**	**108349**	**17233**	**32107**	**4249**	**4242**	**111120**
西宁市	Xining	103798	16049	107	4129	4124	109800
海东市	Haidong	4551	1184	32000	120	118	1320
宁夏回族自治区	**Ningxia**	**202532**	**69993**	**1019888**	**17361**	**9379**	**502024**
银川市	Yinchuan	172394	63261	458688	12321	5573	204500
石嘴山市	Shizuishan	13422	3287	408400	259	259	14124
吴忠市	Wuzhong	5355	2958	80000	2053	1200	90000
固原市	Guyuan				1208	992	145600
中卫市	Zhongwei	11361	487	72800	1520	1355	47800
新疆维吾尔自治区	**Xinjiang**	**249279**	**38552**	**3204500**	**37560**	**30413**	**199300**
乌鲁木齐市	Urumqi	233341	36290	2900000	27340	26734	140000
克拉玛依市	Karamay	15938	2262	304500	10220	3679	59300

2-45 道路面积及公共汽车、出租车拥有情况(市辖区)

Area of Paved Roads, Number of Public Transportation Vehicles and Taxis (Districts under City)

城市	City	年末实有城市道路面积(万平方米) Area of City Paved Roads at Year-end (10 000 sq.m)	年末实有公共汽(电)车营运车辆数(辆) Number of Buses and Trolley Buses under Operation at year-end (unit)	全年公共汽(电)车客运总量(万人次) Total Annual Volume of Passengers Transported by Buses and Trolley Buses (10 000 person-times)	年末实有出租汽车数(辆) Number of Taxis at year-end (unit)	每万人拥有公共汽车(辆) Number of Public Transportation Vehicles per 10 000 Population (unit)	人均城市道路面积(平方米) Per Capita Area of Paved Roads in City (sq.m)
城市合计	**Prefecture Cities**	**512334**	**414736**	**6555582**	**928952**	**10.01**	**12.37**
北京市	**Beijing**	**9611**	**23592**	**484306**	**67046**	**18.95**	**7.72**
天津市	**Tianjin**	**12440**	**9670**	**136489**	**31940**	**11.77**	**15.14**
河北省	**Hebei**	**21205**	**20175**	**215758**	**63788**	**15.55**	**16.34**
石家庄市	Shijiazhuang	4560	4552	63836	6710	18.04	18.07
唐山市	Tangshan	3050	2427	27926	6610	8.01	10.07
秦皇岛市	Qinhuangdao	1900	934	14290	4344	10.61	21.59
邯郸市	Handan	3157	2899	25242	7185	20.80	22.65
邢台市	Xingtai	1367	1451	14018	2863	16.71	15.74
保定市	Baoding	2437	2389	18859	6543	22.34	22.79
张家口市	Zhangjiakou	1347	1391	18673	5474	16.30	15.79
承德市	Chengde	874	838	14732	5892	14.22	14.83
沧州市	Cangzhou	942	1447	8270	7503	27.08	17.63
廊坊市	Langfang	884	693	4985	8252	8.42	10.74
衡水市	Hengshui	687	1154	4927	2412	28.15	16.76
山西省	**Shanxi**	**10602**	**7968**	**129787**	**26313**	**7.92**	**10.54**
太原市	Taiyuan	3570	2824	55031	8719	9.91	12.53
大同市	Datong	2026	1066	20901	4970	6.04	11.47
阳泉市	Yangquan	611	804	19432	2236	11.38	8.65
长治市	Changzhi	381	678	10879	1801	9.55	5.37
晋城市	Jincheng	549	507	6290	1453	13.77	14.91
朔州市	Shuozhou	525	251	2387	994	3.48	7.28
晋中市	Jinzhong	1010	407	4878	1327	6.70	16.62
运城市	Yuncheng	601	909	576	1805	13.16	8.70
忻州市	Xinzhou	507	112	2869	713	2.02	9.15
临汾市	Linfen	528	314	5900	1862	3.90	6.55
吕梁市	Lvliang	294	96	644	433	3.41	10.44
内蒙古自治区	**Inner Mongolia**	**13454**	**7427**	**89485**	**26907**	**10.74**	**19.46**
呼和浩特市	Hohhot	2169	3643	35321	5564	29.25	17.41
包头市	Baotou	2504	1194	15740	5827	8.16	17.11
乌海市	Wuhai	762	393	4740	953	7.11	13.78
赤峰市	Chifeng	1676	574	17700	3251	4.60	13.44
通辽市	Tongliao	906	382	3389	2949	4.46	10.58
鄂尔多斯市	Erdos	2914	485	5118	2517	18.04	108.37
呼伦贝尔市	Hulunbuir	716	384	2925	2432	10.41	19.41
巴彦淖尔市	Bayannur	943	111	1052	1237	1.86	15.82
乌兰察布市	Ulanqab	864	261	3500	2177	8.30	27.49
辽宁省	**Liaoning**	**23370**	**18884**	**378387**	**71211**	**9.87**	**12.21**
沈阳市	Shenyang	7777	5510	115000	19021	10.50	14.82
大连市	Dalian	4362	5037	104901	10693	16.72	14.48
鞍山市	Anshan	1427	1649	27574	5375	10.89	9.42
抚顺市	Fushun	1386	1231	23107	4121	8.59	9.68
本溪市	Benxi	1024	715	26896	2724	7.64	10.94
丹东市	Dandong	1051	625	11215	1932	7.97	13.40
锦州市	Jinzhou	1075	543	11312	4293	5.56	11.01
营口市	Yingkou	720	822	12780	4997	8.96	7.84

2-45 续表 1 continued

城 市	City	年末实有城市道路面积(万平方米) Area of City Paved Roads at Year-end (10 000 sq.m)	年末实有公共汽(电)车营运车辆数(辆) Number of Buses and Trolley Buses under Operation at year-end (unit)	全年公共汽(电)车客运总量(万人次) Total Annual Volume of Passengers Transported by Buses and Trolley Buses (10 000 person-times)	年末实有出租汽车数(辆) Number of Taxis at year-end (unit)	每万人拥有公共汽车(辆) Number of Public Transportation Vehicles per 10 000 Population (unit)	人均城市道路面积(平方米) Per Capita Area of Paved Roads in City (sq.m)
阜新市	Fuxin	503	452	7362	2771	5.83	6.49
辽阳市	Liaoyang	1331	539	9591	3579	6.14	15.16
盘锦市	Panjin	923	488	9542	3187	7.62	14.40
铁岭市	Tieling	833	365	4431	2184	8.32	18.99
朝阳市	Chaoyang	401	243	4635	1971	4.01	6.61
葫芦岛市	Huludao	557	665	10042	4363	6.76	5.66
吉林省	**Jilin**	**11008**	**8129**	**129746**	**32748**	**9.45**	**12.79**
长春市	Changchun	6760	4724	72969	16967	12.98	18.58
吉林市	Jilin	1344	1201	23416	4863	6.61	7.39
四平市	Siping	547	280	4749	3057	4.75	9.28
辽源市	Liaoyuan	525	384	5840	1049	8.11	11.09
通化市	Tonghua	400	370	8117	1423	8.34	9.02
白山市	Baishan	407	368	3130	1397	6.38	7.06
松原市	Songyuan	759	546	9125	2177	9.61	13.36
白城市	Baicheng	266	256	2400	1815	5.14	5.34
黑龙江省	**Heilongjiang**	**15906**	**12804**	**205074**	**47266**	**9.40**	**11.68**
哈尔滨市	Harbin	4757	5990	118343	15587	12.65	10.04
齐齐哈尔市	Qiqihar	944	1027	93	3159	7.42	6.82
鸡西市	Jixi	642	739	9573	2935	8.67	7.54
鹤岗市	Hegang	436	584	9879	1915	8.75	6.53
双鸭山市	Shuangyashan	378	333	5250	1100	6.73	7.64
大庆市	Daqing	3394	1605	20089	6699	11.77	24.88
伊春市	Yichun	881	513	4617	5312	6.50	11.17
佳木斯市	Jiamusi	541	410	8322	2559	5.18	6.84
七台河市	Qitaihe	485	499	6813	1547	8.77	8.53
牡丹江市	Mudanjiang	981	780	18237	2919	8.76	11.02
黑河市	Heihe	167	99	1101	981	4.71	7.94
绥化市	Suihua	2300	225	2757	2553	2.59	26.47
上海市	**Shanghai**	**9932**	**16717**	**271048**	**50612**	**12.25**	**7.28**
江苏省	**Jiangsu**	**52735**	**27145**	**367541**	**37795**	**8.46**	**16.44**
南京市	Nanjing	12761	6946	106434	11612	10.80	19.84
无锡市	Wuxi	6081	3261	44283	4040	13.44	25.06
徐州市	Xuzhou	3750	2067	31090	3866	6.33	11.49
常州市	Changzhou	3719	2705	30938	3042	11.67	16.05
苏州市	Suzhou	8005	4493	63580	4303	13.50	24.05
南通市	Nantong	3816	1408	12152	1472	6.63	17.97
连云港市	Lianyungang	1748	780	13162	1611	7.94	17.80
淮安市	Huai'an	2810	991	15220	1373	3.45	9.79
盐城市	Yancheng	1679	549	7250	1010	3.27	10.00
扬州市	Yangzhou	2329	1416	15867	2574	6.13	10.09
镇江市	Zhenjiang	2114	1176	13309	1323	11.38	20.46
泰州市	Taizhou	2199	656	7762	800	4.02	13.47
宿迁市	Suqian	1724	697	6494	769	4.14	10.23
浙江省	**Zhejiang**	**23361**	**20531**	**268186**	**27029**	**12.17**	**13.84**
杭州市	Hangzhou	5426	8249	132221	10904	18.30	12.04
宁波市	Ningbo	2869	4454	47759	4627	19.57	12.61

2-45 续表 2 continued

城市	City	年末实有城市道路面积(万平方米) Area of City Paved Roads at Year-end (10 000 sq.m)	年末实有公共汽(电)车营运车辆数(辆) Number of Buses and Trolley Buses under Operation at year-end (unit)	全年公共汽(电)车客运总量(万人次) Total Annual Volume of Passengers Transported by Buses and Trolley Buses (10 000 person-times)	年末实有出租汽车数(辆) Number of Taxis at year-end (unit)	每万人拥有公共汽车(辆) Number of Public Transportation Vehicles per 10 000 Population (unit)	人均城市道路面积(平方米) Per Capita Area of Paved Roads in City (sq.m)
温州市	Wenzhou	2657	2156	33544	3770	14.28	17.60
嘉兴市	Jiaxing	1189	1025	9176	973	11.99	13.91
湖州市	Huzhou	2031	677	4554	825	6.16	18.48
绍兴市	Shaoxing	2501	1408	18729	1704	6.50	11.54
金华市	Jinhua	1571	580	5023	976	6.13	16.61
衢州市	Quzhou	930	245	3644	521	2.93	11.12
舟山市	Zhoushan	1042	604	5286	802	8.55	14.75
台州市	Taizhou	2722	844	5101	1518	5.35	17.25
丽水市	Lishui	423	289	3149	409	7.30	10.68
安徽省	**Anhui**	**24828**	**12051**	**196683**	**34824**	**6.09**	**12.55**
合肥市	Hefei	5470	3854	67607	8925	16.01	22.72
芜湖市	Wuhu	3204	1281	18236	3525	9.41	23.53
蚌埠市	Bengbu	1607	1181	21221	2485	11.40	15.52
淮南市	Huainan	1469	828	14961	3078	4.62	8.20
马鞍山市	Maanshan	1206	542	9065	2298	6.58	14.64
淮北市	Huaibei	1066	524	8053	1630	4.91	9.98
铜陵市	Tongling	501	523	6942	1584	11.57	11.08
安庆市	Anqing	1081	500	5915	1782	6.81	14.73
黄山市	Huangshan	703	279	3242	525	6.34	15.98
滁州市	Chuzhou	1510	415	5117	1257	7.70	28.03
阜阳市	Fuyang	1584	683	17000	1788	3.16	7.33
宿州市	Suzhou	1258	280	5500	1498	1.50	6.73
六安市	Lu'an	1207	393	6462	1850	2.08	6.40
亳州市	Bozhou	1349	270	1133	1000	1.62	8.08
池州市	Chizhou	741	278	2668	600	4.15	11.06
宣城市	Xuancheng	872	220	3561	999	2.54	10.05
福建省	**Fujian**	**11449**	**11036**	**204911**	**17162**	**11.59**	**12.03**
福州市	Fuzhou	2591	4310	72710	6682	22.13	13.30
厦门市	Xiamen	3570	3880	89938	4961	19.72	18.14
莆田市	Putian	827	436	3812	984	1.96	3.71
三明市	Sanming	346	312	6197	374	11.04	12.24
泉州市	Quanzhou	2236	936	12384	1862	8.91	21.28
漳州市	Zhangzhou	855	401	4021	1002	6.98	14.88
南平市	Nanping	251	219	5041	241	4.38	5.02
龙岩市	Longyan	441	344	6834	500	6.91	8.86
宁德市	Ningde	332	198	3974	556	4.21	7.06
江西省	**Jiangxi**	**12305**	**7093**	**122701**	**11809**	**7.62**	**13.23**
南昌市	Nanchang	3458	3484	60369	5153	15.39	15.28
景德镇市	Jingdezhen	805	395	8900	595	8.44	17.19
萍乡市	Pingxiang	681	392	7721	700	4.50	7.82
九江市	Jiujiang	1499	426	9660	1517	6.51	22.92
新余市	Xinyu	1083	519	6870	636	5.85	12.21
鹰潭市	Yingtan	300	159	2660	271	6.80	12.83
赣州市	Ganzhou	990	516	6182	1120	7.79	14.95
吉安市	Ji'an	716	285	4789	393	5.09	12.79
宜春市	Yichun	774	342	5460	504	3.11	7.05
抚州市	Fuzhou	1060	315	5600	409	2.64	8.90
上饶市	Shangrao	939	260	4490	511	6.29	22.73

2-45 续表 3 continued

城 市	City	年末实有城市道路面积(万平方米) Area of City Paved Roads at Year-end (10 000 sq.m)	年末实有公共汽(电)车营运车辆数(辆) Number of Buses and Trolley Buses under Operation at year-end (unit)	全年公共汽(电)车客运总量(万人次) Total Annual Volume of Passengers Transported by Buses and Trolley Buses (10 000 person-times)	年末实有出租汽车数(辆) Number of Taxis at year-end (unit)	每万人拥有公共汽车(辆) Number of Public Transportation Vehicles per 10 000 Population (unit)	人均城市道路面积(平方米) Per Capita Area of Paved Roads in City (sq.m)
山东省	**Shandong**	**52043**	**27669**	**343877**	**48637**	**9.27**	**17.43**
济南市	Jinan	7452	4652	83423	8357	13.09	20.97
青岛市	Qingdao	7859	6179	101108	9826	16.86	21.45
淄博市	Zibo	3684	2433	19727	6084	8.62	13.05
枣庄市	Zaozhuang	2381	1197	5090	834	5.28	10.50
东营市	Dongying	2267	961	7601	3405	11.41	26.93
烟台市	Yantai	3244	2249	36734	2169	12.38	17.86
潍坊市	Weifang	3449	1134	13700	2298	6.16	18.73
济宁市	Jining	4241	1363	13765	1561	7.67	23.87
泰安市	Tai'an	1680	1097	7750	1292	6.87	10.52
威海市	Weihai	1910	926	10816	1543	13.99	28.85
日照市	Rizhao	1792	552	6605	1068	4.23	13.75
莱芜市	Laiwu	1675	988	7743	1600	7.81	13.24
临沂市	Linyi	3979	1530	12742	2750	6.08	15.82
德州市	Dezhou	1438	734	5163	2405	12.04	23.60
聊城市	Liaocheng	2115	649	5480	1416	5.57	18.16
滨州市	Binzhou	1508	619	3360	714	9.47	23.07
菏泽市	Heze	1369	406	3070	1315	2.71	9.14
河南省	**Henan**	**19791**	**16913**	**225076**	**39528**	**7.66**	**8.97**
郑州市	Zhengzhou	3836	5745	103233	10608	11.11	7.42
开封市	Kaifeng	1326	1634	697	3679	18.72	15.19
洛阳市	Luoyang	2269	1709	28731	4267	8.84	11.74
平顶山市	Pingdingshan	1048	668	11148	2080	6.82	10.71
安阳市	Anyang	965	605	8100	1359	5.29	8.43
鹤壁市	Hebi	722	341	2754	670	5.45	11.54
新乡市	Xinxiang	1084	817	13372	1738	7.86	10.43
焦作市	Jiaozuo	1201	689	9955	1398	7.01	12.22
濮阳市	Puyang	648	360	4243	1745	5.26	9.48
许昌市	Xuchang	606	550	1151	1396	13.14	14.48
漯河市	Luohe	805	946	12830	1100	6.79	5.77
三门峡市	Sanmenxia	316	238	5952	400	7.95	10.55
南阳市	Nanyang	1908	449	7231	1860	2.41	10.26
商丘市	Shangqiu	888	1188	7850	2848	6.48	4.84
信阳市	Xinyang	411	273	3120	1904	1.83	2.75
周口市	Zhoukou	712	231	2500	928	4.34	13.36
驻马店市	Zhumadian	1046	470	2209	1548	5.83	12.97
湖北省	**Hubei**	**19447**	**14523**	**276123**	**28589**	**9.57**	**12.82**
武汉市	Wuhan	8357	7594	149713	16597	14.82	16.30
黄石市	Huangshi	1425	820	17576	1580	13.06	22.69
十堰市	Shiyan	911	856	18819	810	15.75	16.76
宜昌市	Yichang	1767	1031	22050	1704	8.09	13.87
襄阳市	Xiangyang	1731	1145	24000	2100	5.05	7.63
鄂州市	Ezhou	1074	564	3030	499	5.14	9.78
荆门市	Jingmen	790	500	8484	800	7.41	11.71

2-45 续表 4 continued

城市	City	年末实有城市道路面积（万平方米）Area of City Paved Roads at Year-end (10 000 sq.m)	年末实有公共汽(电)车营运车辆数（辆）Number of Buses and Trolley Buses under Operation at year-end (unit)	全年公共汽(电)车客运总量（万人次）Total Annual Volume of Passengers Transported by Buses and Trolley Buses (10 000 person-times)	年末实有出租汽车数（辆）Number of Taxis at year-end (unit)	每万人拥有公共汽车（辆）Number of Public Transportation Vehicles per 10 000 Population (unit)	人均城市道路面积（平方米）Per Capita Area of Paved Roads in City (sq.m)
孝感市	Xiaogan	718	484	8400	900	5.04	7.48
荆州市	Jingzhou	891	763	14875	1588	6.82	7.96
黄冈市	Huanggang	800	132	1800	593	3.71	22.48
咸宁市	Xianning	515	299	2702	656	4.80	8.26
随州市	Suizhou	468	335	4675	762	6.71	9.38
湖南省	**Hunan**	**15643**	**12376**	**227859**	**22297**	**9.15**	**11.56**
长沙市	Changsha	2996	4157	73943	6915	13.89	10.01
株洲市	Zhuzhou	1837	1162	22278	1995	12.23	19.33
湘潭市	Xiangtan	1360	713	14673	1927	8.13	15.51
衡阳市	Hengyang	2257	986	18636	1400	10.59	24.23
邵阳市	Shaoyang	938	450	7500	1100	6.52	13.58
岳阳市	Yueyang	1135	1026	19149	1785	9.46	10.46
常德市	Changde	1401	623	12907	1146	4.48	10.06
张家界市	Zhangjiajie	480	327	2900	1030	6.22	9.13
益阳市	Yiyang	842	787	13832	1000	5.81	6.21
郴州市	Chenzhou	850	876	18250	1649	11.88	11.53
永州市	Yongzhou	684	630	11800	700	5.49	5.96
怀化市	Huaihua	436	438	8563	800	11.80	11.75
娄底市	Loudi	427	201	3429	850	4.22	8.97
广东省	**Guangdong**	**52525**	**62943**	**743430**	**63159**	**16.29**	**13.59**
广州市	Guangzhou	10241	13010	263433	21437	18.95	14.91
韶关市	Shaoguan	728	368	5247	755	3.98	7.88
深圳市	Shenzhen	11496	30590	263408	15973	98.53	37.03
珠海市	Zhuhai	4633	1938	33195	2165	17.85	42.67
汕头市	Shantou	2500	1159	14980	1384	2.18	4.69
佛山市	Foshan		5396	57395	3425	14.14	
江门市	Jiangmen	2228	977	9542	569	7.00	15.97
湛江市	Zhanjiang	972	755	9275	1300	4.74	6.11
茂名市	Maoming	536	303	2810	527	2.23	3.94
肇庆市	Zhaoqing	1062	450	6168	883	8.17	19.28
惠州市	Huizhou	2116	1916	18615	1732	13.80	15.24
梅州市	Meizhou	765	399	1813	421	4.13	7.92
汕尾市	Shanwei	260	210	215	360	4.04	5.00
河源市	Heyuan	409	191	3140	495	6.31	13.52
阳江市	Yangjiang	652	171	1883	441	2.49	9.50
清远市	Qingyuan	1403	633	4850	520	4.72	10.45
东莞市	Dongguan	10273	1416	18270	7691	7.49	54.37
中山市	Zhongshan	1047	2363	24173	1581	15.34	6.79
潮州市	Chaozhou	433	229	3012	862	1.41	2.66
揭阳市	Jieyang	676	274	907	513	1.34	3.30
云浮市	Yunfu	95	195	1100	125	6.27	3.06
广西壮族自治区	**Guangxi**	**12579**	**7529**	**135208**	**16419**	**5.32**	**8.89**
南宁市	Nanning	3527	2710	54731	6520	9.69	12.61
柳州市	Liuzhou	1807	1149	25260	1869	9.93	15.62
桂林市	Guilin	880	1090	24454	2677	14.21	11.47

2-45 续表 5 continued

城　市	City	年末实有城市道路面积(万平方米) Area of City Paved Roads at Year-end (10 000 sq.m)	年末实有公共汽(电)车营运车辆数(辆) Number of Buses and Trolley Buses under Operation at year-end (unit)	全年公共汽(电)车客运总量(万人次) Total Annual Volume of Passengers Transported by Buses and Trolley Buses (10 000 person-times)	年末实有出租汽车数(辆) Number of Taxis at year-end (unit)	每万人拥有公共汽车(辆) Number of Public Transportation Vehicles per 10 000 Population (unit)	人均城市道路面积(平方米) Per Capita Area of Paved Roads in City (sq.m)
梧州市	Wuzhou	607	345	6684	605	6.62	11.66
北海市	Beihai	858	288	2889	555	4.53	13.50
防城港市	Fangchenggang	628	267	1337	138	4.83	11.37
钦州市	Qinzhou	1069	516	5031	577	3.53	7.31
贵港市	Guigang	780	187	3416	365	0.96	3.99
玉林市	Yulin	943	234	3609	599	2.20	8.87
百色市	Baise	190	144	1623	1285	4.07	5.37
贺州市	Hezhou	317	137	1180	419	1.20	2.77
河池市	Hechi	209	169	2644	300	5.04	6.24
来宾市	Laibin	574	247	2000	370	2.36	5.49
崇左市	Chongzuo	190	46	350	140	1.26	5.19
海南省	**Hainan**	**1875**	**2235**	**41619**	**4611**	**10.12**	**8.49**
海口市	Haikou	1466	1624	31066	2761	9.95	8.98
三亚市	Sanya	404	611	10553	1850	10.59	7.00
三沙市	Sansa	5					
重庆市	**Chongqing**	**12723**	**12088**	**242031**	**20431**	**6.76**	**7.12**
四川省	**Sichuan**	**20549**	**18474**	**332646**	**29217**	**7.28**	**8.10**
成都市	Chengdu	7444	10176	164641	14853	18.01	13.18
自贡市	Zigong	1090	832	17823	1096	5.50	7.20
攀枝花市	Panzhihua	762	723	15204	1477	10.52	11.09
泸州市	Luzhou	1329	933	20247	1539	6.24	8.89
德阳市	Deyang	671	365	6923	850	5.30	9.75
绵阳市	Mianyang	1530	1409	29896	1477	11.23	12.20
广元市	Guangyuan	512	365	7916	597	3.90	5.48
遂宁市	Suining	1782	220	5203	725	1.45	11.76
内江市	Neijiang	439	666	12589	700	4.66	3.07
乐山市	Leshan	823	438	7606	880	3.77	7.09
南充市	Nanchong	1410	625	15000	1207	3.18	7.17
眉山市	Meishan	535	236	2286	418	2.71	6.14
宜宾市	Yibin	694	672	9695	1011	5.31	5.48
广安市	Guang'an	398	75	2700	385	0.59	3.14
达州市	Dazhou	223	222	6300	1063	3.73	3.75
雅安市	Ya'an	296	111	1966	306	1.78	4.74
巴中市	Bazhong	142	176	3749	398	1.29	1.04
资阳市	Ziyang	469	230	2902	235	2.08	4.25
贵州省	**Guizhou**	**3672**	**3921**	**130930**	**10854**	**6.01**	**5.63**
贵阳市	Guiyang	1630	2286	64027	6463	10.03	7.15
六盘水市	Liupanshui	658	395	13015	917	8.39	13.98
遵义市	Zunyi	468	623	18672	1673	7.05	5.30
安顺市	Anshun	418	297	26780	768	3.36	4.73
毕节市	Bijie	325	196	8079	537	1.26	2.10
铜仁市	Tongren	173	124	357	496	2.69	3.75
云南省	**Yunnan**	**6681**	**6402**	**111085**	**12480**	**9.92**	**10.35**
昆明市	Kunming	3916	4877	84512	7985	17.76	14.26
曲靖市	Qujing	780	579	11287	1589	8.06	10.85

2-45 续表 6 continued

城　市	City	年末实有城市道路面积（万平方米） Area of City Paved Roads at Year-end (10 000 sq.m)	年末实有公共汽（电）车营运车辆数（辆） Number of Buses and Trolley Buses under Operation at year-end (unit)	全年公共汽（电）车客运总量（万人次） Total Annual Volume of Passengers Transported by Buses and Trolley Buses (10 000 person-times)	年末实有出租汽车数（辆） Number of Taxis at year-end (unit)	每万人拥有公共汽车（辆） Number of Public Transportation Vehicles per 10 000 Population (unit)	人均城市道路面积（平方米） Per Capita Area of Paved Roads in City (sq.m)
玉溪市	Yuxi	662	102	2020	550	2.35	15.28
保山市	Baoshan	356	215	2150	450	2.34	3.88
昭通市	Zhaotong	383	218	3322	581	2.54	4.47
丽江市	Lijiang	179	210	4622	776	13.82	11.78
普洱市	Pu'er	216	141	2373	249	4.57	7.00
临沧市	Lincang	189	60	800	300	1.87	5.90
西藏自治区	**Tibet**	**13284**	**317**	**17511**	**11604**	**10.57**	**442.95**
拉萨市	Lasa	13284	317	17511	11604	10.57	442.95
陕西省	**Shaanxi**	**13143**	**11282**	**239460**	**23839**	**8.62**	**10.04**
西安市	Xi'an	7017	8128	174051	12115	14.00	12.09
铜川市	Tongchuan	460	301	4279	1025	3.96	6.05
宝鸡市	Baoji	1294	826	21100	3233	5.76	9.02
咸阳市	Xianyang	1165	580	10135	2993	6.29	12.64
渭南市	Weinan	1438	320	161	900	3.22	14.47
延安市	Yan'an	216	415	12000	850	8.84	4.60
汉中市	Hanzhong	281	227	4192	870	4.00	4.95
榆林市	Yulin	570	280	9500	1001	5.05	10.29
安康市	Ankang	517	102	2242	533	1.00	5.05
商洛市	Shangluo	185	103	1800	319	1.86	3.34
甘肃省	**Gansu**	**7340**	**5159**	**116234**	**18689**	**6.01**	**8.55**
兰州市	Lanzhou	2910	2696	75945	7152	10.91	11.78
嘉峪关市	Jiayuguan	385	120	2015	717	5.99	19.22
金昌市	Jinchang	460	153	4284	510	6.62	19.90
白银市	Baiyin	626	297	5475	2050	6.07	12.80
天水市	Tianshui	597	392	9409	2147	2.94	4.48
武威市	Wuwei	322	304	3999	1101	2.99	3.17
张掖市	Zhangye	418	187	1460	1225	3.60	8.06
平凉市	Pingliang	557	238	3942	922	4.63	10.84
酒泉市	Jiuquan	453	305	5149	820	7.46	11.08
庆阳市	Qingyang	309	350	3315	879	9.28	8.19
定西市	Dingxi	229	69	557	491	1.48	4.92
陇南市	Longnan	74	48	684	675	0.86	1.32
青海省	**Qinghai**	**963**	**1943**	**41543**	**5853**	**12.68**	**6.29**
西宁市	Xining	886	1885	40892	5516	15.21	7.15
海东市	Haidong	77	58	651	337	1.98	2.63
宁夏回族自治区	**Ningxia**	**4001**	**3078**	**38838**	**12581**	**11.16**	
银川市	Yinchuan	1837	1942	30048	5364	18.79	17.77
石嘴山市	Shizuishan	737	168	1673	1739	3.69	16.20
吴忠市	Wuzhong	499	373	3792	1046	9.32	12.47
固原市	Guyuan	386	156	467	2585	3.36	8.30
中卫市	Zhongwei	542	439	2858	1847	10.83	13.37
新疆维吾尔自治区	**Xinjiang**	**3869**	**4662**	**92010**	**13714**	**15.82**	
乌鲁木齐市	Urumqi	2914	4149	88239	12188	16.16	11.35
克拉玛依市	Karamay	955	513	3771	1526	13.53	25.18

2-46 绿地面积及建成区绿化覆盖面积(市辖区)
Area of Green Land and Green Covered Area of Completed Area (Districts under City)

城 市	City	绿地面积 (公顷) Area of Green Land (hectare)	公园绿地面积 (公顷) Area of Parks and Green Land (hectare)	建成区绿化覆盖面积 (公顷) Green Covered Area of Completed Area (hectare)	建成区绿化覆盖率 (%) Green Covered Area as % of Completed Area (%)
城市合计	**Prefecture Cities**	**1973909**	**449291**	**1510334**	
北京市	**Beijing**	**64137**	**20413**	**66750**	**51.11**
天津市	**Tianjin**	**23196**	**7279**	**26101**	**35.46**
河北省	**Hebei**	**54868**	**18174**	**54919**	
石家庄市	Shijiazhuang	9246	3783	9308	42.89
唐山市	Tangshan	9618	2972	10245	41.14
秦皇岛市	Qinhuangdao	5187	1980	5448	56.16
邯郸市	Handan	5171	2983	5617	46.42
邢台市	Xingtai	3851	1068	2956	37.42
保定市	Baoding	5579	1270	5963	41.41
张家口市	Zhangjiakou	3378	1080	3565	41.45
承德市	Chengde	4698	1320	4676	41.02
沧州市	Cangzhou	2052	580	2360	36.88
廊坊市	Langfang	4348	691	2870	44.15
衡水市	Hengshui	1740	447	1911	41.54
山西省	**Shanxi**	**30480**	**9949**	**33783**	
太原市	Taiyuan	11190	3617	12762	39.88
大同市	Datong	4615	1652	4615	42.73
阳泉市	Yangquan	1950	561	2215	41.02
长治市	Changzhi	2408	751	2688	45.56
晋城市	Jincheng	1633	557	1731	39.34
朔州市	Shuozhou	1861	434	2102	50.05
晋中市	Jinzhong	1709	605	1930	36.42
运城市	Yuncheng	1621	431	1760	33.85
忻州市	Xinzhou	867	364	996	31.13
临汾市	Linfen	1808	643	2047	37.91
吕梁市	Lvliang	818	334	937	39.04
内蒙古自治区	**Inner Mongolia**	**40063**	**12693**	**35195**	
呼和浩特市	Hohhot	8546	2916	8388	36.47
包头市	Baotou	7523	2255	7870	42.31
乌海市	Wuhai	2457	996	2567	40.75
赤峰市	Chifeng	3693	1533	4021	38.66
通辽市	Tongliao	2256	781	2510	33.03
鄂尔多斯市	Erdos	10692	1813	4822	42.67
呼伦贝尔市	Hulunbuir	1121	672	1072	
巴彦淖尔市	Bayannur	1519	561	1606	38.24
乌兰察布市	Ulanqab	2256	1166	2339	41.04
辽宁省	**Liaoning**	**89203**	**22203**	**80982**	
沈阳市	Shenyang	29219	7112	19210	42.22
大连市	Dalian	18301	3627	17698	44.69
鞍山市	Anshan	6372	1814	6463	38.70
抚顺市	Fushun	5046	1382	5587	41.69
本溪市	Benxi	5350	953	5422	49.74
丹东市	Dandong	2038	715	2071	39.08
锦州市	Jinzhou	3049	1228	3216	41.77
营口市	Yingkou	4061	1081	4332	39.38

2-46 续表 1 continued

城　市	City	绿地面积 (公顷) Area of Green Land (hectare)	公园绿地面积 (公顷) Area of Parks and Green Land (hectare)	建成区绿化覆盖面积 (公顷) Green Covered Area of Completed Area (hectare)	建成区绿化覆盖率 (%) Green Covered Area as % of Completed Area (%)
阜新市	Fuxin	2875	946	3215	41.75
辽阳市	Liaoyang	3984	767	4261	40.97
盘锦市	Panjin	2518	804	2751	39.30
铁岭市	Tieling	2058	539	2242	59.00
朝阳市	Chaoyang	1306	541	1409	23.88
葫芦岛市	Huludao	3026	694	3105	40.86
吉林省	**Jilin**	**26328**	**9491**	**29785**	
长春市	Changchun	10727	5018	12287	27.18
吉林市	Jilin	6511	1523	7577	43.80
四平市	Siping	1801	551	1827	33.83
辽源市	Liaoyuan	1780	384	1818	39.52
通化市	Tonghua	1531	546	1770	35.40
白山市	Baishan	1036	404	1283	27.30
松原市	Songyuan	1825	841	2021	42.10
白城市	Baicheng	1117	224	1202	28.62
黑龙江省	**Heilongjiang**	**67476**	**13813**	**54538**	
哈尔滨市	Harbin	13333	4333	14099	36.06
齐齐哈尔市	Qiqihar	6097	1091	5301	37.86
鸡西市	Jixi	2803	775	3179	40.24
鹤岗市	Hegang	2863	834	2225	33.71
双鸭山市	Shuangyashan	2733	518	2523	43.50
大庆市	Daqing	22172	2081	10912	45.28
伊春市	Yichun	4785	1635	4830	29.27
佳木斯市	Jiamusi	3875	847	4031	41.56
七台河市	Qitaihe	2441	483	2726	40.09
牡丹江市	Mudanjiang	5105	759	3026	38.79
黑河市	Heihe	469	287	573	30.16
绥化市	Suihua	800	170	1113	31.80
上海市	**Shanghai**	**124295**	**17142**	**38312**	
江苏省	**Jiangsu**	**212452**	**32369**	**124055**	
南京市	Nanjing	86117	8725	31824	44.63
无锡市	Wuxi	18333	3616	13908	42.79
徐州市	Xuzhou	15269	2720	10846	39.30
常州市	Changzhou	8088	1873	7960	42.80
苏州市	Suzhou	21315	4341	18549	42.06
南通市	Nantong	7271	2070	7232	42.05
连云港市	Lianyungang	19852	1168	5989	39.93
淮安市	Huai'an	6170	1793	5703	40.74
盐城市	Yancheng	4040	944	3860	40.21
扬州市	Yangzhou	6724	1899	5704	43.21
镇江市	Zhenjiang	7388	1576	5423	42.37
泰州市	Taizhou	3585	834	3909	40.72
宿迁市	Suqian	8300	810	3148	41.97
浙江省	**Zhejiang**	**75696**	**17758**	**68815**	
杭州市	Hangzhou	17071	5820	18606	40.27
宁波市	Ningbo	10905	1927	11290	38.27

2-46 续表 2 continued

城 市	City	绿地面积 (公顷) Area of Green Land (hectare)	公园绿地面积 (公顷) Area of Parks and Green Land (hectare)	建成区绿化覆盖面积 (公顷) Green Covered Area of Completed Area (hectare)	建成区绿化覆盖率 (%) Green Covered Area as % of Completed Area (%)
温州市	Wenzhou	6950	2182	7801	38.05
嘉兴市	Jiaxing	4570	1036	4103	44.12
湖州市	Huzhou	4257	1433	4445	48.32
绍兴市	Shaoxing	7043	1878	8050	40.86
金华市	Jinhua	2734	709	2915	37.86
衢州市	Quzhou	2446	472	2742	40.93
舟山市	Zhoushan	13333	756	2299	38.32
台州市	Taizhou	5031	1178	5102	43.98
丽水市	Lishui	1356	367	1462	44.30
安徽省	**Anhui**	**80980**	**16427**	**68581**	
合肥市	Hefei	15830	4262	17807	45.31
芜湖市	Wuhu	6135	1610	6195	39.97
蚌埠市	Bengbu	4123	1026	4620	38.82
淮南市	Huainan	4183	1270	4210	39.72
马鞍山市	Maanshan	5498	1052	3900	43.82
淮北市	Huaibei	4166	1229	3552	44.40
铜陵市	Tongling	5047	626	3172	45.97
安庆市	Anqing	3265	775	3313	40.90
黄山市	Huangshan	13015	524	2757	45.95
滁州市	Chuzhou	3928	508	3246	39.11
阜阳市	Fuyang	4559	772	3245	33.11
宿州市	Suzhou	2346	611	2671	38.16
六安市	Lu'an	2704	827	2618	37.40
亳州市	Bozhou	1487	406	1956	39.92
池州市	Chizhou	1375	518	1508	40.76
宣城市	Xuancheng	3319	411	3811	77.78
福建省	**Fujian**	**45159**	**10644**	**41715**	
福州市	Fuzhou	9750	2954	10594	42.72
厦门市	Xiamen	17591	3324	11783	41.78
莆田市	Putian	2192	710	2528	45.96
三明市	Sanming	1280	292	1403	41.26
泉州市	Quanzhou	8037	1733	8631	42.10
漳州市	Zhangzhou	2370	615	2460	41.69
南平市	Nanping	1178	287	1335	47.68
龙岩市	Longyan	1777	380	1916	42.58
宁德市	Ningde	984	349	1065	42.60
江西省	**Jiangxi**	**38673**	**10564**	**41210**	
南昌市	Nanchang	10010	2959	10582	42.33
景德镇市	Jingdezhen	3886	738	4055	51.33
萍乡市	Pingxiang	1969	474	2058	40.35
九江市	Jiujiang	4964	1127	5200	52.00
新余市	Xinyu	3678	835	3647	50.65
鹰潭市	Yingtan	1198	310	1335	40.45
赣州市	Ganzhou	3545	1103	3672	38.65
吉安市	Ji'an	2234	684	2843	56.86
宜春市	Yichun	2652	830	2801	43.09
抚州市	Fuzhou	2508	887	2731	48.77
上饶市	Shangrao	2029	617	2286	47.63

2-46 续表 3 continued

城市	City	绿地面积 (公顷) Area of Green Land (hectare)	公园绿地面积 (公顷) Area of Parks and Green Land (hectare)	建成区绿化覆盖面积 (公顷) Green Covered Area of Completed Area (hectare)	建成区绿化覆盖率 (%) Green Covered Area as % of Completed Area (%)
山东省	**Shandong**	**145971**	**34787**	**128885**	
济南市	Jinan	12858	3094	14494	38.96
青岛市	Qingdao	28007	4649	20992	44.66
淄博市	Zibo	16409	2498	11040	43.98
枣庄市	Zaozhuang	5497	1490	5870	40.21
东营市	Dongying	6841	1374	4826	42.71
烟台市	Yantai	11533	3415	11921	43.19
潍坊市	Weifang	9562	2248	6841	40.01
济宁市	Jining	7076	1834	6310	35.85
泰安市	Tai'an	4875	1298	5327	44.02
威海市	Weihai	6285	1513	6809	47.95
日照市	Rizhao	5665	1868	4171	43.00
莱芜市	Laiwu	6208	1137	5328	44.40
临沂市	Linyi	9814	3607	8166	41.88
德州市	Dezhou	4174	1712	4652	36.34
聊城市	Liaocheng	2800	839	3430	46.35
滨州市	Binzhou	4863	1375	5028	60.58
菏泽市	Heze	3504	836	3680	40.89
河南省	**Henan**	**64425**	**17581**	**65357**	
郑州市	Zhengzhou	13444	3895	12677	33.10
开封市	Kaifeng	3568	697	3679	32.56
洛阳市	Luoyang	6143	1869	7148	37.23
平顶山市	Pingdingshan	2594	952	2900	39.73
安阳市	Anyang	2677	697	3095	28.14
鹤壁市	Hebi	2443	653	2700	42.19
新乡市	Xinxiang	4195	775	4492	40.84
焦作市	Jiaozuo	3585	776	4080	37.78
濮阳市	Puyang	1711	758	1964	39.28
许昌市	Xuchang	2990	508	3289	35.75
漯河市	Luohe	2250	791	2588	42.43
三门峡市	Sanmenxia	1197	482	1304	43.47
南阳市	Nanyang	6384	2660	3753	25.19
商丘市	Shangqiu	2176	584	2573	41.50
信阳市	Xinyang	4291	697	3563	42.42
周口市	Zhoukou	2358	321	2757	43.76
驻马店市	Zhumadian	2419	466	2795	40.51
湖北省	**Hubei**	**72347**	**14118**	**52581**	
武汉市	Wuhan	17895	6622	20758	38.87
黄石市	Huangshi	2641	911	2802	31.84
十堰市	Shiyan	12591	655	3113	43.24
宜昌市	Yichang	5475	1175	6295	41.14
襄阳市	Xiangyang	4525	1190	4977	31.70
鄂州市	Ezhou	1720	621	2065	34.42
荆门市	Jingmen	1808	485	2144	39.70

2-46 续表 4 continued

城　市	City	绿地面积 (公顷) Area of Green Land (hectare)	公园绿地面积 (公顷) Area of Parks and Green Land (hectare)	建成区绿化覆盖面积 (公顷) Green Covered Area of Completed Area (hectare)	建成区绿化覆盖率 (%) Green Covered Area as % of Completed Area (%)
孝感市	Xiaogan	1845	448	1693	27.31
荆州市	Jingzhou	2487	760	2803	38.93
黄冈市	Huanggang	1141	299	1311	27.89
咸宁市	Xianning	3566	490	2665	37.01
随州市	Suizhou	16653	462	1955	43.44
湖南省	**Hunan**	**44626**	**10959**	**47316**	
长沙市	Changsha	9611	2913	11206	34.37
株洲市	Zhuzhou	5232	1143	5500	41.35
湘潭市	Xiangtan	2909	709	3201	40.52
衡阳市	Hengyang	4694	1022	5163	32.47
邵阳市	Shaoyang	2040	620	2017	36.02
岳阳市	Yueyang	4551	1046	3709	42.15
常德市	Changde	3353	976	3734	43.42
张家界市	Zhangjiajie	1547	180	1287	39.00
益阳市	Yiyang	2493	528	2561	38.22
郴州市	Chenzhou	2770	610	2770	38.47
永州市	Yongzhou	1924	375	2196	36.60
怀化市	Huaihua	1893	390	2136	35.02
娄底市	Loudi	1609	447	1836	39.91
广东省	**Guangdong**	**343825**	**72110**	**160343**	
广州市	Guangzhou	131444	21165	41983	41.00
韶关市	Shaoguan	3973	667	4247	46.16
深圳市	Shenzhen	96697	17750	39267	45.08
珠海市	Zhuhai	8203	2867	7992	64.45
汕头市	Shantou	9927	3491	10344	41.88
佛山市	Foshan	5718	2461	6091	38.80
江门市	Jiangmen	11136	2052	6825	43.20
湛江市	Zhanjiang	4007	1112	4399	40.73
茂名市	Maoming	3157	613	3349	32.51
肇庆市	Zhaoqing	5335	1192	3356	35.33
惠州市	Huizhou	7706	2567	8531	36.00
梅州市	Meizhou	1914	545	2144	42.88
汕尾市	Shanwei	640	308	658	41.13
河源市	Heyuan	1300	366	1412	44.13
阳江市	Yangjiang	1638	458	1780	36.33
清远市	Qingyuan	2161	712	2469	28.06
东莞市	Dongguan	39165	10075	5707	50.96
中山市	Zhongshan	3573	1212	4305	40.61
潮州市	Chaozhou	1663	471	1845	43.93
揭阳市	Jieyang	3786	1781	2758	25.30
云浮市	Yunfu	682	245	881	12.41
广西壮族自治区	**Guangxi**	**68443**	**9850**	**40210**	
南宁市	Nanning	40352	3394	11914	42.10
柳州市	Liuzhou	7442	2094	7381	41.47
桂林市	Guilin	2529	846	2822	42.12

2-46 续表 5 continued

城 市	City	绿地面积 (公顷) Area of Green Land (hectare)	公园绿地面积 (公顷) Area of Parks and Green Land (hectare)	建成区绿化覆盖面积 (公顷) Green Covered Area of Completed Area (hectare)	建成区绿化覆盖率 (%) Green Covered Area as % of Completed Area (%)
梧州市	Wuzhou	2203	360	1462	37.49
北海市	Beihai	2385	444	2774	39.07
防城港市	Fangchenggang	1004	133	1145	32.71
钦州市	Qinzhou	2920	230	3028	34.80
贵港市	Guigang	1566	521	1566	22.70
玉林市	Yulin	2534	634	2431	36.28
百色市	Baise	1588	236	1387	37.49
贺州市	Hezhou	1316	344	1452	46.84
河池市	Hechi	599	156	607	28.90
来宾市	Laibin	1196	315	1285	34.73
崇左市	Chongzuo	809	143	956	36.77
海南省	**Hainan**	**6176**	**2118**	**6889**	
海口市	Haikou	4672	1578	5253	42.36
三亚市	Sanya	1502	540	1636	34.81
三沙市	Sansa	2			
重庆市	**Chongqing**	**48123**	**20436**	**46452**	**41.66**
四川省	**Sichuan**	**64434**	**16988**	**65491**	
成都市	Chengdu	19082	6310	21246	40.16
自贡市	Zigong	3674	1164	4206	39.68
攀枝花市	Panzhihua	2758	685	3014	43.68
泸州市	Luzhou	4483	1035	4358	39.98
德阳市	Deyang	2356	516	2780	39.71
绵阳市	Mianyang	3970	1078	4190	38.09
广元市	Guangyuan	1798	438	1859	37.18
遂宁市	Suining	5897	585	2471	32.51
内江市	Neijiang	2176	522	2509	43.26
乐山市	Leshan	3052	498	2389	35.13
南充市	Nanchong	3855	1065	4469	41.00
眉山市	Meishan	1630	380	1717	38.16
宜宾市	Yibin	3000	847	3010	32.02
广安市	Guang'an	1504	620	1705	36.28
达州市	Dazhou	1500	463	1579	42.68
雅安市	Ya'an	1070	249	1213	41.83
巴中市	Bazhong	1070	235	1090	38.93
资阳市	Ziyang	1559	298	1686	39.21
贵州省	**Guizhou**	**18506**	**1972**	**19753**	
贵阳市	Guiyang	12783		13007	
六盘水市	Liupanshui	235	80	1012	25.95
遵义市	Zunyi	2594	1136	2682	31.19
安顺市	Anshun	844	91	938	22.88
毕节市	Bijie	1168	488	1181	30.28
铜仁市	Tongren	882	177	933	21.70
云南省	**Yunnan**	**21186**	**5461**	**23506**	
昆明市	Kunming	14367	3533	15600	39.29
曲靖市	Qujing	1986	536	2300	34.85

2-46 续表 6 continued

城　市	City	绿地面积 (公顷) Area of Green Land (hectare)	公园绿地面积 (公顷) Area of Parks and Green Land (hectare)	建成区绿化覆盖面积 (公顷) Green Covered Area of Completed Area (hectare)	建成区绿化覆盖率 (%) Green Covered Area as % of Completed Area (%)
玉溪市	Yuxi	1133	251	1080	30.00
保山市	Baoshan	486	156	712	26.37
昭通市	Zhaotong	605	158	1152	31.14
丽江市	Lijiang	956	423	941	40.91
普洱市	Pu'er	952	230	1020	40.80
临沧市	Lincang	701	174	701	38.94
西藏自治区	**Tibet**	**1660**	**181**	**1903**	
拉萨市	Lasa	1660	181	1903	28.83
陕西省	**Shaanxi**	**31669**	**9406**	**35536**	
西安市	Xi'an	15736	4380	17893	42.20
铜川市	Tongchuan	1676	460	1943	44.16
宝鸡市	Baoji	3851	990	4520	46.12
咸阳市	Xianyang	2394	1076	2731	31.03
渭南市	Weinan	1801	566	1522	21.44
延安市	Yan'an	1374	390	1431	39.75
汉中市	Hanzhong	1062	617	1299	38.21
榆林市	Yulin	1692	401	2026	28.94
安康市	Ankang	1581	357	1581	40.54
商洛市	Shangluo	502	169	590	23.60
甘肃省	**Gansu**	**18230**	**5276**	**18827**	
兰州市	Lanzhou	6040	2005	7022	33.92
嘉峪关市	Jiayuguan	2468	361	2542	37.38
金昌市	Jinchang	1258	328	1421	36.44
白银市	Baiyin	1718	382	1882	31.37
天水市	Tianshui	1392	471	1589	34.54
武威市	Wuwei	699	553	662	21.35
张掖市	Zhangye	1095	337	1246	19.78
平凉市	Pingliang	1261	213	38	1.00
酒泉市	Jiuquan	1419	343	1749	36.44
庆阳市	Qingyang	560	70	26	1.04
定西市	Dingxi	294	190	622	27.04
陇南市	Longnan	26	23	28	2.00
青海省	**Qinghai**	**3451**	**1370**	**4467**	
西宁市	Xining	3205	1317	3277	38.55
海东市	Haidong	246	53	1190	32.16
宁夏回族自治区	**Ningxia**	**19198**	**4327**	**10495**	
银川市	Yinchuan	7413	2173	6102	40.95
石嘴山市	Shizuishan	6778	1055	40	0.39
吴忠市	Wuzhong	2433	477	1875	39.06
固原市	Guyuan	1098	232	1098	28.15
中卫市	Zhongwei	1476	390	1380	36.32
新疆维吾尔自治区	**Xinjiang**	**28633**	**3432**	**17582**	
乌鲁木齐市	Urumqi	24476	3061	14837	37.95
克拉玛依市	Karamay	4157	371	2745	42.89

2-47 工业废水排放量和二氧化硫产生及排放量(全市)
Industrial Waste Water Discharged, Industry Sulphur Dioxide Produced and Emission (Total City)

城 市	City	工业废水排放量(万吨) Volume of Industrial Waste Water Discharged (10 000 tons)	工业二氧化硫产生量(吨) Volume of Industry Sulphur Dioxide Produced (ton)	工业二氧化硫排放量(吨) Volume of Sulphur Dioxide Emission (ton)
城市合计	**Prefecture Cities**	**2045371**	**55618829**	**16526300**
北京市	**Beijing**	**9486**	**156984**	**52041**
天津市	**Tianjin**	**18692**	**711656**	**207793**
河北省	**Hebei**	**109532**	**3308818**	**1165288**
石家庄市	Shijiazhuang	27753	706861	181532
唐山市	Tangshan	12589	714740	282806
秦皇岛市	Qinhuangdao	6156	151430	72501
邯郸市	Handan	7125	531766	184980
邢台市	Xingtai	14318	228228	91811
保定市	Baoding	14271	156859	79253
张家口市	Zhangjiakou	6032	270734	77689
承德市	Chengde	1638	173346	72424
沧州市	Cangzhou	8925	163145	40689
廊坊市	Langfang	5066	90279	48607
衡水市	Hengshui	5659	121430	32996
山西省	**Shanxi**	**45226**	**3392143**	**1129897**
太原市	Taiyuan	4085	358000	88900
大同市	Datong	5387	454877	128026
阳泉市	Yangquan	583	216558	93767
长治市	Changzhi	8065	396209	131999
晋城市	Jincheng	5701	234357	82246
朔州市	Shuozhou	1626	365226	108902
晋中市	Jinzhong	3101	402763	104113
运城市	Yuncheng	4839	109843	128741
忻州市	Xinzhou	2379	215292	63634
临汾市	Linfen	6443	428275	91101
吕梁市	Lvliang	3017	210743	108468
内蒙古自治区	**Inner Mongolia**	**27494**	**3695263**	**1072020**
呼和浩特市	Hohhot	2082	399558	96190
包头市	Baotou	7426	552068	197650
乌海市	Wuhai	852	330461	112317
赤峰市	Chifeng	2677	841866	123085
通辽市	Tongliao	3309	399511	117500
鄂尔多斯市	Erdos	2041	708700	212067
呼伦贝尔市	Hulunbuir	5693	119937	76915
巴彦淖尔市	Bayannur	2053	93478	77493
乌兰察布市	Ulanqab	1361	249684	58803
辽宁省	**Liaoning**	**84505**	**2181617**	**965365**
沈阳市	Shenyang	8533	219002	130672
大连市	Dalian	26154	242863	102938
鞍山市	Anshan	6322	146957	124889
抚顺市	Fushun	2089	128207	51430
本溪市	Benxi	2953	79817	70002
丹东市	Dandong	5521	78049	34200
锦州市	Jinzhou	4940	82089	36584

2-47 续表 1 continued

城　市	City	工业废水排放量（万吨）Volume of Industrial Waste Water Discharged (10 000 tons)	工业二氧化硫产生量（吨）Volume of Industry Sulphur Dioxide Produced (ton)	工业二氧化硫排放量（吨）Volume of Sulphur Dioxide Emission (ton)
营口市	Yingkou	2790	97536	52069
阜新市	Fuxin	3615	145488	102913
辽阳市	Liaoyang	6807	109044	44580
盘锦市	Panjin	9712	93741	58565
铁岭市	Tieling	1667	106279	33061
朝阳市	Chaoyang	810	115816	50542
葫芦岛市	Huludao	2592	536729	72920
吉林省	**Jilin**	**38273**	**535992**	**306539**
长春市	Changchun	5482	137315	57246
吉林市	Jilin	10366	105192	69924
四平市	Siping	3552	74526	44618
辽源市	Liaoyuan	1387	38508	19724
通化市	Tonghua	11904	64753	37207
白山市	Baishan	1259	46811	28003
松原市	Songyuan	2559	31810	31112
白城市	Baicheng	1764	37077	18705
黑龙江省	**Heilongjiang**	**41594**	**453777**	**282962**
哈尔滨市	Harbin	4487	118419	65987
齐齐哈尔市	Qiqihar	7006	6291	4875
鸡西市	Jixi	2638	33687	21384
鹤岗市	Hegang	3272	26205	14501
双鸭山市	Shuangyashan	3063	42908	17556
大庆市	Daqing	5174	70215	47034
伊春市	Yichun	829	20252	20252
佳木斯市	Jiamusi	1950	20543	12930
七台河市	Qitaihe	2288	30891	16594
牡丹江市	Mudanjiang	1925	38407	23131
黑河市	Heihe	1196	31749	24508
绥化市	Suihua	7766	14210	14210
上海市	**Shanghai**	**45400**		**172900**
江苏省	**Jiangsu**	**220558**	**3198521**	**909479**
南京市	Nanjing	25291	509201	110665
无锡市	Wuxi	23093	289912	83213
徐州市	Xuzhou	15376	459921	134558
常州市	Changzhou	12017	116913	35830
苏州市	Suzhou	66916	600132	164970
南通市	Nantong	14584	215375	63010
连云港市	Lianyungang	5618	106433	43462
淮安市	Huai'an	8348	127202	44957
盐城市	Yancheng	17555	134021	44815
扬州市	Yangzhou	9731	186856	45803
镇江市	Zhenjiang	9665	285362	63190
泰州市	Taizhou	7514	127168	50372
宿迁市	Suqian	4850	40025	24634

2-47 续表 2 continued

城　　市	City	工业废水排放量（万吨）Volume of Industrial Waste Water Discharged (10 000 tons)	工业二氧化硫产生量（吨）Volume of Industry Sulphur Dioxide Produced (ton)	工业二氧化硫排放量（吨）Volume of Sulphur Dioxide Emission (ton)
浙江省	**Zhejiang**	**188380**	**1701669**	**584704**
杭州市	Hangzhou	39186	171357	82021
宁波市	Ningbo	19666	576750	134630
温州市	Wenzhou	7433	116749	34479
嘉兴市	Jiaxing	21130	200736	72960
湖州市	Huzhou	10789	86923	36806
绍兴市	Shaoxing	27245	119101	59635
金华市	Jinhua	8710	101775	37141
衢州市	Quzhou	14856	83106	43359
舟山市	Zhoushan	2094	28202	13687
台州市	Taizhou	31025	189040	43170
丽水市	Lishui	6246	27930	26816
安徽省	**Anhui**	**74559**	**3016184**	**450402**
合肥市	Hefei	6018	123335	41483
芜湖市	Wuhu	7365	113162	38116
蚌埠市	Bengbu	4172	53486	16970
淮南市	Huainan	10686	238897	60770
马鞍山市	Maanshan	6745	179238	64723
淮北市	Huaibei	2520	74755	43581
铜陵市	Tongling	5654	1796688	36889
安庆市	Anqing	4863	114980	17168
黄山市	Huangshan	626	3184	3184
滁州市	Chuzhou	6460	30199	18522
阜阳市	Fuyang	2820	55829	18267
宿州市	Suzhou	3963	76018	29360
六安市	Lu'an	2689	17449	13645
亳州市	Bozhou	2055	13580	12051
池州市	Chizhou	2174	93886	15883
宣城市	Xuancheng	5749	31498	19790
福建省	**Fujian**	**104566**	**962599**	**341993**
福州市	Fuzhou	4682	240433	76043
厦门市	Xiamen	27256	54309	18772
莆田市	Putian	1852	62657	11227
三明市	Sanming	13337	83983	46386
泉州市	Quanzhou	20080	236134	90615
漳州市	Zhangzhou	25413	132657	36156
南平市	Nanping	6900	19456	19123
龙岩市	Longyan	3599	70369	28726
宁德市	Ningde	1447	62601	14945
江西省	**Jiangxi**	**68230**	**2448622**	**543492**
南昌市	Nanchang	10602		40756
景德镇市	Jingdezhen	6431	76470	27954
萍乡市	Pingxiang	2353	100379	90051
九江市	Jiujiang	11050	255311	93816
新余市	Xinyu	5395	109740	58335
鹰潭市	Yingtan	2803	1469398	18937
赣州市	Ganzhou	10738	32282	52420
吉安市	Ji'an	3935	111352	35374
宜春市	Yichun	6584	189204	71715
抚州市	Fuzhou	3539	22418	19748
上饶市	Shangrao	4800	82068	34386

2-47 续表 3 continued

城 市	City	工业废水排放量 (万吨) Volume of Industrial Waste Water Discharged (10 000 tons)	工业二氧化硫产生量 (吨) Volume of Industry Sulphur Dioxide Produced (ton)	工业二氧化硫排放量 (吨) Volume of Sulphur Dioxide Emission (ton)
山东省	**Shandong**	**188807**	**5714808**	**1358226**
济南市	Jinan	8596	266895	81118
青岛市	Qingdao	10641	263991	69337
淄博市	Zibo	15460	601157	206723
枣庄市	Zaozhuang	10188	228465	60372
东营市	Dongying	10111	364660	52818
烟台市	Yantai	9530	447712	79834
潍坊市	Weifang	28103	381419	128227
济宁市	Jining	15680	473863	122930
泰安市	Tai'an	8224	227237	60160
威海市	Weihai	2740	118881	36212
日照市	Rizhao	15557	127630	52084
莱芜市	Laiwu	1388	227648	73084
临沂市	Linyi	9833	248528	105438
德州市	Dezhou	9353	282810	78214
聊城市	Liaocheng	8510	1030817	1724
滨州市	Binzhou	15921	205389	80330
菏泽市	Heze	8972	217706	69621
河南省	**Henan**	**126752**	**2870404**	**1019661**
郑州市	Zhengzhou	11837	307883	106123
开封市	Kaifeng	8647	114297	42892
洛阳市	Luoyang	7741	459703	117413
平顶山市	Pingdingshan	8978	285680	113426
安阳市	Anyang	5508	369741	113310
鹤壁市	Hebi	3874	99334	40460
新乡市	Xinxiang	13088	190489	57033
焦作市	Jiaozuo	10868	118468	60357
濮阳市	Puyang	7155	48151	23277
许昌市	Xuchang	5562	122165	38099
漯河市	Luohe	2753	49101	18359
三门峡市	Sanmenxia	6861	237697	104992
南阳市	Nanyang	6263	144445	61731
商丘市	Shangqiu	9554	116966	36033
信阳市	Xinyang	2089	96399	33706
周口市	Zhoukou	9492	23716	20604
驻马店市	Zhumadian	6482	86169	31846
湖北省	**Hubei**	**77354**	**2647534**	**503808**
武汉市	Wuhan	14700	248900	97600
黄石市	Huangshi	5037	799292	82400
十堰市	Shiyan	2144	25617	18071
宜昌市	Yichang	18419	921272	55077
襄阳市	Xiangyang	8619	60024	43958
鄂州市	Ezhou	2278	98789	35752

2-47 续表 4 continued

城　市	City	工业废水排放量(万吨) Volume of Industrial Waste Water Discharged (10 000 tons)	工业二氧化硫产生量(吨) Volume of Industry Sulphur Dioxide Produced (ton)	工业二氧化硫排放量(吨) Volume of Sulphur Dioxide Emission (ton)
荆门市	Jingmen	3825	98395	34602
孝感市	Xiaogan	5111	136487	42991
荆州市	Jingzhou	10387	104515	43985
黄冈市	Huanggang	3045	62579	17441
咸宁市	Xianning	2018	87133	24009
随州市	Suizhou	1771	4531	7922
湖南省	**Hunan**	**89707**	**1528364**	**580782**
长沙市	Changsha	4049	47614	21173
株洲市	Zhuzhou	7227	31397	41671
湘潭市	Xiangtan	5526	118527	46242
衡阳市	Hengyang	7469	185207	83738
邵阳市	Shaoyang	9135	111647	15794
岳阳市	Yueyang	12686	148418	58231
常德市	Changde	11601	107886	37246
张家界市	Zhangjiajie	552	24907	23280
益阳市	Yiyang	4970	135978	51294
郴州市	Chenzhou	9014	305216	39244
永州市	Yongzhou	4073	43257	23679
怀化市	Huaihua	6246	73733	39017
娄底市	Loudi	7159	194577	100173
广东省	**Guangdong**	**163784**	**2578802**	**715086**
广州市	Guangzhou	22558	445344	63331
韶关市	Shaoguan	10780	116940	48861
深圳市	Shenzhen	12012	35342	8193
珠海市	Zhuhai	5538	89681	22653
汕头市	Shantou		106970	29060
佛山市	Foshan	14822	221862	79441
江门市	Jiangmen	11750	176441	57857
湛江市	Zhanjiang	6205	119028	22877
茂名市	Maoming	4626	439518	30106
肇庆市	Zhaoqing	10153	49378	29647
惠州市	Huizhou	8320	82137	30029
梅州市	Meizhou	5066	139357	37739
汕尾市	Shanwei	1794	65552	11794
河源市	Heyuan	1583		10506
阳江市	Yangjiang	2026	55548	18974
清远市	Qingyuan	3695	29048	21109
东莞市	Dongguan	23463	249413	112132
中山市	Zhongshan	8914	32510	22490
潮州市	Chaozhou	2982		13444
揭阳市	Jieyang	6074	89485	17398
云浮市	Yunfu	1423	35248	27445
广西壮族自治区	**Guangxi**	**89510**	**1691922**	**437998**
南宁市	Nanning	9752	126980	33045
柳州市	Liuzhou	8495	189556	46717
桂林市	Guilin	4005	125570	36176

2-47 续表 5 continued

城　市	City	工业废水排放量（万吨） Volume of Industrial Waste Water Discharged (10 000 tons)	工业二氧化硫产生量（吨） Volume of Industry Sulphur Dioxide Produced (ton)	工业二氧化硫排放量（吨） Volume of Sulphur Dioxide Emission (ton)
梧州市	Wuzhou	4401	13610	9870
北海市	Beihai	1830	40511	11912
防城港市	Fangchenggang	1555	56159	20246
钦州市	Qinzhou	2918	50948	16179
贵港市	Guigang	9936	64732	20506
玉林市	Yulin	3266	9167	8644
百色市	Baise	7393	155704	84093
贺州市	Hezhou	2408	143765	11224
河池市	Hechi	23110	291862	47132
来宾市	Laibin	6556	411100	85054
崇左市	Chongzuo	3885	12258	7200
海南省	**Hainan**	**893**	**1801**	**1801**
海口市	Haikou	824	1798	1798
三亚市	Sanya	69	3	3
三沙市	Sansa			
重庆市	**Chongqing**	**33450**	**1404981**	**494415**
四川省	**Sichuan**	**61993**	**1828252**	**690279**
成都市	Chengdu	10524	115512	52040
自贡市	Zigong	1828	36539	26995
攀枝花市	Panzhihua	4138	158621	106256
泸州市	Luzhou	3541	170305	41528
德阳市	Deyang	6638	32474	16039
绵阳市	Mianyang	5788	82086	35002
广元市	Guangyuan	364	20930	20930
遂宁市	Suining	1111	12024	6694
内江市	Neijiang	3146	233516	103305
乐山市	Leshan	4297	74127	46698
南充市	Nanchong	3229	9782	7881
眉山市	Meishan	3974	23245	20775
宜宾市	Yibin	5825	450541	106171
广安市	Guang'an	3368	248653	66405
达州市	Dazhou	2062	108760	20602
雅安市	Ya'an	1168	42476	4899
巴中市	Bazhong	347	1970	1968
资阳市	Ziyang	645	6691	6091
贵州省	**Guizhou**	**17924**	**2203849**	**645374**
贵阳市	Guiyang	2262	174859	70602
六盘水市	Liupanshui	4093	667585	183321
遵义市	Zunyi	2563	198414	93948
安顺市	Anshun	2097	85351	76017
毕节市	Bijie	6197	932197	181304
铜仁市	Tongren	712	145443	40182
云南省	**Yunnan**	**31210**	**1471872**	**411622**
昆明市	Kunming	4808	457048	101669
曲靖市	Qujing	3224	682107	175178

2-47 续表 6 continued

城市	City	工业废水排放量（万吨）Volume of Industrial Waste Water Discharged (10 000 tons)	工业二氧化硫产生量（吨）Volume of Industry Sulphur Dioxide Produced (ton)	工业二氧化硫排放量（吨）Volume of Sulphur Dioxide Emission (ton)
玉溪市	Yuxi	5045	126426	43911
保山市	Baoshan	6542	15290	15136
昭通市	Zhaotong	1419	144846	32441
丽江市	Lijiang	2808	6831	6831
普洱市	Pu'er	2796	11073	8205
临沧市	Lincang	4568	28251	28251
西藏自治区	**Tibet**	**333**	**1092**	**1075**
拉萨市	Lasa	333	1092	1075
陕西省	**Shaanxi**	**35113**	**1739963**	**587733**
西安市	Xi'an	8973	146422	64664
铜川市	Tongchuan	424	93510	17196
宝鸡市	Baoji	4779	249844	28785
咸阳市	Xianyang	5234	213619	57755
渭南市	Weinan	3861	547915	143012
延安市	Yan'an	2357	18557	16515
汉中市	Hanzhong	2327	142537	30837
榆林市	Yulin	4344	282869	200778
安康市	Ankang	453	12398	9394
商洛市	Shangluo	2361	32292	18797
甘肃省	**Gansu**	**24293**	**2612915**	**392887**
兰州市	Lanzhou	4910	167921	72148
嘉峪关市	Jiayuguan	2659	64951	50362
金昌市	Jinchang	1720	1522900	103732
白银市	Baiyin	613	552235	10226
天水市	Tianshui	500	21782	9419
武威市	Wuwei	3409	32015	32015
张掖市	Zhangye	2035	51014	28910
平凉市	Pingliang	5017	123005	30956
酒泉市	Jiuquan	1043	45990	24435
庆阳市	Qingyang	334	7872	15167
定西市	Dingxi	279	10743	8062
陇南市	Longnan	1774	12487	7455
青海省	**Qinghai**	**4377**	**152190**	**89713**
西宁市	Xining	2798	134316	71839
海东市	Haidong	1579	17874	17874
宁夏回族自治区	**Ningxia**	**13671**	**1016553**	**295535**
银川市	Yinchuan	6194	350693	92369
石嘴山市	Shizuishan	1399	345841	89780
吴忠市	Wuzhong	2437	232350	64137
固原市	Guyuan	248	29440	14749
中卫市	Zhongwei	3393	58229	34500
新疆维吾尔自治区	**Xinjiang**	**9705**	**389682**	**115430**
乌鲁木齐市	Urumqi	4889	223269	74216
克拉玛依市	Karamay	4816	166413	41214

2-48 工业烟(粉)尘去除及排放量(全市)

Industrial Soot(dust) Removed and Discharged(Total City)

单位：吨 (ton)

城　市	City	工业烟(粉)尘去除量 (吨) Volume of Industrial Soot(dust) Removed (ton)	工业烟(粉)尘排放量 (吨) Volume of Industrial Soot(dust) Emission (ton)
城市合计	**Prefecture Cities**	**673158409**	**12421546**
北京市	**Beijing**		**27182**
天津市	**Tianjin**	**6640410**	**62766**
河北省	**Hebei**	**43463827**	**1182151**
石家庄市	Shijiazhuang	525134	105012
唐山市	Tangshan	16358017	478574
秦皇岛市	Qinhuangdao	2079644	78092
邯郸市	Handan	9598433	213885
邢台市	Xingtai	3353160	98121
保定市	Baoding	1326353	39071
张家口市	Zhangjiakou	4322258	42559
承德市	Chengde	2062026	32032
沧州市	Cangzhou	1742600	54621
廊坊市	Langfang	1353865	24139
衡水市	Hengshui	742337	16045
山西省	**Shanxi**	**40477012**	**3928679**
太原市	Taiyuan	4847500	37003
大同市	Datong	5981599	58068
阳泉市	Yangquan	2084849	23408
长治市	Changzhi	5794274	182355
晋城市	Jincheng	2850068	67812
朔州市	Shuozhou	8661529	30527
晋中市	Jinzhong	71771	3153822
运城市	Yuncheng	2759780	58990
忻州市	Xinzhou	311602	107333
临汾市	Linfen	4081858	93071
吕梁市	Lvliang	3032182	116290
内蒙古自治区	**Inner Mongolia**	**47102348**	**573628**
呼和浩特市	Hohhot	6827550	48822
包头市	Baotou	6545382	98460
乌海市	Wuhai	4076554	42433
赤峰市	Chifeng	3374301	25366
通辽市	Tongliao	9603156	134138
鄂尔多斯市	Erdos	7419989	103541
呼伦贝尔市	Hulunbuir	3799953	63934
巴彦淖尔市	Bayannur	2312187	32156
乌兰察布市	Ulanqab	3143276	24778
辽宁省	**Liaoning**	**28878374**	**576765**
沈阳市	Shenyang	2108881	60425
大连市	Dalian	4179954	46332
鞍山市	Anshan	1982473	98218
抚顺市	Fushun	2062756	48169
本溪市	Benxi	2482995	61697
丹东市	Dandong	909000	39000
锦州市	Jinzhou	858193	20004
营口市	Yingkou	1918319	33569

2-48 续表 1 continued

单位：吨 (ton)

城 市	City	工业烟(粉)尘去除量 (吨) Volume of Industrial Soot(dust) Removed (ton)	工业烟(粉)尘排放量 (吨) Volume of Industrial Soot(dust) Emission (ton)
阜新市	Fuxin	1747437	24785
辽阳市	Liaoyang	3844503	34575
盘锦市	Panjin	684955	18110
铁岭市	Tieling	3621175	24120
朝阳市	Chaoyang	977501	48209
葫芦岛市	Huludao	1500232	19552
吉林省	**Jilin**	**11650824**	**229190**
长春市	Changchun	1661896	72970
吉林市	Jilin	3868669	34109
四平市	Siping	1651845	35007
辽源市	Liaoyuan	918819	9589
通化市	Tonghua	1453281	18520
白山市	Baishan	1133072	10600
松原市	Songyuan	581923	39914
白城市	Baicheng	381319	8481
黑龙江省	**Heilongjiang**	**15266819**	**424341**
哈尔滨市	Harbin	3864927	82323
齐齐哈尔市	Qiqihar	24757	3476
鸡西市	Jixi	1359507	81107
鹤岗市	Hegang	1493252	26775
双鸭山市	Shuangyashan	864217	55986
大庆市	Daqing	1319166	29463
伊春市	Yichun	721281	19467
佳木斯市	Jiamusi	1289878	40248
七台河市	Qitaihe	1869426	17025
牡丹江市	Mudanjiang	1707103	46770
黑河市	Heihe	582561	9569
绥化市	Suihua	170744	12132
上海市	**Shanghai**		**67200**
江苏省	**Jiangsu**	**39164114**	**455569**
南京市	Nanjing	5396989	65256
无锡市	Wuxi	5633367	44330
徐州市	Xuzhou	7611744	52174
常州市	Changzhou	2071449	35161
苏州市	Suzhou	6229796	65042
南通市	Nantong	2279475	33970
连云港市	Lianyungang	1868082	19179
淮安市	Huai'an	1719501	20886
盐城市	Yancheng	1277259	29705
扬州市	Yangzhou	1653530	16050
镇江市	Zhenjiang	2118987	21489
泰州市	Taizhou	899237	15584
宿迁市	Suqian	404698	36743
浙江省	**Zhejiang**	**25873586**	**295603**
杭州市	Hangzhou	4172829	40243
宁波市	Ningbo	6796256	25275

2-48 续表 2 continued

单位：吨 (ton)

城 市	City	工业烟(粉)尘去除量 (吨) Volume of Industrial Soot(dust) Removed (ton)	工业烟(粉)尘排放量 (吨) Volume of Industrial Soot(dust) Emission (ton)
温州市	Wenzhou	1084490	18783
嘉兴市	Jiaxing	2115343	23769
湖州市	Huzhou	3580830	27626
绍兴市	Shaoxing	1333616	30944
金华市	Jinhua	2010074	33241
衢州市	Quzhou	3531549	58555
舟山市	Zhoushan	114444	4558
台州市	Taizhou	1011337	12297
丽水市	Lishui	122818	20312
安徽省	**Anhui**	**40351511**	**323043**
合肥市	Hefei	4770975	42387
芜湖市	Wuhu	7757411	27065
蚌埠市	Bengbu	100467	12642
淮南市	Huainan	8646126	22710
马鞍山市	Maanshan	4551509	32178
淮北市	Huaibei	610694	23084
铜陵市	Tongling	4701887	16748
安庆市	Anqing	1481993	8610
黄山市	Huangshan	16472	2474
滁州市	Chuzhou	1186099	36995
阜阳市	Fuyang	1352850	12812
宿州市	Suzhou	1846949	14592
六安市	Lu'an	216083	10622
亳州市	Bozhou	38402	6312
池州市	Chizhou	866657	12030
宣城市	Xuancheng	2206937	41782
福建省	**Fujian**	**19220306**	**233458**
福州市	Fuzhou	2918549	43483
厦门市	Xiamen	440731	2113
莆田市	Putian	216175	4557
三明市	Sanming	4496687	33878
泉州市	Quanzhou	1544949	52626
漳州市	Zhangzhou	952415	10816
南平市	Nanping	704894	14922
龙岩市	Longyan	7385189	46201
宁德市	Ningde	560717	24862
江西省	**Jiangxi**	**16584657**	**303455**
南昌市	Nanchang		11413
景德镇市	Jingdezhen	1052076	14930
萍乡市	Pingxiang	1341268	39713
九江市	Jiujiang	2279099	32227
新余市	Xinyu	1477147	29895
鹰潭市	Yingtan	1136993	3732
赣州市	Ganzhou	2219154	49427
吉安市	Ji'an	655131	16769
宜春市	Yichun	3568048	45293
抚州市	Fuzhou	6598	34658
上饶市	Shangrao	2849143	25398

2-48 续表 3 continued

单位：吨 (ton)

城市	City	工业烟(粉)尘去除量(吨) Volume of Industrial Soot(dust) Removed (ton)	工业烟(粉)尘排放量(吨) Volume of Industrial Soot(dust) Emission (ton)
山东省	**Shandong**	**63409388**	**542371**
济南市	Jinan	4140877	47117
青岛市	Qingdao	2573400	27803
淄博市	Zibo	6949682	47252
枣庄市	Zaozhuang	5694585	21651
东营市	Dongying	1338461	5636
烟台市	Yantai	4994525	34945
潍坊市	Weifang	4894350	33823
济宁市	Jining	8459756	59809
泰安市	Tai'an	2350670	14241
威海市	Weihai	1185624	7999
日照市	Rizhao	3561092	29328
莱芜市	Laiwu	3974017	76489
临沂市	Linyi	4222145	45082
德州市	Dezhou	1921635	16400
聊城市	Liaocheng	2691167	18293
滨州市	Binzhou	2480607	21842
菏泽市	Heze	1976795	34661
河南省	**Henan**	**50855668**	**498995**
郑州市	Zhengzhou	10193815	33823
开封市	Kaifeng	317579	21564
洛阳市	Luoyang	6827141	51633
平顶山市	Pingdingshan	7716020	86534
安阳市	Anyang	3063547	93336
鹤壁市	Hebi	2106021	14000
新乡市	Xinxiang	3276417	14286
焦作市	Jiaozuo	3764211	33177
濮阳市	Puyang	2041581	11460
许昌市	Xuchang	2053699	17822
漯河市	Luohe	682635	4791
三门峡市	Sanmenxia	3230949	23541
南阳市	Nanyang	1759734	17154
商丘市	Shangqiu	920900	35346
信阳市	Xinyang	896465	9288
周口市	Zhoukou	251872	9411
驻马店市	Zhumadian	1753082	21829
湖北省	**Hubei**	**23440912**	**276865**
武汉市	Wuhan	2874300	18200
黄石市	Huangshi	3861592	24800
十堰市	Shiyan	604472	15368
宜昌市	Yichang	1925613	13998
襄阳市	Xiangyang	3020574	18178
鄂州市	Ezhou	1525000	19460
荆门市	Jingmen	4869951	65330

2-48 续表 4 continued

单位：吨 (ton)

城　市	City	工业烟(粉)尘去除量 (吨) Volume of Industrial Soot(dust) Removed (ton)	工业烟(粉)尘排放量 (吨) Volume of Industrial Soot(dust) Emission (ton)
孝感市	Xiaogan	1550358	25228
荆州市	Jingzhou	508710	13700
黄冈市	Huanggang	987098	24963
咸宁市	Xianning	1685807	25965
随州市	Suizhou	27437	11675
湖南省	**Hunan**	**25674425**	**306444**
长沙市	Changsha	1141000	19000
株洲市	Zhuzhou	1878232	5758
湘潭市	Xiangtan	6652307	23883
衡阳市	Hengyang	3137845	23812
邵阳市	Shaoyang	651139	22060
岳阳市	Yueyang	1220387	28168
常德市	Changde	1695711	20730
张家界市	Zhangjiajie	291319	2822
益阳市	Yiyang	885637	34235
郴州市	Chenzhou	3000370	24356
永州市	Yongzhou	494903	44891
怀化市	Huaihua	607954	22283
娄底市	Loudi	4017621	34446
广东省	**Guangdong**	**17894575**	**282103**
广州市	Guangzhou	3114074	11008
韶关市	Shaoguan	458739	4473
深圳市	Shenzhen	388863	753
珠海市	Zhuhai	822876	9595
汕头市	Shantou	853454	7539
佛山市	Foshan	1967613	49831
江门市	Jiangmen	1419523	12510
湛江市	Zhanjiang	1014024	9892
茂名市	Maoming	689290	11489
肇庆市	Zhaoqing	1836659	31909
惠州市	Huizhou		23017
梅州市	Meizhou	2251838	5767
汕尾市	Shanwei	490997	4135
河源市	Heyuan		4645
阳江市	Yangjiang	573319	11544
清远市	Qingyuan	612820	32456
东莞市	Dongguan	621988	15543
中山市	Zhongshan	109375	17401
潮州市	Chaozhou		3225
揭阳市	Jieyang	243960	2962
云浮市	Yunfu	425163	12409
广西壮族自治区	**Guangxi**	**20516957**	**259453**
南宁市	Nanning	2692039	20950
柳州市	Liuzhou	4001089	54890
桂林市	Guilin	358175	15417

2-48 续表 5 continued

单位：吨 (ton)

城　市	City	工业烟(粉)尘去除量 (吨) Volume of Industrial Soot(dust) Removed (ton)	工业烟(粉)尘排放量 (吨) Volume of Industrial Soot(dust) Emission (ton)
梧州市	Wuzhou	76625	9129
北海市	Beihai	542295	5180
防城港市	Fangchenggang	1111943	12198
钦州市	Qinzhou	281591	5844
贵港市	Guigang	2521452	52976
玉林市	Yulin	1349089	10805
百色市	Baise	2127119	28599
贺州市	Hezhou	1109201	5458
河池市	Hechi	612228	15022
来宾市	Laibin	3436018	10487
崇左市	Chongzuo	298093	12498
海南省	**Hainan**	**542**	**1451**
海口市	Haikou	542	1230
三亚市	Sanya		221
三沙市	Sansa		
重庆市	**Chongqing**	**20166984**	**179841**
四川省	**Sichuan**	**24779748**	**237838**
成都市	Chengdu	2342401	21452
自贡市	Zigong	184645	3114
攀枝花市	Panzhihua	2663186	43001
泸州市	Luzhou	1065674	6196
德阳市	Deyang	809035	10717
绵阳市	Mianyang	2232063	7950
广元市	Guangyuan	1015843	17310
遂宁市	Suining	41907	2764
内江市	Neijiang	1781062	13866
乐山市	Leshan	3213168	29249
南充市	Nanchong	9400	4003
眉山市	Meishan	535926	12798
宜宾市	Yibin	2492645	15577
广安市	Guang'an	3188006	21460
达州市	Dazhou	2826492	12792
雅安市	Ya'an	261206	8418
巴中市	Bazhong	1350	2481
资阳市	Ziyang	115739	4690
贵州省	**Guizhou**	**22083841**	**155975**
贵阳市	Guiyang	3079328	22024
六盘水市	Liupanshui	4789076	59656
遵义市	Zunyi	2901274	12079
安顺市	Anshun	1392656	13801
毕节市	Bijie	8412749	29572
铜仁市	Tongren	1508758	18843
云南省	**Yunnan**	**15888667**	**144519**
昆明市	Kunming	3053334	32132
曲靖市	Qujing	7877264	42170

2-48 续表 6 continued

单位：吨 (ton)

城市	City	工业烟(粉)尘去除量(吨) Volume of Industrial Soot(dust) Removed (ton)	工业烟(粉)尘排放量(吨) Volume of Industrial Soot(dust) Emission (ton)
玉溪市	Yuxi	1231964	19976
保山市	Baoshan	534903	7948
昭通市	Zhaotong	2424066	14594
丽江市	Lijiang	500958	11754
普洱市	Pu'er	135889	12172
临沧市	Lincang	130289	3773
西藏自治区	**Tibet**	**198494**	**658**
拉萨市	Lasa	198494	658
陕西省	**Shaanxi**	**18622114**	**349311**
西安市	Xi'an	1267723	13658
铜川市	Tongchuan	1107064	35508
宝鸡市	Baoji	2744655	15900
咸阳市	Xianyang	1963062	29636
渭南市	Weinan	4383305	11177
延安市	Yan'an	115629	5850
汉中市	Hanzhong	2235041	18483
榆林市	Yulin	4093321	206706
安康市	Ankang	601191	8033
商洛市	Shangluo	111123	4360
甘肃省	**Gansu**	**13736796**	**160777**
兰州市	Lanzhou	3780795	40109
嘉峪关市	Jiayuguan	1268191	22617
金昌市	Jinchang	925000	6800
白银市	Baiyin	2103982	13077
天水市	Tianshui	890536	3142
武威市	Wuwei	216569	10226
张掖市	Zhangye	838696	15768
平凉市	Pingliang	2312186	26223
酒泉市	Jiuquan	158741	13007
庆阳市	Qingyang	13962	4706
定西市	Dingxi	606754	2600
陇南市	Longnan	621384	2502
青海省	**Qinghai**	**2439848**	**99730**
西宁市	Xining	2392883	52765
海东市	Haidong	46965	46965
宁夏回族自治区	**Ningxia**	**14881191**	**184628**
银川市	Yinchuan	4540633	27170
石嘴山市	Shizuishan	4504278	86843
吴忠市	Wuzhong	3779354	12795
固原市	Guyuan	29560	7760
中卫市	Zhongwei	2027366	50060
新疆维吾尔自治区	**Xinjiang**	**3894471**	**57557**
乌鲁木齐市	Urumqi	3318686	52441
克拉玛依市	Karamay	575785	5116

2-49 工业固体废物综合利用率和污水及生活垃圾处理率(全市)

Ratio of Industrial Solid Wastes Utilized, Ratio of Waste Water and Consumption (Total City)

单位：% (%)

城 市	City	一般工业固体废物综合利用率 Ratio of Industrial Solid Wastes Comprehensively Utilized	污水处理厂集中处理率 Ratio of waste Water Centralized Treated of sewage work	生活垃圾无害化处理率 Ratio of Consumption Wastes Treated
城市合计	**Prefecture Cities**			
北京市	**Beijing**	**86.58**	**84.60**	**99.30**
天津市	**Tianjin**	**99.39**	**89.20**	**96.80**
河北省	**Hebei**			
石家庄市	Shijiazhuang	98.61	95.17	73.54
唐山市	Tangshan	73.32	95.50	88.34
秦皇岛市	Qinhuangdao	49.32	95.59	90.22
邯郸市	Handan	95.40	97.52	100.00
邢台市	Xingtai	94.47	91.18	99.86
保定市	Baoding	89.64	92.00	68.91
张家口市	Zhangjiakou	38.93	100.00	87.58
承德市	Chengde	5.49	88.11	85.86
沧州市	Cangzhou	99.58	97.99	74.44
廊坊市	Langfang	98.90	91.12	27.16
衡水市	Hengshui	99.77	88.00	65.52
山西省	**Shanxi**			
太原市	Taiyuan	54.51	85.00	100.00
大同市	Datong	90.86	83.21	55.82
阳泉市	Yangquan	23.30	87.20	72.00
长治市	Changzhi	67.05	90.59	70.05
晋城市	Jincheng	78.34	95.00	95.00
朔州市	Shuozhou	86.67	97.24	80.17
晋中市	Jinzhong	83.12	92.80	69.02
运城市	Yuncheng	64.10	98.80	96.00
忻州市	Xinzhou	85.55	68.11	42.93
临汾市	Linfen	80.85	82.15	48.19
吕梁市	Lvliang	81.42	75.32	51.30
内蒙古自治区	**Inner Mongolia**			
呼和浩特市	Hohhot	35.74	80.70	98.70
包头市	Baotou	48.10	85.17	94.04
乌海市	Wuhai	61.33	93.20	86.10
赤峰市	Chifeng	25.64	86.81	89.29
通辽市	Tongliao	85.00	78.36	70.00
鄂尔多斯市	Erdos	36.73	79.38	95.13
呼伦贝尔市	Hulunbuir	43.00	86.52	87.35
巴彦淖尔市	Bayannur	62.32	93.45	92.36
乌兰察布市	Ulanqab	73.40	98.48	98.08
辽宁省	**Liaoning**			
沈阳市	Shenyang	92.69	95.00	100.00
大连市	Dalian	90.33	95.96	87.90
鞍山市	Anshan	24.19	87.00	100.00
抚顺市	Fushun	40.41	75.00	100.00
本溪市	Benxi	16.24	92.24	99.95
丹东市	Dandong	96.20	62.99	100.00
锦州市	Jinzhou	93.32	74.96	87.42

2-49 续表 1 continued

单位：% (%)

城 市	City	一般工业固体废物综合利用率 Ratio of Industrial Solid Wastes Comprehensively Utilized	污水处理厂集中处理率 Ratio of waste Water Centralized Treated of sewage work	生活垃圾无害化处理率 Ratio of Consumption Wastes Treated
营口市	Yingkou	86.01	79.00	
阜新市	Fuxin	85.63	51.12	99.55
辽阳市	Liaoyang	74.00	100.00	100.00
盘锦市	Panjin	92.15	100.00	100.00
铁岭市	Tieling	67.70	100.00	100.00
朝阳市	Chaoyang	57.96	93.00	100.00
葫芦岛市	Huludao	54.03	92.48	85.64
吉林省	**Jilin**			
长春市	Changchun	99.79	78.76	80.59
吉林市	Jilin	81.88	91.65	61.15
四平市	Siping	92.05	81.56	36.05
辽源市	Liaoyuan	95.78	96.13	
通化市	Tonghua	90.26	92.41	97.45
白山市	Baishan	63.60	67.44	
松原市	Songyuan	88.99	95.79	95.75
白城市	Baicheng	95.10	76.45	40.84
黑龙江省	**Heilongjiang**			
哈尔滨市	Harbin	93.85	90.47	87.29
齐齐哈尔市	Qiqihar	71.00	74.64	53.41
鸡西市	Jixi	90.10	50.00	85.00
鹤岗市	Hegang	88.08	45.42	
双鸭山市	Shuangyashan	65.42	79.00	100.00
大庆市	Daqing	96.42	93.19	95.19
伊春市	Yichun	83.50	85.00	100.00
佳木斯市	Jiamusi	81.51	66.92	92.11
七台河市	Qitaihe	87.00	85.20	100.00
牡丹江市	Mudanjiang	100.00	22.02	100.00
黑河市	Heihe	93.28	73.16	100.00
绥化市	Suihua	100.00	99.70	72.00
上海市	**Shanghai**	**97.12**	**87.70**	**94.00**
江苏省	**Jiangsu**			
南京市	Nanjing	91.20	61.50	90.80
无锡市	Wuxi	91.00	86.60	100.00
徐州市	Xuzhou	99.20	87.90	99.90
常州市	Changzhou	98.20	87.40	100.00
苏州市	Suzhou	97.90	77.20	100.00
南通市	Nantong	98.00	88.40	100.00
连云港市	Lianyungang	95.30	69.60	82.40
淮安市	Huai'an	97.70	71.50	79.30
盐城市	Yancheng	79.60	69.20	80.70
扬州市	Yangzhou	97.70	83.60	100.00
镇江市	Zhenjiang	98.10	78.60	100.00
泰州市	Taizhou	98.20	61.40	100.00
宿迁市	Suqian	89.80	83.60	78.20

2-49 续表 2 continued

单位：% (%)

城 市	City	一般工业固体废物综合利用率 Ratio of Industrial Solid Wastes Comprehensively Utilized	污水处理厂集中处理率 Ratio of waste Water Centralized Treated of sewage work	生活垃圾无害化处理率 Ratio of Consumption Wastes Treated
浙江省	**Zhejiang**			
杭州市	Hangzhou	94.00	93.90	100.00
宁波市	Ningbo	90.06	77.00	100.00
温州市	Wenzhou	98.99	81.25	98.04
嘉兴市	Jiaxing	95.00	91.00	100.00
湖州市	Huzhou	96.27	91.40	100.00
绍兴市	Shaoxing	92.70	86.19	100.00
金华市	Jinhua	98.20	86.99	98.79
衢州市	Quzhou	93.11	78.19	100.00
舟山市	Zhoushan	99.83	64.10	100.00
台州市	Taizhou	96.44	88.18	100.00
丽水市	Lishui	96.77	78.36	99.96
安徽省	**Anhui**			
合肥市	Hefei	93.27	87.10	100.00
芜湖市	Wuhu	98.10	92.60	96.20
蚌埠市	Bengbu	99.05	92.12	71.28
淮南市	Huainan	88.82	78.23	89.14
马鞍山市	Maanshan	70.21	87.00	100.00
淮北市	Huaibei	92.52	89.54	100.00
铜陵市	Tongling	83.12	85.69	100.00
安庆市	Anqing	96.90	86.50	97.05
黄山市	Huangshan	74.76	89.90	99.60
滁州市	Chuzhou	96.77	95.81	92.63
阜阳市	Fuyang	99.97	85.34	78.74
宿州市	Suzhou	60.33	84.28	87.08
六安市	Lu'an	77.00	90.61	84.04
亳州市	Bozhou	99.84	90.12	100.00
池州市	Chizhou	100.00	91.07	73.46
宣城市	Xuancheng	83.97	93.06	99.44
福建省	**Fujian**			
福州市	Fuzhou	94.32	88.35	92.61
厦门市	Xiamen	94.18	91.60	99.20
莆田市	Putian	100.00	85.50	99.10
三明市	Sanming	85.02	82.00	98.10
泉州市	Quanzhou	96.22	85.50	99.10
漳州市	Zhangzhou	94.76	77.98	97.61
南平市	Nanping	80.59	82.70	88.42
龙岩市	Longyan	86.34	85.50	99.12
宁德市	Ningde	95.19	82.50	90.55
江西省	**Jiangxi**			
南昌市	Nanchang	97.80	94.20	89.44
景德镇市	Jingdezhen	97.51	71.34	100.00
萍乡市	Pingxiang	95.45	80.60	98.00
九江市	Jiujiang	47.40	87.84	100.00
新余市	Xinyu	92.40	96.80	100.00
鹰潭市	Yingtan	92.30	86.10	100.00
赣州市	Ganzhou	83.00	42.20	51.47
吉安市	Ji'an	97.26	72.02	63.45
宜春市	Yichun	99.00	93.15	100.00
抚州市	Fuzhou	89.00	91.32	100.00
上饶市	Shangrao	18.36	90.32	100.00

2-49 续表 3 continued

单位：% (%)

城 市	City	一般工业固体废物综合利用率 Ratio of Industrial Solid Wastes Comprehensively Utilized	污水处理厂集中处理率 Ratio of waste Water Centralized Treated of sewage work	生活垃圾无害化处理率 Ratio of Consumption Wastes Treated
山东省	**Shandong**			
济南市	Jinan	98.72	90.21	96.53
青岛市	Qingdao	94.87	95.30	100.00
淄博市	Zibo	95.18	95.38	100.00
枣庄市	Zaozhuang	99.98	93.50	100.00
东营市	Dongying	98.50	95.00	100.00
烟台市	Yantai	83.71	94.87	100.00
潍坊市	Weifang	99.98	95.76	100.00
济宁市	Jining	91.19	94.96	100.00
泰安市	Tai'an	98.47	94.51	100.00
威海市	Weihai	93.31	95.25	100.00
日照市	Rizhao	98.93	94.49	100.00
莱芜市	Laiwu	98.00	94.28	100.00
临沂市	Linyi	90.71	92.26	100.00
德州市	Dezhou	99.12	92.92	96.64
聊城市	Liaocheng	98.37	94.34	100.00
滨州市	Binzhou	83.46	92.82	100.00
菏泽市	Heze	100.00	91.82	99.65
河南省	**Henan**			
郑州市	Zhengzhou	73.55	95.80	89.80
开封市	Kaifeng	100.00	76.72	49.99
洛阳市	Luoyang	59.61	97.91	83.72
平顶山市	Pingdingshan	95.60	93.16	92.10
安阳市	Anyang	85.60	93.92	93.49
鹤壁市	Hebi	94.25	88.34	84.69
新乡市	Xinxiang	97.60	85.88	92.72
焦作市	Jiaozuo	57.20	87.30	97.30
濮阳市	Puyang	95.20	86.00	99.00
许昌市	Xuchang	98.80	96.97	96.30
漯河市	Luohe	99.98	95.00	90.00
三门峡市	Sanmenxia	34.16	97.00	94.00
南阳市	Nanyang	69.92	64.15	75.37
商丘市	Shangqiu	98.99	81.32	82.02
信阳市	Xinyang	98.80	80.69	69.65
周口市	Zhoukou	95.89	89.00	88.00
驻马店市	Zhumadian	98.60	85.83	95.54
湖北省	**Hubei**			
武汉市	Wuhan	95.00	92.50	100.00
黄石市	Huangshi	94.31	90.40	100.00
十堰市	Shiyan	39.60	90.72	97.00
宜昌市	Yichang	47.90	91.00	91.58
襄阳市	Xiangyang	98.10	90.30	98.90
鄂州市	Ezhou	90.22	88.70	100.00

2-49 续表 4 continued

单位：% (%)

城 市	City	一般工业固体废物综合利用率 Ratio of Industrial Solid Wastes Comprehensively Utilized	污水处理厂集中处理率 Ratio of waste Water Centralized Treated of sewage work	生活垃圾无害化处理率 Ratio of Consumption Wastes Treated
荆门市	Jingmen	92.21	84.93	100.00
孝感市	Xiaogan	69.31	91.00	100.00
荆州市	Jingzhou	34.64	67.52	46.35
黄冈市	Huanggang	92.33	56.87	58.80
咸宁市	Xianning	56.20	91.00	100.00
随州市	Suizhou	99.90	90.00	90.00
湖南省	**Hunan**			
长沙市	Changsha	85.67	96.32	100.00
株洲市	Zhuzhou	88.86	71.08	100.00
湘潭市	Xiangtan	96.56	87.84	100.00
衡阳市	Hengyang	82.02	72.00	100.00
邵阳市	Shaoyang	63.95	79.42	96.99
岳阳市	Yueyang	93.00	88.95	100.00
常德市	Changde	97.96	85.81	100.00
张家界市	Zhangjiajie	97.24	80.74	22.39
益阳市	Yiyang	88.85	92.00	93.00
郴州市	Chenzhou	47.97	90.24	100.00
永州市	Yongzhou	83.00	80.52	100.00
怀化市	Huaihua	30.19	83.01	91.67
娄底市	Loudi	98.48	80.33	100.00
广东省	**Guangdong**			
广州市	Guangzhou	95.17	91.38	91.23
韶关市	Shaoguan	78.63	74.76	80.00
深圳市	Shenzhen	78.69	96.22	98.36
珠海市	Zhuhai	92.81	88.50	100.00
汕头市	Shantou	97.61	86.56	65.74
佛山市	Foshan	93.14	94.28	98.00
江门市	Jiangmen	90.84	87.19	100.00
湛江市	Zhanjiang	97.73	82.53	52.66
茂名市	Maoming	95.89	86.70	100.00
肇庆市	Zhaoqing	46.34	80.30	73.00
惠州市	Huizhou		95.50	100.00
梅州市	Meizhou	99.00	79.43	70.22
汕尾市	Shanwei	99.61	84.99	83.22
河源市	Heyuan	36.47	69.00	65.06
阳江市	Yangjiang	99.87	92.90	100.00
清远市	Qingyuan	88.50	87.65	67.50
东莞市	Dongguan	78.94	90.93	67.55
中山市	Zhongshan	62.66	90.70	100.00
潮州市	Chaozhou	99.86	86.27	90.36
揭阳市	Jieyang	99.88	30.37	55.19
云浮市	Yunfu	78.95	64.53	62.30
广西壮族自治区	**Guangxi**			
南宁市	Nanning	94.64	71.22	96.03
柳州市	Liuzhou	93.54	40.71	98.75
桂林市	Guilin	88.40	90.05	83.78

2-49 续表 5 continued

单位: % (%)

城市	City	一般工业固体废物综合利用率 Ratio of Industrial Solid Wastes Comprehensively Utilized	污水处理厂集中处理率 Ratio of waste Water Centralized Treated of sewage work	生活垃圾无害化处理率 Ratio of Consumption Wastes Treated
梧州市	Wuzhou	76.94	68.91	91.79
北海市	Beihai	99.87	90.00	95.00
防城港市	Fangchenggang	99.53	53.34	92.66
钦州市	Qinzhou	97.34	72.73	82.38
贵港市	Guigang	79.14	40.00	92.80
玉林市	Yulin	89.00	97.21	100.00
百色市	Baise	49.72	67.76	82.13
贺州市	Hezhou	75.00	74.64	93.67
河池市	Hechi	32.18	62.63	93.72
来宾市	Laibin	72.42	82.40	100.00
崇左市	Chongzuo	53.10	59.64	71.62
海南省	**Hainan**			
海口市	Haikou	93.76	96.45	100.00
三亚市	Sanya	100.00	84.50	100.00
三沙市	Sansa	100.00	100.00	100.00
重庆市	**Chongqing**	**84.00**	**93.20**	**99.37**
四川省	**Sichuan**			
成都市	Chengdu	99.00	87.75	100.00
自贡市	Zigong	90.60	90.00	92.00
攀枝花市	Panzhihua	17.60	83.20	96.74
泸州市	Luzhou	90.00	49.60	82.47
德阳市	Deyang	99.99	85.52	99.60
绵阳市	Mianyang	98.18	83.25	89.26
广元市	Guangyuan	100.00	81.28	96.98
遂宁市	Suining	99.00	93.20	96.25
内江市	Neijiang	90.60	77.21	63.13
乐山市	Leshan	95.42	80.75	67.96
南充市	Nanchong	81.00	78.63	78.87
眉山市	Meishan	100.00	60.20	100.00
宜宾市	Yibin	91.09	90.36	98.70
广安市	Guang'an	74.33	77.35	100.00
达州市	Dazhou	99.81	81.50	100.00
雅安市	Ya'an	48.78	88.00	98.00
巴中市	Bazhong	95.70	87.25	99.31
资阳市	Ziyang	99.32	77.43	75.00
贵州省	**Guizhou**			
贵阳市	Guiyang	60.75		97.40
六盘水市	Liupanshui	43.08	74.00	90.00
遵义市	Zunyi	98.80	82.57	89.04
安顺市	Anshun	75.51	78.60	72.60
毕节市	Bijie	63.91	86.73	87.42
铜仁市	Tongren	59.49	46.00	18.40
云南省	**Yunnan**			
昆明市	Kunming	40.90	92.35	100.00
曲靖市	Qujing	62.77	90.45	100.00

2-49 续表 6 continued

单位：% (%)

城市	City	一般工业固体废物综合利用率 Ratio of Industrial Solid Wastes Comprehensively Utilized	污水处理厂集中处理率 Ratio of waste Water Centralized Treated of sewage work	生活垃圾无害化处理率 Ratio of Consumption Wastes Treated
玉溪市	Yuxi	26.76	76.50	83.00
保山市	Baoshan	90.94	35.54	98.60
昭通市	Zhaotong	39.74	58.35	55.38
丽江市	Lijiang	91.70	91.68	94.76
普洱市	Pu'er	42.50	70.57	97.89
临沧市	Lincang	79.17	83.00	88.00
西藏自治区	**Tibet**			
拉萨市	Lasa	1.86	89.87	
陕西省	**Shaanxi**			
西安市	Xi'an	95.43	91.50	99.86
铜川市	Tongchuan	100.00	89.17	88.75
宝鸡市	Baoji	50.32	91.88	98.83
咸阳市	Xianyang	95.70	83.90	93.35
渭南市	Weinan	100.00	83.20	91.20
延安市	Yan'an	79.12	89.19	88.77
汉中市	Hanzhong	52.39	89.00	96.00
榆林市	Yulin	97.00	84.06	91.00
安康市	Ankang	90.18	85.78	100.00
商洛市	Shangluo	19.60	90.00	97.00
甘肃省	**Gansu**			
兰州市	Lanzhou	97.40	81.90	22.20
嘉峪关市	Jiayuguan	47.61	92.00	100.00
金昌市	Jinchang	21.14	64.20	61.98
白银市	Baiyin	55.99	65.02	83.72
天水市	Tianshui	95.11	70.96	18.76
武威市	Wuwei	83.30	71.90	98.90
张掖市	Zhangye	69.86	69.44	97.99
平凉市	Pingliang	69.50	35.00	100.00
酒泉市	Jiuquan	61.55	82.30	98.30
庆阳市	Qingyang	98.39	81.00	100.00
定西市	Dingxi	84.15	25.65	100.00
陇南市	Longnan	57.11	45.75	41.70
青海省	**Qinghai**			
西宁市	Xining	97.58	71.20	92.67
海东市	Haidong	90.00	100.00	
宁夏回族自治区	**Ningxia**			
银川市	Yinchuan	84.78	100.00	100.00
石嘴山市	Shizuishan	74.90	100.00	100.00
吴忠市	Wuzhong	76.00	56.00	98.82
固原市	Guyuan	106.45	74.01	92.81
中卫市	Zhongwei	91.58	99.60	100.00
新疆维吾尔自治区	**Xinjiang**			
乌鲁木齐市	Urumqi	87.64	81.98	91.49
克拉玛依市	Karamay	90.27	93.88	98.93

三、县级城市统计资料
Statistical data of County-level Cities

3-1 人口状况
Population

城市	City	年末总人口（万人） Total Population at Year-end (10 000 persons)	年末总户数（户） Total Number of Households at year-end (household)
河北省	**Hebei**		
辛集市	Xinji	63.5	211577
藁城市	Gaocheng	81.6	219178
晋州市	Jinzhou	55.3	156645
新乐市	Xinle	51.0	135508
鹿泉市	Luquan	40.4	117044
遵化市	Zunhua	74.7	229899
迁安市	Qian'an	74.4	248864
武安市	Wu'an	81.1	241331
南宫市	Nangong	49.0	127108
沙河市	Shahe	43.5	116990
涿州市	Zhuozhou	65.8	242620
定州市	Dingzhou	123.4	329725
安国市	Anguo	41.9	110035
高碑店市	Gaobeidian	57.1	145200
泊头市	Botou	62.2	193565
任丘市	Renqiu	86.7	321725
黄骅市	Huanghua	46.6	126594
河间市	Hejian	84.9	234115
霸州市	Bazhou	63.0	179131
三河市	Sanhe	59.8	219103
冀州市	Jizhou	34.8	123981
深州市	Shenzhou	57.3	190879
山西省	**Shanxi**		
古交市	Gujiao	22.2	80379
潞城市	Lucheng	22.9	80434
高平市	Gaoping	48.2	161551
介休市	Jiexiu	41.8	170165
永济市	Yongji	44.4	143337
河津市	Hejin	40.6	134921
原平市	Yuanping	49.7	200168
侯马市	Houma	24.0	83577
霍州市	Huozhou	30.5	126944
孝义市	Xiaoyi	49.0	185793
汾阳市	Fenyang	42.6	166407
内蒙古自治区	**Inner Mongolia**		
霍林郭勒市	Huolinguole	8.2	37090
满洲里市	Manzhouli	17.0	
牙克石市	Yakeshi	35.1	141423
扎兰屯市	Zhalantun	42.2	118256
额尔古纳市	Eerguna	8.3	23200
根河市	Genhe	15.3	41959
丰镇市	Fengzhen	33.8	91362
乌兰浩特市	Wulanhaote	32.4	129399
阿尔山市	Aershan	4.9	23011
二连浩特市	Erlianhaote	2.7	29270
锡林浩特市	Xilinhaote	17.9	93111
辽宁省	**Liaoning**		
新民市	Xinmin	68.7	231255
瓦房店市	Wafangdian	100.0	
普兰店市	Pulandian	92.7	330399
庄河市	Zhuanghe	90.2	285290
海城市	Haicheng	109.4	370946
东港市	Donggang	60.8	207402
凤城市	Fengcheng	57.3	200869
凌海市	Linghai	52.3	176322
北镇市	Beizhen	51.9	156181
盖州市	Gaizhou	70.4	242920
大石桥市	Dashiqiao	70.4	257857
灯塔市	Dengta	44.5	157086
调兵山市	Diaobingshan	23.8	96443
开原市	Kaiyuan	58.3	199372
北票市	Beipiao	56.0	220031
凌源市	Lingyuan	64.5	197107
兴城市	Xingcheng	54.3	187806
吉林省	**Jilin**		
九台市	Jiutai	81.8	264440
榆树市	Yushu	127.6	357062
德惠市	Dehui	93.1	264192
蛟河市	Jiaohe	44.0	147139
桦甸市	Huadian	44.8	151883
舒兰市	Shulan	65.0	183174
磐石市	Panshi	53.4	170648
公主岭市	Gongzhuling	107.0	375232
双辽市	Shuangliao	39.0	149482
梅河口市	Meihekou	61.0	230212
集安市	Ji'an	21.9	85202
临江市	Linjiang	16.8	71096
扶余市	Fuyu	75.5	210192
洮南市	Taonan	43.4	188349
大安市	Daan	40.0	168876
延吉市	Yanji	53.0	194453
图们市	Tumen	12.2	42945
敦化市	Dunhua	47.4	170000
珲春市	Hunchun	26.4	95979
龙井市	Longjing	17.4	55172
和龙市	Helong	18.5	53480
黑龙江省	**Heilongjiang**		
双城市	Shuangcheng	82.1	284120
尚志市	Shangzhi	61.3	222021
五常市	Wuchang	101.0	334014
讷河市	Nehe	73.1	212403
虎林市	Hulin	15.8	69734
密山市	Mishan	35.4	109661
铁力市	Tieli	37.9	160236
同江市	Tongjiang	11.1	46934
富锦市	Fujin	39.0	148511
绥芬河市	Suifenhe	6.9	42826
海林市	Hailin	39.4	159619
宁安市	Ning'an	43.4	164960

3-1 续表 1 continued

城市	City	年末总人口（万人）Total Population at Year-end (10 000 persons)	年末总户数（户）Total Number of Households at year-end (household)	城市	City	年末总人口（万人）Total Population at Year-end (10 000 persons)	年末总户数（户）Total Number of Households at year-end (household)
穆棱市	Muling	29.2	117163	温岭市	Wenling	121.1	418100
北安市	Bei'an	39.1	112917	临海市	Linhai	118.5	384700
五大连池市	Wudalianchi	36.1	155618	龙泉市	Longquan	28.9	93700
安达市	Anda	47.8	166641	**安徽省**	**Anhui**		
肇东市	Zhaodong	92.4	359708	巢湖市	Chaohu	88.0	323054
海伦市	Hailun	79.3	219148	桐城市	Tongcheng	75.9	
江苏省	**Jiangsu**			天长市	Tianchang	63.0	
江阴市	Jiangyin	121.7		明光市	Mingguang	64.0	
宜兴市	Yixing	107.9		界首市	Jieshou	79.9	
新沂市	Xinyi	109.7		宁国市	Ningguo	39.0	
邳州市	Pizhou	183.0		**福建省**	**Fujian**		
溧阳市	Liyang	79.0		福清市	Fuqing	131.9	405161
金坛市	Jintan	55.2		长乐市	Changle	70.4	214350
常熟市	Changshu	106.7		永安市	Yong'an	33.0	112136
张家港市	Zhangjiagang	91.5		石狮市	Shishi	32.2	180800
昆山市	Kunshan	75.3		晋江市	Jinjiang	109.0	376870
太仓市	Taicang	47.5		南安市	Nan'an	154.4	471390
启东市	Qidong	112.4		龙海市	Longhai	84.0	185212
如皋市	Rugao	143.2		邵武市	Shaowu	30.7	98963
海门市	Haimen	100.1		武夷山市	Wuyishan	23.5	73631
东台市	Dongtai	113.6		建瓯市	Jian'ou	54.5	152068
大丰市	Dafeng	72.5		建阳市	Jianyang	34.8	104721
仪征市	Yizheng	56.4		漳平市	Zhangping	28.8	82759
高邮市	Gaoyou	81.8		福安市	Fu'an	66.3	145769
丹阳市	Danyang	81.3		福鼎市	Fuding	59.0	175020
扬中市	Yangzhong	28.2		**江西省**	**Jiangxi**		
句容市	Jurong	58.9		乐平市	Leping	92.2	282590
兴化市	Xinghua	157.8		瑞昌市	Ruichang	46.0	149277
靖江市	Jingjiang	66.8		共青城市	Gongqingcheng	7.0	31359
泰兴市	Taixing	120.0		贵溪市	Guixi	62.8	158018
浙江省	**Zhejiang**			瑞金市	Ruijin	67.8	128377
建德市	Jiande	50.9	169400	南康市	Nankang	83.3	178478
富阳市	Fuyang	65.9	221100	井冈山市	Jinggangshan	16.4	48119
临安市	Lin'an	52.7	188600	丰城市	Fengcheng	141.8	422297
余姚市	Yuyao	83.5	308900	樟树市	Zhangshu	59.3	196038
慈溪市	Cixi	104.4	422600	高安市	Gaoan	85.4	307680
奉化市	Fenghua	48.4	182000	德兴市	Dexing	33.0	118998
瑞安市	Rui'an	122.3	320400	**山东省**	**Shandong**		
乐清市	Yueqing	127.8	370300	章丘市	Zhangqiu	101.9	
海宁市	Haining	66.9	184600	胶州市	Jiaozhou	81.6	278024
平湖市	Pinghu	49.0	147100	即墨市	Jimo	113.8	341414
桐乡市	Tongxiang	68.3	185500	平度市	Pingdu	138.1	422830
诸暨市	Zhuji	107.7	402700	莱西市	Laixi	73.8	251816
上虞市	Shangyu	78.0	291400	滕州市	Tengzhou	169.3	538871
嵊州市	Shengzhou	73.4	263100	龙口市	Longkou	63.5	256736
兰溪市	Lanxi	66.7	226000	莱阳市	Laiyang	86.6	285157
义乌市	Yiwu	76.0	334100	莱州市	Laizhou	85.4	306222
东阳市	Dongyang	83.1	315100	蓬莱市	Penglai	44.9	180062
永康市	Yongkang	58.5	227500	招远市	Zhaoyuan	56.7	204851
江山市	Jiangshan	60.7	198000	栖霞市	Qixia	58.8	224361

3-1 续表 2 continued

城　市	City	年末总人口（万人）Total Population at Year-end (10 000 persons)	年末总户数（户）Total Number of Households at year-end (household)
海阳市	Haiyang	66.0	244784
青州市	Qingzhou	92.5	302982
诸城市	Zhucheng	109.1	332345
寿光市	Shouguang	105.8	375986
安丘市	Anqiu	95.3	285992
高密市	Gaomi	87.9	273301
昌邑市	Changyi	58.3	196843
曲阜市	Qufu	63.5	180030
兖州市	Yanzhou	60.7	189229
邹城市	Zoucheng	116.0	335495
新泰市	Xintai	138.7	459401
肥城市	Feicheng	98.7	327356
文登市	Wendeng	64.3	244493
荣成市	Rongcheng	66.9	243683
乳山市	Rushan	56.4	210439
乐陵市	Laoling	70.0	189423
禹城市	Yucheng	52.7	166817
临清市	Linqing	76.3	246174
河南省	**Henan**		
巩义市	Gongyi	82.8	241512
荥阳市	Xingyang	67.0	177000
新密市	Xinmi	88.0	211000
新郑市	Xinzheng	67.0	175000
登封市	Dengfeng	71.0	175000
偃师市	Yanshi	60.0	139696
舞钢市	Wugang	33.7	100349
汝州市	Ruzhou	106.5	236718
林州市	Linzhou	109.2	304556
卫辉市	Weihui	52.0	155435
辉县市	Huixian	84.8	268366
沁阳市	Qinyang	47.8	114941
孟州市	Mengzhou	38.1	112241
禹州市	Yuzhou	129.3	314669
长葛市	Changge	77.5	200844
义马市	Yima	16.4	52129
灵宝市	Lingbao	74.8	211368
邓州市	Dengzhou	175.4	340643
永城市	Yongcheng	152.8	351571
项城市	Xiangcheng	133.8	381487
济源市	Jiyuan	69.6	205500
湖北省	**Hubci**		
大冶市	Daye	96.2	262325
丹江口市	Danjiangkou	46.1	158493
宜都市	Yidu	39.7	150072
当阳市	Dangyang	48.4	171918
枝江市	Zhijiang	49.1	191875
老河口市	Laohekou	53.2	184938
枣阳市	Zaoyang	112.6	430144
宜城市	Yicheng	56.8	184239
钟祥市	Zhongxiang	106.3	343087
应城市	Yingcheng	66.6	180939
安陆市	Anlu	62.8	203900
汉川市	Hanchuan	112.3	308612
石首市	Shishou	66.6	215839
洪湖市	Honghu	93.5	238675
松滋市	Songzi	84.8	216311
麻城市	Macheng	117.8	255818
武穴市	Wuxue	80.8	263647
赤壁市	Chibi	52.8	156033
广水市	Guangshui	94.7	242985
恩施市	Lnshi	81.4	265800
利川市	Lichuan	92.4	205539
仙桃市	Xiantao	156.1	349538
潜江市	Qianjiang	103.8	336845
天门市	Tianmen	163.9	391421
湖南省	**Hunan**		
浏阳市	Liuyang	144.0	379000
醴陵市	Liling	106.6	250100
湘乡市	Xiangxiang	92.1	232600
韶山市	Shaoshan	11.9	27900
耒阳市	Leiyang	139.3	340700
常宁市	Changning	92.9	212800
武冈市	Wugang	83.0	219500
汨罗市	Miluo	75.0	206900
临湘市	Linxiang	52.6	140100
津市市	Jinshi	27.0	101900
沅江市	Yuanjiang	74.3	264100
资兴市	Zixing	37.5	116300
洪江市	Hongjiang	49.8	160900
冷水江市	Lengshuijiang	36.7	115200
涟源市	Lianyuan	115.6	317800
吉首市	Jishou	30.5	99300
广东省	**Guangdong**		
增城市	Zengcheng	85.0	253055
从化市	Conghua	60.2	182476
乐昌市	Lechang	51.5	151200
南雄市	Nanxiong	47.8	161398
台山市	Taishan	98.5	292217
开平市	Kaiping	68.5	192798
鹤山市	Heshan	36.6	136245
恩平市	Enping	50.0	162857
廉江市	Lianjiang	175.5	342614
雷州市	Leizhou	172.3	442172
吴川市	Wuchuan	115.9	249576
高州市	Gaozhou	172.5	431076
化州市	Huazhou	165.9	430526
信宜市	Xinyi	139.6	283305
高要市	Gaoyao	79.1	213296

3-1 续表 3 continued

城　市	City	年末总人口(万人) Total Population at Year-end (10 000 persons)	年末总户数(户) Total Number of Households at year-end (household)
四会市	Sihui	44.7	167969
兴宁市	Xingning	119.0	284305
陆丰市	Lufeng	185.2	267328
阳春市	Yangchun	121.0	292140
英德市	Yingde	109.4	270313
连州市	Lianzhou	51.4	128175
普宁市	Puning	241.6	531961
罗定市	Luoding	124.6	254145
广西壮族自治区	**Guangxi**		
岑溪市	Cenxi	92.6	274888
东兴市	Dongxing	13.9	37824
桂平市	Guiping	195.0	544512
北流市	Beiliu	145.1	404712
宜州市	Yizhou	64.6	199935
合山市	Heshan	13.7	43204
凭祥市	Pingxiang	11.1	33029
海南省	**Hainan**		
五指山市	Wuzhishan	11.2	32501
琼海市	Qionghai	50.7	151191
儋州市	Danzhou	98.7	232830
文昌市	Wenchang	59.7	143324
万宁市	Wanning	63.4	199137
东方市	Dongfang	45.9	136069
四川省	**Sichuan**		
都江堰市	Dujiangyan	61.6	243598
彭州市	Pengzhou	80.6	301036
邛崃市	Qionglai	65.7	233531
崇州市	Chongzhou	66.8	256910
广汉市	Guanghan	60.7	232085
什邡市	Shifang	43.8	182340
绵竹市	Mianzhu	50.7	249319
江油市	Jiangyou	88.9	315163
峨眉山市	Emeishan	43.4	158747
阆中市	Langzhong	87.7	324060
华蓥市	Huaying	36.2	143782
万源市	Wanyuan	59.9	211388
简阳市	Jianyang	148.6	507749
西昌市	Xichang	64.6	234836
贵州省	**Guizhou**		
清镇市	Qingzhen	50.4	146216
赤水市	Chishui	31.0	93206
仁怀市	Renhuai	69.0	184720
兴义市	Xingyi	83.4	246703
凯里市	Kaili	48.7	142894
都匀市	Duyun	48.1	151834
福泉市	Fuquan	32.7	121138
云南省	**Yunnan**		
安宁市	Anning	26.9	104223
宣威市	Xuanwei	151.8	498418
楚雄市	Chuxiong	51.7	171173
个旧市	Gejiu	39.2	148205
开远市	Kaiyuan	28.3	94375
蒙自市	Mengzi	38.8	139112
弥勒市	Mile	53.2	171990
文山市	Wenshan	47.5	117931
景洪市	Jinghong	41.3	128205
大理市	Dali	61.3	217462
瑞丽市	Ruili	13.1	46163
芒市	Mangshi	37.8	112639
西藏自治区	**Tibet**		
日喀则市	Xigaze	11.7	30770
陕西省	**Shaanxi**		
兴平市	Xingping	61.8	165137
韩城市	Hancheng	40.5	127483
华阴市	Huayin	27.0	85695
甘肃省	**Gansu**		
玉门市	Yumen	16.1	54505
敦煌市	Dunhuang	14.3	63804
临夏市	Linxia	24.8	79400
合作市	Hezuo	9.2	28500
玉树市	Yushu	10.8	32803
青海省	**Qinghai**		
格尔木市	Golmud	13.3	50448
德令哈市	Delingha	7.6	27550
宁夏回族自治区	**Ningxia**		
灵武市	Lingwu	24.6	85869
青铜峡市	Qingtongxia	28.2	93111
新疆维吾尔自治区	**Xinjiang**		
吐鲁番市	Turpan	28.2	78105
哈密市	Hami	42.6	168184
昌吉市	Changji	36.8	26056
阜康市	Fukang	16.9	57846
博乐市	Bole	27.1	96000
库尔勒市	Korla	46.9	170771
阿克苏市	Akesu	50.9	144765
阿图什市	Atus	26.0	59751
喀什市	Kashi	53.1	148700
和田市	Hetian	33.2	85093
伊宁市	Yining	53.6	172931
奎屯市	Kuitun	15.7	57812
塔城市	Tacheng	15.5	52556
乌苏市	Wusu	23.0	74741
阿勒泰市	Aletai	19.7	63452
石河子市	Shihezi	35.5	128889
阿拉尔市	Alar	22.0	71700
图木舒克市	Tumushuke	13.5	45917
五家渠市	Wujiaqu	12.0	44600
北屯市	Beitun	5.0	20809

3-2 劳动力就业状况

Labour Force and Employment

单位：人 (person)

城　市	City	第二产业 Secondary Industry	第三产业 Tertiary Industry
河北省	**Hebei**		
辛集市	Xinji	202100	114800
藁城市	Gaocheng	217007	191121
晋州市	Jinzhou	135304	64515
新乐市	Xinle	110252	62043
鹿泉市	Luquan	84267	81347
遵化市	Zunhua	176838	184219
迁安市	Qian'an	200341	161834
武安市	Wu'an	238938	198558
南宫市	Nangong	87260	72221
沙河市	Shahe	92337	103232
涿州市	Zhuozhou	159139	116987
定州市	Dingzhou	348455	184243
安国市	Anguo	83326	52742
高碑店市	Gaobeidian	112765	56664
泊头市	Botou	146125	133595
任丘市	Renqiu	200191	138272
黄骅市	Huanghua	107192	72382
河间市	Hejian	219156	193977
霸州市	Bazhou	168539	116338
三河市	Sanhe	156866	108841
冀州市	Jizhou	73861	40326
深州市	Shenzhou	122566	127993
山西省	**Shanxi**		
古交市	Gujiao		
潞城市	Lucheng	29960	16620
高平市	Gaoping	61181	58671
介休市	Jiexiu	57793	32237
永济市	Yongji	18572	55066
河津市	Hejin	37491	31734
原平市	Yuanping	20927	19297
侯马市	Houma	29990	68518
霍州市	Huozhou	38114	60833
孝义市	Xiaoyi	52562	35073
汾阳市	Fenyang	41242	39561
内蒙古自治区	**Inner Mongolia**		
霍林郭勒市	Huolinguole	17984	9056
满洲里市	Manzhouli		
牙克石市	Yakeshi	64352	98166
扎兰屯市	Zhalantun	20215	42897
额尔古纳市	Eerguna	6514	18584
根河市	Genhe		
丰镇市	Fengzhen	36166	40069
乌兰浩特市	Wulanhaote	16687	115800
阿尔山市	Aershan	1756	11206
二连浩特市	Erlianhaote	2630	28721
锡林浩特市	Xilinhaote	31807	76952
辽宁省	**Liaoning**		
新民市	Xinmin	54679	71408
瓦房店市	Wafangdian	177270	155533
普兰店市	Pulandian	217591	124547
庄河市	Zhuanghe	152499	172489
海城市	Haicheng	303742	255950
东港市	Donggang		
凤城市	Fengcheng		
凌海市	Linghai	52303	49967
北镇市	Beizhen	23289	11609
盖州市	Gaizhou	68032	82655
大石桥市	Dashiqiao	93551	85564
灯塔市	Dengta	66253	64150
调兵山市	Diaobingshan	63463	9032
开原市	Kaiyuan	61101	123709
北票市	Beipiao	52559	126341
凌源市	Lingyuan	67282	68827
兴城市	Xingcheng	54595	54216
吉林省	**Jilin**		
九台市	Jiutai	106505	75143
榆树市	Yushu	137071	121399
德惠市	Dehui	121465	97061
蛟河市	Jiaohe	36047	51281
桦甸市	Huadian	43457	91648
舒兰市	Shulan	43713	55610
磐石市	Panshi	58751	102025
公主岭市	Gongzhuling	19628	15369
双辽市	Shuangliao	4275	18982
梅河口市	Meihekou	65579	45703
集安市	Ji'an	10000	11633
临江市	Linjiang	25297	37594
扶余市	Fuyu	61517	115122
洮南市	Taonan	22372	57579
大安市	Daan	23082	18033
延吉市	Yanji	74576	225469
图们市	Tumen	10181	28331
敦化市	Dunhua	54386	90136
珲春市	Hunchun	12676	20136
龙井市	Longjing	9457	20884
和龙市	Helong	8625	38326
黑龙江省	**Heilongjiang**		
双城市	Shuangcheng	65450	141101
尚志市	Shangzhi	47254	134290
五常市	Wuchang	113070	136522
讷河市	Nehe	43070	94130
虎林市	Hulin	3458	10058
密山市	Mishan	12414	64754
铁力市	Tieli	3760	7630
同江市	Tongjiang	4297	16180
富锦市	Fujin	3540	15155
绥芬河市	Suifenhe	2033	9169

3-2 续表 1 continued

单位：人 (person)

城市	City	第二产业 Secondary Industry	第三产业 Tertiary Industry
海林市	Hailin	50523	57051
宁安市	Ning'an	45477	62944
穆棱市	Muling	63617	65163
北安市	Bei'an	21029	76422
五大连池市	Wudalianchi	23309	33341
安达市	Anda	45062	105144
肇东市	Zhaodong	20735	26179
海伦市	Hailun	49666	49154
江苏省	**Jiangsu**		
江阴市	Jiangyin	629000	314700
宜兴市	Yixing	416100	237000
新沂市	Xinyi	144300	133300
邳州市	Pizhou	216700	212200
溧阳市	Liyang	258100	122100
金坛市	Jintan	164800	117900
常熟市	Changshu	666000	346500
张家港市	Zhangjiagang	483000	250600
昆山市	Kunshan	765700	377600
太仓市	Taicang	277600	156400
启东市	Qidong	296000	186000
如皋市	Rugao	351000	193000
海门市	Haimen	317000	163000
东台市	Dongtai	222000	243900
大丰市	Dafeng	144000	173900
仪征市	Yizheng	183400	119800
高邮市	Gaoyou	193800	130000
丹阳市	Danyang	348800	216200
扬中市	Yangzhong	121300	79200
句容市	Jurong	161600	123000
兴化市	Xinghua	298900	224900
靖江市	Jingjiang	209200	127900
泰兴市	Taixing	263600	199300
浙江省	**Zhejiang**		
建德市	Jiande	91200	79500
富阳市	Fuyang	253400	140400
临安市	Lin'an	199800	113400
余姚市	Yuyao	326300	257800
慈溪市	Cixi	496000	234000
奉化市	Fenghua	181900	107800
瑞安市	Rui'an	392000	247100
乐清市	Yueqing	305300	314000
海宁市	Haining	386200	182900
平湖市	Pinghu	288300	111800
桐乡市	Tongxiang	441500	228200
诸暨市	Zhuji	460600	214900
上虞市	Shangyu	305700	108600
嵊州市	Shengzhou	244100	116200
兰溪市	Lanxi	142200	67100
义乌市	Yiwu	567300	310900
东阳市	Dongyang	263300	166800
永康市	Yongkang	293500	117900
江山市	Jiangshan	96900	89200
温岭市	Wenling	437800	337900
临海市	Linhai	305000	142700
龙泉市	Longquan	42400	49700
安徽省	**Anhui**		
巢湖市	Chaohu		
桐城市	Tongcheng	4115	20582
天长市	Tianchang		
明光市	Mingguang		
界首市	Jieshou		
宁国市	Ningguo	90231	87081
福建省	**Fujian**		
福清市	Fuqing	213268	278211
长乐市	Changle	127665	122060
永安市	Yong'an	40167	48751
石狮市	Shishi	262328	121720
晋江市	Jinjiang	772506	211767
南安市	Nan'an	565235	372393
龙海市	Longhai	227988	152444
邵武市	Shaowu	18738	15588
武夷山市	Wuyishan	5985	21736
建瓯市	Jian'ou	52460	108738
建阳市	Jianyang	20318	75444
漳平市	Zhangping	46970	60823
福安市	Fu'an	94417	77937
福鼎市	Fuding	89262	84086
江西省	**Jiangxi**		
乐平市	Leping		
瑞昌市	Ruichang	97829	92438
共青城市	Gongqingcheng	30032	3200
贵溪市	Guixi	104033	108927
瑞金市	Ruijin	83736	57798
南康市	Nankang	142081	65395
井冈山市	Jinggangshan	27825	25605
丰城市	Fengcheng	185907	286638
樟树市	Zhangshu	62820	137278
高安市	Gaoan	118077	157356
德兴市	Dexing	12605	13392
山东省	**Shandong**		
章丘市	Zhangqiu	93091	45245
胶州市	Jiaozhou	269057	152265
即墨市	Jimo	302900	219700
平度市	Pingdu	206787	138665
莱西市	Laixi	100891	104611
滕州市	Tengzhou	357926	333352
龙口市	Longkou	179976	90438
莱阳市	Laiyang	140543	73934
莱州市	Laizhou	168848	163877
蓬莱市	Penglai	106528	75548
招远市	Zhaoyuan	81374	49950
栖霞市	Qixia	54951	88023

3-2 续表 2 continued

单位：人 (person)

城 市	City	第二产业 Secondary Industry	第三产业 Tertiary Industry
海阳市	Haiyang	123052	185489
青州市	Qingzhou	189137	140160
诸城市	Zhucheng	255076	192891
寿光市	Shouguang	171366	243372
安丘市	Anqiu	77287	63540
高密市	Gaomi	240764	113038
昌邑市	Changyi	125251	85732
曲阜市	Qufu	151582	121836
兖州市	Yanzhou	146502	172461
邹城市	Zoucheng	301039	308584
新泰市	Xintai	322617	335833
肥城市	Feicheng	173295	172124
文登市	Wendeng	69222	32392
荣成市	Rongcheng	101269	39116
乳山市	Rushan	30014	22190
乐陵市	Laoling	14482	19300
禹城市	Yucheng	18440	29395
临清市	Linqing	131890	102077
河南省	**Henan**		
巩义市	Gongyi	260393	136862
荥阳市	Xingyang	64178	33222
新密市	Xinmi	54292	34065
新郑市	Xinzheng	71437	44982
登封市	Dengfeng	66478	33093
偃师市	Yanshi	235013	148276
舞钢市	Wugang	29494	14326
汝州市	Ruzhou	189747	151698
林州市	Linzhou	124414	29803
卫辉市	Weihui	43067	56255
辉县市	Huixian	140868	120245
沁阳市	Qinyang	20973	16134
孟州市	Mengzhou	56958	14627
禹州市	Yuzhou	32035	34674
长葛市	Changge	24600	24102
义马市	Yima	70565	7620
灵宝市	Lingbao	31303	30572
邓州市	Dengzhou	141120	178805
永城市	Yongcheng	348985	315377
项城市	Xiangcheng	248052	201030
济源市	Jiyuan	175518	193821
湖北省	**Hubei**		
大冶市	Daye	145012	158393
丹江口市	Danjiangkou	43625	32346
宜都市	Yidu	118374	109543
当阳市	Dangyang	92275	79040
枝江市	Zhijiang	116435	117307
老河口市	Laohekou	120500	138650
枣阳市	Zaoyang	237404	258309
宜城市	Yicheng	75682	73764
钟祥市	Zhongxiang	162211	236180
应城市	Yingcheng	42121	30775
安陆市	Anlu	34100	27156
汉川市	Hanchuan	172241	117963
石首市	Shishou	10935	18942
洪湖市	Honghu	16826	27495
松滋市	Songzi	18903	23725
麻城市	Macheng	225272	176038
武穴市	Wuxue	150800	126500
赤壁市	Chibi	119361	72114
广水市	Guangshui	176245	307206
恩施市	Enshi	101500	152500
利川市	Lichuan	156865	150746
仙桃市	Xiantao	354022	377456
潜江市	Qianjiang	172620	65296
天门市	Tianmen	194333	369010
湖南省	**Hunan**		
浏阳市	Liuyang	395280	244520
醴陵市	Liling	272700	162500
湘乡市	Xiangxiang	152600	122500
韶山市	Shaoshan	19700	25200
耒阳市	Leiyang	189907	314648
常宁市	Changning	74985	198472
武冈市	Wugang	72200	167500
汨罗市	Miluo	153600	199700
临湘市	Linxiang	70600	143900
津市市	Jinshi	31928	55875
沅江市	Yuanjiang	73100	131900
资兴市	Zixing	100800	98700
洪江市	Hongjiang	70700	110600
冷水江市	Lengshuijiang	83300	49200
涟源市	Lianyuan	155900	213500
吉首市	Jishou	32800	115900
广东省	**Guangdong**		
增城市	Zengcheng	279122	169400
从化市	Conghua	94734	60547
乐昌市	Lechang	29299	54491
南雄市	Nanxiong	30054	54627
台山市	Taishan	156412	122487
开平市	Kaiping	134118	76328
鹤山市	Heshan	152414	55748
恩平市	Enping	66385	75737
廉江市	Lianjiang	199017	288789
雷州市	Leizhou	50925	144012
吴川市	Wuchuan	102276	93258
高州市	Gaozhou	86358	132887
化州市	Huazhou	97997	135285
信宜市	Xinyi	105468	131851
高要市	Gaoyao	128944	61796

3-2 续表 3 continued

单位：人 (person)

城市	City	第二产业 Secondary Industry	第三产业 Tertiary Industry	城市	City	第二产业 Secondary Industry	第三产业 Tertiary Industry
四会市	Sihui	165056	91325	楚雄市	Chuxiong	39294	159536
兴宁市	Xingning	125891	178293	个旧市	Gejiu	55088	102638
陆丰市	Lufeng	149930	164629	开远市	Kaiyuan	45900	75100
阳春市	Yangchun	150884	104133	蒙自市	Mengzi	32471	85734
英德市	Yingde	83874	99339	弥勒市	Mile	14386	19391
连州市	Lianzhou	29960	46896	文山市	Wenshan	22345	45299
普宁市	Puning	287356	247456	景洪市	Jinghong	14847	35209
罗定市	Luoding	92742	83196	大理市	Dali	49832	75859
广西壮族自治区	**Guangxi**			瑞丽市	Ruili	6151	16364
岑溪市	Cenxi	172554	81638	芒市	Mangshi	37021	82370
东兴市	Dongxing	9511	13060	**西藏自治区**	**Tibet**		
桂平市	Guiping	208218	264532	日喀则市	Xigaze	10570	4977
北流市	Beiliu	59621	36272	**陕西省**	**Shaanxi**		
宜州市	Yizhou	50893	75057	兴平市	Xingping	73175	77558
合山市	Heshan	8760	7256	韩城市	Hancheng	94527	122365
凭祥市	Pingxiang	19714	17622	华阴市	Huayin	14989	60400
海南省	**Hainan**			**甘肃省**	**Gansu**		
五指山市	Wuzhishan	836	9043	玉门市	Yumen	27096	36304
琼海市	Qionghai	32599	107468	敦煌市	Dunhuang	13269	37724
儋州市	Danzhou	52308	112704	临夏市	Linxia	15662	25800
文昌市	Wenchang	27477	63979	合作市	Hezuo	1502	10821
万宁市	Wanning	35666	94011	玉树市	Yushu	283	7435
东方市	Dongfang	7290	60219	**青海省**	**Qinghai**		
四川省	**Sichuan**			格尔木市	Golmud	22862	12447
都江堰市	Dujiangyan	148700	211400	德令哈市	Delingha	6000	9417
彭州市	Pengzhou	163200	144900	**宁夏回族自治区**	**Ningxia**		
邛崃市	Qionglai	112000	161600	灵武市	Lingwu		
崇州市	Chongzhou	254000	147000	青铜峡市	Qingtongxia	34951	33821
广汉市	Guanghan	140000	102000	**新疆维吾尔自治区**	**Xinjiang**		
什邡市	Shifang	91000	66000	吐鲁番市	Turpan	5580	19398
绵竹市	Mianzhu	91000	109000	哈密市	Hami	36489	41995
江油市	Jiangyou	157800	154300	昌吉市	Changji	33243	68955
峨眉山市	Emeishan	72500	111200	阜康市	Fukang	27832	29252
阆中市	Langzhong	94500	204400	博乐市	Bole	2539	25458
华蓥市	Huaying	55500	49600	库尔勒市	Korla	34651	52001
万源市	Wanyuan	41000	126000	阿克苏市	Akesu	11205	48332
简阳市	Jianyang	119700	145800	阿图什市	Atus	10644	21680
西昌市	Xichang	60000	202800	喀什市	Kashi	6451	26369
贵州省	**Guizhou**			和田市	Hetian	10579	16054
清镇市	Qingzhen	80755	123745	伊宁市	Yining	27070	84710
赤水市	Chishui	51893	81114	奎屯市	Kuitun	7498	25304
仁怀市	Renhuai	107126	133469	塔城市	Tacheng	3967	24398
兴义市	Xingyi	91909	85538	乌苏市	Wusu	4692	11321
凯里市	Kaili	44307	112334	阿勒泰市	Aletai	2670	17086
都匀市	Duyun	32104	140114	石河子市	Shihezi	50940	37929
福泉市	Fuquan	33486	28576	阿拉尔市	Alar	19000	36800
云南省	**Yunnan**			图木舒克市	Tumushuke	17194	15934
安宁市	Anning	79182	86198	五家渠市	Wujiaqu	23900	24500
宣威市	Xuanwei	105639	126545	北屯市	Beitun	4600	12000

3-3 行政区域土地面积及建成区面积

Total Land Area of Administrative region

城　市	City	行政区域土地面积 Total Land Area of Administrative region
河北省	**Hebei**	
辛集市	Xinji	951
藁城市	Gaocheng	836
晋州市	Jinzhou	619
新乐市	Xinle	525
鹿泉市	Luquan	603
遵化市	Zunhua	1509
迁安市	Qian'an	1227
武安市	Wu'an	1806
南宫市	Nangong	861
沙河市	Shahe	859
涿州市	Zhuozhou	751
定州市	Dingzhou	1283
安国市	Anguo	486
高碑店市	Gaobeidian	618
泊头市	Botou	1009
任丘市	Renqiu	1012
黄骅市	Huanghua	1545
河间市	Hejian	1333
霸州市	Bazhou	802
三河市	Sanhe	634
冀州市	Jizhou	878
深州市	Shenzhou	1245
山西省	**Shanxi**	
古交市	Gujiao	1584
潞城市	Lucheng	630
高平市	Gaoping	946
介休市	Jiexiu	744
永济市	Yongji	1208
河津市	Hejin	593
原平市	Yuanping	2571
侯马市	Houma	221
霍州市	Huozhou	764
孝义市	Xiaoyi	938
汾阳市	Fenyang	1175
内蒙古自治区	**Inner Mongolia**	
霍林郭勒市	Huolinguole	585
满洲里市	Manzhouli	732
牙克石市	Yakeshi	27590
扎兰屯市	Zhalantun	16800
额尔古纳市	Eerguna	28958
根河市	Genhe	19659
丰镇市	Fengzhen	2704
乌兰浩特市	Wulanhaote	2728
阿尔山市	Aershan	7409
二连浩特市	Erlianhaote	4013
锡林浩特市	Xilinhaote	14780
辽宁省	**Liaoning**	
新民市	Xinmin	3297
瓦房店市	Wafangdian	3643
普兰店市	Pulandian	3375
庄河市	Zhuanghe	4114
海城市	Haicheng	2563
东港市	Donggang	2399
凤城市	Fengcheng	5515
凌海市	Linghai	2585
北镇市	Beizhen	1694
盖州市	Gaizhou	2946
大石桥市	Dashiqiao	1598
灯塔市	Dengta	1166
调兵山市	Diaobingshan	262
开原市	Kaiyuan	2838
北票市	Beipiao	4469
凌源市	Lingyuan	3282
兴城市	Xingcheng	2119
吉林省	**Jilin**	
九台市	Jiutai	3375
榆树市	Yushu	4712
德惠市	Dehui	3435
蛟河市	Jiaohe	6364
桦甸市	Huadian	6625
舒兰市	Shulan	4557
磐石市	Panshi	3867
公主岭市	Gongzhuling	4140
双辽市	Shuangliao	3121
梅河口市	Meihekou	2174
集安市	Ji'an	3342
临江市	Linjiang	3008
扶余市	Fuyu	4654
洮南市	Taonan	5031
大安市	Daan	4879
延吉市	Yanji	1748
图们市	Tumen	1142
敦化市	Dunhua	11957
珲春市	Hunchun	5161
龙井市	Longjing	2208
和龙市	Helong	5069
黑龙江省	**Heilongjiang**	
双城市	Shuangcheng	3112
尚志市	Shangzhi	8891
五常市	Wuchang	7512
讷河市	Nehe	6660
虎林市	Hulin	9334
密山市	Mishan	7731
铁力市	Tieli	6443
同江市	Tongjiang	6229
富锦市	Fujin	8224
绥芬河市	Suifenhe	422
海林市	Hailin	8711
宁安市	Ning'an	7891

3-3 续表 1 continued

城　市	City	行政区域土地面积 Total Land Area of Administrative region
穆棱市	Muling	6212
北安市	Bei'an	7194
五大连池市	Wudalianchi	9874
安达市	Anda	3586
肇东市	Zhaodong	3905
海伦市	Hailun	4667
江苏省	**Jiangsu**	
江阴市	Jiangyin	987
宜兴市	Yixing	1997
新沂市	Xinyi	1571
邳州市	Pizhou	2088
溧阳市	Liyang	1535
金坛市	Jintan	976
常熟市	Changshu	1276
张家港市	Zhangjiagang	990
昆山市	Kunshan	932
太仓市	Taicang	823
启东市	Qidong	1208
如皋市	Rugao	1492
海门市	Haimen	939
东台市	Dongtai	3221
大丰市	Dafeng	3059
仪征市	Yizheng	902
高邮市	Gaoyou	1922
丹阳市	Danyang	1047
扬中市	Yangzhong	331
句容市	Jurong	1387
兴化市	Xinghua	2395
靖江市	Jingjiang	656
泰兴市	Taixing	1170
浙江省	**Zhejiang**	
建德市	Jiande	2364
富阳市	Fuyang	1808
临安市	Lin'an	3124
余姚市	Yuyao	1527
慈溪市	Cixi	1361
奉化市	Fenghua	1268
瑞安市	Rui'an	1271
乐清市	Yueqing	1174
海宁市	Haining	668
平湖市	Pinghu	537
桐乡市	Tongxiang	727
诸暨市	Zhuji	2311
上虞市	Shangyu	1406
嵊州市	Shengzhou	1790
兰溪市	Lanxi	1312
义乌市	Yiwu	1105
东阳市	Dongyang	1747
永康市	Yongkang	1047
江山市	Jiangshan	2019
温岭市	Wenling	836
临海市	Linhai	2171
龙泉市	Longquan	3059
安徽省	**Anhui**	
巢湖市	Chaohu	2046
桐城市	Tongcheng	1546
天长市	Tianchang	1751
明光市	Mingguang	2335
界首市	Jieshou	667
宁国市	Ningguo	2487
福建省	**Fujian**	
福清市	Fuqing	1518
长乐市	Changle	664
永安市	Yong'an	2931
石狮市	Shishi	160
晋江市	Jinjiang	650
南安市	Nan'an	1985
龙海市	Longhai	1316
邵武市	Shaowu	2859
武夷山市	Wuyishan	2814
建瓯市	Jian'ou	4233
建阳市	Jianyang	3379
漳平市	Zhangping	2976
福安市	Fu'an	1880
福鼎市	Fuding	1530
江西省	**Jiangxi**	
乐平市	Leping	1974
瑞昌市	Ruichang	1423
共青城市	Gongqingcheng	308
贵溪市	Guixi	2493
瑞金市	Ruijin	2448
南康市	Nankang	1740
井冈山市	Jinggangshan	1276
丰城市	Fengcheng	2845
樟树市	Zhangshu	1289
高安市	Gaoan	2429
德兴市	Dexing	2082
山东省	**Shandong**	
章丘市	Zhangqiu	1855
胶州市	Jiaozhou	1324
即墨市	Jimo	1780
平度市	Pingdu	3176
莱西市	Laixi	1568
滕州市	Tengzhou	1495
龙口市	Longkou	901
莱阳市	Laiyang	1732
莱州市	Laizhou	1928
蓬莱市	Penglai	1129
招远市	Zhaoyuan	1432
栖霞市	Qixia	2016

3-3 续表 2 continued

城 市	City	行政区域土地面积 Total Land Area of Administrative region
海阳市	Haiyang	1909
青州市	Qingzhou	1569
诸城市	Zhucheng	2151
寿光市	Shouguang	1990
安丘市	Anqiu	1712
高密市	Gaomi	1527
昌邑市	Changyi	1628
曲阜市	Qufu	815
兖州市	Yanzhou	648
邹城市	Zoucheng	1616
新泰市	Xintai	1934
肥城市	Feicheng	1277
文登市	Wendeng	1829
荣成市	Rongcheng	1526
乳山市	Rushan	1665
乐陵市	Laoling	1173
禹城市	Yucheng	992
临清市	Linqing	950
河南省	**Henan**	
巩义市	Gongyi	1041
荥阳市	Xingyang	943
新密市	Xinmi	1001
新郑市	Xinzheng	887
登封市	Dengfeng	1217
偃师市	Yanshi	668
舞钢市	Wugang	641
汝州市	Ruzhou	1573
林州市	Linzhou	2046
卫辉市	Weihui	859
辉县市	Huixian	2007
沁阳市	Qinyang	624
孟州市	Mengzhou	524
禹州市	Yuzhou	1461
长葛市	Changge	650
义马市	Yima	112
灵宝市	Lingbao	3011
邓州市	Dengzhou	2369
永城市	Yongcheng	2006
项城市	Xiangcheng	1083
济源市	Jiyuan	1894
湖北省	**Hubei**	
大冶市	Daye	1566
丹江口市	Danjiangkou	3121
宜都市	Yidu	1357
当阳市	Dangyang	2159
枝江市	Zhijiang	1314
老河口市	Laohekou	1032
枣阳市	Zaoyang	3277
宜城市	Yicheng	2115
钟祥市	Zhongxiang	4488
应城市	Yingcheng	1103
安陆市	Anlu	1355
汉川市	Hanchuan	1659
石首市	Shishou	1406
洪湖市	Honghu	2519
松滋市	Songzi	2177
麻城市	Macheng	3747
武穴市	Wuxue	1246
赤壁市	Chibi	1723
广水市	Guangshui	2647
恩施市	Enshi	3972
利川市	Lichuan	4607
仙桃市	Xiantao	2538
潜江市	Qianjiang	2004
天门市	Tianmen	2622
湖南省	**Hunan**	
浏阳市	Liuyang	4997
醴陵市	Liling	2157
湘乡市	Xiangxiang	1967
韶山市	Shaoshan	247
耒阳市	Leiyang	2656
常宁市	Changning	2064
武冈市	Wugang	1549
汨罗市	Miluo	1780
临湘市	Linxiang	1754
津市市	Jinshi	557
沅江市	Yuanjiang	2020
资兴市	Zixing	2747
洪江市	Hongjiang	2289
冷水江市	Lengshuijiang	439
涟源市	Lianyuan	1912
吉首市	Jishou	1058
广东省	**Guangdong**	
增城市	Zengcheng	1616
从化市	Conghua	1975
乐昌市	Lechang	2421
南雄市	Nanxiong	2326
台山市	Taishan	3285
开平市	Kaiping	1659
鹤山市	Heshan	1083
恩平市	Enping	1698
廉江市	Lianjiang	2867
雷州市	Leizhou	3662
吴川市	Wuchuan	876
高州市	Gaozhou	3276
化州市	Huazhou	2357
信宜市	Xinyi	3081
高要市	Gaoyao	2186

3-3 续表 3 continued

城 市	City	行政区域土地面积 Total Land Area of Administrative region
四会市	Sihui	1262
兴宁市	Xingning	2104
陆丰市	Lufeng	1541
阳春市	Yangchun	4054
英德市	Yingde	5634
连州市	Lianzhou	2668
普宁市	Puning	1635
罗定市	Luoding	2327
广西壮族自治区	**Guangxi**	
岑溪市	Cenxi	2770
东兴市	Dongxing	589
桂平市	Guiping	4071
北流市	Beiliu	2452
宜州市	Yizhou	3857
合山市	Heshan	366
凭祥市	Pingxiang	645
海南省	**Hainan**	
五指山市	Wuzhishan	1131
琼海市	Qionghai	1710
儋州市	Danzhou	3394
文昌市	Wenchang	2485
万宁市	Wanning	1884
东方市	Dongfang	2256
四川省	**Sichuan**	
都江堰市	Dujiangyan	1208
彭州市	Pengzhou	1421
邛崃市	Qionglai	1376
崇州市	Chongzhou	1088
广汉市	Guanghan	548
什邡市	Shifang	820
绵竹市	Mianzhu	1246
江油市	Jiangyou	2720
峨眉山市	Emeishan	1181
阆中市	Langzhong	1875
华蓥市	Huaying	464
万源市	Wanyuan	4051
简阳市	Jianyang	2213
西昌市	Xichang	2657
贵州省	**Guizhou**	
清镇市	Qingzhen	1492
赤水市	Chishui	1852
仁怀市	Renhuai	1788
兴义市	Xingyi	2943
凯里市	Kaili	1306
都匀市	Duyun	2305
福泉市	Fuquan	1692
云南省	**Yunnan**	
安宁市	Anning	1301
宣威市	Xuanwei	6053
楚雄市	Chuxiong	4512
个旧市	Gejiu	1587
开远市	Kaiyuan	1950
蒙自市	Mengzi	2228
弥勒市	Mile	4004
文山市	Wenshan	2977
景洪市	Jinghong	6867
大理市	Dali	1815
瑞丽市	Ruili	1020
芒市	Mangshi	2987
西藏自治区	**Tibet**	
日喀则市	Xigaze	3875
陕西省	**Shaanxi**	
兴平市	Xingping	508
韩城市	Hancheng	1621
华阴市	Huayin	817
甘肃省	**Gansu**	
玉门市	Yumen	13496
敦煌市	Dunhuang	31200
临夏市	Linxia	89
合作市	Hezuo	2291
玉树市	Yushu	15400
青海省	**Qinghai**	
格尔木市	Golmud	119200
德令哈市	Delingha	27800
宁夏回族自治区	**Ningxia**	
灵武市	Lingwu	4539
青铜峡市	Qingtongxia	2525
新疆维吾尔自治区	**Xinjiang**	
吐鲁番市	Turpan	13650
哈密市	Hami	85587
昌吉市	Changji	8215
阜康市	Fukang	8529
博乐市	Bole	7790
库尔勒市	Korla	7267
阿克苏市	Akesu	15033
阿图什市	Atus	16151
喀什市	Kashi	791
和田市	Hetian	510
伊宁市	Yining	761
奎屯市	Kuitun	1110
塔城市	Tacheng	4353
乌苏市	Wusu	13729
阿勒泰市	Aletai	11481
石河子市	Shihezi	457
阿拉尔市	Alar	5264
图木舒克市	Tumushuke	1927
五家渠市	Wujiaqu	710
北屯市	Beitun	911

3-4 地区生产总值

Gross Regional Product

单位：万元 (10 000 yuan)

城　市	City	地区生产总值 Gross Regional Product	第一产业增加值 Value-added of the Primary Industry	第二产业增加值 Value-added of the Secondary Industry	第三产业增加值 Value-added of the Tertiary Industry
河北省	**Hebei**				
辛集市	Xinji	3635419	471572	2330373	833474
藁城市	Gaocheng	4748770	665806	3116719	966245
晋州市	Jinzhou	2291967	300649	1275470	715848
新乐市	Xinle	1721801	289189	972776	459836
鹿泉市	Luquan	3200581	227999	1848622	1123960
遵化市	Zunhua	5634245	419468	3020046	2194731
迁安市	Qian'an	10051327	419344	6673049	2958934
武安市	Wu'an	5950141	172809	3917970	1859362
南宫市	Nangong	857198	170860	401358	284980
沙河市	Shahe	2175408	74355	1444044	657009
涿州市	Zhuozhou	2236476	207943	852313	1176220
定州市	Dingzhou	2537115	744584	1219770	572761
安国市	Anguo	971641	209458	466330	295853
高碑店市	Gaobeidian	1252733	153227	762572	336934
泊头市	Botou	1735234	203866	911774	619594
任丘市	Renqiu	5645505	187108	3799445	1658952
黄骅市	Huanghua	2522216	263022	1111785	1147409
河间市	Hejian	2516368	239238	1084812	1192318
霸州市	Bazhou	3462583	185148	2372621	904814
三河市	Sanhe	4588213	322539	2715969	1549705
冀州市	Jizhou	814807	93780	473293	247734
深州市	Shenzhou	1256335	301466	638423	316446
山西省	**Shanxi**				
古交市	Gujiao	275119	17181	106697	151241
潞城市	Lucheng	894390	42424	644349	207617
高平市	Gaoping	2335259	126573	1660589	548097
介休市	Jiexiu	1491194	51201	959201	480792
永济市	Yongji	1271847	195806	737483	338558
河津市	Hejin	1955801	72630	1271697	611474
原平市	Yuanping	1180690	127178	608474	445038
侯马市	Houma	831831	32638	304245	494948
霍州市	Huozhou	855717	35618	618683	201416
孝义市	Xiaoyi	4123487	126930	2703101	1293456
汾阳市	Fenyang	1099236	95160	599416	404660
内蒙古自治区	**Inner Mongolia**				
霍林郭勒市	Huolinguole	3205715	29489	2403248	772978
满洲里市	Manzhouli	1949719	30043	538931	1380745
牙克石市	Yakeshi	2120248	373609	1048344	698295
扎兰屯市	Zhalantun	1656746	423419	867417	365910
额尔古纳市	Eerguna	409188	145395	118273	145520
根河市	Genhe	376482	104403	104168	167911
丰镇市	Fengzhen	1325694	162697	798884	364113
乌兰浩特市	Wulanhaote	1361940	100636	635346	625958
阿尔山市	Aershan	138167	26755	35058	76354
二连浩特市	Erlianhaote	790402	5006	310619	474777
锡林浩特市	Xilinhaote	2064748	115835	1296522	652391

3-4 续表 1 continued

单位：万元 (10 000 yuan)

城 市	City	地区生产总值 Gross Regional Product	第一产业增加值 Value-added of the Primary Industry	第二产业增加值 Value-added of the Secondary Industry	第三产业增加值 Value-added of the Tertiary Industry
辽宁省	**Liaoning**				
新民市	Xinmin	4516339	781723	2643387	1091229
瓦房店市	Wafangdian	10559408	900022	6930966	2728420
普兰店市	Pulandian	7823705	955761	4747100	2120844
庄河市	Zhuanghe	8184716	1168403	4876875	2139438
海城市	Haicheng	8775709	451874	4339302	3984533
东港市	Donggang	5115706	712548	2433341	1969817
凤城市	Fengcheng	4560756	294852	2578229	1687675
凌海市	Linghai	2656900	527002	1570661	559237
北镇市	Beizhen	1461930	474712	524041	463177
盖州市	Gaizhou	2303096	365546	1082536	855014
大石桥市	Dashiqiao	5141337	444485	3156336	1540516
灯塔市	Dengta	2550638	261780	1747805	541053
调兵山市	Diaobingshan	1801050	77409	1234087	489554
开原市	Kaiyuan	3300858	474626	1806737	1019495
北票市	Beipiao	2305298	459954	1253754	591590
凌源市	Lingyuan	1960534	419208	865720	675606
兴城市	Xingcheng	1489194	192723	754680	541791
吉林省	**Jilin**				
九台市	Jiutai	3643377	394239	1923879	1325259
榆树市	Yushu	3671842	991841	1007943	1672058
德惠市	Dehui	3601061	685290	1477813	1437958
蛟河市	Jiaohe	2120505	347989	1060163	712353
桦甸市	Huadian	3033852	416145	1798084	819623
舒兰市	Shulan	2007092	524438	632132	850522
磐石市	Panshi	2933445	470289	1381169	1081987
公主岭市	Gongzhuling	3850512	989950	1519558	1341004
双辽市	Shuangliao	1920921	364763	1036454	519704
梅河口市	Meihekou	2900003	245912	1416020	1238071
集安市	Ji'an	917389	91430	388982	436977
临江市	Linjiang	951428	77467	528994	344967
扶余市	Fuyu	3481587	759459	1320038	1402090
洮南市	Taonan	1271102	252286	523821	494995
大安市	Daan	1319005	187364	755293	376348
延吉市	Yanji	3054781	53196	1391783	1609802
图们市	Tumen	429930	17050	252934	159946
敦化市	Dunhua	1700500	299591	831465	569444
珲春市	Hunchun	1400000	55269	1005859	338872
龙井市	Longjing	384382	46988	156246	181148
和龙市	Helong	566085	59827	343530	162728
黑龙江省	**Heilongjiang**				
双城市	Shuangcheng	4289158	1197602	1132939	1958617
尚志市	Shangzhi	2507779	533265	962318	1012196
五常市	Wuchang	3211712	860420	972937	1378355
讷河市	Nehe	1104643	333428	367004	404211
虎林市	Hulin	648234	292412	115132	240690
密山市	Mishan	1007513	285040	332150	390323
铁力市	Tieli	774798	367962	184555	222281
同江市	Tongjiang	380292	146236	80399	153657
富锦市	Fujin	1546512	707494	452877	386141
绥芬河市	Suifenhe	1234353	9361	156603	1068389
海林市	Hailin	1712784	326560	881251	504973

3-4 续表 2 continued

单位：万元 (10 000 yuan)

城市	City	地区生产总值 Gross Regional Product	第一产业增加值 Value-added of the Primary Industry	第二产业增加值 Value-added of the Secondary Industry	第三产业增加值 Value-added of the Tertiary Industry
宁安市	Ning'an	1734339	446077	688496	599766
穆棱市	Muling	1654039	262862	970425	420752
北安市	Bei'an	700081	186347	155066	358668
五大连池市	Wudalianchi	477793	258648	59593	159552
安达市	Anda	3788024	619163	2039860	1129001
肇东市	Zhaodong	4978081	971636	2197230	1809215
海伦市	Hailun	1081365	622447	281045	177873
江苏省	**Jiangsu**				
江阴市	Jiangyin	27060600	435500	15180700	11444400
宜兴市	Yixing	11902300	468900	6294400	5139000
新沂市	Xinyi	4122200	506600	1748900	1866700
邳州市	Pizhou	5991400	871300	2575000	2545100
溧阳市	Liyang	6372000	407300	3403100	2561600
金坛市	Jintan	4061200	282400	2115600	1663200
常熟市	Changshu	19803100	362400	10482900	8957800
张家港市	Zhangjiagang	21453100	272800	11923400	9256900
昆山市	Kunshan	29200800	256400	16910900	12033500
太仓市	Taicang	10022800	335500	5324600	4362700
启东市	Qidong	6583100	606300	3333500	2643300
如皋市	Rugao	6570100	539300	3433300	2597500
海门市	Haimen	7400100	463000	4076000	2861100
东台市	Dongtai	5640900	782200	2523400	2335300
大丰市	Dafeng	4435200	655900	1941500	1837800
仪征市	Yizheng	4101600	195500	2317500	1588600
高邮市	Gaoyou	3815000	566600	1733100	1515300
丹阳市	Danyang	9251500	425100	4840600	3985800
扬中市	Yangzhong	3951000	99500	2152500	1699000
句容市	Jurong	3856500	331400	1960100	1565000
兴化市	Xinghua	5758400	843600	2481000	2433800
靖江市	Jingjiang	6704300	189900	3680200	2834200
泰兴市	Taixing	6106100	447500	3225700	2432900
浙江省	**Zhejiang**				
建德市	Jiande	2716954	273981	1489661	953312
富阳市	Fuyang	5713954	380104	3241178	2092672
临安市	Lin'an	4092264	355813	2254109	1482342
余姚市	Yuyao	7496274	400600	4444737	2650937
慈溪市	Cixi	10310947	492980	5935659	3882308
奉化市	Fenghua	2903589	283532	1340238	1279819
瑞安市	Rui'an	6359498	191141	3195265	2973092
乐清市	Yueqing	6579239	196137	3929668	2453434
海宁市	Haining	6336483	256223	3641870	2438390
平湖市	Pinghu	4613064	178301	2879611	1555152
桐乡市	Tongxiang	5734665	331913	2965397	2437355
诸暨市	Zhuji	9008773	487473	4976623	3544677
上虞市	Shangyu	6249785	417057	3442214	2390514
嵊州市	Shengzhou	3963787	365640	2022953	1575194
兰溪市	Lanxi	2512945	235987	1428267	848691
义乌市	Yiwu	8828716	219010	3573194	5036512
东阳市	Dongyang	4039146	182212	1984640	1872294
永康市	Yongkang	4225621	92819	2599449	1533353

3-4 续表 3 continued

单位：万元 (10 000 yuan)

城　市	City	地区生产总值 Gross Regional Product	第一产业增加值 Value-added of the Primary Industry	第二产业增加值 Value-added of the Secondary Industry	第三产业增加值 Value-added of the Tertiary Industry
江山市	Jiangshan	2352485	207916	1319845	824724
温岭市	Wenling	7482779	581941	3466005	3434833
临海市	Linhai	4204419	379038	2108652	1716729
龙泉市	Longquan	958870	122867	454718	381285
安徽省	**Anhui**				
巢湖市	Chaohu	2352983	265353	1368176	719453
桐城市	Tongcheng	2001458	255751	1300481	445227
天长市	Tianchang	2372544	299114	1595330	478100
明光市	Mingguang	1024263	312320	357511	354432
界首市	Jieshou	1125725	223428	624859	277438
宁国市	Ningguo	2039633	199408	1334064	506162
福建省	**Fujian**				
福清市	Fuqing	6671851	843522	3415739	2412590
长乐市	Changle	4845667	390770	3257469	1197428
永安市	Yong'an	2699889	253756	1595247	850886
石狮市	Shishi	5709125	194762	3404648	2109715
晋江市	Jinjiang	13637774	182779	9197616	4257379
南安市	Nan'an	7096127	226336	4485848	2383943
龙海市	Longhai	5199643	544919	2933764	1720960
邵武市	Shaowu	1641971	280775	820983	540213
武夷山市	Wuyishan	1098287	215205	412333	470750
建瓯市	Jian'ou	1583867	454254	580570	549043
建阳市	Jianyang	1250202	292776	605995	351431
漳平市	Zhangping	1547409	223011	697921	626476
福安市	Fu'an	3069108	378046	1903663	787399
福鼎市	Fuding	2481179	335475	1488882	656822
江西省	**Jiangxi**				
乐平市	Leping	2384353	306588	1370112	707653
瑞昌市	Ruichang	1259752	124574	860821	274357
共青城市	Gongqingcheng	672513	21819	536464	114230
贵溪市	Guixi	3147421	169345	2297300	680776
瑞金市	Ruijin	1010897	163888	352696	494313
南康市	Nankang	1372921	227730	722173	423018
井冈山市	Jinggangshan	492838	43957	178472	270409
丰城市	Fengcheng	3408687	547728	1833080	1027879
樟树市	Zhangshu	2667382	275536	1581484	810362
高安市	Gaoan	1664737	300808	862002	501927
德兴市	Dexing	975500	93538	429761	452201
山东省	**Shandong**				
章丘市	Zhangqiu	7552384	754074	4546947	2251363
胶州市	Jiaozhou	8367300	492458	4557000	3317842
即墨市	Jimo	8781605	589097	4542500	3650008
平度市	Pingdu	7901066	950586	3888000	3062480
莱西市	Laixi	5949143	563189	2844600	2541354
滕州市	Tengzhou	9026354	668239	4815107	3543008
龙口市	Longkou	9352321	337059	5663241	3352021
莱阳市	Laiyang	3031711	404392	1557696	1069623
莱州市	Laizhou	6426583	644215	3494725	2287643
蓬莱市	Penglai	4575547	282241	2493975	1799331
招远市	Zhaoyuan	6047971	349816	3380531	2317624

3-4 续表 4 continued

单位：万元 (10 000 yuan)

城　市	City	地区生产总值 Gross Regional Product	第一产业增加值 Value-added of the Primary Industry	第二产业增加值 Value-added of the Secondary Industry	第三产业增加值 Value-added of the Tertiary Industry
栖霞市	Qixia	2210767	445092	981118	784557
海阳市	Haiyang	3025800	572428	1329588	1123784
青州市	Qingzhou	5042686	462848	2576163	2003675
诸城市	Zhucheng	6427183	557206	3670727	2199250
寿光市	Shouguang	7012793	842136	3412672	2757985
安丘市	Anqiu	2479398	445389	1129788	904221
高密市	Gaomi	5013619	461623	2840183	1711813
昌邑市	Changyi	3265043	319849	1853866	1091328
曲阜市	Qufu	3316635	307689	1269200	1739746
兖州市	Yanzhou	5549200	436600	3230900	1881700
邹城市	Zoucheng	7315800	461700	4240200	2613900
新泰市	Xintai	7650000	539780	4170700	2939520
肥城市	Feicheng	6744631	466351	3675000	2603280
文登市	Wendeng	6350774	555468	3215865	2579441
荣成市	Rongcheng	8785911	767592	4442985	3575334
乳山市	Rushan	3997649	348224	2118738	1530687
乐陵市	Laoling	2136368	301111	1116700	718557
禹城市	Yucheng	2335377	295162	1217900	822315
临清市	Linqing	3358000	214800	2034000	1109200
河南省	**Henan**				
巩义市	Gongyi	5812240	110762	4078071	1623407
荥阳市	Xingyang	5200436	258010	3638837	1303590
新密市	Xinmi	5598318	167764	3733249	1697305
新郑市	Xinzheng	6064742	208595	4183561	1672586
登封市	Dengfeng	4509039	130571	3162063	1216405
偃师市	Yanshi	3569317	212397	2166245	1190675
舞钢市	Wugang	1019214	116212	519992	383010
汝州市	Ruzhou	3316636	389530	1771072	1156034
林州市	Linzhou	4241275	219275	2788316	1233684
卫辉市	Weihui	1064233	223422	443210	397601
辉县市	Huixian	2895949	379397	2062109	454443
沁阳市	Qinyang	3299309	191499	2357330	750480
孟州市	Mengzhou	2458415	195160	1905380	357875
禹州市	Yuzhou	4522527	318385	3174787	1029355
长葛市	Changge	4108512	242502	3177382	688628
义马市	Yima	1617805	9207	1391193	217405
灵宝市	Lingbao	4686371	423828	3366505	896038
邓州市	Dengzhou	3070589	918136	1311030	841423
永城市	Yongcheng	4024390	600090	2452666	971634
项城市	Xiangcheng	2213923	403441	1280233	530249
济源市	Jiyuan	4601336	215131	3440915	945290
湖北省	**Hubei**				
大冶市	Daye	4559200	428816	3121000	1009384
丹江口市	Danjiangkou	1507151	247505	767069	492577
宜都市	Yidu	4028225	382315	2542156	1103754
当阳市	Dangyang	3521672	673678	1955051	892943
枝江市	Zhijiang	3419527	660026	1918114	841387
老河口市	Laohekou	2401709	370725	1288984	742000
枣阳市	Zaoyang	4254331	831685	2022600	1400046
宜城市	Yicheng	2324551	451610	1284273	588668

3-4 续表 5 continued

单位：万元 (10 000 yuan)

城市	City	地区生产总值 Gross Regional Product	第一产业增加值 Value-added of the Primary Industry	第二产业增加值 Value-added of the Secondary Industry	第三产业增加值 Value-added of the Tertiary Industry
钟祥市	Zhongxiang	3323700	487500	1783200	1053000
应城市	Yingcheng	2015176	384781	1139815	490580
安陆市	Anlu	1447867	324063	588008	535796
汉川市	Hanchuan	3447097	511531	2062491	873075
石首市	Shishou	1219092	292436	542624	384032
洪湖市	Honghu	1634795	514180	570836	549779
松滋市	Songzi	1792936	363435	864965	564536
麻城市	Macheng	2018507	471194	873261	674052
武穴市	Wuxue	2012511	479278	975999	557234
赤壁市	Chibi	2847600	417211	1346600	1083789
广水市	Guangshui	2109823	443308	1054200	612315
恩施市	Enshi	1414951	243121	568361	603469
利川市	Lichuan	820094	284349	220089	315656
仙桃市	Xiantao	5043585	787484	2678800	1577301
潜江市	Qianjiang	4927000	649957	2909743	1367300
天门市	Tianmen	3651900	728069	1900400	1023431
湖南省	**Hunan**				
浏阳市	Liuyang	9242905	786662	6639462	1816781
醴陵市	Liling	4421034	413843	2932935	1074256
湘乡市	Xiangxiang	2656934	465211	1399145	792578
韶山市	Shaoshan	575618	53270	335711	186637
耒阳市	Leiyang	3214008	534634	1355452	1323922
常宁市	Changning	2216755	404419	995621	816715
武冈市	Wugang	954211	349113	203417	401681
汨罗市	Miluo	3289940	409057	2052064	828819
临湘市	Linxiang	1790214	242765	1016494	530955
津市市	Jinshi	969690	166240	463963	339487
沅江市	Yuanjiang	1951252	441143	803246	706863
资兴市	Zixing	2473685	186733	1722344	564608
洪江市	Hongjiang	823873	162364	302911	358598
冷水江市	Lengshuijiang	2364075	84048	1649289	630738
涟源市	Lianyuan	2068079	422568	992730	652781
吉首市	Jishou	1041179	55880	333888	651411
广东省	**Guangdong**				
增城市	Zengcheng	9894494	534674	5997243	3362577
从化市	Conghua	2841460	225526	1325516	1290418
乐昌市	Lechang	953802	197827	323256	432719
南雄市	Nanxiong	1007886	236275	370096	401515
台山市	Taishan	3134068	508349	1780648	845071
开平市	Kaiping	2602329	259650	1313365	1029314
鹤山市	Heshan	2175886	166785	1188413	820688
恩平市	Enping	1332464	190020	446063	696381
廉江市	Lianjiang	3055674	873909	1266056	915709
雷州市	Leizhou	2009854	869098	308843	831913
吴川市	Wuchuan	1758671	254291	769251	735129
高州市	Gaozhou	4088661	980541	1242041	1866079
化州市	Huazhou	3553475	755954	1177280	1620241
信宜市	Xinyi	3289409	776717	1140611	1372081
高要市	Gaoyao	3460829	632259	1992339	836231
四会市	Sihui	4572248	433628	2915866	1222754

3-4 续表 6 continued

单位：万元 (10 000 yuan)

城市	City	地区生产总值 Gross Regional Product	第一产业增加值 Value-added of the Primary Industry	第二产业增加值 Value-added of the Secondary Industry	第三产业增加值 Value-added of the Tertiary Industry
兴宁市	Xingning	1324355	370779	381725	571851
陆丰市	Lufeng	2011779	451394	923367	637018
阳春市	Yangchun	3030186	645170	1412594	972422
英德市	Yingde	2001425	458040	639747	903638
连州市	Lianzhou	1091304	268420	271424	551460
普宁市	Puning	5047625	330245	3377844	1339536
罗定市	Luoding	1341424	347924	459969	533530
广西壮族自治区	**Guangxi**				
岑溪市	Cenxi	2034859	309076	1393108	332674
东兴市	Dongxing	728683	125764	308819	294101
桂平市	Guiping	2477796	537635	1295180	644981
北流市	Beiliu	2323588	396943	1242777	683868
宜州市	Yizhou	942753	354917	260779	327057
合山市	Heshan	337700	36218	183151	118331
凭祥市	Pingxiang	403998	46365	133486	224147
海南省	**Hainan**				
五指山市	Wuzhishan	183031	48796	33238	100997
琼海市	Qionghai	1626056	607107	276505	742444
儋州市	Danzhou	1947202	962137	284007	701058
文昌市	Wenchang	1738040	644854	440565	652621
万宁市	Wanning	1468466	414120	383144	671202
东方市	Dongfang	1239433	316518	607036	315879
四川省	**Sichuan**				
都江堰市	Dujiangyan	2298590	224058	853740	1220792
彭州市	Pengzhou	2356851	399188	1221926	735737
邛崃市	Qionglai	1654313	299648	758894	595771
崇州市	Chongzhou	1834032	285224	893497	655311
广汉市	Guanghan	2749759	303151	1717759	728849
什邡市	Shifang	2070608	233609	1307346	529653
绵竹市	Mianzhu	1859629	245876	1164383	449370
江油市	Jiangyou	2687070	374631	1350160	962279
峨眉山市	Emeishan	1791771	153446	1068383	569942
阆中市	Langzhong	1572965	380704	792434	399827
华蓥市	Huaying	1108352	105752	731070	271530
万源市	Wanyuan	1083782	253332	590550	239900
简阳市	Jianyang	3447817	664459	1967845	815513
西昌市	Xichang	3735410	371653	1980233	1383524
贵州省	**Guizhou**				
清镇市	Qingzhen	1750128	142542	839496	768090
赤水市	Chishui	596582	92006	278343	226233
仁怀市	Renhuai	3844631	154231	2641500	1048900
兴义市	Xingyi	2378023	235200	970635	1172188
凯里市	Kaili	1480875	90754	509957	880164
都匀市	Duyun	1268310	90710	496464	681136
福泉市	Fuquan	922405	86307	445204	390894
云南省	**Yunnan**				
安宁市	Anning	2306785	112800	1315799	878186
宣威市	Xuanwei	2376301	480452	1142793	753056
楚雄市	Chuxiong	2436426	209708	1361245	865473

3-4 续表 7 continued

单位：万元 (10 000 yuan)

城　市	City	地区生产总值 Gross Regional Product	第一产业增加值 Value-added of the Primary Industry	第二产业增加值 Value-added of the Secondary Industry	第三产业增加值 Value-added of the Tertiary Industry
个旧市	Gejiu	1760264	112671	1102603	544990
开远市	Kaiyuan	1324928	152945	605595	566388
蒙自市	Mengzi	1182902	196701	620536	365665
弥勒市	Mile	2272710	241696	1670695	360319
文山市	Wenshan	1580951	156524	785867	638560
景洪市	Jinghong	1447804	317348	487678	642778
大理市	Dali	2873274	196035	1440634	1236605
瑞丽市	Ruili	471246	85243	97363	288640
芒市	Mangshi	724426	189675	222218	312533
西藏自治区	**Tibet**				
日喀则市	Xigaze	461016	41413	187947	231656
陕西省	**Shaanxi**				
兴平市	Xingping	1752241	227404	1007700	517137
韩城市	Hancheng	2815294	132352	2221362	461580
华阴市	Huayin	736175	52542	413400	270233
甘肃省	**Gansu**				
玉门市	Yumen	1351491	89773	869700	392018
敦煌市	Dunhuang	911783	133115	299875	478793
临夏市	Linxia	443209	32850	93439	316920
合作市	Hezuo	254960	17696	59066	178198
玉树市	Yushu	100489	45100	41909	13480
青海省	**Qinghai**				
格尔木市	Golmud	3188835	34404	2488622	665809
德令哈市	Delingha	496429	39937	255125	201367
宁夏回族自治区	**Ningxia**				
灵武市	Lingwu	2867388	91143	2470989	305256
青铜峡市	Qingtongxia	1321185	150030	850069	321086
新疆维吾尔自治区	**Xinjiang**				
吐鲁番市	Turpan	696221	161975	194290	339956
哈密市	Hami	2627458	234393	1396935	996130
昌吉市	Changji	2933915	374342	1430914	1128659
阜康市	Fukang	1293697	235410	783691	274596
博乐市	Bole				
库尔勒市	Korla	6502476	357956	5164560	979960
阿克苏市	Akesu	1438134	172576	412014	853544
阿图什市	Atus	334676	50165	77634	206877
喀什市	Kashi	1609018	56018	566000	987000
和田市	Hetian	465904	37203	166291	262410
伊宁市	Yining	1636964	65906	439427	1131631
奎屯市	Kuitun	1264458	62026	688824	513608
塔城市	Tacheng	667701	129135	146590	391976
乌苏市	Wusu	1430169	302158	864585	263426
阿勒泰市	Aletai	519316	75485	110050	333781
石河子市	Shihezi	2550000	120000	1480000	950000
阿拉尔市	Alar	1499317	899255	334541	265521
图木舒克市	Tumushuke	481730	176340	192929	112461
五家渠市	Wujiaqu	699558	68180	5257	626121
北屯市	Beitun	191806	16548	96585	78673

3-5 公共财政收支

Public Finance Income and Expenditure

单位：万元 (10 000 yuan)

城市	City	公共财政收入 Public Finance Income	各项税收 Various Kinds of Tax	公共财政支出 Public Finance Expenditure	科学技术支出 Expenditure for Science and Technology
河北省	**Hebei**				
辛集市	Xinji	98072	163071	207856	1652
藁城市	Gaocheng	154700	550677	263963	2679
晋州市	Jinzhou	61658	86538	158461	1785
新乐市	Xinle	48161	51293	142446	1769
鹿泉市	Luquan	134078	228445	221404	2844
遵化市	Zunhua	127613	207000	247251	3678
迁安市	Qian'an	371587	693442	501568	1782
武安市	Wu'an	306949	455966	418374	5024
南宫市	Nangong	28680	42807	126521	905
沙河市	Shahe	100575	216000	177095	1618
涿州市	Zhuozhou	180514	210921	249674	2980
定州市	Dingzhou	132859	187304	329906	398
安国市	Anguo	35488	24624	113327	208
高碑店市	Gaobeidian	74453	113634	171176	221
泊头市	Botou	65390	102946	180463	379
任丘市	Renqiu	217513	974090	295454	2225
黄骅市	Huanghua	122412	204380	252873	850
河间市	Hejian	89821	52253	222947	297
霸州市	Bazhou	168487	266902	280103	2005
三河市	Sanhe	542820	790219	593240	4807
冀州市	Jizhou	48752	65904	151164	1283
深州市	Shenzhou	30762	57335	146193	381
山西省	**Shanxi**				
古交市	Gujiao	84513	41799	131450	1490
潞城市	Lucheng	45696	87166	100951	1527
高平市	Gaoping	126366	86632	220788	2093
介休市	Jiexiu	117255	75378	197100	1215
永济市	Yongji	29961	57658	167930	1098
河津市	Hejin	182748	162273	175979	1405
原平市	Yuanping	84511	50970	218676	2025
侯马市	Houma	89316	77757	136700	1156
霍州市	Huozhou	156619	131499	141097	133
孝义市	Xiaoyi	251944	146574	304573	2988
汾阳市	Fenyang	90090	64528	192059	1448
内蒙古自治区	**Inner Mongolia**				
霍林郭勒市	Huolinguole	228638	121276	318270	282
满洲里市	Manzhouli	128086	191015	369826	4398
牙克石市	Yakeshi	52268	25587	215053	2228
扎兰屯市	Zhalantun	45410	33433	237129	3568
额尔古纳市	Eerguna	21566	25401	117402	828
根河市	Genhe	13491	6304	113392	551
丰镇市	Fengzhen	40927	35048	227433	604
乌兰浩特市	Wulanhaote	57427	45640	246343	1500
阿尔山市	Aershan	13063	5594	108167	61
二连浩特市	Erlianhaote	40241	73279	123702	252
锡林浩特市	Xilinhaote	224869	357919	278294	837

3-5 续表 1 continued

单位：万元 (10 000 yuan)

城市	City	公共财政收入 Public Finance Income	各项税收 Various Kinds of Tax	公共财政支出 Public Finance Expenditure	科学技术支出 Expenditure for Science and Technology
辽宁省	**Liaoning**				
新民市	Xinmin	299662	246958	450905	1650
瓦房店市	Wafangdian	765600	562231	906680	3328
普兰店市	Pulandian	486042	343334	568341	2859
庄河市	Zhuanghe	515924	374623	628968	5834
海城市	Haicheng	410017	440626	539912	2140
东港市	Donggang	358511	274364	532991	644
凤城市	Fengcheng	311277	216832	471945	892
凌海市	Linghai	236018	181537	307811	3712
北镇市	Beizhen	193453	102661	261739	3411
盖州市	Gaizhou	228021	176230	408668	53700
大石桥市	Dashiqiao	279493	197071	403057	6117
灯塔市	Dengta	259779	294155	322948	2802
调兵山市	Diaobingshan	229541	105532	139418	2939
开原市	Kaiyuan	249168	211153	362039	9000
北票市	Beipiao	221120	263514	423628	1337
凌源市	Lingyuan	146077	105932	310644	4488
兴城市	Xingcheng	132741	121085	285846	3650
吉林省	**Jilin**				
九台市	Jiutai	159395	128598	436249	866
榆树市	Yushu	107000	68273	455647	1053
德惠市	Dehui	120397	92461	372843	1003
蛟河市	Jiaohe	77427	61547	236874	1890
桦甸市	Huadian	157255	116166	330050	1550
舒兰市	Shulan	67550	47469	299061	630
磐石市	Panshi	133699	95282	284969	804
公主岭市	Gongzhuling	165204	97343	446677	775
双辽市	Shuangliao	48022	34149	216571	374
梅河口市	Meihekou	218059	159627	440990	13898
集安市	Ji'an	79363	56279	240498	2619
临江市	Linjiang	58170	38787	203941	360
扶余市	Fuyu	46011	24753	248955	158
洮南市	Taonan	52233	26545	267943	1007
大安市	Daan	85803	67458	303202	911
延吉市	Yanji	240800	179484	393685	4913
图们市	Tumen	28598	18256	124295	281
敦化市	Dunhua	122261	87178	375142	4195
珲春市	Hunchun	134005	68996	329582	837
龙井市	Longjing	31667	20839	176889	831
和龙市	Helong	41193	31367	194058	233
黑龙江省	**Heilongjiang**				
双城市	Shuangcheng	191263	140709	322290	1696
尚志市	Shangzhi	66435	70948	217839	997
五常市	Wuchang	89988	89007	334583	3659
讷河市	Nehe	34162	43855	250775	1819
虎林市	Hulin	36866	62641	177299	1597
密山市	Mishan	36717	49745	209331	670
铁力市	Tieli	21433	29409	163834	628
同江市	Tongjiang	16671	26006	233556	465
富锦市	Fujin	38163	23844	270207	904
绥芬河市	Suifenhe	103777	95053	215230	1241
海林市	Hailin	87303	172388	227990	83

3-5 续表 2 continued

单位：万元 (10 000 yuan)

城市	City	公共财政收入 Public Finance Income	各项税收 Various Kinds of Tax	公共财政支出 Public Finance Expenditure	科学技术支出 Expenditure for Science and Technology
宁安市	Ning'an	74880	54370	239128	972
穆棱市	Muling	89618	45453	235206	4334
北安市	Bei'an	46500	23252	283515	3535
五大连池市	Wudalianchi	20884	11904	206268	950
安达市	Anda	160791	148078	351304	2045
肇东市	Zhaodong	183552	163757	441382	1456
海伦市	Hailun	32500	34254	304996	2167
江苏省	**Jiangsu**				
江阴市	Jiangyin	1822785	3158084	1711927	46127
宜兴市	Yixing	866131	1345490	910203	24790
新沂市	Xinyi	396198	400874	617017	8827
邳州市	Pizhou	488847	514805	777384	5495
溧阳市	Liyang	456018	658558	520117	24659
金坛市	Jintan	258892	380876	333049	10908
常熟市	Changshu	1385809	2211621	1280824	70862
张家港市	Zhangjiagang	1541828	2579738	1450240	77870
昆山市	Kunshan	2435188	4106055	2217013	150380
太仓市	Taicang	1001346	1676746	923624	51246
启东市	Qidong	585350	754554	688660	29109
如皋市	Rugao	601318	762336	834858	16090
海门市	Haimen	611749	790961	663692	23268
东台市	Dongtai	524613	602516	734736	23286
大丰市	Dafeng	500666	557872	686160	23690
仪征市	Yizheng	283697	529801	334873	9558
高邮市	Gaoyou	254408	357219	411469	10445
丹阳市	Danyang	604228	833644	698504	21118
扬中市	Yangzhong	271497	379070	315004	12858
句容市	Jurong	305106	375156	396805	14140
兴化市	Xinghua	335279	466725	674296	15551
靖江市	Jingjiang	494681	658793	537564	14995
泰兴市	Taixing	382003	590274	554795	5009
浙江省	**Zhejiang**				
建德市	Jiande	173139	164910	274346	13513
富阳市	Fuyang	463611	430445	526852	23932
临安市	Lin'an	261163	249894	418196	20461
余姚市	Yuyao	596390	572825	745919	29708
慈溪市	Cixi	920508	861690	983925	49516
奉化市	Fenghua	265662	241373	455230	15224
瑞安市	Rui'an	447415	408821	506842	18146
乐清市	Yueqing	512937	478013	513504	8963
海宁市	Haining	524888	498623	511850	24342
平湖市	Pinghu	422233	406553	430837	15380
桐乡市	Tongxiang	455301	432742	471587	19863
诸暨市	Zhuji	596047	550795	670386	36700
上虞市	Shangyu	431075	408210	452132	20207
嵊州市	Shengzhou	227275	217810	304114	14866
兰溪市	Lanxi	181333	172429	318613	8700
义乌市	Yiwu	633101	594827	616467	27878
东阳市	Dongyang	353118	323621	432344	19737
永康市	Yongkang	352966	321517	360200	20167

3-5 续表 3 continued

单位：万元 (10 000 yuan)

城 市	City	公共财政收入 Public Finance Income	各项税收 Various Kinds of Tax	公共财政支出 Public Finance Expenditure	科学技术支出 Expenditure for Science and Technology
江山市	Jiangshan	124000	114809	285000	9211
温岭市	Wenling	438479	417812	607223	14034
临海市	Linhai	325006	307099	465106	11927
龙泉市	Longquan	54513	50350	181776	4143
安徽省	**Anhui**				
巢湖市	Chaohu	173495	141935	337040	4123
桐城市	Tongcheng	151027	161635	335091	10669
天长市	Tianchang	219226	234587	390558	8323
明光市	Mingguang	74407	81256	247583	2703
界首市	Jieshou	75913	53107	244936	3334
宁国市	Ningguo	330551	285109	316520	9160
福建省	**Fujian**				
福清市	Fuqing	431953	540935	1048673	9670
长乐市	Changle	283511	433671	351839	4502
永安市	Yong'an	162021	131847	223098	10749
石狮市	Shishi	359008	431259	417520	8693
晋江市	Jinjiang	1002874	1489655	990382	25162
南安市	Nan'an	398160	554357	504907	10781
龙海市	Longhai	616412	542279	501227	5045
邵武市	Shaowu	150153	75870	312877	2469
武夷山市	Wuyishan	112438	117781	186722	2081
建瓯市	Jian'ou	109066	91106	208505	1844
建阳市	Jianyang	124292	74195	176916	1175
漳平市	Zhangping	70124	91621	158106	2243
福安市	Fu'an	206511	141756	331136	2116
福鼎市	Fuding	171983	124564	284807	1064
江西省	**Jiangxi**				
乐平市	Leping	303916	251084	401080	1040
瑞昌市	Ruichang	206968	175778	256898	5195
共青城市	Gongqingcheng	109718	85598	133261	869
贵溪市	Guixi	411266	344729	377837	8313
瑞金市	Ruijin	92490	109647	282886	3649
南康市	Nankang	135126	157300	336910	352
井冈山市	Jinggangshan	52521	51961	147294	2950
丰城市	Fengcheng	365177	250836	602996	3695
樟树市	Zhangshu	236297	165417	357078	6932
高安市	Gaoan	180007	139218	346648	6993
德兴市	Dexing	202267	123654	289225	5837
山东省	**Shandong**				
章丘市	Zhangqiu	408910	528456	509880	2726
胶州市	Jiaozhou	566377	736738	680827	12997
即墨市	Jimo	642985	581513	781610	12399
平度市	Pingdu	596731	489037	691087	15988
莱西市	Laixi	349146	262206	398474	712
滕州市	Tengzhou	610186	841129	721675	3818
龙口市	Longkou	715686	545640	715820	32080
莱阳市	Laiyang	110579	196892	253267	956
莱州市	Laizhou	464507	986063	517747	2999
蓬莱市	Penglai	255449	323991	330872	7627
招远市	Zhaoyuan	415088	479350	459558	6308

3-5 续表 4 continued

单位：万元 (10 000 yuan)

城 市	City	公共财政收入 Public Finance Income	各项税收 Various Kinds of Tax	公共财政支出 Public Finance Expenditure	科学技术支出 Expenditure for Science and Technology
栖霞市	Qixia	79397	73390	196258	1121
海阳市	Haiyang	221236	174183	276794	3124
青州市	Qingzhou	343042	645769	405178	7606
诸城市	Zhucheng	570856	690239	610460	29728
寿光市	Shouguang	706900	856900	783814	20346
安丘市	Anqiu	137563	228400	287677	9441
高密市	Gaomi	363343	404451	418865	19508
昌邑市	Changyi	233957	335699	283026	2209
曲阜市	Qufu	201090	220053	324447	1707
兖州市	Yanzhou	419190	458958	447126	1842
邹城市	Zoucheng	553289	705785	568035	6402
新泰市	Xintai	361117	250360	543823	7104
肥城市	Feicheng	319296	224550	422465	6708
文登市	Wendeng	414877	495675	512307	13667
荣成市	Rongcheng	522399	651833	784778	22232
乳山市	Rushan	244768	253802	329261	6383
乐陵市	Laoling	86029	69756	215525	3984
禹城市	Yucheng	145135	111641	230565	6192
临清市	Linqing	135066	94679	238397	4028
河南省	**Henan**				
巩义市	Gongyi	300105	196980	431692	8548
荥阳市	Xingyang	201450	144041	291202	3459
新密市	Xinmi	284149	149459	412209	3692
新郑市	Xinzheng	380299	276250	450566	5512
登封市	Dengfeng	271024	132247	403321	2890
偃师市	Yanshi	121193	75162	238456	6451
舞钢市	Wugang	95353	64211	161854	1327
汝州市	Ruzhou	168363	110122	325625	3816
林州市	Linzhou	127022	86915	307382	4616
卫辉市	Weihui	65006	45932	196122	2024
辉县市	Huixian	219136	149006	334856	3602
沁阳市	Qinyang	121624	57386	209168	4993
孟州市	Mengzhou	91388	53989	158761	5584
禹州市	Yuzhou	270369	173507	451038	4996
长葛市	Changge	151096	112478	278684	6851
义马市	Yima	106818	68536	133985	2866
灵宝市	Lingbao	152688	108231	296826	6411
邓州市	Dengzhou	93017	66981	464646	5498
永城市	Yongcheng	278766	202431	522801	2025
项城市	Xiangcheng	70599	47482	322460	1027
济源市	Jiyuan	346149	253521	574660	8071
湖北省	**Hubei**				
大冶市	Daye	312200	422516	502589	5319
丹江口市	Danjiangkou	221465	105918	429533	3815
宜都市	Yidu	300003	226119	419483	6663
当阳市	Dangyang	200166	140967	359931	
枝江市	Zhijiang	202174	152218	319523	4866
老河口市	Laohekou	164990	108943	317947	5200
枣阳市	Zaoyang	210160	138500	476749	8272
宜城市	Yicheng	177517	92190	334970	3136

3-5 续表 5 continued

单位：万元 (10 000 yuan)

城市	City	公共财政收入 Public Finance Income	各项税收 Various Kinds of Tax	公共财政支出 Public Finance Expenditure	科学技术支出 Expenditure for Science and Technology
钟祥市	Zhongxiang	132243	79671	457558	5874
应城市	Yingcheng	120018	75274	263632	2253
安陆市	Anlu	72895	51407	222741	3050
汉川市	Hanchuan	143405	180820	279700	3320
石首市	Shishou	48522	32733	217127	2597
洪湖市	Honghu	52105	57181	173311	497
松滋市	Songzi	85000	125746	306418	3558
麻城市	Macheng	111700	111637	413905	4995
武穴市	Wuxue	106800	70521	275205	2100
赤壁市	Chibi	131229	89554	278590	3732
广水市	Guangshui	168703	54100	295269	4407
恩施市	Enshi	155430	136093	422354	3609
利川市	Lichuan	77160	58672	352388	2640
仙桃市	Xiantao	210019	281911	506695	8110
潜江市	Qianjiang	200036	149611	468000	10500
天门市	Tianmen	150245	105244	465267	7635
湖南省	**Hunan**				
浏阳市	Liuyang	641803	491798	615629	6953
醴陵市	Liling	364116	170500	465716	5788
湘乡市	Xiangxiang	154316	95200	308276	3320
韶山市	Shaoshan	42037	24324	93157	2347
耒阳市	Leiyang	202207	81790	417306	2634
常宁市	Changning	136368	98327	337953	1232
武冈市	Wugang	65060	23112	265899	345
汨罗市	Miluo	190098	60488	296415	4926
临湘市	Linxiang	63244	54362	199255	1962
津市市	Jinshi	51616	36856	141966	1496
沅江市	Yuanjiang	100203	75988	268023	1214
资兴市	Zixing	285358	159852	329623	5512
洪江市	Hongjiang	87854	45288	226968	2367
冷水江市	Lengshuijiang	210013	81072	241089	7616
涟源市	Lianyuan	135631	57039	379354	989
吉首市	Jishou	82153	64225	219631	606
广东省	**Guangdong**				
增城市	Zengcheng	629948	1348301	687600	14813
从化市	Conghua	296720	399473	385216	2386
乐昌市	Lechang	52654	34800	178164	2064
南雄市	Nanxiong	47600	31300	160000	1623
台山市	Taishan	203256	392951	355062	2623
开平市	Kaiping	188469	141165	266357	2693
鹤山市	Heshan	188757	142254	215115	2541
恩平市	Enping	84286	64066	183463	1692
廉江市	Lianjiang	81608	51876	404300	1605
雷州市	Leizhou	53393	28695	340839	1037
吴川市	Wuchuan	53326	32598	228014	639
高州市	Gaozhou	108421	65338	385601	969
化州市	Huazhou	96952	58551	314486	2916
信宜市	Xinyi	75462	46195	283297	535
高要市	Gaoyao	230460	142333	326612	6635
四会市	Sihui	307226	188675	362938	5825

3-5 续表 6 continued

单位：万元 (10 000 yuan)

城市	City	公共财政收入 Public Finance Income	各项税收 Various Kinds of Tax	公共财政支出 Public Finance Expenditure	科学技术支出 Expenditure for Science and Technology
兴宁市	Xingning	57130	42898	328760	70
陆丰市	Lufeng	171689	77150	403985	2239
阳春市	Yangchun	100349	71762	292360	3226
英德市	Yingde	166380	100859	386044	5401
连州市	Lianzhou	58448	35185	157667	2050
普宁市	Puning	181749	125796	466442	2154
罗定市	Luoding	85586	52481	338177	4278
广西壮族自治区	**Guangxi**				
岑溪市	Cenxi	128788	118467	329494	2418
东兴市	Dongxing	96266	71704	182455	1951
桂平市	Guiping	61597	86184	404791	982
北流市	Beiliu	110142	116556	340387	3797
宜州市	Yizhou	44166	62395	208795	1693
合山市	Heshan	17326	24280	98109	1242
凭祥市	Pingxiang	68997	51673	130753	1307
海南省	**Hainan**				
五指山市	Wuzhishan	52903	26923	150248	636
琼海市	Qionghai	177667	154558	386510	3771
儋州市	Danzhou	115558	83562	455763	1181
文昌市	Wenchang	185439	102243	344839	3960
万宁市	Wanning	123642	10534	350906	4879
东方市	Dongfang	103398	75669	341100	4850
四川省	**Sichuan**				
都江堰市	Dujiangyan	165270	119412	312535	3188
彭州市	Pengzhou	155484	104581	383333	4215
邛崃市	Qionglai	94724	61939	327092	3704
崇州市	Chongzhou	111555	80416	310544	2802
广汉市	Guanghan	130239	90847	284098	6256
什邡市	Shifang	131161	101015	205981	3261
绵竹市	Mianzhu	125547	90446	270345	2496
江油市	Jiangyou	135006	89023	314287	3364
峨眉山市	Emeishan	131056	85490	227254	2635
阆中市	Langzhong	65325	48866	397501	847
华蓥市	Huaying	38778	26729	170036	2921
万源市	Wanyuan	33042	23048	266613	1362
简阳市	Jianyang	140311	110148	428486	5711
西昌市	Xichang	288171	162966	469349	1141
贵州省	**Guizhou**				
清镇市	Qingzhen	199623	71814	235933	2298
赤水市	Chishui	40718	30222	170005	3473
仁怀市	Renhuai	237800	200127	377300	4592
兴义市	Xingyi	273192	395694	501284	6279
凯里市	Kaili	328890	154173	449876	4606
都匀市	Duyun	134287	82538	260685	6595
福泉市	Fuquan	155200	125100	184200	1139
云南省	**Yunnan**				
安宁市	Anning	269850	235008	310279	6773
宣威市	Xuanwei	147000	122837	521819	720
楚雄市	Chuxiong	163000	134507	301758	510

3-5 续表 7 continued

单位：万元 (10 000 yuan)

城市	City	公共财政收入 Public Finance Income	各项税收 Various Kinds of Tax	公共财政支出 Public Finance Expenditure	科学技术支出 Expenditure for Science and Technology
个旧市	Gejiu	93336	140078	303455	1625
开远市	Kaiyuan	157239	66697	243918	1072
蒙自市	Mengzi	194746	147878	286604	469
弥勒市	Mile	111274	74559	265365	645
文山市	Wenshan	133000	110800	288915	986
景洪市	Jinghong	119798	88174	294047	2184
大理市	Dali	255962	213319	402307	4142
瑞丽市	Ruili	87490	66616	166799	704
芒市	Mangshi	70248	51905	197499	449
西藏自治区	**Tibet**				
日喀则市	Xigaze	8598	7345	73280	215
陕西省	**Shaanxi**				
兴平市	Xingping	45000	29702	197989	263
韩城市	Hancheng	362896	308624	280945	2745
华阴市	Huayin	35233		126280	401
甘肃省	**Gansu**				
玉门市	Yumen	38688	32994	155908	777
敦煌市	Dunhuang	33780	25944	125000	1560
临夏市	Linxia	59922	18607	197047	2294
合作市	Hezuo	14720	10293	103315	143
玉树市	Yushu	9400	23900	276200	600
青海省	**Qinghai**				
格尔木市	Golmud	180095	160096	293458	792
德令哈市	Delingha	24598	49900	121861	1546
宁夏回族自治区	**Ningxia**				
灵武市	Lingwu	157766	133559	392205	5344
青铜峡市	Qingtongxia	92263	68949	248449	2019
新疆维吾尔自治区	**Xinjiang**				
吐鲁番市	Turpan	32700	43400	249200	1709
哈密市	Hami	289093	235097	380404	3944
昌吉市	Changji	264918	212338	360705	10278
阜康市	Fukang	150662	117535	205530	2907
博乐市	Bole	137894	65159	193442	2681
库尔勒市	Korla	301001	249433	406556	6912
阿克苏市	Akesu	150419	133466	273555	2938
阿图什市	Atus	36190	27536	344842	800
喀什市	Kashi	214654	138500	402600	3767
和田市	Hetian	46655	41648	206804	926
伊宁市	Yining	210644	197979	369203	6035
奎屯市	Kuitun	164459	131997	208973	4039
塔城市	Tacheng	40981	36286	156915	2539
乌苏市	Wusu	118981	75582	243545	4252
阿勒泰市	Aletai	46611	40906	213477	2215
石河子市	Shihezi	283125	234612	331783	3433
阿拉尔市	Alar	39482	37504	58663	533
图木舒克市	Tumushuke	18678	16585	33939	36
五家渠市	Wujiaqu	92917	89810	114764	717
北屯市	Beitun	14008	13683	20839	49

3-6 年末金融机构存贷款余额

Deposits and Loans of National Banking System at Year-end

单位：万元 (10 000 yuan)

城市	City	年末金融机构各项存款余额 Deposits of National Banking System at Year-end	城乡居民储蓄存款余额 household saving deposits	年末金融机构各项贷款余额 Loans of National Banking System at Year-end
河北省	**Hebei**			
辛集市	Xinji	2767332	2199412	1031262
藁城市	Gaocheng	2334970	1679799	888714
晋州市	Jinzhou	1735599	1389979	693827
新乐市	Xinle	1088235	913604	455719
鹿泉市	Luquan	2197198	1419047	1199306
遵化市	Zunhua	2824507	2793187	1457918
迁安市	Qian'an	6107423	4100051	3827063
武安市	Wu'an	4912358	3040098	2262418
南宫市	Nangong	1142187	933693	493049
沙河市	Shahe	1974871	1491897	1550371
涿州市	Zhuozhou	3032703	2470436	1021592
定州市	Dingzhou	3032703	2470436	1021592
安国市	Anguo	1213382	1031952	375011
高碑店市	Gaobeidian	2978448	2076149	1938683
泊头市	Botou	1895809	1565192	644743
任丘市	Renqiu	4792796	3317763	1198060
黄骅市	Huanghua	2352031	1487193	1636580
河间市	Hejian	2418974	2085644	574001
霸州市	Bazhou	3414549	2297156	2865353
三河市	Sanhe	6525327	3345024	6376136
冀州市	Jizhou	1588600	1173557	680694
深州市	Shenzhou	1396552	1045766	616390
山西省	**Shanxi**			
古交市	Gujiao	1489254	1149673	472756
潞城市	Lucheng	768473	568954	328106
高平市	Gaoping	2643900	1570802	1115390
介休市	Jiexiu	2230345	1691826	1477589
永济市	Yongji	963059	734285	668032
河津市	Hejin	1598436	1128633	846794
原平市	Yuanping	1767160	1431603	932556
侯马市	Houma	1491203	1068493	656331
霍州市	Huozhou	1112084	861273	782959
孝义市	Xiaoyi	3400162	2542631	1772408
汾阳市	Fenyang	1684966	1185162	479548
内蒙古自治区	**Inner Mongolia**			
霍林郭勒市	Huolinguole	654824	414315	1123295
满洲里市	Manzhouli	1706097	1127737	912595
牙克石市	Yakeshi	1623459	969539	452194
扎兰屯市	Zhalantun	766368	610784	410692
额尔古纳市	Eerguna	321650	230561	113027
根河市	Genhe	660241	427009	130212
丰镇市	Fengzhen	583220	419300	416062
乌兰浩特市	Wulanhaote	1793360	949158	1290316
阿尔山市	Aershan	231405	94171	101579
二连浩特市	Erlianhaote	553018	338441	498141
锡林浩特市	Xilinhaote	1992543	1049979	2375921

3-6 续表 1 continued

单位：万元 (10 000 yuan)

城　　市	City	年末金融机构各项存款余额 Deposits of National Banking System at Year-end	城乡居民储蓄存款余额 household saving deposits	年末金融机构各项贷款余额 Loans of National Banking System at Year-end
辽宁省	**Liaoning**			
新民市	Xinmin	1548362	1279774	766500
瓦房店市	Wafangdian	5394858	3899345	3858634
普兰店市	Pulandian	4034572	2922947	2441388
庄河市	Zhuanghe	3936286	2900132	2525896
海城市	Haicheng	4670334	3986242	1849743
东港市	Donggang	2779335	2201234	1714913
凤城市	Fengcheng	1940952	1642255	1010327
凌海市	Linghai	1343454	1132808	955576
北镇市	Beizhen	1398761	1269832	788702
盖州市	Gaizhou	1632156	1325568	892085
大石桥市	Dashiqiao	2902646	2138046	1980157
灯塔市	Dengta	1768821	1285930	896958
调兵山市	Diaobingshan	1469190	1102879	893588
开原市	Kaiyuan	1251235	1062520	973137
北票市	Beipiao	1526724	1141920	739086
凌源市	Lingyuan	1845892	1463325	1033489
兴城市	Xingcheng	1737000	1341000	1137000
吉林省	**Jilin**			
九台市	Jiutai	1565882	1207469	798799
榆树市	Yushu	1650500	1280872	1380475
德惠市	Dehui	1868651	1489145	936584
蛟河市	Jiaohe	1219600	809700	745900
桦甸市	Huadian	1176897	806411	500153
舒兰市	Shulan	1193783	889074	592508
磐石市	Panshi	1107499	803545	882939
公主岭市	Gongzhuling	2204653	1772377	1302081
双辽市	Shuangliao	687656	487643	681319
梅河口市	Meihekou	1761393	1381947	965157
集安市	Ji'an	871861	640999	369738
临江市	Linjiang	595915	421966	329614
扶余市	Fuyu	857579	608445	588581
洮南市	Taonan	732996	450313	704973
大安市	Daan	927624	566183	692607
延吉市	Yanji	5348196	3402897	2419815
图们市	Tumen	521868	404710	166936
敦化市	Dunhua	2039329	1337030	1023873
珲春市	Hunchun	1267055	833026	701510
龙井市	Longjing	640527	483237	236999
和龙市	Helong	574260	403657	336772
黑龙江省	**Heilongjiang**			
双城市	Shuangcheng	1304621	992565	1067693
尚志市	Shangzhi	1332521	1045376	587909
五常市	Wuchang	1488094	1126669	681037
讷河市	Nehe	848106	622762	907384
虎林市	Hulin	1238167	929090	1071525
密山市	Mishan	1493291	1006505	543087
铁力市	Tieli	1011441	809603	376447
同江市	Tongjiang	433853	233785	427966
富锦市	Fujin	826378	581840	700293
绥芬河市	Suifenhe	1090674	827367	590628
海林市	Hailin	1025753	824857	461650

3-6 续表 2 continued

单位：万元 (10 000 yuan)

城 市	City	年末金融机构各项存款余额 Deposits of National Banking System at Year-end	城乡居民储蓄存款余额 household saving deposits	年末金融机构各项贷款余额 Loans of National Banking System at Year-end
宁安市	Ning'an	998695	776489	474184
穆棱市	Muling	631810	498334	302419
北安市	Bei'an	1281007	872648	710878
五大连池市	Wudalianchi	815287	590315	278640
安达市	Anda	915135	712395	405927
肇东市	Zhaodong	1283788	1002060	835145
海伦市	Hailun	850289	660896	650931
江苏省	**Jiangsu**			
江阴市	Jiangyin	26067716	8723557	19874376
宜兴市	Yixing	16228988	7423976	12404714
新沂市	Xinyi	2181317	1398079	1862149
邳州市	Pizhou	2976061	2082612	2260353
溧阳市	Liyang	7954953	3873800	5362069
金坛市	Jintan	4721120	2646864	3387533
常熟市	Changshu	22081970	9874241	16584989
张家港市	Zhangjiagang	22862084	8327173	16755670
昆山市	Kunshan	26603961	8804802	18148993
太仓市	Taicang	11451840	4208246	9949189
启东市	Qidong	8255302	5643659	4873039
如皋市	Rugao	7623088	5060217	4434876
海门市	Haimen	8648644	5573105	5229602
东台市	Dongtai	4979824	3755214	2672204
大丰市	Dafeng	3807619	2350474	2386002
仪征市	Yizheng	3952329	2232298	2177605
高邮市	Gaoyou	3423834	2341370	2059128
丹阳市	Danyang	8609305	4221479	7293624
扬中市	Yangzhong	4087302	2297594	2931575
句容市	Jurong	3674054	2061088	2719187
兴化市	Xinghua	4575876	3221913	3205938
靖江市	Jingjiang	7618662	3550553	5018750
泰兴市	Taixing	5644721	3409073	3233354
浙江省	**Zhejiang**			
建德市	Jiande	2690276	1635973	2217503
富阳市	Fuyang	7894145	3244542	7782881
临安市	Lin'an	3958106	1969737	3280700
余姚市	Yuyao	11542406	5652270	11609849
慈溪市	Cixi	16686320	8234248	15787998
奉化市	Fenghua	4061054	2196342	4677353
瑞安市	Rui'an	9419325	5482178	9493709
乐清市	Yueqing	9847557	5389959	10078966
海宁市	Haining	9909312	4854639	7067882
平湖市	Pinghu	6413657	3058458	4487578
桐乡市	Tongxiang	8079823	4585984	6261818
诸暨市	Zhuji	10987381	5471969	9677168
上虞市	Shangyu	8307036	4137074	7237768
嵊州市	Shengzhou	4587041	2664712	3541706
兰溪市	Lanxi	3201328	1687897	2910354
义乌市	Yiwu	22307126	11542216	17439368
东阳市	Dongyang	7483964	3729580	5496325
永康市	Yongkang	8860912	4168154	7930630

3-6 续表 3 continued

单位：万元 (10 000 yuan)

城市	City	年末金融机构各项存款余额 Deposits of National Banking System at Year-end	城乡居民储蓄存款余额 household saving deposits	年末金融机构各项贷款余额 Loans of National Banking System at Year-end
江山市	Jiangshan	3158207	1862951	2876696
温岭市	Wenling	10585785	6081299	8210481
临海市	Linhai	5915449	3335371	4517597
龙泉市	Longquan	1155976	683101	994653
安徽省	**Anhui**			
巢湖市	Chaohu	3005062	1950138	2136181
桐城市	Tongcheng	2578553	1821954	1508635
天长市	Tianchang	1734265	1112570	1327128
明光市	Mingguang	1141417	770499	615216
界首市	Jieshou	1363673	1007700	529837
宁国市	Ningguo	1358920	799669	1465011
福建省	**Fujian**			
福清市	Fuqing	7037862	4914148	4887286
长乐市	Changle	5704050	2509358	5414426
永安市	Yong'an	1710357	876335	1733995
石狮市	Shishi	6543534	4572313	4935556
晋江市	Jinjiang	12583589	8600946	9103731
南安市	Nan'an	7684100	5840762	6029212
龙海市	Longhai	3379169	1904103	2465480
邵武市	Shaowu	1237064	773345	910992
武夷山市	Wuyishan	1042101	656492	972428
建瓯市	Jian'ou	1266014	720251	1064742
建阳市	Jianyang	1558374	824354	1038688
漳平市	Zhangping	808102	422449	789510
福安市	Fu'an	2069772	1037165	2588599
福鼎市	Fuding	1609987	883864	3087656
江西省	**Jiangxi**			
乐平市	Leping	1810744	1345423	829777
瑞昌市	Ruichang	1166549	732021	690043
共青城市	Gongqingcheng	429134	228762	399857
贵溪市	Guixi	1979889	961115	1373276
瑞金市	Ruijin	1289765	873880	756798
南康市	Nankang	2230359	1505822	1399545
井冈山市	Jinggangshan	629630	384001	390465
丰城市	Fengcheng	3148207	2199898	1746000
樟树市	Zhangshu	2172943	1399248	1303704
高安市	Gaoan	2699542	1604969	1406019
德兴市	Dexing	1060202	729686	585602
山东省	**Shandong**			
章丘市	Zhangqiu	4287609	2849695	2760330
胶州市	Jiaozhou	4749683	2722026	4039835
即墨市	Jimo	6310387	3822956	5044381
平度市	Pingdu	4286317	3163567	2304006
莱西市	Laixi	2665323	1966879	1733293
滕州市	Tengzhou	4204379	3028002	4029081
龙口市	Longkou	7065829	3805878	5358793
莱阳市	Laiyang	2834663	2107544	1555472
莱州市	Laizhou	5325568	3738565	2690663
蓬莱市	Penglai	3243642	2014335	2434060
招远市	Zhaoyuan	4224562	2441287	2536957

3-6 续表 4 continued

单位：万元 (10 000 yuan)

城 市	City	年末金融机构各项存款余额 Deposits of National Banking System at Year-end	城乡居民储蓄存款余额 household saving deposits	年末金融机构各项贷款余额 Loans of National Banking System at Year-end
栖霞市	Qixia	1775896	1449985	976523
海阳市	Haiyang	2726355	1830773	1999339
青州市	Qingzhou	5311068	3494023	3978961
诸城市	Zhucheng	4658266	2805339	4017746
寿光市	Shouguang	6396020	3526949	5884908
安丘市	Anqiu	2597960	1943508	2033682
高密市	Gaomi	2974088	2028254	2602005
昌邑市	Changyi	3040114	2107362	2052859
曲阜市	Qufu	2141281	1357646	1061292
兖州市	Yanzhou	3437490	2093648	2281424
邹城市	Zoucheng	5953417	2767702	4708777
新泰市	Xintai	4657510	2974451	2894531
肥城市	Feicheng	3568979	2345126	2409336
文登市	Wendeng	3586065	2689636	2345182
荣成市	Rongcheng	5257488	3429257	3562662
乳山市	Rushan	2715528	1932185	1792411
乐陵市	Laoling	1359230	1015791	978856
禹城市	Yucheng	1323443	877214	1273913
临清市	Linqing	2026679	1564368	1716856
河南省	**Henan**			
巩义市	Gongyi	2884246	1880821	1566067
荥阳市	Xingyang	2063108	1467496	1138711
新密市	Xinmi	2871057	2244292	1478432
新郑市	Xinzheng	2934218	1696203	1677066
登封市	Dengfeng	2364725	1715254	990629
偃师市	Yanshi	1925585	1546581	833002
舞钢市	Wugang	1043940	729345	885773
汝州市	Ruzhou	1770285	1256448	1167471
林州市	Linzhou	3016114	2524471	1074064
卫辉市	Weihui	916773	625029	330611
辉县市	Huixian	1875452	1387522	1166180
沁阳市	Qinyang	1119000	887000	601000
孟州市	Mengzhou	904000	632000	567000
禹州市	Yuzhou	2183939	1717749	1229847
长葛市	Changge	1678134	1266407	1254000
义马市	Yima	1227700	533682	747898
灵宝市	Lingbao	2172806	1561452	1508356
邓州市	Dengzhou	2189455	1633498	958739
永城市	Yongcheng	2774347	1973403	2048267
项城市	Xiangcheng	1817627	1508087	475326
济源市	Jiyuan	2563551	1539916	1979804
湖北省	**Hubei**			
大冶市	Daye	2976620	1562108	1832703
丹江口市	Danjiangkou	2078683	1157496	1199921
宜都市	Yidu	1679920	1588149	1239915
当阳市	Dangyang	1649677	1338031	954045
枝江市	Zhijiang	1789916	1237452	825003
老河口市	Laohekou	1278418	952951	689389
枣阳市	Zaoyang	2441176	1795565	1064267
宜城市	Yicheng	1414808	1008504	740938

3-6 续表 5 continued

单位：万元 (10 000 yuan)

城　市	City	年末金融机构各项存款余额 Deposits of National Banking System at Year-end	城乡居民储蓄存款余额 household saving deposits	年末金融机构各项贷款余额 Loans of National Banking System at Year-end
钟祥市	Zhongxiang	2983236	2251933	945280
应城市	Yingcheng	1760680	1287322	779703
安陆市	Anlu	1502594	1181782	743353
汉川市	Hanchuan	2293074	1505160	1415667
石首市	Shishou	1580748	1131812	481995
洪湖市	Honghu	1603582	1152809	818366
松滋市	Songzi	2122327	1546874	637578
麻城市	Macheng	2172401	1563236	1212044
武穴市	Wuxue	1642696	1262662	702060
赤壁市	Chibi	1266123	872364	677837
广水市	Guangshui	2119298	1629303	596781
恩施市	Enshi	3017594	1193284	2298991
利川市	Lichuan	1334794	948782	549300
仙桃市	Xiantao	3776200	2714500	1475700
潜江市	Qianjiang	3718300	2564400	1316400
天门市	Tianmen	3405261	2829100	1137215
湖南省	**Hunan**			
浏阳市	Liuyang	3728911	2471901	3010936
醴陵市	Liling	1886358	1527515	1071440
湘乡市	Xiangxiang	1907705	1528623	983196
韶山市	Shaoshan	461631	323203	209817
耒阳市	Leiyang	2235700	1805225	854521
常宁市	Changning	1321568	1135067	454365
武冈市	Wugang	1324284	1017677	492902
汨罗市	Miluo	951460	847984	495887
临湘市	Linxiang	883305	673966	466046
津市市	Jinshi	676943	539202	262389
沅江市	Yuanjiang	1237083	945715	805117
资兴市	Zixing	1312118	917790	578929
洪江市	Hongjiang	1052366	812681	593714
冷水江市	Lengshuijiang	1243805	811547	1015687
涟源市	Lianyuan	1372129	908699	804545
吉首市	Jishou	2093922	1120076	929148
广东省	**Guangdong**			
增城市	Zengcheng	10294947	5609250	6859277
从化市	Conghua	3190148	1849054	1871535
乐昌市	Lechang	1116700	854000	460900
南雄市	Nanxiong	917025	696961	371993
台山市	Taishan	4240441	3315266	1946859
开平市	Kaiping	4162752	3225156	1593290
鹤山市	Heshan	2887800	1995400	1761100
恩平市	Enping	1878398	1547130	358820
廉江市	Lianjiang	2226426	1868501	861683
雷州市	Leizhou	1809187	1432022	792756
吴川市	Wuchuan	1756690	1450556	479611
高州市	Gaozhou	3178090	2558131	1052737
化州市	Huazhou	2140447	1769645	810045
信宜市	Xinyi	2193485	1746912	832428
高要市	Gaoyao	2319649	1737813	1303233
四会市	Sihui	2756751	1871747	2757064

3-6 续表 6 continued

单位：万元 (10 000 yuan)

城　市	City	年末金融机构各项存款余额 Deposits of National Banking System at Year-end	城乡居民储蓄存款余额 household saving deposits	年末金融机构各项贷款余额 Loans of National Banking System at Year-end
兴宁市	Xingning	2027145	1645574	718443
陆丰市	Lufeng	1171616	948795	426081
阳春市	Yangchun	2149371	1621738	1016038
英德市	Yingde	2314810	1714329	1168007
连州市	Lianzhou	1136984	845403	726336
普宁市	Puning	4987717	3765815	1893530
罗定市	Luoding	1819336	1481024	781141
广西壮族自治区	**Guangxi**			
岑溪市	Cenxi	1329665	1046007	879168
东兴市	Dongxing	1038934	797998	632183
桂平市	Guiping	2478331	1900526	1179677
北流市	Beiliu	1954161	1666673	1099331
宜州市	Yizhou	1099021	830254	663178
合山市	Heshan	344885	208158	128261
凭祥市	Pingxiang	626867	495486	368322
海南省	**Hainan**			
五指山市	Wuzhishan	472602	224085	161501
琼海市	Qionghai	2423265	1419940	809069
儋州市	Danzhou	2073428	1169168	882102
文昌市	Wenchang	2281908	1430600	845116
万宁市	Wanning	1671198	961729	527220
东方市	Dongfang	1174183	539541	359554
四川省	**Sichuan**			
都江堰市	Dujiangyan	4506572	2849750	2739875
彭州市	Pengzhou	3620251	2479490	1825763
邛崃市	Qionglai	2734298	1660306	1303268
崇州市	Chongzhou	3195390	2269361	1455684
广汉市	Guanghan	3261662	2209160	1669849
什邡市	Shifang	1975339	1316337	1327707
绵竹市	Mianzhu	2140019	1306293	1181268
江油市	Jiangyou	3125511	2177417	1380782
峨眉山市	Emeishan	2095637	1552607	1223030
阆中市	Langzhong	2006436	1534211	920100
华蓥市	Huaying	1204065	842451	523052
万源市	Wanyuan	1109166	676441	551017
简阳市	Jianyang	3234931	2570339	1493947
西昌市	Xichang	4343313	1834261	2691415
贵州省	**Guizhou**			
清镇市	Qingzhen	1120635	714507	733788
赤水市	Chishui	793901	562441	515951
仁怀市	Renhuai	4254600	1094900	1369100
兴义市	Xingyi	3181992	1450206	2315662
凯里市	Kaili	3007579	1465948	2056409
都匀市	Duyun	2548514	1254485	1461000
福泉市	Fuquan	671927	438745	651825
云南省	**Yunnan**			
安宁市	Anning	2546604	1363602	2222939
宣威市	Xuanwei	2252944	1414781	1435668
楚雄市	Chuxiong	2939836	1350894	2146659

3-6 续表 7 continued

单位：万元 (10 000 yuan)

城市	City	年末金融机构各项存款余额 Deposits of National Banking System at Year-end	城乡居民储蓄存款余额 household saving deposits	年末金融机构各项贷款余额 Loans of National Banking System at Year-end
个旧市	Gejiu	2155696	1415863	1463445
开远市	Kaiyuan	1420380	849905	872298
蒙自市	Mengzi	3227495	1105630	2113253
弥勒市	Mile	1503694	796702	922946
文山市	Wenshan	2659919	1248855	1971022
景洪市	Jinghong	2734300	1456900	1680200
大理市	Dali	5400623	2390593	3638868
瑞丽市	Ruili	1651984	1249989	1055815
芒市	Mangshi	1499386	792707	951572
西藏自治区	**Tibet**			
日喀则市	Xigaze	95767	46588	21857
陕西省	**Shaanxi**			
兴平市	Xingping	1468296	1147835	557201
韩城市	Hancheng	2167667	1381407	1394681
华阴市	Huayin	739307	549451	463645
甘肃省	**Gansu**			
玉门市	Yumen	876644	485673	556607
敦煌市	Dunhuang	1763621	1174498	605644
临夏市	Linxia	802376	58762	240218
合作市	Hezuo	546200	238900	489850
玉树市	Yushu	958619	241335	109724
青海省	**Qinghai**			
格尔木市	Golmud	1945189	990441	2582266
德令哈市	Delingha	1093523	309006	932532
宁夏回族自治区	**Ningxia**			
灵武市	Lingwu	885554	876932	1889650
青铜峡市	Qingtongxia	730850	728762	1330800
新疆维吾尔自治区	**Xinjiang**			
吐鲁番市	Turpan	845800	462500	469295
哈密市	Hami	3923100	2096700	2588575
昌吉市	Changji	4120493	1875668	2896396
阜康市	Fukang	969227	580264	730778
博乐市	Bole	1343823	602625	825047
库尔勒市	Korla	5198779	2797376	3193247
阿克苏市	Akesu	3654793	1714325	2676626
阿图什市	Atus	723193	328915	263523
喀什市	Kashi	3448500	1377900	1797100
和田市	Hetian	1868273	759154	308227
伊宁市	Yining	3909796	1749415	2293717
奎屯市	Kuitun	2209398	958683	1090140
塔城市	Tacheng	995400	416600	516200
乌苏市	Wusu	1060745	646722	737637
阿勒泰市	Aletai	1156508	477366	595581
石河子市	Shihezi	2987739	1978306	1910077
阿拉尔市	Alar	1065900	386200	388600
图木舒克市	Tumushuke	441416	190744	128401
五家渠市	Wujiaqu	935200	456700	861200
北屯市	Beitun	838389	376009	392894

3-7 规模以上工业企业情况
Gross Industrial Output Value above Designated Size

城市	city	规模以上工业企业单位数(个) Number of Industrial Enterprises above Designated Size (unit)	规模以上工业总产值(万元) Gross Industrial Output Value above Designated Size (10 000 yuan)	规模以上工业企业主营业务收入(万元) Main Business Revenue of Industrial Enterprises above Designated Size (10 000 yuan)
河北省	**Hebei**			
辛集市	Xinji	264	8061624	8009156
藁城市	Gaocheng	382	12808182	12827314
晋州市	Jinzhou	232	4899079	4879187
新乐市	Xinle	152	3732679	3717367
鹿泉市	Luquan	217	6479761	6660386
遵化市	Zunhua	145	6891712	6768827
迁安市	Qian'an	186	16887662	16885529
武安市	Wu'an	102	12345102	12097059
南宫市	Nangong	72	1295592	1267897
沙河市	Shahe	83	3457944	3472203
涿州市	Zhuozhou	82	2403367	2393037
定州市	Dingzhou	144	2863496	2815104
安国市	Anguo	79	1820167	1793150
高碑店市	Gaobeidian	44	1437373	1347784
泊头市	Botou	214	3048448	3093775
任丘市	Renqiu	223	9485674	9483664
黄骅市	Huanghua	96	3092639	2595943
河间市	Hejian	210	3303012	2230658
霸州市	Bazhou	143	3048008	3574470
三河市	Sanhe	199	9835518	9199916
冀州市	Jizhou	87	1359258	1263630
深州市	Shenzhou	91	1525725	1468680
山西省	**Shanxi**			
古交市	Gujiao	32	238600	250700
潞城市	Lucheng	51	1899400	1878900
高平市	Gaoping	51	1685100	1675000
介休市	Jiexiu	70	3245500	4178400
永济市	Yongji	56	2404900	2259700
河津市	Hejin	81	4058500	3972400
原平市	Yuanping	33	1574300	1320500
侯马市	Houma	28	1045000	1105300
霍州市	Huozhou	20	1588500	1598100
孝义市	Xiaoyi	220	5834000	5131800
汾阳市	Fenyang	51	1345000	1903800
内蒙古自治区	**Inner Mongolia**			
霍林郭勒市	Huolinguole	62	5440900	5408540
满洲里市	Manzhouli	84	1342405	1331197
牙克石市	Yakeshi	63	2550000	2549000
扎兰屯市	Zhalantun	62	2042379	2065336
额尔古纳市	Eerguna	12	244008	242100
根河市	Genhe	13	176524	178899
丰镇市	Fengzhen	46	2280223	2235120
乌兰浩特市	Wulanhaote	59	1263098	1078121
阿尔山市	Aershan	2	6520	5915
二连浩特市	Erlianhaote	31	534974	444946
锡林浩特市	Xilinhaote	78	1988291	1695025

3-7 续表 1 continued

城 市	city	规模以上工业企业单位数(个) Number of Industrial Enterprises above Designated Size (unit)	规模以上工业总产值(万元) Gross Industrial Output Value above Designated Size (10 000 yuan)	规模以上工业企业主营业务收入(万元) Main Business Revenue of Industrial Enterprises above Designated Size (10 000 yuan)
辽宁省	**Liaoning**			
新民市	Xinmin	375	11770284	11667355
瓦房店市	Wafangdian	925	26008893	25418922
普兰店市	Pulandian	435	14273530	12509677
庄河市	Zhuanghe	538	18865942	18453442
海城市	Haicheng	583	12911600	12704000
东港市	Donggang	266	5184014	5038158
凤城市	Fengcheng	186	2626038	2639014
凌海市	Linghai	195	7775226	7765343
北镇市	Beizhen	110	2803720	2748233
盖州市	Gaizhou	237	3305367	3254153
大石桥市	Dashiqiao	293	8075091	8125298
灯塔市	Dengta	200	7175870	7101705
调兵山市	Diaobingshan	91	2819982	3129511
开原市	Kaiyuan	268	8249152	7989099
北票市	Beipiao	180	2703310	2647910
凌源市	Lingyuan	106	1150759	1150519
兴城市	Xingcheng	93	1796207	1725600
吉林省	**Jilin**			
九台市	Jiutai	209	4368353	4083022
榆树市	Yushu	65	1633274	1628017
德惠市	Dehui	138	3509120	3005232
蛟河市	Jiaohe	126	2287428	2163262
桦甸市	Huadian	174	3381494	3296045
舒兰市	Shulan	115	1669431	1605355
磐石市	Panshi	139	3165993	3332024
公主岭市	Gongzhuling	127	4041302	3758134
双辽市	Shuangliao	62	2702843	2374667
梅河口市	Meihekou	128	4511395	4473253
集安市	Ji'an	51	602812	588355
临江市	Linjiang	63	1822000	1596000
扶余市	Fuyu	124	3850854	3779118
洮南市	Taonan	67	1248776	1175437
大安市	Daan	57	1256400	1055389
延吉市	Yanji	67	2790048	2653724
图们市	Tumen	35	661070	596822
敦化市	Dunhua	111	2357664	2055749
珲春市	Hunchun	104	2760827	2591178
龙井市	Longjing	38	490900	411619
和龙市	Helong	32	899240	737442
黑龙江省	**Heilongjiang**			
双城市	Shuangcheng	114	2374000	2012760
尚志市	Shangzhi	115	2177331	1870995
五常市	Wuchang	150	3048922	2913042
讷河市	Nehe	33	573316	554283
虎林市	Hulin	12	456311	463967
密山市	Mishan	18	402264	317637
铁力市	Tieli	34	405810	387294
同江市	Tongjiang	29	294802	298604
富锦市	Fujin	66	923250	916340
绥芬河市	Suifenhe	23	328537	215685
海林市	Hailin	93	1925402	2016173

3-7 续表 2 continued

城市	city	规模以上工业企业单位数（个）Number of Industrial Enterprises above Designated Size (unit)	规模以上工业总产值（万元）Gross Industrial Output Value above Designated Size (10 000 yuan)	规模以上工业企业主营业务收入（万元）Main Business Revenue of Industrial Enterprises above Designated Size (10 000 yuan)
宁安市	Ning'an	88	1379962	1376326
穆棱市	Muling	92	2304564	2247517
北安市	Bei'an	21	288884	269456
五大连池市	Wudalianchi	9	78506	64134
安达市	Anda	72	1973945	1897642
肇东市	Zhaodong	86	2444067	2446775
海伦市	Hailun	39	684823	665265
江苏省	**Jiangsu**			
江阴市	Jiangyin	1504	60987055	60037750
宜兴市	Yixing	960	29524328	28606987
新沂市	Xinyi	452	12121662	12080336
邳州市	Pizhou	544	18854030	18660289
溧阳市	Liyang	404	15819775	15974635
金坛市	Jintan	401	6576394	6671612
常熟市	Changshu	1500	35822474	35573554
张家港市	Zhangjiagang	1300	49220491	50717497
昆山市	Kunshan	1926	81572964	81716830
太仓市	Taicang	1227	19946959	19304827
启东市	Qidong	527	13564618	13419240
如皋市	Rugao	806	14122664	13362304
海门市	Haimen	638	16295075	16469929
东台市	Dongtai	573	8630623	8726802
大丰市	Dafeng	425	6579520	6890563
仪征市	Yizheng	341	12574185	12561760
高邮市	Gaoyou	507	8817094	8766554
丹阳市	Danyang	819	22637028	22465906
扬中市	Yangzhong	409	10566101	10130515
句容市	Jurong	567	10966428	10850381
兴化市	Xinghua	592	11637495	11432079
靖江市	Jingjiang	451	19336478	18126034
泰兴市	Taixing	565	16823198	16701719
浙江省	**Zhejiang**			
建德市	Jiande	364	4045718	3938136
富阳市	Fuyang	713	12696059	12414903
临安市	Lin'an	577	6578993	6424635
余姚市	Yuyao	1184	12376426	11895625
慈溪市	Cixi	1268	17448888	16046908
奉化市	Fenghua	437	3692926	3510517
瑞安市	Rui'an	873	7685450	7338275
乐清市	Yueqing	981	11191218	10987978
海宁市	Haining	1107	13258505	12784386
平湖市	Pinghu	610	11954825	12041417
桐乡市	Tongxiang	982	12547273	12173498
诸暨市	Zhuji	1021	22243608	21812864
上虞市	Shangyu	599	14470671	13601828
嵊州市	Shengzhou	440	3998203	3817352
兰溪市	Lanxi	443	7039513	6498074
义乌市	Yiwu	789	7768283	7511868
东阳市	Dongyang	428	4220887	3980359
永康市	Yongkang	637	8390791	8275193

3-7 续表 3 continued

城 市	city	规模以上工业企业单位数(个) Number of Industrial Enterprises above Designated Size (unit)	规模以上工业总产值(万元) Gross Industrial Output Value above Designated Size (10 000 yuan)	规模以上工业企业主营业务收入(万元) Main Business Revenue of Industrial Enterprises above Designated Size (10 000 yuan)
江山市	Jiangshan	295	3275434	3211860
温岭市	Wenling	1005	6942869	6503275
临海市	Linhai	447	6060256	5098095
龙泉市	Longquan	186	1612238	1501865
安徽省	**Anhui**			
巢湖市	Chaohu	132	3225879	3249887
桐城市	Tongcheng	345	4385464	4273264
天长市	Tianchang	281	6619734	6761554
明光市	Mingguang	102	989487	958115
界首市	Jieshou	152	2856403	2773941
宁国市	Ningguo	262	4417572	4059573
福建省	**Fujian**			
福清市	Fuqing	346	1261	1201
长乐市	Changle	405	16624531	15985500
永安市	Yong'an	282	5839937	5740040
石狮市	Shishi	380	7957473	7925359
晋江市	Jinjiang	1462	29610814	27993393
南安市	Nan'an	746	12945779	12818696
龙海市	Longhai	426	9256031	9172744
邵武市	Shaowu	190	2850093	2803679
武夷山市	Wuyishan	73	721634	693128
建瓯市	Jian'ou	151	1681639	1564357
建阳市	Jianyang	143	1955868	1900842
漳平市	Zhangping	112	1029073	1011185
福安市	Fu'an	359	7935588	7216930
福鼎市	Fuding	325	6052382	5941402
江西省	**Jiangxi**			
乐平市	Leping	107	3270173	3195871
瑞昌市	Ruichang	103	3185581	3810313
共青城市	Gongqingcheng	62	2611997	3005990
贵溪市	Guixi	74	12570794	22117300
瑞金市	Ruijin	37	734144	742542
南康市	Nankang	118	2270306	2291446
井冈山市	Jinggangshan	26	271335	242483
丰城市	Fengcheng	140	5623460	5713600
樟树市	Zhangshu	122	4167400	4247700
高安市	Gaoan	127	3649130	3679422
德兴市	Dexing	62	824900	843000
山东省	**Shandong**			
章丘市	Zhangqiu	479	13410535	13367688
胶州市	Jiaozhou	878	21237906	20411394
即墨市	Jimo	769	22684442	22006170
平度市	Pingdu	681	16052000	15632000
莱西市	Laixi	715	10199149	9878845
滕州市	Tengzhou	484	13411256	13706700
龙口市	Longkou	316	28782212	28007603
莱阳市	Laiyang	220	7402955	7421161
莱州市	Laizhou	372	15025954	15385299
蓬莱市	Penglai	272	12873269	13769437
招远市	Zhaoyuan	302	15699506	17122029

3-7 续表 4 continued

城　　市	city	规模以上工业企业单位数（个）Number of Industrial Enterprises above Designated Size (unit)	规模以上工业总产值（万元）Gross Industrial Output Value above Designated Size (10 000 yuan)	规模以上工业企业主营业务收入（万元）Main Business Revenue of Industrial Enterprises above Designated Size (10 000 yuan)
栖霞市	Qixia	240	2612261	2623616
海阳市	Haiyang	228	3562800	2834600
青州市	Qingzhou	524	15097129	14837162
诸城市	Zhucheng	707	22103808	21817660
寿光市	Shouguang	515	17001473	17390048
安丘市	Anqiu	332	3956810	4049717
高密市	Gaomi	648	15639414	15964536
昌邑市	Changyi	330	9696252	10037072
曲阜市	Qufu	160	2062523	2473871
兖州市	Yanzhou	179	12165209	12198300
邹城市	Zoucheng	232	8318596	12856700
新泰市	Xintai	443	17690264	18701147
肥城市	Feicheng	362	14622301	13810159
文登市	Wendeng	457	16529141	16684900
荣成市	Rongcheng	501	23481310	23424299
乳山市	Rushan	313	6379286	6181952
乐陵市	Laoling	280	6042222	6039600
禹城市	Yucheng	313	7988946	7781000
临清市	Linqing	406	14539900	14752400
河南省	**Henan**			
巩义市	Gongyi	434	16892105	16305381
荥阳市	Xingyang	368	13628127	13551045
新密市	Xinmi	547	11147364	11046534
新郑市	Xinzheng	299	10821299	11173116
登封市	Dengfeng	284	10368547	10194094
偃师市	Yanshi	289	7909344	7946058
舞钢市	Wugang	64	1797754	1591632
汝州市	Ruzhou	131	2520057	2552238
林州市	Linzhou	264	9147406	9236059
卫辉市	Weihui	93	1598079	1518494
辉县市	Huixian	198	6939655	6716387
沁阳市	Qinyang	219	7613308	7567605
孟州市	Mengzhou	208	6534061	6683005
禹州市	Yuzhou	468	10531702	10133949
长葛市	Changge	331	13950668	13477767
义马市	Yima	78	4478197	5379410
灵宝市	Lingbao	217	14564025	14344234
邓州市	Dengzhou	145	3474926	3301685
永城市	Yongcheng	108	7304555	9228747
项城市	Xiangcheng	134	3975127	3907238
济源市	Jiyuan	220	15023422	13492000
湖北省	**Hubei**			
大冶市	Daye	303	7881700	7009400
丹江口市	Danjiangkou	155	2342418	2081070
宜都市	Yidu	245	8114526	7857754
当阳市	Dangyang	241	6152396	5656472
枝江市	Zhijiang	236	6460900	6460900
老河口市	Laohekou	198	4970310	4604708
枣阳市	Zaoyang	280	6770200	6332000
宜城市	Yicheng	179	4829100	4655000

3-7 续表 5 continued

城　市	city	规模以上工业企业单位数（个）Number of Industrial Enterprises above Designated Size (unit)	规模以上工业总产值（万元）Gross Industrial Output Value above Designated Size (10 000 yuan)	规模以上工业企业主营业务收入（万元）Main Business Revenue of Industrial Enterprises above Designated Size (10 000 yuan)
钟祥市	Zhongxiang	260	7607711	7230226
应城市	Yingcheng	183	4815075	4836518
安陆市	Anlu	82	1758649	1599122
汉川市	Hanchuan	380	7933134	7672543
石首市	Shishou	116	1895792	1921009
洪湖市	Honghu	105	1901537	1800017
松滋市	Songzi	111	2424374	2252374
麻城市	Macheng	191	2520595	2383044
武穴市	Wuxue	163	2656300	2016514
赤壁市	Chibi	208	3856000	4623888
广水市	Guangshui	196	3667659	3599949
恩施市	Enshi	72	911793	902200
利川市	Lichuan	50	437999	360764
仙桃市	Xiantao	364	9732779	9535239
潜江市	Qianjiang	252	9533000	9274800
天门市	Tianmen	274	6514000	6270700
湖南省	**Hunan**			
浏阳市	Liuyang	790	13480650	12741277
醴陵市	Liling	519	6807880	6121022
湘乡市	Xiangxiang	203	4822467	4798914
韶山市	Shaoshan	53	1194688	1193575
耒阳市	Leiyang	143	4005918	3945467
常宁市	Changning	118	4081111	4107914
武冈市	Wugang	53	572249	555462
汨罗市	Miluo	267	7673830	7733017
临湘市	Linxiang	129	3256289	3034235
津市市	Jinshi	89	1297550	1283595
沅江市	Yuanjiang	111	2331157	2329840
资兴市	Zixing	158	5961873	5829043
洪江市	Hongjiang	72	1449855	1372893
冷水江市	Lengshuijiang	128	4082023	4002471
涟源市	Lianyuan	166	2267468	2150498
吉首市	Jishou	50	627487	587502
广东省	**Guangdong**			
增城市	Zengcheng	1056	18176100	8132015
从化市	Conghua	176	5811884	5538500
乐昌市	Lechang	46	709093	683461
南雄市	Nanxiong	81	950078	961975
台山市	Taishan	209	4649205	3990506
开平市	Kaiping	265	3386211	3305195
鹤山市	Heshan	320	4095249	3856367
恩平市	Enping	129	1257727	1062107
廉江市	Lianjiang	209	3008360	2681048
雷州市	Leizhou	35	743975	748320
吴川市	Wuchuan	104	1338400	1192724
高州市	Gaozhou	176	1316764	1308847
化州市	Huazhou	135	1243336	1204900
信宜市	Xinyi	172	1329956	1273300
高要市	Gaoyao	267	8896163	8455373
四会市	Sihui	348	12783041	12229973

3-7 续表 6 continued

城　市	city	规模以上工业企业单位数（个）Number of Industrial Enterprises above Designated Size (unit)	规模以上工业总产值（万元）Gross Industrial Output Value above Designated Size (10 000 yuan)	规模以上工业企业主营业务收入（万元）Main Business Revenue of Industrial Enterprises above Designated Size (10 000 yuan)
兴宁市	Xingning	40	429879	360281
陆丰市	Lufeng	88	2412527	2323369
阳春市	Yangchun	131	3946007	3760669
英德市	Yingde	82	1996340	1771393
连州市	Lianzhou	25	464017	484679
普宁市	Puning	522	11912314	11782836
罗定市	Luoding	110	941460	910126
广西壮族自治区	**Guangxi**			
岑溪市	Cenxi	86	3718008	3650343
东兴市	Dongxing	26	954705	898666
桂平市	Guiping	122	2811274	2762043
北流市	Beiliu	175	2863657	2829308
宜州市	Yizhou	48	485552	450006
合山市	Heshan	9	390462	347594
凭祥市	Pingxiang	11	192039	151989
海南省	**Hainan**			
五指山市	Wuzhishan	4	24240	21458
琼海市	Qionghai	11	111369	110855
儋州市	Danzhou	26	584454	552721
文昌市	Wenchang	21	261511	2358757
万宁市	Wanning	9	86498	82229
东方市	Dongfang	12	1033755	1071082
四川省	**Sichuan**			
都江堰市	Dujiangyan	98	1468927	1416806
彭州市	Pengzhou	162	2405800	1873300
邛崃市	Qionglai	142	1629552	1717374
崇州市	Chongzhou	133	1939434	1903661
广汉市	Guanghan	316	6422300	6282600
什邡市	Shifang	137	2628000	2372700
绵竹市	Mianzhu	133	3741600	3240600
江油市	Jiangyou	195	3835200	3604792
峨眉山市	Emeishan	79	2559312	2354771
阆中市	Langzhong	54	1073604	1089554
华蓥市	Huaying	104	2154563	2103251
万源市	Wanyuan	49	537257	504684
简阳市	Jianyang	193	6561780	6443372
西昌市	Xichang	64	4290000	
贵州省	**Guizhou**			
清镇市	Qingzhen	61	1299671	1145194
赤水市	Chishui	38	522962	594820
仁怀市	Renhuai	101	3901626	3999736
兴义市	Xingyi	107	2572334	1832611
凯里市	Kaili	50	1252589	1119268
都匀市	Duyun	24	681063	461709
福泉市	Fuquan	38	1369698	1199617
云南省	**Yunnan**			
安宁市	Anning	118	5677538	5999311
宣威市	Xuanwei	96	1421152	1925526
楚雄市	Chuxiong	48	1278256	1042282

3-7 续表 7 continued

城市	city	规模以上工业企业单位数（个）Number of Industrial Enterprises above Designated Size (unit)	规模以上工业总产值（万元）Gross Industrial Output Value above Designated Size (10 000 yuan)	规模以上工业企业主营业务收入（万元）Main Business Revenue of Industrial Enterprises above Designated Size (10 000 yuan)
个旧市	Gejiu	53	3377944	3179962
开远市	Kaiyuan	32	1060781	1026678
蒙自市	Mengzi	29	2122858	2064615
弥勒市	Mile	27	579104	514016
文山市	Wenshan	29	1252182	1398918
景洪市	Jinghong	28	429615	384487
大理市	Dali	64	2283980	2031770
瑞丽市	Ruili	10	59342	69010
芒市	Mangshi	33	593137	596284
西藏自治区	**Tibet**			
日喀则市	Xigaze	2	9499	7754
陕西省	**Shaanxi**			
兴平市	Xingping	104	3010336	2697086
韩城市	Hancheng	90	6213264	6205431
华阴市	Huayin	15	910290	848764
甘肃省	**Gansu**			
玉门市	Yumen	51	2619746	2412171
敦煌市	Dunhuang	41	526735	126458
临夏市	Linxia	6	176123	134632
合作市	Hezuo	6	86066	85497
玉树市	Yushu			
青海省	**Qinghai**			
格尔木市	Golmud	44	3976688	1697722
德令哈市	Delingha	16	328465	306662
宁夏回族自治区	**Ningxia**			
灵武市	Lingwu	94	6265887	6313653
青铜峡市	Qingtongxia	100	3121107	3139784
新疆维吾尔自治区	**Xinjiang**			
吐鲁番市	Turpan	24	257372	302363
哈密市	Hami	59	1936522	1998118
昌吉市	Changji	117	3041945	3131555
阜康市	Fukang	49	1764825	1633379
博乐市	Bole	27	223184	220744
库尔勒市	Korla	44	6283970	6293459
阿克苏市	Akesu	45	941025	934026
阿图什市	Atus	11	142530	154252
喀什市	Kashi	24	516161	529461
和田市	Hetian	6	116695	112666
伊宁市	Yining	31	492538	519324
奎屯市	Kuitun	32	1073648	1033987
塔城市	Tacheng	5	124479	95222
乌苏市	Wusu	15	1034386	363740
阿勒泰市	Aletai	11	138730	138932
石河子市	Shihezi	92	3899070	3758865
阿拉尔市	Alar	43	515048	496441
图木舒克市	Tumushuke	19	238938	217700
五家渠市	Wujiaqu	46	2468078	2111531
北屯市	Beitun	10	80589	75977

3-8 电话及互联网宽带接入用户数

Number of Subscribers of Telephone and Internet Services

单位：户 (household)

城　市	City	固定电话用户 Subscribers of Fixed Telephones	移动电话用户 Number of Mobile Telephone Subscribers at Year-end	互联网宽带接入用户 Broad Band Subscribers of Internet
河北省	**Hebei**			
辛集市	Xinji	53895	331061	52229
藁城市	Gaocheng	68036	640005	76977
晋州市	Jinzhou	45584	342359	55617
新乐市	Xinle	32928	407574	71586
鹿泉市	Luquan	57466	340113	87522
遵化市	Zunhua	129100	671000	91100
迁安市	Qian'an	127002	793481	121115
武安市	Wu'an	90000	741000	111800
南宫市	Nangong	49598	165416	29094
沙河市	Shahe	130095	430548	65015
涿州市	Zhuozhou	74830	612811	97016
定州市	Dingzhou	142276	930885	111995
安国市	Anguo	53485	328957	48704
高碑店市	Gaobeidian	62563	477589	62773
泊头市	Botou	80210	486730	59690
任丘市	Renqiu	198830	764000	157027
黄骅市	Huanghua	99946	599199	74214
河间市	Hejian	109800	552000	97000
霸州市	Bazhou	217908	738705	109924
三河市	Sanhe	198693	687629	119633
冀州市	Jizhou	69258	268939	43958
深州市	Shenzhou	62419	372525	47624
山西省	**Shanxi**			
古交市	Gujiao	37978	190124	36329
潞城市	Lucheng	37083	163072	23704
高平市	Gaoping	164944	354726	58586
介休市	Jiexiu	92072	247388	70163
永济市	Yongji	75500	262000	56000
河津市	Hejin	61501	366346	68013
原平市	Yuanping	42593	380104	45093
侯马市	Houma	60828	250367	39169
霍州市	Huozhou	46839	274504	51613
孝义市	Xiaoyi	92919	470191	82779
汾阳市	Fenyang	73654	360132	51213
内蒙古自治区	**Inner Mongolia**			
霍林郭勒市	Huolinguole	4046	145000	20500
满洲里市	Manzhouli	42188	350142	41744
牙克石市	Yakeshi	45000	299000	38870
扎兰屯市	Zhalantun	31105	367610	28890
额尔古纳市	Eerguna	15143	85146	13250
根河市	Genhe	17316	126790	19977
丰镇市	Fengzhen	23284	217816	18244
乌兰浩特市	Wulanhaote	59850	602963	64215
阿尔山市	Aershan	2933	52636	5414
二连浩特市	Erlianhaote	13577	108481	15524
锡林浩特市	Xilinhaote	53684	306006	51316

3-8 续表 1 continued

单位：户 (household)

城市	City	固定电话用户 Subscribers of Fixed Telephones	移动电话用户 Number of Mobile Telephone Subscribers at Year-end	互联网宽带接入用户 Broad Band Subscribers of Internet
辽宁省	**Liaoning**			
新民市	Xinmin	137600	514572	61550
瓦房店市	Wafangdian	460000	860000	175000
普兰店市	Pulandian	186459	470513	64702
庄河市	Zhuanghe	215809	530474	58031
海城市	Haicheng	216253	982200	135837
东港市	Donggang	176487	235473	47285
凤城市	Fengcheng	151000	396000	64375
凌海市	Linghai	91000	414000	49900
北镇市	Beizhen	110175	143360	45337
盖州市	Gaizhou			
大石桥市	Dashiqiao	149324	502578	76114
灯塔市	Dengta	100000	358714	80000
调兵山市	Diaobingshan	27232	131858	32230
开原市	Kaiyuan	126874	465751	83611
北票市	Beipiao	112000	298352	44000
凌源市	Lingyuan	121000	360000	120000
兴城市	Xingcheng	118570	267880	7850
吉林省	**Jilin**			
九台市	Jiutai	187102	551200	61407
榆树市	Yushu	122016	463569	53786
德惠市	Dehui	130064	591277	56293
蛟河市	Jiaohe	137621	147139	11724
桦甸市	Huadian	62417	368211	40276
舒兰市	Shulan	77000	520000	27324
磐石市	Panshi	118131	368823	56308
公主岭市	Gongzhuling	235530	499930	49202
双辽市	Shuangliao	45306	321806	27836
梅河口市	Meihekou	94014	492174	70733
集安市	Ji'an	45221	159324	24967
临江市	Linjiang	27000	141000	17000
扶余市	Fuyu	64442	597877	42815
洮南市	Taonan	31860	330890	34960
大安市	Daan	60728	91315	15916
延吉市	Yanji	211823	912072	222530
图们市	Tumen	27976	123616	21383
敦化市	Dunhua	78955	440000	54890
珲春市	Hunchun	53000	162000	41600
龙井市	Longjing	35945	108170	24732
和龙市	Helong	29676	87280	18080
黑龙江省	**Heilongjiang**			
双城市	Shuangcheng	88508	606612	66037
尚志市	Shangzhi	87400	485000	63400
五常市	Wuchang	135000	562530	61520
讷河市	Nehe	68679	470574	29848
虎林市	Hulin	44839	241497	28000
密山市	Mishan	59278	350978	37209
铁力市	Tieli	65275	115419	32808
同江市	Tongjiang	15460	121200	12730
富锦市	Fujin	65400	279500	29600
绥芬河市	Suifenhe	27355	128020	31849
海林市	Hailin	64938	266589	45539

3-8 续表 2 continued

单位：户 (household)

城市	City	固定电话用户 Subscribers of Fixed Telephones	移动电话用户 Number of Mobile Telephone Subscribers at Year-end	互联网宽带接入用户 Broad Band Subscribers of Internet
宁安市	Ning'an	72228	284241	50978
穆棱市	Muling	56973	186027	31916
北安市	Bei'an	46209	235616	33615
五大连池市	Wudalianchi	32415	172365	22033
安达市	Anda	39930	384516	34817
肇东市	Zhaodong	122260	682973	69277
海伦市	Hailun	132100	301128	15790
江苏省	**Jiangsu**			
江阴市	Jiangyin	471828	2169765	464767
宜兴市	Yixing	351877	1514428	396601
新沂市	Xinyi	133787	670305	89464
邳州市	Pizhou	157783	946452	103907
溧阳市	Liyang	234814	597100	141270
金坛市	Jintan	187779	479980	107193
常熟市	Changshu	414829	2028653	451330
张家港市	Zhangjiagang	335142	1741068	431855
昆山市	Kunshan	488650	2873411	577504
太仓市	Taicang	188253	1003303	205411
启东市	Qidong	357145	1028396	191685
如皋市	Rugao	364904	1314900	218365
海门市	Haimen	341046	983145	184742
东台市	Dongtai	266749	444767	116420
大丰市	Dafeng	186819	418790	92050
仪征市	Yizheng	153693	608505	107362
高邮市	Gaoyou	179980	713076	122226
丹阳市	Danyang	281730	1017040	207245
扬中市	Yangzhong	123139	389169	98655
句容市	Jurong	176896	552120	95119
兴化市	Xinghua	262603	883841	146165
靖江市	Jingjiang	196039	659689	131877
泰兴市	Taixing	275495	850562	146911
浙江省	**Zhejiang**			
建德市	Jiande	105094	476425	101062
富阳市	Fuyang	160688	877920	202514
临安市	Lin'an	155113	730464	153423
余姚市	Yuyao	362700	1635300	304900
慈溪市	Cixi	470800	2605100	434200
奉化市	Fenghua	201100	662600	144600
瑞安市	Rui'an	371900	1724600	343500
乐清市	Yueqing	371500	1659700	338700
海宁市	Haining	298500	959000	204900
平湖市	Pinghu	196900	728700	160600
桐乡市	Tongxiang	241300	1093100	245400
诸暨市	Zhuji	404900	1474100	261200
上虞市	Shangyu	281400	953800	184300
嵊州市	Shengzhou	228700	789800	144800
兰溪市	Lanxi	128200	627300	114900
义乌市	Yiwu	482400	3116300	521500
东阳市	Dongyang	223300	1280900	183900
永康市	Yongkang	201500	1348300	175500

3-8 续表 3 continued

单位：户 (household)

城市	City	固定电话用户 Subscribers of Fixed Telephones	移动电话用户 Number of Mobile Telephone Subscribers at Year-end	互联网宽带接入用户 Broad Band Subscribers of Internet
江山市	Jiangshan	101400	434800	78700
温岭市	Wenling	319300	1711600	321100
临海市	Linhai	202900	1074100	211800
龙泉市	Longquan	42700	301500	45100
安徽省	**Anhui**			
巢湖市	Chaohu	230373	498288	110597
桐城市	Tongcheng	82749	446406	40400
天长市	Tianchang	69335	481248	71911
明光市	Mingguang	93211	333372	38837
界首市	Jieshou	45000	407309	59833
宁国市	Ningguo	96514	380085	77685
福建省	**Fujian**			
福清市	Fuqing	283650	1238346	181347
长乐市	Changle	134705	809972	143599
永安市	Yong'an	73236	397249	68168
石狮市	Shishi	246404	1085068	240988
晋江市	Jinjiang	581895	2524394	506189
南安市	Nan'an	356594	1494784	299767
龙海市	Longhai	165351	863793	132240
邵武市	Shaowu	46500	224100	45000
武夷山市	Wuyishan	54621	306467	67500
建瓯市	Jian'ou	61000	260000	41000
建阳市	Jianyang	66049	218050	33004
漳平市	Zhangping	40671	240900	39158
福安市	Fu'an	110000	577700	103700
福鼎市	Fuding	118241	552069	115354
江西省	**Jiangxi**			
乐平市	Leping	26890	441616	44118
瑞昌市	Ruichang	42344	275046	90884
共青城市	Gongqingcheng	12000	72000	14000
贵溪市	Guixi	76546	155420	42000
瑞金市	Ruijin	108618	339758	75270
南康市	Nankang	130031	600365	90961
井冈山市	Jinggangshan	30756	114191	22721
丰城市	Fengcheng	95823	18021	51037
樟树市	Zhangshu	89609	332445	65846
高安市	Gaoan	80216	542919	78168
德兴市	Dexing	49741	221000	41340
山东省	**Shandong**			
章丘市	Zhangqiu	199498	1544186	176047
胶州市	Jiaozhou	130110	1023231	155076
即墨市	Jimo	212096	1469143	167318
平度市	Pingdu	228890	1122566	173639
莱西市	Laixi	110028	676832	102019
滕州市	Tengzhou	232800	1402100	228900
龙口市	Longkou	223522	964870	410816
莱阳市	Laiyang	116460	696793	126450
莱州市	Laizhou	213015	985419	183255
蓬莱市	Penglai	142410	453214	116321
招远市	Zhaoyuan	98121	597936	92750

3-8 续表 4 continued

单位：户 (household)

城　市	City	固定电话用户 Subscribers of Fixed Telephones	移动电话用户 Number of Mobile Telephone Subscribers at Year-end	互联网宽带接入用户 Broad Band Subscribers of Internet
栖霞市	Qixia	85313	459100	63221
海阳市	Haiyang	106854	612633	70352
青州市	Qingzhou	146325	1059406	153250
诸城市	Zhucheng	196358	1079176	107138
寿光市	Shouguang	171000	1312400	279388
安丘市	Anqiu	101425	789770	77946
高密市	Gaomi	134321	898562	151072
昌邑市	Changyi	117480	647410	123002
曲阜市	Qufu	59300	497700	65100
兖州市	Yanzhou	54800	391900	11800
邹城市	Zoucheng	196500	778100	123100
新泰市	Xintai	153464	1449276	227530
肥城市	Feicheng	259012	841245	178458
文登市	Wendeng	398629	521802	91234
荣成市	Rongcheng	192912	855043	146624
乳山市	Rushan	103000	524300	97000
乐陵市	Laoling	35420	240000	29313
禹城市	Yucheng	90620	403690	29357
临清市	Linqing	114466	578780	81863
河南省	**Henan**			
巩义市	Gongyi	149485	703700	114524
荥阳市	Xingyang	105290	375621	77017
新密市	Xinmi	193608	729851	166773
新郑市	Xinzheng	100477	668809	102029
登封市	Dengfeng	93970	563768	73669
偃师市	Yanshi	74427	421217	63432
舞钢市	Wugang	49987	231436	32755
汝州市	Ruzhou	62956	482112	
林州市	Linzhou	109265	818986	110204
卫辉市	Weihui	86146	574949	68307
辉县市	Huixian	165183	1049555	124599
沁阳市	Qinyang	76108	358208	56737
孟州市	Mengzhou	55433	274312	51362
禹州市	Yuzhou	134128	895104	92679
长葛市	Changge	70876	553169	62765
义马市	Yima	18589	148148	27673
灵宝市	Lingbao	65296	622590	93579
邓州市	Dengzhou	154671	192510	30128
永城市	Yongcheng	91671	852963	112661
项城市	Xiangcheng	90052	420456	37414
济源市	Jiyuan	116000	679000	129000
湖北省	**Hubei**			
大冶市	Daye	142440	696055	30241
丹江口市	Danjiangkou	71305	322600	51125
宜都市	Yidu	49867	247200	52488
当阳市	Dangyang	56102	359339	58610
枝江市	Zhijiang	71858	348772	78224
老河口市	Laohekou	31701	236263	35100
枣阳市	Zaoyang	78800	618200	65200
宜城市	Yicheng	48839	339110	51268

3-8 续表 5 continued

单位：户 (household)

城 市	City	固定电话用户 Subscribers of Fixed Telephones	移动电话用户 Number of Mobile Telephone Subscribers at Year-end	互联网宽带接入用户 Broad Band Subscribers of Internet
钟祥市	Zhongxiang	82319	367093	134162
应城市	Yingcheng	64983	209998	76350
安陆市	Anlu	83120	358000	58000
汉川市	Hanchuan	106188	432229	79436
石首市	Shishou	35007	308991	39475
洪湖市	Honghu	89565	404263	73674
松滋市	Songzi	90886	466665	77079
麻城市	Macheng	134719	456361	47806
武穴市	Wuxue	95370	265000	55822
赤壁市	Chibi	66356	309540	42002
广水市	Guangshui	102200	377947	79700
恩施市	Enshi	78309	784242	111838
利川市	Lichuan	16000	416700	27990
仙桃市	Xiantao	180900	725300	121900
潜江市	Qianjiang	108800	518500	103700
天门市	Tianmen	134900	585300	104300
湖南省	**Hunan**			
浏阳市	Liuyang	161265	1171100	117231
醴陵市	Liling	162000	678000	87000
湘乡市	Xiangxiang	80009	127950	39540
韶山市	Shaoshan	29316	72025	14460
耒阳市	Leiyang	121352	402170	22409
常宁市	Changning	112643	415869	91075
武冈市	Wugang	59900	319200	31700
汨罗市	Miluo	106983	258520	43493
临湘市	Linxiang	53700	314242	38490
津市市	Jinshi	22311	157220	27375
沅江市	Yuanjiang	60000	403200	61300
资兴市	Zixing	52731	265467	27987
洪江市	Hongjiang	38145	309326	28699
冷水江市	Lengshuijiang	38700	88690	11931
涟源市	Lianyuan	39282	495677	47224
吉首市	Jishou	78400	338016	74600
广东省	**Guangdong**			
增城市	Zengcheng	283287	1905000	166905
从化市	Conghua	120000	740000	52000
乐昌市	Lechang	56300	323800	156600
南雄市	Nanxiong	55100	240700	108100
台山市	Taishan	230559	1040891	141284
开平市	Kaiping	179872	716000	138943
鹤山市	Heshan	121451	609500	88273
恩平市	Enping	132944	280100	22202
廉江市	Lianjiang	112594	974569	76668
雷州市	Leizhou	86537	675442	38494
吴川市	Wuchuan	104264	597446	69374
高州市	Gaozhou	169538	1012415	171752
化州市	Huazhou	106382	594252	63218
信宜市	Xinyi	136500	657758	111380
高要市	Gaoyao	112391	703128	93535
四会市	Sihui	109747	557009	87175

3-8 续表 6 continued

单位：户 (household)

城市	City	固定电话用户 Subscribers of Fixed Telephones	移动电话用户 Number of Mobile Telephone Subscribers at Year-end	互联网宽带接入用户 Broad Band Subscribers of Internet
兴宁市	Xingning	148200	563000	115900
陆丰市	Lufeng	160169	97685	
阳春市	Yangchun	156820	618386	77868
英德市	Yingde	93481		
连州市	Lianzhou	42125	258733	35462
普宁市	Puning	315581	1529571	203214
罗定市	Luoding	187150	498718	70361
广西壮族自治区	**Guangxi**			
岑溪市	Cenxi	70000	454740	52666
东兴市	Dongxing	36712	199164	40456
桂平市	Guiping	120000	445288	78945
北流市	Beiliu	140238	668527	74358
宜州市	Yizhou	43895	454329	89904
合山市	Heshan	15570	44420	12240
凭祥市	Pingxiang	15122	110384	25846
海南省	**Hainan**			
五指山市	Wuzhishan	17965	35875	3669
琼海市	Qionghai	108949	340998	24149
儋州市	Danzhou	86600	697300	56600
文昌市	Wenchang	119651	245102	14626
万宁市	Wanning	78200	80500	40200
东方市	Dongfang	43126	89235	19237
四川省	**Sichuan**			
都江堰市	Dujiangyan	108638	559304	162214
彭州市	Pengzhou	90000	790000	110593
邛崃市	Qionglai	48000	484315	29000
崇州市	Chongzhou	94890	138100	68900
广汉市	Guanghan	110237	568857	101216
什邡市	Shifang	62728	390168	61374
绵竹市	Mianzhu	57680	291092	67937
江油市	Jiangyou	132755	763599	109063
峨眉山市	Emeishan	112827	424463	69573
阆中市	Langzhong	107758	463136	66745
华蓥市	Huaying	40427	228430	29111
万源市	Wanyuan	47678	299361	26019
简阳市	Jianyang	109360	730476	75944
西昌市	Xichang	161934	1027712	129482
贵州省	**Guizhou**			
清镇市	Qingzhen	21600	299504	31600
赤水市	Chishui	33737	241000	18275
仁怀市	Renhuai	34889	527080	29977
兴义市	Xingyi	70053	722384	75300
凯里市	Kaili	112620	587457	83255
都匀市	Duyun	60087	325549	58900
福泉市	Fuquan	25000	218840	108500
云南省	**Yunnan**			
安宁市	Anning	48300	357128	49678
宣威市	Xuanwei	52200	733400	51100
楚雄市	Chuxiong	86172	466842	121090

3-8 续表 7 continued

单位：户 (household)

城　市	City	固定电话用户 Subscribers of Fixed Telephones	移动电话用户 Number of Mobile Telephone Subscribers at Year-end	互联网宽带接入用户 Broad Band Subscribers of Internet
个旧市	Gejiu			
开远市	Kaiyuan	47100	275100	27500
蒙自市	Mengzi	39680	344461	54000
弥勒市	Mile			
文山市	Wenshan	53000	65000	52000
景洪市	Jinghong	94800	432200	100500
大理市	Dali	155439	634631	165273
瑞丽市	Ruili	66265	424986	42528
芒市	Mangshi	49398	437822	48938
西藏自治区	**Tibet**			
日喀则市	Xigaze	18691	25976	7526
陕西省	**Shaanxi**			
兴平市	Xingping	56420	368080	56420
韩城市	Hancheng	86243	345211	63254
华阴市	Huayin	43352	159506	15389
甘肃省	**Gansu**			
玉门市	Yumen	20833	144900	11050
敦煌市	Dunhuang	42107	120656	17649
临夏市	Linxia	45740	177655	15620
合作市	Hezuo	21430	29950	3450
玉树市	Yushu	3315	70447	3077
青海省	**Qinghai**			
格尔木市	Golmud	55151	306234	37879
德令哈市	Delingha	21000	98196	16335
宁夏回族自治区	**Ningxia**			
灵武市	Lingwu	70780	71820	17430
青铜峡市	Qingtongxia	41000	11000	15000
新疆维吾尔自治区	**Xinjiang**			
吐鲁番市	Turpan	67043	240605	28611
哈密市	Hami	144653	615500	97554
昌吉市	Changji	213140	658632	103681
阜康市	Fukang	53100	209000	38400
博乐市	Bole			
库尔勒市	Korla	194689	314171	54562
阿克苏市	Akesu	135638	574375	82851
阿图什市	Atus	42429	218000	24032
喀什市	Kashi	117300	550000	81800
和田市	Hetian	23718	211640	10537
伊宁市	Yining	97210	218510	68790
奎屯市	Kuitun	77039	269871	48763
塔城市	Tacheng	45000	139000	31562
乌苏市	Wusu	44400	166600	29039
阿勒泰市	Aletai	87200	267300	47355
石河子市	Shihezi	158405	712075	94835
阿拉尔市	Alar	70200	81000	43000
图木舒克市	Tumushuke	15299	101720	8548
五家渠市	Wujiaqu	32122	67000	16900
北屯市	Beitun	17600	58600	15200

3-9 社会消费品零售总额

Total Retail Sales of Consumer Goods

单位：万元 (10 000 yuan)

城市	city	社会消费品零售总额 Total Value of Retail Sales
河北省	**Hebei**	
辛集市	Xinji	2073774
藁城市	Gaocheng	1393648
晋州市	Jinzhou	912886
新乐市	Xinle	832707
鹿泉市	Luquan	976278
遵化市	Zunhua	1581131
迁安市	Qian'an	1814001
武安市	Wu'an	1221098
南宫市	Nangong	406383
沙河市	Shahe	572714
涿州市	Zhuozhou	1050084
定州市	Dingzhou	1143476
安国市	Anguo	576688
高碑店市	Gaobeidian	465086
泊头市	Botou	736850
任丘市	Renqiu	1444712
黄骅市	Huanghua	775995
河间市	Hejian	1242015
霸州市	Bazhou	972628
三河市	Sanhe	1167285
冀州市	Jizhou	377089
深州市	Shenzhou	544571
山西省	**Shanxi**	
古交市	Gujiao	389059
潞城市	Lucheng	115213
高平市	Gaoping	478042
介休市	Jiexiu	706026
永济市	Yongji	451415
河津市	Hejin	714647
原平市	Yuanping	493907
侯马市	Houma	701816
霍州市	Huozhou	282689
孝义市	Xiaoyi	1131260
汾阳市	Fenyang	514653
内蒙古自治区	**Inner Mongolia**	
霍林郭勒市	Huolinguole	301800
满洲里市	Manzhouli	1102054
牙克石市	Yakeshi	487000
扎兰屯市	Zhalantun	512000
额尔古纳市	Eerguna	115806
根河市	Genhe	162302
丰镇市	Fengzhen	273562
乌兰浩特市	Wulanhaote	869504
阿尔山市	Aershan	55444
二连浩特市	Erlianhaote	257097
锡林浩特市	Xilinhaote	474614
辽宁省	**Liaoning**	
新民市	Xinmin	1066465
瓦房店市	Wafangdian	1655264
普兰店市	Pulandian	1595149
庄河市	Zhuanghe	1560516
海城市	Haicheng	2307310
东港市	Donggang	1042528
凤城市	Fengcheng	728965
凌海市	Linghai	664680
北镇市	Beizhen	515705
盖州市	Gaizhou	604460
大石桥市	Dashiqiao	1045290
灯塔市	Dengta	850844
调兵山市	Diaobingshan	402769
开原市	Kaiyuan	703392
北票市	Beipiao	545471
凌源市	Lingyuan	609326
兴城市	Xingcheng	639433
吉林省	**Jilin**	
九台市	Jiutai	1016850
榆树市	Yushu	1063216
德惠市	Dehui	1071528
蛟河市	Jiaohe	653855
桦甸市	Huadian	760956
舒兰市	Shulan	658454
磐石市	Panshi	764059
公主岭市	Gongzhuling	1450826
双辽市	Shuangliao	475365
梅河口市	Meihekou	1200607
集安市	Ji'an	382418
临江市	Linjiang	296746
扶余市	Fuyu	1019857
洮南市	Taonan	305046
大安市	Daan	295287
延吉市	Yanji	1953752
图们市	Tumen	148053
敦化市	Dunhua	846003
珲春市	Hunchun	435518
龙井市	Longjing	116769
和龙市	Helong	150460
黑龙江省	**Heilongjiang**	
双城市	Shuangcheng	881912
尚志市	Shangzhi	881656
五常市	Wuchang	896681
讷河市	Nehe	458062
虎林市	Hulin	215575
密山市	Mishan	298191
铁力市	Tieli	183509
同江市	Tongjiang	152413
富锦市	Fujin	508854
绥芬河市	Suifenhe	200915
海林市	Hailin	399405
宁安市	Ning'an	430562

3-9 续表 1 continued

单位：万元 (10 000 yuan)

城 市	city	社会消费品零售总额 Total Value of Retail Sales	城 市	city	社会消费品零售总额 Total Value of Retail Sales
穆棱市	Muling	387092	温岭市	Wenling	3779022
北安市	Bei'an	266570	临海市	Linhai	1626290
五大连池市	Wudalianchi	141160	龙泉市	Longquan	366772
安达市	Anda	922582	**安徽省**	**Anhui**	
肇东市	Zhaodong	1062689	巢湖市	Chaohu	600054
海伦市	Hailun	361324	桐城市	Tongcheng	596127
江苏省	**Jiangsu**		天长市	Tianchang	532970
江阴市	Jiangyin	5819541	明光市	Mingguang	441227
宜兴市	Yixing	4191799	界首市	Jieshou	373969
新沂市	Xinyi	947691	宁国市	Ningguo	559883
邳州市	Pizhou	1302580	**福建省**	**Fujian**	
溧阳市	Liyang	2274813	福清市	Fuqing	2413439
金坛市	Jintan	1771469	长乐市	Changle	1242530
常熟市	Changshu	5644322	永安市	Yong'an	684614
张家港市	Zhangjiagang	4138019	石狮市	Shishi	3084690
昆山市	Kunshan	5699233	晋江市	Jinjiang	3735707
太仓市	Taicang	2187008	南安市	Nan'an	2790432
启东市	Qidong	2573819	龙海市	Longhai	1193873
如皋市	Rugao	2595903	邵武市	Shaowu	778212
海门市	Haimen	2682053	武夷山市	Wuyishan	404128
东台市	Dongtai	1799101	建瓯市	Jian'ou	551365
大丰市	Dafeng	1234846	建阳市	Jianyang	390695
仪征市	Yizheng	1255622	漳平市	Zhangping	404511
高邮市	Gaoyou	1243020	福安市	Fu'an	711288
丹阳市	Danyang	2282018	福鼎市	Fuding	645669
扬中市	Yangzhong	1019528	**江西省**	**Jiangxi**	
句容市	Jurong	1037260	乐平市	Leping	581658
兴化市	Xinghua	1264845	瑞昌市	Ruichang	321300
靖江市	Jingjiang	1383431	共青城市	Gongqingcheng	78471
泰兴市	Taixing	1611693	贵溪市	Guixi	461121
浙江省	**Zhejiang**		瑞金市	Ruijin	260976
建德市	Jiande	772663	南康市	Nankang	281598
富阳市	Fuyang	1421606	井冈山市	Jinggangshan	163203
临安市	Lin'an	1191724	丰城市	Fengcheng	710446
余姚市	Yuyao	3412918	樟树市	Zhangshu	504349
慈溪市	Cixi	4448640	高安市	Gaoan	506538
奉化市	Fenghua	1238141	德兴市	Dexing	375429
瑞安市	Rui'an	2610376	**山东省**	**Shandong**	
乐清市	Yueqing	2358825	章丘市	Zhangqiu	2753818
海宁市	Haining	2693428	胶州市	Jiaozhou	2540598
平湖市	Pinghu	1336250	即墨市	Jimo	3013560
桐乡市	Tongxiang	2386274	平度市	Pingdu	2752362
诸暨市	Zhuji	2744590	莱西市	Laixi	2065907
上虞市	Shangyu	2118618	滕州市	Tengzhou	2829063
嵊州市	Shengzhou	1783316	龙口市	Longkou	2792122
兰溪市	Lanxi	926508	莱阳市	Laiyang	2208310
义乌市	Yiwu	4128466	莱州市	Laizhou	2579153
东阳市	Dongyang	1824925	蓬莱市	Penglai	1159343
永康市	Yongkang	1404148	招远市	Zhaoyuan	1419898
江山市	Jiangshan	845947	栖霞市	Qixia	1074256

3-9 续表 2 continued

单位：万元 (10 000 yuan)

城市	city	社会消费品零售总额 Total Value of Retail Sales
海阳市	Haiyang	1307006
青州市	Qingzhou	1811712
诸城市	Zhucheng	1838276
寿光市	Shouguang	2257450
安丘市	Anqiu	1208987
高密市	Gaomi	1394529
昌邑市	Changyi	1244005
曲阜市	Qufu	1391073
兖州市	Yanzhou	1644403
邹城市	Zoucheng	2086548
新泰市	Xintai	2346761
肥城市	Feicheng	2091650
文登市	Wendeng	2605878
荣成市	Rongcheng	2689919
乳山市	Rushan	1768233
乐陵市	Laoling	877999
禹城市	Yucheng	865033
临清市	Linqing	1277981
河南省	**Henan**	
巩义市	Gongyi	1943007
荥阳市	Xingyang	1565387
新密市	Xinmi	1758327
新郑市	Xinzheng	1655616
登封市	Dengfeng	1366307
偃师市	Yanshi	1560549
舞钢市	Wugang	346814
汝州市	Ruzhou	917268
林州市	Linzhou	860153
卫辉市	Weihui	467967
辉县市	Huixian	856271
沁阳市	Qinyang	691658
孟州市	Mengzhou	574380
禹州市	Yuzhou	1454141
长葛市	Changge	1067644
义马市	Yima	279211
灵宝市	Lingbao	1130469
邓州市	Dengzhou	1103238
永城市	Yongcheng	1133242
项城市	Xiangcheng	951104
济源市	Jiyuan	1063264
湖北省	**Hubei**	
大冶市	Daye	1274900
丹江口市	Danjiangkou	548571
宜都市	Yidu	772931
当阳市	Dangyang	935813
枝江市	Zhijiang	935638
老河口市	Laohekou	839507
枣阳市	Zaoyang	1339580
宜城市	Yicheng	723328
钟祥市	Zhongxiang	1245858
应城市	Yingcheng	964937
安陆市	Anlu	768019
汉川市	Hanchuan	1458900
石首市	Shishou	757742
洪湖市	Honghu	814819
松滋市	Songzi	887013
麻城市	Macheng	878290
武穴市	Wuxue	820000
赤壁市	Chibi	941000
广水市	Guangshui	798600
恩施市	Enshi	675300
利川市	Lichuan	314100
仙桃市	Xiantao	2069786
潜江市	Qianjiang	1315600
天门市	Tianmen	2024000
湖南省	**Hunan**	
浏阳市	Liuyang	1780917
醴陵市	Liling	1277052
湘乡市	Xiangxiang	685807
韶山市	Shaoshan	139299
耒阳市	Leiyang	823149
常宁市	Changning	590547
武冈市	Wugang	396285
汨罗市	Miluo	663117
临湘市	Linxiang	523848
津市市	Jinshi	415893
沅江市	Yuanjiang	583745
资兴市	Zixing	549349
洪江市	Hongjiang	291442
冷水江市	Lengshuijiang	654366
涟源市	Lianyuan	785158
吉首市	Jishou	639714
广东省	**Guangdong**	
增城市	Zengcheng	2729009
从化市	Conghua	1050546
乐昌市	Lechang	435190
南雄市	Nanxiong	355926
台山市	Taishan	1650931
开平市	Kaiping	1451056
鹤山市	Heshan	1313905
恩平市	Enping	721406
廉江市	Lianjiang	1187599
雷州市	Leizhou	1017939
吴川市	Wuchuan	794215
高州市	Gaozhou	1505536
化州市	Huazhou	1468758
信宜市	Xinyi	1535685
高要市	Gaoyao	763717

3-9 续表 3 continued

单位：万元 (10 000 yuan)

城市	city	社会消费品零售总额 Total Value of Retail Sales	城市	city	社会消费品零售总额 Total Value of Retail Sales
四会市	Sihui	987173	楚雄市	Chuxiong	919884
兴宁市	Xingning	677463	个旧市	Gejiu	332857
陆丰市	Lufeng	1552809	开远市	Kaiyuan	495958
阳春市	Yangchun	1844228	蒙自市	Mengzi	314122
英德市	Yingde	1165978	弥勒市	Mile	73799
连州市	Lianzhou	518303	文山市	Wenshan	741238
普宁市	Puning	2191234	景洪市	Jinghong	507413
罗定市	Luoding	570538	大理市	Dali	982093
广西壮族自治区	**Guangxi**		瑞丽市	Ruili	253946
岑溪市	Cenxi	534556	芒市	Mangshi	304500
东兴市	Dongxing	178726	**西藏自治区**	**Tibet**	
桂平市	Guiping	963082	日喀则市	Xigaze	132631
北流市	Beiliu	718928	**陕西省**	**Shaanxi**	
宜州市	Yizhou	364674	兴平市	Xingping	430423
合山市	Heshan	82513	韩城市	Hancheng	317207
凭祥市	Pingxiang	169080	华阴市	Huayin	186427
海南省	**Hainan**		**甘肃省**	**Gansu**	
五指山市	Wuzhishan	59231	玉门市	Yumen	211996
琼海市	Qionghai	521776	敦煌市	Dunhuang	310056
儋州市	Danzhou	516532	临夏市	Linxia	272331
文昌市	Wenchang	482500	合作市	Hezuo	101071
万宁市	Wanning	134200	玉树市	Yushu	46008
东方市	Dongfang	214074	**青海省**	**Qinghai**	
四川省	**Sichuan**		格尔木市	Golmud	443192
都江堰市	Dujiangyan	890435	德令哈市	Delingha	74564
彭州市	Pengzhou	592165	**宁夏回族自治区**	**Ningxia**	
邛崃市	Qionglai	540702	灵武市	Lingwu	126050
崇州市	Chongzhou	578666	青铜峡市	Qingtongxia	160240
广汉市	Guanghan	1041145	**新疆维吾尔自治区**	**Xinjiang**	
什邡市	Shifang	546307	吐鲁番市	Turpan	175300
绵竹市	Mianzhu	589592	哈密市	Hami	580785
江油市	Jiangyou	1175843	昌吉市	Changji	758133
峨眉山市	Emeishan	706799	阜康市	Fukang	251252
阆中市	Langzhong	602569	博乐市	Bole	223335
华蓥市	Huaying	230601	库尔勒市	Korla	690427
万源市	Wanyuan	357229	阿克苏市	Akesu	538387
简阳市	Jianyang	989221	阿图什市	Atus	83978
西昌市	Xichang	1721203	喀什市	Kashi	596000
贵州省	**Guizhou**		和田市	Hetian	140922
清镇市	Qingzhen	294344	伊宁市	Yining	587562
赤水市	Chishui	175310	奎屯市	Kuitun	211534
仁怀市	Renhuai	528747	塔城市	Tacheng	141000
兴义市	Xingyi	964928	乌苏市	Wusu	120122
凯里市	Kaili	775786	阿勒泰市	Aletai	207764
都匀市	Duyun	495707	石河子市	Shihezi	632734
福泉市	Fuquan	164174	阿拉尔市	Alar	280635
云南省	**Yunnan**		图木舒克市	Tumushuke	125630
安宁市	Anning	681837	五家渠市	Wujiaqu	378827
宣威市	Xuanwei	991650	北屯市	Beitun	99685

3-10 固定资产投资情况
Basic Conditions of Investment in Fixed Assets

单位：万元 (10 000 yuan)

城 市	city	固定资产投资 Investment in Fixed Assets	新增固定资产 Newly Increased Fixed Assets	房地产开发投资 Investment for Real Estate Development	住宅 Residential Buildings
河北省	**Hebei**				
辛集市	Xinji	1829507	1416960	79872	68456
藁城市	Gaocheng	2564863	2265551	128900	122900
晋州市	Jinzhou	1842723	1005521	122495	97143
新乐市	Xinle	1607342	1527164	114680	112680
鹿泉市	Luquan	2528236	2500540	170870	164218
遵化市	Zunhua	2143743	3402040	48329	34137
迁安市	Qian'an	4487455	1440334	461341	349551
武安市	Wu'an	2471985	1988705	42256	37259
南宫市	Nangong	803470	500806	15644	14586
沙河市	Shahe	1632532	1642446	39010	38038
涿州市	Zhuozhou	1356793	1401462	434717	376367
定州市	Dingzhou	1778998	182728	421677	297529
安国市	Anguo	884827	730917	140832	134252
高碑店市	Gaobeidian	872271	260030	61737	52246
泊头市	Botou	1378525	1135670	45792	44062
任丘市	Renqiu	1181173	1262055	164589	136652
黄骅市	Huanghua	1793846	2185290	133591	99471
河间市	Hejian	1406107	1378687	20800	15536
霸州市	Bazhou	1975007	1637928	152274	112060
三河市	Sanhe	3557015	3462470	914612	782032
冀州市	Jizhou	760746	572245	46123	37849
深州市	Shenzhou	632302	576443	75590	66320
山西省	**Shanxi**				
古交市	Gujiao	693493	315364	86808	79757
潞城市	Lucheng	1085976	616260	1530	1475
高平市	Gaoping	1381702	1048376	63812	41472
介休市	Jiexiu	1000213	420207	88972	70600
永济市	Yongji	816671	626194	48136	41386
河津市	Hejin	1227982	764341	20602	17976
原平市	Yuanping	1345878	820211	63961	59591
侯马市	Houma	460766	306156	92249	66789
霍州市	Huozhou	1194852	1036482	24088	12499
孝义市	Xiaoyi	2801624	1528282	93153	60756
汾阳市	Fenyang	530259	121941	31383	29148
内蒙古自治区	**Inner Mongolia**				
霍林郭勒市	Huolinguole	1791426	328972	43046	32315
满洲里市	Manzhouli	1345230	1071152	132146	100808
牙克石市	Yakeshi	1600000	160000	94401	45676
扎兰屯市	Zhalantun	1486853	1187057	71540	32094
额尔古纳市	Eerguna	289631	130412	6712	3354
根河市	Genhe	179658	97454	2836	1570
丰镇市	Fengzhen	650529	827878	13160	11395
乌兰浩特市	Wulanhaote	1076392	779323	172753	128271
阿尔山市	Aershan	406255	7777	38754	29230
二连浩特市	Erlianhaote	404066	294701	25455	19855
锡林浩特市	Xilinhaote	1510081	1135158	382625	176914

3-10 续表 1 continued

单位：万元 (10 000 yuan)

城 市	city	固定资产投资 Investment in Fixed Assets	新增固定资产 Newly Increased Fixed Assets	房地产开发投资 Investment for Real Estate Development	住宅 Residential Buildings
辽宁省	**Liaoning**				
新民市	Xinmin	3973341	3064973	848384	650528
瓦房店市	Wafangdian	9233354	5076927	764375	539877
普兰店市	Pulandian	6706260	3378879	332684	265890
庄河市	Zhuanghe	5781593	3935807	505338	396604
海城市	Haicheng	7177794	3668648	754211	547131
东港市	Donggang	2100761	1091655	561976	377602
凤城市	Fengcheng	1624262	1276148	180484	137246
凌海市	Linghai	1483615	1416059	158316	112493
北镇市	Beizhen	1065257	826059	208610	148610
盖州市	Gaizhou	1960281	1394083	279947	193791
大石桥市	Dashiqiao	1925634	1565044	228643	211831
灯塔市	Dengta	1476090	1009878	194601	75441
调兵山市	Diaobingshan	1100593	628152	472875	344042
开原市	Kaiyuan	3004000	2914433	495639	327710
北票市	Beipiao	1686027	566410	158138	104250
凌源市	Lingyuan	940407	369359	170965	141136
兴城市	Xingcheng	1456354	1161125	237663	199839
吉林省	**Jilin**				
九台市	Jiutai	2551242	1662996	140094	140094
榆树市	Yushu	1962018	1875520	11193	9324
德惠市	Dehui	2061326	875200	124608	107228
蛟河市	Jiaohe	1603556	1407380	110120	99711
桦甸市	Huadian	1715683	1423298	361060	295670
舒兰市	Shulan	1415360	1071450	80800	64800
磐石市	Panshi	1947163	1600531	132171	107986
公主岭市	Gongzhuling	2883971	2518324	153171	129070
双辽市	Shuangliao	901908	954372	91680	79105
梅河口市	Meihekou	2024425	1550163	322735	259044
集安市	Ji'an	1049228	764064	32459	26460
临江市	Linjiang	743400	768302	25302	25302
扶余市	Fuyu	1508299	1469299	104800	37394
洮南市	Taonan	1060582	861953	18134	15080
大安市	Daan	978506	620508	21177	17698
延吉市	Yanji	2062655	1604585	246880	153999
图们市	Tumen	354111	283642	12191	11537
敦化市	Dunhua	1236800	695158	107109	91376
珲春市	Hunchun	1093864	820510	215599	159076
龙井市	Longjing	371108	168367	33966	30902
和龙市	Helong	454133	366105	17293	13410
黑龙江省	**Heilongjiang**				
双城市	Shuangcheng	2150000	2148500	43487	32544
尚志市	Shangzhi	1700204	1432281	22787	19767
五常市	Wuchang	1356172	825299	43089	34471
讷河市	Nehe	540818	457644	46042	35947
虎林市	Hulin	410964	187873	27682	24262
密山市	Mishan	455926	519961	33543	24642
铁力市	Tieli	813643	399847	16910	12639
同江市	Tongjiang	509056	359672	37260	26662
富锦市	Fujin	870133	548370	74670	68146
绥芬河市	Suifenhe	1024710	566988	102836	75273
海林市	Hailin	1722309	1739655	33580	17660

3-10 续表 2 continued

单位：万元 (10 000 yuan)

城 市	city	固定资产投资 Investment in Fixed Assets	新增固定资产 Newly Increased Fixed Assets	房地产开发投资 Investment for Real Estate Development	住宅 Residential Buildings
宁安市	Ning'an	1585981	1207000	68726	46086
穆棱市	Muling	1398260	1052303	180351	123219
北安市	Bei'an	557619	485805	105284	61049
五大连池市	Wudalianchi	290879	434582	15374	11363
安达市	Anda	1390411	853908	196169	68192
肇东市	Zhaodong	1579862	990052	196600	117262
海伦市	Hailun	489980	326900	6000	
江苏省	**Jiangsu**				
江阴市	Jiangyin	9487872	7499976	2340095	1618095
宜兴市	Yixing	5553353	4130176	1299691	935088
新沂市	Xinyi	3075835	2060353	324633	264523
邳州市	Pizhou	4490608	4477814	335164	315314
溧阳市	Liyang	4116613	3385154	422432	323335
金坛市	Jintan	2143636	1749250	343080	223497
常熟市	Changshu	7152070	6178107	1342337	989399
张家港市	Zhangjiagang	7622155	6107152	981830	732845
昆山市	Kunshan	8400018	6573549	3061123	2158911
太仓市	Taicang	5005353	4162441	677884	389289
启东市	Qidong	4071717	3268445	441821	419937
如皋市	Rugao	3748616	3043814	460642	339560
海门市	Haimen	4234886	3023683	400705	328681
东台市	Dongtai	3299923	2087006	364214	278694
大丰市	Dafeng	2591661	2378322	289922	207080
仪征市	Yizheng	2813682	2440884	227235	205489
高邮市	Gaoyou	2784782	1932287	349808	286323
丹阳市	Danyang	3221297	2359273	559854	427589
扬中市	Yangzhong	1741538	1149189	148385	82601
句容市	Jurong	2071883	1362621	619877	445114
兴化市	Xinghua	2347344	2745970	285620	225512
靖江市	Jingjiang	3424087	3152113	484883	324958
泰兴市	Taixing	3237516	2699580	394755	308662
浙江省	**Zhejiang**				
建德市	Jiande	1176467	664971	275004	173930
富阳市	Fuyang	2868320	1479007	785661	545498
临安市	Lin'an	1644498	879610	637128	520691
余姚市	Yuyao	4400581	2467468	1330347	716459
慈溪市	Cixi	5449750	2272283	1749189	1084328
奉化市	Fenghua	1540246	960815	536220	389331
瑞安市	Rui'an	3717547	1714701	1069369	691643
乐清市	Yueqing	4185202	2136923	1132802	797876
海宁市	Haining	3683471	2673067	836266	656663
平湖市	Pinghu	2530384	1384407	508789	376629
桐乡市	Tongxiang	3096814	1951419	909867	543445
诸暨市	Zhuji	4822789	3627408	1171396	782707
上虞市	Shangyu	3475055	3055417	736691	621157
嵊州市	Shengzhou	1625096	840513	288031	191596
兰溪市	Lanxi	1288945	590341	205353	146249
义乌市	Yiwu	3589382	1156476	1293316	833861
东阳市	Dongyang	1871053	936769	461410	276880
永康市	Yongkang	1675101	849919	380851	290930

3-10 续表 3 continued

单位：万元 (10 000 yuan)

城市	city	固定资产投资 Investment in Fixed Assets	新增固定资产 Newly Increased Fixed Assets	房地产开发投资 Investment for Real Estate Development	住宅 Residential Buildings
江山市	Jiangshan	1292935	1089043	127691	93556
温岭市	Wenling	2861789	1489108	813177	589312
临海市	Linhai	2112229	1553065	391473	241211
龙泉市	Longquan	667455	326031	114495	72896
安徽省	**Anhui**				
巢湖市	Chaohu	869207	865682	244725	193912
桐城市	Tongcheng	1932145	1650101	141410	61423
天长市	Tianchang	2179496	1703093	207339	146204
明光市	Mingguang	939800	720902	149955	106158
界首市	Jieshou	443650	443650	102008	74910
宁国市	Ningguo	2007243	1568106	253287	205036
福建省	**Fujian**				
福清市	Fuqing	5494132	4503470	951351	552295
长乐市	Changle	3397576	2804076	736912	502781
永安市	Yong'an	1850518	1890342	370151	280381
石狮市	Shishi	2870148	1552299	800697	503490
晋江市	Jinjiang	6167912	2347941	1422598	982295
南安市	Nan'an	3375968	1690558	612762	372039
龙海市	Longhai	3110493	1354920	563314	379832
邵武市	Shaowu	1933346	1205161	130039	76366
武夷山市	Wuyishan	2294137	842647	92984	53158
建瓯市	Jian'ou	1746776	1034801	190941	73131
建阳市	Jianyang	1786794	774987	342866	248889
漳平市	Zhangping	1224168	1084072	48452	32966
福安市	Fu'an	1634068	686605	246355	168591
福鼎市	Fuding	1761050	1374426	320923	192140
江西省	**Jiangxi**				
乐平市	Leping	2619677	1590781	107966	63783
瑞昌市	Ruichang	1545159	1667981	93082	67557
共青城市	Gongqingcheng	996444	1021722	24503	22979
贵溪市	Guixi	2503524	1854710	119651	86202
瑞金市	Ruijin	476662	278864	78930	67669
南康市	Nankang	1000204	731553	230233	130968
井冈山市	Jinggangshan	463863	12319	25882	13866
丰城市	Fengcheng	2513028	1560260	157449	114187
樟树市	Zhangshu	1769424	808843	76405	62379
高安市	Gaoan	1402659	1569327	85706	63345
德兴市	Dexing	961492	611749	53056	31388
山东省	**Shandong**				
章丘市	Zhangqiu	3553211	2953587	610610	521026
胶州市	Jiaozhou	6595327	4569745	578600	461361
即墨市	Jimo	6447732	3601471	401644	332717
平度市	Pingdu	5194000	3610983	472736	248449
莱西市	Laixi	4483573	1194616	71900	63945
滕州市	Tengzhou	4571181	3026635	854496	634047
龙口市	Longkou	4716270	2348059	212474	202427
莱阳市	Laiyang	1224923	1063458	85025	63880
莱州市	Laizhou	3809682	2545943	178842	135128
蓬莱市	Penglai	3024509	1104210	154205	114146
招远市	Zhaoyuan	3026410	2535849	217713	87492

3-10 续表 4 continued

单位：万元 (10 000 yuan)

城 市	city	固定资产投资 Investment in Fixed Assets	新增固定资产 Newly Increased Fixed Assets	房地产开发投资 Investment for Real Estate Development	住宅 Residential Buildings
栖霞市	Qixia	1029823	678031	38863	36391
海阳市	Haiyang	3037162	2321503	483896	359513
青州市	Qingzhou	3590046	2588615	369535	262302
诸城市	Zhucheng	4024175	2819660	520497	362545
寿光市	Shouguang	4065013	1767169	922952	517881
安丘市	Anqiu	1907000	1551993	306110	222459
高密市	Gaomi	3373118	1701787	304423	235437
昌邑市	Changyi	2370679	1539886	173064	104163
曲阜市	Qufu	1745668	708617	242126	188272
兖州市	Yanzhou	3116257	600369	115826	102669
邹城市	Zoucheng	3091859	1476555	353497	263024
新泰市	Xintai	4331559	2670304	141608	118176
肥城市	Feicheng	4130198	92362	169745	109898
文登市	Wendeng	4655799	2391814	937263	767781
荣成市	Rongcheng	5509576	5326026	637379	561476
乳山市	Rushan	3767260	3526608	764018	720157
乐陵市	Laoling	1467814	674084	118440	101360
禹城市	Yucheng	1515401	564242	254996	195000
临清市	Linqing	2079259	1671110	155648	94584
河南省	**Henan**				
巩义市	Gongyi	3725400	2146182	478000	283400
荥阳市	Xingyang	3464700	2311445	393115	302135
新密市	Xinmi	3293806	585058	161351	103918
新郑市	Xinzheng	3275608	1281599	475343	408482
登封市	Dengfeng	2930485	1543530	135802	121787
偃师市	Yanshi	1989691	397300	62128	48207
舞钢市	Wugang	1365481	1246538	69754	58186
汝州市	Ruzhou	2034597	1161939	110523	79587
林州市	Linzhou	3993947	2795050	205637	168773
卫辉市	Weihui	846555	495730	41835	36441
辉县市	Huixian	2224109	1099005	201466	132713
沁阳市	Qinyang	2475261	1663543	85231	64773
孟州市	Mengzhou	2109861	1984320	41601	39757
禹州市	Yuzhou	3670032		132866	109374
长葛市	Changge	2503711	2014941	153679	119741
义马市	Yima	1590636	1204404	90568	69214
灵宝市	Lingbao	2534508	1830489	122650	79125
邓州市	Dengzhou	2119000	1967400	121300	102600
永城市	Yongcheng	2140519	1769921	305337	202943
项城市	Xiangcheng	1046082	715830	80288	62308
济源市	Jiyuan	3514387	2570712	319355	215079
湖北省	**Hubei**				
大冶市	Daye	3790144	2658736	144012	97477
丹江口市	Danjiangkou	1284838	877640	75995	48539
宜都市	Yidu	3603979	2488593	112442	68224
当阳市	Dangyang	2800441	1849431	107173	77288
枝江市	Zhijiang	2992769	2374365	128775	102104
老河口市	Laohekou	1778668	1375441	254644	197594
枣阳市	Zaoyang	3001321	1471095	377551	288816
宜城市	Yicheng	1723071	1200156	235826	139593

3-10 续表 5 continued

单位：万元 (10 000 yuan)

城市	city	固定资产投资 Investment in Fixed Assets	新增固定资产 Newly Increased Fixed Assets	房地产开发投资 Investment for Real Estate Development	住宅 Residential Buildings
钟祥市	Zhongxiang	2738465	2425112	180634	129592
应城市	Yingcheng	1832459	1408611	65288	57588
安陆市	Anlu	1203330	1160260	116000	81256
汉川市	Hanchuan	2382958	2330164	94641	67528
石首市	Shishou	1207208	557801	9013	7973
洪湖市	Honghu	1051546	563909	131295	88509
松滋市	Songzi	1669817	1488336	97230	73591
麻城市	Macheng	2182800	1543659	155410	133652
武穴市	Wuxue	1740226	1621313	115923	94984
赤壁市	Chibi	2318000	1390359	281890	213950
广水市	Guangshui	1950500	1875422	20962	17998
恩施市	Enshi	1120272	183622	265595	184414
利川市	Lichuan	678290	297802	103868	84835
仙桃市	Xiantao	3067828	2801653	266175	219814
潜江市	Qianjiang	3058845	1037263	181100	86214
天门市	Tianmen	2607500	2547300	152400	106417
湖南省	**Hunan**				
浏阳市	Liuyang	5882243	3841524	475248	254018
醴陵市	Liling	2470185	2110283	216829	116046
湘乡市	Xiangxiang	1298531	916947	144533	93399
韶山市	Shaoshan	594837	567952	27785	24465
耒阳市	Leiyang	2354606	2207814	59531	51113
常宁市	Changning	1083963	1085765	56717	46184
武冈市	Wugang	916510	311736	14460	13860
汨罗市	Miluo	2066172	1784326	52930	34894
临湘市	Linxiang	1381636	1134459	29350	29240
津市市	Jinshi	673203	556906	62633	44942
沅江市	Yuanjiang	929108	672306	336044	246119
资兴市	Zixing	2001348	1643574	102428	80439
洪江市	Hongjiang	777348	612459	56379	43652
冷水江市	Lengshuijiang	1353214	1291978	188483	111759
涟源市	Lianyuan	1277227	1046861	63723	47890
吉首市	Jishou	667642	230555	291114	192142
广东省	**Guangdong**				
增城市	Zengcheng	2940680	2311990	1492487	1045953
从化市	Conghua	1535793	710384	595432	512889
乐昌市	Lechang	823037	453430	206797	144453
南雄市	Nanxiong	824100	569326	58600	50128
台山市	Taishan	1967225	721066	203315	157130
开平市	Kaiping	1466758	1471732	251124	167736
鹤山市	Heshan	1209345	362886	315997	278911
恩平市	Enping	768668	447860	115054	97207
廉江市	Lianjiang	1543540	1406576	234661	184073
雷州市	Leizhou	352663	317269	63970	44719
吴川市	Wuchuan	955725	454722	100036	95739
高州市	Gaozhou	1043361	847830	102537	78826
化州市	Huazhou	1026908	868268	117945	92964
信宜市	Xinyi	1146524	947438	102265	92318
高要市	Gaoyao	2117348	1800966	212922	177460
四会市	Sihui	3299023	2341060	362707	252313

3-10 续表 6 continued

单位：万元 (10 000 yuan)

城市	city	固定资产投资 Investment in Fixed Assets	新增固定资产 Newly Increased Fixed Assets	房地产开发投资 Investment for Real Estate Development	住宅 Residential Buildings
兴宁市	Xingning	382150	84749	93501	78727
陆丰市	Lufeng	1578845	1546470	4173	
阳春市	Yangchun	1170179	316343	102746	102746
英德市	Yingde	1421718	481956	244226	204389
连州市	Lianzhou	247207	85245	53793	30980
普宁市	Puning	2312701	1876295	76225	73300
罗定市	Luoding	1052175	430825	153859	120112
广西壮族自治区	**Guangxi**				
岑溪市	Cenxi	1754128	1257676	143661	125126
东兴市	Dongxing	863335	601680	285509	235722
桂平市	Guiping	1238716	824414	152188	135343
北流市	Beiliu	1578177	1276233	150276	134896
宜州市	Yizhou	496166	382095	51807	35200
合山市	Heshan	193894	116741	7127	6285
凭祥市	Pingxiang	598193	231991	29800	16420
海南省	**Hainan**				
五指山市	Wuzhishan	284202	29026	127923	114046
琼海市	Qionghai	1378234	733263	941470	831610
儋州市	Danzhou	1002549	553231	294413	253908
文昌市	Wenchang	1656440	628219	704611	600862
万宁市	Wanning	1435100	190000	1040000	960000
东方市	Dongfang	922656	389069	313532	257757
四川省	**Sichuan**				
都江堰市	Dujiangyan	1684918	830397	505171	336356
彭州市	Pengzhou	1764522	998367	100979	67133
邛崃市	Qionglai	1871889	1101796	222018	151876
崇州市	Chongzhou	1770288	1433724	218041	136531
广汉市	Guanghan	1315104	1052902	118324	68091
什邡市	Shifang	1164169	987412	32538	11980
绵竹市	Mianzhu	1256027	1177743	72835	49951
江油市	Jiangyou	1349571	703970	225663	154229
峨眉山市	Emeishan	913321	492613	271822	141604
阆中市	Langzhong	1549899	859136	253690	158375
华蓥市	Huaying	988851	580634	63356	52216
万源市	Wanyuan	859311	684720	21296	11946
简阳市	Jianyang	2160483	1072343	337811	279237
西昌市	Xichang	2850600	1324819	176378	
贵州省	**Guizhou**				
清镇市	Qingzhen	1682210	2787766	124492	88059
赤水市	Chishui	1000000	746210	201477	140023
仁怀市	Renhuai	1918269	33308	191765	61000
兴义市	Xingyi	2025057	1215034	408057	271776
凯里市	Kaili	2967902	1602081	645291	408575
都匀市	Duyun	1200000	750162	226096	175507
福泉市	Fuquan	863000	506307	39355	30503
云南省	**Yunnan**				
安宁市	Anning	2104531	248112	704471	444147
宣威市	Xuanwei	1826433	575347	359890	201508
楚雄市	Chuxiong	1659386	995210	447390	260770

3-10 续表 7 continued

单位：万元 (10 000 yuan)

城市	city	固定资产投资 Investment in Fixed Assets	新增固定资产 Newly Increased Fixed Assets	房地产开发投资 Investment for Real Estate Development	住宅 Residential Buildings
个旧市	Gejiu	1000532	623077	229521	184711
开远市	Kaiyuan	1000025	476962	126040	94802
蒙自市	Mengzi	1000510	554534	372854	243480
弥勒市	Mile	1000332	798195	191897	160464
文山市	Wenshan	1172018	437714	413788	237808
景洪市	Jinghong	1440953	2299059	484614	358238
大理市	Dali	2163895	1100022	883687	476885
瑞丽市	Ruili	658522	222235	305897	173972
芒市	Mangshi	828659	360028	166528	129824
西藏自治区	**Tibet**				
日喀则市	Xigaze	91297			
陕西省	**Shaanxi**				
兴平市	Xingping	1800185	1321666	44038	36638
韩城市	Hancheng	1972974	1764287	126301	108169
华阴市	Huayin	951646	542574	74330	63181
甘肃省	**Gansu**				
玉门市	Yumen	1905309	1383254	50125	20454
敦煌市	Dunhuang	1086857	1006242	155486	116057
临夏市	Linxia	419628	206337	211310	189507
合作市	Hezuo	522394	175534	27917	27917
玉树市	Yushu	608515	1441478		
青海省	**Qinghai**				
格尔木市	Golmud	2346936	1372971	66382	38435
德令哈市	Delingha	863711	365723	61559	31648
宁夏回族自治区	**Ningxia**				
灵武市	Lingwu	3936558	1303872	158011	80733
青铜峡市	Qingtongxia	1060487	708370	241842	187971
新疆维吾尔自治区	**Xinjiang**				
吐鲁番市	Turpan	575100	367355	10719	10719
哈密市	Hami	2423207	501249	192466	128432
昌吉市	Changji	193556	1844156	466172	312608
阜康市	Fukang	1559391	1644478	82628	60568
博乐市	Bole	816091	515605	143236	76273
库尔勒市	Korla	3665842	1989042	368250	273995
阿克苏市	Akesu	1171074	215790	210142	152958
阿图什市	Atus	274322	205245	31200	13420
喀什市	Kashi	1244100	230185	220300	79339
和田市	Hetian	510376	418308	5185	7
伊宁市	Yining	2150690	259117	571512	347570
奎屯市	Kuitun	902185	126292	109420	71647
塔城市	Tacheng	342442	92000	35218	25719
乌苏市	Wusu	720834	720834	96174	96174
阿勒泰市	Aletai	430953	280272	35589	24367
石河子市	Shihezi	2607130	392319	291526	193347
阿拉尔市	Alar	1236261	1190370	59082	44378
图木舒克市	Tumushuke	669727	355973	45716	21832
五家渠市	Wujiaqu	2377141	1513493	624271	335685
北屯市	Beitun	265052	108992	22038	6871

3-11 普通中学及小学数

Number of Regular Secondary Schools and Primary Schools

单位：所 (unit)

城市	city	普通中学数 Regular Secondary Schools	小学数 Primary Schools
河北省	**Hebei**		
辛集市	Xinji	33	89
藁城市	Gaocheng	30	111
晋州市	Jinzhou	21	159
新乐市	Xinle	31	93
鹿泉市	Luquan	14	70
遵化市	Zunhua	34	108
迁安市	Qian'an	36	128
武安市	Wu'an	32	128
南宫市	Nangong	14	74
沙河市	Shahe	28	106
涿州市	Zhuozhou	22	75
定州市	Dingzhou	39	254
安国市	Anguo	9	92
高碑店市	Gaobeidian	22	87
泊头市	Botou	17	79
任丘市	Renqiu	51	158
黄骅市	Huanghua	27	85
河间市	Hejian	32	180
霸州市	Bazhou	23	131
三河市	Sanhe	17	65
冀州市	Jizhou	15	36
深州市	Shenzhou	24	197
山西省	**Shanxi**		
古交市	Gujiao	20	54
潞城市	Lucheng	14	60
高平市	Gaoping	29	118
介休市	Jiexiu	23	62
永济市	Yongji	23	67
河津市	Hejin	37	120
原平市	Yuanping	45	284
侯马市	Houma	14	23
霍州市	Huozhou	24	76
孝义市	Xiaoyi	35	76
汾阳市	Fenyang	30	139
内蒙古自治区	**Inner Mongolia**		
霍林郭勒市	Huolinguole	7	7
满洲里市	Manzhouli	14	13
牙克石市	Yakeshi	25	13
扎兰屯市	Zhalantun	19	34
额尔古纳市	Eerguna	6	10
根河市	Genhe	8	7
丰镇市	Fengzhen	11	21
乌兰浩特市	Wulanhaote	17	24
阿尔山市	Aershan	3	5
二连浩特市	Erlianhaote	3	5
锡林浩特市	Xilinhaote	9	12
辽宁省	**Liaoning**		
新民市	Xinmin	31	8
瓦房店市	Wafangdian	41	80
普兰店市	Pulandian	45	100
庄河市	Zhuanghe	34	147
海城市	Haicheng	38	266
东港市	Donggang	30	124
凤城市	Fengcheng	28	127
凌海市	Linghai	30	42
北镇市	Beizhen	23	86
盖州市	Gaizhou	31	85
大石桥市	Dashiqiao	27	62
灯塔市	Dengta	16	65
调兵山市	Diaobingshan	9	14
开原市	Kaiyuan	26	69
北票市	Beipiao	27	105
凌源市	Lingyuan	28	133
兴城市	Xingcheng	25	116
吉林省	**Jilin**		
九台市	Jiutai	35	200
榆树市	Yushu	55	320
德惠市	Dehui	42	228
蛟河市	Jiaohe	27	107
桦甸市	Huadian	21	100
舒兰市	Shulan	28	142
磐石市	Panshi	24	112
公主岭市	Gongzhuling	52	245
双辽市	Shuangliao	27	159
梅河口市	Meihekou	30	69
集安市	Ji'an	16	32
临江市	Linjiang	16	65
扶余市	Fuyu	31	181
洮南市	Taonan	23	145
大安市	Daan	30	130
延吉市	Yanji	25	24
图们市	Tumen	9	9
敦化市	Dunhua	24	74
珲春市	Hunchun	16	13
龙井市	Longjing	14	11
和龙市	Helong	18	20
黑龙江省	**Heilongjiang**		
双城市	Shuangcheng	44	79
尚志市	Shangzhi	24	14
五常市	Wuchang	36	76
讷河市	Nehe	24	166
虎林市	Hulin	11	15
密山市	Mishan	27	18
铁力市	Tieli	14	21

3-11 续表 1 continued

单位：所 (unit)

城市	city	普通中学数 Regular Secondary Schools	小学数 Primary Schools	城市	city	普通中学数 Regular Secondary Schools	小学数 Primary Schools
同江市	Tongjiang	2	27	东阳市	Dongyang	47	93
富锦市	Fujin	17	28	永康市	Yongkang	28	52
绥芬河市	Suifenhe	4	9	江山市	Jiangshan	22	46
海林市	Hailin	24	50	温岭市	Wenling	46	60
宁安市	Ning'an	22	53	临海市	Linhai	48	68
穆棱市	Muling	16	52	龙泉市	Longquan	9	33
北安市	Bei'an	12	24	**安徽省**	**Anhui**		
五大连池市	Wudalianchi	13	43	巢湖市	Chaohu	46	119
安达市	Anda	26	34	桐城市	Tongcheng	53	195
肇东市	Zhaodong	35	103	天长市	Tianchang	39	31
海伦市	Hailun	32	32	明光市	Mingguang	36	59
江苏省	**Jiangsu**			界首市	Jieshou	42	137
江阴市	Jiangyin	45	39	宁国市	Ningguo	20	29
宜兴市	Yixing	41	56	**福建省**	**Fujian**		
新沂市	Xinyi	34	97	福清市	Fuqing	72	349
邳州市	Pizhou	54	160	长乐市	Changle	36	99
溧阳市	Liyang	37	39	永安市	Yong'an	18	58
金坛市	Jintan	25	30	石狮市	Shishi	15	65
常熟市	Changshu	41	50	晋江市	Jinjiang	54	290
张家港市	Zhangjiagang	37	33	南安市	Nan'an	67	287
昆山市	Kunshan	32	42	龙海市	Longhai	34	214
太仓市	Taicang	18	28	邵武市	Shaowu	22	26
启东市	Qidong	29	49	武夷山市	Wuyishan	11	62
如皋市	Rugao	31	54	建瓯市	Jian'ou	21	162
海门市	Haimen	39	40	建阳市	Jianyang	17	37
东台市	Dongtai	41	23	漳平市	Zhangping	21	39
大丰市	Dafeng	30	32	福安市	Fu'an	28	62
仪征市	Yizheng	24	33	福鼎市	Fuding	24	34
高邮市	Gaoyou	31	39	**江西省**	**Jiangxi**		
丹阳市	Danyang	40	25	乐平市	Leping	42	284
扬中市	Yangzhong	10	12	瑞昌市	Ruichang	27	34
句容市	Jurong	19	30	共青城市	Gongqingcheng	4	18
兴化市	Xinghua	57	21	贵溪市	Guixi	36	234
靖江市	Jingjiang	25	28	瑞金市	Ruijin	33	169
泰兴市	Taixing	48	42	南康市	Nankang	41	181
浙江省	**Zhejiang**			井冈山市	Jinggangshan	12	28
建德市	Jiande	26	28	丰城市	Fengcheng	48	489
富阳市	Fuyang	22	46	樟树市	Zhangshu	27	89
临安市	Lin'an	24	40	高安市	Gaoan	29	131
余姚市	Yuyao	49	83	德兴市	Dexing	18	52
慈溪市	Cixi	48	87	**山东省**	**Shandong**		
奉化市	Fenghua	22	29	章丘市	Zhangqiu	33	120
瑞安市	Rui'an	68	85	胶州市	Jiaozhou	27	83
乐清市	Yueqing	82	89	即墨市	Jimo	37	171
海宁市	Haining	28	27	平度市	Pingdu	50	159
平湖市	Pinghu	17	24	莱西市	Laixi	34	95
桐乡市	Tongxiang	32	28	滕州市	Tengzhou	46	223
诸暨市	Zhuji	44	109	龙口市	Longkou	26	27
上虞市	Shangyu	33	53	莱阳市	Laiyang	38	50
嵊州市	Shengzhou	34	58	莱州市	Laizhou	33	31
兰溪市	Lanxi	31	48	蓬莱市	Penglai	13	27
义乌市	Yiwu	31	80	招远市	Zhaoyuan	27	28

3-11 续表 2 continued

单位：所 (unit)

城 市	city	普通中学数 Regular Secondary Schools	小学数 Primary Schools	城 市	city	普通中学数 Regular Secondary Schools	小学数 Primary Schools
栖霞市	Qixia	22	22	钟祥市	Zhongxiang	45	116
海阳市	Haiyang	24	33	应城市	Yingcheng	25	43
青州市	Qingzhou	41	101	安陆市	Anlu	24	57
诸城市	Zhucheng	34	118	汉川市	Hanchuan	48	131
寿光市	Shouguang	40	111	石首市	Shishou	22	51
安丘市	Anqiu	33	65	洪湖市	Honghu	45	52
高密市	Gaomi	37	112	松滋市	Songzi	29	48
昌邑市	Changyi	24	49	麻城市	Macheng	46	240
曲阜市	Qufu	25	74	武穴市	Wuxue	33	72
兖州市	Yanzhou	21	65	赤壁市	Chibi	26	55
邹城市	Zoucheng	34	147	广水市	Guangshui	37	71
新泰市	Xintai	35	144	恩施市	Enshi	31	108
肥城市	Feicheng	30	82	利川市	Lichuan	33	304
文登市	Wendeng	24	26	仙桃市	Xiantao	44	111
荣成市	Rongcheng	32	29	潜江市	Qianjiang	43	90
乳山市	Rushan	25	4	天门市	Tianmen	45	125
乐陵市	Laoling	31	119	**湖南省**	**Hunan**		
禹城市	Yucheng	17	99	浏阳市	Liuyang	63	184
临清市	Linqing	25	107	醴陵市	Liling	49	117
河南省	**Henan**			湘乡市	Xiangxiang	61	160
巩义市	Gongyi	34	80	韶山市	Shaoshan	10	14
荥阳市	Xingyang	23	55	耒阳市	Leiyang	60	351
新密市	Xinmi	39	118	常宁市	Changning	52	137
新郑市	Xinzheng	40	118	武冈市	Wugang	46	101
登封市	Dengfeng	36	123	汨罗市	Miluo	52	118
偃师市	Yanshi	51	171	临湘市	Linxiang	29	73
舞钢市	Wugang	15	40	津市市	Jinshi	12	19
汝州市	Ruzhou	64	376	沅江市	Yuanjiang	43	55
林州市	Linzhou	54	264	资兴市	Zixing	26	23
卫辉市	Weihui	32	145	洪江市	Hongjiang	33	29
辉县市	Huixian	46	165	冷水江市	Lengshuijiang	30	53
沁阳市	Qinyang	27	86	涟源市	Lianyuan	60	240
孟州市	Mengzhou	27	44	吉首市	Jishou	19	24
禹州市	Yuzhou	80	333	**广东省**	**Guangdong**		
长葛市	Changge	38	168	增城市	Zengcheng	50	102
义马市	Yima	6	10	从化市	Conghua	27	65
灵宝市	Lingbao	33	111	乐昌市	Lechang	26	74
邓州市	Dengzhou	66	535	南雄市	Nanxiong	19	102
永城市	Yongcheng	57	392	台山市	Taishan	38	59
项城市	Xiangcheng	66	302	开平市	Kaiping	30	56
济源市	Jiyuan	37	104	鹤山市	Heshan	14	41
湖北省	**Hubei**			恩平市	Enping	25	67
大冶市	Daye	53	162	廉江市	Lianjiang	67	285
丹江口市	Danjiangkou	24	36	雷州市	Leizhou	44	526
宜都市	Yidu	16	25	吴川市	Wuchuan	48	296
当阳市	Dangyang	22	33	高州市	Gaozhou	66	295
枝江市	Zhijiang	20	30	化州市	Huazhou	67	404
老河口市	Laohekou	17	41	信宜市	Xinyi	51	381
枣阳市	Zaoyang	41	105	高要市	Gaoyao	26	36
宜城市	Yicheng	26	45	四会市	Sihui	28	35

3-11 续表 3 continued

单位：所 (unit)

城　市	city	普通中学数 Regular Secondary Schools	小学数 Primary Schools	城　市	city	普通中学数 Regular Secondary Schools	小学数 Primary Schools
兴宁市	Xingning	44	272	个旧市	Gejiu	22	75
陆丰市	Lufeng	89	364	开远市	Kaiyuan	17	64
阳春市	Yangchun	24	59	蒙自市	Mengzi	18	78
英德市	Yingde	39	62	弥勒市	Mile	19	86
连州市	Lianzhou	18	34	文山市	Wenshan	23	134
普宁市	Puning	93	477	景洪市	Jinghong	17	55
罗定市	Luoding	36	101	大理市	Dali	38	133
广西壮族自治区	**Guangxi**			瑞丽市	Ruili	8	28
岑溪市	Cenxi	35	282	芒市	Mangshi	18	71
东兴市	Dongxing	8	36	**西藏自治区**	**Tibet**		
桂平市	Guiping	74	429	日喀则市	Xigaze	3	18
北流市	Beiliu	51	298	**陕西省**	**Shaanxi**		
宜州市	Yizhou	29	184	兴平市	Xingping	30	177
合山市	Heshan	3	6	韩城市	Hancheng	36	64
凭祥市	Pingxiang	3	37	华阴市	Huayin	19	70
海南省	**Hainan**			**甘肃省**	**Gansu**		
五指山市	Wuzhishan	6	61	玉门市	Yumen	11	19
琼海市	Qionghai	26	96	敦煌市	Dunhuang	15	34
儋州市	Danzhou	35	287	临夏市	Linxia	7	45
文昌市	Wenchang	30	181	合作市	Hezuo	4	19
万宁市	Wanning	27	137	玉树市	Yushu	6	32
东方市	Dongfang	18	146	**青海省**	**Qinghai**		
四川省	**Sichuan**			格尔木市	Golmud	20	10
都江堰市	Dujiangyan	26	24	德令哈市	Delingha	7	9
彭州市	Pengzhou	31	22	**宁夏回族自治区**	**Ningxia**		
邛崃市	Qionglai	32	29	灵武市	Lingwu	11	31
崇州市	Chongzhou	18	31	青铜峡市	Qingtongxia	14	55
广汉市	Guanghan	27	39	**新疆维吾尔自治区**	**Xinjiang**		
什邡市	Shifang	16	29	吐鲁番市	Turpan	19	25
绵竹市	Mianzhu	13	30	哈密市	Hami	41	40
江油市	Jiangyou	28	76	昌吉市	Changji	15	24
峨眉山市	Emeishan	21	30	阜康市	Fukang	5	7
阆中市	Langzhong	77	18	博乐市	Bole	13	9
华蓥市	Huaying	21	11	库尔勒市	Korla	31	23
万源市	Wanyuan	34	247	阿克苏市	Akesu	38	48
简阳市	Jianyang	104	29	阿图什市	Atus	21	71
西昌市	Xichang	32	160	喀什市	Kashi	28	82
贵州省	**Guizhou**			和田市	Hetian	20	80
清镇市	Qingzhen	26	108	伊宁市	Yining	31	53
赤水市	Chishui	17	86	奎屯市	Kuitun	13	13
仁怀市	Renhuai	32	79	塔城市	Tacheng	6	22
兴义市	Xingyi	85	260	乌苏市	Wusu	26	14
凯里市	Kaili	37	58	阿勒泰市	Aletai	8	22
都匀市	Duyun	41	155	石河子市	Shihezi	27	8
福泉市	Fuquan	19	115	阿拉尔市	Alar	19	22
云南省	**Yunnan**			图木舒克市	Tumushuke	14	3
安宁市	Anning	14	24	五家渠市	Wujiaqu	6	5
宣威市	Xuanwei	49	637	北屯市	Beitun	5	4
楚雄市	Chuxiong	26	134				

3-12 专任教师数
Number of Full-time Teachers

单位：人 (person)

城市	city	普通中学专任教师数 Full-time Teachers of Regular Secondary Schools	小学专任教师数 Full-time Teachers of Regular Secondary Schools
河北省	**Hebei**		
辛集市	Xinji	2527	2693
藁城市	Gaocheng	3033	3429
晋州市	Jinzhou	1518	2116
新乐市	Xinle	1544	1899
鹿泉市	Luquan	1636	1716
遵化市	Zunhua	3018	2957
迁安市	Qian'an	3015	3338
武安市	Wu'an	3543	4373
南宫市	Nangong	1246	2290
沙河市	Shahe	2576	2401
涿州市	Zhuozhou	2213	1706
定州市	Dingzhou	3940	4278
安国市	Anguo	1400	1657
高碑店市	Gaobeidian	1667	1645
泊头市	Botou	1770	2918
任丘市	Renqiu	3530	3809
黄骅市	Huanghua	2201	2342
河间市	Hejian	2228	3744
霸州市	Bazhou	2288	3394
三河市	Sanhe	2307	2273
冀州市	Jizhou	2314	1243
深州市	Shenzhou	1488	2192
山西省	**Shanxi**		
古交市	Gujiao	1215	1712
潞城市	Lucheng	934	1297
高平市	Gaoping	2279	1857
介休市	Jiexiu	2072	1885
永济市	Yongji	2015	2010
河津市	Hejin	2763	2669
原平市	Yuanping	2372	2569
侯马市	Houma	1124	1148
霍州市	Huozhou	1446	1689
孝义市	Xiaoyi	3762	2199
汾阳市	Fenyang	2029	2027
内蒙古自治区	**Inner Mongolia**		
霍林郭勒市	Huolinguole	594	401
满洲里市	Manzhouli	1139	759
牙克石市	Yakeshi	1690	1379
扎兰屯市	Zhalantun	1241	1709
额尔古纳市	Eerguna	408	504
根河市	Genhe	683	718
丰镇市	Fengzhen	797	1619
乌兰浩特市	Wulanhaote	1802	1371
阿尔山市	Aershan	186	164
二连浩特市	Erlianhaote	425	326
锡林浩特市	Xilinhaote	1556	1044
辽宁省	**Liaoning**		
新民市	Xinmin	1807	2248
瓦房店市	Wafangdian	2907	2456
普兰店市	Pulandian	3225	2608
庄河市	Zhuanghe	2807	2434
海城市	Haicheng	2727	5200
东港市	Donggang	1689	1865
凤城市	Fengcheng	1384	2223
凌海市	Linghai	1543	1621
北镇市	Beizhen	1766	1731
盖州市	Gaizhou	2894	3166
大石桥市	Dashiqiao	2522	2073
灯塔市	Dengta	1415	1703
调兵山市	Diaobingshan	629	840
开原市	Kaiyuan	1444	2093
北票市	Beipiao	2390	2252
凌源市	Lingyuan	2094	2922
兴城市	Xingcheng	1654	2567
吉林省	**Jilin**		
九台市	Jiutai	2339	4480
榆树市	Yushu	3628	5931
德惠市	Dehui	3189	5270
蛟河市	Jiaohe	1738	2688
桦甸市	Huadian	1746	2224
舒兰市	Shulan	2253	3163
磐石市	Panshi	2262	2950
公主岭市	Gongzhuling	3217	2525
双辽市	Shuangliao	1306	1928
梅河口市	Meihekou	2417	1983
集安市	Ji'an	863	1028
临江市	Linjiang	725	968
扶余市	Fuyu	2300	3258
洮南市	Taonan	1411	2428
大安市	Daan	1722	2354
延吉市	Yanji	2277	1715
图们市	Tumen	443	384
敦化市	Dunhua	1206	2825
珲春市	Hunchun	1028	1120
龙井市	Longjing	659	474
和龙市	Helong	810	831
黑龙江省	**Heilongjiang**		
双城市	Shuangcheng	2472	2512
尚志市	Shangzhi	2696	3022
五常市	Wuchang	2318	3510
讷河市	Nehe	1288	1949
虎林市	Hulin	675	562
密山市	Mishan	1442	1189
铁力市	Tieli	1302	1454
同江市	Tongjiang	214	1016
富锦市	Fujin	1435	1536
绥芬河市	Suifenhe	461	404
海林市	Hailin	985	962
宁安市	Ning'an	1414	1635

3-12 续表 1 continued

单位：人 (person)

城市	city	普通中学专任教师数 Full-time Teachers of Regular Secondary Schools	小学专任教师数 Full-time Teachers of Regular Secondary Schools
穆棱市	Muling	1039	1416
北安市	Bei'an	1039	1802
五大连池市	Wudalianchi	733	1051
安达市	Anda	1753	1857
肇东市	Zhaodong	3180	2841
海伦市	Hailun	1777	2567
江苏省	**Jiangsu**		
江阴市	Jiangyin	5647	4696
宜兴市	Yixing	3723	4093
新沂市	Xinyi	3927	3642
邳州市	Pizhou	5135	7550
溧阳市	Liyang	2900	2407
金坛市	Jintan	2249	1821
常熟市	Changshu	3627	4041
张家港市	Zhangjiagang	3396	3203
昆山市	Kunshan	3007	3627
太仓市	Taicang	1734	1827
启东市	Qidong	3393	2565
如皋市	Rugao	4494	3584
海门市	Haimen	3755	2737
东台市	Dongtai	3823	2421
大丰市	Dafeng	2610	2179
仪征市	Yizheng	1939	1657
高邮市	Gaoyou	2895	1975
丹阳市	Danyang	3414	3114
扬中市	Yangzhong	1100	977
句容市	Jurong	1968	1592
兴化市	Xinghua	4578	4511
靖江市	Jingjiang	2917	2080
泰兴市	Taixing	5287	3240
浙江省	**Zhejiang**		
建德市	Jiande	1831	1350
富阳市	Fuyang	2632	2536
临安市	Lin'an	1774	1641
余姚市	Yuyao	3028	3150
慈溪市	Cixi	4294	4665
奉化市	Fenghua	1680	1586
瑞安市	Rui'an	4402	4918
乐清市	Yueqing	5026	5467
海宁市	Haining	2527	2096
平湖市	Pinghu	1910	1654
桐乡市	Tongxiang	2675	2041
诸暨市	Zhuji	5199	4089
上虞市	Shangyu	2973	2452
嵊州市	Shengzhou	2624	2138
兰溪市	Lanxi	2498	1597
义乌市	Yiwu	3591	3624
东阳市	Dongyang	3233	2946
永康市	Yongkang	2666	2067
江山市	Jiangshan	2037	1883
温岭市	Wenling	3957	4016
临海市	Linhai	3705	3920
龙泉市	Longquan	910	1282
安徽省	**Anhui**		
巢湖市	Chaohu	3678	2780
桐城市	Tongcheng	3323	2702
天长市	Tianchang	2465	2227
明光市	Mingguang	2103	2145
界首市	Jieshou	2159	2515
宁国市	Ningguo	1677	1163
福建省	**Fujian**		
福清市	Fuqing	5232	5349
长乐市	Changle	2262	2379
永安市	Yong'an	1619	1428
石狮市	Shishi	1703	2024
晋江市	Jinjiang	5128	6437
南安市	Nan'an	5964	5023
龙海市	Longhai	3499	3048
邵武市	Shaowu	1204	1362
武夷山市	Wuyishan	851	1134
建瓯市	Jian'ou	1738	2122
建阳市	Jianyang	1325	1664
漳平市	Zhangping	1175	1242
福安市	Fu'an	2624	2721
福鼎市	Fuding	2206	2327
江西省	**Jiangxi**		
乐平市	Leping	1965	3588
瑞昌市	Ruichang	1718	2029
共青城市	Gongqingcheng	232	360
贵溪市	Guixi	2148	2212
瑞金市	Ruijin	2383	3077
南康市	Nankang	2913	3752
井冈山市	Jinggangshan	645	715
丰城市	Fengcheng	4390	6259
樟树市	Zhangshu	2151	2181
高安市	Gaoan	2910	3401
德兴市	Dexing	818	1566
山东省	**Shandong**		
章丘市	Zhangqiu	4307	4131
胶州市	Jiaozhou	3408	3879
即墨市	Jimo	4804	5268
平度市	Pingdu	5758	5074
莱西市	Laixi	3573	2712
滕州市	Tengzhou	6512	7148
龙口市	Longkou	3331	1857
莱阳市	Laiyang	4252	2304
莱州市	Laizhou	3868	2160
蓬莱市	Penglai	2041	1277
招远市	Zhaoyuan	2777	1402
栖霞市	Qixia	3330	1879

3-12 续表 2 continued

单位：人 (person)

城市	city	普通中学专任教师数 Full-time Teachers of Regular Secondary Schools	小学专任教师数 Full-time Teachers of Regular Secondary Schools	城市	city	普通中学专任教师数 Full-time Teachers of Regular Secondary Schools	小学专任教师数 Full-time Teachers of Regular Secondary Schools
海阳市	Haiyang	2832	1922	钟祥市	Zhongxiang	3037	3564
青州市	Qingzhou	4257	3859	应城市	Yingcheng	2462	1939
诸城市	Zhucheng	4599	4299	安陆市	Anlu	3885	3051
寿光市	Shouguang	5761	3637	汉川市	Hanchuan	3698	3379
安丘市	Anqiu	4286	3856	石首市	Shishou	2213	1587
高密市	Gaomi	4164	3891	洪湖市	Honghu	2608	2128
昌邑市	Changyi	2480	2037	松滋市	Songzi	2507	1576
曲阜市	Qufu	2631	2503	麻城市	Macheng	3746	3870
兖州市	Yanzhou	2583	2151	武穴市	Wuxue	2766	2753
邹城市	Zoucheng	4433	5188	赤壁市	Chibi	1489	1918
新泰市	Xintai	5075	5595	广水市	Guangshui	2814	3584
肥城市	Feicheng	5315	5045	恩施市	Enshi	2952	2571
文登市	Wendeng	3068	1635	利川市	Lichuan	2373	3069
荣成市	Rongcheng	3408	1702	仙桃市	Xiantao	5584	4431
乳山市	Rushan	2664	1388	潜江市	Qianjiang	3898	3458
乐陵市	Laoling	2010	2961	天门市	Tianmen	5007	2881
禹城市	Yucheng	1672	2445	**湖南省**	**Hunan**		
临清市	Linqing	2420	2880	浏阳市	Liuyang	4444	4101
河南省	**Henan**			醴陵市	Liling	2653	2847
巩义市	Gongyi	3215	3154	湘乡市	Xiangxiang	3065	2995
荥阳市	Xingyang	2572	2503	韶山市	Shaoshan	342	396
新密市	Xinmi	3303	3846	耒阳市	Leiyang	3866	5171
新郑市	Xinzheng	3187	3005	常宁市	Changning	2977	3604
登封市	Dengfeng	2740	3466	武冈市	Wugang	2288	2740
偃师市	Yanshi	3174	3182	汨罗市	Miluo	2622	2196
舞钢市	Wugang	1140	1364	临湘市	Linxiang	1859	1645
汝州市	Ruzhou	3421	4733	津市市	Jinshi	770	652
林州市	Linzhou	3274	4656	沅江市	Yuanjiang	2960	2493
卫辉市	Weihui	1867	2242	资兴市	Zixing	1330	1636
辉县市	Huixian	3311	2700	洪江市	Hongjiang	1792	1917
沁阳市	Qinyang	2181	1907	冷水江市	Lengshuijiang	1884	1784
孟州市	Mengzhou	1471	1180	涟源市	Lianyuan	3691	3715
禹州市	Yuzhou	4292	5779	吉首市	Jishou	1425	1534
长葛市	Changge	2761	3958	**广东省**	**Guangdong**		
义马市	Yima	610	737	增城市	Zengcheng	4860	4307
灵宝市	Lingbao	3663	3417	从化市	Conghua	2645	2681
邓州市	Dengzhou	4642	7000	乐昌市	Lechang	1941	1937
永城市	Yongcheng	3704	7843	南雄市	Nanxiong	2192	2019
项城市	Xiangcheng	4404	5499	台山市	Taishan	3518	2675
济源市	Jiyuan	3110	2701	开平市	Kaiping	3250	2745
湖北省	**Hubei**			鹤山市	Heshan	1526	1489
大冶市	Daye	4003	3236	恩平市	Enping	926	2240
丹江口市	Danjiangkou	1553	1559	廉江市	Lianjiang	6749	7126
宜都市	Yidu	1131	843	雷州市	Leizhou	6946	7671
当阳市	Dangyang	2220	2120	吴川市	Wuchuan	4919	4829
枝江市	Zhijiang	1658	1330	高州市	Gaozhou	9222	6457
老河口市	Laohekou	1515	1676	化州市	Huazhou	6903	7784
枣阳市	Zaoyang	3126	3451	信宜市	Xinyi	7607	5698
宜城市	Yicheng	1959	1757	高要市	Gaoyao	3535	2698

3-12 续表 3 continued

单位：人 (person)

城市	city	普通中学专任教师数 Full-time Teachers of Regular Secondary Schools	小学专任教师数 Full-time Teachers of Regular Secondary Schools	城市	city	普通中学专任教师数 Full-time Teachers of Regular Secondary Schools	小学专任教师数 Full-time Teachers of Regular Secondary Schools
四会市	Sihui	2110	2147	楚雄市	Chuxiong	2410	2195
兴宁市	Xingning	5884	4271	个旧市	Gejiu	1447	2106
陆丰市	Lufeng	8010	7550	开远市	Kaiyuan	1193	1602
阳春市	Yangchun	3559	4322	蒙自市	Mengzi	1317	1847
英德市	Yingde	4755	3617	弥勒市	Mile	1934	2600
连州市	Lianzhou	1302	1699	文山市	Wenshan	2061	2550
普宁市	Puning	11893	11854	景洪市	Jinghong	1735	2341
罗定市	Luoding	4515	4977	大理市	Dali	2619	2160
广西壮族自治区	**Guangxi**			瑞丽市	Ruili	615	891
岑溪市	Cenxi	3249	3676	芒市	Mangshi	1526	2143
东兴市	Dongxing	481	808	**西藏自治区**	**Tibet**		
桂平市	Guiping	6000	7220	日喀则市	Xigaze	307	444
北流市	Beiliu	4857	5710	**陕西省**	**Shaanxi**		
宜州市	Yizhou	1681	2052	兴平市	Xingping	2788	3149
合山市	Heshan	347	550	韩城市	Hancheng	2034	1692
凭祥市	Pingxiang	361	616	华阴市	Huayin	927	1111
海南省	**Hainan**			**甘肃省**	**Gansu**		
五指山市	Wuzhishan	721	798	玉门市	Yumen	626	626
琼海市	Qionghai	2171	2310	敦煌市	Dunhuang	747	702
儋州市	Danzhou	3775	5114	临夏市	Linxia	1393	1198
文昌市	Wenchang	2265	2609	合作市	Hezuo	591	721
万宁市	Wanning	2352	3182	玉树市	Yushu	526	801
东方市	Dongfang	1717	2812	**青海省**	**Qinghai**		
四川省	**Sichuan**			格尔木市	Golmud	873	907
都江堰市	Dujiangyan	2269	1950	德令哈市	Delingha	272	339
彭州市	Pengzhou	2521	2024	**宁夏回族自治区**	**Ningxia**		
邛崃市	Qionglai	2137	1840	灵武市	Lingwu	1179	1126
崇州市	Chongzhou	2425	1661	青铜峡市	Qingtongxia	1192	1266
广汉市	Guanghan	1880	1642	**新疆维吾尔自治区**	**Xinjiang**		
什邡市	Shifang	1398	1408	吐鲁番市	Turpan	2073	1281
绵竹市	Mianzhu	1237	1386	哈密市	Hami	2736	2597
江油市	Jiangyou	2403	2695	昌吉市	Changji	2282	1676
峨眉山市	Emeishan	1324	1154	阜康市	Fukang	698	777
阆中市	Langzhong	4672	1144	博乐市	Bole	1026	1590
华蓥市	Huaying	1277	1294	库尔勒市	Korla	2435	3300
万源市	Wanyuan	1679	1930	阿克苏市	Akesu	2352	1974
简阳市	Jianyang	4155	2145	阿图什市	Atus	2299	2615
西昌市	Xichang	3023	3265	喀什市	Kashi	3350	3204
贵州省	**Guizhou**			和田市	Hetian	1933	1846
清镇市	Qingzhen	2004	1656	伊宁市	Yining	3529	3523
赤水市	Chishui	1018	1564	奎屯市	Kuitun	1411	796
仁怀市	Renhuai	2425	2834	塔城市	Tacheng	1208	1162
兴义市	Xingyi	4920	4628	乌苏市	Wusu	1510	1391
凯里市	Kaili	2728	2131	阿勒泰市	Aletai	1211	1482
都匀市	Duyun	1797	1778	石河子市	Shihezi	1944	1163
福泉市	Fuquan	1335	1309	阿拉尔市	Alar	1041	947
云南省	**Yunnan**			图木舒克市	Tumushuke	850	1053
安宁市	Anning	863	1435	五家渠市	Wujiaqu	835	429
宣威市	Xuanwei	5391	6672	北屯市	Beitun	425	256

3-13 在校学生数

Number of Strdents Enrollment

单位：人 (person)

城市	city	普通中学在校学生数 Total Enrollment of Regular Secondary Schools	小学在校学生数 Total Enrollment of Primary Schools
河北省	**Hebei**		
辛集市	Xinji	17570	39307
藁城市	Gaocheng	31271	46643
晋州市	Jinzhou	15000	32087
新乐市	Xinle	22787	38573
鹿泉市	Luquan	17601	26755
遵化市	Zunhua	36401	55157
迁安市	Qian'an	33834	49961
武安市	Wu'an	41588	70440
南宫市	Nangong	20604	28030
沙河市	Shahe	28330	40153
涿州市	Zhuozhou	23290	36238
定州市	Dingzhou	63317	98359
安国市	Anguo	17736	28517
高碑店市	Gaobeidian	21778	34800
泊头市	Botou	23039	48579
任丘市	Renqiu	30344	68186
黄骅市	Huanghua	23023	35823
河间市	Hejian	24637	64984
霸州市	Bazhou	28405	61628
三河市	Sanhe	33149	45423
冀州市	Jizhou	24767	22308
深州市	Shenzhou	18700	31551
山西省	**Shanxi**		
古交市	Gujiao	14070	18018
潞城市	Lucheng	11947	16051
高平市	Gaoping	34002	28382
介休市	Jiexiu	20245	31305
永济市	Yongji	21927	21604
河津市	Hejin	29238	31251
原平市	Yuanping	22223	27816
侯马市	Houma	11125	13827
霍州市	Huozhou	15972	20891
孝义市	Xiaoyi	36140	36327
汾阳市	Fenyang	25750	27143
内蒙古自治区	**Inner Mongolia**		
霍林郭勒市	Huolinguole	6176	7364
满洲里市	Manzhouli	11552	8129
牙克石市	Yakeshi	13928	8823
扎兰屯市	Zhalantun	12520	17113
额尔古纳市	Erguna	3214	3473
根河市	Genhe	4143	2940
丰镇市	Fengzhen	7829	10513
乌兰浩特市	Wulanhaote	23824	19206
阿尔山市	Aershan	768	1085
二连浩特市	Erlianhaote	3366	5403
锡林浩特市	Xilinhaote	21871	16498
辽宁省	**Liaoning**		
新民市	Xinmin	18524	34643
瓦房店市	Wafangdian	32143	34917
普兰店市	Pulandian	31736	34292
庄河市	Zhuanghe	32007	31939
海城市	Haicheng	32395	68641
东港市	Donggang	19567	30841
凤城市	Fengcheng	18055	34770
凌海市	Linghai	23134	27728
北镇市	Beizhen	19914	24762
盖州市	Gaizhou	18160	38973
大石桥市	Dashiqiao	27510	35335
灯塔市	Dengta	17476	21419
调兵山市	Diaobingshan	5575	9907
开原市	Kaiyuan	12912	26092
北票市	Beipiao	26868	27520
凌源市	Lingyuan	32385	43305
兴城市	Xingcheng	15364	30451
吉林省	**Jilin**		
九台市	Jiutai	28260	49494
榆树市	Yushu	53298	59132
德惠市	Dehui	41136	59646
蛟河市	Jiaohe	16575	21547
桦甸市	Huadian	16013	31909
舒兰市	Shulan	24375	31803
磐石市	Panshi	23364	22064
公主岭市	Gongzhuling	41207	62675
双辽市	Shuangliao	10657	24606
梅河口市	Meihekou	34872	38415
集安市	Ji'an	11021	12524
临江市	Linjiang	6273	6692
扶余市	Fuyu	17661	37730
洮南市	Taonan	15133	21106
大安市	Daan	8442	16781
延吉市	Yanji	23883	26951
图们市	Tumen	1546	2957
敦化市	Dunhua	16931	21083
珲春市	Hunchun	8468	10098
龙井市	Longjing	3195	4052
和龙市	Helong	4303	5071
黑龙江省	**Heilongjiang**		
双城市	Shuangcheng	27248	40795
尚志市	Shangzhi	22716	22422
五常市	Wuchang	27690	40386
讷河市	Nehe	13230	29177
虎林市	Hulin	8667	6615
密山市	Mishan	15683	13223
铁力市	Tieli	12636	11903
同江市	Tongjiang	3214	7356
富锦市	Fujin	14779	20917
绥芬河市	Suifenhe	5294	7386
海林市	Hailin	10428	12400
宁安市	Ning'an	13934	18333

3-13 续表 1 continued

单位：人 (person)

城市	city	普通中学在校学生数 Total Enrollment of Regular Secondary Schools	小学在校学生数 Total Enrollment of Primary Schools
穆棱市	Muling	9708	14334
北安市	Bei'an	6888	12927
五大连池市	Wudalianchi	7385	9982
安达市	Anda	21325	21325
肇东市	Zhaodong	38145	33202
海伦市	Hailun	18585	26110
江苏省	**Jiangsu**		
江阴市	Jiangyin	55131	89917
宜兴市	Yixing	43512	61049
新沂市	Xinyi	34042	85465
邳州市	Pizhou	70401	145794
溧阳市	Liyang	29817	37870
金坛市	Jintan	19915	24908
常熟市	Changshu	40721	68924
张家港市	Zhangjiagang	37123	61067
昆山市	Kunshan	35588	73191
太仓市	Taicang	19440	30206
启东市	Qidong	32982	37698
如皋市	Rugao	49725	62223
海门市	Haimen	36856	45263
东台市	Dongtai	36774	36148
大丰市	Dafeng	25587	28284
仪征市	Yizheng	21002	24343
高邮市	Gaoyou	32598	29775
丹阳市	Danyang	33791	46499
扬中市	Yangzhong	9722	13851
句容市	Jurong	18670	23009
兴化市	Xinghua	42923	55616
靖江市	Jingjiang	24516	31413
泰兴市	Taixing	49636	53268
浙江省	**Zhejiang**		
建德市	Jiande	22300	21000
富阳市	Fuyang	34200	44100
临安市	Lin'an	21800	28700
余姚市	Yuyao	40400	68500
慈溪市	Cixi	50500	91800
奉化市	Fenghua	20600	32600
瑞安市	Rui'an	56900	102100
乐清市	Yueqing	60700	100700
海宁市	Haining	29600	42400
平湖市	Pinghu	23100	27700
桐乡市	Tongxiang	35400	48800
诸暨市	Zhuji	79200	73900
上虞市	Shangyu	37700	45000
嵊州市	Shengzhou	32100	38000
兰溪市	Lanxi	29300	34000
义乌市	Yiwu	46500	88700
东阳市	Dongyang	41500	69200
永康市	Yongkang	30300	59100
江山市	Jiangshan	28200	35800
温岭市	Wenling	52800	99900
临海市	Linhai	56300	86400
龙泉市	Longquan	11600	17500
安徽省	**Anhui**		
巢湖市	Chaohu	41790	41531
桐城市	Tongcheng	41699	33634
天长市	Tianchang	31570	32472
明光市	Mingguang	30495	35452
界首市	Jieshou	29673	47880
宁国市	Ningguo	15552	17765
福建省	**Fujian**		
福清市	Fuqing	67924	104169
长乐市	Changle	25029	46780
永安市	Yong'an	15808	22713
石狮市	Shishi	24066	51365
晋江市	Jinjiang	77912	166221
南安市	Nan'an	61278	97236
龙海市	Longhai	42466	53334
邵武市	Shaowu	13618	16837
武夷山市	Wuyishan	10453	15656
建瓯市	Jian'ou	22665	32077
建阳市	Jianyang	16251	19906
漳平市	Zhangping	11023	15062
福安市	Fu'an	29456	44720
福鼎市	Fuding	24833	31546
江西省	**Jiangxi**		
乐平市	Leping	42703	80305
瑞昌市	Ruichang	21789	35943
共青城市	Gongqingcheng	4662	8725
贵溪市	Guixi	22271	43701
瑞金市	Ruijin	43045	63576
南康市	Nankang	55071	87953
井冈山市	Jinggangshan	7882	13436
丰城市	Fengcheng	82177	103037
樟树市	Zhangshu	27094	39673
高安市	Gaoan	46514	64256
德兴市	Dexing	9729	26750
山东省	**Shandong**		
章丘市	Zhangqiu	56973	61170
胶州市	Jiaozhou	41859	60884
即墨市	Jimo	53895	79626
平度市	Pingdu	64129	76936
莱西市	Laixi	38176	36012
滕州市	Tengzhou	84257	87756
龙口市	Longkou	34556	28859
莱阳市	Laiyang	38000	33500
莱州市	Laizhou	42662	33384
蓬莱市	Penglai	14437	16946
招远市	Zhaoyuan	30340	22642
栖霞市	Qixia	25271	17991

3-13 续表 2 continued

单位：人 (person)

城 市	city	普通中学在校学生数 Total Enrollment of Regular Secondary Schools	小学在校学生数 Total Enrollment of Primary Schools
海阳市	Haiyang	29833	21913
青州市	Qingzhou	50589	50904
诸城市	Zhucheng	57761	80103
寿光市	Shouguang	64892	66347
安丘市	Anqiu	44305	63283
高密市	Gaomi	47397	63632
昌邑市	Changyi	31282	32639
曲阜市	Qufu	28554	35587
兖州市	Yanzhou	28979	38348
邹城市	Zoucheng	47933	63997
新泰市	Xintai	93484	66859
肥城市	Feicheng	55451	68079
文登市	Wendeng	25610	20566
荣成市	Rongcheng	32869	25551
乳山市	Rushan	19771	13474
乐陵市	Laoling	27686	53116
禹城市	Yucheng	25234	31218
临清市	Linqing	29784	66427
河南省	**Henan**		
巩义市	Gongyi	36609	50301
荥阳市	Xingyang	30837	40822
新密市	Xinmi	43814	69767
新郑市	Xinzheng	41197	58319
登封市	Dengfeng	36191	63908
偃师市	Yanshi	35168	46384
舞钢市	Wugang	14369	23240
汝州市	Ruzhou	42880	105543
林州市	Linzhou	50981	92171
卫辉市	Weihui	22279	49633
辉县市	Huixian	39461	83711
沁阳市	Qinyang	27896	35479
孟州市	Mengzhou	18055	21139
禹州市	Yuzhou	56751	103022
长葛市	Changge	35679	65271
义马市	Yima	6821	10119
灵宝市	Lingbao	38084	46739
邓州市	Dengzhou	72547	166588
永城市	Yongcheng	44532	134817
项城市	Xiangcheng	75900	98017
济源市	Jiyuan	40800	48300
湖北省	**Hubei**		
大冶市	Daye	41081	65414
丹江口市	Danjiangkou	17426	24888
宜都市	Yidu	12439	13442
当阳市	Dangyang	15999	18186
枝江市	Zhijiang	15296	15385
老河口市	Laohekou	19168	30352
枣阳市	Zaoyang	40075	61988
宜城市	Yicheng	21505	25473
钟祥市	Zhongxiang	37832	44602
应城市	Yingcheng	21965	26930
安陆市	Anlu	27138	27968
汉川市	Hanchuan	32562	45838
石首市	Shishou	24953	26392
洪湖市	Honghu	33401	41474
松滋市	Songzi	30102	30880
麻城市	Macheng	45987	53667
武穴市	Wuxue	32460	53645
赤壁市	Chibi	15489	37872
广水市	Guangshui	31723	47069
恩施市	Enshi	43546	47151
利川市	Lichuan	40487	61332
仙桃市	Xiantao	60077	69951
潜江市	Qianjiang	44500	48700
天门市	Tianmen	56781	70048
湖南省	**Hunan**		
浏阳市	Liuyang	61022	92833
醴陵市	Liling	34965	55049
湘乡市	Xiangxiang	39294	45742
韶山市	Shaoshan	3191	5734
耒阳市	Leiyang	61569	110101
常宁市	Changning	45554	75310
武冈市	Wugang	46766	68766
汨罗市	Miluo	29690	39476
临湘市	Linxiang	22753	34123
津市市	Jinshi	7029	8694
沅江市	Yuanjiang	26338	32193
资兴市	Zixing	14846	22889
洪江市	Hongjiang	18516	22831
冷水江市	Lengshuijiang	20207	30725
涟源市	Lianyuan	50236	65858
吉首市	Jishou	22731	25726
广东省	**Guangdong**		
增城市	Zengcheng	60311	72074
从化市	Conghua	38756	36948
乐昌市	Lechang	23673	33086
南雄市	Nanxiong	23996	27336
台山市	Taishan	42863	48466
开平市	Kaiping	46004	54165
鹤山市	Heshan	23378	31258
恩平市	Enping	27634	29508
廉江市	Lianjiang	108153	114692
雷州市	Leizhou	123273	119833
吴川市	Wuchuan	89155	77196
高州市	Gaozhou	123728	117260
化州市	Huazhou	123398	134364
信宜市	Xinyi	117360	102763
高要市	Gaoyao	45245	46629

3-13 续表 3 continued

单位：人 (person)

城市	city	普通中学在校学生数 Total Enrollment of Regular Secondary Schools	小学在校学生数 Total Enrollment of Primary Schools
四会市	Sihui	29402	41418
兴宁市	Xingning	52303	55676
陆丰市	Lufeng	121051	127312
阳春市	Yangchun	56464	64507
英德市	Yingde	58357	65738
连州市	Lianzhou	16603	25342
普宁市	Puning	196009	188565
罗定市	Luoding	74607	85597
广西壮族自治区	**Guangxi**		
岑溪市	Cenxi	55802	80607
东兴市	Dongxing	8380	18422
桂平市	Guiping	129675	169385
北流市	Beiliu	87347	133058
宜州市	Yizhou	30324	44543
合山市	Heshan	3982	7536
凭祥市	Pingxiang	4208	9469
海南省	**Hainan**		
五指山市	Wuzhishan	8978	5558
琼海市	Qionghai	30019	39253
儋州市	Danzhou	62609	77012
文昌市	Wenchang	29502	40949
万宁市	Wanning	26481	41520
东方市	Dongfang	20568	40328
四川省	**Sichuan**		
都江堰市	Dujiangyan	26456	26820
彭州市	Pengzhou	29728	31393
邛崃市	Qionglai	27949	22336
崇州市	Chongzhou	20348	25913
广汉市	Guanghan	21293	23396
什邡市	Shifang	15720	14878
绵竹市	Mianzhu	16579	17444
江油市	Jiangyou	34777	32192
峨眉山市	Emeishan	18098	17352
阆中市	Langzhong	35122	34169
华蓥市	Huaying	18852	21804
万源市	Wanyuan	30620	36059
简阳市	Jianyang	60952	76939
西昌市	Xichang	55830	69702
贵州省	**Guizhou**		
清镇市	Qingzhen	33237	30389
赤水市	Chishui	14910	20352
仁怀市	Renhuai	35696	60312
兴义市	Xingyi	74263	80302
凯里市	Kaili	45678	44665
都匀市	Duyun	30468	28338
福泉市	Fuquan	18786	18800
云南省	**Yunnan**		
安宁市	Anning	11963	25608
宣威市	Xuanwei	101838	134373
楚雄市	Chuxiong	38247	40756
个旧市	Gejiu	20273	34854
开远市	Kaiyuan	15308	25053
蒙自市	Mengzi	20121	34706
弥勒市	Mile	29533	43551
文山市	Wenshan	31744	46220
景洪市	Jinghong	26703	40288
大理市	Dali	39390	44370
瑞丽市	Ruili	9078	16669
芒市	Mangshi	22530	32431
西藏自治区	**Tibet**		
日喀则市	Xigaze	3713	7507
陕西省	**Shaanxi**		
兴平市	Xingping	35577	34330
韩城市	Hancheng	21281	21970
华阴市	Huayin	8776	12415
甘肃省	**Gansu**		
玉门市	Yumen	7801	10172
敦煌市	Dunhuang	9853	11072
临夏市	Linxia	21375	21065
合作市	Hezuo	8823	7838
玉树市	Yushu	5479	14574
青海省	**Qinghai**		
格尔木市	Golmud	11698	18646
德令哈市	Delingha	4853	6037
宁夏回族自治区	**Ningxia**		
灵武市	Lingwu	15607	22009
青铜峡市	Qingtongxia	15434	21607
新疆维吾尔自治区	**Xinjiang**		
吐鲁番市	Turpan	14231	21921
哈密市	Hami	33340	32268
昌吉市	Changji	30692	28040
阜康市	Fukang	8334	8107
博乐市	Bole	10524	13723
库尔勒市	Korla	25477	45310
阿克苏市	Akesu	27342	45710
阿图什市	Atus	18288	25797
喀什市	Kashi	41826	60527
和田市	Hetian	18929	29559
伊宁市	Yining	36268	49000
奎屯市	Kuitun	19066	12485
塔城市	Tacheng	11663	10536
乌苏市	Wusu	13235	13529
阿勒泰市	Aletai	10203	11256
石河子市	Shihezi	29491	22159
阿拉尔市	Alar	9743	11883
图木舒克市	Tumushuke	11102	17860
五家渠市	Wujiaqu	10210	6956
北屯市	Beitun	6000	4000

3-14 医院、卫生院床位数及医护人员数
Number of Beds, Doctors and nurses of Hospitals and Health Centers

城市	city	医院、卫生院床位数(床) Number of Beds of Hospitals and Health Centers (bed)	医院、卫生院卫生技术人员数(人) Number of Medical Technical Personnel of Hospitals and Health Centers (person)	其中：执业(助理)医师(人) Licensed (Assistant) Doctors (person)
河北省	**Hebei**			
辛集市	Xinji	1632	1703	785
藁城市	Gaocheng	1834	1583	625
晋州市	Jinzhou	1032	1016	508
新乐市	Xinle	1760	1616	640
鹿泉市	Luquan	1271	1249	615
遵化市	Zunhua	2343	2771	1045
迁安市	Qian'an	3294	3348	1079
武安市	Wu'an	2699	2335	824
南宫市	Nangong	1103	864	476
沙河市	Shahe	1126	1147	576
涿州市	Zhuozhou	2657	2476	1017
定州市	Dingzhou	3327	3374	1652
安国市	Anguo	832	915	451
高碑店市	Gaobeidian	1297	1483	583
泊头市	Botou	1256	1508	738
任丘市	Renqiu	3226	3946	1695
黄骅市	Huanghua	2679	2641	1042
河间市	Hejian	1664	1517	806
霸州市	Bazhou	1812	2167	745
三河市	Sanhe	3850	3853	1448
冀州市	Jizhou	976	682	408
深州市	Shenzhou	1400	1077	559
山西省	**Shanxi**			
古交市	Gujiao	1407	1814	711
潞城市	Lucheng	602	549	232
高平市	Gaoping	1172	1313	647
介休市	Jiexiu	1685	1812	827
永济市	Yongji	2043	2789	1020
河津市	Hejin	1890	2388	1752
原平市	Yuanping	1020	1236	486
侯马市	Houma	1482	2044	908
霍州市	Huozhou	1446	1866	811
孝义市	Xiaoyi	2092	3462	1421
汾阳市	Fenyang	1759	1965	670
内蒙古自治区	**Inner Mongolia**			
霍林郭勒市	Huolinguole	690	462	290
满洲里市	Manzhouli	826	1816	644
牙克石市	Yakeshi	3521	3159	1826
扎兰屯市	Zhalantun	1708	2150	965
额尔古纳市	Eerguna	454	636	131
根河市	Genhe	518	1025	442
丰镇市	Fengzhen	524	791	370
乌兰浩特市	Wulanhaote	2410	3439	1252
阿尔山市	Aershan	176	261	115
二连浩特市	Erlianhaote	229	297	114
锡林浩特市	Xilinhaote	1316	1489	483

3-14 续表 1 continued

城　市	city	医院、卫生院床位数(床) Number of Beds of Hospitals and Health Centers (bed)	医院、卫生院卫生技术人员数(人) Number of Medical Technical Personnel of Hospitals and Health Centers (person)	其中：执业(助理)医师(人) Licensed (Assistant) Doctors (person)
辽宁省	**Liaoning**			
新民市	Xinmin	2063	2100	815
瓦房店市	Wafangdian	6332	4115	1427
普兰店市	Pulandian	3365	3020	1153
庄河市	Zhuanghe	3033	3704	1594
海城市	Haicheng	3431	3165	3081
东港市	Donggang	2626	2084	896
凤城市	Fengcheng	1938	1642	817
凌海市	Linghai	1267	957	704
北镇市	Beizhen	1410	1071	1047
盖州市	Gaizhou	2043	1479	889
大石桥市	Dashiqiao	2414	2358	899
灯塔市	Dengta	871	595	558
调兵山市	Diaobingshan	1013	1809	735
开原市	Kaiyuan	1282	1207	631
北票市	Beipiao	2871	2059	1020
凌源市	Lingyuan	2623	2650	863
兴城市	Xingcheng	1455	1265	352
吉林省	**Jilin**			
九台市	Jiutai	3087	3159	1190
榆树市	Yushu	2841	2147	1155
德惠市	Dehui	3022	1730	1166
蛟河市	Jiaohe	1384	2094	1324
桦甸市	Huadian	2738	4234	795
舒兰市	Shulan	2104	2106	898
磐石市	Panshi	1426	2185	882
公主岭市	Gongzhuling	3859	4235	1805
双辽市	Shuangliao	1546	1787	769
梅河口市	Meihekou	2518	3430	1673
集安市	Ji'an	842	870	418
临江市	Linjiang	1050	1110	551
扶余市	Fuyu	873	862	415
洮南市	Taonan	1938	1520	660
大安市	Daan	1500	1987	1100
延吉市	Yanji	3742	3763	1360
图们市	Tumen	496	420	173
敦化市	Dunhua	2249	3099	1271
珲春市	Hunchun	708	1156	716
龙井市	Longjing	545	548	218
和龙市	Helong	765	745	235
黑龙江省	**Heilongjiang**			
双城市	Shuangcheng	1575	2829	1020
尚志市	Shangzhi	2093	2717	932
五常市	Wuchang	1980	4164	1074
讷河市	Nehe	1190	1375	680
虎林市	Hulin	1076	1016	401
密山市	Mishan	1340	1290	900
铁力市	Tieli	1335	1691	545
同江市	Tongjiang	430	567	265
富锦市	Fujin	1059	1332	514
绥芬河市	Suifenhe	642	623	197
海林市	Hailin	1497	2079	799

3-14 续表 2 continued

城市	city	医院、卫生院床位数（床）Number of Beds of Hospitals and Health Centers (bed)	医院、卫生院卫生技术人员数（人）Number of Medical Technical Personnel of Hospitals and Health Centers (person)	其中：执业(助理)医师（人）Licensed (Assistant) Doctors (person)
宁安市	Ning'an	1360	3502	646
穆棱市	Muling	895	1752	492
北安市	Bei'an	2153	2910	826
五大连池市	Wudalianchi	1544	1238	603
安达市	Anda	1476	1964	702
肇东市	Zhaodong	1798	1551	782
海伦市	Hailun	1246	1407	696
江苏省	**Jiangsu**			
江阴市	Jiangyin	7402	7852	2999
宜兴市	Yixing	4575	6556	2441
新沂市	Xinyi	2817	3682	1458
邳州市	Pizhou	4526	5640	1828
溧阳市	Liyang	2771	3583	1645
金坛市	Jintan	2079	2608	1138
常熟市	Changshu	6868	7887	3350
张家港市	Zhangjiagang	7878	7937	3278
昆山市	Kunshan	5966	9804	3959
太仓市	Taicang	3297	3872	1541
启东市	Qidong	3385	3533	1575
如皋市	Rugao	4791	4952	2457
海门市	Haimen	3410	3651	1595
东台市	Dongtai	4412	4347	2176
大丰市	Dafeng	2895	3169	1685
仪征市	Yizheng	2011	2582	1020
高邮市	Gaoyou	2462	2779	1332
丹阳市	Danyang	3324	4135	1793
扬中市	Yangzhong	970	1527	696
句容市	Jurong	1805	2284	1008
兴化市	Xinghua	4582	4102	1859
靖江市	Jingjiang	3450	3584	1691
泰兴市	Taixing	3907	4513	2072
浙江省	**Zhejiang**			
建德市	Jiande	2114	2906	1045
富阳市	Fuyang	2617	4347	1687
临安市	Lin'an	1899	3011	1323
余姚市	Yuyao	2601	5279	2031
慈溪市	Cixi	3629	7562	3030
奉化市	Fenghua	2204	2962	1257
瑞安市	Rui'an	3850	7615	3257
乐清市	Yueqing	3332	6232	3277
海宁市	Haining	3132	4277	1580
平湖市	Pinghu	2024	2595	1095
桐乡市	Tongxiang	2863	3703	1405
诸暨市	Zhuji	4461	6781	2909
上虞市	Shangyu	2678	3687	1555
嵊州市	Shengzhou	2311	3246	1415
兰溪市	Lanxi	1812	3074	1355
义乌市	Yiwu	3823	6254	2541
东阳市	Dongyang	3794	5110	2153
永康市	Yongkang	2484	4112	1567

3-14 续表 3 continued

城市	city	医院、卫生院床位数(床) Number of Beds of Hospitals and Health Centers (bed)	医院、卫生院卫生技术人员数(人) Number of Medical Technical Personnel of Hospitals and Health Centers (person)	其中：执业(助理)医师(人) Licensed (Assistant) Doctors (person)
江山市	Jiangshan	2424	1936	1161
温岭市	Wenling	4578	5727	2835
临海市	Linhai	3979	4698	2435
龙泉市	Longquan	840	1175	557
安徽省	**Anhui**			
巢湖市	Chaohu	3416	3607	1795
桐城市	Tongcheng	2104	2128	1270
天长市	Tianchang	2993	2541	1021
明光市	Mingguang	1572	1315	571
界首市	Jieshou	1875	1470	938
宁国市	Ningguo	1732	2399	942
福建省	**Fujian**			
福清市	Fuqing	3015	4160	1902
长乐市	Changle	1967	2319	612
永安市	Yong'an	2101	2224	727
石狮市	Shishi	1496	1736	614
晋江市	Jinjiang	3633	5033	2338
南安市	Nan'an	4863	3318	1752
龙海市	Longhai	2009	2752	1008
邵武市	Shaowu	1326	1687	576
武夷山市	Wuyishan	955	1238	402
建瓯市	Jian'ou	2250	2921	730
建阳市	Jianyang	1200	2070	762
漳平市	Zhangping	875	583	329
福安市	Fu'an	2174	2551	832
福鼎市	Fuding	1556	2362	806
江西省	**Jiangxi**			
乐平市	Leping	2150	2468	950
瑞昌市	Ruichang	1805	1595	872
共青城市	Gongqingcheng	356	419	116
贵溪市	Guixi	1802	1814	716
瑞金市	Ruijin	1568	1510	462
南康市	Nankang	2659	2665	1055
井冈山市	Jinggangshan	523	648	253
丰城市	Fengcheng	3210	3056	1536
樟树市	Zhangshu	2223	2152	754
高安市	Gaoan	3137	3300	1105
德兴市	Dexing	1515	1765	567
山东省	**Shandong**			
章丘市	Zhangqiu	4760	5040	2043
胶州市	Jiaozhou	3252	3218	1295
即墨市	Jimo	5032	6152	2139
平度市	Pingdu	4429	4618	1969
莱西市	Laixi	3821	4182	1749
滕州市	Tengzhou	6285	6277	2532
龙口市	Longkou	4182	4051	1544
莱阳市	Laiyang	4148	8278	2770
莱州市	Laizhou	7038	7306	1919
蓬莱市	Penglai	3735	2655	1689
招远市	Zhaoyuan	2958	4931	2350

3-14 续表 4 continued

城市	city	医院、卫生院床位数（床）Number of Beds of Hospitals and Health Centers (bed)	医院、卫生院卫生技术人员数（人）Number of Medical Technical Personnel of Hospitals and Health Centers (person)	其中：执业(助理)医师（人）Licensed (Assistant) Doctors (person)
栖霞市	Qixia	1802	2473	1011
海阳市	Haiyang	4447	3886	1387
青州市	Qingzhou	5042	8995	4552
诸城市	Zhucheng	6563	7715	2837
寿光市	Shouguang	6975	10692	4471
安丘市	Anqiu	4255	4250	2280
高密市	Gaomi	4864	7133	2916
昌邑市	Changyi	2215	2296	966
曲阜市	Qufu	2298	3014	1781
兖州市	Yanzhou	4079	4924	1974
邹城市	Zoucheng	6374	7319	2432
新泰市	Xintai	6135	7496	2718
肥城市	Feicheng	4511	4544	2458
文登市	Wendeng	4341	4273	1426
荣成市	Rongcheng	5875	4707	1254
乳山市	Rushan	2338	2560	1007
乐陵市	Laoling	2209	2055	802
禹城市	Yucheng	1626	1684	479
临清市	Linqing	2641	3018	1020
河南省	**Henan**			
巩义市	Gongyi	2530	4142	1606
荥阳市	Xingyang	2156	2782	909
新密市	Xinmi	3723	3701	1357
新郑市	Xinzheng	2287	2904	1081
登封市	Dengfeng	3032	3313	1246
偃师市	Yanshi	2367	2548	1235
舞钢市	Wugang	1352	1400	564
汝州市	Ruzhou	3774	3460	1089
林州市	Linzhou	3626	2325	1119
卫辉市	Weihui	3657	3174	1037
辉县市	Huixian	2623	2993	1280
沁阳市	Qinyang	1405	1946	1073
孟州市	Mengzhou	1205	1418	585
禹州市	Yuzhou	3803	4854	1398
长葛市	Changge	2093	3658	1636
义马市	Yima	1468	1687	578
灵宝市	Lingbao	2312	2593	1196
邓州市	Dengzhou	5486	3042	919
永城市	Yongcheng	5018	4676	1794
项城市	Xiangcheng	2884	2797	1100
济源市	Jiyuan	3196	3118	1233
湖北省	**Hubei**			
大冶市	Daye	2318	2385	961
丹江口市	Danjiangkou	2743	2517	975
宜都市	Yidu	2125	2202	823
当阳市	Dangyang	2327	1683	1492
枝江市	Zhijiang	2138	2115	1670
老河口市	Laohekou	2250	2035	754
枣阳市	Zaoyang	4590	4237	2856
宜城市	Yicheng	2448	2450	948

3-14 续表 5 continued

城 市	city	医院、卫生院床位数(床) Number of Beds of Hospitals and Health Centers (bed)	医院、卫生院卫生技术人员数(人) Number of Medical Technical Personnel of Hospitals and Health Centers (person)	其中：执业(助理)医师(人) Licensed (Assistant) Doctors (person)
钟祥市	Zhongxiang	5344	3804	2391
应城市	Yingcheng	1865	2886	902
安陆市	Anlu	1664	2175	821
汉川市	Hanchuan	2873	3689	1626
石首市	Shishou	1980	2344	890
洪湖市	Honghu	2249	2480	903
松滋市	Songzi	2380	2746	1054
麻城市	Macheng	3300	3547	3049
武穴市	Wuxue	2643	3113	1048
赤壁市	Chibi	1843	2440	1113
广水市	Guangshui	4523	3439	1321
恩施市	Enshi	5732	4901	1464
利川市	Lichuan	2915	2613	708
仙桃市	Xiantao	3289	3622	1196
潜江市	Qianjiang	3799	5621	2156
天门市	Tianmen	4842	3270	1721
湖南省	**Hunan**			
浏阳市	Liuyang	6688	6771	2864
醴陵市	Liling	3687	3536	1780
湘乡市	Xiangxiang	4328	2438	1098
韶山市	Shaoshan	504	500	491
耒阳市	Leiyang	2566	2521	780
常宁市	Changning	3845	5860	1516
武冈市	Wugang	2450	2624	980
汨罗市	Miluo	2437	1800	1507
临湘市	Linxiang	1295	1436	379
津市市	Jinshi	1092	1300	600
沅江市	Yuanjiang	2189	3397	1411
资兴市	Zixing	1474	1740	671
洪江市	Hongjiang	1914	1801	595
冷水江市	Lengshuijiang	1512	1514	443
涟源市	Lianyuan	2906	2162	479
吉首市	Jishou	3810	3720	375
广东省	**Guangdong**			
增城市	Zengcheng	3257	5223	2667
从化市	Conghua	2770	3712	1257
乐昌市	Lechang	2167	1609	834
南雄市	Nanxiong	1158	1083	446
台山市	Taishan	2822	3850	1406
开平市	Kaiping	2809	2415	1102
鹤山市	Heshan	1094	1454	566
恩平市	Enping			570
廉江市	Lianjiang	3948	3498	1396
雷州市	Leizhou	3038	2811	1678
吴川市	Wuchuan	2267	2247	1068
高州市	Gaozhou	6276	5233	1990
化州市	Huazhou	2863	4186	1654
信宜市	Xinyi	3334	3244	1490
高要市	Gaoyao	1318	2885	701
四会市	Sihui	1368	2327	619

3-14 续表 6 continued

城　市	city	医院、卫生院床位数(床) Number of Beds of Hospitals and Health Centers (bed)	医院、卫生院卫生技术人员数(人) Number of Medical Technical Personnel of Hospitals and Health Centers (person)	其中：执业(助理)医师(人) Licensed (Assistant) Doctors (person)
兴宁市	Xingning	2210	2187	1106
陆丰市	Lufeng	2170	2453	1276
阳春市	Yangchun	2856	3304	1252
英德市	Yingde	2561	3078	1044
连州市	Lianzhou	1629	2035	716
普宁市	Puning	3565	5702	2954
罗定市	Luoding	2906	3347	1313
广西壮族自治区	**Guangxi**			
岑溪市	Cenxi	2190	2423	883
东兴市	Dongxing	474	846	353
桂平市	Guiping	4284	4908	1656
北流市	Beiliu	3768	3857	1504
宜州市	Yizhou	2632	3156	1061
合山市	Heshan	612	606	212
凭祥市	Pingxiang	284	623	239
海南省	**Hainan**			
五指山市	Wuzhishan	1043	791	157
琼海市	Qionghai	1511	2619	969
儋州市	Danzhou	2562	4579	1208
文昌市	Wenchang	1279	2188	811
万宁市	Wanning	1343	2001	447
东方市	Dongfang	1124	1463	632
四川省	**Sichuan**			
都江堰市	Dujiangyan	5759	5211	1694
彭州市	Pengzhou	4823	3529	1303
邛崃市	Qionglai	2804	2310	908
崇州市	Chongzhou	4440	3223	1118
广汉市	Guanghan	2560	2296	1232
什邡市	Shifang	2659	2274	1095
绵竹市	Mianzhu	2983	2127	1036
江油市	Jiangyou	6083	5405	2180
峨眉山市	Emeishan	2313	1917	708
阆中市	Langzhong	3445	2184	862
华蓥市	Huaying	1100	951	502
万源市	Wanyuan	1779	1307	479
简阳市	Jianyang	6075	3999	2336
西昌市	Xichang	5069	4686	2132
贵州省	**Guizhou**			
清镇市	Qingzhen	1618	1971	681
赤水市	Chishui	1312	1352	1226
仁怀市	Renhuai	1825	636	521
兴义市	Xingyi	4180	4059	2859
凯里市	Kaili	2692	4300	1170
都匀市	Duyun	1289	2369	604
福泉市	Fuquan	1191	1218	743
云南省	**Yunnan**			
安宁市	Anning	3181	2414	723
宣威市	Xuanwei	5226	2671	1208
楚雄市	Chuxiong	5227	5235	1724

3-14 续表 7 continued

城　市	city	医院、卫生院床位数(床) Number of Beds of Hospitals and Health Centers (bed)	医院、卫生院卫生技术人员数(人) Number of Medical Technical Personnel of Hospitals and Health Centers (person)	其中：执业(助理)医师(人) Licensed (Assistant) Doctors (person)
个旧市	Gejiu	3275	3575	1176
开远市	Kaiyuan	4574	2860	966
蒙自市	Mengzi	2145	2123	668
弥勒市	Mile	2276	1849	720
文山市	Wenshan	1690	1316	564
景洪市	Jinghong	3539	4022	1388
大理市	Dali	6251	4032	1715
瑞丽市	Ruili	1024	1145	383
芒市	Mangshi	2569	2563	930
西藏自治区	**Tibet**			
日喀则市	Xigaze	88	74	74
陕西省	**Shaanxi**			
兴平市	Xingping	2343	3725	810
韩城市	Hancheng	1558	2090	1075
华阴市	Huayin	1141	1137	473
甘肃省	**Gansu**			
玉门市	Yumen	946	723	315
敦煌市	Dunhuang	625	925	285
临夏市	Linxia	1892	1691	1101
合作市	Hezuo	645	286	147
玉树市	Yushu	58	119	51
青海省	**Qinghai**			
格尔木市	Golmud	1052	1125	440
德令哈市	Delingha	304	539	115
宁夏回族自治区	**Ningxia**			
灵武市	Lingwu	935	1104	519
青铜峡市	Qingtongxia	1115	1335	503
新疆维吾尔自治区	**Xinjiang**			
吐鲁番市	Turpan	1187	1748	604
哈密市	Hami	3024	4141	1586
昌吉市	Changji	4504	4024	1245
阜康市	Fukang	570	664	258
博乐市	Bole	1196	1080	361
库尔勒市	Korla	4154	4632	1857
阿克苏市	Akesu	3522	3143	1241
阿图什市	Atus	1801	1595	512
喀什市	Kashi	4994	5699	1544
和田市	Hetian	3819	2972	866
伊宁市	Yining	3579	3884	1388
奎屯市	Kuitun	2491	2242	730
塔城市	Tacheng	748	1051	414
乌苏市	Wusu	1368	1556	793
阿勒泰市	Aletai	1471	1078	933
石河子市	Shihezi	3623	4763	1861
阿拉尔市	Alar	1064	860	362
图木舒克市	Tumushuke	751	581	248
五家渠市	Wujiaqu	795	860	367
北屯市	Beitun	570	608	187

3-15 全社会用电情况
Electricity Consumption

单位：万千瓦时 (10 000 kwh)

城市	city	全社会用电量 Annual Electricity Consumption	居民生活用电量 Household Electricity Consumption
河北省	**Hebei**		
辛集市	Xinji	330754	37831
藁城市	Gaocheng	312761	39936
晋州市	Jinzhou	250357	33984
新乐市	Xinle	135817	20882
鹿泉市	Luquan	282133	27809
遵化市	Zunhua	490545	35113
迁安市	Qian'an	1238071	38494
武安市	Wu'an	1029171	33616
南宫市	Nangong	61596	16956
沙河市	Shahe	175926	29325
涿州市	Zhuozhou	140986	41182
定州市	Dingzhou	147444	56076
安国市	Anguo	52597	15998
高碑店市	Gaobeidian	129409	36935
泊头市	Botou	81787	25000
任丘市	Renqiu	389387	52500
黄骅市	Huanghua	103035	17507
河间市	Hejian	137373	32254
霸州市	Bazhou	666385	42262
三河市	Sanhe	349437	64111
冀州市	Jizhou	98814	16858
深州市	Shenzhou	145882	23024
山西省	**Shanxi**		
古交市	Gujiao	27299	5063
潞城市	Lucheng	199232	7146
高平市	Gaoping	293037	14256
介休市	Jiexiu	113386	20502
永济市	Yongji	66509	13746
河津市	Hejin	751763	21041
原平市	Yuanping	180645	13623
侯马市	Houma	104548	14747
霍州市	Huozhou	224844	10715
孝义市	Xiaoyi	106327	22447
汾阳市	Fenyang	61147	16746
内蒙古自治区	**Inner Mongolia**		
霍林郭勒市	Huolinguole	924836	14190
满洲里市	Manzhouli	77406	16511
牙克石市	Yakeshi	97025	10758
扎兰屯市	Zhalantun	102596	11473
额尔古纳市	Eerguna	11443	1950
根河市	Genhe	27655	8827
丰镇市	Fengzhen	633036	6656
乌兰浩特市	Wulanhaote	102491	3641
阿尔山市	Aershan	6473	1513
二连浩特市	Erlianhaote	31100	4533
锡林浩特市	Xilinhaote	150683	15539
辽宁省	**Liaoning**		
新民市	Xinmin	83664	24637
瓦房店市	Wafangdian	367591	42304
普兰店市	Pulandian	246080	40618
庄河市	Zhuanghe	108011	29757
海城市	Haicheng	628769	52200
东港市	Donggang	100901	25348
凤城市	Fengcheng	205820	24178
凌海市	Linghai	101173	23073
北镇市	Beizhen	64085	17683
盖州市	Gaizhou	97479	23486
大石桥市	Dashiqiao	533220	28495
灯塔市	Dengta	232490	19116
调兵山市	Diaobingshan	21381	6589
开原市	Kaiyuan	57565	16055
北票市	Beipiao	159690	15673
凌源市	Lingyuan	278325	17687
兴城市	Xingcheng	76000	22000
吉林省	**Jilin**		
九台市	Jiutai	95244	30678
榆树市	Yushu	65212	35464
德惠市	Dehui	99983	23855
蛟河市	Jiaohe	56821	9575
桦甸市	Huadian	69254	15810
舒兰市	Shulan	48121	6391
磐石市	Panshi	144689	16773
公主岭市	Gongzhuling	99321	9950
双辽市	Shuangliao	128974	15600
梅河口市	Meihekou	52645	20422
集安市	Ji'an	22520	9207
临江市	Linjiang	40747	11971
扶余市	Fuyu	39446	17374
洮南市	Taonan	62570	6598
大安市	Daan	34700	10510
延吉市	Yanji	100767	35082
图们市	Tumen	19461	5156
敦化市	Dunhua	66266	10628
珲春市	Hunchun	73192	12770
龙井市	Longjing	20714	7629
和龙市	Helong	28116	5919
黑龙江省	**Heilongjiang**		
双城市	Shuangcheng	73927	27650
尚志市	Shangzhi	53777	28508
五常市	Wuchang	60662	26686
讷河市	Nehe	33018	17453
虎林市	Hulin	20889	8291
密山市	Mishan	40167	9042
铁力市	Tieli	28843	11628
同江市	Tongjiang	14906	8883
富锦市	Fujin	37251	18840
绥芬河市	Suifenhe	35137	6461
海林市	Hailin	45679	10678
宁安市	Ning'an	57642	9532

3-15 续表 1 continued

单位：万千瓦时 (10 000 kwh)

城市	city	全社会用电量 Annual Electricity Consumption	居民生活用电量 Household Electricity Consumption	城市	city	全社会用电量 Annual Electricity Consumption	居民生活用电量 Household Electricity Consumption
穆棱市	Muling	41945	6974	温岭市	Wenling	522128	116215
北安市	Bei'an	32531	14417	临海市	Linhai	334858	65504
五大连池市	Wudalianchi	27816	9612	龙泉市	Longquan	15426	12864
安达市	Anda	49572	20249	**安徽省**	**Anhui**		
肇东市	Zhaodong	65404	34590	巢湖市	Chaohu	252662	37421
海伦市	Hailun	35549	26196	桐城市	Tongcheng	108413	26382
江苏省	**Jiangsu**			天长市	Tianchang	143260	36342
江阴市	Jiangyin	2394696	140141	明光市	Mingguang	62679	19954
宜兴市	Yixing	907575	102536	界首市	Jieshou	98203	26721
新沂市	Xinyi	384907	39661	宁国市	Ningguo	213583	20368
邳州市	Pizhou	249737	61222	**福建省**	**Fujian**		
溧阳市	Liyang	677540	50507	福清市	Fuqing	398062	99591
金坛市	Jintan	429230	39738	长乐市	Changle	848169	58443
常熟市	Changshu	1559753	134470	永安市	Yong'an	252685	23434
张家港市	Zhangjiagang	2783828	105484	石狮市	Shishi	378567	74785
昆山市	Kunshan	1900279	172634	晋江市	Jinjiang	1227057	145271
太仓市	Taicang	895444	56722	南安市	Nan'an	637511	200486
启东市	Qidong	267577	96150	龙海市	Longhai	338749	61970
如皋市	Rugao	453769	136755	邵武市	Shaowu	125997	19052
海门市	Haimen	345792	107981	武夷山市	Wuyishan	60134	18121
东台市	Dongtai	389887	52326	建瓯市	Jian'ou	82987	26290
大丰市	Dafeng	478794	41282	建阳市	Jianyang	71218	9226
仪征市	Yizheng	322440	33813	漳平市	Zhangping	118611	20476
高邮市	Gaoyou	275651	43608	福安市	Fu'an	381748	41756
丹阳市	Danyang	667885	68514	福鼎市	Fuding	144945	37487
扬中市	Yangzhong	147943	24961	**江西省**	**Jiangxi**		
句容市	Jurong	221891	36591	乐平市	Leping	49405	24353
兴化市	Xinghua	605699	62654	瑞昌市	Ruichang	127000	16000
靖江市	Jingjiang	348128	52081	共青城市	Gongqingcheng	19568	7865
泰兴市	Taixing	509469	66148	贵溪市	Guixi	263510	19867
浙江省	**Zhejiang**			瑞金市	Ruijin	86331	21227
建德市	Jiande	269965	25973	南康市	Nankang	117181	25574
富阳市	Fuyang	691761	62039	井冈山市	Jinggangshan	24990	5758
临安市	Lin'an	309187	44391	丰城市	Fengcheng	177456	33584
余姚市	Yuyao	707855	82171	樟树市	Zhangshu	130363	19363
慈溪市	Cixi	1105005	128849	高安市	Gaoan	325306	24645
奉化市	Fenghua	261108	41297	德兴市	Dexing	187638	10784
瑞安市	Rui'an	626285	132041	**山东省**	**Shandong**		
乐清市	Yueqing	487637	132786	章丘市	Zhangqiu	512360	59193
海宁市	Haining	681078	56483	胶州市	Jiaozhou	279046	52837
平湖市	Pinghu	525212	40583	即墨市	Jimo	366929	66601
桐乡市	Tongxiang	756453	62218	平度市	Pingdu	294000	65973
诸暨市	Zhuji	740511	81243	莱西市	Laixi	169947	34849
上虞市	Shangyu	417712	48208	滕州市	Tengzhou	583847	63249
嵊州市	Shengzhou	209546	44956	龙口市	Longkou	1261549	51710
兰溪市	Lanxi	490300	31999	莱阳市	Laiyang	202280	35713
义乌市	Yiwu	742052	97076	莱州市	Laizhou	442651	43856
东阳市	Dongyang	346721	63028	蓬莱市	Penglai	200876	24387
永康市	Yongkang	371749	54215	招远市	Zhaoyuan	278956	26185
江山市	Jiangshan	211340	25500	栖霞市	Qixia	132840	19976

3-15 续表 2 continued

单位：万千瓦时 (10 000 kwh)

城市	city	全社会用电量 Annual Electricity Consumption	居民生活用电量 Household Electricity Consumption
海阳市	Haiyang	102720	25051
青州市	Qingzhou	264154	37886
诸城市	Zhucheng	274594	46172
寿光市	Shouguang	854714	57218
安丘市	Anqiu	190682	34744
高密市	Gaomi	331284	45086
昌邑市	Changyi	373068	29289
曲阜市	Qufu	153723	29863
兖州市	Yanzhou	401572	23157
邹城市	Zoucheng	692975	42859
新泰市	Xintai	288130	49359
肥城市	Feicheng	389760	37593
文登市	Wendeng	163868	31188
荣成市	Rongcheng	243394	32788
乳山市	Rushan	105486	24441
乐陵市	Laoling	70817	19977
禹城市	Yucheng	136197	18249
临清市	Linqing	226397	38008
河南省	**Henan**		
巩义市	Gongyi	350854	56768
荥阳市	Xingyang	212109	22639
新密市	Xinmi	206207	56107
新郑市	Xinzheng	289352	60041
登封市	Dengfeng	148413	34482
偃师市	Yanshi	171522	41858
舞钢市	Wugang	220130	23701
汝州市	Ruzhou	200690	45711
林州市	Linzhou	136441	37170
卫辉市	Weihui	168250	23519
辉县市	Huixian	183366	40873
沁阳市	Qinyang	154114	25068
孟州市	Mengzhou	110320	18116
禹州市	Yuzhou	203769	38749
长葛市	Changge	232726	45123
义马市	Yima	220217	9008
灵宝市	Lingbao	242908	31481
邓州市	Dengzhou	121056	44735
永城市	Yongcheng	935236	43437
项城市	Xiangcheng	81744	41653
济源市	Jiyuan	802978	34879
湖北省	**Hubei**		
大冶市	Daye	304070	35970
丹江口市	Danjiangkou	359275	22586
宜都市	Yidu	379720	16308
当阳市	Dangyang	225330	19360
枝江市	Zhijiang	258310	19900
老河口市	Laohekou	76156	15390
枣阳市	Zaoyang	180278	27436
宜城市	Yicheng	113760	17992
钟祥市	Zhongxiang	191053	33624
应城市	Yingcheng	269471	20370
安陆市	Anlu	74898	18809
汉川市	Hanchuan	212803	39674
石首市	Shishou	70790	21141
洪湖市	Honghu	69240	30387
松滋市	Songzi	85100	28119
麻城市	Macheng	205700	30240
武穴市	Wuxue	160367	23752
赤壁市	Chibi	99425	21020
广水市	Guangshui	70390	25293
恩施市	Enshi	90461	32830
利川市	Lichuan	42473	16525
仙桃市	Xiantao	202923	49943
潜江市	Qianjiang	381129	36125
天门市	Tianmen	119749	41155
湖南省	**Hunan**		
浏阳市	Liuyang	270174	68651
醴陵市	Liling	111000	42000
湘乡市	Xiangxiang	152010	23987
韶山市	Shaoshan	16758	6015
耒阳市	Leiyang	141087	35670
常宁市	Changning	125973	38686
武冈市	Wugang	40700	10800
汨罗市	Miluo	151841	27666
临湘市	Linxiang	77400	19237
津市市	Jinshi	42581	9968
沅江市	Yuanjiang	68928	25541
资兴市	Zixing	151316	11340
洪江市	Hongjiang	102296	23209
冷水江市	Lengshuijiang	146709	29012
涟源市	Lianyuan	113700	38049
吉首市	Jishou	109899	21790
广东省	**Guangdong**		
增城市	Zengcheng	510421	96450
从化市	Conghua	166171	35457
乐昌市	Lechang	71134	17704
南雄市	Nanxiong	36019	10977
台山市	Taishan	248084	40497
开平市	Kaiping	267003	36231
鹤山市	Heshan	273836	26096
恩平市	Enping	233948	16603
廉江市	Lianjiang	109116	38434
雷州市	Leizhou	77324	29370
吴川市	Wuchuan	91170	29759
高州市	Gaozhou	98533	34961
化州市	Huazhou	98861	31768
信宜市	Xinyi	56003	25475
高要市	Gaoyao	445949	22400

3-15 续表 3 continued

单位：万千瓦时 (10 000 kwh)

城市	city	全社会用电量 Annual Electricity Consumption	居民生活用电量 Household Electricity Consumption
四会市	Sihui	350547	31115
兴宁市	Xingning	77207	13708
陆丰市	Lufeng	108170	65462
阳春市	Yangchun	181826	28057
英德市	Yingde	299834	34092
连州市	Lianzhou	92514	15131
普宁市	Puning	330591	88622
罗定市	Luoding	89206	23212
广西壮族自治区	**Guangxi**		
岑溪市	Cenxi	82594	24610
东兴市	Dongxing	39537	16615
桂平市	Guiping	165181	44955
北流市	Beiliu	109039	34962
宜州市	Yizhou	93752	24915
合山市	Heshan	16642	4736
凭祥市	Pingxiang	18710	6580
海南省	**Hainan**		
五指山市	Wuzhishan	9539	2406
琼海市	Qionghai	77255	25789
儋州市	Danzhou	105943	30692
文昌市	Wenchang	110033	23070
万宁市	Wanning	67600	21010
东方市	Dongfang	131140	12026
四川省	**Sichuan**		
都江堰市	Dujiangyan	288900	38961
彭州市	Pengzhou	313394	107360
邛崃市	Qionglai	96791	28481
崇州市	Chongzhou	167131	36425
广汉市	Guanghan	199531	145991
什邡市	Shifang	155791	120293
绵竹市	Mianzhu	166178	132034
江油市	Jiangyou	170934	29387
峨眉山市	Emeishan	717834	15481
阆中市	Langzhong	47731	28397
华蓥市	Huaying	67105	11914
万源市	Wanyuan	52687	11315
简阳市	Jianyang	118863	35502
西昌市	Xichang		
贵州省	**Guizhou**		
清镇市	Qingzhen	235124	24362
赤水市	Chishui	62023	13114
仁怀市	Renhuai	57851	9031
兴义市	Xingyi	382190	12930
凯里市	Kaili	289635	37109
都匀市	Duyun	119880	6537
福泉市	Fuquan	129009	3901
云南省	**Yunnan**		
安宁市	Anning	637832	14874
宣威市	Xuanwei	390739	23459
楚雄市	Chuxiong	85237	18026
个旧市	Gejiu	557849	66635
开远市	Kaiyuan	240614	34550
蒙自市	Mengzi	178202	18399
弥勒市	Mile	150031	13299
文山市	Wenshan	169166	24787
景洪市	Jinghong	89582	27164
大理市	Dali	127296	31855
瑞丽市	Ruili	50945	6023
芒市	Mangshi	130834	10351
西藏自治区	**Tibet**		
日喀则市	Xigaze	19297	3581
陕西省	**Shaanxi**		
兴平市	Xingping	40648	15666
韩城市	Hancheng	385433	16854
华阴市	Huayin	28651	11765
甘肃省	**Gansu**		
玉门市	Yumen	136770	4310
敦煌市	Dunhuang	31308	6496
临夏市	Linxia	34488	15108
合作市	Hezuo	20761	3873
玉树市	Yushu		
青海省	**Qinghai**		
格尔木市	Golmud	327936	7384
德令哈市	Delingha	50504	3370
宁夏回族自治区	**Ningxia**		
灵武市	Lingwu	83451	6482
青铜峡市	Qingtongxia	1184000	6918
新疆维吾尔自治区	**Xinjiang**		
吐鲁番市	Turpan	106970	8721
哈密市	Hami	353425	15787
昌吉市	Changji	161343	18215
阜康市	Fukang	921563	5256
博乐市	Bole	76629	6264
库尔勒市	Korla	487351	20481
阿克苏市	Akesu	233508	9774
阿图什市	Atus	43629	5663
喀什市	Kashi	116406	18419
和田市	Hetian	75628	9578
伊宁市	Yining	209057	19583
奎屯市	Kuitun	156139	8751
塔城市	Tacheng	22412	4879
乌苏市	Wusu	72034	5675
阿勒泰市	Aletai	82898	4683
石河子市	Shihezi	2359000	16573
阿拉尔市	Alar	85091	5518
图木舒克市	Tumushuke	37788	3521
五家渠市	Wujiaqu	1393270	5718
北屯市	Beitun	10706	2893

3-16 体育场馆,剧场,影剧院数及公共图书馆图书藏量
Number of Theaters and Music Halls,Cinemas and Total Collections of Public Libraries

城　市	city	体育场馆数 (个) Number of Stadiums and Gymnasiums (unit)	剧场、影剧院数 (个) Number of Theaters and Music Halls, Cinemas (unit)	公共图书馆图书总藏量 (千册) Total Collections of Public Libraries (1000 copies)
河北省	**Hebei**			
辛集市	Xinji	1	1	131
藁城市	Gaocheng	3	6	82
晋州市	Jinzhou	1	2	99
新乐市	Xinle	1	2	115
鹿泉市	Luquan	6	5	80
遵化市	Zunhua	1	2	180
迁安市	Qian'an	3	6	240
武安市	Wu'an	4	4	185
南宫市	Nangong		1	102
沙河市	Shahe	2	2	210
涿州市	Zhuozhou	1	2	100
定州市	Dingzhou	3	3	70
安国市	Anguo	1	1	185
高碑店市	Gaobeidian	6	2	60
泊头市	Botou	6	2	110
任丘市	Renqiu	1	1	61
黄骅市	Huanghua	2	2	80
河间市	Hejian	1	4	963
霸州市	Bazhou	2	1	240
三河市	Sanhe	5		78
冀州市	Jizhou		1	55
深州市	Shenzhou		1	8
山西省	**Shanxi**			
古交市	Gujiao	1	1	43
潞城市	Lucheng	1	1	54
高平市	Gaoping	1	3	120
介休市	Jiexiu	4	3	68
永济市	Yongji		3	37
河津市	Hejin	2	3	62
原平市	Yuanping	2	1	55
侯马市	Houma	5	1	38
霍州市	Huozhou	3	1	59
孝义市	Xiaoyi	14	4	3584
汾阳市	Fenyang	3	1	153
内蒙古自治区	**Inner Mongolia**			
霍林郭勒市	Huolinguole	3	1	30
满洲里市	Manzhouli	26	9	34
牙克石市	Yakeshi	3	1	76
扎兰屯市	Zhalantun	1	1	55
额尔古纳市	Eerguna	1	4	113
根河市	Genhe	3		78
丰镇市	Fengzhen	1	1	3
乌兰浩特市	Wulanhaote	6	2	140
阿尔山市	Aershan		1	
二连浩特市	Erlianhaote	1	1	25
锡林浩特市	Xilinhaote	1	3	226

3-16 续表 1 continued

城 市	city	体育场馆数（个）Number of Stadiums and Gymnasiums (unit)	剧场、影剧院数（个）Number of Theaters and Music Halls, Cinemas (unit)	公共图书馆图书总藏量（千册）Total Collections of Public Libraries (1000 copies)
辽宁省	**Liaoning**			
新民市	Xinmin	10	2	140
瓦房店市	Wafangdian	10	7	1640
普兰店市	Pulandian	1	2	1464
庄河市	Zhuanghe	2	24	1172
海城市	Haicheng	1	9	128
东港市	Donggang	3	10	170
凤城市	Fengcheng	4	3	98
凌海市	Linghai	3	1	107
北镇市	Beizhen	1	1	115
盖州市	Gaizhou	1	1	114
大石桥市	Dashiqiao	2	6	1572
灯塔市	Dengta		1	50
调兵山市	Diaobingshan	2	3	17
开原市	Kaiyuan	2	4	116
北票市	Beipiao	1	2	98
凌源市	Lingyuan	2		90
兴城市	Xingcheng	1		75
吉林省	**Jilin**			
九台市	Jiutai	1	1	130
榆树市	Yushu		2	110
德惠市	Dehui	2	2	112
蛟河市	Jiaohe	1		57
桦甸市	Huadian	1	1	384
舒兰市	Shulan	1	1	33
磐石市	Panshi	1	2	155
公主岭市	Gongzhuling	2	2	98
双辽市	Shuangliao	1	1	28
梅河口市	Meihekou	2	5	118
集安市	Ji'an	1	1	58
临江市	Linjiang	1	1	12
扶余市	Fuyu	1	1	
洮南市	Taonan	2	1	65
大安市	Daan	1	1	27
延吉市	Yanji	1	4	780
图们市	Tumen	2	2	208
敦化市	Dunhua	3	1	308
珲春市	Hunchun	1	1	113
龙井市	Longjing	2	2	100
和龙市	Helong	1	1	152
黑龙江省	**Heilongjiang**			
双城市	Shuangcheng	5	2	90
尚志市	Shangzhi	2	10	28
五常市	Wuchang	1	1	230
讷河市	Nehe	1	1	85
虎林市	Hulin	2	1	56
密山市	Mishan	1	1	105
铁力市	Tieli	2	2	66
同江市	Tongjiang	1		69
富锦市	Fujin	3	4	71
绥芬河市	Suifenhe	1	1	77
海林市	Hailin	1		69

3-16 续表 2 continued

城 市	city	体育场馆数 (个) Number of Stadiums and Gymnasiums (unit)	剧场、影剧院数 (个) Number of Theaters and Music Halls, Cinemas (unit)	公共图书馆图书总藏量 (千册) Total Collections of Public Libraries (1000 copies)
宁安市	Ning'an	1	1	76
穆棱市	Muling	3	1	80
北安市	Bei'an	1	2	60
五大连池市	Wudalianchi	1		23
安达市	Anda	2		150
肇东市	Zhaodong	10	2	103
海伦市	Hailun	5	2	345
江苏省	**Jiangsu**			
江阴市	Jiangyin	45	14	880
宜兴市	Yixing	17	20	503
新沂市	Xinyi	3	1	128
邳州市	Pizhou	2	1	438
溧阳市	Liyang	2	1	327
金坛市	Jintan	4	1	243
常熟市	Changshu	3	5	1771
张家港市	Zhangjiagang	3	6	1925
昆山市	Kunshan	2	4	1995
太仓市	Taicang	3	2	873
启东市	Qidong	3	1	493
如皋市	Rugao	3	4	915
海门市	Haimen	2	4	711
东台市	Dongtai	4	2	261
大丰市	Dafeng	4	2	343
仪征市	Yizheng	9	1	327
高邮市	Gaoyou	13	1	197
丹阳市	Danyang	38		458
扬中市	Yangzhong	28	1	289
句容市	Jurong	49	1	174
兴化市	Xinghua	5	3	232
靖江市	Jingjiang	4	6	441
泰兴市	Taixing	7	3	305
浙江省	**Zhejiang**			
建德市	Jiande	3	1	511
富阳市	Fuyang	16	2	352
临安市	Lin'an	13	3	470
余姚市	Yuyao	19	10	533
慈溪市	Cixi	24	4	617
奉化市	Fenghua	7	2	210
瑞安市	Rui'an	4	1	889
乐清市	Yueqing	4	1	796
海宁市	Haining	9	8	1303
平湖市	Pinghu	7	6	1117
桐乡市	Tongxiang	7	8	1651
诸暨市	Zhuji	9	8	319
上虞市	Shangyu	7	9	408
嵊州市	Shengzhou	6	3	519
兰溪市	Lanxi	6	2	209
义乌市	Yiwu	22	5	615
东阳市	Dongyang	11	2	321
永康市	Yongkang	12	1	304

3-16 续表 3 continued

城 市	city	体育场馆数 (个) Number of Stadiums and Gymnasiums (unit)	剧场、影剧院数 (个) Number of Theaters and Music Halls, Cinemas (unit)	公共图书馆图书总藏量 (千册) Total Collections of Public Libraries (1000 copies)
江山市	Jiangshan	3	2	182
温岭市	Wenling	15	13	338
临海市	Linhai	18	4	381
龙泉市	Longquan	2	3	164
安徽省	**Anhui**			
巢湖市	Chaohu	1		184
桐城市	Tongcheng	4	2	277
天长市	Tianchang	4	4	120
明光市	Mingguang	2	1	
界首市	Jieshou	1	1	4800
宁国市	Ningguo	1	3	128
福建省	**Fujian**			
福清市	Fuqing	4	4	228
长乐市	Changle	5	10	533
永安市	Yong'an	1	3	205
石狮市	Shishi	3	3	458
晋江市	Jinjiang	3	7	664
南安市	Nan'an	13	18	379
龙海市	Longhai	3	3	141
邵武市	Shaowu	3	3	335
武夷山市	Wuyishan	2	1	80
建瓯市	Jian'ou	2	10	230
建阳市	Jianyang	4	2	127
漳平市	Zhangping	3	2	93
福安市	Fu'an	1	3	320
福鼎市	Fuding	1	3	86
江西省	**Jiangxi**			
乐平市	Leping	2	1	54
瑞昌市	Ruichang	1	3	310
共青城市	Gongqingcheng	1	1	1
贵溪市	Guixi		6	98
瑞金市	Ruijin	1		110
南康市	Nankang			156
井冈山市	Jinggangshan	4	1	103
丰城市	Fengcheng	2	24	149
樟树市	Zhangshu	2	2	98
高安市	Gaoan	1	1	166
德兴市	Dexing		2	83
山东省	**Shandong**			
章丘市	Zhangqiu	3	3	470
胶州市	Jiaozhou	4	2	993
即墨市	Jimo	12	7	280
平度市	Pingdu	1	6	351
莱西市	Laixi	10	11	763
滕州市	Tengzhou	2	14	260
龙口市	Longkou	4	29	1927
莱阳市	Laiyang	1	3	211
莱州市	Laizhou	1	8	1187
蓬莱市	Penglai	5	14	902
招远市	Zhaoyuan	25	31	602

3-16 续表 4 continued

城 市	city	体育场馆数 (个) Number of Stadiums and Gymnasiums (unit)	剧场、影剧院数 (个) Number of Theaters and Music Halls, Cinemas (unit)	公共图书馆图书总藏量 (千册) Total Collections of Public Libraries (1000 copies)
栖霞市	Qixia	1	1	82
海阳市	Haiyang	1	2	195
青州市	Qingzhou	1	5	1021
诸城市	Zhucheng	3	15	6768
寿光市	Shouguang	1	9	850
安丘市	Anqiu	1	14	178
高密市	Gaomi	3	4	200
昌邑市	Changyi	2	3	215
曲阜市	Qufu	2	2	139
兖州市	Yanzhou	2	7	240
邹城市	Zoucheng	3	13	275
新泰市	Xintai	18	24	612
肥城市	Feicheng	13	20	604
文登市	Wendeng	2	3	752
荣成市	Rongcheng	2	2	1144
乳山市	Rushan	2	1	612
乐陵市	Laoling	3	2	104
禹城市	Yucheng	4	3	150
临清市	Linqing	1	4	101
河南省	**Henan**			
巩义市	Gongyi	4	13	451
荥阳市	Xingyang	1	1	114
新密市	Xinmi	10	2	218
新郑市	Xinzheng	5	1	438
登封市	Dengfeng			75
偃师市	Yanshi	4	2	239
舞钢市	Wugang		1	103
汝州市	Ruzhou	1	1	100
林州市	Linzhou	2	2	200
卫辉市	Weihui	1	1	39
辉县市	Huixian	2	1	92
沁阳市	Qinyang		1	76
孟州市	Mengzhou			115
禹州市	Yuzhou	2	2	215
长葛市	Changge	3	3	131
义马市	Yima	1	1	97
灵宝市	Lingbao	1	1	87
邓州市	Dengzhou	1	3	72
永城市	Yongcheng	3	3	123
项城市	Xiangcheng	1	1	60
济源市	Jiyuan	2	5	794
湖北省	**Hubei**			
大冶市	Daye	1	16	162
丹江口市	Danjiangkou	2	2	127
宜都市	Yidu	1	3	127
当阳市	Dangyang	3	3	149
枝江市	Zhijiang	2	11	97
老河口市	Laohekou	5	1	128
枣阳市	Zaoyang	13	13	121
宜城市	Yicheng	1	3	125

3-16 续表 5 continued

城 市	city	体育场馆数 (个) Number of Stadiums and Gymnasiums (unit)	剧场、影剧院数 (个) Number of Theaters and Music Halls, Cinemas (unit)	公共图书馆图书总藏量 (千册) Total Collections of Public Libraries (1000 copies)
钟祥市	Zhongxiang	2	23	127
应城市	Yingcheng	1	2	91
安陆市	Anlu		3	120
汉川市	Hanchuan	3	3	99
石首市	Shishou	1	5	50
洪湖市	Honghu	2	2	61
松滋市	Songzi	1	2	18
麻城市	Macheng	7	4	135
武穴市	Wuxue	4	2	149
赤壁市	Chibi	1	2	221
广水市	Guangshui	1	4	35
恩施市	Enshi	5	3	774
利川市	Lichuan	2	2	98
仙桃市	Xiantao	1	7	155
潜江市	Qianjiang	2	1	130
天门市	Tianmen	3	4	203
湖南省	**Hunan**			
浏阳市	Liuyang	2	10	184
醴陵市	Liling	1	2	200
湘乡市	Xiangxiang	3	5	138
韶山市	Shaoshan	1	2	92
耒阳市	Leiyang	3	4	90
常宁市	Changning	2	2	14
武冈市	Wugang		1	142
汨罗市	Miluo	1	3	149
临湘市	Linxiang	1	1	170
津市市	Jinshi	2	2	158
沅江市	Yuanjiang	1	1	160
资兴市	Zixing		4	101
洪江市	Hongjiang	1	3	189
冷水江市	Lengshuijiang	1	2	55
涟源市	Lianyuan	1	3	197
吉首市	Jishou	2	2	76
广东省	**Guangdong**			
增城市	Zengcheng	5	8	420
从化市	Conghua	5	3	350
乐昌市	Lechang	1	2	70
南雄市	Nanxiong	2	2	82
台山市	Taishan	14	5	280
开平市	Kaiping	1	2	419
鹤山市	Heshan	2	2	215
恩平市	Enping	4	3	80
廉江市	Lianjiang	5	4	127
雷州市	Leizhou	1	9	268
吴川市	Wuchuan	3	6	42
高州市	Gaozhou	1	1	231
化州市	Huazhou	1	1	126
信宜市	Xinyi	1	2	118
高要市	Gaoyao	1	1	103
四会市	Sihui	6	5	475

3-16 续表 6 continued

城 市	city	体育场馆数 (个) Number of Stadiums and Gymnasiums (unit)	剧场、影剧院数 (个) Number of Theaters and Music Halls, Cinemas (unit)	公共图书馆图书总藏量 (千册) Total Collections of Public Libraries (1000 copies)
兴宁市	Xingning	17	6	135
陆丰市	Lufeng	4	9	20
阳春市	Yangchun	3	8	131
英德市	Yingde	1	2	170
连州市	Lianzhou	1	3	120
普宁市	Puning	2	3	491
罗定市	Luoding	2	1	210
广西壮族自治区	**Guangxi**			
岑溪市	Cenxi	1		125
东兴市	Dongxing	1		32
桂平市	Guiping	2	1	347
北流市	Beiliu			202
宜州市	Yizhou	22		127
合山市	Heshan	4		68
凭祥市	Pingxiang			64
海南省	**Hainan**			
五指山市	Wuzhishan	1	1	130
琼海市	Qionghai	3	1	235
儋州市	Danzhou	2	1	97
文昌市	Wenchang	15	9	135
万宁市	Wanning		2	67
东方市	Dongfang	1	2	70
四川省	**Sichuan**			
都江堰市	Dujiangyan	2	2	350
彭州市	Pengzhou	1	2	200
邛崃市	Qionglai	1	1	277
崇州市	Chongzhou	1	1	122
广汉市	Guanghan	5	1	100
什邡市	Shifang	8	1	200
绵竹市	Mianzhu	2	1	134
江油市	Jiangyou	2	1	208
峨眉山市	Emeishan			84
阆中市	Langzhong	5		182
华蓥市	Huaying	2	1	50
万源市	Wanyuan	1	2	125
简阳市	Jianyang		2	260
西昌市	Xichang	2	2	327
贵州省	**Guizhou**			
清镇市	Qingzhen		1	50
赤水市	Chishui	19	6	644
仁怀市	Renhuai	7	1	170
兴义市	Xingyi	2	2	246
凯里市	Kaili	3	5	190
都匀市	Duyun	6	2	136
福泉市	Fuquan	7	3	49
云南省	**Yunnan**			
安宁市	Anning	2	1	165
宣威市	Xuanwei	5	10	1009
楚雄市	Chuxiong	1	1	120

3-16 续表 7 continued

城 市	city	体育场馆数 (个) Number of Stadiums and Gymnasiums (unit)	剧场、影剧院数 (个) Number of Theaters and Music Halls, Cinemas (unit)	公共图书馆图书总藏量 (千册) Total Collections of Public Libraries (1000 copies)
个旧市	Gejiu	3	1	320
开远市	Kaiyuan	2	3	163
蒙自市	Mengzi	3		105
弥勒市	Mile	2	2	152
文山市	Wenshan	4		430
景洪市	Jinghong	3	3	135
大理市	Dali	3	3	478
瑞丽市	Ruili	1	1	96
芒市	Mangshi	1	2	189
西藏自治区	**Tibet**			
日喀则市	Xigaze	1	1	
陕西省	**Shaanxi**			
兴平市	Xingping	4	2	39
韩城市	Hancheng	1	3	12
华阴市	Huayin	2	1	40
甘肃省	**Gansu**			
玉门市	Yumen	2	2	100
敦煌市	Dunhuang	1	2	160
临夏市	Linxia	1	1	20
合作市	Hezuo	1	1	37
玉树市	Yushu	1	1	
青海省	**Qinghai**			
格尔木市	Golmud	1	5	1
德令哈市	Delingha	1	1	11
宁夏回族自治区	**Ningxia**			
灵武市	Lingwu		1	110
青铜峡市	Qingtongxia	5	5	173
新疆维吾尔自治区	**Xinjiang**			
吐鲁番市	Turpan	1	1	150
哈密市	Hami	5	2	230
昌吉市	Changji	2	3	603
阜康市	Fukang	1		241
博乐市	Bole	2	1	130
库尔勒市	Korla	3	5	265
阿克苏市	Akesu	1	3	208
阿图什市	Atus	1	1	149
喀什市	Kashi	2	12	189
和田市	Hetian	1		176
伊宁市	Yining	2	2	205
奎屯市	Kuitun	1	2	70
塔城市	Tacheng	1	2	263
乌苏市	Wusu		1	120
阿勒泰市	Aletai	1	2	210
石河子市	Shihezi	22	1	194
阿拉尔市	Alar	1	1	1100
图木舒克市	Tumushuke	1		
五家渠市	Wujiaqu	4	2	302
北屯市	Beitun	7	3	172

3-17 二氧化硫、氮氧化物及烟(粉)尘排放量和污水处理情况

Industry Sulphur Dioxide, Nitrogen Oxide and Industrial Soot(dust) Discharged and Ratio of Waste Water treated

城市	city	工业二氧化硫排放量(吨) Volume of Sulphur Dioxide Emission (ton)	氮氧化物排放量(吨) Volume of Nitrogen Oxide Emission (ton)	烟(粉)尘排放量(吨) Volume of Industrial Soot(dust) Emission (ton)	污水处理厂集中处理率(%) Ratio of waste Water Centralized Treated of sewage work (%)
河北省	**Hebei**				
辛集市	Xinji	49967	34649	6571	100
藁城市	Gaocheng	10477	5513	11778	100
晋州市	Jinzhou	4076	1203	1416	100
新乐市	Xinle	4450	3694	2596	97
鹿泉市	Luquan				96
遵化市	Zunhua				
迁安市	Qian'an	55458	34452	98381	100
武安市	Wu'an	73996	39649	142230	96
南宫市	Nangong	4440	1530	2619	90
沙河市	Shahe	17093	20867	11104	95
涿州市	Zhuozhou	2253	700	549	97
定州市	Dingzhou	7861	30675	2915	90
安国市	Anguo	699	37	143	90
高碑店市	Gaobeidian	1329	105	3482	100
泊头市	Botou				100
任丘市	Renqiu	2818	3457	677	91
黄骅市	Huanghua	1400	346	383	100
河间市	Hejian	757	234	1040	100
霸州市	Bazhou	14060	4019	13613	
三河市	Sanhe	7438	21425	2324	
冀州市	Jizhou	2129	1168	1115	95
深州市	Shenzhou	2774	478	725	90
山西省	**Shanxi**				
古交市	Gujiao	15621	20231	11820	
潞城市	Lucheng				
高平市	Gaoping	8504	6012	7762	86
介休市	Jiexiu	20474	14605	11901	95
永济市	Yongji				
河津市	Hejin				86
原平市	Yuanping	25283	18853	23824	93
侯马市	Houma	4016	3099	2339	94
霍州市	Huozhou	23326	29507	7972	85
孝义市	Xiaoyi	29809	18741	31787	85
汾阳市	Fenyang	1902	949	1419	96
内蒙古自治区	**Inner Mongolia**				
霍林郭勒市	Huolinguole	16545	34349	3329	100
满洲里市	Manzhouli				
牙克石市	Yakeshi	10086	7658	2417	70
扎兰屯市	Zhalantun	8427	7110	1055	80
额尔古纳市	Eerguna	1192	651	241	86
根河市	Genhe	2659	1646	2412	85
丰镇市	Fengzhen	5577	23629	1910	65
乌兰浩特市	Wulanhaote				85
阿尔山市	Aershan	300	102		34
二连浩特市	Erlianhaote	1981	624	930	
锡林浩特市	Xilinhaote				75

3-17 续表 1 continued

城 市	city	工业二氧化硫排放量 (吨) Volume of Sulphur Dioxide Emission (ton)	氮氧化物排放量 (吨) Volume of Nitrogen Oxide Emission (ton)	烟(粉)尘排放量 (吨) Volume of Industrial Soot(dust) Emission (ton)	污水处理厂集中处理率 (%) Ratio of waste Water Centralized Treated of sewage work (%)
辽宁省	**Liaoning**				
新民市	Xinmin	2253	664	1180	100
瓦房店市	Wafangdian	5959	4040	3670	90
普兰店市	Pulandian				
庄河市	Zhuanghe	10828	11785	3701	75
海城市	Haicheng	8400	7336	12618	95
东港市	Donggang	2800	520	2700	81
凤城市	Fengcheng	7100	2018	90	100
凌海市	Linghai	3477	1416	1282	80
北镇市	Beizhen	2107	579	882	100
盖州市	Gaizhou	1130	396	20185	89
大石桥市	Dashiqiao	13986	3773	8316	
灯塔市	Dengta	13251	10767	4480	98
调兵山市	Diaobingshan	10598	1234	5622	79
开原市	Kaiyuan	2133	3458	4795	92
北票市	Beipiao	3800	630	6000	84
凌源市	Lingyuan	4517	1323	12406	100
兴城市	Xingcheng	800	500	1400	90
吉林省	**Jilin**				
九台市	Jiutai	3077	9301	1774	91
榆树市	Yushu	3170	1549	3485	100
德惠市	Dehui	2798	1567	13616	57
蛟河市	Jiaohe	247	85	15	88
桦甸市	Huadian	6325	1332	2393	87
舒兰市	Shulan	245	277	655	85
磐石市	Panshi	6865	6068	4475	100
公主岭市	Gongzhuling	7444	4803	3450	
双辽市	Shuangliao	12579	22812	2500	100
梅河口市	Meihekou	1160	5682	991	98
集安市	Ji'an	1348	395	688	66
临江市	Linjiang	7179	1675	2355	100
扶余市	Fuyu	1013	543	1468	100
洮南市	Taonan	3639	1974	3124	87
大安市	Daan	741	442	743	85
延吉市	Yanji	5918	10230	4190	91
图们市	Tumen	2071	1664	2936	60
敦化市	Dunhua	3422	1288	2097	95
珲春市	Hunchun	4149	98	936	99
龙井市	Longjing	1040	352	1975	90
和龙市	Helong	5478	1065	2108	
黑龙江省	**Heilongjiang**				
双城市	Shuangcheng	1676	1529	1591	85
尚志市	Shangzhi	143	140	313	89
五常市	Wuchang	643	424	709	100
讷河市	Nehe	842	406	5524	98
虎林市	Hulin	750	1010	1800	98
密山市	Mishan	1563	148	362	91
铁力市	Tieli	1157	1331	2000	90
同江市	Tongjiang	621	395	106	100
富锦市	Fujin	1664	844	1544	100
绥芬河市	Suifenhe	2219	1058	2749	100
海林市	Hailin	580	625	1645	100

3-17 续表 2 continued

城 市	city	工业二氧化硫排放量(吨) Volume of Sulphur Dioxide Emission (ton)	氮氧化物排放量(吨) Volume of Nitrogen Oxide Emission (ton)	烟(粉)尘排放量(吨) Volume of Industrial Soot(dust) Emission (ton)	污水处理厂集中处理率(%) Ratio of waste Water Centralized Treated of sewage work (%)
宁安市	Ning'an	1038	1678	1025	100
穆棱市	Muling	1106	927	1055	95
北安市	Bei'an	2287	719	1043	95
五大连池市	Wudalianchi	2688	500	275	100
安达市	Anda	407	557	517	100
肇东市	Zhaodong	1977	1734	850	100
海伦市	Hailun	680	460	740	100
江苏省	**Jiangsu**				
江阴市	Jiangyin	43412	78063	21059	77
宜兴市	Yixing	18835	25945	11409	78
新沂市	Xinyi	3067	1881	1177	78
邳州市	Pizhou	12071	10334	7148	87
溧阳市	Liyang	9069	27209	6861	96
金坛市	Jintan	2867	5091	4288	93
常熟市	Changshu	37578	54959	9420	80
张家港市	Zhangjiagang	43631	38366	20601	89
昆山市	Kunshan	12739	22386	2817	74
太仓市	Taicang	20678	32365	5622	76
启东市	Qidong	11744	19396	6525	88
如皋市	Rugao	6956	2882	7696	87
海门市	Haimen	5396	2530	3395	89
东台市	Dongtai	7542	3317	2087	73
大丰市	Dafeng	4271	2858	3162	64
仪征市	Yizheng	12779	13088	2542	72
高邮市	Gaoyou	1229	373	1408	79
丹阳市	Danyang	4813	3554	4997	60
扬中市	Yangzhong	1515	628	688	89
句容市	Jurong	3142	7762	2913	75
兴化市	Xinghua	6809	2659	3443	85
靖江市	Jingjiang	12508	4450	3176	54
泰兴市	Taixing	9331	4086	2319	80
浙江省	**Zhejiang**				
建德市	Jiande	11760	9424	3188	87
富阳市	Fuyang	38453	13678	8357	85
临安市	Lin'an	6522	2569	3579	90
余姚市	Yuyao	6908	5587	2922	85
慈溪市	Cixi	11862	3379	2240	85
奉化市	Fenghua	2650	594	545	85
瑞安市	Rui'an	4055	888	1710	88
乐清市	Yueqing	77934	25778	9403	33
海宁市	Haining	12076	3299	3877	91
平湖市	Pinghu	128133	26209	4784	90
桐乡市	Tongxiang	14043	3206	355	90
诸暨市	Zhuji	9231	10135	5034	85
上虞市	Shangyu	10962	4128	1180	83
嵊州市	Shengzhou	3493	2396	270	80
兰溪市	Lanxi	77366	26966	14913	82
义乌市	Yiwu	6038	5923	1481	89
东阳市	Dongyang	3997	2585	3711	85
永康市	Yongkang	1999	3347	2174	82

3-17 续表 3 continued

城市	city	工业二氧化硫排放量(吨) Volume of Sulphur Dioxide Emission (ton)	氮氧化物排放量(吨) Volume of Nitrogen Oxide Emission (ton)	烟(粉)尘排放量(吨) Volume of Industrial Soot(dust) Emission (ton)	污水处理厂集中处理率(%) Ratio of waste Water Centralized Treated of sewage work (%)
江山市	Jiangshan	15697	11732	27918	84
温岭市	Wenling	3369	4044	1949	89
临海市	Linhai	3924	2864	2040	89
龙泉市	Longquan	1154	502	1481	85
安徽省	**Anhui**				
巢湖市	Chaohu	11209	41023	22742	85
桐城市	Tongcheng	1006	766	1105	100
天长市	Tianchang	1097	1367	5746	100
明光市	Mingguang	1089	638	576	97
界首市	Jieshou	1301			92
宁国市	Ningguo	4353	2232	7534	97
福建省	**Fujian**				
福清市	Fuqing	8523	15081	1281	91
长乐市	Changle	23858	9028	10241	90
永安市	Yong'an	10989	13060	6059	86
石狮市	Shishi	8876	5865	2913	92
晋江市	Jinjiang	31149	29639	26199	86
南安市	Nan'an	16236	13956	10523	87
龙海市	Longhai	11970	34665	2752	43
邵武市	Shaowu	2932	1737	5029	90
武夷山市	Wuyishan	58	31	129	94
建瓯市	Jian'ou	856	310	2175	91
建阳市	Jianyang	1594	461	676	92
漳平市	Zhangping	6837	8328	5142	82
福安市	Fu'an	7171	13230	17970	89
福鼎市	Fuding	5112	915	913	84
江西省	**Jiangxi**				
乐平市	Leping	9784	7621	5263	60
瑞昌市	Ruichang	6714	3710	2761	80
共青城市	Gongqingcheng	902	52	218	80
贵溪市	Guixi	18336	14751	2433	83
瑞金市	Ruijin	4450	6076	1862	65
南康市	Nankang	3974	477	19419	61
井冈山市	Jinggangshan	927	249	206	90
丰城市	Fengcheng	32464	63694	13190	
樟树市	Zhangshu	7127	2537	4779	88
高安市	Gaoan	13982	14854	8681	51
德兴市	Dexing	3122	383	720	90
山东省	**Shandong**				
章丘市	Zhangqiu	13303	18536	6999	85
胶州市	Jiaozhou	4058	2703	1286	90
即墨市	Jimo	2407	7499	775	96
平度市	Pingdu	4145	3497	706	95
莱西市	Laixi	3417	2654	598	100
滕州市	Tengzhou	23971	20372	5250	93
龙口市	Longkou	29561	28104	5772	100
莱阳市	Laiyang	3782	1052	1187	100
莱州市	Laizhou	9091	14033	7999	100
蓬莱市	Penglai	6819	13328	2697	97
招远市	Zhaoyuan	2646	1320	294	100

3-17 续表 4 continued

城市	city	工业二氧化硫排放量(吨) Volume of Sulphur Dioxide Emission (ton)	氮氧化物排放量(吨) Volume of Nitrogen Oxide Emission (ton)	烟(粉)尘排放量(吨) Volume of Industrial Soot(dust) Emission (ton)	污水处理厂集中处理率(%) Ratio of waste Water Centralized Treated of sewage work (%)
栖霞市	Qixia	3364	8555	8083	93
海阳市	Haiyang	1315	350	362	99
青州市	Qingzhou	15229	4051	2179	100
诸城市	Zhucheng	7734	4282	1819	100
寿光市	Shouguang	21234	11843	2715	92
安丘市	Anqiu	4720	5007	927	100
高密市	Gaomi	8862	4236	1152	100
昌邑市	Changyi	11062	4412	2469	97
曲阜市	Qufu	3100	5579	717	
兖州市	Yanzhou	15736	13259	3174	
邹城市	Zoucheng	39704	60872	9289	98
新泰市	Xintai	15500	6930	1733	96
肥城市	Feicheng	29359	37877	8974	94
文登市	Wendeng	3274	3432	1342	97
荣成市	Rongcheng	3331	1864	585	97
乳山市	Rushan	3288	810	695	94
乐陵市	Laoling	1621	362	639	98
禹城市	Yucheng	6034	755	3652	100
临清市	Linqing	6728	2200	856	98
河南省	**Henan**				
巩义市	Gongyi	32503	34377	23238	61
荥阳市	Xingyang	21371	24007	5758	92
新密市	Xinmi	19741	17669	7192	100
新郑市	Xinzheng	8791	2318	1422	86
登封市	Dengfeng	20442	39387	15058	93
偃师市	Yanshi	17798	32259	6122	95
舞钢市	Wugang	2247	3345	7000	85
汝州市	Ruzhou	14785	9910	12562	37
林州市	Linzhou	12322	7044	11032	71
卫辉市	Weihui	5829	9111	2135	100
辉县市	Huixian	17433	28643	4247	100
沁阳市	Qinyang	4605	4596	3127	
孟州市	Mengzhou	1981	1291	868	
禹州市	Yuzhou	18422	41223	20392	98
长葛市	Changge	3867	1606	2769	100
义马市	Yima				
灵宝市	Lingbao				
邓州市	Dengzhou	3034	2419	1224	88
永城市	Yongcheng	12787	20414	12470	100
项城市	Xiangcheng	3483	1641	690	53
济源市	Jiyuan	40742	37925	1150	1
湖北省	**Hubei**				
大冶市	Daye	22395	10266	8225	70
丹江口市	Danjiangkou	2194	432	1125	100
宜都市	Yidu	10884	11602	1962	85
当阳市	Dangyang	4852	5019	2857	90
枝江市	Zhijiang	7606	4275	2575	91
老河口市	Laohekou	2010			92
枣阳市	Zaoyang	691	774	545	84
宜城市	Yicheng	2074	4560	2323	

3-17 续表 5 continued

城 市	city	工业二氧化硫排放量(吨) Volume of Sulphur Dioxide Emission (ton)	氮氧化物排放量(吨) Volume of Nitrogen Oxide Emission (ton)	烟(粉)尘排放量(吨) Volume of Industrial Soot(dust) Emission (ton)	污水处理厂集中处理率(%) Ratio of waste Water Centralized Treated of sewage work (%)
钟祥市	Zhongxiang	5397	3911	7132	85
应城市	Yingcheng	15090	8366	7014	80
安陆市	Anlu	1648	1721	2476	75
汉川市	Hanchuan	12794	13340	7578	70
石首市	Shishou	4743	647	1120	93
洪湖市	Honghu	1026	245	331	97
松滋市	Songzi	15709	2142	2060	80
麻城市	Macheng	4852	1156	102	88
武穴市	Wuxue	3984	8451	586	95
赤壁市	Chibi	14435	9416	2242	83
广水市	Guangshui	1566	95	3430	45
恩施市	Enshi	2002	3386	1354	83
利川市	Lichuan	288	225	126	43
仙桃市	Xiantao	6297	4229		86
潜江市	Qianjiang	11671	6037	6880	52
天门市	Tianmen	2402	3613	2100	85
湖南省	**Hunan**				
浏阳市	Liuyang	4598	2487	2087	87
醴陵市	Liling	1167	1092	352	100
湘乡市	Xiangxiang	1725	3325	4201	83
韶山市	Shaoshan				82
耒阳市	Leiyang	8848	24509	2990	100
常宁市	Changning	44667	1508	2361	68
武冈市	Wugang	1177	88	89	97
汨罗市	Miluo	1370	425	281	81
临湘市	Linxiang	3850	5043	1805	76
津市市	Jinshi	7765	846		79
沅江市	Yuanjiang	15444	2618	459	62
资兴市	Zixing	11033	19910	7035	69
洪江市	Hongjiang	6068	1215	2316	80
冷水江市	Lengshuijiang	58387	19091	10112	80
涟源市	Lianyuan	6129	9887	5055	83
吉首市	Jishou	2150	101	100	86
广东省	**Guangdong**				
增城市	Zengcheng	3909	1874	909	67
从化市	Conghua	405		508	50
乐昌市	Lechang	3371	2753	357	73
南雄市	Nanxiong	73	66	210	82
台山市	Taishan	9929	968	1948	89
开平市	Kaiping				65
鹤山市	Heshan	978	694	545	73
恩平市	Enping	7081	86	85	10
廉江市	Lianjiang	1323	416	1300	88
雷州市	Leizhou	852	420	1300	85
吴川市	Wuchuan	406	47	372	86
高州市	Gaozhou	2573	169	931	85
化州市	Huazhou	1679	1108	5265	71
信宜市	Xinyi	369	172	501	94
高要市	Gaoyao	8609	9884	12294	76
四会市	Sihui				100

3-17 续表 6 continued

城市	city	工业二氧化硫排放量(吨) Volume of Sulphur Dioxide Emission (ton)	氮氧化物排放量(吨) Volume of Nitrogen Oxide Emission (ton)	烟(粉)尘排放量(吨) Volume of Industrial Soot(dust) Emission (ton)	污水处理厂集中处理率(%) Ratio of waste Water Centralized Treated of sewage work (%)
兴宁市	Xingning	4299	5703		53
陆丰市	Lufeng	512	242	266	64
阳春市	Yangchun	12761	2386	16723	91
英德市	Yingde	2870	26096	938	90
连州市	Lianzhou	222	107	858	95
普宁市	Puning	5304	1045	981	85
罗定市	Luoding	7914	8645	2269	77
广西壮族自治区	**Guangxi**				
岑溪市	Cenxi	2005	802	1756	81
东兴市	Dongxing	1007	99	296	84
桂平市	Guiping	2755	833	823	40
北流市	Beiliu	3051	5871	599	98
宜州市	Yizhou	3075	727	1641	35
合山市	Heshan	25910	16258	827	81
凭祥市	Pingxiang	302	420	535	70
海南省	**Hainan**				
五指山市	Wuzhishan	80	636	131	76
琼海市	Qionghai	50	229	12	69
儋州市	Danzhou	611	1681	400	63
文昌市	Wenchang	157	238	415	75
万宁市	Wanning	162	875	133	33
东方市	Dongfang	5351	8116	1548	57
四川省	**Sichuan**				
都江堰市	Dujiangyan	1222	4115	745	83
彭州市	Pengzhou	5275	8362	3525	80
邛崃市	Qionglai	540	19	318	
崇州市	Chongzhou	2161	1072	1806	85
广汉市	Guanghan	3458	3617	1285	23
什邡市	Shifang	4556	4198	2102	83
绵竹市	Mianzhu	2947	4208	1693	90
江油市	Jiangyou	16797	21824	3231	83
峨眉山市	Emeishan	3440	18462	3081	94
阆中市	Langzhong	917	306	862	82
华蓥市	Huaying	4358	3651	1894	89
万源市	Wanyuan	1581	1419	749	82
简阳市	Jianyang	1442	773	1223	67
西昌市	Xichang				81
贵州省	**Guizhou**				
清镇市	Qingzhen	26073	14685	3332	98
赤水市	Chishui	3676	206	554	93
仁怀市	Renhuai	3439	335	2781	
兴义市	Xingyi	76638	21264	63558	72
凯里市	Kaili	9354	1326	6731	99
都匀市	Duyun	6483	3675	2310	90
福泉市	Fuquan	13616	1490	12069	81
云南省	**Yunnan**				
安宁市	Anning	41158		12600	92
宣威市	Xuanwei	11008	100	100	64
楚雄市	Chuxiong	5192	579		

3-17 续表 7 continued

城 市	city	工业二氧化硫排放量(吨) Volume of Sulphur Dioxide Emission (ton)	氮氧化物排放量(吨) Volume of Nitrogen Oxide Emission (ton)	烟(粉)尘排放量(吨) Volume of Industrial Soot(dust) Emission (ton)	污水处理厂集中处理率(%) Ratio of waste Water Centralized Treated of sewage work (%)
个旧市	Gejiu	20143	2339	3698	88
开远市	Kaiyuan	53693	24343	4612	87
蒙自市	Mengzi	18637	5448	4693	1
弥勒市	Mile	20247	10829	12380	90
文山市	Wenshan	1780	2351	1282	68
景洪市	Jinghong	968	7	2406	76
大理市	Dali	2531	2519	2410	94
瑞丽市	Ruili	290	98	91	47
芒市	Mangshi	1466	2314	2606	83
西藏自治区	**Tibet**				
日喀则市	Xigaze				
陕西省	**Shaanxi**				
兴平市	Xingping	5112	3184	959	77
韩城市	Hancheng	111864	899		72
华阴市	Huayin	13535	23171	1580	76
甘肃省	**Gansu**				
玉门市	Yumen	8584	5691	4897	95
敦煌市	Dunhuang	1079	1327	6527	99
临夏市	Linxia	3172	396	80	85
合作市	Hezuo	128	195	161	74
玉树市	Yushu		1		
青海省	**Qinghai**				
格尔木市	Golmud				
德令哈市	Delingha				
宁夏回族自治区	**Ningxia**				
灵武市	Lingwu				
青铜峡市	Qingtongxia				84
新疆维吾尔自治区	**Xinjiang**				
吐鲁番市	Turpan				
哈密市	Hami				95
昌吉市	Changji	10462	18075	2467	100
阜康市	Fukang	21305	39988	7141	90
博乐市	Bole	5883	2510	2890	96
库尔勒市	Korla	34442	22899	15495	100
阿克苏市	Akesu	2034	2301		
阿图什市	Atus	168	457		100
喀什市	Kashi	8210	8987	4563	96
和田市	Hetian	215	92	211	90
伊宁市	Yining	5432	3307	2580	85
奎屯市	Kuitun	6969	1988	1768	
塔城市	Tacheng	1403	319	13612	100
乌苏市	Wusu	4312	9045	2400	100
阿勒泰市	Aletai	1673	1116	466	90
石河子市	Shihezi	78554	1632	24822	89
阿拉尔市	Alar	7752	11342	9587	90
图木舒克市	Tumushuke	1206			98
五家渠市	Wujiaqu	20855	10409	4658	84
北屯市	Beitun	3281	385	1523	81

四、主要统计指标解释

Explanatory Notes on Main Statistical Indicators

主要统计指标解释

一、行政区划、人口、劳动力及土地资源

所辖行政区、县（旗）、县级市数 指报告期内经民政部门批准，本市所管辖的行政区域内所有的区、县（旗）、县级市。

年末总人口 是指本市本年 12 月 31 日 24 时的人口总数，为公安部门的户籍人口数。

年平均人口 指一年内各个时点的人口的平均数。年平均人口数是综合反映年内的人口规模的主要指标，也是计算出生率、死亡率、自然增长率、人均国内生产总值等经济指标的必要指标。其计算方法可利用一年中 12 个月的月末人口相加除以 12 求得，在实际工作中，经常根据年初人口数加年末人口数除以 2 计算求得。

从业人员期末人数 指报告期末最后一日 24 时在本单位工作，并取得工资或其他形式劳动报酬的人员数。该指标为时点指标，不包括最后一日当天及以前已经与单位解除劳动合同关系的人员，是在岗职工、劳务派遣人员及其他从业人员之和。从业人员不包括：1.离开本单位仍保留劳动关系，并定期领取生活费的人员；2.利用课余时间打工的学生及在本单位实习的各类在校学生；3.本单位因劳务外包而使用的人员，如：建筑业整建制使用的人员。

城镇登记失业人员数 是指有非农业户口，在一定的劳动年龄内（16 周岁至退休年龄），有劳动能力，无业而要求就业，并在当地就业服务机构进行求职登记的人员。

行政区域土地面积 指辖区内的全部陆地面积和水域面积。包括耕地、荒山、荒地、山林、草原、滩涂、道路和建筑物占地等陆地面积，以及河流、湖泊、水库等水域面积。数据来自国土资源部。

建成区面积 指实际已成片开发建设、市政公用设施和公共设施基本具备的区域。

居住用地面积 指在城市中包括住宅、居住小区及公共服务设施、道路和绿地等设施的建设用地。

二、综合经济

地区生产总值(GRP) 指按市场价格计算的一个地区所有常住单位在一定时期内生产活动的最终成果。

地方公共财政收入 包括：（1）税收收入；（2）社会保险基金收入；（3）非税收入；（4）贷款转贷回收本金收入（5）转移性收入。回收

地方公共财政支出 包括一般公共服务、国防、公共安全、教育、科学技术、文化体育与传媒、社会保障就业、医疗卫生、环境保护、城乡社区事务、农林水事务、交通运输等方面的支出。

科学技术支出 即公共财政预算支出中的科学技术支出项目。指用于科学技术方面的支出，包括科学技术管理事务、基础研究、应用研究、技术研究与开发、科技条件与服务、社会科学、科学技术普及、科技交流与合作等。

教育支出 即公共财政预算支出中的教育支出项目。指政府教育事务支出，包括教育行政管理、学前教育、小学教育、初中教育、普通高中教育、普通高等教育、初等职业教育、中专教育、技校教育、职业高中教育、高等职业教育、广播电视教育、留学生教育、特殊教育、干部继续教育、教育机关服务等。

年末金融机构各项存款余额 指企业、机关、团体和居民根据可以收回的原则，把货币存入银行或其他信用机构保管并取得一定利息的年末货币总量。

居民储蓄年末余额 指年终时城乡居民在银行和其他金融机构的本（人民币）、外币储蓄存款总额。不包括居民的手存现金和工矿企业、部队、机关、团体等单位存款。

年末金融机构各项贷款余额 指年终时银行或其他信用机构根据必须归还的原则，按一定利率，为企业、个人等提供资金贷款的总额。

三、工业

工业企业数 包括独立核算法人工业企业和附营工业生产单位。独立核算法人工业企业是指从事生产经营活动的单位，它同时具备以下条件：①依法成立，有自己的名称、组织机构和场所，能够独立承担民事责任；②独立拥有和使用资产，承担负债，有权与其他单位签订合同；③会计上独立核算，能够编制资产负债表。

工业总产值 指工业企业在报告期内生产的以货币形式表现的工业最终产品和提供工业劳务活动的总价值量。工业总产值的内容包括三部分：生产的成品价值、对外加工费收入、自制半成品在制品期末期初差额价值。

从业人员年平均人数 指报告期内平均拥有的从业人员数。年平均人数是以12个月的平均人数相加之和除以12求得，或以4个季度的平均人数之和除以4求得。在年内新成立的单位年平均人数计算方法为：从实际开工之月起到年底的月平均人数相加除以12个月。

流动资产 资产满足以下条件之一应归为流动资产：(1)预计在一个正常营业周期中变现、出售或耗用，主要包括存货、应收账款等；（2）主要为交易目的而持有；（3）预计在资产负债表日起一年内（含一年）变现；（4）自资产负债日起一年内，交换其他资产或清偿负债的能力不受限制的现金或现金等价物。包括货币资金、应收票据、应收账款、存货等项目。根据会计“资产负债表”中“流动资产合计”项目的期末余额数填报。

固定资产 指企业为生产商品、提供劳务、出租或经营管理而持有的，使用寿命超过一个会计年度的有形资产。包括使用期限超过一年的房屋、建筑物、机器、机械、运输工具以及其他与生产、经营有关的设备、器具、工具等。固定资产合计是时点指标，表示固定资产经过扣减折旧、减值准备等后的期末余额。根据会计“资产负债表”中“固定资产”项目的期末余额数填报。

主营业务税金及附加 指企业经营主要业务应负担的营业税、消费税、城市维护建设税、教育费附加等。根据会计“主营业务税金及附加”科目的期末借方余额（结转前）填报。

利润总额 指企业在一定会计期间的经营成果，是生产经营过程中各种收入扣除各种耗费后的盈余，反映

四、交通运输、邮电通信

货(客)运量 指在一定时期内，各种运输工具实际运送的货物重量（旅客数量）。该指标是反映运输业为国民经济和人民生活服务的数量指标，也是制定和检查运输生产计划、研究运输发展规模和速度的重要指标。货运按吨计算，客运按人计算。货物不论运输距离长短、货物类别，均按实际重量统计。旅客不论行程远近或票价多少，均按一人一次客运量统计；半价票、小孩票也按一人统计。

邮政、电信业务收入 指邮电、通信企业通过生产经营活动所取得的全部业务收入，包括邮政、长途电信、本地电话等各项主营业务收入和地方国有通信收入。统计范围改为全社会所有从事电信运营的企业（即中国电信、中国移动、中国联通三家基础电信企业），邮政企业和年业务收入200万元以上的快递企业。

固定电话用户 指报告期末在电信运营企业营业网点办理开户登记手续并已接入固定电话网上的全部电话用户。包括普通电话用户、公用电话用户、窄带综合业务数字网（N—ISDN）用户、智能网专用接入

终端用户等。

移动电话用户 指在电信运营企业营业网点办理开户登记手续，通过移动电话交换机进入移动电话网，占用移动电话号码的各类电话用户。包括各类签约用户，智能网预付费用户、无线上网卡用户。

互联网宽带接入用户 指报告期末在电信企业登记注册，通过 XDSL、FTTX+LAN、WLAN 等方式接入中国互联网的用户，主要包括 XDSL 用户、LAN 专线用户、LAN 终端用户及无线接入用户。

五、贸易、外经

限额以上批发零售贸易业商品销售总额 限额以上批发和零售业统计单位是指：批发业，年主营业务收入 2000 万元及以上；零售业，年主营业务收入 500 万元及以上。商品销售额指对本单位以外的单位和个人出售的商品金额（包括售给本单位消费用的商品，含增值税）。商品销售包括：（1）售给城乡居民和社会集团消费用的商品；（2）售给农业、工业、建筑业、服务业等国民经济各行业用于生产、经营用的商品，包括售予批发和零售业作为转卖或加工后转卖的商品；（3）对国（境）外直接出口的商品。商品销售不包括：（1）未通过买卖行为付出的商品，如随机构变动移交给其他企业单位的商品、借出的商品、归还受其他单位委托代保管的商品、付出的加工原料和赠送给其他单位的样品等；（2）经本单位介绍，由买卖双方直接结算，本单位只收取手续费的业务；（3）购货退回的商品；（4）商品损耗和损失；（5）出售本单位自用的废旧物资。

社会消费品零售总额 指企业（单位、个体户）通过交易直接售给个人、社会集团非生产、非经营用的实物商品金额，以及提供餐饮服务所取得的收入金额。个人包括城乡居民和入境人员，社会集团包括机关、社会团体、部队、学校、企事业单位、居委会或村委会等。数据来自贸易制度的 E101-9，E130 表。

限额以上批发零售企业数 批发和零售业法人企业按法人经营地原则统计，即按法人企业主要经营活动所在地进行统计，其所属全部产业活动单位（含异地）由法人企业统一组织填报；非批发和零售业法人单位附营的批发和零售业产业活动单位按产业经营地的原则统计。全面统计范围扩大到统计上达到规模标准的个体经营户，其规模标准参照《批发和零售业、住宿和餐饮业统计限额标准》执行。

当年实际使用外资金额 是指批准的合同外资金额的实际执行数，外国投资者根据批准外商投资企业的合同（章程）的规定实际缴付的出资额和企业投资总额内外国投资者以自己的境外自有资金实际直接向企业提供的贷款。

六、固定资产投资

固定资产投资（不含农户） 指以货币形式表现的在一定时期内建造和购置固定资产的工作量以及与此有关的费用的总称。包括城镇和农村各种登记注册类型的企业、事业、行政单位及城镇个体户进行的计划总投资 500 万元及 500 万元以上的建设项目投资和房地产开发投资。包括原口径的城镇固定资产投资加上农村企事业组织项目投资，不含农户投资。该口径自 2011 年起开始使用。

房地产开发投资完成额 指各种登记注册类型的房地产开发公司、商品房建设公司及其他房地产开发法人单位和附属于其他法人单位实际从事房地产开发或经营活动的单位统一开发的包括统代建、拆迁还建的住宅、厂房、仓库、饭店、宾馆、度假村、写字楼、办公楼等房屋建筑物和配套的服务设施，土地开发工程（如道路、给水、排水、供电、供热、通讯、平整土地等基础设施工程）的投资；不包括单纯的土地交易活动。

住宅 指专供居住的房屋，包括别墅、公寓、职工家属宿舍和集体宿舍（包括职工单身宿舍和学生宿舍）等，但不包括住宅楼中作为人防用、不住人的地下室等。住宅按照性质可以划分为普通住房、经济适用住房和别墅、高档公寓。

七、教育、文化、卫生

普通高等学校 是指通过国家普通高等教育招生考试、招收高级中等学校毕业生为主要培养对象，实施高等学历教育的全日制大学、独立设置的学院和高等专科学校、高等职业学校和其他机构。

中等职业教育学校 是指按国家规定的设置标准和审批程序批准建立的，招收初中(或部分高中)毕业生或同等学历者，实施中等职业技术教育，培养中等职业技术人才的学校。招收初中毕业生的，修业年限一般为三至四年；招收高中毕业生的，修业年限一般为二年至三年。包括中等专业学校、技工学校、职业中学（高中）等。

普通中学 指经过县及县以上教育部门批准，以招收小学毕业生为主实施中学教学计划的学校数，包括初级中学和完全中学。

小学 指经过县及县以上教育部门批准，以招收适龄儿童为主，实施小学教学计划的学校。

专任教师 指主要从事教学工作的人员。包括临时(一年以内)调去帮助做其他工作的教学人员。

在校学生数 指学年开学后，在各类学校学习具有学籍的学生总数，包括留级生，不包括复读生和补习生。

剧场、影剧院数 是指独立核算的专用剧场和属文化部门主管的能演出戏剧的影剧院、兼映电影的剧场，以及附属在剧院、团公开营业的非独立核算的剧场、排演场。

公共图书馆图书总藏量 指图书馆已编目的古籍、图书、期刊和报纸的合订本、小册子、手稿以及缩微制品、录像带、录音带、光盘等听视文献资料数量总和。

医院、卫生院数 指报告期末辖区范围内的医院、卫生院总数。

医院、卫生院床位数 指报告期末医院、卫生院的固定实有床位数。包括正规床、简易床、监护床、正在消毒和修理的床位、因扩建或大修而停用的床位，不包括产科的新生儿床、病人家属的陪侍床、病人的观察床、接产室的待产床。

八、人民生活、社会保障

在岗职工平均人数 在岗职工是指在本单位工作且与本单位签订劳动合同，并由单位支付各项工资和社会保险、住房公积金的人员，以及上述人员中由于学习、病伤、产假等原因暂未工作仍由单位支付工资的人员。在岗职工还包括：1.应订立劳动合同而未订立劳动合同人员（如使用的农村户籍人员）；2.处于试用期人员；3.编制外招用的人员，如临时人员；4.派往外单位工作，但工资仍由本单位发放的人员（如挂职锻炼、外派工作等情况）。在岗职工不包括：1.本单位使用的且由本单位直接支付工资的劳务派遣人员，应统计在本单位“劳务派遣人员”指标中；2.本单位因劳务外包而使用的人员，由承包劳务的单位统计为在岗职工。平均人数等于 12 个月月末人数之和除以 12 或 4 个季度的季末人数之和除以 4 求得。

在岗职工工资总额 指本单位在报告期内直接支付给本单位全部在岗职工的劳动报酬总额。在岗职工工资总额由基本工资、绩效工资、工资性津贴和补贴、其他工资四部分组成。工资总额不包括病假、事假等情况的扣款。各单位在填报在岗职工工资总额四项构成时，应根据实际情况调整对应项目；如不能确定调整项，可扣减基本工资项。

城镇职工基本养老保险参保人数 指报告期末按照法律、法规和有关政策规定参加城镇基本养老保险并在社保经办机构已建立缴费记录档案的职工人数(包括中断缴费但未终止养老保险关系的职工人数，不包括只登记未建立缴费记录档案的人数)和离休、退休和退职人员的人数。取自人力资源和社会保障部统计年报。

城镇基本医疗保险参保人数 指报告期末按有关规定参加城镇职工基本医疗保险和城镇居民基本医疗

保险的人数。取自人力资源和社会保障部统计年报。

失业保险参保人数 指报告期末按照法律、法规和有关政策规定参加了失业保险的城镇企业、事业单位的职工及地方政府规定参加失业保险的其他人员的人数。取自人力资源和社会保障部统计年报。

九、市政公用事业

城市维护建设资金支出 指用于城市维护和建设的资金支出。包括基本建设支出、更新改造支出和维护支出。

年末实有城市道路面积 是指路面经过铺筑的路面宽度在3.5米以上(含3.5米)的道路。包括高级、次高级道路和普通道路，不包括街道内部路面宽度不足3.5米的胡同、里弄。道路面积只包括路面面积和与道路相通的广场、桥梁、停车场面积，不包括街心花坛、侧石、人行道和路肩的面积。

排水管道长度 指所有排水总管、干管、支管、检查井以及连接井进出口等长度之和。

供水总量 是指自来水厂供出厂外的全部水量，包括有效供水量及损失水量。

居民生活用水量 指城市范围内所有居民家庭的日常生活用水。包括城市居民、农民家庭、公共供水站用水。

全社会用电量 指各行业用电量和城乡居民生活用电量合计。

供气总量（人工、天然气） 是指城市煤气企业向城市生产用户、家庭用户和其他用户供应的全部煤气量，包括外购及损失量。

用气人口 指报告期末家庭用户的用气人口。

年末实有公共汽(电)车运营车辆数 是指城市公共交通企业可参加营运的全部车辆数。包括技术完好的、在修的、待修的、长期停驶的，以及拟报废尚未经上级主管部门批准报废的运营车辆数。不包括公交企业的油罐车、货车和其他专用车等非运营车，也不包括借入、租入的客运车辆。

全年公共汽(电)车客运总量 指运送乘客的总人数。包括普通票乘客人次，月票乘客人次和包车乘客人次。普通票乘客人次按上车付现金购票，一张票计算一个人次；月票日乘车次按5个人次计算；团体包车，一个乘客按一个人次计算，往返按二个人次计算。

年末实有出租汽车数 指经有关部门批准的专门从事出租业务的一切营业车辆。包括轿车、面包车、大客车。

绿地面积 指用作绿化的各种绿地面积。包括公园绿地、单位附属绿地、居住区绿地、生产绿地、防护绿地和风景林地的总面积。

公园绿地面积 指开放的各级各类公园绿地。

建成区绿化覆盖面积 根据《城市绿化条例》规定，建成区绿化覆盖面积包括公共绿地、居住区绿地、单位附属绿地、防护绿地、生产绿地、风景林地六类绿化面积之和。

十、环境保护

工业废水排放量 是指经过工业企业厂区所有排放口排放到企业外部的全部废水总量。包括外排的生产废水和厂区生活污水，也包括外排的直接冷却水和矿区的超过排放标准的有毒有害的矿井地下水；不包括外排的间接冷却水。有些企业间接冷却水和直接冷却水混合排放分不开的，可以合并统计在内。

工业二氧化硫排放量 指工业企业在厂区内的生产工艺过程和燃料燃烧过程中排入大气的二氧化硫总量。

工业烟(粉)尘去除量 指报告期内企业利用各种废气治理设施去除的烟（粉）尘量。

工业烟(粉)尘排放量 烟（粉）尘排放量指报告期内企业在燃料燃烧和生产工艺过程中排入大气的烟

尘及工业粉尘的总质量之和。

一般工业固体废物综合利用率 指一般工业固体废物综合利用量占一般固体废物产生量与综合利用往年贮存量之和的百分率。

污水处理厂集中处理率 指报告期内通过污水处理厂处理的污水量与污水排放总量的比率。

生活垃圾无害化处理率 指报告期生活垃圾无害化处理量与生活垃圾产生量的比率。

Explanatory Notes on Main Statistical Indicators

Ⅰ. Divisions of Administrative Areas Population, Labour Forces and Land Resourses

The Districts, Counties(Qi), and County-level Cities under City refer to all the districts, counties(Qi), and county-level cities under this city, which had been approved by civil affairs department during the reporting period.

Total Population at Year-end refer to the population at the 24 clock, December 31, of the reporting year. The data are register population from public security department.

Annual average population refer to the average number of the population at every time point. This index is the main index to illustrate synthetically the population of the reporting year, and it is the necessary index to calculate the birth rate, death rate, natural growth rate, per capita GDP and so on. The calculating method is the sum of the 12 months of population at month-end which is divided by 12. In the practical work, the index is the number population early and late which is divided by 2.

Persons Employed in Various Units at Year-end refer to the total number of employees who work at his unit and obtain wages or other forms of payment at the end of the reporting period. This indicator is a kind of time point index and it equals to the sum of the number of employed staff and workers, labor dispatch personnel and other employed persons. Employed persons do not include:1)persons who have left their working units while keeping their labor contract (employment relation) unchanged and receiving regular alimony; 2)students who do part-time jobs in spare time and all kinds of enrolled students who do internship in various units; 3)persons employed due to labor outsourcing; 4)persons who dissolve labor contracts with their units on the last day of reporting or before.

Registered Unemployed Persons in Urban Areas refer to the persons with non-agricultural household registration at certain working ages (16 years old to retirement age), who are capable of working, unemployed and willing to work, and have been registered at local employment service agencies to apply for a job.

Total Land Area of Administrative Region refer to the all land and water area under city, including and land area such as cultivated land, barren hills and mountains, grasslands, wasteland, tidal flats, covers an area of roads and buildings, and water area such as rivers, lakes and reservoirs. Data are from the department of land and resources.

Area of Built District refer to the region that had been developed and constructed on a large scale, with the basic municipal public facilities and public facilities.

Residential Land Area refer to the construction land that includes the residences, residential communities, public service facilities, roads, green spaces and so on.

Ⅱ.General Economy

Gross Regional Product(GRP) or Regional GDP refer to the final products at market prices produced by all resident units in a region during a certain period of time.

Revenue of the Local Governments included are tax revenue, social insurance fund revenue, non-tax revenue , principal income from loan and sub-loan and transfer revenue.

Expenditure of the Local Governments included are expenditure for general public services, expenditure for national defense, expenditure for public security, expenditure for education, expenditure for science and technology, expenditure for culture, sport and media, expenditure for social safety net and employment effort, expenditure for medical and health care, expenditure for energy conservation and environment protection, expenditure for urban and rural community affairs, expenditure for agriculture, forestry water conservancy, expenditure for transportation and so on.

Expenditure for Science and technology one item of expenditure of the local governments, refer to the spending on science and technology, including the science and technology management, basic research, applied research, technology research and development, science and technology condition and services, social science, science and technology popularization, technology exchanges and cooperation, etc.

Expenditure for Education one item of expenditure of the local governments, refer to the government spending on education affairs, including education administration, pre-school education, primary education, junior middle school education, ordinary senior high school education, ordinary higher education, elementary vocational education, secondary professional education, vocational education, vocational high school education, higher vocational education, broadcasting television education, foreign students education, special education, continuing education for cadre, education services, etc.

Deposits of National Banking System at Year-end refer to the monetary aggregates at year-end that had been deposited banks or taken good care by other financial institutions at a certain interest by enterprise, state organs, public organizations and citizens, on the basis of the principle of can take back.

Household Saving Deposits at Year-end refer to the monetary aggregates(CNY or other foreign currency) at year-end that had been deposited banks or other financial institutions by urban and rural residents, excluding the cash in hand of the residents and the units' deposits of industrial and mining enterprises, army, state organs, public organizations.

Loans of National Banking System at Year-end refer to the monetary aggregates at year-end that had been loaned to enterprises and individuals by banks and other financial institution at a certain interest, on the basis of the principle of must be returned.

Ⅲ. Industry

Number of Industrial Enterprises include independent accounting corporate industrial enterprises and affiliated industrial production units. Independent accounting corporate industrial enterprises refer to the units engaging in the production and business operation activities, which also meet the following conditions:1) Established in accordance with the law, with their own name, organization and location, can independently bear civil liability; (2) independently having and using the assets, bearing the liability, and having the right to sign a contract with other units; (3) independently accounting on accounting, can prepare Assets and Liability Table.

Gross Industrial Output Value refer to the final industrial products and services at market prices produced by industrial enterprises in a region during a certain period of time. It means the total scale and total results of industrial production. Gross industrial output value consists of three parts: the final product value of the production, the revenue of external processing fee, the balance value of self-made semi-manufactured goods between the beginning and the end.

The Average Number of Persons Employed in Various Units refer to the average number of persons employed in various units during the reporting period. The average number is equal to the sum of 12 months divided by 12 or the sum of 4 quarters divided by 4.

Total Current Assets refer to the assets that meet one of the following requirements:(1)expected to be cashed, sold or used in a normal operating cycle, mainly including inventory and accounts receivable; (2) be owned for trading purposes mainly; (3) expected to be cashed in one year(including one year) from the day of the Assets and Liability Table; (4) unlimited cash or cash equivalents that can be exchanged with other assets or being capable of setting debts during one year since the day of Assets and Liability Table. Monetary assets, notes receivable, accounts receivable and inventories are included. Data on this indicator can be abstained by the year-end figures of total liabilities from the Assets and Liability Table of the accounting records of enterprises.

Total Fixed Assets refer to the amount of the tangible assets which service life is over a fiscal year. Enterprise hold them for producing goods, providing labor services, renting or business management. Including some things which service life is more than a year, such as houses, buildings, machines, machinery, transportation facilities and other equipment, instruments, tools that related to production and management . The indicator of fixed assets is a point indicator, and is the ending balance after deducting the depreciation and impairment. Data on this indicator can be abstained by the year-end figures of total liabilities from the Assets and Liability Table of the accounting records of enterprises.

Tax and Extra Charges from Principal Business refer to the sales tax, consumption tax, urban maintenance and construction tax and education expenses shouldered by the enterprise from its principal business. Data are obtained from the year-end debit balance of "tax and extra charges from principal business" in the accounting record of enterprise.

Total Profits refer to the operation results in a certain accounting period, and it is the balance of various incomes minus various spending in the course of operation, reflecting the total profits and losses of enterprises in reference period. Data are obtained from the amount of "total profits" in the "profit table" of the accounting record of enterprise.

Ⅳ. Transport, Postal and Telecommunication Services

Freight(Passenger) Traffic refer to the weight of freight(number of passenger) transported with various means within a specific period of time. This indicator reflects the service of transport industry towards the national economy and people's living conditions, as well as an important indictor used in formulating and monitoring transport production plans and research into the scale and pace of transport development. Freight transport is calculated in tons and passenger traffic is calculated in terms of number of persons. Freight transport is calculated in terms of the actual weight of the goods and takes no account of the type of freight and distance of travel. Passenger traffic is calculated by the principal that one person can be counted only once in one trip and takes no account of the travelling distance and ticket price. The passengers who travel with a half price ticket or a child's ticket is also calculated as one person.

Revenue from Postal Services and Telecommunication Services refer to all business income of post and communication enterprises by production and operation activities, including the revenue from the principal business such as the postal service, long-distance telecommunications, local telephone call, and the revenue from local state-owned telecommunication.

Number of Local Telephone Subscribers refer to all subscribers at year-end who have gone through registration procedures in the operation points of enterprises engaged in telecommunications and are hence connected to the local telecommunications services provider through fixed line network. Included are general subscribers, wireless local telephone subscribers, public telephone subscribers, N-ISDN subscribers and intelligent network terminal subscribers.

Number of Mobile Telephone Subscribers refer to persons at year-end who have gone through registration procedures in the operation points of enterprises engaged in telecommunications and are hence connected to the mobile telephone communications network through telephone switchboards and occupy mobile phone numbers. Included are various of types of subscriber, prepaid users for intelligent network and wireless network card users.

Subscribers of Internet Service refer to all subscribers at year-end who have gone through registration procedures in the operation points of enterprises engaged in telecommunications and are hence connected to Chinese internets。Included are XDSL subscribers, LAN individual line subscribers, LAN terminal subscribers and wireless subscribers.

Ⅴ. Trade, Foreign Trade and Economic Cooperation

Total sales of Commodities of Enterprises above Designated Size in Wholesale and Retail Trades the criteria for wholesale and retail trades above designated size are as follows: wholesale trade with annual principal business sales over 20 million yuan; retail trade, with annual principal business sales over 5 million yuan. Total sales of commodities refer to value of commodities sold by the establishments to other establishments and individuals(including goods sold for self consumption, including the value-added tax). The commodities include: (1) commodities sold to urban and rural residents and social groups for their consumption; (2)commodities sold to establishments in all industries for their production, and catering services including commodities sold to wholesale and retail establishments for reselling, with or without further processing; and(3)commodities for direct export to abroad. Excluded are (1)extended commodities without trading, such as goods handed over to other enterprises and institutions because of the change of organizations, lent goods, returned goods preserved for others, extended processing materials and samples donated to others;(2) goods of direct settlement between buyer and seller with handing fees introduced by others;(3) goods returned after purchase;(4) damaged and spoiled goods;(5) waste and used goods of self use.

Total Retail Sales of Consumer Goods refer to the amount obtained by enterprises(units, self-employed individuals) through direct sales of non-production and non-business physical commodity to individuals, social institutions, and revenue from providing catering services. Individuals include rural and urban households, population from abroad, social institutions include government agencies, social organizations, military units, schools, institutions, and neighborhood (village) committees.

Enterprises above Designated Size of Wholesale and Retail Trades the data of wholesale and retail enterprises above designated size are collected in accordance with the principle of business location of legal person, which means with the location of the main business activities. Corporate enterprises provide the statistical data of all affiliated industry activities(including different place) in a unified manner. Wholesale and retail industry units of non-wholesale and non-retail trade are also collected in accordance with the principle of business location of industry units. Comprehensive statistics scope include self-employment ventures above designated size, the criteria for self-employment ventures above designated size are accordance with The Statistical Quota Standards for Wholesale and Retail Trade, Accommodation and Catering Industry.

Amount of Foreign Capital Actually Utilized refer to the foreign capital actually utilized of approved contracts, which are the actual payment amount by foreign investors according to the regulations of approved contracts, and one part of the total amount of enterprise investment-loans from foreign investors' own funds overseas.

Ⅵ. Investment in Fixed Assets

Investment in Fixed Assets (Excluding Rural Household) refer to the investment in construction projects with a total planned investment of 5 million yuan and over by enterprises of various ownerships, institutions, administrative units and urban self-employed individuals, and investment in real estate development in both urban and rural areas. Since 2011, it covers the urban investment in fixed assets under the previous statistical coverage plus project investments by rural enterprises and institutions.

Investment in Real Estate Development refer to investment by real estate development companies, commercialized buildings constructions and other estate development units of various types of ownership in the construction of buildings, such as residential buildings, factory buildings, warehouses, hotels, guesthouses, holiday villages, office buildings, the complementary service facilities and land development projects, such as roads, water supply, water drainage, power supply, heating supply, telecommunications, land leveling and other infrastructural projects. It does not include activities in pure land transactions.

Residential Buildings refer to the buildings specially for living, including houses, apartments, dormitory and staff dormitories, excluding the basements of residential buildings for civil air defense and without people living. residential buildings can be classified four types: ordinary apartments, affordable apartments and villas, and luxury apartments.

Ⅶ. Education, Culture and Public Health

Regular Institutions of Higher Education refer to educational establishments recruiting graduates from senior secondary schools as the main target through National Matriculation TEST. They include full-time universities, independently established colleges, colleges, and institutions of higher professional education, institutions of higher vocational education and others.

Vocational Secondary Schools refer to educational establishments founded according to the set standards of the state and approval procedures, recruiting graduates from junior high schools (partly senior high schools) or people at the same degree, with the secondary vocational education. The period of schooling for recruiters from junior high schools is 3-4years, and the period of schooling for recruiters from senior high schools is 2-3years. Included are secondary vocational schools, technical schools, vocational high school (high school).

Number of Regular Secondary Schools refer to educational establishments founded by the approval of education sector at the county level and above, recruiting graduates from primary schools, with middle school teaching plan. Included are junior high school and six-year high school.

Number of Primary Schools refer to educational establishments founded by the approval of education sector at the county level and above, mainly recruiting children of school age, with primary school teaching plan.

Number of Full-time teachers refer to staff mainly engaged in teaching work. The teaching staff sent to help to do other work temporarily(within a year) are included .

Number of Students Enrollment refer to the total number of various of students enrolled in kinds of school, including repeated students, not including the tutorial raw.

Number of Theaters, Music Halls and Cinemas refer to special theatres with independent accounting system, theaters that can perform dramas being in charge of the culture Sector, theaters with the films, and theaters and rehearsal fields that attached to the theatres, regiment, operated openly, with independent accounting.

Total Collection of Public Libraries refer to the total number of material that have been cataloged by libraries, such as the ancient books , books, periodicals and newspapers volume, pamphlets, manuscripts and miniature products, video tapes, disks.

Number of Hospitals and Health Centers refer to all the number of hospitals and health centers at the area under administration during the reporting period.

Number of Beds of Hospitals and Health Centers refer to the actual number of beds of hospitals and health centers at year-end. Included are regular beds, simple beds, guardian beds, beds under sterilization and repair, and disabled beds for extension or overhaul. Excluded are beds for neonatal baby, escort beds for patients' family, beds for observing patients, and beds of delivery room.

Ⅷ. People's Living Conditions and Social Security

The Average Number of Employed Staff and Workers employed staff and workers refer to persons who signed labor contracts with working units would pay wages, social insurance and housing funds for them. Persons who have their work posts but are temporarily absent from work for reasons of study or on sick, injury or maternal leave and still receive wages from their working units are also included. Employed staff and workers also include:1)persons who should have signed the labor contracts but not (like people with rural household registration);2)Employees on probation;3) Employees beyond the staffing quota;4)employees who are sent to other working units but still obtain wages from their original units (situations like on-the-job placement, expatriated assignment, etc.). Employed Staff and Workers do not include: 1)dispatched personnel who work and are paid directly by the working units; they should be counted into "labor dispatch personnel" of working units;2)personnel through labor outsourcing, they shall be counted into "Employed Staff and Worker" of the units which contracted them. The average number is equal to the sum of 12 months divided by 12 or the sum of 4 quarters divided by 4.

Total Wage Bill of Employed Staff and Workers refer to the total remuneration payment to all employed staff and workers during the reporting year, including basic salary, performance salary, salary allowances and subsidies, and excluding the deductions for personal leave, sick leave and so on. Units should adjust the corresponding projects when calculating the compositions of total wage bill, and they can minus the basic salary if they can't identify the adjusting projects.

Number of Staff and Workers Covered by the Urban Basic Pension Insurance refer to staff and workers or retirees participating in the basic pension insurance for urban staff and workers programme according to national laws, regulations and related policies at the end of reference period, who have already had payment records in social security management agencies, including those who interrupt payment without terminating the insurance programme. Those who have registered in the programme but without payment records are not included.

Number of Persons Covered by Urban Basic Medical Care System refer to people participating in the basic medical care insurance programme according to related regulations at the end of reference period.

Number of People Covered by Unemployment Insurance refer to staff and workers in urban enterprises or institutions who have participated in the unemployment insurance programme according to related policies and regulations and other people who have participated according tolocal government regulations at the end of reference period.

Ⅸ. Municipal Public Utilities

Expenditure for Maintaining and Building City refer to expenditure for maintenance and construction of city. Included are expenditure for basic construction, expenditure for upgrading and maintenance.

Area of Urban Paved Roads at Year-end refer to paved roads with width of 3.5 meters (3.5 m included). Included are high-ranking roads, sub-high roads, and ordinary roads.

Length of Urban Sewage Pipes refer to the total length of general drainage, trunks, branch and inspection wells, connection wells, inlets and outlets, etc.

Total Volume of Water Supply refer to the total volume of water supplied by water-works(units) during the reference period, including both the effective water supply and loss during the water supply,

Consumption of Water for Households Use refer to consumption of water for daily life of all households in cities, including households of urban residents and farmers, and public water supply stations.

Annual Electricity Consumption refer to combination of various industries electricity power consumption and living power of urban and rural residents.

Total Volume of Gas Supply refer to the total volume of gas provided to users by gas-producing enterprises(units) during the reporting period, including the volume sold and the volume lost.

Population with Access to Gas refer to the population of households with access to gas.

Number of Buses and Trolley buses under operation at year-end refer to the total number of vehicles under operation by public transport enterprises (units) at the end of year, on the basis of the records of operational vehicles by the enterprises(units).

Included are the vehicles of technology intact, the vehicles in repair, the vehicles being repaired, the vehicles stopped for a long time, and the vehicles under operation that have not yet been approved scrap by the competent department. Excluded are the oil tank trucks, trucks and other special vehicles that are not under operation and owned by bus companies, and the borrowing, leasing, passenger vehicles.

Passenger Traffic by Public Buses and Trolley Buses refer to number of passengers transported by public buses and trolley buses. Included are ordinary tickets passengers, commuters and passenger chartered. Ordinary ticket passengers purchase tickets by cash when getting on buses , one ticket is calculated as one passenger; The passengers of commuters are calculated as five passengers daily; passengers chartered are calculated as one passenger when one way, and as two passengers when round trip.

Number of Taxis at Year-end refer to various vehicles specializing in rental services with the approval of related departments. Included are cars, vans, and buses.

Area of Urban Green Land refer to the total area occupied for green projects at the end of the reference period, including park green land, production green land, protection green land, green land attached to institutions, and other green areas.

Park Green Area refer to the green area of various open parks.

Green Coverage Area of Complete Region included are public green area, residential area, green land attached to institutions, protection green land, production green land, and scenic forest land, according to the Urban Greening Regulations.

X. Environmental Protection

Volume of Industrial Waste Water Discharged refer to the aggregate of waste water discharged to outsides through all factory drains by industrial enterprises. Included are discharged waste water of production and factory sanitary drainage, direct cooling water, and the poisonous and harmful mine groundwater discharged by mining areas. Excluded are the indirect cooling water discharged to outsides.

Volume of Industrial Sulfur Dioxide Discharged refer to the aggregate of sulfur dioxide emission to the air during the production and fuels combustion at factory.

Volume of Industrial Soot(Dust) Removed refer to the volume of industrial soot(dust) removed through various waste gas treatment facilities by enterprises.

Volume of Industrial Soot(Dust) Emission refer to the aggregate of industrial soot(dust) emission to the air during the production and fuels combustion at factory.

Comprehensively Utilized Rate of General Industrial Solid Wastes refer to the percentage ratio of general industrial solid waste comprehensively utilized to the sum of production amount of general solid waste and the previous storage capacity.

Centralized Treatment Rate of Waste-water Treatment Plants refer to the ratio of waste treated by waste-water treatment plants to the quantity of wastewater effluent during the reporting period.

Domestic Garbage Harmless Treatment rate refer to the ratio of households garbage harmless treated to domestic garbage output.